Accounting Masters

会计名家精品教材

Intermediate Financial Management

中级财务管理

杨 丹 主 编
逯 东 邢存宇 副主编

第六版

东北财经大学出版社
Dongbei University of Finance & Economics Press
大 连

图书在版编目（CIP）数据

中级财务管理 / 杨丹主编．—6版．—大连 ：东北财经大学出版社，2025.2．—（会计名家精品教材）．—ISBN 978-7-5654-5369-4

Ⅰ. F275

中国国家版本馆CIP数据核字第2024T15F69号

东北财经大学出版社出版

（大连市黑石礁尖山街217号　邮政编码　116025）

网　　址：http://www.dufep.cn

读者信箱：dufep@dufe.edu.cn

大连市东晟印刷有限公司印刷　　东北财经大学出版社发行

幅面尺寸：185mm×260mm　字数：682千字　印张：28.5　插页：1

2025年2月第6版　　2025年2月第1次印刷

责任编辑：高　铭　刘晓彤　　责任校对：那　欣

封面设计：张智波　　版式设计：原　皓

定价：63.00元

教学支持　售后服务　　联系电话：（0411）84710309

如有印装质量问题，请联系营销部：（0411）84710711

第六版前言

财务管理在企业的经营活动中扮演着十分重要的角色，财务管理目标的选择是企业财务管理工作的基础，也是财务管理理论研究的基本内容。归纳现有的教材和文献，财务管理的目标主要经历了利润最大化、股东财富最大化和企业价值最大化的演变过程。其中，利润最大化目标由于忽视了时间性和不确定性，最早被质疑。股东财富最大化目标由于仅强调了股东利益，也备受争议。似乎解决了利润最大化和股东财富最大化问题的企业价值最大化目标，由于忽视了价值分配的协调机制，无法将内部管理创造价值与市场价值评价有效结合起来，因而将其作为财务管理的目标也存在难以克服的缺陷。

通过研究公司价值创造的途径，我们认为，财务管理主要是为企业经营中的采购、生产、销售、售后服务这一整条价值链提供必要的资金和控制服务，其核心在于价值创造。因此，公司的财务管理应该是基于价值创造活动的管理，是一个以公司财务管理活动为基本内容，以市场价格改变为结果的价值管理过程。

鉴于传统目标理论的局限性和财务管理在价值创造中的作用，在本书中，我们构建了以价值创造为基点的财务管理理论体系。我们期望，通过系统梳理和全面介绍基于价值创造的财务管理活动，使读者对财务管理的目标与过程有一个较为全面的了解。

作为一本中级财务管理教材，本书不再局限于初级水平的基础知识介绍，而是采用专题的形式介绍了当前财务管理活动的主要运用，并适度强调了当前财务管理理论的一些前沿研究和实践。另外，作为财务管理课程的提高教材，本书期望进一步完善学生的知识体系，在强调理论性和实践性相结合的同时，通过深入浅出的讲述，激发学生探索财务管理理论的兴趣。

本书主要有如下四个特点：

第一，教材内容并没有按照传统的理论体系和结构展开。本书首先引入了公司价值创造的概念，然后将价值创造的思想贯穿全篇，并在解决“如何创造价值”和“为谁创造价值”这两个问题的过程中构建起以价值创造为基点的理论体系。本书的核心观点是：财务管理的目标就是价值创造，通过与企业经营价值链的各部分相配合，创造出超过参与各方仅仅依靠自身能力获取的价值。

第二，紧扣我国资本市场和企业实践的发展，体现了财务管理内容的理论性和实用性。全书各章通过“引例”导入每一章的主要内容，每一章的核心内容部分均有案例分析资料，每一章的课后均有案例讨论题，大部分的案例都紧扣了近些年我国资本市场和上市公司发生的与财务管理活动有关的真实事件，有利于读者了解财务管理知识的具体实践，并对看似较为繁杂和枯燥的财务管理知识产生兴趣，最终实现理论工具与实践的有效结合。

第三，体现了财务管理最新的实践和研究前沿。例如，在传统财务管理教材内容的基础上，增加了创业融资、国际财务管理与中国企业海外投资、数据资产、财务报表形式质量体系研究、投资者保护机制研究，以及环境、社会和公司治理（Environmental, Social and Governance，ESG）等前沿专题的介绍，有利于读者了解财务管理研究的最新动态，并培养研究兴趣。

第四，通过各章最后精心设计的“拓展阅读”部分，在传授财务管理专业知识的同时，融入了习近平新时代中国特色社会主义思想。党的二十大报告指出：“为全面建设社会主义现代化国家、全面推进中华民族伟大复兴而团结奋斗。”本书在讨论企业价值创造、社会责任、可持续发展等主题时，强调了企业在追求经济效益的同时，应积极承担社会责任、促进环境保护和社会进步，体现了党的二十大关于全面建设社会主义现代化国家的战略部署，有利于引导读者理解和认同在当前中国特色社会主义发展阶段，财务管理工作对于推动高质量发展、构建新发展格局的重要作用。

本次修订主要包括以下几个方面：

第一，基于各章知识点，结合最新的实践和研究前沿，对正文内容进行了必要增减：如第八章增加了对企业融资风险的介绍；第九章补充了供应链金融与创业融资的相关内容；第十一章补充了最新的对企业风险管理框架的介绍；第十四章删除了互联网企业价值评估部分，增加了数据资产、ESG等最新研究热点与前沿内容。

第二，紧扣近三年我国资本市场的发展及热点事件，对正文和习题中的案例讨论题资料进行了更新：如第二章补充了对2023年首家退市公司凯乐科技财务造假案的介绍；第三章将第五版的美的集团跨国收购KUKA案例调整为京东物流收购德邦控股案例；第十章将第五版的兆新股份案例更新为华仪电气违规处罚案例；第十三章将第五版的中国五矿走出去案例更改为TikTok出售门案例；各章的引导性案例也大多进行了更新。

第三，对全书各章例题均进行了数据更新。

本书主要适用于财务管理和会计学专业的高年级本科生和研究生学习，对广大财务和会计实务工作者提高财务管理理论水平也具有较高的参考价值。

本书第六版的完成，得益于我的各位同事和学生共同的辛勤参与。本书由杨丹负责全书的大纲拟定和定稿，具体编写分工如下：第一章，杨丹；第二章、第三章，逯东；第四章、第五章、第六章，邢存宇；第七章，池毅；第八章，宋昕倍；第九章，李伟铭；第十章，贺康；第十一章，陈旭东；第十二章，王新；第十三章，张孝蔚；第十四章，黄丹。书稿的修订与核对工作由逯东和邢存宇负责。

感谢为本书编写提供过帮助的陈莹、武浩、杨平、丁威成，感谢东北财经大学出版社的大力支持。

本书作为一本教材，其中汇聚了许多国内外学者的研究成果，在此向他们表示衷心的敬意！同时，由于时间仓促，书中难免存在遗漏和错误之处，敬请读者批评指正。

杨　丹

2024年10月

目　录

基础篇

投资篇

融资篇

治理篇

前沿篇

基础篇

第一章　基于价值创造的财务管理

学习目标

1.认识现有财务管理目标的局限性；
2.熟悉不同经济理论下的价值观；
3.理解基于价值创造的财务管理理论框架；
4.理解基于价值创造的财务管理理论框架的特点和意义。

引例：企业价值应如何评估——苹果树的投资分析

从前有一位聪明的老人，拥有一棵苹果树。这棵树长得很好，每年硕果累累，全部卖掉可得100美元。老人想要退休，决定把树卖掉。他在《华尔街日报》上刊登广告，说希望按"最好的出价"卖树。第一个人愿意出价50美元，刚好是把树砍了卖给别人当柴烧所能得到的收入。老人说，你出的价格只是这棵树的清算价值。第二个人出价100美元，正好是今年苹果成熟后卖掉所能得到的收入。第三个人估计这棵树至少还能存活15年，如果每年卖苹果可得100美元，他愿意出价1 500美元。老人告诉他，从现在开始的未来15年中，你每年获得的100美元收入，与你现在的100美元是不等价的。第四个人想参考市场报价来买这棵苹果树，他的参照依据是上一位买主的出价——1 500美元。老人认为，在不存在规范的、有规律的苹果树交易市场的情况下，把价格当作价值也是同样的愚蠢。第五个人是一名会计专业的学生，他愿意根据这棵树的账面价值75美元来购买。老人说道："确实，我的树的账面价值是75美元，但任何人都能看得出它的价值要远远超出75美元。"最后一位买主是一名刚刚毕业的股票经纪人。她指出，苹果树扣除成本后每年的实际盈余是45美元，以20%作为这棵树的投资收益率，根据市盈率法，苹果树的价值为225美元。老人则认为，"45美元是过去的利润，根本无法代表将来能够得到多少钱，并且指出在考虑不确定性的情况下，苹果树的价值应该包括从现在开始5年内每年50美元的现金收入、随后10年内每年40美元的现金收入以及第15年年末这棵树当作烧材卖所得的20美元。假设使用15%的折现率，预期每年利润的现值之和为268.05美元，加上烧材价值折现为现在的2.44美元，总价值为270.49美元"。年轻女士说道："不论采用你喜欢的折现现金流量法还是我提议的市盈率法，只要应用得当，我们应该会得到完全相同的结论。我愿意出价250美元。"老人回道："好吧，成交。"

资料来源：CUNNINGHAM L A. How to think like Benjamin Graham and invest like Warren Buffett [M]. New York：McGraw-Hill Professional，2001.

老人与树的故事告诉我们，市场参与者从不同的观察角度采用不同的估计方法会导致价值的估计结果存在很大的差异。那么，到底什么是价值？如何正确理解价值创造的过程？财务管理在价值创造中发挥着怎样的作用？读者不妨带着这些问题开始本书和本章的学习。

第一节　财务管理目标评价

归纳现有的教材和文献，影响较广的财务管理目标主要包括利润最大化、股东财富最大化、企业价值最大化三类。其中，利润最大化目标由于忽视了时间价值和收益的不确定性，最早被质疑。随着资本市场的发展，股东价值与债权人价值可以通过市场价格合理界定，相应的股东财富最大化和企业价值最大化等财务管理目标也逐渐成为普遍接受的观点。由于企业资产的价值是由股东权益和债权人权益共同构成的，股东财富最大化目标对股东权益过多的强调也备受争议。而企业价值最大化目标兼顾了股东和债权人的利益，弥补了利润最大化目标与股东财富最大化目标的缺陷，因而成为目前财务管理理论界与实务界最普遍接受的目标。

然而，值得指出的是，企业价值最大化在刻画财务管理目标方面仍然存在着诸多不足之处。事实上，在财务学领域，价值的定义符合哲学上关于价值是客体满足主体需要程度的一般意义（罗福凯，2003）。这里，价值的关键意义在于满足主体需要，不同的主体可能会具有不同的需求，进而得出不同的价值判断。而公司的生产经营过程往往涉及股东、债权人、员工，甚至政府等多个主体的参与。公司价值本身是否能够涵盖满足所有主体需求的情况值得怀疑。此外，“最大化”仅仅是依据新古典经济学理论基础所强调的最优化行为提出的，而现实世界的复杂性和人类认识的“有限理性”决定了人类行为不可能达到最优，“最大化 ”可能仅仅在理论上可行。最后，财务管理活动只是企业经营的一个重要组成部分，仅仅通过财务管理是不可能实现公司整体价值“最大化”的。因此，我们认为，对公司财务管理活动而言，公司价值最大化可能并不是一个理论上合理、实践中可操作的目标。而围绕财务学理论范畴中的“价值”这一核心概念，我们认为，相较于对价值最终结果的强调，创造价值的过程更能切实地反映各项财务管理活动的本质。更为直接地说，我们认为，财务管理的目标应该是价值创造。

第二节　价值理论与价值评估[①]

价值是最常用而又最具争议的理论概念。从亚里士多德“好的美的真的性质包含价值”的观点到阿奎纳斯“心理的关注”的观点，再到亚当·斯密“价值等于生产成本”的观点，我们发现，价值取决于观察者的角度。由此，我们将主要从价值评估的角度简单梳理有关的价值理论，以期为价值创造奠定基本理论基础。

①　杨丹．西方价值理论与资产评估原理［J］．经济体制改革（增刊），1999（5）．

一、传统经济理论下的价值观

（一）传统供给理论的价值观

传统供给理论的价值观是一套以生产过程为价值源头的价值理论体系，按照生产要素的不同，又可进一步区分为劳动价值论和要素价值论。

劳动价值论认为劳动构成了生产的最基本要素，只有劳动才能创造价值。亚当·斯密、大卫·李嘉图、卡尔·马克思等均对劳动价值论的形成和发展做出了巨大贡献。具体而言，亚当·斯密（1723—1790）首先提出了使用价值（Value in Use）和交换价值（Value in Exchange）两个概念。前者反映了取得某一物品实际所需付出的代价，即为获得所耗费的劳动，适用于劳动者与生产资料统一的情况；而后者则属于劳动者与生产资料分离情况下的价值决定，表现为一种商品在交易中博得其他商品的能力。交换价值要求具有稀缺性、效用和可转让性，使用价值只要求具有效用。不同于亚当·斯密对价值的理解，大卫·李嘉图（1772—1823）认为商品价值只能由生产商品所耗费的劳动决定，其价值量取决于生产商品所耗费的劳动时间。进一步，在古典劳动价值论的基础上，卡尔·马克思（1818—1883）富有逻辑地证明了商品的价值由生产商品所耗费的劳动决定这一结论，并提出了劳动二重性学说，即价值和使用价值。其中，使用价值是商品的自然属性，具有不可比较性；价值是一般人类劳动的凝结，是商品的社会属性，构成了商品交换的基础。在实践中，重置成本法（Cost Depreciation Approach）[①]是劳动价值论的重要应用。根据劳动创造价值的基本认识，该方法的逻辑在于：一个信息完全的买方对一项资产的出价不会超过在附近建造一个可接受的替代品的成本。由此，资产的价值将取决于重建的必要成本加上地点价值，减去累计折旧、建筑物过时和地点改变的调整数，其基本公式为：

重置新资产成本-资产累计折旧+地点价值=评估价值

要素价值论则认为生产过程中的所有生产要素都有资格形成产品中的新价值，主张价值是由资本、劳动和土地共同创造的。该理论的逻辑出发点在于对价值与效用关系的理解。正如萨伊（1982）指出的那样，“劳动创造工资，资本创造利息，土地创造地租，这三种收入构成三种生产要素，从而创造效用的生产费用，因此商品的价值也由工资、利息、地租决定。对三个要素所付报酬成为生产者在生产过程中所付代价，共同构成商品的生产费用，决定商品的价值”。

（二）传统需求理论的价值观

传统需求理论的价值观，又称边际效用价值观，是门格尔（Menger）、维塞尔（Wieser）、庞巴维克（Bohm-Bawerk）、杰文斯（Jevons）、瓦尔拉斯（Walras）等经济学家于20世纪初创造出的一种价值新认识。这些经济学家摒弃了古典主义者从供给角度对生产成本的强调，转而强调需求。在他们看来，商品价值并不源于生产过程，而是来自消费者对商品的主观判断，对消费者主观效用越大的商品，往往具有更大的价值。具体而言，在基于传统需求理论的价值观架构下，价值本质上是一个主观的概念，用一个单位的经济产品或服务给人们带来的效用（边际效用）表示。生产成本不能进入价值决定范畴，短期边际效用决策单独主宰这一过程。

---

① 杨丹. 西方资产评估理论简介［J］. 四川会计，1999（2）.

事实上，传统需求理论的价值观构成了现代社会广泛使用的收益资本化估值方法的理论基础。这种估值方法试图通过测定经济商品未来收益的现值来评估商品的实时价值，商品未来收益和折现率是该方法实施的关键要素。基于奥地利学派对利息的认知，即“放弃资本现期使用的补偿和决定未来商品现值的折现率，因此利息构成了价值在现在和未来商品的差异的直接结果”，在收益资本化估值方法的使用中，折现率通常表现为利率与资本风险报酬率之和。

二、市场均衡的价值观

供给决定价值与需求决定价值两种理论最终在英国经济学家马歇尔那里得到了统一，由此产生了基于市场均衡的价值观。该价值论认为价值取决于供给与需求的相互作用，是二者作用均衡的结果。具体而言，在马歇尔看来，商品的价格如果使购买者对它的需求量和生产者对它的售卖量相等，市场上的供求就处于均衡状态，这时的价格就是“均衡价格”，即商品的价值。

价值评估中的销售对比法（Sale Comparison Approach）是马歇尔分析的直接应用。基于价值取决于供求情况的认知，这种方法认为拥有完全信息的买方对某一资产的出价不会超过取得可接受的替代品的成本，由此以同类资产的以往交易价格为依据，再加以适当调整之后，就可得出该项资产的评估价值。如果一个完善的市场符合以下标准，那么价格就等于价值：①产品同质性；②多数买者卖者，买卖双方是价格的接受者而非制定者；③没有外部性；④买卖双方具有完备的知识；⑤预期相同。

三、现代价值理论新观点

著名的价值评估理论家拉特克利夫（Ratcliff）（1972）[①]对上述传统价值理论提出了批评。他针锋相对地指出，评估者事实上并不评估或计量价值，声称“价值评估”这样的术语将包含一个永远存在的内含价值，而事实上这个永远存在的价值是不存在的。在拉特克利夫看来，资产评估事实上是对资产的市场价值的评估，而该市场价值应当选择最可能的市场价格来代替。由此，拉特克利夫引入了一个新的市场价值概念，称为“最可能出售价值”（Most Probable Selling Price）。由于售价将在未来发生，这种预测所获得的价格或价值只能用概率分布的形式来表述。这样，一个评估者可能断定某一资产最后的售价是75 000美元，而价格在73 000美元和77 000美元之间的概率是68%，在71 500美元和78 500美元之间的概率是95%，有5%的概率在78 500美元之上或71 500美元以下。上述观点有两个地方值得注意：一是价值应该概念化为一种概率分布而非确定的现象，这是一种非均衡观点；二是价值概念本身假定了潜在的未来交易，那么未来可能的价格可以用概率分布来估计和预测。

四、不同价值理论综合的难题

在实践中，评估者倾向于把几种价值观相统一，但不同的理论具有不同的立足点——古典理论强调供给方面，边际效用理论注重需求的决定，现代理论认为土地从经济意义上

---

① RATCLIFF. Valuation for real estate decisions［M］. Santa Cruz：Press Democrat，1972.

讲是可移动的。这些看似矛盾的看法产生了市场供求概念的萌芽。马歇尔在其理论中将其他所有相关理论统一于供求模型。他表明，以前的各种理论都只涉及供给或需求决定，而更有解释力和更有价值的模型是那种包含了供求双方面因素的模型——供求交叉曲线，其有利于我们理解价值。房地产或任何经济商品的供给是价格决定的重要因素，但这并非全部，事实上需求还能给出另一半的答案。由此，我们可以提出一个价值的综合理解，即价值是一个市场概念，它是基于有意愿的买者与卖者自由地在市场上竞争，由供求双方力量相互作用的结果，其保障前提是自由企业和私人财产制度。

此外，不同价值理论的综合还需要界定价值与市场。事实上，最终用于价值决定的供求模型附带了完全竞争市场模型的要求。如果这些要求得到了满足，就不会有价值估计的需要，此时市场价格即价值。但在分析具体市场时，人们马上就会清楚地认识到这些要求无法达到。此外，市场受政府行为影响，买者与卖者都缺少完备的知识，对未来的预期也各不相同。如果把具体市场的这些特征与完全市场相比较，就会发觉其是极不完善的——这就需要评估师来确定价值。这种价值确定可以简单地看作对市场的一种模拟。但具体市场是不完善的，因此得到的是非均衡的价值，价值观统一的难题正是基于市场的这一特性。

五、价值评估的目的："估价观"与"分析观"的争论

几乎所有的评估师都承认评估的目的是确定资产价值，但他们的研究起点和分歧也都始于价值的定义。事实上，价值的定义应该提供一个可操作的、可度量的概念，并被法律认可。各国宪法通常禁止政府在没有特定程序和对物主补偿的情况下没收财产。而补偿的标准根据政府的条文特指"市场价值""公平市场价值"或其他变化形式，如"公正价值""可实现市场价值"。这种要求与评估理论综合，就产生了美国房地产评估师协会（American Institute of Real Estate Appraisers，AIREA）对市场价值的定义①，即在满足公平交易的所有条件的竞争性市场中，在买方与卖方均谨慎地、信息充分地、自利地、不受干扰地行动的情况下，被评估资产用现金、准现金或其他明确揭示的支付方式表示的最可能价格。

这一定义包含的条件有：①买方和卖方均受到典型的激励；②双方信息完备，都为了自身利益最大化而行动；③有一个合理的在公开市场上进行偏好暴露的时间；④价格代表的对资产的正常考虑不受融资条件、数量以及交易中服务、手续费成本、信贷等因素的影响。

相较于上述定义对"最可能价格"的强调，最早出现且至今尚被使用的价值定义是"最高价格"。早期的"最高价格"一词，毫无疑问，指的是在潜在购买者中的最高出价，即假定买方出价是一种概率分布，而且卖方趋向于接受最高价。与此相反，"最可能价格"指的是出售价格分布中的均值（期望值）。换言之，资产的估计价值将会趋向于同类资产全部可能交易价格的平均数。价值定义从出价分布到售价分布的概念性转移，事实上并未带来评估实务的基本转变，其在一定程度上甚至引起了评估实践的混乱。

虽然"最高价格"的定义与完全竞争市场下的价值定义相似，但在具体评估实践中，完全竞争市场的一些约束条件还是被放宽了。例如，对买卖双方都是价格的接受者而非决定者的假定做出了改变，这反映了评估实践中纯理论的市场价值概念和做出决策的要求之间的妥协。Ratcliff在1972年提出了第三种限制更少的市场价值概念——"最可能售价"。

---

① STEPHANIE. The dictionary of real estate appraisal [M]. Chicago: Appraisal Institute, 1984.

在这个概念中，资产价值即为资产的最可能价格。这一定义没有要求交易必须由买卖双方面对面进行，没有要求买卖双方必须谨慎决策并具有相关知识，也没有要求融资必须在市场的通常条件下进行，甚至没有要求市场中暴露的合理时间。这一概念能够导出实质性不同的价值（这一价值与非完全竞争市场下的估计价值不同）。无论评估者采用的是哪种价值定义，都代表了在现实市场状况和完全竞争之间的折中，这种折中的价值观使得评估实践具有合理性。

此外，评估理论家对价值的不同理解，进一步衍生出对评估目的的不同看法。相关主流观点认为评估（Appraisal）目的有两层含义①：

其一是为资产确定一个价格，即估计公开市场价格或预测最可能售价。AIREA（1984）的定义为：在满足公平交易的所有条件的竞争性市场中，在买者与卖者均谨慎地、信息充分地、自利地、不受干扰地行动的情况下，被评估资产用现金、准现金或其他明确揭示的支付方式表示的最可能价格。RICS（1981）的定义则为：评估是根据私人契约在合理预期的基础上的资产权益转让的最好价格。其假设条件包括：①自愿的买者和卖者；②考虑资产性质和市场情况以促成交易的合理期限；③评估期内价值不变；④资产自由进入市场；⑤不考虑特殊买者的额外竞价。

其二是估计资产的价值或数额（Worth），即估计在个人对相关因素的主观预测一定的条件下资产对个人的价值。这里的价值可以被认为是一种价格，也可以看作一种收益率，表现为必要的资产收购成本的某个百分比。

本质上，前者将价值评估的目的落脚于估价（Valuation），而后者则将其视作一种价值分析（Analysis）方式。评估目的的两种不同观点导致了评估程序和评估结果的分离。

持估价观点的评估者通常认为价值应该概念化为一种概率分布而非确定的现象，评估的任务是确定在某个价格区间成交的概率。为确定这一概率分布，往往需要收集相同或相似资产的以往交易数据，并尽可能地设想出一个拥有相当数量的买者和卖者，排除了特殊买者与卖者，有充分的市场暴露（Exposure）的相对有效的市场用于评估，得到的结果往往也是一种“公允价格”。

相较持价值分析观的评估者而言，评估并不需要模拟一个资产的交易市场，其只关心特定潜在买方的预期收益率及该收益率决定的可接受价格（投资价值）。与前者相比，它有两点不同：①其是非市场基础的；②其强调的是资产对于特殊买者的价值。基于价值分析观实施的价值评估往往会得到“特别价格”而非“公允价格”。这种价值可能会因投资者的个人资产状况、边际税率、融资条件、个人资产组合、对未来的预期不同而发生变化。

第三节　基于价值创造的财务管理理论

价值是财务学的核心概念。现阶段，价值链、经济增加值（EVA）、价值预期、价值均衡、公允价值、现值、终值、重置价值、清算价值、账面价值和持续经营价值等价值维

① 杨丹. 西方资产评估理论简介［J］. 四川会计，1999（2）.

度指标，已经被广泛应用于现代经济学和公司管理实务之中。“价值创造过程”取代了“资本运动过程”在财务学中的重要位置，价值结构取代了资本结构在财务学中的统治地位。价值创造自然成为财务学的重点研究对象。因此，正如罗福凯（2003）[①]所认为的那样，以价值为基础构建财务管理体系已经成为必然。

一、现有公司价值理论回顾

对于什么是公司价值，不同学者基于不同的理论视角，形成了不同的观点。

（一）现值分析理论

诺贝尔经济学奖获得者莫迪利安尼（Modigliani）和米勒（Miller）关于资本结构的MM理论是现代财务理论的基石。其文章的重要观点之一就是公司价值是股权价值和债权价值之和，具体表现为未来预期现金流的折现值。在此框架下，公司价值取决于三个因素：企业投资或筹资活动的有效期（现金流量的时间域）、发生在各个时点的现金流量、平衡不同时点现金流量的投资收益率（个别收益率或贴现率，能够正确地反映未来现金流量的风险以及相应的其他投资机会的机会成本）。这三个要素缺一，均不能进行现值分析。

以此为基础，不少学者围绕公司价值的三大决定因素进行了拓展。例如，1988年，美国西北大学教授阿尔弗洛德·拉帕波特（Alfred Rappaport）在其著作《创造股东价值》中运用股东价值结构图说明了股东价值和价值驱动的关系[②]，如图1-1所示。

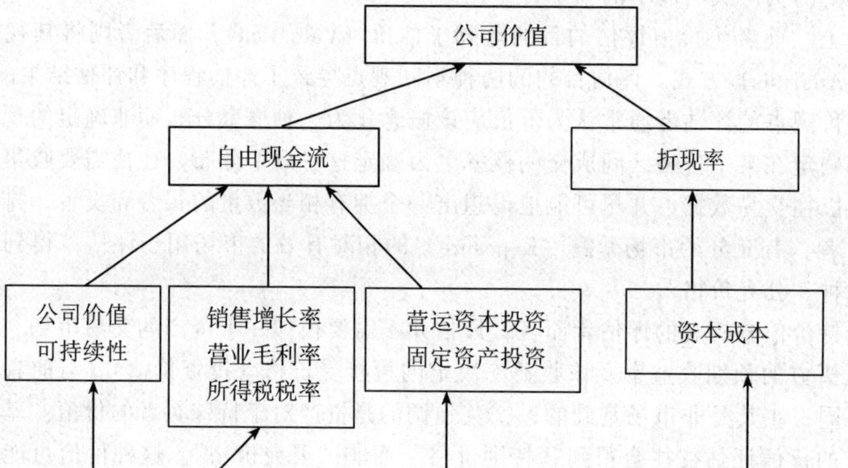

图1-1 基于拉帕波特的公司价值创造驱动因素

在拉帕波特的框架下，投资、筹资、收益分配等理财活动是公司价值创造的主要驱动因素，它们分别以不同的方式作用于公司折现率或未来可实现的现金流，进而影响公司价值。其中，筹资成本的高低影响现值分析所使用的折现率；投资水平、规模以及方向决定

---

① 罗福凯．财务理论的内在逻辑与价值创造［J］．会计研究，2003（3）．
② 郭天明．基于价值链的公司价值创造研究［M］．北京：经济科学出版社，2008．

收益率的高低，直接影响公司未来预期现金流的大小；分配活动通过收益分配实现对投资者、管理层、员工等主体的利益协调，本质上也会影响公司自由现金流量。

（二）剩余收益理论

普瑞里齐（Preinreich）在其1938年发表的文章《经济理论的年度调查：折现理论》中最早明确提出了剩余收益的概念，认为剩余收益可以轻易地从机器的资本化价值（现值表达式）中推导出来，并将资本价值界定为会计账面价值加上超额利润的限制。其中，超额利润被定义为单位资本获得的利润减去单位资本要求的利息。

以此为基础，从股利贴现模型出发，Ohlson（1995）推导出了剩余收益估值模型的表达形式。Ohlson模型的基本思想如下：

$$P_t = BV_t + X_t + V_t$$

式中：P_t——公司的理论价格；BV_t——公司权益资本的账面价值；X_t——超额盈余；V_t——随机扰动项。

该模型将代表公司权益价值的股票价格与净资产、盈余等会计数据直接联系起来，相比传统的定价模型在应用上更为方便，并且在中外市场上都具有很好的解释力（Bernard，1995；陆宇峰，1999；陈信元等，2002；党建忠等，2004；杨丹等，2008等）。值得注意的是，虽然Ohlson模型强调以会计数据进行公司估值，其理论基础本质上仍然是现值分析理论。Ohlson模型是基于预期股利贴现模型，通过无风险套利、清洁盈余关系（Clean Surplus Relationship）、非正常盈余满足线性关系等假设推导而出的。

（三）公司治理理论

金融学教授迈尔斯（Myers，2004）认为，公司价值可以用公司价值平衡表来表示①，见表1-1。

表1-1 公司价值平衡表

实物资产价值	债务价值
运营收益	外部权益价值
成长机会现值	外部投资者价值Max（aV）
	经理人代表内部股东价值Max（1-a）V
合计：公司总价值	合计：公司总价值

表1-1的左边表示企业的价值形成结构，包括实物资产价值、运营收益和企业未来的成长机会现值三大组成部分；表1-1的右边表示企业价值的分配结构。在股权高度分散的上市公司，企业经营权和所有权分离，经理人代表股东管理公司，相应地形成了经理人和外部权益人分享外部收益价值的格局。如果将外部投资者的分成比例界定为a（0<a<1），则投资者的目标函数为Max（aV），经理人代表内部股东价值为Max（1-a）V。为实现公司价值最大化，公司治理的任务就是保证经理人为外部权益所有者的利益服务，具体治理工具包括通过董事会监督内部管理者的行为、实施适当的激励措施等。

然而，La Porta等（1999）证明了在世界范围内，更为普遍的股权结构是大股东持股，

① 杨丹．公司治理、公司金融和企业生命周期［J］．中外企业家，2004（8）．

而不是大众持股，即所有权是集中的，企业的控制权掌握在控股股东手中。因而，解决公司治理问题以提升公司价值的核心由缓解股东与经理层之间的代理问题转为处理控股股东与外部中小股东之间的利益冲突和代理问题。

（四）竞争优势理论

美国哈佛大学教授迈克尔·波特在1985年出版的《竞争优势》一书中提出了竞争优势理论，认为只有战略和核心竞争力才能带来公司价值提升。在其理论架构下，公司价值创造是由公司战略、管理控制和公司治理三个要素共同决定的，如图1-2所示。其中，公司战略是公司价值创造的决定性因素，是公司价值创造的源泉，主要通过公司未来收益、收益可持续性以及风险程度等中介变量实现对公司价值形成与创造的影响；管理控制是公司价值创造的重要影响因素，本质上是执行、落实、控制公司战略的过程，发挥着公司价值创造加速器的作用；而公司治理是公司价值创造的保障因素，主要通过合理的治理结构、绩效考核、薪酬规划、投资者关系管理促进公司价值创造活动的贯彻实施。

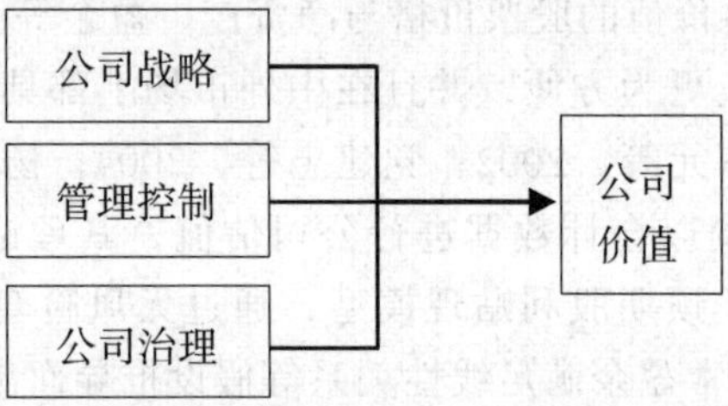

图1-2 基于竞争优势理论的公司价值创造驱动因素

（五）价值链理论

此外，迈克尔·波特在《竞争优势》一书中提出的价值链概念，也为从价值链理论角度理解公司价值创造提出了新的思路和可行的分析方式。根据波特的定义，任何企业都是由一系列相互联系的创造价值的活动构成的，都有其独特的价值链。这些活动分布于从供应商的原材料获取到最终产品消费时的生产与服务之间的每一个环节。这些环节相互关联并相互影响，构成了创造价值的一个动态过程，即价值链。根据各种价值活动在价值创造中的重要程度的不同，可以将价值活动分为两大类：基本价值活动和辅助价值活动①，如图1-3所示。

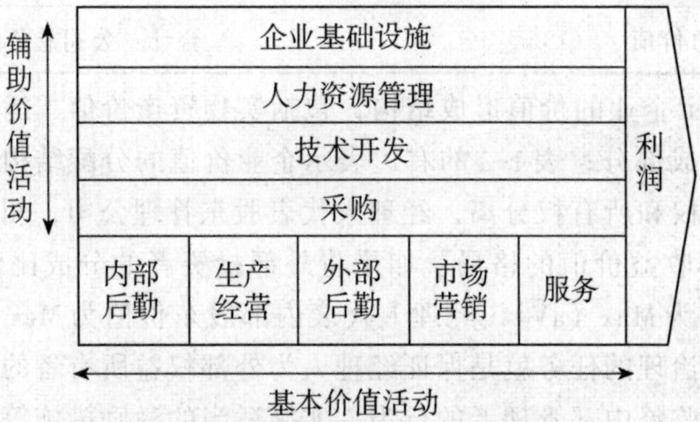

图1-3 波特基本价值链

① 波特. 竞争优势［M］. 陈小悦，译. 北京：华夏出版社，2007.

其中，基本价值活动直接创造价值并将价值传递给顾客，而辅助价值活动则旨在为基本价值活动提供保障条件，以期提高其绩效（罗青军，2002）。基于价值链理论，可以认为公司价值是由基本价值活动和辅助价值活动创造的，其实质是公司价值链上一系列价值活动所创造的价值。

二、基于价值创造的财务管理理论框架

（一）基于自由现金流量理论的分析框架

拉帕波特在1986年出版的《创造股东价值》一书中创立了自由现金流量估价模型，较好地展示了公司价值创造的基本途径[①]。自由现金流量是指企业在持续经营的基础上，除了在库存、厂房、设备、长期股权等类似资产上所需的投入外，能够产生的额外现金流量。自由现金流量可以分为企业自由现金流量（FCFF）和股东自由现金流量（FCFE）两大类，前者比后者的口径更大。

企业自由现金流量，即经营实体自由现金流量，指扣除税收、必要的资本性支出和营运资本净增加后，能够支付给企业所有的债权人和股东的现金流量。其基本公式为：

企业自由现金流量=息税前利润+折旧-所得税-资本性支出-营运资本净增加

=债权人现金流量+股东现金流量

进一步，拉帕波特建立了如下自由现金流量模型：

$$FCF_t=S_{t-1}(1+g_t)P_t(1-T_t)-(S_t-S_{t-1})(F_t+W_t) \tag{1.1}$$

式中：FCF——自由现金流量；S——年销售额；g——销售额年增长率；P——销售利润率；T——所得税税率；F——销售额每增加1元所需追加的固定资本投资；W——销售额每增加1元所需追加的营运资本投资；t——预测期内某一年度。

基于上述自由现金流量模型，可以得到公司价值的计算公式为：

$$TV=\sum\frac{FCF_t}{(1+WACC)^t}+\frac{V_t}{(1+WACC)^t} \tag{1.2}$$

式中：TV——公司价值；FCF_t——t时期内自由现金流量；V_t——t时刻公司的残值；WACC——加权平均资本成本。具体就WACC而言，其一方面反映了公司融资结构和相应的成本，另一方面综合体现了公司经营风险和财务风险的程度。

综上，我们可以拓展公司价值的认识。基于现值分析理论以及式（1.2），我们认为公司价值是企业自由现金流量和加权平均资本成本（WACC）共同作用的结果。而根据自由现金流量模型（1.1），进一步可以将企业自由现金流量理解为企业现金流入和现金流出之差，其中，现金流入取决于公司的合理投资项目选择以及融资活动，现金流出则主要涉及公司的投资项目选择。此外，公司投资活动以及融资活动还隐含着公司经营层面以及财务层面的风险状况，最终决定着加权资本成本的大小。

由此，借鉴上述现值分析理论以及自由现金流量估价模型，我们可以通过图1-4大致描述出基于价值创造的财务管理理论框架。

基于价值创造的财务管理理论框架试图回答两个基本问题：为谁创造价值（Who）和如何创造价值（How）。这两个问题也成为本书的基本逻辑框架。“为谁创造价值”本质上讨论的是企业主体的问题以及不同主体之间利益协调的问题（公司治理问题）；而“如何

① 郭天明．基于价值链的公司价值创造研究［M］．北京：经济科学出版社，2008.

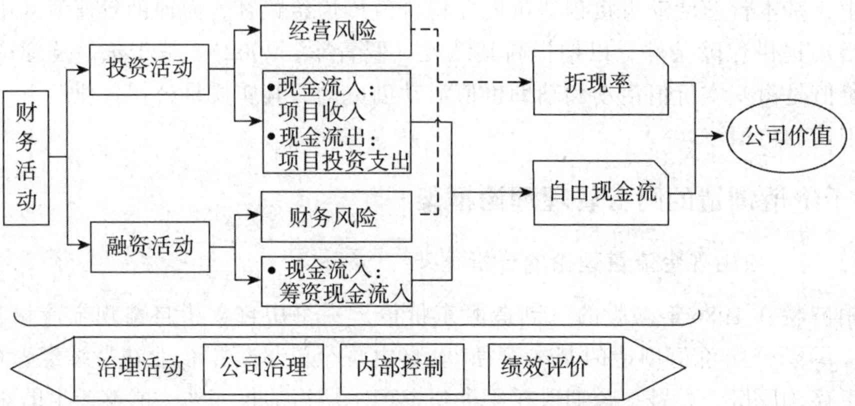

图1-4 基于价值创造的财务管理理论框架

创造价值”则是对价值创造手段的探讨。从财务学视角来理解，我们认为公司价值源于公司财务活动和治理活动两大部分。具体而言，公司财务活动，即投资活动和融资活动，是公司价值创造的主体。两者共同构成了公司现金流入和现金流出的主要驱动力，影响公司自由现金流量水平，其投资规模与方向、融资规模以及结构安排也在一定程度上反映了公司经营层面、财务层面的风险水平，决定着折现率的高低。此外，治理活动是保障公司价值创造高效进行的辅助性活动。在其作用下，投资者与管理层之间的利益得以协调，内部各层级之间的权责利分配得以明确，兼顾监督与激励，有效缓解了不同主体受各自利益驱使而给公司财务活动带来的干扰，有利于公司财务活动价值创造作用的践行，间接地促进了公司价值创造。综上，围绕公司价值创造这一主题，上述财务管理理论框架以公司自由现金流量和折现率为中介变量，将公司财务管理活动的各个环节有机结合起来。自此，公司的投资、融资、治理活动不再只是独立的部分、零散地分布在财务管理架构下，而是更多地表现为在价值创造目标引导下，以不同的方式从不同的方向作用于现金流或风险程度的价值创造践行手段。

（二）基于剩余收益理论的分析框架

自Ball和Brown（1968）做出开创性的研究以来，在解释和预测会计对资本市场价值评估的作用方面，逐渐形成了会计“信息观”的理论框架。但Ohlson（1991）认为，这类针对会计信息与股票价格之间的相关性分析无法回答“盈利为什么或怎样与收益相关”以及“为什么是盈利而不是其他数据作为收益的主要信息变量”的问题。如果要解释会计信息与股票价格之间的具体作用路径，则必须设计一个联系股价与会计盈余的均衡模型。基于此，多位学者构建了以剩余收益理论为核心的会计“计价观”，即用会计指标来反映公司价值。

剩余收益概念最早由Preinreich（1938）提出，他认为剩余收益可以轻易地从机器的资本化价值（现值表达式）中推导出来，并将资本价值界定为会计账面价值加上剩余收益的限制。其中，剩余收益被定义为单位资本获得的利润减去单位资本要求的利息。基于剩余收益概念，Edwards和Bell（1961）提出了EBO模型，但并未引起学界的重视。直至Ohlson（1995）对剩余收益进行了系统阐释，并构建了公司权益价值与会计变量的模型，Feltham和Ohlson（1995，1996）对模型又进行了优化和完善，随后该方法成为近十年来美国财务学界、会计学界最热门的研究主题之一，也成为大多数投资公司进行投资决策的工具之一。

基于以下三个假设：一是公司权益价值等于预期未来股利的现值之和，且无风险套利；二是“清洁盈余关系”，即本期末账面净资产等于上期末（本期初）账面净资产加上本期盈利，再减去本期发放的现金股利；三是剩余收益满足线性关系，同时考虑风险因素，并假设未来各期盈利变量独立同分布。

Ohlson（1995）提出了以下公司估值模型：

$$P_t = bv_t + \partial_1 x_t^a + \partial_2 V_t \tag{1.3}$$

式中：P_t——公司价值；bv_t——在t时点的净资产账面价值；x_t^a——在t时期的剩余收益；V_t——在t时期的影响公司价值的其他因素。

Feltham和Ohlson（1996）将模型由静态发展到动态，即公司经营不断地有新的投资活动发生，构建了以下优化后的公司价值模型：

$$P_t = bv_t + \sum_{\tau=1}^{\infty}(1+r)^{-\tau}E_t\left[x_{t+\tau} - rbv_{t+\tau-1}\right] \tag{1.4}$$

式中：r——无风险利率；E——期望；其他指标含义同上。

综上，我们可以拓展对公司价值的认识。基于剩余收益理论以及式（1.4），我们认为公司价值是账面净资产与未来各期剩余收益的现值之和，其中剩余收益等于当期盈利减去期初账面净资产与无风险利率的乘积。再进一步考虑，企业剩余收益其实就是当期的总收益与股东所要求的报酬之差。因此，利用普通股回报率ROCE，可以将式（1.4）改写为：

$$P_t = bv_t + \sum_{\tau=1}^{\infty}\left[(1+r)^{-\tau}\left(ROCE_{t+\tau} - r\right)bv_{t+\tau-1}\right] \tag{1.5}$$

由此，借鉴上述剩余收益理论以及估值模型（1.5），我们可以通过图1-5大致展示出剩余收益模型的运作方式。

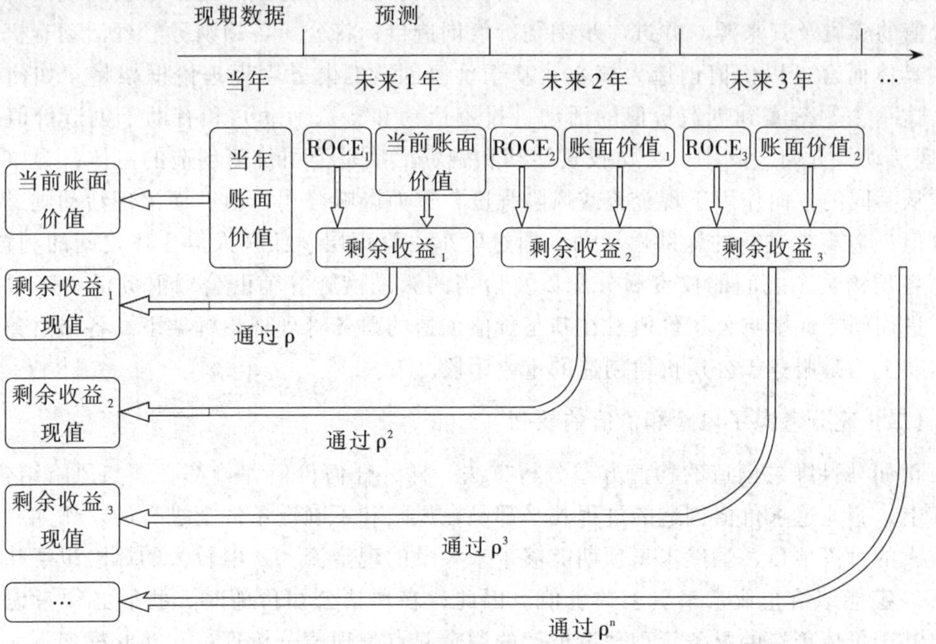

图1-5　剩余收益模型的运作方式

与自由现金流量估价模型相比，剩余收益模型主要有以下优点：一是剩余收益模型集中于决定价值创造的投资盈利能力和投资增长两个动因，即其是从股东的利益出发，真正着眼于管理层的经营管理活动是否为公司创造了价值，这是与传统现金流量折现模型最大的区别；二是剩余收益模型可以直接利用资产负债表和利润表的数据来计算公司价值，且适用于广泛多样的会计准则；三是剩余收益模型利用应计会计制的性质，认识到了价值增长先于现金流动，将价值增加与价值付出相配比，将投资作为资产而不是价值的损失；四是剩余收益模型预测期限短于自由现金流量估价模型，后者的一个假设前提是企业永续经营，而前者则认为由于行业竞争等因素，公司的剩余收益并不会长期持续，由此对预测期限进行有限化的处理，更贴合现实情境。随后，多位学者从实证角度也验证了与自由现金流量估价模型相比，剩余收益模型在中外市场上都具有更好的解释力（Bernard，1995；Penman和Sougianni，1998；陆宇峰，1999；杨丹等，2008等）。但剩余收益模型也存在一定的缺点，比如需要使用者懂得应计会计制的工作原理，且更依赖于会计数字，而会计数字的真实性难以保证。

三、基于价值创造的财务管理理论框架的特点

我们认为，基于价值创造的财务管理理论框架具有以下特点：

（一）围绕价值创造目标，将公司各项财务管理活动有机结合起来

事实上，传统的财务管理目标并未就“如何实现对应目标”形成系统性的理解，各项财务管理活动是否以及如何服务于该财务管理目标并不明确。可以说，在传统的财务管理目标架构下，财务管理目标与财务管理活动是相互脱离的，各项财务管理活动零散存在且不具有内在逻辑性。我们构建的基于价值创造的财务管理理论框架打破了这一局限，将分析的触角深入到公司经营管理的各个方面，试图从公司自身生产经营活动的视角来审视公司价值的实质及其来源，并进一步围绕价值创造目标将公司各项财务管理活动有机结合起来。具体而言，以价值创造为核心，基于价值创造的财务管理理论框架将“如何创造价值”这一主题落实到创造价值的活动（投资活动和融资活动）和有助于创造价值的活动（治理活动）方面。其中，公司投资活动和融资活动是公司价值创造的主体，会以不同的方式从不同的方向作用于现金流或风险程度，进而影响公司价值；而治理活动则是保障公司价值创造高效进行的辅助性活动，通过股东、管理层、债权人等主体之间的利益协调、内部各层级员工之间的权责利分配以及恰当的激励措施等辅助公司财务活动正常有序进行，进而间接地影响公司价值。在基于价值创造的财务管理理论框架下，各项财务管理活动本质上均是服务于公司价值创造的重要手段。

（二）充分考虑了风险和价值的权衡

正如马科维兹创造的均值方差分析方法一样，任何价值评价都必须与风险结合起来。事实上，企业追求价值创造的过程几乎都是在风险和不确定条件下进行的。例如，某项风险较大的投资项目，虽然未来预期能够带来大量的现金流入，但较大的风险也意味着该项目不一定能够给企业带来更多的价值。因此，在评估公司价值时，我们必须考虑风险因素。基于价值创造的财务管理理论框架的逻辑起点是现值分析理论。在此框架下，公司的各项财务管理活动均通过公司预期未来现金流、折现率两个中介变量作用于公司价值。其中，折现率反映了公司经营层面或财务层面的风险程度，其使用充分体现了基于价值创造的财务管理理论框架对风险和价值的权衡。

（三）明确了公司治理对公司价值创造的重要意义

目前，公司治理相关研究主要经历了从Berle和Means范式到LLSV[①]范式的演变过程（赖建清，2007）。Berle和Means范式基于所有权的高度分散以及经理层实际掌握控制权的假设，着重处理内部管理者和外部股东之间的冲突。而LLSV范式基于所有权的集中性以及控制权掌握在控股股东手中的假定，其解决的核心问题是控股股东和外部中小股东之间的利益冲突和代理问题。其中，LLSV（2002）发现投资者保护机制的优劣和所有权结构都会影响控股股东攫取控制权私利的空间[②]，并进而影响公司价值。赖建清（2007）[③]总结了LLSV的研究脉络，如图1-6所示。

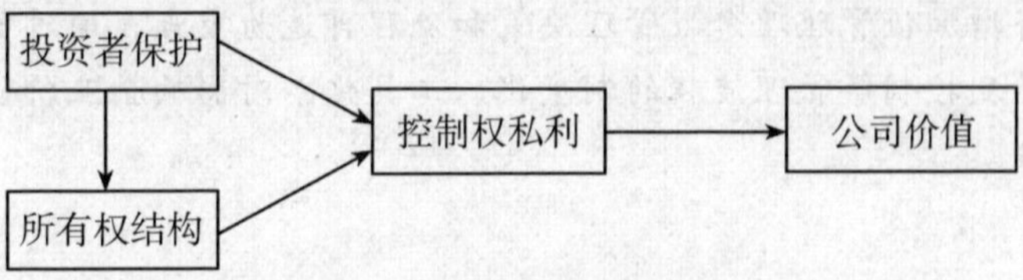

图1-6　LLSV的研究脉络

综上，我们可以认为，股东和经理人、股东和债权人以及控股股东和小股东等不同主体之间不当的代理关系可能导致个别主体的利益凌驾于企业价值之上，最终损害公司总体价值。因此，公司治理活动同样也是不容忽视的价值问题。对应这一观点，基于价值创造的财务管理理论框架明确指出了公司治理对公司价值创造的重要意义。具体而言，在基于价值创造的财务管理理论框架下，公司治理活动虽然并未直接参与公司价值创造的过程，但其是否有效将影响各种公司价值创造践行手段作用的发挥，进而间接地影响公司价值。

四、价值管理

从实践的角度看，基于价值创造的财务管理理论框架同样具有重要的优势。普华永道的研究表明，当代的CFO更多地关注整体股东回报或其他价值目标，如投资现金流量回报、自由现金流量（FCF）、剩余收益和经济增加值（EVA）等。基于现金流量的投资回报现已成为与股东财富、公司价值密切相关的新概念，构成了公司发展战略和财务战略的规划融合点。相应地，以价值为基础的管理（Value Based Management，VBM）也已发展成为CFO必备的财务理念。普华永道“CFO 2000年展望”的调查显示，近70%的公司认为它们在战略规划中运用了VBM。

VBM的关键之处在于帮助人们清晰地把握价值动因，促使公司的财务管理发生质的变化，初步形成面向21世纪的财务管理模式。这个模式具有以下优点：①从增量评估转变为以价值为基础的战略评价；②从追求单一的利润目标转变为与股东财富价值和公司价值有关的每一价值动因的自身目标；③从对传统的职能结构进行管理转变为以价值为中心进行管理；④促使会计工作从提供历史成本的信息转变为提供价值预测的报告；⑤不仅要预测利润，更要预测现金流量。

---

① LLSV是La Porta、Lopez-De-Silanes、Shleifer和Vishny四个人名字的缩写。
② 控制权私利是指控股股东利用优势地位，挪用公司资源或者独占其他股东不能共享的公司利益。
③ 赖建清．所有权、控制权与公司绩效［M］．北京：北京大学出版社，2007.

小贴士　　“价值管理”理念在我国国有企业的应用

“价值管理”理念可以追溯到1776年亚当·斯密《国富论》中提出的经济利润概念。19世纪90年代，“基于价值的管理”在欧美国家得到了广泛的研究和应用，并逐步由“对价值指标的研究”发展到完整的“企业价值管理体系”。在我国，国务院国资委于2014年1月发布的《关于以经济增加值为核心加强中央企业价值管理的指导意见》对建立基本完善的价值管理体系的要求，首次强调了“价值管理”理念在国有企业经营管理中的重要性。其中对价值管理的定义是：“价值管理是基于经济增加值的价值管理，是以价值最大化为目标，以经济增加值管理理念、管理决策和流程再造为重点，通过价值诊断、管理提升、考核激励、监测控制等管理流程的制度化、工具化，对影响企业价值的相关因素进行控制的全过程管理。”

本章小结

1.通过归纳现有的教材和文献可以发现，影响较广的财务管理目标主要包括利润最大化、股东财富最大化、企业价值最大化三类。其中，利润最大化目标由于忽视了时间价值和收益的不确定性，最早被质疑；由于企业资产的价值是由股东权益和债权人权益共同构成的，股东财富最大化目标对股东权益过多地强调也备受争议；公司价值最大化目标虽然能够兼顾股东和债权人的利益，但公司价值定义的局部化以及“最大化”概念的抽象性限制了这一目标对财务管理目标刻画的准确性。围绕财务学理论范畴中价值这一核心概念，相比于对价值最终结果的强调，创造价值的过程更能切实地反映各项财务管理活动的本质。更为直接地说，财务管理的目标应该是价值创造。

2.现值分析理论认为公司价值是股权价值和债权价值之和，具体表现为未来预期现金流的折现值。在此框架下，公司价值取决于三个因素：企业投资或筹资活动的有效期限(现金流量的时间域)、发生在各个时点的现金流量以及平衡不同时点现金流量的投资收益率（个别收益率或贴现率，能够正确地反映未来现金流量的风险以及相应的其他投资机会的机会成本)。

3.自由现金流量是指企业在持续经营的基础上，除了在库存、厂房、设备、长期股权等类似资产上所需的投入外，能够产生的额外现金流量。自由现金流量可以分为企业自由现金流量（FCFF）和股东自由现金流量（FCFE）两大类，前者比后者的口径更大。其中，企业自由现金流量，即经营实体自由现金流量，指扣除税收、必要的资本支出和营运资本净增加后，能够支付给企业所有的债权人和股东的现金流量。

4.剩余收益是指单位资本获得的利润减去单位资本要求的利息。在剩余收益概念下，公司价值是账面净资产与未来各期剩余收益的现值之和。该模型集中于决定价值创造的投资盈利能力和投资增长两个动因，即其是从股东的利益出发，真正着眼于管理层的经营管理活动是否为公司创造了价值。这是与传统的现金流量折现模型最大的区别。

5.基于价值创造的财务管理理论框架试图回答两个基本问题：为谁创造价值（Who）和如何创造价值（How)。“为谁创造价值”本质上讨论的是企业主体的问题以及不同主体之间利益协调的问题（公司治理问题）；而“如何创造价值”则是对价值创造手段的探讨。从财务学视角来理解，我们认为公司价值源于公司财务活动和治理活动两大部分。具体而言，公司财务活动，即投资活动和融资活动，是公司价值创造的主体。两者不仅共同构成了公司现金流入和现金流出的主要驱动力，影响公司自由现金流量水平，其投资规模与方向、融资规模以及结构安排也在一定程度上反映了公司经营层面、财务层面的风险水平，决定着折现率高低。此外，治理活动是保障公司价值创造高效进行的辅助性活动。在其作用下，投资者与管理层之间的利益得以协调，内部各层级之间的权责利分配得以明确，兼顾监督与激励，有效缓解了不同主体受各自利益驱使给公司财务活动带来的干扰，有利于公司财务活动价值创造作用的践行，间接地促进了公司价值创造。

6.基于价值创造的财务管理理论框架具有以下特点：①围绕价值创造目标，将公司各项财务管理活动有机结合起来；②充分考虑了风险和价值的权衡；③明确了公司治理对公司价值创造的重要意义。

重要术语

财务管理目标（Financial Management Goal）
价值（Value）
价值创造（Value Creation）
价值链（Value Chain）
自由现金流量（Free Cash Flow）
风险价值（Value-at-Risk）
价值管理（Value Based Management）

习题

复习思考题

1.现有财务管理目标包括哪些？存在哪些局限性？
2.简述各经济理论下的价值观。
3.简述现有企业价值理论。
4.简述基于价值创造的财务管理理论框架。
5.简述基于价值创造的财务管理理论框架的特点。
6.价值管理的本质是什么？如何理解以价值为基础的管理？

案例讨论题

韦尔奇：股东价值是世上最蠢的想法

被称为“股东价值运动之父”的杰克·韦尔奇（Jack Welch）表示，沉迷于短期利润和股价上涨是一种“愚蠢的想法”，而过去20多年来，这一直主宰着企业界的思维。

这位通用电气（GE）前首席执行官向英国《金融时报》表示，自从其在1981年的一次讲话中提出“股东价值”的概念以来，企业高管和投资者都错误地强调了这一概念。

韦尔奇在通用电气的业绩，使得“股东价值”这一概念广为人知。他表示，对于管理者和投资者来说，将收益持续增长和股价稳步攀升作为首要目标是错误的。

“从表面上看，股东价值是世界上最愚蠢的想法，”他表示，“股东价值是一种结果，而不是一种战略……你主要依靠的是你的员工、你的客户和你的产品。”

韦尔奇发表上述评论之后，有媒体报道称，通用电气已经失去了标准普尔（Standard & Poor's）的AAA评级。韦尔奇于2001年离开通用电气。

他在接受英国《金融时报》采访时发表了上述评论，《金融时报》正在制作有关资本主义未来的系列报道。金融危机的到来，使许多著名高管和决策者进行了彻底的反思。

美联储前主席、自由放任主义思想的领军人物艾伦·格林斯潘（Alan Greenspan）于2009年2月向英国《金融时报》表示，美国可能不得不暂时对一些银行进行国有化，以解决金融系统中存在的问题。

人们通常认为，股东价值运动的诞生，要追溯到韦尔奇于1981年在纽约皮埃尔酒店（Pierre Hotel）的一次演讲，当时他刚刚接管通用电气。

那次演讲名为“在低增长经济中迅速成长”。韦尔奇在演讲中概述了他的理念：出售表现不佳的业务，大幅削减成本，以实现超越全球经济增速的持续利润增长。

通用电气“将是拉动国民生产总值的火车头，而不是被拖在最后的车厢”，媒体援引他的话称。

韦尔奇表示，他从来无意表明，一个又一个季度地制定并实现利润预期、努力提高公司股价应该是企业高管的主要目标。

“这是一种愚蠢的想法，”他表示，“认为股东价值是一种战略的想法十分荒唐。它应该是从管理层到员工共同努力的结果。”

韦尔奇在通用电气的继任者杰夫·伊梅尔特曾表示：“在20世纪90年代，任何人都可以经营企业。一条狗也可以经营企业。”被问及对此有何评论时，韦尔奇表示，他赞同这种说法，因为当时的经济形势比较好。

“在20世纪90年代，担任首席执行官要轻松一些，”他表示，“一切顺风顺水，2007年之前都比较轻松，现在真的很艰难。”

资料来源：GUERRERA. Welch condemns share price focus [EB/OL]. (2009-03-13). https://www.ft.com/content/294ff1f2-0f27-11de-ba10-0000779fd2ac.

思考：股东价值的真正含义是什么？无论外在环境如何变化，什么才是实现股东价值创造最恰当的途径？

二维码1-1 参考答案

二维码1-2 拓展阅读：系统把握习近平新时代中国特色社会主义经济思想

延伸阅读

［1］罗福凯．财务理论的内在逻辑与价值创造［J］．会计研究，2003（3）：23-27.

［2］罗福凯．财务思想史的演进与价值创造［J］．财经理论与实践，2002，23（115）：70-75.

［3］杨丹．西方资产评估理论简介［J］．四川会计，1999（2）：20-22.

［4］RAPPAPORT. Cash flow analysis of corporate performance［J］. Small Business Report，1988（13）.

［5］RAPPAPORT. Creating shareholder value：A guide for managers and investors［M］. New York：Simon and Schuster，1999.

［6］OHLSON. Earnings，book values，and dividends in equity valuation［J］. Contemporary Accounting Research，1995，11（2）：661-687.

［7］FELTHAM，OHLSON. Uncertainty resolution and the theory of depreciation measurement［J］. Journal of Accounting Research，1996，34：209-234.

第二章　战略财务报表分析

学习目标

1. 认识企业财务报表的内在局限性；
2. 了解战略财务报表分析的步骤；
3. 了解财务报表的行业和战略分析；
4. 掌握财务报表的会计分析和财务分析方法。

引例：麦当劳是不是好公司？

麦当劳是由创始人雷蒙·克罗克于1955年在美国伊利诺伊州的德斯普兰斯创立的，主要售卖汉堡包等快餐食品，现已成为一家全球大型跨国连锁餐厅。截至2019年年末，麦当劳在全球共有38 695家餐厅，雇用员工人数接近20.5万人，品牌价值超过1 303亿美元。那么，麦当劳是不是好公司？

巴菲特在1979年致股东的信中提到，"我们判断一家企业经营好坏的主要依据，在于公司的净资产收益率（排除不当的财务杠杆或会计作账）"。巴菲特认为，如果一家公司的净资产收益率能够常年持续稳定在20%以上，那么，它就是一家好公司，投资者应当考虑买入，这也是他常年践行的选股标准之一。

在净资产收益率的表现上，麦当劳在2008年至2016年之间，该指标一直高于20%，甚至在2016年达到191.93%。而从2017年起，其净资产收益率却一直为负数，究其原因，麦当劳的净资产变为负数。那么，按照巴菲特的净资产收益率选股标准来看，近些年，"资不抵债"的麦当劳是否已经不再是一家好公司？

因而，我们不妨带着下面几个问题来学习本章内容：单个财务指标能否反映公司的好坏情况？基本财务报表能否为投资者提供足够的决策依据？是否还需要其他有用的信息？

投资有不同的类型，购买公司股份是一种投资，购买公司债券是另一种投资。股东关注的是公司的盈利能力，债权人关注的是公司的偿债能力，财务报表分析有助于使用者对公司这两个方面的状况进行评估。向公司贷款的银行也是投资者，其同样关注公司的偿债能力。当公司考虑收购其他公司、进入新的行业、进行公司分拆或重组、以某种资产形式增加投资或减少投资等一系列战略时，公司本身也在扮演着投资者的角色。总之，在上述各种情况下，为了做出合理的决策，都需要进行财务报表分析。

然而，企业财务报表讲述的是企业经营活动有形资产过去的故事，而决策总是面向未来的，企业财务报表有其内在的局限性。这就决定了企业财务报表的阅读和分析者不能简单地、孤立地阅读和分析企业财务报表，因为这样难以理解和领会企业财务报表所反映的企业经营活动。

本章将介绍财务报表分析的新思维——哈佛分析框架，即立足于“战略分析—会计分析—财务分析—前景分析”的财务报表分析，首先分析企业的战略及其定位，然后进行会计分析，评估企业财务报表的会计数据及其质量，再次进行财务分析，评价企业的经营绩效，最后进行前景分析，预测企业未来的发展前景。

第一节　战略财务报表分析概述

财务报表主要反映企业某一时点和一定期间的经营成果和财务状况变动，解读财务报表能够清楚地看到公司的经营活动，了解公司的运作能力。财务报表不仅受到投资者的密切关注，公司管理层也经常通过财务报表对公司的经营管理活动进行总体的掌控和分析，从财务报表中解读企业的经营情况及经营风险，从大量的财务数据中发现所需的信息，提高企业经营决策的效率，为公司创造价值。

一、哈佛分析框架

许多财务报表的阅读和分析者当看到财务报表时，就马上埋头阅读，其实，这种阅读和分析方法并不科学。

即使两家企业的财务指标完全相同，我们也不能说这两家企业是一样的。因为这两家企业的持续竞争优势可能不同，比如人力资源的素质、员工的凝聚力与士气、研究与开发的能力等方面，而以上这些因素都没有体现在企业的财务报表中。

财务分析是企业根据现有的财务数据结合企业内外部环境对公司的过去、现在和将来所做出的判断和预测，是整个财务活动的核心部分。准确、及时的财务分析可以为企业决策提供较好的支持。

哈佛分析框架正是从战略的高度来分析一个企业的财务状况，分析企业外部环境存在的机会与威胁，以及企业内部条件的优势与不足。在科学预测的基础上，为企业未来的发展指明方向。

哈佛分析框架[①]（如图 2-1 所示）是由哈佛大学三位学者帕利普、希利及伯纳德提出的财务分析框架。该框架将定量分析和定性分析有效地结合起来，能够高屋建瓴地把握好财务分析的方向，主要包括战略分析、会计分析、财务分析和前景分析四个部分。

（1）战略分析是哈佛分析框架中财务报表分析的起点。战略分析的目的是确定主要的利润动因和经营风险，并定性评估公司的盈利潜力，通过行业和竞争战略分析来预期企业未来的业绩。战略分析可以确定企业的主要成功因素和经营风险，可以为之后的会计分析和财务分析打下基础，也可以在预测公司未来的业绩时做出合理的假设。

① 帕利普，希利．经营分析与估值［M］．刘媛媛，译．5版．大连：东北财经大学出版社，2014．

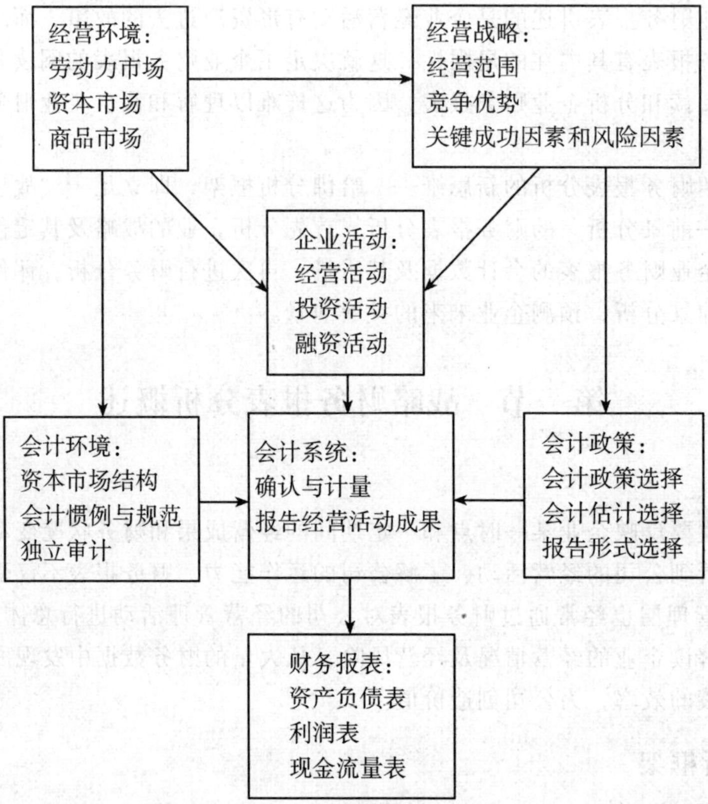

图2-1 哈佛分析框架

（2）会计分析建立在战略分析的基础上，旨在评价公司会计反映基本经营现实的程度，在确定会计灵活性的基础上评价公司会计政策和估计的适宜性。会计分析通过评估会计政策和会计估计来评估会计信息的质量。会计分析包括辨认关键会计政策、评估会计弹性、评价会计策略、评价披露质量、辨别危险信号、消除会计信息失真等步骤。合理的会计分析可以提高财务分析的可靠性。

（3）财务分析的目标是运用财务数据评价公司当前和过去的业绩，并评估其可持续性，主要运用比率分析和现金流量分析对企业的财务数据进行纵向和横向的比较，以评估公司经营业绩。比率分析侧重于评价公司的市场业绩和财务政策，现金流量分析侧重于评价公司的流动性和财务弹性。

（4）前景分析侧重于预测公司的未来，在战略分析、会计分析和财务分析的基础上，对公司的未来做出科学的预测，为企业发展指明方向，为战略决策者提供决策支持。

哈佛分析框架有效地将企业战略同财务会计结合起来，并为企业未来决策提供了有效支持，成为企业财务分析的一种模式。

图2-1描述了企业基于特定经营环境和经营战略所从事的经营活动，经过会计环境、会计政策和会计系统的影响、加工，最终表现为企业财务报表的过程。如果企业财务报表的阅读和分析者并不了解企业所面临的经营环境、经营战略、会计环境和会计政策，仅仅陷入会计数字的迷宫，将难以把握和理解企业经营活动的实质。同时，企业财务报表分析并不是有效分析企业经营活动的全部，而只是其中一个较为技术化的组成部分。有效的企

业经营活动分析必须首先了解企业所处的经营环境和经营战略，分析企业经营范围和竞争优势，识别关键成功因素和风险，然后才能进行企业财务报表分析。

这就是企业财务报表分析的新思维——哈佛分析框架。这完全超越了传统的“报表结果介绍—报表项目分析—财务比率分析”的体例安排，跳出了会计数字的迷宫，以企业经营环境为背景，以战略为导向，立足于企业经营活动，讨论企业经营活动（过程）与企业财务报表（结果）之间的关系，从而构造了企业财务报表分析的基本框架，展示了企业财务报表分析的战略思维。

二、战略财务报表分析流程

财务报表分析的主体是投资者，财务报表主要是为股东进行投资而准备的。在每年的股东大会上，公司需要提交正式的财务报表，需要公布的主要数字包括利润表上的净利润和资产负债表上的所有者权益的账面价值。财务分析人员研究财务报表，一方面要评价公司过去有关活动的成功与否，另一方面要预测该组织未来可能的业绩。

财务报表分析通常包括以下动因：

① 为投资相应公司的普通股股票或者优先股股票的决策提供依据。

② 为扩大公司信用额度的决策提供依据，也许是短期信用额度的扩大（例如，银行为支持一家公司的应收账款和存货而提供的贷款），也许是长期信用额度的扩大（例如，用于支持公司购置土地、安装设备或者建立工厂的银行贷款及公司债券）。

③ 评估公司的供应商、客户或者竞争者的经营业绩和财务状况。

④ 在特定情况下评估公司的价值，例如，在公司的普通股股票首次公开发行的情况下，在公司作为被并购对象的情况下，在公司面临破产法庭听证的情况下，或者在公司进行破产清算的情况下。

⑤ 在公司面临损害诉讼的情况下，形成对有关损害的判断依据。

⑥ 评估在一个行业中，公司之间的联合是否会产生不合理的收益（垄断利润），从而引起政府监管机构开展反垄断行动。

有效的财务报表分析需要五个相互联系的连续步骤[①]，如图2-2所示。

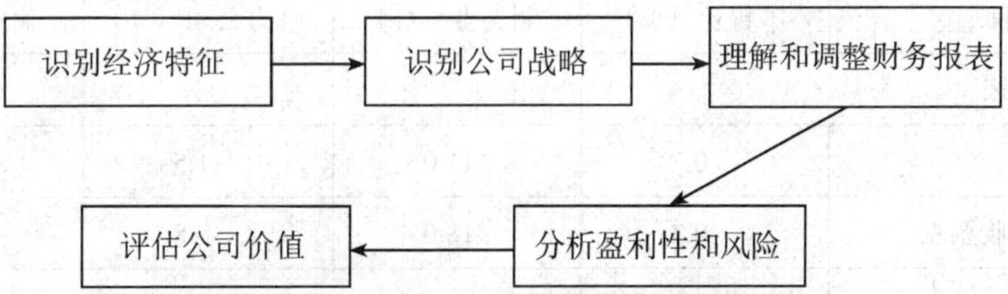

图2-2　财务报表分析相互联系的连续步骤

（1）识别特定行业的经济特征。例如，该行业是否包含数量众多的公司，这些公司是否都销售类似的产品？还是行业中只有为数不多的公司相互竞争，所销售的产品都有与众不同的特点？公司要在行业中保持竞争优势，技术是否扮演着重要的角色？

（2）识别公司可以获得竞争优势的特点及战略。公司的产品设计是用来满足特定的细分市场，还是面向更为广阔的消费者市场？公司是否加工原材料、制造产品？公司是否进

① 斯蒂克尼，等．财务报告与报表分析：战略的观点［M］．张志强，等译．北京：中信出版集团，2004.

入产品零售领域、直接面向最终顾客？公司是否进行跨地区或者跨行业的多样化经营？

（3）理解特定公司的财务报表，消除非再生项目和非正常项目。公司是否按照企业会计准则编制财务报表？公司是否对交易进行刻意的安排或者对企业会计准则进行刻意的选择，从而使公司的财务报表与其实际经济状况相比显得盈利性更好或者风险更低？

（4）运用财务报表信息评估公司的盈利性和风险。绝大多数的财务分析人员都要根据公司涉及的风险来评估公司的盈利性。评估公司近期的盈利性为公司未来盈利性的预测奠定了基础，因而也就可以预测投资于相应公司的未来可能收益。通过对公司应对风险的能力，特别是那些会产生相应财务后果的风险因素的评估，财务分析人员可以估计公司未来出现财务困境的可能性。

（5）评估特定公司的价值。财务分析人员在认定相应公司的股票市场价格过低、过高或者处于合理的水平时，会分别提出购买、销售或者持有的建议。承销特定公司首次公开发行普通股股票的投资银行，则需要确定初次发行的价格。根据财务报表数据得出“正确的”股票价格，既是一门科学，也是一门艺术或者心理分析，它是财务分析人员的基本活动内容之一。

我们将在下面各节分别按照战略分析—会计分析—财务分析—前景分析的思路来具体说明上述五个连续步骤。

第二节　战略分析

一、行业经济特征

财务分析人员希望从一系列的财务报表中得出多种财务关系，而统领这些财务关系的关键正是行业的经济特征。例如，表2-1列示了四个不同行业的公司数据，资产负债表和利润表的各项数据是以所占销售收入的百分比来表示的。

表2-1　四个行业财务报表的相关数据[①]

项目	零售业（%）	制药业（%）	电力公司（%）	商业银行（%）
年末资产负债表				
货币资金	0.7	11.0	1.5	261.9
应收账款和应收票据	0.7	18.0	7.8	733.5
存货	8.7	17.0	4.5	—
固定资产	22.2	28.7	159.0	18.1
其他流动资产	1.9	72.8	29.2	122.6
资产总计	34.2	147.5	202.0	1 136.1
流动负债	7.7	30.8	14.9	936.9

① 斯蒂克尼，等. 财务报告与报表分析：战略的观点［M］. 张志强，等译. 北京：中信出版集团，2004.

续表

项目	零售业（%）	制药业（%）	电力公司（%）	商业银行（%）
非流动负债	7.6	12.7	130.8	71.5
其他流动负债	2.6	24.6	1.8	27.2
股东权益	16.3	79.4	54.5	100.5
负债和股东权益总计	34.2	147.5	202.0	1 136.1
全年利润表				
营业收入	100.0	100.0	100.0	100.0
营业成本	(74.1)	(31.6)	(79.7)	—
营业费用	(19.7)	(37.1)	—	(41.8)
研发费用	—	(10.1)	—	—
利息费用	(0.5)	(3.1)	(4.6)	(36.6)
所得税费用	(2.2)	(6.0)	(5.2)	(8.6)
净利润	3.5	12.1	10.5	13.0

这些行业的经济特征都会以各种各样的方式影响财务报表的内在关系。

（一）零售业

零售业任意一家商店的产品都与其他商店的产品非常类似，进入这个行业的门槛并不高。因此，激烈的竞争和产品的非差异化，导致这个行业相对较低的利润占销售收入的比例，或者说较低的销售利润率（3.5%）。

然而，零售业只需要很少的资产就能形成销售收入。在本例中，每1元的销售收入只需要0.342元的资产，其资产的周转率为每年2.9次（100%÷34.2%）。在这种零售行业中，资产每周转1次，每1元的资产就会产生0.035元的利润。因此，在1年期间，零售业在资产上每投资1元，就会获得0.1015元（3.5%×2.9）的利润。

（二）制药业

与零售业相比，制药业具有较高的进入门槛。制药业必须大量投资于研究开发，才能获得新的医药产品，而新的医药产品要想上市，又要经过漫长的政府审批流程，才能获得相应新药的专利权。有了这种专利权，公司就可以在很长时间内独享相应新药的生产和销售。这种较高的进入门槛，使得制药公司可以实现高于零售业的销售利润率。

同时，制药公司也面临着特有的产品责任风险、更新风险以及竞争风险。由于存在这些业务风险，制药公司往往较少采用债务融资方式。

（三）电力公司

电力公司的主要资产是资本密集的发电厂，因此，土地、厂房和设备决定着电力公司资产负债表的情况。由于这些资产要求进行大量的投资，因此，传统上，在一定的地区范围内，电力公司要求拥有垄断地位。政府方面也允许这种垄断地位的存在，但通常会对电力服务的收费和价格做出限制和规定。因此，传统上，电力公司可以实现较高的销售利润率（10.5%），由此可以抵销该行业相对较低的总资产周转率。电力公司的垄断地位和政府方面的保护降低了电力公司财务失败的风险，使得电力公司可以进行较大规模的债务融资。

（四）商业银行

商业银行的主要资产是在短期金融证券上的投资以及向企业和消费者提供的贷款，这些投资的资金来源于客户的存款和银行的长期借款。由于客户通常在任何时间都可以提取存款，因此，商业银行通常会将一部分资金投资于短期的流动性较强的证券，从而可以随时快速地将其转换成现金。

贷款是一种商品交易，从一家银行借出资金与从另一家银行借出资金完全一样，因此，商业银行的利息收入和利息费用之间的差额，在各商业银行之间不会有明显的差别。

贷款的利润率相对较低。在表2-1中，商业银行13%的销售利润率实际上反映了其所提供的收费金融服务具有更高的利润率，比如，有关公司并购的安排，为企业融资结构调整提供的服务，以及为公司客户提供的金融担保等。在本例中，商业银行的资产周转率每年只有0.09次（100%÷1 136.1%），这反映了投资和贷款每年只有6%～8%的利息收入，而收费服务项目只需要相对较少的资产等各方面情况的综合结果。

二、行业经济分析工具

研究一个行业的经济特征，通常有三种工具：①价值链分析（Value Chain Analysis）；②波特五力分类（Porter's Five Forces Classification）；③经济特征框架（Economic Attributes Framework）。

（一）价值链分析①

一个行业的价值链描绘了相应行业创造、生产以及分销其产品和服务的各种活动。图2-3列示了制药行业的价值链。

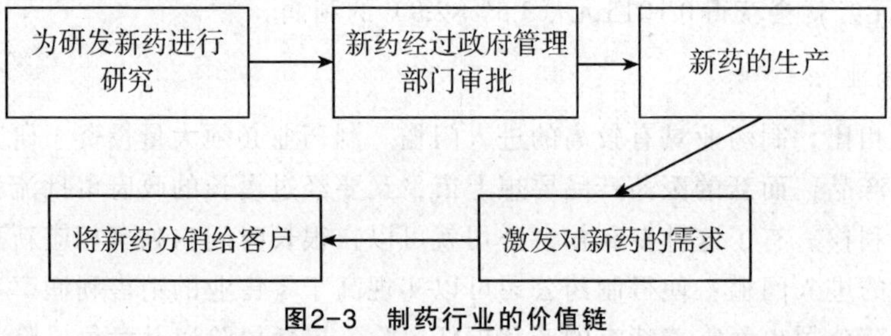

图2-3 制药行业的价值链

制药公司进行研发投资，以开发出新的药品，一旦研制出可靠的药品，就开始了漫长的药品审批流程。为了启动审批流程，降低成本，允许科技人员贡献自己的才智，更有效地进行新药的研制开发，制药公司开始与医药临床研究公司签订合约，在新药审批的过程

① 波特．竞争战略［M］．陈小悦，译．北京：华夏出版社，2005.

中进行产品实验和相关药品的开发。

制药公司需要聘用强有力的销售团队向医生和医院推销其药品。在努力刺激消费和需求的过程中，制药公司不断增加新产品在电视上的广告投资，建议消费者向医生询问或要求使用相应药品。尽管目前来看，大批量订货通过邮寄的方式越来越常见，但药品的分销通常仍是通过药店进行的。

只要在价值链的每一阶段，产品或者服务的价格是确定的，分析人员就可以判断在整个行业中哪一环节增加了价值。例如，为了确定医药开发阶段的价值，分析人员可以考察收购极有希望发明新药的公司和刚刚开发出新药的公司的价格。医药临床研究公司进行实验时和新药获得审批时所要求的价格，提供了这一活动增加价值的信息和信号。哪一活动提供的价值越高，在相应阶段所获得的利润就越多，就应该多开展这一阶段的业务。

分析人员同样可以采用价值链识别特定公司在其行业中的战略定位。传统上，医药公司定位在研究开发、生产和激发需求阶段，而将药品面向客户的分销阶段交给药店负责。越来越多的医药公司将药品的实验和审批通过外包的形式交给外部的公司负责。

就电子商务行业而言，以阿里巴巴集团为例加以说明。天猫商城或淘宝网作为交易平台，为消费者提供了质优价廉的商品，吸引消费者购买的同时促进了更多商家的入驻；同时，与物流公司建立合作关系，为消费者的购买行为提供最终保障。图2-4列示了电子商务行业的价值链。

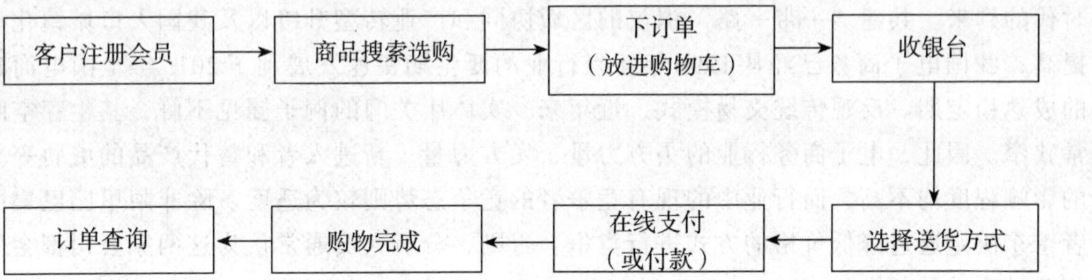

图2-4　电子商务行业的价值链

（二）波特五力分类[①]

波特曾经指出，有五大力量影响着一个行业的平均盈利性。

1.买方的力量

消费者对产品的价格是否敏感？如果某家公司的产品与竞争者所提供的产品类似，消费者就会购买价格更低的产品。如果消费者认为某家公司的产品拥有独特性，他们就可能对产品价格的差异不敏感。影响价格敏感性的另外一个方面就是产品的相对成本。相对于产品消费在收入中所占的比重来说，消费者对价值较低的产品的价格变动并不敏感，如淘宝网上的日用品，而对价值较高的产品的价格变动则更为敏感，如汽车。

2.卖方的力量

相对于市场上投入的一方，也有类似的一系列影响因素。随着网店的增多，网站内部搜索资源日益不足。对于网店来说，真正有价值的商品一般会列示在搜索结果的第一页，

① 波特．竞争战略［M］．陈小悦，译．北京：华夏出版社，2005.

如果第一页所列示的商品无法满足需求，买家往往不愿往后翻看，卖家也就基本上无法卖出商品，所以，卖家不得不花钱做广告、竞价搜索、提升店铺形象，供应商的竞争能力受到牵制。因此，更有力量的一方是网店，而不是供应商。

3.现有公司之间的竞争

激烈的竞争会降低一个行业的盈利性。2014年，天猫商城的总成交额为7 630亿元，在B2C网络零售市场中的所占份额排名第一，市场份额为60%；京东的全年交易总额为2 602亿元，排名第二，市场份额为21%。作为行业中两个主要的寡头经营者，阿里巴巴集团和京东可以设法减少基于价格的竞争，而展开基于服务质量或者其他特征的竞争。

4.新进入者的威胁

新公司进入一个市场的难易程度如何？是否存在一些进入门槛，例如，需要巨额的资本投资、高超的技术专家，或者是否存在有关政府的法令使新进入者难以进入？如果情况是这样的，那么，与那些所在市场中的新进入者可以很容易地进入并瓜分利润的公司相比，进入门槛较高的行业中的公司更容易获得较高的收益。

5.替代产品的威胁

顾客是否容易转向替代产品？转向替代产品的可能性如何？在市场上，当存在接近的替代产品时，比如绝大多数的食品杂货商店，公司经营的盈利性就会下降，而相对于缺少替代产品的新的独特产品，比如特定的医疗产品，其盈利性就会提高。随着“互联网+”时代的到来、共建“一带一路”倡议的区域协同和产业转型升级以及我国人口城镇化率的提高，我国电子商务已经从1990年新兴行业的诞生期快速发展到了2015年全国电商时代的成熟稳定期。反观传统交易模式，近年来，实体店关门的例子屡见不鲜，其生存空间非常狭窄。因此，电子商务行业的买方力量、卖方力量、新进入者和替代产品的威胁等方面的影响程度均不高，而行业中的现有竞争者的竞争态势则较为适度。除非阿里巴巴集团或者京东决定通过降低价格的方式进行竞争，否则，分析人员通常认为这两家公司都会保持相对较高的盈利性。

（三）经济特征框架

在研究公司的经济特征时，采用经济特征框架是非常有效的方式。

1.需求

① 顾客对价格是高度敏感（如汽车行业），还是相对不敏感（如软饮料行业）？

② 需求所处的行业是增长迅速（如互联网软件行业），还是相对较为成熟（如零售业）？

③ 需求是与经济周期波动相一致（如住房和写字楼建筑行业），还是对经济周期相对不敏感（如食品或者医疗服务行业）？

④ 需求在一年中是随着季节而变动（如玩具或者滑雪设备行业），还是相对较为平稳？

2.供给

① 是有众多的供应商提供类似的产品，还是仅有少数的供应商提供独特的产品？

② 是否有较高的进入门槛？

3.生产

① 生产过程是资本密集型的（如电力行业）、劳动密集型的（如广告或者专家服务行业），还是介于两者之间（如汽车生产或者飞机运输行业）?

② 生产的过程是较为复杂，不允许出现错误（如心脏起搏器制造行业），还是较为简单，可以接受一定范围的质量问题（如非机械的玩具制造行业）?

4.市场营销

① 产品是销售给其他企业，人员促销起到重要作用，还是销售给消费者，广告和有奖销售在促销机制中起到重要作用?

② 是有稳定的需求拉动产品顺利通过各种分销渠道，还是公司必须不断地做出努力来激发新的需求?

5.融资

① 公司资产在所处行业中的期限是相对较短，要求资产与其短期资金来源相匹配（如商业银行），还是相对较长，要求与相对长期的融资方式相匹配（如电力行业）?

② 公司资产在所处行业中是拥有相对较低的风险，可以进行更大比例的债务融资（如消费信贷公司），还是由于产品生命周期较短或者产品责任导致较高的风险，迫使公司进行较低的债务融资和较高的权益融资?

③ 公司所处的行业是相对盈利性较好、较为成熟，可以从经营中获得相对较多的现金流量来满足购置土地、厂房和设备的需要，还是成长较快，需要进行外部融资来补充资金需求？表2-2总结了电子商务行业的经济特征。

表2-2 电子商务行业的经济特征

需求：
•对价格相对敏感 •在我国的年增长率为20%左右，在其他国家也稳定增长 •需求没有周期性
供给：
•B2C市场由两大寡头经营者占据，C2C市场一家独大 •两大寡头经营者的平台主宰了销售渠道，也形成了较高的进入门槛
生产：
•属于劳动密集型行业 •物流竞争激烈，“无物流、不电商”
市场营销：
•品牌认知度和已经形成的需求可以保证电商平台顺利占据市场，但广告可以从某种程度上刺激新的需求
融资：
•电子商务行业仍处于“烧钱”状态，资金是企业的“命脉” •多数企业未实现盈利，融资需求大，中小电商企业由于规模小、实力弱，很难得到融资支持

三、公司战略

要从众多的竞争者中脱颖而出，公司必须制定有效的经营战略，但是行业的经济特征会影响公司制定这些战略的灵活性。在某些情况下，公司会持续地创造竞争优势：规模和品牌为阿里巴巴集团赢得了持续的竞争优势，尽管京东也有类似的优势；家庭娱乐的声誉为华特迪士尼赢得了持续的优势。

然而，在许多行业中，公司的产品和创意会被迅速复制，例如，计算机软件和硬件行业，炸鸡、比萨饼、汉堡包连锁商店，以及金融服务行业。因此，公司通过率先引入相应的概念或创意（被称为领先进入优势）或者通过不断投资于产品开发，以保持在某一行业中的领先地位。

各行各业的公司都会面临一系列的战略选择，构建一个公司产品及其特征的框架，可以帮助分析人员更好地考察公司的战略选择。

（一）产品和服务的性质

公司是针对特定的细分市场创造独特的产品和服务，从而达到相对较高的利润率（产品差异化战略），还是提供无差异的产品获取较低的利润率，从而提高资产周转率并作为回报（成本领先战略）？

阿里巴巴集团在电子商务行业进行广泛的经营和竞争，包括淘宝网、天猫、聚划算、全球速卖通、阿里巴巴国际交易市场、1688、阿里妈妈、阿里云、菜鸟网络等，但其主要的业务还是B2C以及C2C的淘宝网。由于品牌认知度和业务模式的差异，从某种程度上可以说，阿里巴巴集团是在出售一种差异化的产品。

（二）在价值链中的一体化程度

公司在追求纵向一体化战略的同时，是参与价值链过程中所有的阶段，还是只选择价值链中几个特定的阶段？就生产而言，公司是自己进行所有的生产过程（如钢铁生产），或是外包所有的生产过程（如在运动鞋类的生产中较为常见），还是将零部件的生产加工外包，而自己进行组装（如在汽车和计算机硬件行业中较为普遍）？就分销而言，公司是自己直接控制分销功能，还是依靠外部资源进行分销？例如，Wendy's快餐连锁集团控制其大部分的快餐店，而麦当劳公司则基本依赖于独立的特许经营店来开展业务（外包）。再如，计算机硬件生产厂家放弃通过自己的销售人员进行销售的方式，而采用利用各式各样的间接销售商进行销售的方式，比如增值零售商和系统集成商，事实上，其已经将分销从内部职能转变为外部职能。

京东的战略是围绕利基市场而不断优化产业价值链要素。这种系统管理能力最终使其成为值得信赖和能够创造新价值的供应链管理服务商，形成富有特色的“京东模式”。特别是自2009年以来，京东表现出越来越明确的价值链整合意图，将其主要的战略部署集中在：从3C产品为主到全品类计划，从全部自营到开放第三方平台，实现“一站式购物”，大大降低用户的购物选择成本；在江苏宿迁建立总面积达6 000平方米的全国呼叫中心，执行统一标准的客户体系；完善自有物流和配送体系，目前已经覆盖1 300个行政区县，推出“限时达”“极速达”“夜间配”等配送服务，不断提升用户购物体验；通过提高供应链管理效率获取更大的毛利空间，从而提升消费者的购买价值等方面。京东将积累的资源禀赋优势转化为差异化竞争战略，最终成为值得信赖和能够创造新价值的供应链管理服务商。

（三）地区分散化程度

公司是将其产品的目标市场集中于国内市场，还是将其目标分布到许多国家的市场?

阿里巴巴集团的财务报表附注解释了公司业务的地区分布情况。2023年，阿里巴巴集团在国内获得的电子商务板块的收入占比为89%，而在国际上的收入仅占11%；同时，国际贸易收入的比例在持续下降，由2011年的19%下降到2023年的11%。因此，阿里巴巴集团的业务在地区上是集中的，而且这种趋势将会不断加强。

（四）行业分散化程度

公司是在单一行业开展经营，还是分散投资于多个行业？通过在多个行业开展经营，公司可以分散并降低其产品风险、商业风险、政府风险以及其他可能面临的风险，而在单一行业经营的公司，则必须面临这些风险。

阿里巴巴集团的业务几乎全部集中于电子商务行业，占比在80%以上。

第三节　会计分析

公司通常需要编制三种主要的财务报表报告其财务状况与经营活动的结果：资产负债表、利润表、现金流量表。同时，公司还需提供一系列的附注，对这些报表中的有关项目做出说明。而会计分析的目的是评价企业会计反映基本经济现实的程度，包括评估企业会计的灵活性和适当性，并修正会计数据等内容。下面以阿里巴巴集团的财务报表及其附注为例子来说明这些财务报表的目的和内容。

一、资产负债表

资产负债表（Balance Sheet）代表了某个时点公司的资源（资产）以及对这些资源的索求权（负债和股东权益）。资产负债表报告的资产部分是公司投资决策的结果。

表2-3列示了阿里巴巴集团2022财年和2023财年的资产负债表。

阿里巴巴集团的主要资产包括货币资金、短期投资、应收贷款、权益法核算下的投资及商誉等。

阿里巴巴集团的融资包括银行借款、预收账款和应付账款、递延收入及递延税项负债等。

阿里巴巴集团拥有的最有价值的资源之一便是商誉。通过以往的广告、捐款等方式，阿里巴巴集团努力创造了自身品牌的价值。尽管如此，我们仍然很难确定这些是将在未来永久性地创造收益，还是仅在目前阶段起到刺激销售的作用，从而很难将这项资源确认为一项资产。另外，阿里巴巴集团通过收购其他公司所获得的无形资产，则作为商誉或其他无形资产对外公布。

阿里巴巴集团的货币资产包括现金及其等价物，是公司占比最大的资产。现金、应收贷款、短期投资、证券投资和预付账款都是阿里巴巴集团的流动资产。阿里巴巴集团的一项主要的资产是权益性投资，包括外汇汇率调整，剔除转换、存储及减值的损失，是成本法和权益法计量的资产总和。

表2-3　　阿里巴巴集团的合并资产负债表（简表）

单位：百万元人民币（每股数据除外）

截至3月31日的财务年报	2022财年	2023财年
资产		
流动资产		
现金及现金等价物	189 898	193 086
短期投资	256 514	326 492
限制现金和托管应收账款	37 455	36 424
股权证券及其他投资	8 673	4 892
预付账款、应收账款等其他款项	145 995	137 072
流动资产合计	638 535	697 966
股权证券及其他投资	223 611	245 737
预付账款、应收账款和其他资产	113 147	110 926
股权投资	219 642	207 380
物资设备等	171 806	176 031
无形资产	59 231	46 913
商誉	269 581	268 091
资产合计	1 695 553	1 753 044
负债、夹层资本和股东权益		
流动负债		
短期银行借款	8 841	7 466
短期无担保优先票据	0	4 800
应交所得税	21 753	12 543
应计费用、应付账款等	271 460	275 950
商业存款	14 747	13 297
递延收入和顾客预付款	66 983	71 295
流动负债合计	383 784	385 351
递延收入	3 490	3 560
递延税项负债	61 706	61 745
长期银行借款	38 244	52 023
未担保高级票据	94 259	97 065
其他负债	31 877	30 379
负债合计	613 360	630 123
夹层资本	9 655	9 858

续表

截至3月31日的财务年报	2022财年	2023财年
阿里巴巴集团控股有限公司股东权益： 普通股股票面值0.000003125美元/股；截至3月31日，2022财年和2023财年，分别有21 357 323 112股和20 526 017 712股股票发行	1	1
资本公积	410 506	416 880
库存股份	（2 221）	（28 763）
应收股权认购款项	（46）	（49）
盈余公积	9 839	12 977
其他综合收入积累		
累计交易调整	（33 184）	（10 476）
未实现可供出售证券、利率转换及其他收益	27	59
未分配利润	563 557	599 028
阿里巴巴集团控股有限公司股东权益总计	948 479	989 657
非控制性收益	124 059	123 406
股东权益合计	1 072 538	1 113 063
负债、夹层资本和股东权益合计	1 695 553	1 753 044

应收贷款这一类型的资产包括公司贷给相关合作商家7～360天贷款期限的款项。该账户价值是应收贷款总额扣除备抵可疑账户金额后的净额。短期投资则包括期限为3个月和不超过1年的固定存款或其他投资、公司意图在1年以内赎回的固定存款或其他投资。

当评估一家公司的风险时，分析人员经常会考察资产负债表中各项目之间的关系。例如，如果流动资产超过流动负债，则意味着公司拥有足够的流动资产支付短期债务；如果长期债务与股东权益相比的比率较低，则意味着公司拥有足够的股东投入资本，从而可以降低长期债务到期不能足额支付本息的风险。

分析人员基于这些目的使用资产负债表时，必须清楚：

① 一家公司未来现金流量的某些特定的有价资源，例如，制药公司的专利或者消费类产品公司的品牌价值，并不作为资产出现。

② 非货币性资产往往以历史成本计价，尽管其目前市场价格可能已经超过所记录的数额。其中一个典型的例子是资产负债表中土地的市场价值与账面价值之间的对比情况，例如，铁路公司和许多其他的市区百货公司所拥有的土地，其市场价值一般远远高于账面价值。

③ 某些特定的对公司的索求权，并不作为债务反映。例如，航空公司的资产负债表中，我们看不到关于飞机的租金项目；钢铁公司、轮胎公司或者汽车公司的资产负债表中，我们看不到与工会签订的合同中所做出的承诺。

④ 非流动负债是按照相应负债发生时的利率进行折现所得到的现值来反映的，而不是按照目前的市场利率来计算的。

这些因素意味着，资产负债表中反映的公司经济状况是不完整的，也是不精确的。分析人员需要考虑调整有关的项目，以改善资产负债表所反映的经济内容的质量。

小贴士 **优先股的介绍**

优先股是指依照《公司法》，在一般规定的普通种类股份之外，另行规定的其他种类股份，其股份持有人优先于普通股股东分配公司利润和剩余财产，但参与公司决策管理等权利受到限制。

可转换优先股是指发行后，在一定条件下允许持有者将其转换成其他种类股票的优先股股票。在大多数情况下，股份公司的转换股票是由优先股股票转换成普通股股票，或者由某一种优先股股票转换成另一种优先股股票。

优先股既像债券，又像股票，其"优先"主要体现在：一是通常具有固定的股息（类似债券），并须在派发普通股股息之前派发；二是在破产清算时，优先股股东对公司剩余资产的权利优先于普通股股东，但在债权人之后。

当然，优先股股东在享受上述两方面"优先"权利时，其他股东的权利却是受限的。一般来说，优先股股东对公司的日常经营管理事务没有表决权，仅在与之利益密切相关的特定事项上享有表决权，优先股股东对公司经营的影响力要小于普通股股东。

优先股通常具有以下四个特征：固定收益、先派息、先清偿、权利小。具体而言：

一是优先股收益相对固定。由于优先股的股息率事先规定，所以优先股的股息一般不会根据公司的经营情况而增减，而且一般不再参与公司普通股的分红。当然，公司的经营情况复杂多变，如果公司当年没有足够的利润向优先股股东支付股息，那么优先股股东当年的固定收益也就落空了。

二是优先股可以先于普通股获得股息。也就是说，公司可分配的利润先分给优先股股东，剩余部分再分给普通股股东。

三是优先股的清偿顺序先于普通股，而次于债权人。也就是说，一旦公司破产清算，剩余财产先分给债权人，再分给优先股股东，最后分给普通股股东。但与公司债权人不同，优先股股东不可以要求无法支付股息的公司进入破产程序，不能向人民法院提出企业重整、和解或者破产清算申请。

四是优先股的权利范围小。优先股股东对公司日常经营管理的一般事项没有表决权；仅在股东大会表决与优先股股东自身利益直接相关的特定事项上，例如，修改公司章程中与优先股相关的条款，优先股股东才有投票权。同时，为了保护优先股股东的利益，如果公司在约定的时间内未按规定支付股息，优先股股东按照约定恢复表决权；如果公司支付了所欠股息，已经恢复的优先股表决权终止。

二、利润表

第二张主要的财务报表是利润表（Income Statement），其反映了有关公司在特定时期经营盈利性的情况。表2-4列示了阿里巴巴集团2021财年、2022财年和2023财年的利润表。

表2-4 阿里巴巴集团及其分公司的合并利润表（简表）

金额单位：百万元人民币（每股数据除外）

截至3月31日的财务年度	2021财年	2022财年	2023财年
营业收入	717 289	853 062	868 687
营业成本	（421 205）	（539 450）	（549 695）
研发费用	（57 236）	（55 465）	（56 744）
销售费用	（81 519）	（119 799）	（103 496）
管理费用——一般及行政费用	（55 224）	（31 922）	（42 183）
无形资产摊销	（12 427）	（11 647）	（13 504）
商誉减值损失	—	（25 141）	（2 714）
营业利润	89 678	69 638	100 351
利息收入及投资损益	72 794	（15 702）	（11 071）
利息支出	（4 476）	（4 909）	（5 918）
其他收益——非经营净额	7 582	10 523	5 823
除税前且未扣除权益投资收益	165 578	59 550	89 185
所得税	（29 278）	（26 815）	（15 549）
应占股权投资损益	6 984	14 344	（8 063）
净利润（含少数股东权益）	143 284	47 079	65 573
少数股东损益	7 294	15 170	7 210
净利润（不含少数股东权益）	150 578	62 249	72 783
夹层资本的增加	（270）	（290）	（274）
归属普通股股东净利润	150 308	61 959	72 509
每股净收益			
基本每股收益	6.95	2.87	3.46
稀释后每股收益	6.84	2.84	3.43
加权平均用于计算EPS的总股数（百万股）			
基本	21 619	21 558	20 980
稀释后	21 982	21 787	21 114

净收益等于收入和利得减去费用和损失。收入计量了公司在销售商品或提供服务的过程中取得净资产（也就是资产减去负债）的现金流入量；费用计量了公司在创造收入的过程中使用或者消耗净资产的现金流出量。作为经营业绩的计量，收入反映了公司所提供的

服务，而费用则体现了所要求花费的精力。

阿里巴巴集团的收入包括国内电商收入、国际电商收入、云计算和互联网基础设施收入及其他。其中，国内电商收入和国际电商收入都包含了零售和批发两种收入。

营业成本主要包括员工成本和股份补偿费用、支付处理费用、与操作相关的公司网站费用（如带宽和主机代管费用）、折旧和维护成本（如电脑、服务器、呼叫中心和其他设备）、流量获取成本、单位体积驱动退税，直接归因于该公司主要业务的微型贷款备抵可疑账户的费用和其他相关杂费。费用同样包括广告支出和其他促销成本（包括在销售费用中）、信息系统、产品开发、管理人员工资（包括在管理费用和一般费用中）以及短期借款和长期借款的利息费用等。

利得和损失是与公司的主要经营活动相联系，通过销售资产或者偿还负债所引起的（如销售建筑物或者在到期之前偿还长期债务）。当公司收到或支付的数额与会计所记录的资产和负债的数额不相等时，就会出现这些利得和损失。例如，阿里巴巴集团报告的由于被投资方发行股票所产生的利得。这种销售收入与阿里巴巴集团的经营业务没有直接联系，因此并不作为经营收入反映。这里需要注意的是，利得和损失以净值的形式反映在利润表中，我们无法得知作为收入的销售价格以及相应项目作为费用的账面价值。

由于收益的数据经常用来决定管理者的薪酬合同，也可用来评估公司的价值（如在财务金融媒体上经常与市盈率相对照），分析人员需要注意，在某个特定阶段所报告的收益也许不能很好地说明未来的收益情况。例如，公司报告的净收益中也许包括重组或者资产减值费用，非持续经营业务的收益、利得和损失，营业外的利得和损失，或者由于会计政策变更所带来的调整。在评估经营业绩时，分析人员也许希望消除非再生项目的影响。

管理人员可以使用更为微妙的方法“操纵”收益（盈余管理）。例如，公司可以削减广告费用或者研发费用，或者在一定期间内推迟维护费用，以便增加收益。

三、现金流量表

第三张主要的财务报表是现金流量表（Statement of Cash Flow）。表2-5列示了阿里巴巴集团2021财年、2022财年、2023财年的现金流量表。该表报告了一定时期阿里巴巴集团从三种业务活动中获得的净现金流量（现金流入量减去现金流出量）：经营活动现金净流量、投资活动现金净流量以及融资活动现金净流量。

表2-5 **阿里巴巴集团的合并现金流量表（简表）**① 单位：百万元人民币

截至3月31日的财务年报	2021财年	2022财年	2023财年
净利润	143 284	47 079	65 573
与按步收购相关的重估之前持有的股本权益	（8 759）	2	—
处置权益投资（收益）/亏损	（644）	32	72
投资证券相关的已实现及未实现损益	（57 930）	20 479	14 911

① 表中数据来自阿里巴巴集团官网，我们所提供的现金流量表是采用间接法根据资产负债表和利润表的数据得出的一种近似的数据。

续表

截至3月31日的财务年报	2021财年	2022财年	2023财年
其他资产及负债公允价值变动	250	1 478	（1 522）
出售其他附属公司的收益/（亏损）	（383）	（1 163）	（14）
物业、设备及土地使用权折旧及摊销	26 389	27 808	27 799
无形资产摊销	21 520	20 257	19 139
来自股权激励的税收优惠	50 120	23 971	30 831
以权益结算的捐赠支出	—	—	511
以成本法计算的投资标的和投资证券减值	7 481	8 922	13 327
商誉和无形资产的减值损失	1 688	25 886	6 658
出售房地产、物业及设备损益	75	132	（163）
应占被投资公司权益业绩	（6 984）	（14 344）	8 063
递延所得税抵免/（开支）-营运资本变动前	3 236	（1 369）	（1 717）
小额贷款相关的呆账备抵	1 935	1 739	2 802
增加/（减少）应收账款、预付款项及其他资产-经营活动	（43 611）	（32 496）	8 605
增加/（减少）应交所得税	4 026	（3 526）	（9 214）
增加/（减少）应付账款、应计费用及其他负债	74 554	13 327	11 159
（增加）/减少商户存款	1 377	（270）	（1 450）
增加/（减少）预收款项和递延收入	14 162	4 815	4 382
经营活动产生的现金流量净额	231 786	142 759	199 752
短期投资所得款/（购买短期投资）	（114 826）	（106 984）	（61 086）
买卖证券减少/（增加）-投资活动	—	—	（40 794）
远期外汇合同结算款项	（803）	（448）	1 282
购买可供出售及持有至到期证券	（57 514）	（39 378）	（17 818）
处置可供出售及持有至到期证券	7 280	14 543	21 738
购买可供出售证券所得款	（18 661）	（9 383）	（4 552）
出售可供出售证券所得款	2 538	936	1 001
处置知识产权及资产	369	—	—

续表

截至3月31日的财务年报	2021财年	2022财年	2023财年
收购土地使用权、物业及设备	(41 450)	(53 309)	(34 330)
购买许可权和其他无形资产	(1 735)	(15)	(22)
处置物业及设备	—	—	644
业务合并产生的付款	(19 137)	(4 087)	(1 204)
不再对一间附属公司综合入账/出售附属公司	(126)	(11)	(5)
贷款给员工-投资活动	(129)	(456)	(360)
投资活动产生的现金流量净额	(244 194)	(198 592)	(135 506)
发行普通股所得款	175	109	11
回购普通股所支付的款项	(773)	(61 225)	(74 746)
收购一间附属公司余下权益-筹资活动	(11 218)	(7 406)	(2 511)
或有对价结算支付额	—	—	144
附属公司派发给非控股股东的股息	(471)	(881)	(489)
非控股股东注资-筹资活动	11 020	12 240	918 133
银行贷款所得款	6 402	9 427	22 790
偿还银行借贷	(7 061)	(7 128)	(11 448)
发行无抵押优先票据所得款	32 008	—	—
偿还无抵押优先票据	—	(9 585)	—
筹资活动产生的现金流量净额	30 082	(64 449)	(65 619)
汇率变动对现金的影响	(7 187)	(8 834)	3 530
现金及现金等价物增减额	10 487	(129 116)	2 157
期初现金及现金等价物余额	345 982	356 469	227 353
期末现金及现金等价物余额	356 469	227 353	229 510

现金流量表的第一部分报告经营活动产生的现金流量（Cash Flow from Operations），即由于销售货物或提供劳务从客户那里获得的现金，扣除支付给供应商、员工、政府以及其他产品和服务供应者的现金之后的余额。公司采用以下两种方式之一报告经营活动现金流量：直接法和间接法。在直接法（Direct Method）下，公司列出销售产品和提供服务所获得的现金流入量，然后减去公司为获得相关产品和服务而发生的现金流出量。在间接法（Indirect Method）下，公司从当期的净收益开始计算经营活动现金流量。在净收益的基础上，对非现金的收入、费用项目，非经营活动项目以及除现金以外的流动资产和流动负债等项目做出调整，得出经营活动现金流量。

现金流量表的第二部分报告投资活动产生的现金流量。投资活动是指企业长期资产的购建和不包括在现金等价物范围内的投资及其处置活动。长期资产是指固定资产、无形资产、在建工程、其他资产等持有期限在一年或一个营业周期以上的资产。这里所说的投资活动，既包括实物资产投资，又包括金融资产投资。不同企业由于行业特点的不同，对投资活动的认定也存在差异。

现金流量表的第三部分报告筹资活动产生的现金流量。筹资活动是指导致企业资本及债务规模和构成发生变化的活动。这里所说的资本，既包括实收资本（股本），又包括资本溢价（股本溢价）；这里所说的债务，是指对外举债，包括向银行借款、发行债券以及偿还债务等。

第四节　财务分析

一、比率分析

在具备三张财务报表相关知识的基础上，财务分析人员就可以开始进行财务报表分析：①对于公司所在行业的经济特征的理解；②对于公司在行业中所选择的特定战略的理解；③对于公司所报告的财务报表及其附注的理解，包括公司的经营活动、投资活动和融资活动。

绝大多数的财务报表分析旨在评估公司的盈利性（Profitability）或者风险（Risk）。这两个方面来自投资决策对于收益和风险的重视。如果有两种投资，期望收益率均为20%，但两种投资的不确定性或者风险不相同，那么，两种投资对于投资者来说就不是无差别的。投资者可能会更愿意投资于具有高风险和高收益的投资，因为相应的高收益可以补偿其所承担的额外风险。

（一）盈利性分析

我们需要讨论两个盈利性指标：①资产收益率（ROA）；②普通股股东权益收益率（ROE）。

1.资产收益率

资产收益率反映了公司运用资产创造收益的成功性，而不论这些资产的筹资来源（如图2-5所示）。资产收益率将特定的环境因素和公司的战略选择作为给定条件，着重探讨相对于公司现有投资（资产）的经营盈利性情况。然而，资产收益率不考虑相应投资的融资手段（是债务融资还是股权融资），因此分离了公司的融资活动、经营活动和投资活动。

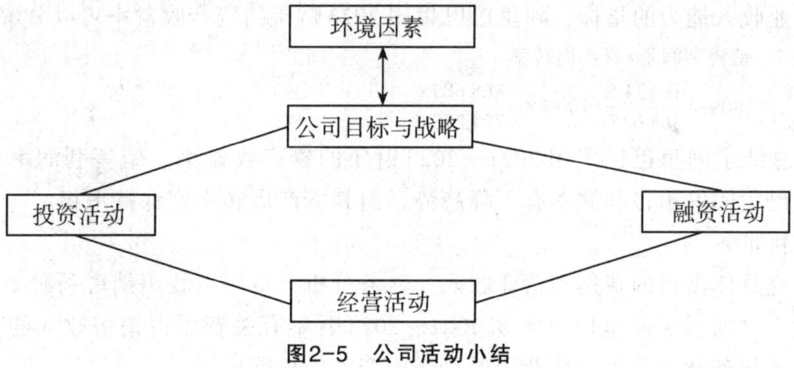

图2-5　公司活动小结

分析人员按照下面的公式计算资产收益率：

$$资产收益率=\frac{净收益+(1-税率)\times 利息费用+少数股权收益}{平均总资产} \tag{2.1}$$

在上面的公式中，分子为所得税后的经营利润，不包括任何融资成本。要计算分子，最简单的方法就是从净收益开始，通过调整消除融资成本。由于公司会计在计算净收益时会减去利息费用，分析人员应该将其加回。然而，当计算应税所得额时，应该先减去利息费用。因此，利息费用对于净收益的增量效果，等于1减去边际税率（而不是平均税率）再乘以利息费用。也就是说，分析人员将利息费用全额加入到净收益中，然后减去或者扣除利息费用所带来的税收的抵扣。由于公司会计在计算净收益时并不扣除普通股股票和优先股股票红利，因此，在计算资产收益率的分子时，不需要针对红利做出调整。

通常将少数股权收益加回，从而使得资产收益率的分子和分母相一致。资产收益率的分母包括所有的编入合并财务报表的实体的资产，而不仅仅是母公司的股权价值。然而，分子的净收益是母公司的收益加上母公司所享有的编入合并财务报表的分公司的收益。会计人员在计算编入合并财务报表的分公司的净收益时，会扣除其中的少数股权收益。如果在资产收益率的分母中包括编入合并财务报表的所有实体的资产，那么分子就必须包括编入合并财务报表的所有实体的收益。将少数股权收益加回，也就满足了这一要求。

绝大多数的上市公司并不披露少数股权收益，因为这一数额通常不大。因此，只有当少数股权收益足够大时，分析人员才会做出这种调整。

由于资产收益率分子的经营利润报告的是企业一定期间的经营成果，因此，分母就采用相应时期所使用的平均资产指标。对于非季节性的企业来说，通常采用期初和期末资产的平均值就可以，而对于季节性的企业来说，分析人员最好采用每一季度的季末资产的平均值。

通过对资产收益率的分解，我们得到了销售利润率（Profit Margin）和资产周转率（Asset Turnover），分析人员可以进一步认识资产收益率的变动特征，具体公式如下：

资产收益率=销售利润率×资产周转率

$$\frac{净收益+\begin{matrix}利息费用\\(扣除税收)\end{matrix}+\begin{matrix}少数\\股权收益\end{matrix}}{平均总资产}\times 100\%=\frac{净收益+\begin{matrix}利息费用\\(扣除税收)\end{matrix}+\begin{matrix}少数\\股权收益\end{matrix}}{销售收入}\times 100\%\times\frac{销售收入}{平均总资产} \tag{2.2}$$

销售利润率是计量公司在一定销售收入水平上创造经营利润能力的指标。资产周转率是衡量公司在一定水平上管理其资产投资能力的指标，换句话说，也就是利用一定的资产投资创造营业收入能力的指标。阿里巴巴集团2023财年的资产收益率可以分解如下：

资产收益率=销售利润率×资产周转率

$$\frac{61\,134.5}{1\,724\,278.5}\times 100\%=\frac{61\,134.5}{868\,687}\times 100\%\times\frac{868\,687}{1\,724\,278.5}$$

表2-6总结了阿里巴巴集团2021—2023财年的资产收益率、销售利润率和资产周转率。阿里巴巴集团的销售利润率有下降趋势，而其资产周转率则保持平稳。

2. 销售利润率

通过研究具体项目的费用和营业收入，财务分析人员可以找出销售利润率百分比差异的原因。表2-7列示了阿里巴巴集团2021—2023财年有关费用占销售收入的百分比。财务分析人员的任务就是找出这些费用的百分比变动的可能原因。

表2-6　　阿里巴巴集团2021—2023财年的资产收益率、销售利润率和资产周转率

项目	2021财年	2022财年	2023财年
资产收益率	9.32%	2.56%	3.55%
销售利润率	19.51%	5.09%	7.04%
资产周转率	0.48	0.50	0.50

表2-7　　阿里巴巴集团2021—2023财年有关费用占营业收入的百分比

项目	2021财年	2022财年	2023财年
营业收入	100.00%	100.00%	100.00%
营业成本	-58.72%	-63.24%	-63.28%
研发费用	-7.98%	-6.50%	-6.53%
销售费用	-11.36%	-14.04%	-11.91%
管理费用——一般及行政费用	-7.70%	-3.74%	-4.86%
无形资产摊销	-1.73%	-1.37%	-1.55%
商誉减值损失	0	-2.95%	-0.31%
利息收入及投资损益	10.15%	-1.84%	-1.27%
其他收益——非经营净额	1.06%	1.23%	0.67%
所得税	-4.08%	-3.14%	-1.79%
应占股权投资损益	0.97%	1.68%	-0.93%
销售利润率	19.51%	5.09%	7.04%

上述这些讨论所提供的信息在公司之间并不相同。有些公司，比如阿里巴巴集团，针对各种财务比率的变动指出了具体的原因。另一些公司可能仅仅指出相关比例是上升了还是下降了，而不对这种变动提供具体的解释。即使公司已经提供了解释，分析人员也应该根据宏观经济、行业变动以及竞争公司的情况来评价有关解释的合理性。

阿里巴巴集团的销售利润率在2021财年最高，而在2022财年和2023财年逐年有所下降。2021财年，销售利润率最高，与较低的营业成本相关；而2022财年和2023财年，利息收入及其他投资均有所下降，且营业成本增幅更大，导致销售利润率低于2021财年。

3.资产周转率

通过分析具体资产的周转率，我们可以对资产周转率拥有更为深入的认识。分析人员经常计算三种资产的周转率：应收账款周转率、存货周转率和固定资产周转率。管理层对于经营的讨论和分析，通常不包括对于资产周转率变动的解释。因此，分析人员需要通过自己查找，得到可能的线索。

（1）应收账款周转率

应收账款周转率（Accounts Receivable Turnover）是指应收账款周转的次数，说明了销售收入转换为现金的速度。分析人员应该通过销售收入净额除以平均应收账款，得出应收账款周转率。

绝大多数的企业之间的销售和交易是通过信用销售，而不是通过现金交易实现的。除非是直接针对消费者的零售企业，否则，企业之间的销售是信用销售的假设通常是合理的。假设阿里巴巴集团所有的销售都是通过信用销售的，那么，公司2023财年的应收账款周转率计算如下：

$$应收账款周转率=\frac{营业收入净额}{平均应收账款}=\frac{868\,687}{0.5\times(32\,134+32\,813)}=26.75$$

阿里巴巴集团2021财年的应收账款周转率为30.61，2022财年为28.49，2023财年为26.75。因此，2023财年的应收账款周转率有所下降，其原因是应收账款在2023财年有所增加，同时营业收入并没有同比增长。

分析人员经常按照在外应收账款转换成现金所需要的平均时间描述应收账款周转率，可以用365天除以应收账款周转率计算得到。对于阿里巴巴集团来说，在外应收账款平均的周转天数，2021财年为11.92天（365÷30.61），2022财年为12.81天（365÷28.49），2023财年为13.64天（365÷26.75）。因此，尽管应收账款周转率有所下降，但由于应收账款周转率足够高，这种下降还不足以形成对在外应收账款周转天数的明显影响。

（2）存货周转率

存货周转率是指存货周转的次数，表明了存货得以销售的速度。分析人员可以通过销货成本除以一定时期的平均存货，计算存货周转率。阿里巴巴集团2023财年的存货周转率计算如下：

$$存货周转率=\frac{销货成本}{平均存货}=\frac{549\,695}{0.5\times(28\,547+30\,087)}=18.75$$

阿里巴巴集团2021财年的存货周转率为9.86，2022财年为9.31，2023财年为18.75。如果公司的存货周转率不断上升，这也许表明公司采用了有效的存货控制系统。如今，许多公司都倾向于采用实时存货管理系统。公司计划依靠最低数量的原材料和产成品存货来生产和销售产品，尽量使原材料正好在生产过程开始时进入公司，而产品生产一旦完成又可以迅速地运送给客户。采用实时存货管理系统，将会提高存货周转率。

存货周转率的提高也许反映了公司编入合并财务报表的分装厂数量的减少，因为这些分装厂通常都会持有大量的存货，直到零售商需要时才会发货。对存货周转率数据的解释，也涉及两种相反的考虑。一方面，公司当然愿意以最低的存货保证尽可能多的销售。如果某一时期存货周转率提高了，就意味着公司在存货上的投资收益率更高了。另一方面，公司不愿意持有太少的存货，因为一旦出现存货短缺，就可能流失客户。在这种情况下，存货周转率的提高意味着客户的流失，因此会抵销存货投资减少所带来的收益。公司必须在进行最优存货水平和最优存货周转率的决策时，做出权衡和取舍。

（3）固定资产周转率

固定资产周转率是指固定资产的周转次数，反映了营业收入与投资于固定资产的投资之间的关系。分析人员可以通过一定年份的营业收入除以平均固定资产（净值），计算固定资产周转率。阿里巴巴集团2023财年的固定资产周转率计算如下：

$$固定资产周转率=\frac{营业收入}{平均固定资产}=\frac{868\,687}{0.5\times(176\,031+171\,806)}=4.99$$

阿里巴巴集团2021财年的固定资产周转率为5.72，2022财年为5.34，2023财年为4.99。因此，在3年期间，阿里巴巴集团的固定资产周转率相对比较稳定，但2021财年的固定资产周转率最高。

分析人员对于固定资产周转率变动的解释，必须非常谨慎。一方面，如果预计未来会有更高的销售收入，公司就会投资于固定资产。因此，固定资产周转率较低或者降低，可能意味着公司为未来的销售增长进行了扩张和准备。另一方面，如果公司产品的前景不佳，公司就可能削减其资本支出，这种行为将导致固定资产周转率的提高。

（4）资产周转率分析小结

总而言之，阿里巴巴集团较为不稳定的资产周转率是由其应收账款周转率以及固定资产周转率所共同决定的。现金、有价证券和公司之间投资的变动也会影响资产周转率。这些科目的变动增加了资产周转率计算公式的分母，但对分子没有影响。如果分子不仅包括营业收入，还包括利息收入和股权收益，那么，这些金融资产的增加对资产周转率的影响可能是有限的。

即使做出这种调整，金融资产的增加也将降低资产周转率。这些金融资产的收益率大致为每年6%～12%，因此，它们的周转率（也就是利息和权益计价法投资的收益除以平均的现金、有价证券和投资的数值）接近于每年0.06～0.12，这与上面讲述的典型的资产周转率超过1.0的情况相比，是相当低的。

近些年，许多公司特别是高新技术产业公司，都经历了现金和有价证券在资产负债表中数额不断增长的情况。之所以会有这种增长趋势，是因为业务利润极高，或者是因为支持增长而新发股票的行动。现金和有价证券的收益通常低于产品销售的利润率，因此，总体的利润率会有所下降。随着金融资产比重的提高，资产周转率也会有所下降，因此，资产收益率总体上也趋于下降。

迄今为止，我们对于经营盈利性的分析主要涉及三个层次：

第一层次，公司整体的资产收益率。

第二层次，将资产收益率分解为公司整体的销售利润率和资产周转率。

第三层次a，将销售利润率分解为各种费用项目的费用比率。

第三层次b，将资产周转率分解为各种具体资产的周转率。

图2-6总结性地展示了这些分析层次。

4.普通股股东权益收益率

普通股股东权益收益率（Return on Common Shareholders' Equity，ROE）衡量了普通股股东获得的收益或回报，这种收益在销售收入的基础上，不仅要扣除经营费用（如销货成本、销售和管理费用、所得税），还要扣除债务融资成本和所有索求权在普通股股票之前的权益证券的融资成本。后面这类成本包括债务的利息费用以及优先股股票（如果有）的红利。因此，普通股股东权益收益率表明了公司的经营决策、投资决策和融资决策的综合结果。

分析人员可以按照下面的公式计算普通股股东权益收益率：

$$普通股股东权益收益率=\frac{净收益-优先股红利}{平均普通股股东权益}\times 100\% \tag{2.3}$$

第一层次

资产收益率

2023财年	2022财年	2021财年
3.55%	2.56%	9.32%

第二层次

销售利润率

2023财年	2022财年	2021财年
7.04%	5.09%	19.51%

资产周转率

2023财年	2022财年	2021财年
0.50	0.50	0.48

第三层次

	2023财年	2022财年	2021财年
营业收入	100.00%	100.00%	100.00%
营业成本	-63.28%	-63.24%	-58.72%
研发费用	-6.53%	-6.50%	-7.98%
销售费用	-11.91%	-14.04%	-11.36%
管理费用——一般及行政费用	-4.86%	-3.74%	-7.70%
无形资产摊销	-1.55%	-1.37%	-1.73%
商誉减值损失	-0.31%	-2.95%	0
利息收入及投资损益	-1.27%	-1.84%	10.15%
其他收益——非经营净额	0.67%	1.23%	1.06%
所得税	-1.79%	-3.14%	-4.08%
应占股权投资损益	-0.93%	1.68%	0.97%
销售利润率	7.04%	5.09%	19.51%

	2023财年	2022财年	2021财年
应收账款周转率	26.75	28.49	30.61
固定资产周转率	4.99	5.34	5.72

图2-6 阿里巴巴集团第一层次、第二层次和第三层次的盈利性分析

上式中的分子衡量一定时期扣除分配给拥有优先索求权的权益人的收益之后可以分配给普通股股东的数额。会计人员在计算净收益时已经扣除了债务的利息费用，因此，普通股股东权益收益率的分子，在计算时不需要再对债权人的收益做出调整。但是，为了得出可以分配给普通股股东的收益，分析人员必须再从净收益中扣除支付给优先股股东的红利。

普通股股东权益收益率的分母衡量一定时期平均的普通股股东权益。除非公司在一定的年份中进行了大量的新股发行或者股票回购，一般而言，净资产年初和年末的平均值就是合适的数字。如果后面的情况发生了，分析人员最好采用各季度末的普通股股东权益的平均值。

普通股股东权益等于股东权益减去优先股股票账面价值。公司很少按照明显超过账面价值的价格发行优先股股票，因此，分析人员可以假定，在追加投入的权益资本账户中的数额主要是普通股股票。因为在上述分子中，编入合并财务报表的分公司普通股股票的净收益已经扣除了少数股权收益，因此，分母应该从净资产中扣除少数股权（如果有）。

阿里巴巴集团2023财年的普通股股东权益收益率计算如下：

$$\text{普通股股东权益收益率}=\frac{\text{净收益}-\text{优先股红利}}{\text{平均普通股股东权益}}\times100\%=\frac{72\,783-274}{0.5\times(989\,657+948\,479)}\times100\%=7.48\%$$

阿里巴巴集团2021财年的普通股股东权益收益率为17.76%，2022财年为6.57%。由此看来，在3年期间，权益在增长，但利润降幅较大，导致2023财年的普通股股东权益收益率较2021财年呈现较大幅度下降的趋势。

普通股股东权益收益率与资产收益率相联系。资产收益率衡量了不考虑融资决策情况下的经营业绩，而普通股股东权益收益率则明确考虑了债务的成本和优先股的融资成本。资产收益率与普通股股东权益收益率的关系如下：

资产收益率=债权人收益率+优先股股东权益收益率+普通股股东权益收益率

$$\frac{\text{净收益}+\text{税后利息费用}}{\text{平均总资产}}=\frac{\text{税后利息费用}}{\text{平均总负债}}+\frac{\text{优先股红利}}{\text{平均优先股股东权益}}+\frac{\text{普通股净收益}}{\text{平均普通股股东权益}} \tag{2.4}$$

分析人员将公司使用资产所创造的每一元的收益分配给各种类型的资本供应方。债权人以利息的形式收到他们的收益。这种资本的成本是利息费用扣除由于利息可以抵减应税所得而给公司带来的税收收益。而另外的许多负债，比如应付账款和应付职工薪酬，则没有明确的外在成本。

优先股的成本是优先股红利。传统上，公司在计算应税所得时不能扣除优先股红利，但近些年，已经有公司通过对优先股的重新设计，成功地使优先股红利可以有效地抵减税收的支出。在这种情况下，优先股的成本也应该按照税后的口径计算。

在经营活动的收益（也就是资产收益率的分子）中，不能够分配给债权人或优先股股东的部分，属于留存给普通股股东的剩余索取权。同样，在公司的资产中，不是通过债权人或者优先股股东提供的资金支持的部分，则代表由普通股股东提供资金支持的部分。

现在，我们来考虑资产收益率与普通股股东权益收益率之间的关系。在什么情况下普通股股东权益收益率会超过资产收益率？在什么情况下普通股股东权益收益率会低于资产收益率？

只要资产收益率超过债权人和优先股股东提供资本的成本，普通股股东权益收益率就会超过资产收益率。如果公司利用债权人和优先股股东提供的资本可以创造超过这些资本成本的收益，那么，多余的收益就归普通股股东所有。

采用成本更低的债务和优先股资本来提高普通股股东收益的做法，通常被称为利用财务杠杆（Financial Leverage）。在2021财年、2022财年和2023财年期间，对财务杠杆的利用显然有利于阿里巴巴集团的普通股股东。

正如我们前面分解资产收益率那样，我们也可以分解普通股股东权益收益率，通过对其各个组成部分的情况的分析，有助于对普通股股东权益收益率本身进行解释。普通股股东权益收益率的组成部分包括资产收益率、普通股收益杠杆以及资本结构杠杆。

普通股股东权益收益率=资产收益率×普通股收益杠杆×资本结构杠杆　(2.5)

$$\frac{\text{普通股净收益}}{\text{平均普通股股东权益}}=\frac{\text{净收益}+\text{税后利息费用}}{\text{平均总资产}}\times\frac{\text{普通股净收益}}{\text{净收益}+\text{税后利息费用}}\times\frac{\text{平均总资产}}{\text{平均普通股股东权益}}$$

正如我们前面所学的，资产收益率代表了不考虑融资决策情况下的经营利润情况。

普通股收益杠杆（Common Earnings Leverage）表明可以分配给普通股股东的经营利润（在融资成本和税收之前的净收益）所占的比率。普通股收益杠杆的分子与分母的差别是债务利息和优先股红利的成本。这些来源的资本成本越高，留存给普通股股东的收益就越少，从而普通股收益杠杆的比率就越低。

资本结构杠杆（Capital Structure Leverage）衡量公司采用股东权益资本来支持资产购置的程度。资本结构杠杆的分子和分母的差别是公司资本结构中负债与优先股股票的数额。这些具有优先索求权的资本比率越高，普通股的资本就越少，从而资本结构杠杆就越高。

普通股收益杠杆和资本结构杠杆演示了公司采用债务和优先股融资对于资产收益率具有的乘数效应，即可以增加普通股股东权益收益率。普通股收益杠杆反映了这种资本的成本，而资本结构杠杆则反映了这种资本在资本结构中的比率。

阿里巴巴集团2023财年的普通股股东权益收益率可以表示如下：

$$7.48\% \approx 3.55\% \times 1.19 \times 1.78$$

表2-8展示了阿里巴巴集团2021—2023财年的普通股股东权益收益率的分解。可以看出，不断增长的普通股股东权益收益率来自资本结构杠杆的增长和普通股收益杠杆的缓慢增长，而前者主要是普通股股票回购的结果。在此期间，资产收益率先增后减。

表2-8　　阿里巴巴集团2021—2023财年的普通股股东权益收益率的分解

年份	普通股股东权益收益率	普通股收益杠杆	资本结构杠杆	资产收益率
2021	17.76%	2.46	1.77	9.32%
2022	6.57%	1.43	1.80	2.56%
2023	7.48%	1.19	1.78	3.55%

5.每股收益

另外，还有一个比较常用的财务比率是普通股每股收益（Earnings Per Share，EPS）。普通股每股收益等于可以发放给普通股股东的净收益除以在外流通的普通股股票的加权平均股数。公司通常会在利润表中报告每股收益的数据，而财务分析人员也经常会根据一个合理的乘数和每股收益得出他们认为的公司普通股股票的合理价格。对于阿里巴巴集团来说，2023财年的基础每股收益为3.46元，稀释后的每股收益为3.43元。

（二）风险比率分析

公司面临的风险的来源和类型多种多样，这些风险之间经常是相互关联的（见表2-9）。

表2-9　　公司面临的风险

来源	类型和性质
国际	东道国政府的监管政策和态度
	政治不确定性
	汇率变动
国内	经济衰退
	通货膨胀或通货紧缩
	利率变动
	人口状况变动
	政治变动
行业	技术
	竞争
	政策
	原材料供应
	工会运动
公司特定风险	管理能力
	战略方向
	法律诉讼

尽管公司必须持续不断地监控各种来源的风险，我们还是仅集中于通过财务报表数据来测量这些风险因素的财务后果。每种风险最终都会影响公司的净收益和现金流量。如果公司不能从内部产生足够的现金流量或者从外部获得所需的现金来支持经营、投资和融资活动，最终就将导致破产。现金流量表报告了公司通过经营活动、投资活动和融资活动所创造和使用的现金数额，是研究风险的重要信息来源。

表2-10将公司创造现金的能力与其现金需求的影响因素相联系。绝大多数的风险分析都注重考虑了现金供应与现金需求之间的比较。采用财务报表数据的风险分析需要考虑：①公司近期创造现金支持其营运资本需求和满足债务偿还要求的能力；②公司长期内部创造现金的能力或者从外部来源获得现金，以便满足生产能力的维持和扩张以及债务归还需求的能力。因此，我们对评估风险的分析工具的介绍，将分别围绕短期流动性风险和长期偿债风险进行讨论。

表2-10 通过财务报表分析风险的结构

活动	创造现金的能力	使用现金的需求	进行的财务报表分析
经营活动	产品和服务销售的盈利性	对营运资本的需求	短期流动性风险
投资活动	出售现有的工厂资产或其他资产		
融资活动	举债能力		长期流动性（偿债）风险

1.短期流动性风险

对于短期流动性风险的分析，要求理解公司的经营周期。例如，对于一家制造业企业，公司首先通过应付账款获得原材料，许诺供应商在30~60天之内支付货款。然后，公司通过原材料、劳动等投入要素的组合生产出产品，在收到相关的产品和服务时，公司可能要为某些款项支付成本，而另外一些成本可以延迟支付。在某个时点上，公司将向客户销售产品，很可能采用应收账款的形式。然后，公司从客户手中收回应收账款，从而获得现金，并支付自身通过应付账款形式产生的对供应商和其他方的欠款。

如果一家公司推迟对供应商、员工和其他方的现金流出的支出，直到公司从客户手中收到现金为止，或者收到的现金数额超过必须支出的现金数额，公司就不会面临资金的短期流动性问题。然而，绝大多数的公司不可能如此精确地安排其现金流入和现金流出的时间。员工也许会按照每周或者每半个月支付一次工资，而客户可能会延迟付款30天甚至更长时间。公司也许会经历快速增长的时期，在一定时期需要生产超过其销售量的更多单位的产品。即使现金的流入和流出可以进行完善的时间安排，支持更高水平的生产所需要的现金流出也可能会超过目前销售水平上客户可以提供的现金流入。那些处于亏损状态经营的公司经常会发现，在一个经营周期结束时，公司往往是净的现金流出，而不是净的现金流入。

短期流动性问题也可能是由于长期偿债的困难所造成的。比如，在资本结构中，公司也许会承担较高比率的债务，正如20世纪80年代许多公司在融资并购运动中的情况一样。债务资本通常会要求定期支付利息，并且到期支付本金。对于某些公司来说，利息支付也许是公司最大的单项成本。在任何的生产周期，公司不仅要有足够的现金来支持营运资本的需要，而且要提供足够的现金来满足债务的还本付息。

财务健康的公司经常会通过短期借款来弥补经营周期中的现金缺口。公司也许会在证券市场上发行商业票据，或者从银行获得3~6个月的短期银行贷款。绝大多数的这类公司会在其开户银行中保持一定的信用额度，从而可以在需要现金支持营运资本时迅速地获得所需要的现金。财务报表附注通常需要揭示公司信用额度的数额，以及在相应的年份公司已经使用这种信用额度借款的数额。

在这里，我们主要讨论评估公司短期流动性风险的六个财务报表比率。其中，三个比率与可以满足短期债务支付的水平相关：流动比率、速动比率、经营活动现金流量与流动负债比率；三个比率与为创造一定水平的销售收入所要求的营运资本数额相关：应收账款周转率、存货周转率、应付账款周转率。

（1）流动比率

流动比率（Current Ratio）等于流动资产除以流动负债。它表明在资产负债表日，公司拥有的现金数额加上在下一个资产负债表日到来之前的1年内有希望转换为现金（通过应收账款的回收和存货的销售）的其他资产数额，与在相应日期之前到期的负债偿还责任之间的关系。阿里巴巴集团2023财年的流动比率为：

$$流动比率=\frac{流动资产}{流动负债}=\frac{697\ 966}{385\ 351}=1.81$$

阿里巴巴集团2021财年的流动比率为1.70，2022财年的流动比率为1.66。

在20世纪80年代之前，绝大多数行业的流动比率平均不超过2。随着20世纪80年代利率的增长，公司试图延长其应付账款的期限，更多地利用供应商的资金来支持其营运资本（应收账款和存货）的需要，从而使流动比率开始向1靠拢。到现在为止，流动比率接近于这个水平已经并不罕见了。

尽管这种趋势表明，平均来说，短期流动性风险在增加，然而这个水平的风险并不一定是不可接受的。因为对许多公司而言，存货是流动资产的重要组成部分，而且是按照购置成本完成的，而公司通过存货所创造的现金通常超过在计算流动比率时所采用的存货数额。

阿里巴巴集团的流动比率大于1。尽管从历史的观点来看，这个水平的流动比率较高，但对于阿里巴巴集团来说，流动比率并不是什么大的问题。

（2）速动比率

流动比率的一个变形便是速动比率（Quick Ratio），或者称为酸性实验比率（Acid Test Ratio）。通过使流动比率计算中的分子只包括公司能够迅速转换为现金的流动资产，就可以计算出速动比率。按照惯例，分子通常包括现金、有价证券和应收账款。分析人员可以根据事实具体分析是否应该包括应收账款，以及是否不应该包括存货。有些公司可以迅速并很容易地将其商品存货转换为现金（比如连锁超市家乐福），但是，另一些公司回收其应收账款需要很长的时间（比如汽车制造厂商福特）。假设我们在计算时包括应收账款但不包括存货，那么，阿里巴巴集团2023财年的速动比率为：

$$速动比率=\frac{现金+其他短期投资+应收账款}{流动负债}=\frac{193\ 086+331\ 384+32\ 134}{385\ 351}=1.44$$

阿里巴巴集团的速动比率在2021财年为1.35，在2022财年为1.27。一般来说，速动比率和流动比率的趋势是高度相关的。也就是说，通过这两个指标的变动，分析人员可以得到公司的短期流动性是改善还是恶化的相同的信息。阿里巴巴集团的流动比率和速动比率就反映了类似的趋势。与流动比率最好趋向于1相对应，速动比率最好趋向于0.5。

（3）经营活动现金流量与流动负债比率

采用流动资产作为反映公司近期创造现金能力的指标并不可靠，采用经营活动现金流量来代替流动资产可以克服这一问题。经营活动现金流量在现金流量表中报告，表明在满足了营运资本的需要之后，公司的经营活动创造了多少剩余的现金流量。因为这个比率的分子采用了一定时期的流动指标，相应的分母就应该采用在这一时期流动负债的平均数。阿里巴巴集团2023财年的这一比率为：

$$\text{经营活动现金流量与流动负债比率}=\frac{\text{经营活动现金流量}}{\text{平均流动负债}}=\frac{199\,752}{0.5\times(385\,351+383\,784)}=0.52$$

阿里巴巴集团的这一比率在2021财年为0.75，在2022财年为0.38。因此，在3年期间，阿里巴巴集团的经营活动现金流量与流动负债比率先下降后上升。一项有关这一比率的研究表明，对于财务健康、状况良好的制造业公司或者零售业公司来说，经营活动现金流量与流动负债比率达到0.4或者更高，是很常见的。阿里巴巴集团的经营活动现金流量与流动负债比率持续超过0.38，因此，阿里巴巴集团并没有较大的短期流动性风险。

（4）营运资本活动比率

分析人员采用营运资本活动比率（Working Capital Activity Ratios）指标来衡量公司经营活动创造现金的能力和短期流动性风险。

$$\text{应收账款周转率}=\frac{\text{销售收入}}{\text{平均应收账款}} \tag{2.6}$$

$$\text{存货周转率}=\frac{\text{销货成本}}{\text{平均存货}} \tag{2.7}$$

$$\text{应付账款周转率}=\frac{\text{采购成本}}{\text{平均应付账款}} \tag{2.8}$$

前面我们讨论了应收账款周转率和存货周转率，这是资产周转率的组成部分。我们在此使用这两个比率，说明公司应收账款转换为现金和销售存货的速度。

应付账款周转率指标表明公司支付应付账款的速度。在财务报表中，通常不披露采购成本，但是，分析人员可以按照下列公式近似地估计采购成本：

采购成本=销售成本+期末存货-期初存货

分析人员经常利用资产负债表中各项目（应收账款、存货、应付账款）的周转天数来表述这三个比率，这种周转天数可以通过用365天除以相应的三个周转率得到。

$$\text{应收账款周转率}=\frac{868\,687}{0.5\times(32\,134+32\,813)}=26.8(\text{次/年})$$

$$\text{应收账款周转天数}=\frac{365}{26.8}=13.6(\text{天})$$

2.长期偿债风险

分析人员采用长期偿债风险（Long-term Solvency Risk）指标来衡量公司是否具有长期债务的还本付息以及其他类似责任的能力。如果公司不能及时偿还债务，就会发生清偿问题，可能会被要求重组或者清算。

评估长期偿债风险最好的指标是公司在一定时期创造收益的能力。盈利性好的公司会从经营活动中产生足够的现金流量，也可以从债权人或者股东那里获得所需要的现金。因此，我们之前讨论的盈利性指标适用于这里的分析目的。除此之外，还有其他四个指标可以用来考察公司的长期偿债能力和风险，分别为：债务比率、利息保障倍数、经营活动现金流量与总负债比率、经营活动现金流量与资本支出比率。

（1）债务比率

分析人员采用债务比率计量债务，特别是长期债务在公司资本结构中的相对数额。这一比率越高，说明公司的长期偿债风险越大。债务比率有若干变形，其中三个常用的指标如下：

$$长期债务比率=\frac{长期债务}{长期债务+股东权益}\times 100\% \tag{2.9}$$

$$债务/权益比率=\frac{长期债务}{股东权益}\times 100\% \tag{2.10}$$

$$负债/资产比率=\frac{总负债}{总资产}\times 100\% \tag{2.11}$$

阿里巴巴集团2023财年的债务比率计算如下：

$$长期债务比率=\frac{244\ 772}{244\ 772+1\ 122\ 921}\times 100\%=17.90\%$$

$$债务/权益比率=\frac{244\ 772}{1\ 122\ 921}\times 100\%=21.80\%$$

$$负债/资产比率=\frac{630\ 123}{1\ 753\ 044}\times 100\%=35.94\%$$

表2-11反映了阿里巴巴集团2021—2023财年的债务比率。在这3年期间，采用长期债务计算的债务比率呈上升趋势，阿里巴巴集团在这期间不断增加新的长期债务。在这一考察期间，总负债与总资产的比率呈现先升后降的趋势，这表明其他负债的增长先低于后超过长期债务的增长。

表2-11　　**阿里巴巴集团2021—2023财年的债务比率**

项目	2021财年	2022财年	2023财年
长期债务比率	17.46%	17.50%	17.90%
债务/权益比率	21.15%	21.21%	21.80%
负债/资产比率	35.89%	36.17%	35.94%

需要注意的是，这三种长期债务的比率在不同时期的变动是高度相关的。出现这种结果并不稀奇，因为这三种比率的计算使用的是相同的财务报表数据。一般来说，分析人员可以一贯地采用这三种比率的其中之一。因为存在多个不同的债务比率，在阅读财务报表和讨论债务比率时，分析人员应该谨慎，应该明确所采用的债务比率的具体含义。债务/权益比率超过1（也就是说，长期债务超过股东权益）并不是不正常的情况，但是，长期债务比率或者负债/资产比率超过1就是非常不正常的情况（这意味着，股东权益的价值为负值）。

为了使公司的风险看上去不高，并减少融资的成本，公司经常尝试通过融资结构的刻意安排，使债务不出现在公司的资产负债表上，比如租赁固定资产、特别目的实体的设立等，即表外融资。分析人员在解释债务比率时，应该清楚公司可能会采取这些行动，因此，财务报表所显示的债务可能比实际情况要少。

(2) 利息保障倍数

利息保障倍数（Interest Coverage Ratio）表明利息费用和所得税税前的净收益是利息费用的多少倍。

阿里巴巴集团2023财年的利息保障倍数为：

$$\text{利息保障倍数}=\frac{\text{净收益}+\text{利息费用}+\text{所得税费用}+\text{少数股权收益}}{\text{利息费用}}$$

$$=\frac{72\,783+16\,989+15\,549+7\,210}{16\,989}$$

$$=6.62$$

阿里巴巴集团的利息保障倍数在2021财年为42.81，在2022财年为6.06。分析人员通常认为，利息保障倍数接近于或者低于2，代表风险较高。因此，按照这个指标衡量，阿里巴巴集团的长期偿债风险是不存在的。

如果一家公司必须支付其他类型的定期费用（如退休金、租金等），分析人员也可以将这些费用纳入计算当中。如果是这样，那么所计算的指标被称为固定费用保障倍数（Fixed Charges Coverage Ratio）。

有一种批评的观点认为，将固定费用保障倍数作为衡量公司长期偿债风险的指标，其计算的分子应该采用现金流量指标而非收益指标。因为公司支付利息和其他固定费用需要使用现金，而不是收益。当这一比率相对较低（也就是低于2）时，分析人员应该采用利息和所得税之前的经营活动现金流量作为分子来计算利息的倍数。

例如，阿里巴巴集团2023财年的净现金流量为2 295.10亿元，在财务报表附注中，我们得到利息的现金支付总额为169.89亿元，所得税的现金支付总额为155.49亿元，采用现金流量计算利息保障倍数如下：

$$\text{基于现金流量计算的利息保障倍数}=\frac{\text{净现金流量}+\text{利息和所得税支付数额}}{\text{利息现金支付数额}}$$

$$=\frac{2\,295.10+169.89+155.49}{169.89}$$

$$=15.42$$

(3) 经营活动现金流量与总负债比率

债务比率和利息保障倍数并不能说明公司通过经营活动创造现金流量支付债务的能力，而经营活动现金流量与总负债比率（Operating Cash Flow to Total Liabilities Ratio）就可以弥补这一缺陷。这一现金流量比率类似于在评估公司的短期流动性时所采用的比率，但是在这里，分母包括所有的债务（流动负债和非流动负债）。

阿里巴巴集团2023财年的经营活动现金流量与总负债比率为：

$$\text{经营活动现金流量与总负债比率}=\frac{\text{持续经营的现金流量}}{\text{平均总负债}}$$

$$=\frac{199\,752}{0.5\times(630\,123+613\,360)}$$

$$=0.32$$

阿里巴巴集团的这一比率在2021财年为0.44，在2022财年为0.23。对于财务状况健康的公司来说，这一比率达到或者超过0.2是常见的情况。因此，根据这一指标，阿里巴巴集团拥有一定的长期偿债风险。

（4）经营活动现金流量与资本支出比率

评估公司长期偿债风险的最后一个比率便是经营活动现金流量与资本支出比率（Operating Cash Flow to Capital Expenditures Ratio）。这个比率反映了公司通过经营活动创造现金流量来满足公司保持和增加生产能力的资本支出需求的能力。公司可以采用任何多余的现金流量支付其债务，分析人员可以按照下列公式计算这一比率：

$$经营活动现金流量与资本支出比率=\frac{持续经营的现金流量}{资本支出}$$

$$=\frac{199\ 752}{34\ 352}=5.81$$

阿里巴巴集团这一比率在2021财年为5.37，在2022财年为2.68。因此，阿里巴巴集团的经营活动现金流量可以满足其资本支出的需求，并有剩余的现金流量可以满足债务的支付。

经营活动现金流量与资本支出比率表明公司支付债务的能力，但并没有明确说明公司未来必须归还债务的水平。进一步，在安排每年的资本支出时，公司管理者拥有自主权，资本支出水平的变动将影响这一比率。公司如果处在盈利性较差的时期，就会削减其资本支出，以便增加相应年份的这一比率。因此，分析人员对这一比率变动趋势的分析，应该谨慎。

（5）长期偿债风险分析小结

债务比率、利息保障倍数以及现金流量比率表明，阿里巴巴集团的长期偿债风险很低，公司的盈利性较好，可以创造出足够的现金流量满足其债务的支付。

二、价值分析

财务报表分析最为常见的用途之一就是评估公司价值。分析人员可以利用公司过去的以及当前的盈利性和风险来预测公司未来的收益和风险。

（一）市盈率

价值评估的第一种方法是将每股收益与普通股股票的市场价格相联系。在2023财年，阿里巴巴集团的股票市场价格为207.72美元，则其市盈率为60.03（207.72÷3.46）。对于分析人员来说，一个很有意义的方法是将阿里巴巴集团的市盈率与竞争者的市盈率相比较，例如，京东的市盈率在同一时间为负值。

另一个求解市盈率的理论方法和模型如下：

$$市盈率=（1+收益增长率）÷（权益投资者要求的收益率-收益增长率）\tag{2.12}$$

在2023财年之前的5年中，阿里巴巴集团普通股股东净收益的年复利增长率为18.63%。为便于说明，我们不妨假设在未来的2年中，阿里巴巴集团的收益将继续按照这一比率增长。权益投资者要求的收益率在财务领域被称为权益资本成本（Cost of Equity Capital）。假设阿里巴巴集团为了吸引投资者购买和持有公司股份，有必要使其达到30%的收益率，那么，理论上的市盈率为10.43（（1+0.1863）÷（0.3–0.1863））。因此，实际的市盈率60.03，意味着阿里巴巴集团在市场上的股票价格基本贴合公司的实际价值。

（二）市账比

价值评估的第二种方法是将公司普通股股票的市场价值与账面价值相联系。在2023

财年年末，阿里巴巴集团股票的每股账面价值为53.05美元，则实际的市场价值与账面价值比率为3.92（207.72÷53.05）。

假设公司的价值应该等于普通股股票目前的账面价值加上公司在未来为普通股股东创造的超过其权益资本成本的收益，则：

$$\text{市场价值与账面价值比率}=\frac{1+(\text{期望的普通股股东权益收益率}-\text{权益资本成本})}{\text{权益资本成本}-\text{普通股股东权益增长率}} \quad (2.13)$$

阿里巴巴集团在2023财年创造的普通股股东权益收益率达到7.48%。为便于说明，假设在未来的年份中，阿里巴巴集团将保持这一普通股股东权益收益率的水平。根据计算，在过去的4年中，阿里巴巴集团的普通股股东权益按照每年9.78%的年复利增长率增长。假设这一增长率在未来也将持续下去，正如前面所指出的，权益资本成本为30%，那么，理论上的市场价值与账面价值比率就为3.83（［1+（0.0748−0.3）］÷（0.3−0.0978））。

从理论模型来看，阿里巴巴集团股票的价值在市场上的估值较为准确。

（三）托宾Q比率

价值评估的第三种方法是将资本的市场价值与其重置成本相联系，即托宾Q比率。经济学家托宾于1969年提出了一个著名的系数，即托宾Q比率。该比率反映的是一个企业两种不同价值估计的比值。分子中的价值是金融市场上所说的公司值多少钱，分母中的价值是企业的“基本价值”，即重置成本。公司的金融市场价值包括公司股票的市值和债务资本的市场价值。重置成本是指今天要用多少钱才能买下所有该上市公司的资产，也就是说，如果不得不从零开始再来一遍，创建该公司需要花费多少钱。

该比率的计算公式为：

$$Q=MV\div RC \quad (2.14)$$

式中：MV——公司市场价值；RC——重置成本。

当Q>1时，购买新生产的资本产品更为有利，这会增加投资的需求；

当Q<1时，购买现成的资本产品比新生产的资本产品更加便宜，这样就会减少资本需求。

在西方国家，Q比率大多在0.5和0.6之间波动。因此，许多希望扩张生产能力的企业会发现，通过收购其他企业来获得额外生产能力的成本比自身从头做起所付出的代价要低得多。例如，如果平均Q比率在0.6左右，而超过市场价值的平均收购溢价是50%，最后的购买价格将是0.6乘以1.5，相当于公司重置成本的90%。因此，平均资产收购价格仍然比当时的重置成本低了10个百分点。

第五节　前景分析

分析框架的前三个步骤（战略分析、会计分析和财务分析）为估计企业内在价值奠定了坚实的基础。除了使会计分析和财务分析更加合理以外，战略分析还有助于评估企业竞争优势可能发生的变化及其对企业未来股东权益收益率和增长率的影响；会计分析提供了企业当前账面价值和股东权益收益率的估计值；财务分析则有助于深入了解企业当前股东权益收益率的影响因素。前景分析是企业分析的最后一个步骤，侧重于预测企业的未来，包括财务报表预测和企业估值等内容。尽管企业价值是未来现金流量业绩的函数，但根据企业当前所有者权益的账面价值、未来股东权益收益率和增长率估计企业价值，仍然是可行的。

一、前景分析：预测

在对大多数财务报表进行分析时，需要做出前瞻性决策，而且在大多数情况下，概括使用预测分析得出的结论非常有用。企业管理者通过预测做出规划并提出业绩目标；分析者通过预测向投资者及潜在投资者传递其对企业前景所发表的意见；债权人通过预测评估企业偿还贷款的可能性。此外，预测通常归结为估计企业价值的形式——评估企业价值可以视为反映管理者和分析者对企业前景意见的最佳尝试。

预测不是独立的分析，其是概括通过经营战略分析、会计分析和财务分析得出的结论的方法。预测实际上就是对构成其基础的经营战略分析、会计分析和财务分析的总结。

在这里，我们只介绍进行全面预测的相关步骤。

（一）销售预测

预测的第一步是销售预测，不存在被普遍接受、认可的销售收入的预测方法，所选择的方法应当适应具体的环境并反映前面分析步骤所考虑的因素。例如，对大型零售企业而言，销售预测通常考虑以前年度销售收入、零售店数量增长所带来的增长，以及反映现有零售店销售收入增长水平的可比增长率。对增长率的预测，应当考虑诸如顾客对新产品的接受程度、营销计划、价格战略、竞争者行为以及预期经济状况等因素。

（二）费用和收益预测

费用应当逐项预测，因为不同费用是不同因素所导致的，但大多数费用明显与销售收入相关，如销售成本及一般管理费用。研究和开发费用不一定紧随本期销售收入而变化，但其通常长期随着销售收入的变化而变化。其他一些费用与其动因更加相关，例如，利息费用受债务水平和利率影响，折旧费应当以与企业折旧政策相一致的方法进行预测等。

（三）资产负债表项目预测

由于资产负债表项目受各种不同因素影响，所以应当对其分别加以预测。尽管详细预测资产负债表项目非常有用，但在一般情况下，编制预计摘要资产负债表，将财务分析所论述的主要资产和负债项目包括在内就足够了。这种预测对企业估价非常有用。

首先，通过假设营业营运资本和营业长期资产与销售收入相关，预测两种资产的金额，这两个项目之和即为营业资产净值。其次，通过对债务对权益的比率做出假设，预测支持营业资产净值所需的债务和权益的金额。因此，为预测预计摘要资产负债表，只需对三个关键比率做出假设：营业营运资本对销售收入的比率、营业长期资产对销售收入的比率、负债对权益的比率。

（四）现金流量预测

收益预测和资产负债表项目预测隐含了现金流量预测。对现金流量进行预测，可以使分析者更加全面、客观地评价企业的真实业绩，预测企业的财务风险，评估企业的价值。

（五）敏感性分析

敏感性分析是从构成一系列预测基础的主要假设开始的，考察在特定情况具有不确定性的条件下，预测值对假设的敏感性。在确定应当针对哪些方面进行敏感性分析时，考察经营业绩的历史情况、行业状况的变化以及企业竞争战略的变化非常重要。

二、前景分析：估价

估价是将预测转化为对企业估计价值的过程，几乎所有的经营决策都涉及估价。投资者、潜在投资者通过对企业进行估价做出买进、持有或抛出的决策；债权人需要对与信贷活动相关的风险有所了解，也需要考虑企业所有者权益价值的"缓冲作用"。

实践中有许多的估价方法，如贴现股利法、贴现异常收益法、价格乘数估价法、贴现现金流量分析法等。在这里，我们对贴现股利法、贴现现金流量分析法，以及被理论界与实务界广泛使用的Ohlson模型等方法进行介绍。

（一）贴现股利法

从理论的角度看，所有者权益的价值等于未来股利支付额的现值。其计算公式为：

股东权益价值=预期未来股利的现值

$$=\frac{DIV_1}{1+r_e}+\frac{DIV_2}{(1+r_e)^2}+\frac{DIV_3}{(1+r_e)^3}+\cdots \quad (2.15)$$

式中：DIV——某一特定年份的预期未来股利；r_e——股东权益的资本成本。

上述估价公式假设企业可以无限经营下去，而现实中企业可能破产或者被收购，在这些情况下，股东将可能获得终结股利。

如果企业拥有固定的股利增长率，则可以将上述公式简化为：

$$股东权益价值=\frac{DIV_1}{r_e-g^d} \quad (2.16)$$

式中：g^d——企业的固定股利增长率。

这种估价模型被称为股利贴现模型，其是常用的股票估价理论方法的基础。

（二）贴现现金流量分析法

这种方法源自上述的贴现股利法，其基于股利改用自由现金流量来表示。它的具体分析步骤如下：

首先，预测在某一有限预测期内股东权益持有者的可用自由现金流量；

其次，根据一些假设，预测终结年度后的自由现金流量；

最后，以股东权益资本成本贴现股东权益持有者的自由现金流量。

其计算公式为：

债务和股东权益价值=债务和股东权益持有者的自由现金流量的现值

$$=\frac{NOPAT_1-\Delta BVA_1}{1+WACC}+\frac{NOPAT_2-\Delta BVA_2}{(1+WACC)^2}+\cdots \quad (2.17)$$

式中：NOPAT——息前税后净营业利润；ΔBVA——营业净资产账面价值的变动；WACC——加权平均资本成本。

（三）Ohlson模型

对企业进行价值评估的传统方法是贴现现金流量（Discounted Cash Flow，DCF）方法。在折现现金流量方法的基础上，Ohlson将剩余收益（Residual Income，RI）应用于企业价值估价，形成了企业价值估价的一个分支，在企业价值估价中得到了广泛应用。

超额收益R的表达式为：

$$R_t=P_t-WACC_t\cdot C_{t-1} \tag{2.18}$$

式中：R_t——第t年的超额收益；P_t——第t年的税后利润；$WACC_t$——第t年的加权平均资本成本；C_t——第t年投入的全部资本，包括权益资本和债务资本。

Ohlson将超额收益应用于股利贴现模型，建立了权益价值估价模型：

$$V_t = B_t + \sum_{t=1}^{\infty}\frac{R_t}{(1+r)^t} \tag{2.19}$$

式中：V_t——企业的权益资本价值；B_t——当期的权益资本账面价值；r——权益资本要求的收益率；R_t——第t年的超额收益。

估价是将业绩预测转化为估计价值的过程。实践中有许多的估价方法，但没有一种方法明显优于其他方法，实际上每一种方法都有各自的优点和缺点，同时考察几种方法才是有益的。

有效的财务报表分析可以从公开的财务报表数据中提取管理层的内部信息，因此分析是很有价值的。但由于分析者无法直接、完全地获得企业的内部信息，仅依靠对企业所在行业及其竞争战略的了解分析企业的财务报表。有经验的分析者必须像企业管理者一样了解行业的经济特征，并且能够较好地把握企业的竞争战略。尽管相对企业的管理层而言，外部分析者处于信息劣势，但他们在评价企业投资和经营决策的经济结果时更加客观。

在合理的企业分析的基础上做出的预测，对企业各利益相关集团即财务报表使用者均有用。分析的精确性取决于特定企业的具体情况，如具体行业、企业产品生命周期、企业规模等。上述分析步骤对各类企业的分析均有用，其是对企业进行全方位分析以及对企业进行价值评估的基本框架。

第六节 综合案例分析

一、东阿阿胶

（一）案例背景

东阿阿胶股份有限公司隶属华润集团，其前身是1952年建立的山东东阿阿胶厂，1993年由国有企业改为股份制企业，1996年在深交所挂牌上市（股票代码：000423），拥有员工3 700余人，总资产126.31亿元，拥有中成药、保健品、生物药三大产业门类，是全国最大的阿胶系列产品生产企业，第13次入选中国500最具价值品牌，品牌价值335.15亿元，连续8年荣登中国药品品牌榜·价值排行榜（中国地区）榜首。

阿胶系列产品是东阿阿胶股份有限公司主要生产和销售的商品，而在2006—2018年间，东阿阿胶在该产品的销售上一直采取提价策略（见表2-12），其提价理由主要是驴皮原料供应紧张，尤其是2014年仅一年就提价了82%。

表2-12 2006—2018年东阿阿胶的阿胶出厂价提升情况

时间	出厂价（元/千克）	提价幅度
2006-05-01	196	21%
2006-12-28	255	30%
2007-11-01	320	25%
2009-04-01	352	10%
2009-10-01	393	12%
2010-01-16	432	10%
2010-02-01	516	19%
2010-05-26	542	5%
2010-10-12	594	10%
2011-01-06	954	61%
2012-01-05	1 049	10%
2013-07-13	1 388	32%
2014-01-15	1 650	19%
2014-09-13	2 525	53%
2015-11-17	2 903	15%
2016-11-18	3 310	14%
2017-11-20	3 640	10%
2018-12-21	3 858	6%

注：数据来自经作者整理的东阿阿胶发布的公司公告，2019年及以后年度，东阿阿胶更换管理团队，并调整公司战略，不再通过提升价格来缓解原料供应紧张的问题。

针对东阿阿胶不断实施的提价策略，我们应该如何看待？该策略的实施反映了管理层怎样的战略行为，又导致了何种经济后果？接下来，我们将采用基于战略的财务报表分析框架来回答上述问题。

（二）案例分析

1.识别经济特征

首先，从行业市场规模来看。近年来，随着经济的发展和居民消费水平的稳步提高，在国家政策、技术发展以及业内企业的共同推动之下，阿胶行业发展较好，行业市场规模从2008年的64亿元发展到2018年的超400亿元，到2020年，我国阿胶行业的市场规模达到560亿元。另外，山东阿胶行业协会的统计资料显示，我国阿胶行业的产能约为15 000吨，年产量约为6 000吨，销量基本与产量相同，产品库存量整体较少。因此，与其他行业相比，阿胶行业的市场规模较小，依然属于小众市场。

其次，从消费者区域结构来看。图2-7展示了2019年我国阿胶消费额区域结构的占比情况。从中可以看出，华东地区由于一直保持着冬季食用阿胶膏方的习俗，其阿胶消费约占全国的33%；华北和华中地区受到节气和风俗的影响，同时也具有一定的阿胶消费基础，其消费分别约占全国的20%和18%；华南和西部（包含西北和西南）地区的消费占比约为14%和9%，而东北地区占比约为6%。因此，我国阿胶消费者主要集中在华北、华东等经济发达区域，受众面较窄。

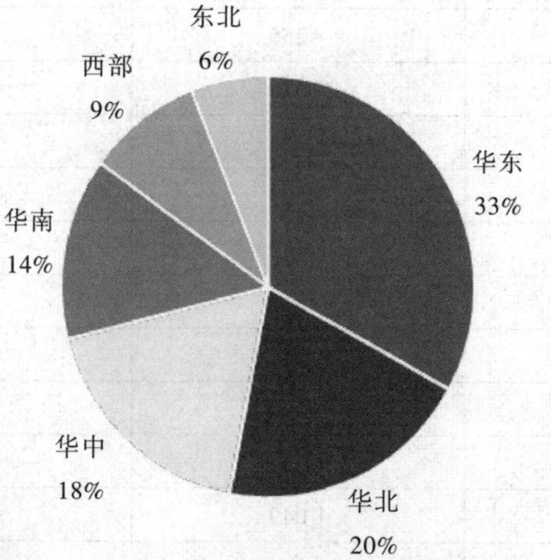

图2-7 2019年我国阿胶消费额区域结构占比①

最后，从行业竞争情况来看。图2-8展示了2019年我国阿胶行业的企业竞争情况。从中可以看出，国内主要的阿胶生产企业是东阿阿胶和福牌集团，2019年，两者占据了75%以上的市场份额，其中，东阿阿胶占比61%，福牌集团占比17%，阿胶产业呈现双寡头垄断格局。但近年来，太极集团、同仁堂、九芝堂等厂商也开始涉足阿胶行业，并凭借自身的性价比进行差异化竞争。因此，虽然东阿阿胶是该行业的龙头，但其依然面临着激烈的市场竞争。

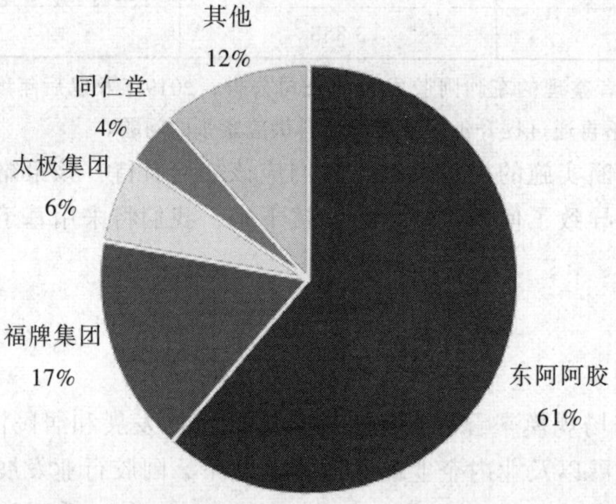

图2-8 2019年我国阿胶企业市场规模占比②

总体来看，东阿阿胶还处于培育市场、打造品牌和扩大市场份额的阶段。

2.识别公司战略

一般情况下，适合采取提价策略的公司产品主要属于以下三种类型：一是产品在市场

① 前瞻产业研究院. 2020年中国阿胶行业市场竞争格局分析 行业呈现双寡头竞争格局［EB/OL］.（2020-08-26）. https://bg.qianzhan.com/report/detail/300/200826-f4ddc2a2.html.

② 前瞻产业研究院. 2020年中国阿胶行业市场竞争格局分析 行业呈现双寡头竞争格局［EB/OL］.（2020-08-26）. https://bg.qianzhan.com/report/detail/300/200826-f4ddc2a2.html.

上供不应求，但这种主要适合一次性提价；二是产品具有垄断性和稀缺性，比如少数高科技产品、片仔癀这类名贵中药材等；三是产品与精神享受、文化体现等相关，比如奢侈品牌、名贵珠宝、各类名酒等。因此，只有当公司产品符合上述三种特点的某一个时，采取提价策略才可能不会导致产品销量的明显下滑。

但是，首先，阿胶系列产品在我国受众较小，销量基本与产量相当，并未出现需求大于供给的情形；其次，东阿阿胶虽然是行业龙头企业，但其依旧面临着强大的竞争对手，并未垄断整个行业，且市场中具备补血养颜功能的替代产品相当多，也不具有稀缺性；最后，阿胶系列产品尚未培育和形成鲜明的精神或文化属性，主要属于功能性产品。

总结来看，东阿阿胶的提价策略与其经济特征存在不匹配情况，因而该公司实施提价战略很有可能导致产品销量的下滑。

3.理解和调整财务报表

虽然我们无法获取东阿阿胶有关阿胶具体销售情况的数据，但由于该公司的营业收入大多来自阿胶的出售，因此，我们可以先根据提价时间计算出阿胶每年的加权平均出厂价格（如2007年的加权平均出厂价格的计算公式为：255×10÷12+320×2÷12），再用营业收入除以该价格。虽然这种计算方式假设每月的出厂量一样，但仍然可以大致得到阿胶销售量的变化趋势。该公司2005—2019年每年的阿胶销售情况见表2-13。从中可以看出，东阿阿胶在采取连续的提价行为后，阿胶的销售量逐年下滑。在这15年间，价格的复合增长率约为25.41%，营业收入的复合增长率约为8.19%，可见，价格增长超过了营业收入增长，说明销售量有所下滑，而经过计算，销售量的复合增长率约为-13.74%，证实东阿阿胶提价策略的实施确实导致了产品销售量的下滑。净利润在该期间虽然逐年增长，但在2019年，公司业绩出现转折，从2018年的盈利20亿元转变为2019年的亏损超4亿元，并且这种将市场“拱手”让给竞争对手的做法在未来可能还会继续恶化公司业绩。

表2-13　**2005—2019年东阿阿胶的阿胶产品销售情况**　金额单位：万元

年份	价格（元/千克）	营业收入	净利润	销售量（吨）
2005	162	98 317	10 966	6 069
2006	185	106 937	15 692	5 791
2007	266	138 136	21 052	5 196
2008	320	168 595	29 613	5 269
2009	322	207 911	40 706	6 467
2010	537	246 378	59 412	4 587
2011	954	275 885	87 026	2 892
2012	1 049	305 607	105 356	2 913
2013	1 219	401 630	121 972	3 296
2014	1 942	400 901	137 228	2 065
2015	2 588	544 966	163 781	2 106
2016	2 971	631 714	185 514	2 126
2017	3 365	737 234	204 399	2 191
2018	3 640	733 832	208 661	2 016
2019	3 858	295 862	-44 538	767

4.分析盈利性和风险

前文已述，东阿阿胶在不断采取提价策略后，公司产品销售量一路下滑。当公司产品销售情况恶化时，若想再次打开或扩张产品的销售渠道，将更为困难。通过对比2014年以后的年报数据，我们可以发现，自大幅提价后：一是东阿阿胶的销售费用在2015年激增，说明公司在提价后确实存在销售困难。二是东阿阿胶的应收账款、应收票据等应收项目也在大幅增加，说明公司虽然为龙头企业，但对其下游经销商的影响力在减弱，同时应收账款周转天数持续增加，说明公司货款回收不力，资金周转较慢，资金回收风险增加。三是东阿阿胶的存货数额增幅较大，存货周转率逐年下降，说明公司存货存在积压现象，而从存货结构来看，主要是原材料每年增幅较大，其复合增长率约为67%，这意味着，虽然公司一直在施行养驴的自我供给方案，但仍然需要大量收购外来驴皮，说明公司对供货渠道控制不力。以上三点皆说明了公司的销售情况在逐年恶化，产品销售和资金回流都存在问题，业绩增长动力不足，长此以往必然导致公司逐渐失去利润来源，侵蚀公司的现金流。近些年，东阿阿胶的营业收入、净利润增速也开始下滑，经营现金流远远小于净利润，资金流在不断恶化，未来业绩堪忧。2014—2019年东阿阿胶的经营情况见表2-14。

表2-14 2014—2019年东阿阿胶的经营情况

年份	2014	2015	2016	2017	2018	2019
销售费用增长率	-7.88%	69.94%	26.72%	11.57%	-1.61%	-25.29%
应收账款增长率	-35.23%	163.98%	25.56%	30.66%	78.77%	32.50%
应收票据增长率	-57.95%	278.57%	-45.12%	726.66%	172.65%	-100.00%
应收账款周转天数（天）	13.31	14.01	19.77	21.75	34.51	131.73
存货增长率	165.75%	17.84%	74.69%	19.67%	-6.65%	-11.91%
存货周转天数（天）	262.60	297.69	408.67	462.49	503.00	800.53
营业收入增长率	-0.18%	35.94%	15.92%	16.70%	-0.46%	-59.68%
净利润增长率	12.51%	19.35%	13.27%	10.18%	2.08%	-121.34%
经营现金流增长率	-25.25%	48.78%	-36.11%	181.37%	-42.58%	-211.00%

5.评估公司价值

从市场的表现来看，东阿阿胶的前复权下的股票价格，2014年年末为每股32.87元，2019年年末为每股35.37元，在此期间，其总市值基本上在200亿元至450亿元之间波动。由此可见，东阿阿胶在2014至2019年间，公司价值并未有实质性的提升。从资金的时间价值来看，如果投资者在2014年选择买入该公司股票，并持有至2019年，投资者的财富不增反减。因此，东阿阿胶由于实施了不符合其企业经营特征的提价策略，在短期内会提升净利润，但长期来看会恶化经营环境，侵蚀公司业绩和现金流，最终导致公司价值无法实现增长。

二、爱尔眼科

（一）案例背景

爱尔眼科医院集团成立于2003年1月24日，并于2009年10月30日登陆创业板上市（股票代码：300015），是我国第一家IPO上市的医疗机构，集团总部位于湖南省长沙市。

爱尔眼科医院集团已经成为中国乃至全球范围医院规模和医疗能力领先的眼科医疗集团，覆盖亚洲、欧洲和北美洲。截至2023年12月31日，爱尔眼科品牌医院、眼科中心及诊所在全球范围内共有875家。其中，中国内地744家（包括上市公司旗下428家，产业并购基金旗下316家），中国香港8家，在海外的布局突破123家。

表2-15展示了爱尔眼科2014—2022年的经营业绩情况。相关数据显示，该公司近年来一直保持着高速增长的模式，比如营业收入增长率高于20%（除2020年和2022年受到不可抗力因素影响外），归属母公司股东的净利润增长率不低于30%（除2020年和2022年受到不可抗力因素影响外）。

表2-15　2014—2022年爱尔眼科主要财务指标同比增长率

年份	2014	2015	2016	2017	2018	2019	2020	2021	2022
每股收益-基本（%）	37.91	37.50	27.27	34.15	31.72	36.85	23.28	32.82	9.38
每股收益-稀释（%）	37.91	34.38	30.23	32.29	32.28	36.81	23.28	32.82	9.38
营业收入（%）	21.01	31.79	26.37	49.06	34.31	27.74	19.24	25.93	7.39
营业利润（%）	34.00	39.90	16.62	59.20	40.05	29.79	32.26	30.66	1.16
利润总额（%）	33.52	35.15	24.37	50.22	34.38	33.33	28.42	33.19	5.95
归属母公司股东的净利润（%）	38.34	38.44	30.24	33.31	35.88	36.67	25.01	34.78	8.65
归属母公司股东的净利润-扣除非经常损益（%）	33.78	45.58	18.86	41.87	39.12	32.42	49.12	30.59	4.89
经营活动产生的现金流量净额（%）	9.94	15.10	29.29	71.67	5.22	48.47	60.87	22.15	9.95

那么，为什么爱尔眼科可以一直持续地快速成长？如此喜人的业绩是否可能存在财务造假行为？接下来，我们将继续采用基于战略的财务报表分析框架来回答上述问题。

（二）案例分析

1.识别经济特征

首先，从行业市场规模来看，爱尔眼科主要提供眼科医疗服务，而我国眼科医疗服务的需求空间巨大，该行业的市场规模正在快速增长。第一，由于电子产品的广泛使用，现代社会学习、工作、娱乐的用眼强度大幅增加，导致各种眼科疾病的患病率呈上升趋势，特别是近视人群已经呈现高发化、低龄化的特点。第二，随着我国人口老龄化的不断加剧，白内障、视网膜脱落及青光眼等老年常见眼科疾病的患者群体规模也在不断上升。第三，随着眼部健康知识的普及以及人们收入水平的提高，眼睛保健观念不断增强，大量的潜在需求不断转化为现实需求，而基本需求也逐步升级为中高端需求。因此，得益于需求增加和消费升级的共同推动，我国眼科医疗服务市场的规模在不断扩大。据统计，我国眼科医疗服务市场的行业规模从2015年的507.1亿元增长至2020年的1 125.7亿元，2016—2020年的复合增长率达17.3%，保持稳定高速增长。到2024年，我国眼科医疗服务的市场规模达到2 563.1亿元，2020—2024年的复合增长率约为22.8%，我国眼科医疗服务市场的持续扩容确定性较高。因此，爱尔眼科所处行业属于高景气行业。

其次，从行业竞争情况来看：第一，在我国，医疗服务主要是公立医院占主导地位，眼科只是公立医院众多医疗服务的其中一种，且一般不是公立医院的主要利润点，因此，公立医院对眼科的重视程度往往不高。爱尔眼科等私立医院专门提供眼科服务，且该服务的质量水平通常高于公立医院，由此与公立医院形成错位竞争的格局。第二，眼科医疗服务更依赖于设备和治疗方案的相对标准化，与其他医疗服务相比，其对医生的依赖程度相对较低，该特点使得这类医疗服务更容易实现异地复制和推广。第三，眼科医疗的部分服务如近视手术等，涉及美容和生活品质的提高，该特点使得这类医疗服务拥有一定的定价权。

综上所述，这些经济特征意味着，爱尔眼科目前处于快速扩张和占领市场，从而打造和巩固品牌形象的阶段。

2.识别公司战略

早期，爱尔眼科为避免与一线城市的大型公立医院发生正面竞争，其首先选择了经济基础较好但医疗条件相对落后于北上广的东部城市扎根。这样，不仅能够满足二三线城市的医疗需求，同时该地区的消费者也具备一定的支付能力，有利于早期的业务开展。爱尔眼科首先在湖南、湖北等地区打下市场基础，然后将其网点延伸至东北、华东和华南等地区，并不断在二三线城市扩大网点范围，完善布局。截至2022年底，爱尔眼科在境内已经拥有215家眼科医院、148家门诊部，在境外拥有100多家医院和门诊部，如果包含其他的医院网点，爱尔眼科共有800多家医院和门诊部。后期如此快速的扩张，得益于爱尔眼科的三大独特发展战略：

（1）分级连锁经营模式。分级连锁是爱尔眼科通过吸纳国际先进的医疗管理经验，成功探索出的一套适应中国国情和市场环境的眼科医院连锁经营管理模式。在我国，传统的医疗体制无法解决医疗资源分配不均的问题，也就是好的医疗资源一般集中在一二线城市。爱尔眼科通过打造“北上广一线旗舰医院—省会医院—地级市医院—县级医院”的分级连锁机制，破解了行业痛点。北上广一线旗舰医院作为第一级，主要扮演医疗科研中心和品牌中心的角色，通过科研创新或疑难会诊等方式为下级医院提供技术支持。省会医院作为第二级，主要扮演利润中心和服务中心的角色，通过向下收治重症、向上转诊重症的方式起着“承上启下”的枢纽作用。地级市医院作为第三级，主要扮演客服中心的角色，通过开展常规眼科诊疗、筛选重症病人向上转诊的方式构建整个服务网络的网点。县级医院作为第四级，主要扮演品牌下沉中心的角色，通过开展基础眼科业务、向上转诊重症的方式将公司品牌渗透到最基层地区。这种通过上级医院提供技术支持、下级医院转诊疑难患者的分级连锁方式，建立了医疗资源和患者的流通机制，可以实现资源的最优配置，并简化患者的就诊程序，极大地提升了整体运营效率和诊断效率，有利于公司的快速扩张。

（2）并购基金扩张模式。爱尔眼科在并购扩张上主要是利用并购基金进行收购。由于上市公司面临着巨大的业绩压力，一旦直接并购尚处于亏损的医院，即使其后期发展较好，在并购时也会直接对公司市值产生影响。另外，上市公司的并购流程较为复杂，并购的实施过程中需要公司董事会或股东大会以及监管部门的审批，而通过并购基金扩张模式可以有效解决这些问题。首先，爱尔眼科以LP（有限合伙人）的身份设立并购基金，吸引GP（普通合伙人）和其他LP的资金注入，这样，在减少初期投资资金的同时，放大了资金杠杆，加快了扩张速度。其次，并购基金主要投资于爱尔眼科的目标医院，随后对其进行体外孵化培育，当目标医院进入稳定的盈利期时，再转入上市公司体系，从而规避了目标医院初期经营不成熟对上市公司产生的不利影响。最后，通过并购基金进行收购投资活动并不会受到过多的监管和约束，可以节约并购时间，提升并购的灵活性。因此，爱尔眼科的并购基金扩张模式有利于公司快速高效地收购优质资源，从而不断扩张自身规模。在设立并购基金以前，爱尔眼科每年的新增门店数仅为个位数；在设立并购基金之后，爱尔眼科每年的新增门店数平均超过30家。

（3）合伙人制人才模式。2014年，爱尔眼科在医疗行业首次推出了“合伙人计划”。该计划是指符合一定资格的核心技术人才与核心管理人才，作为合作股东与爱尔眼科共同投资设立新医院（含新设、并购及扩建）。新医院达到一定的盈利水平后，上市公司依照相关证券法律、法规，通过发行股份、支付现金或两者结合等方式，以公允价格收购合伙人持有的医院股权，从而实现对核心人才的点对点定向激励的目标。对于公司来说，爱尔眼科通过该模式不仅可以长期留住核心员工，而且可以不断吸引外部优秀人才的加入，并且当员工持有初创期连锁医院的股份后，为争取早日被上市公司收购，也会更加努力地工作，加快医院的建设。对于合伙人来说，医生可以作为股东投资医院，在提高收入的同时，还可以持续分享爱尔眼科的发展成果。因此，合伙人制的人才培养模式，使得爱尔眼科与优秀人才之间建立了长期的、双向的激励体制，能够从根本上激发医生的创造力和能动性，推动医院与医生的同步发展，进而对爱尔眼科的快速稳定发展起到了重要的支撑作用。

综上所述，爱尔眼科自创立以来所实施的战略，紧扣其自身的发展环境和经济特征，尤其是目前实施的三大战略推动着公司的快速扩张和抢占市场。

3.理解和调整财务报表

当阅读和分析爱尔眼科的财务报表时，我们需要结合公司战略一同研究。例如，由于并购基金扩张模式的存在，在研究该公司规模时，不能仅关注表内数据，还需注意表外内容，即并购基金旗下的医院规模。再如，在看待公司并购活动中产生的商誉时，不能仅因为商誉占总资产的比重逐年上升，且近三年已经超过20%，就片面地认为爱尔眼科在收购孵化后医院的过程中，可能存在故意的溢价收购行为，从而为大股东等进行利益输送。面对这一现象，我们不能忽略并购基金在投资初创期医院以后，对医院付出的孵化培育成本，并且当上市公司并购时，该标的已经成为盈利稳定的成熟医院，因而其价值已经不可同日而语。因此，我们需要理性看待商誉数据。

4.分析盈利性和风险

前文已述，爱尔眼科主要采取分级连锁经营模式、并购基金扩张模式和合伙人制人才模式来快速、高效地进行异地复制，从而不断扩大规模，抢占市场份额。据年报数据披露，该公司2009年上市时，其旗下仅有17家连锁医院，截至2022年年末，公司境内医院已达到215家，门诊部已有148家。在人才方面，爱尔眼科的医务人员数目也在逐年大幅增加，从2009年的1 748人发展壮大为2022年的21 056人。从经营数据来看，爱尔眼科分级连锁的优势体现在销售费用率较低，一般为10%～12%；而在营业收入、销售人员占比等方面属于同一级别的美年健康，其销售费用率约为23%，约为爱尔眼科的两倍。从盈利增长来看，爱尔眼科自上市以来，尤其是2014年设立并购基金和合伙人制以后，公司的业绩增长更为迅速。因此，我们可以看出，爱尔眼科通过实施适合自身的战略，在连锁网络、技术人才和激励机制等方面已经形成行业领先优势，这些优势必将为业绩增长提供持续动力。

5.评估公司价值

从市场表现来看，爱尔眼科的前复权下的股票价格，上市当年年末为每股1.69元，2014年年末为每股4.69元，随后股价快速上涨，到2022年年末已经上涨至每股26.94元。

这意味着，爱尔眼科的公司市值在2014年至2022年期间，从100亿元附近持续增长到千亿市值。由此可见，如果投资者在2014年选择买入爱尔眼科股票，并持有至2022年，其年复合收益率可达26.94%。因此，爱尔眼科通过施行独特的、符合自身特点的发展战略，不断强化了公司的核心竞争力，最终助推了公司价值的持续强势增长。

本章小结

1.财务报表主要是反映企业某一时点和一定期间的经营成果和财务状况的变动情况。解读财务报表，能够清楚地了解公司的经营活动，理解公司的运作能力。财务报表不仅受到投资者的密切关注，公司管理层也经常通过财务报表对公司经营管理活动进行总体的掌控和分析，从财务报表中解读企业的经营情况及经营风险，从大量财务数据中发现所需要的信息，提高企业经营决策的效率，为公司创造价值。

哈佛分析框架正是从战略的高度来分析一个企业的财务状况，分析企业外部环境存在的机会与威胁，分析企业内部条件的优势与不足，在科学预测的基础上为企业未来的发展指明方向。

2.环境因素评估包括对行业的经济特征以及竞争战略的考虑；公司目标与战略强调具体公司在行业中如何竞争并获得竞争优势的问题；资产负债表反映了公司投资和融资活动的结果；利润表报告了公司一定时期的经营活动的成果；公司依据权责发生制编制资产负债表和利润表；现金流量表则报告了公司的经营活动、投资活动和融资活动对于现金状况的影响。图2-9总结了企业的主要活动以及三张主要的财务报表。同时，公司还提供了一系列附注，对这些报表中的有关项目做出说明。会计分析的目的是评价企业会计反映基本经济现实的程度，包括评估企业会计的灵活性和适当性，并修正会计数据等内容。

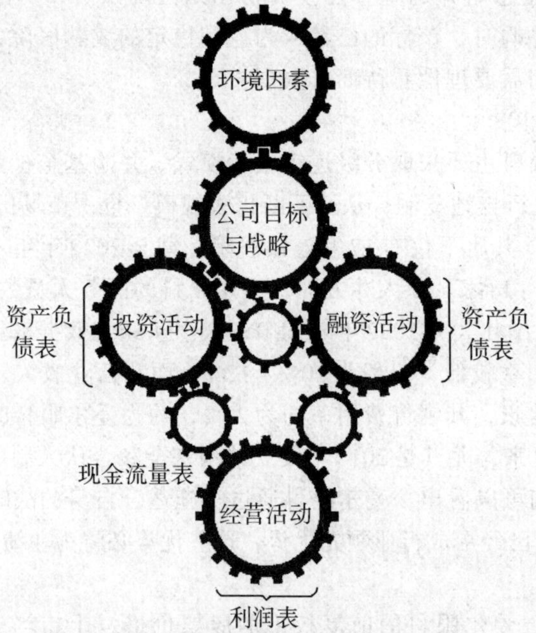

图2-9 企业的主要活动和财务报表

3.前景分析是企业分析的最后一个步骤，侧重于预测企业未来，包括财务报表预测和企业估值等内容。尽管企业价值是未来现金流量业绩的函数，但根据企业当前所有者权益的账面价值、未来股东权益收益率和增长率来估计企业价值，仍然是可能的。

重要术语

财务分析（Financial Analysis）
财务报表分析（Financial Statement Analysis）
比率分析法（Ratio Analysis）
流动比率（Current Ratio）
速动比率（Quick Ratio）
酸性测试比率（Acid Test Ratio）
速动资产（Quick Asset）
资产负债率（Debt Ratio）
负债权益比（Equity Ratio）
资产管理比率（Assets Management Ratio）
存货周转率（Inventory Turnover）
应收账款周转率（Accounts Receivable Turnover）
流动资产周转率（Current Asset Turnover）
总资产周转率（Total Asset Turnover）
销售毛利率（Gross Margin）
销售净利率（Profit Margin）
总资产收益率（Return on Assets，ROA）
普通股股东权益收益率（Return on Common Shareholders' Equity，ROE）
每股净资产（Net Asset Per Share）
市盈率（P/E Ratio）
股利支付率（Pay Out Ratio）
股利收益率（Dividend Yield）
折现现金流（Discounted Cash Flow）
剩余收益（Residual Income）

习题

复习思考题

1.为什么要进行财务报表分析？
2.什么是企业财务报表的内在局限性？
3.财务报表分析的步骤是什么？

4.行业经济分析有哪些工具？

5.现金流量表的编制方法是什么？它由哪几部分构成？

6.简述三大报表之间的勾稽关系。

7.简述普通股股东权益收益率与资产收益率的关系。

8.简述流动比率、速动比率的计算公式以及它们之间的关系。

9.简述全面预测的步骤。

10.简述三种估价方法以及它们各自的优缺点。

案例讨论题

凯乐科技造假案

湖北凯乐科技股份有限公司成立于1993年2月，至今已有大约30年的发展历史。2000年7月，凯乐科技在上海证券交易所正式挂牌上市（股票代码：600260），公司总资产18.56亿元、净资产12.23亿元。该公司专注于通信产业闭环及互联网领域，致力于信息化产业高端通信设备的软硬件制造，并且集光纤、光缆、数据线缆、射频同轴电缆、光电元器件等光电通信产品的研发、生产、销售为一体。凯乐科技是我国首家进入量子通信应用产业化的企业，公司下属有39家子公司，并在北京、上海、武汉、长沙等地设有27个分支服务机构。本应成为凯乐科技业务关键领域的“专网通信”，最终却造成了凯乐科技的垮台。

其原因是凯乐科技通过其“专网通信”业务进行财务造假。该业务的付款模式为，在签订合同后的一周之内，公司向客户指定供应商预付不低于30%的采购款，而客户只需向凯乐科技预付10%的定金。在这种模式下，“专网通信”业务占用了凯乐科技的大量资金，随着收入规模的增加，凯乐科技的预付款项也快速攀升，这为凯乐科技的财务造假创造了一定空间。2016年至2020年年末，凯乐科技预付款项的对应金额分别为62亿元、97亿元、21亿元、56亿元和61亿元，分别占同期总资产的45%、52%、56%、42%和49%以上。预付款项连续数年异常，其背后实则是公司与特定个人合作，通过预付账款形式将资金流入所谓的供应商，再伪装为营业收入流入公司，以此虚增利润。事实上，凯乐科技所报告的“专网通信”业务中，只有少量是合法的，大部分业务实际上是虚构的，仅是按照合同约定伪造采购入库、生产入库和销售出库等单据，而没有相应的生产或物流活动，导致公司收入和利润人为膨胀。这起造假案的规模巨大，凯乐科技在5年内虚增营收512亿元，虚增利润59亿元，导致该公司因财务不当行为而成为2023年首家退市公司。

资料来源：王娇娇．财务舞弊风险识别与对策治理研究——以凯乐科技为例［J］．现代营销（下旬刊），2023（3）：147-149.

思考：常见的财务造假手段有哪些？凯乐科技造假的原因是什么？

贵州茅台存货问题

贵州茅台酒是中国大曲酱香型酒的鼻祖，其产品适合长期储存，而独特的生产工艺使得茅台酱香酒需要库存5年才能进入市场销售。该酒出厂价在过去几年逐年提高，从2007年的358元一直涨到2012年的819元，随后2017年年末提价到969元，直到2023年再次提价到1 169元。表2-16展示了贵州茅台2007—2022年的生产、销售和库存情况。

表2-16　　贵州茅台2007—2022年的生产、销售和库存情况

年份	生产量（吨）	销售量（吨）	库存量（吨）	库存价值（亿元）	单瓶成本（元）
2007	16 865	8 640	54 002	23.1	20.1
2008	20 431	9 558	63 577	31.2	23.1
2009	23 004	10 380	74 677	41.9	26.4
2010	26 284	10 141	89 004	55.7	29.5
2011	30 026	11 250	105 624	71.9	32.0
2012	33 600	14 800	121 936	96.7	37.3
2013	38 452	15 500	141 990	118.4	39.3
2014	38 745	19 165	158 338	149.8	44.5
2015	32 179	19 798	167 304	180.1	50.7
2016	39 313	22 918	180 025	206.2	53.9
2017	42 829	30 216	188 785	220.6	55.0
2018	49 672	32 464	201 873	235.1	54.8
2019	49 900	34 600	212 829	252.8	55.9
2020	50 235	34 313	224 143	288.7	60.6
2021	56 472	36 261	239 467	333.9	65.6
2022	56 810	37 901	249 065	388.2	73.3

注：数据来自经作者整理的贵州茅台发布的各年年报。

思考：根据数据判断，该企业需要计提存货跌价准备吗？能否利用存货周转率来分析其销售情况？

二维码2-1　参考答案

二维码2-2　拓展阅读：先秦儒家君子人格思想与企业财务管理

延伸阅读

[1] 张新民．从报表看企业——数字背后的秘密［M］．北京：中国人民大学出版社，2012.

[2] 钱爱民．财务报表分析［M］．4版．北京：中国人民大学出版社，2017.

［3］帕利普. 经营分析与评价：有效利用财务报表［M］. 李延钰，译. 大连：东北财经大学出版社，2006.

［4］黄世忠. 财务报表分析［M］. 北京：中国财政经济出版社，2007.

［5］SUBRAMANYAN K R. Financial statement analysis［M］. New York：McGraw-Hill Education，2008.

［6］FRIDSON. Financial statement analysis：A practitioner's guide［M］. New Jersey：Wiley，2011.

［7］PENMAN. Financial statement analysis and security valuation［M］. New York：McGraw-Hill Education，2011.

投资篇

第三章 项目投资管理

学习目标

1. 了解项目投资的概念、分类及程序；
2. 掌握现金流量估算方法以及净现值法则的运用；
3. 熟悉项目风险分析方法以及风险调整方法；
4. 了解实物期权在项目投资分析中的运用。

引例：恒驰汽车之殇

2019年6月，恒大集团拟总投资1 600亿元，在广州南沙投资建设新能源汽车工厂。随后，恒大集团又在沈阳投资1 200亿元，打造汽车生产工厂。与此同时，恒大集团位于天津、上海等地的汽车制造基地也纷纷提上日程，并扬言要在10年内完成由房地产行业向新能源汽车的产业转型。

恒大集团依靠自身雄厚的资金实力，开启了造车之路。恒大集团先后以近13亿美元收购瑞典NEVS（国能电动汽车瑞典有限公司）的股份，获得了造车资质；随后，斥资10.6亿元收购卡耐新能源58%的股权，获得了新能源汽车零件动力电池方面的技术；然后，通过收购泰特机电和英国Protean这两家轮毂电机公司，以及引进德国西门子、舒勒、库卡等公司，获得了造车制造工艺。截至2020年，恒大集团新能源汽车产业累计投入474亿元，2021年上半年，恒大汽车各项开支为45.31亿元，累计接近520亿元。

然而，造车不同于房地产，绝非一日之功。与房地产相比，汽车产业回报周期更长，需要投入的科研资金更多，并且具有很强的不确定性风险。一方面，恒大汽车在技术、资金和管理等方面面临挑战，使得建设进度远滞后于既定规划；另一方面，新能源汽车的市场竞争激烈，已有多家厂商占据市场先机，使得恒大集团面临更加严峻的竞争压力。这些问题导致恒大汽车城的建设进展缓慢，市场反响和销售情况也不尽如人意。从财务指标来看，截至2021年6月30日，恒大汽车归属母公司净利润亏损47.86亿元，同比扩大110.5%。从销售情况来看，截至2023年3月，恒大汽车在港交所公告称，旗下首款量产车恒驰5正在持续量产，截至公告发布之日，仅交付900辆。由此，恒大集团斥巨资投资的新能源汽车业务也未能反哺恒大集团，更不用提及助力公司的转型发展了。

读者不妨带着下面几个问题阅读本章内容：恒大集团恒驰汽车失败的原因是什么？如何从项目投资的角度对恒驰汽车之殇进行分析？

项目投资是指公司为了在未来获取收益，通过在一定条件下从事某种生产经营活动，将前期获得的收入或筹措到的资金投入生产经营活动的经济行为。项目投资管理能够通过提高公司的经营效率，从而提升公司现有资金创造现金流的能力，而持续的现金流正是公司价值的重要支撑，可以说，源源不断的现金流正是公司价值的体现。基于现金流量的项目投资也充分考虑了现值的重要性，因此，成功的项目投资能够给企业带来新的现金流入，从而创造公司价值。本章所讨论的投资，通常是指对公司发展具有深远意义的经济活动，属于资本性投资。项目投资分析，又可称为资本预算。本章将具体向大家介绍项目投资的种类、项目投资决策方法在实际中的应用、项目现金流量分析以及风险评估等方法，全面综合地阐述项目投资管理的相关知识。

第一节 项目投资决策概述

一、投资项目分类

（一）按投资项目之间的关系分类①

根据投资项目对投资决策过程的影响以及项目之间的关系，我们可以将其分为以下三类：

1.独立项目

假如一个项目的接受或拒绝并不影响另一个项目的现金流量，反之亦然，则称这两个项目在经济上是独立的。例如，两条生产不同产品的生产流水线可以独立地运转而互不产生影响，那么，这两个项目是相互独立的。在这种情况下，项目之间不能相互替代，某一项目投资的收益和成本不会因其他项目的采纳与否而受到影响。对相互独立的项目决策而言，若无资金总量的限制，只需评价其经济上是否可行（如净现值是否大于零），便可决定取舍，则项目可以全部或部分入选；若一定时期内资金总量不足，则存在项目选择的最优次序，但这并不影响最终各项目的采纳。

2.互斥项目

如果一个项目的未来利润由于另一个项目的接受而完全丧失，反之亦然，则称这两个项目是相互排斥的。例如，企业为生产某种产品，可以购置设备，也可以租赁设备，这样，两个投资方案是相互排斥的。显然，当评估多个相互排斥的投资项目时，即使每个项目本身从经济上评价都是可行的，也不能同时入选，只能选取较优者。

3.依存项目

如果一个投资项目的现金流量受到另一个项目接受或拒绝的影响，则称第一个项目在经济上依存于第二个项目。对于相互依存的项目，又可分为两种情况：①如果一个项目的接受会提高另一个项目的获利能力，则称它们为“互补项目”。例如，计算机软件研制项目的采纳会增加计算机生产容量扩展项目的销售量，所以，这两个项目是互补项目。②如果一个项目的接受会降低另一个项目的获利能力，则称它们为“替代项目”。例如，某企

① 戚安邦．投资预算——投资项目的财务评价［M］．天津：南开大学出版社，2005.

业同时开发两种功能相同、款式有所差异的产品，一种产品进入市场显然会降低另一种产品的销售量，所以，这两个开发项目属于替代项目。

（二）按投资目的分类①

分析资本支出的提案并不是一项没有成本的工作，因为这样做可以获得收益，所以，分析工作本身也是有成本的。对于某些类型的项目来说，相对详细的分析才能保证最大限度地规避风险；而对另外一些项目而言，则应使用尽量简便的方法。因此，公司通常先按照项目的不同性质和实施结果对其进行分类，再针对不同类型进行分析。

1.重置项目

重置项目一般又可分为两类：维持业务和降低成本。为维持业务而产生的资本性支出，主要用于替换那些在生产盈利性产品的过程中报废或受损的设备。如果公司打算继续经营该业务，重新购买该项目是必需的，而仅余的问题是：该业务是否应该继续；是否仍沿用原先的制造方法。其答案通常是肯定的，因此，维持性的决策通常不需要过于精细的决策分析。为降低成本而产生的资本性支出，主要用于替换那些仍可使用但已陈旧过时的设备，其目的是降低劳动成本、材料成本以及其他投入的成本，如某些旧设备由于技术原因比类似的新设备要耗电，重置该设备能够节省电力资源。这类决策随意选择的空间很大，通常需要进行比较详细的分析。

2.扩张项目

扩张项目一般有两种目的：第一种是扩展现有产品或市场。这类支出主要用于提高现有产品的产量，增加零售点或目前市场上的分销机构。这类决策更为复杂，因为其需要对需求增长做出明确的预测，所以错误发生的可能性更大，更加需要进行详细的分析。同时，实施这类项目的决定权，通常由公司管理层掌握。第二种是开发新产品或开拓新市场。这类投资用于生产新产品或扩张进入一个新的、目前尚未服务的地理区域，项目一般涉及那些有可能改变公司业务实质的战略决策，而且它们通常需要巨额的支出，而获得回报则需要延迟一段时间。对于这类项目，非常详尽的分析总是必不可少的，而最终的决策则通常由公司最高管理层做出——作为公司战略计划的一部分，由董事会做出决定。

3.安全、环保类项目

安全、环保类项目包括为遵守政府法规、履行劳动协议或保险条约而进行的投资。这类支出被称为强制性投资，一般为非营利项目。如何处理这类项目，取决于它们的规模，小规模项目的处理类似于上述的第一类项目。

4.研究与开发

对许多公司而言，研发费用构成了其资本支出中最大的，也是最重要的一部分。虽然从理论上讲，那些用于分析有形资产投资的方法也可用于分析研发支出，但是，研发所带来的现金流量具有高度的不确定性，以至于无法保证标准的贴现现金流量（Discount Cash Flow，DCF）分析的准确度。所以，通常的情况是，经理们主观地对研发支出进行DCF分析，然后拨出一笔款项来投入某个或某些项目进行研究。由于研发结果的高度不确定性，

---

① BRIGHAM，EHRHARDT. Financial management：Theory and practice［M］. 14th ed. New York：Cengage Learning，2013：481.

以及是否继续为一个项目融资需要依据该项目早期的研究效果，所以，决策树分析和实物期权是常用的方法，这些内容将在本章第四节中具体介绍。

5.长期合同

一些公司通常与某些特定的客户签订长期提供某种产品或服务的合同。虽然这种合同不确定是否需要立即投资，但是成本和收入在其后的若干年内逐渐累积，因此，在签署合同之前应该进行现金流量分析。

6.其他

这一项包括办公建筑、停车场用地、商用飞机等各类投资，适用于DCF分析，但是具体贴现现金流量应该如何计算，则因公司而异。

总而言之，重置类决策只需要相对简单的计算和少量的支持文件，尤其是那些对盈利业务的维持型投资；而降低成本型和扩张现有生产线决策则需要更为详细的分析，尤其是涉及开发新产品或开辟新市场的决策（通常属于企业的战略决策，属于企业发展过程中居于核心位置的决策）。

小贴士　　PPP模式简介

一、PPP的概念

PPP是Public-Private-Partnership的缩写，在我国被称为“政府和社会资本合作”，是指政府部门（Public）通过与社会资本（Private）建立伙伴关系（Partnership）提供公共产品或服务的一种方式。发达国家普遍将PPP模式作为缓解财政压力、提高公共服务效率的一次变革。

PPP模式适用于“谁付费谁消费”、行业变化速度较慢的公共产品项目，比如电信、电力、管线、交通基础设施（高速公路、铁路、港口、机场）、市政基础设施（保障房、供水、供电、污水处理）和社会公用事业（医院、学校、养老院、监狱）等。“谁付费谁消费”的项目有稳定现金流，管理层可以利用资本市场，优化负债率，在经济周期内实现最优融资结构，从而提高股本收益率。

二、广义和狭义的PPP

广义的PPP，是指政府与私人部门为提供公共产品或服务而建立的合作关系，采取特许经营模式实施，并且根据项目实际情况，合理采用建设—运营—移交（BOT）、转让—运营—移交（TOT）、改建—运营—移交（ROT）、建设—拥有—运营—移交（BOOT）、设计—建设—融资—运营—移交（DBFOT）等具体方式。狭义的PPP，则是近年来英国等发达国家为弥补BOT、TOT等模式的不足，探索实施的一种新模式。它与BOT的原理相似，均由使用者付费，但其相比BOT更加强调公私部门的全过程合作。

狭义的PPP与之前传统模式的不同之处在于，狭义的PPP是政府和企业组成一个SPV（Special-Purpose-Vehicle，特殊目的机构/公司），政府和企业的权利与义务是对等的、有限的。

资料来源：梅艳菲菲．论PPP模式的理论基础和操作要点［EB/OL］.（2017-09-08）. https: //www.sohu.com/a/190738590_330868.

二、项目投资决策方法应用

我们在最初接触项目投资分析时，了解项目现金流量的估算方法以及各种资本预算的评价方法，如回收期法、平均会计收益率法、净现值法、获利指数法、内含报酬率法等。因为项目现金流量的估算、折现率的选择在实际操作中都有一定的难度，并不是所有的公司都能运用这些可以对现金流量进行折现的资本预算方法。比如，有些公司会采用回收期法，有些公司则使用平均会计收益率法。

（一）美国的资本预算实务

在美国，多数的研究表明，大公司最经常使用的资本预算方法是内含报酬率法（IRR）、净现值法（NPV），或者将两者结合起来使用。表3-1是一份对美国大型跨国公司的调查报告，在全部回复问卷的公司中，有80%使用净现值法或内含报酬率法。回收期法很少被作为首选的决策方法，但在辅助方法中却是使用率最高的。

表3-1　　**美国大型跨国公司运用资本预算方法的调查结论**[①]

投资决策方法	首选方法	辅助方法
平均会计收益率法	10.7%	14.6%
回收期法	5.0%	37.6%
内含报酬率法	65.3%	14.6%
净现值法	16.5%	30.0%
其他方法	2.5%	3.2%

（二）亚太地区的资本预算实务[②]

在一项对澳大利亚、印度尼西亚、马来西亚、菲律宾、新加坡以及中国香港等国家或地区的公司主管的调查中，调查者向被调查者询问了一些关于他们所在公司资本预算实务的问题。这项研究得出了一些有趣的结论，对其总结如下：

1.对公司项目评价的方法

与美国的公司一样，亚太地区的大多数公司都使用内含报酬率法、净现值法和回收期法对项目进行评估。使用内含报酬率法的公司占全部公司的比例为86%～96%，净现值法的使用比例为81%～96%，回收期法的使用比例则为81%～100%。

2.估计权益资本成本的方法

我们已知估计权益资本成本的基本方法有：资本资产定价模型（CAPM）、股利成长模型以及债务成本加风险溢价模型。各个国家或地区对这三种方法的运用，差异较大（见表3-2）。

美国的公司大多采用CAPM模型，然而除了澳大利亚以外，亚太地区的其他国家或地区使用最多的却是另外两种方法。

---

① STANLEY，BLOCK. A survey of multinational capital budgeting［J］. Finance Review，1984：36-51.
② 布里格姆．财务管理：理论与实践［M］．狄瑞鹏，胡谨颖，侯宇，译．10版．北京：清华大学出版社，2005：544.

表3-2 权益资本成本估计方法的使用情况

权益资本成本估计方法	澳大利亚	中国香港	印度尼西亚	马来西亚	菲律宾	新加坡
资本资产定价模型	72.7%	26.9%	0	6.2%	24.1%	17.0%
股利成长模型	16.4%	53.8%	33.3%	50.0%	34.5%	42.6%
债务成本加风险溢价模型	10.9%	23.1%	53.4%	37.5%	58.6%	42.6%

3.风险估计方法

上述6个国家或地区的公司主要依靠情景分析和敏感性分析来评估项目的风险。与此同时，它们也使用决策树分析以及蒙特卡洛模拟，但是使用频率要低得多（见表3-3）。

表3-3 风险估计方法的使用情况

风险估计方法	澳大利亚	中国香港	印度尼西亚	马来西亚	菲律宾	新加坡
敏感性分析	100%	100%	88%	83%	94%	79%
情景分析	96%	100%	94%	80%	97%	90%
蒙特卡洛模拟	38%	35%	25%	9%	24%	35%
决策树分析	44%	58%	50%	37%	38%	46%

（三）我国的资本预算实务

齐寅峰等（2005）[①]对中国691家上市和非上市公司的投融资行为进行了较为全面、深入的问卷调查，得出了许多十分重要的结论。关于投资决策方法和技术问题，这里主要介绍这份调查问卷的以下两个方面：

1.投资决策方法的选择[②]（见表3-4）

表3-4 投资决策方法的使用情况

投资决策方法	均值	从不使用→每次都用				
		0	1	2	3	4
回收期法	2.98%	7.3%	5.7%	16.9%	22.3%	47.8%
内含报酬率法	2.83%	9.4%	5.0%	19.5%	25.1%	41.0%
净现值法	2.75%	10.0%	7.5%	20.0%	22.2%	40.2%
敏感性分析	2.22%	20.7%	12.0%	20.9%	17.9%	28.5%
平均会计收益率法	1.99%	21.3%	14.5%	26.5%	19.8%	17.9%
主观判断	1.84%	27.1%	15.3%	22.6%	16.9%	18.1%
获利指数法	1.54%	34.3%	16.5%	21.5%	15.9%	11.9%
经济增加值法	1.55%	32.6%	17.1%	24.2%	15.0%	11.1%
情景分析	1.07%	45.2%	20.4%	21.4%	8.1%	4.9%
实物期权法	0.74%	59.8%	17.8%	14.3%	5.2%	2.9%
0—1规划法	0.72%	61.9%	16.4%	12.3%	6.9%	2.5%

① 齐寅峰，王曼舒，黄福广，等. 中国企业投融资行为研究——基于问卷调查结果的分析 [J]. 管理世界，2005（3）.

② 调查问卷中的问题答案赋值为0、1、2、3、4，共5个等级，因此，在描述性统计分析中，作者主要对问题及选择的结果采用百分比分布的方式进行直观描述。

从表3-4的统计结果可以看出，在所有的被调查企业中，使用最多的投资方法是回收期法，其次是内含报酬率法，再次是净现值法。实物期权法和0—1规划法则很少使用。在投资决策风险分析中，敏感性分析为常用方法，情景分析则很少使用。在三种折现方法中，内含报酬率法和净现值法相对获利指数法，更经常被使用。可见，我国企业还停留在采用传统的项目投资决策方法进行分析的阶段。

2.现金流量和折现率的估计

根据这份调查问卷的统计，采用净现值法和内含报酬率法进行项目投资分析时，58.4%的企业认为最大的困难是现金流量的估计，51.6%的企业认为最大的困难是折现率的估计，还有7.8%的企业根本不知道如何使用净现值法或内含报酬率法。

尽管大多数企业认为预测现金流量十分困难，但在所有的被调查企业中，仍然有530家企业在项目评估时预测未来的现金流量，不过大多数企业采用外聘专家和咨询机构的方式来预测未来的现金流量。

在折现率选择方面，具体情况见表3-5。

表3-5 估算折现率的方法

折现率的计算方法	估算折现率的企业数（家）	占总估算折现率企业的比例（%）
银行同期贷款利率	181	49.3
项目的投资机会成本	82	22.3
企业加权平均资本成本	77	21.0
项目评价融资成本	74	20.2
项目融资的股东权益资本成本	29	7.9

从表3-5可以看出，被调查企业最常使用的，也是最易获得的折现率是银行同期贷款利率，占总估算折现率企业的49.3%；其他几种方法在使用上并没有很大的差异。

综上所述，项目投资分析决策的使用方法在各个国家或地区的使用存在一定差异，而这种差异与一国经济发展程度有一定关系。早在20世纪80年代的美国，被调查企业中就有80%采用内含报酬率法或净现值法，回收期法只是作为一种辅助分析方法，而很少作为首选决策方法；对于处在发展中的我国来说，则大多采用回收期法。

第二节 现金流量分析及方法运用

评估备选方案的相关现金流量是项目投资分析中一个重要的组成部分。任何一个新项目都会引起公司现金流量的变化。在评估一个投资方案时，我们必须考虑公司现金流量的预期变化情况，包括项目所要求的投资额及该项目带来的未来净现金流入，并确定现金流量变化是否能够增加公司的价值。成功的项目投资决策将通过增加现金流量来增加股东的财富。估算项目投资的预期现金流量是项目投资分析的首要环节，也是实际操作中最困难的环节。

在财务管理的初级教材中，我们学习了一般项目现金流量的估算方法，以及利用这些估算出的现金流量评估项目可行性的决策方法，如回收期法、内含报酬率法、净现值法、盈利能力指数等，这些方法让人觉得项目投资决策似乎并不那么困难。然而遗憾的是，在实际工作中，现金流量几乎是不可能直接给定的，管理者必须根据从公司内部和外部收集的信息来估计项目的现金流量。①

20世纪60年代，由法国和英国联合投资20亿美元开发的协和式飞机，原本预计能够销售300架，后来因为航空燃料价格飞涨、噪声污染等问题，仅出售了13架。更近一点的例子，英法之间的海底隧道就反映了独一无二的项目投资问题。建造海底隧道的投资大大超出了预算，而且隧道开始运营之前所需要的时间比预计的时间要长得多。显然，这不仅影响运营成本，还影响项目的运营收入。

实际上，大多数企业投资的现金流量对比协和式飞机与英法海底隧道来说，不确定性要小一些。尽管如此，由于时间、成本和销售收入难以预测，想要获得可靠的未来现金流量数据，仍然存在很大的困难。

一、净现值法的运用

在财务管理的初级教材中，已经介绍了几种传统项目投资决策评价的方法，包括回收期法、贴现回收期法、内含报酬率法、净现值法、获利指数法等。同许多财务管理教材一样，我们推荐采用净现值法来对项目现金流量进行财务评价，但在使用时也要注意以下问题：

（一）估计现金流量时应注意的问题

1.所得税和非付现成本

折旧和摊销都属于非付现成本，也是现金流量和会计利润差异的具体表现。在估计项目的现金流量时，只有特别考虑利息和折旧以及各自的税盾作用，才能正确地估计项目的现金流量、控制风险。在前面了解项目现金流量的构成时，可以发现一个对项目现金流量有重大影响的因素——税收。对于同样一个项目，如果不考虑所得税因素，有可能被企业采纳；但如果考虑所得税的影响，则极有可能遭到否决。不同的折旧方法也会影响项目的现金流量变化，如果所占比例过大，甚至可能影响决策。所以，对项目投资的评价，必须以税后现金流量为基础。下面我们就来讨论税收对现金流量的影响，以及如何在计算经营税后现金流量时对折旧和利息进行相应的调整。

（1）总税后现金流量（Total Cash Flow，TCF）

假设：T——税率；R——利息费用；D——折旧额；EBIT——息税前利润；BCF——税前现金流量；TCF——总税后现金流量。

则有：

TCF=BCF-纳税额

纳税额=应税收入×T

应税收入=EBIT-R

因为：

① 沈洪涛．初级财务管理［M］．大连：东北财经大学出版社，2020.（这里不再赘述现金流量的基本概念和估算方法）

EBIT=BCF-D

于是，我们可以得到：

TCF=BCF-T（BCF-D-R）

=（1-T）BCF+T·D+T·R (3.1)

从式（3.1）中可以看到，如果税率给定，折旧额或利息费用的提高将导致总税后现金流量的增加。T·D和T·R分别称为折旧税盾和利息税盾。下面利用一个例子来说明总税后现金流量为何会随着折旧额或利息费用的增加而增加。表3-6给出了某公司的利润表并做出了三种假定。

表3-6 **不同折旧和利息假定下的利润表（简表）** 单位：万元

项目	① D=0，R=0	② D=100，R=0	③ D=100，R=100
销售额	1 000	1 000	1 000
变动成本	400	400	400
折旧（D）	0	100	100
毛利	600	500	500
销售和管理费用	100	100	100
EBIT	500	400	400
利息费用（R）	0	0	100
应税收入	500	400	300
纳税额（T=25%）	125	100	75
税后净利润	375	300	225
TCF=EBIT+D-纳税额	375	400	425

表3-6中，折旧额和利息费用从左到右递增，而左、中、右三列的总税后现金流量分别为375万元、400万元和425万元，说明折旧额或利息费用越高，总税后现金流量越大。其原因是折旧和利息允许在税前列支，抵减应税收入，使得企业纳税额减少。

不难看出，总税后现金流量其实就是税后净利润与非付现成本（如折旧）之和。

（2）经营税后现金流量（Operating Cash Flow，OCF）

尽管总税后现金流量（TCF）反映了税收对投资项目决策的影响，但是不能以TCF作为计算项目净现值的依据，因为TCF中包含了利息税盾（T·R）。正如前面所讲述的那样，虽然利息税盾（T·R）是一种现金流入量，反映了企业负债在纳税中所享受的好处，但是在资本成本计算中，有关负债的成本已经考虑了利息费用可以抵减应税收入，减少纳税额，因此实际使用的负债成本是税后负债成本。因此，为了形成评价投资项目的现金流量，必须将总税后现金流量（TCF）减去利息税盾（T·R），否则会造成利息税盾的重复计算。

将总税后现金流量（TCF）与利息税盾（T·R）之差，称为经营税后现金流量，即为：

OCF=TCF-T·R

=（1-T）BCF+T·D (3.2)

由于：

$$BCF=EBIT+D$$

将其代入上式，可以得到计算经营税后现金流量更为简便的公式：

$$\begin{aligned}OCF &= (1-T)\ BCF+T\cdot D\\ &= (1-T)\ (EBIT+D)\ +T\cdot D\\ &= (1-T)\ EBIT+D\end{aligned} \tag{3.3}$$

我们知道，项目净现值可由下式计算：

$$NPV = -I + \sum_{t=1}^{n}\frac{CF_t}{(1+r)^t}$$

按照惯例，上式中的CF_t取自不考虑利息税盾的OCF_t，r取自考虑利息税盾的税后资本成本。实际上，项目净现值的计算公式为：

$$\begin{aligned}NPV &= -I + \sum_{t=1}^{n}\frac{OCF_t}{(1+r)^t}\\ &= -I + \sum_{t=1}^{n}\frac{(1-T)BCF_t + T\cdot D_t}{(1+r)^t}\end{aligned} \tag{3.4}$$

或者：

$$NPV = -I + \sum_{t=1}^{n}\frac{(1-T)EBIT_t + D_t}{(1+r)^t} \tag{3.5}$$

式中：I——期初投资额；BCF_t——第t年税前现金流量；$EBIT_t$——第t年息税前利润；D_t——第t年折旧额；r——税后资本成本；n——投资项目有效使用年限；T——税率。

由于经营税后现金流量序列是项目未来的预测值，因此其具有不确定性。进一步考察发现，组成OCF_t的两个部分，即（1-T）BCF_t和$T\cdot D_t$，其中BCF_t的不确定性程度也是不同的。市场变化莫测，导致税前现金流量BCF_t不确定性较大，也就是风险较大，所以应以较大的贴现率计算第一部分的现值。而构成折旧税盾$T\cdot D_t$的两个因子，即税率T和折旧额D均是法定的，相对来说不确定性要小得多。由于折旧税盾的风险较小，理所当然应以较小的贴现率计算这一部分的现值。因此，可以将计算项目净现值的公式（3.4）改写成：

$$NPV = -I + \sum_{t=1}^{n}\frac{(1-T)BCF_t}{(1+r^{j})^t} + \sum_{t=1}^{n}\frac{T\cdot D_t}{(1+r^{jf})^t} \tag{3.6}$$

式中：$r^{j}>r>r^{jf}$（r通常取加权平均资本成本）。

2.通货膨胀对现金流量的影响

未来预期的通货膨胀将影响今天的资本预算决策。通货膨胀对项目净现值的影响表现在项目现金流量和贴现率两个方面。因此，在进行项目投资决策时，必须将其考虑在内。

假定一年期银行存款利率为10%，这意味着如果年初存入100元，年末可以收到110元。又假定年初一袋牛奶为1元，那么，年初的100元可以购买100袋牛奶。若不存在通货膨胀，年末的牛奶还是每袋1元，如果将100元存入银行，年末收到的110元就可以购买110袋牛奶。也就是说，如果你在年初不消费，将钱存入银行，那么，到年末你将可以多消费10%。但是，通货膨胀一般总是存在的。假定通货膨胀率为6%，也就是说，年末的牛奶不再是每袋1元，而是每袋1.06元。那么，若你在年初消费，则100元可以购买

100袋牛奶。但是，若你在年末消费，则110元不再能够购买110袋牛奶，而只能购买103.8袋（110÷1.06）牛奶。实际上，你的延迟消费只能使你多消费3.8%。在这个例子中，实际上隐含着以下两组概念：

（1）名义利率和实际利率

上例中，在通货膨胀的影响下，一年期银行存款利率10%是名义上所获得的收益率，被称为名义利率；而3.8%是延迟消费并把钱存在银行而实际获得的收益率，被称为实际利率。实际利率由名义利率经过通货膨胀率的调整而得来，计算公式为：

$$1+r_{名}=(1+r_{实})(1+r_{通胀}) \tag{3.7}$$

$$r_{实}=\frac{1+r_{名}}{1+r_{通胀}}-1$$

近似的公式为：

$$r_{实}\approx r_{名}-r_{通胀}$$

这就是著名的费雪效应（Fisher Effect），它揭示了预期通货膨胀率与利率之间的关系。应当注意的是，这个近似的公式对较低的利率和通货膨胀率而言是比较准确的，但是当利率较高时，近似的程度会变得很差。

（2）名义现金流量和实际现金流量

上例中，100元按照一年期银行存款利率10%，到年末可以收到110元，是年末名义上的现金流量，被称为名义现金流量；而由于通货膨胀，年末的110元实际上只能购买103.8袋牛奶。也就是说，这110元仅相当于103.8元，因此103.8元被称为实际现金流量。实际现金流量同样由名义现金流量经过通货膨胀率的调整而得来，计算公式为：

$$CF_{t实}=\frac{CF_{t名}}{(1+r_{通胀})^{t}} \tag{3.8}$$

式中：$CF_{t实}$——实际现金流量；$CF_{t名}$——名义现金流量；t——相对于基期的期数。

前面介绍了两组与通货膨胀有关的概念，实际上，这两组概念之间有着密切的联系：

$$C_{名}=CF_{0}\cdot(1+r_{名})$$

$$C_{实}=CF_{0}\cdot(1+r_{实})$$

也就是说，利率可以以名义或实际的形式来表示，同样地，现金流量也可以以名义或实际的形式来表示，并且名义利率与名义现金流量相对应，而实际利率与实际现金流量相对应。既然有这样选择的可能性，在进行投资决策时，应当强调在现金流量和折现率之间保持一致性，即“名义”现金流量应以“名义”利率来折现，“实际”现金流量应以“实际”利率来折现。

无论采用的是“名义”利率，还是“实际”利率，其计算结果都是相同的。利用前面的例子说明如下：

$$CF_{0}(100元)=C_{名}\div(1+r_{名})=110\div(1+10\%)$$

$$CF_{0}(100元)=C_{实}\div(1+r_{实})=103.8\div(1+3.8\%)$$

下面我们举一个实例来说明通货膨胀对项目现金流量进而对净现值的影响。

【例3-1】假设某项目的前三年税后利润均为420万元（实际现金流量），每年折旧640万元（名义现金流量），名义利率为14.48%，预计通货膨胀率为6%。根据上面提及的计算公式可以计算出实际利率为8%，适用的所得税税率为25%。求出该项目的净现值。

首先，我们计算不考虑通货膨胀情况下的净现值，具体见表3-7。

表3-7 不考虑通货膨胀情况下的净现值 单位：万元

项目 \ 年份	0	1	2	3
期初投资额	−1 200.0			
税后利润		420.0	420.0	420.0
折旧税盾		160.0	160.0	160.0
经营税后现金流量	−1 200.0	580.0	580.0	580.0
NPV（R=8%）				294.7

当考虑通货膨胀时，我们可以采用两种思路来计算净现值：第一种是将所有现金流量转化为名义现金流量，然后利用名义利率作为折现率计算净现值；第二种是将所有现金流量转化为实际现金流量，然后利用实际利率作为折现率计算净现值。

首先采用第一种思路：名义对名义（见表3-8）。

表3-8 考虑通货膨胀情况下利用名义利率计算的净现值 单位：万元

项目 \ 年份	0	1	2	3
期初投资额	−1 200.0			
税后利润（转化为名义）		445.2	471.9	500.2
折旧税盾		160.0	160.0	160.0
经营税后现金流量	−1 200.0	605.2	631.9	660.2
NPV（$R_{名}$=14.48%）				250.8

接下来采用第二种思路：实际对实际（见表3-9）。

表3-9 考虑通货膨胀情况下利用实际利率计算的净现值 单位：万元

项目 \ 年份	0	1	2	3
期初投资额	−1 200.0			
税后利润		420.0	420.0	420.0
折旧税盾（转化为实际）		150.9	142.4	134.3
经营税后现金流量	−1 200.0	570.9	562.4	554.3
NPV（$R_{实}$=8%）				250.8

表3-8和表3-9的计算结果显示，考虑通货膨胀的项目净现值明显偏小。同时，依据一致性原则，“名义对名义”和“实际对实际”这两种方法计算的项目净现值是完全

相同的。

需要注意的是，一致性原则基于下列假设：假设每年现金流量的组成成分中各个分量（如每年的销售额、原材料价格、人工费用等众多分量）都按照同一个通货膨胀率增长，那么，一致性原则将是有效的。然而事实上，各个分量未必都是同时、同比例地按照通货膨胀率增长，而是有的增长得较多，有的增长得较少，有的增长得较快，有的滞后增长等。因此，必须结合实际情况来考虑通货膨胀对资本预算的影响。

（二）几种特殊情况

1.非常规现金流量①

通常情况下，在项目的初期为现金流出（用于投资），以后全部为净现金流入（项目收益），采用符号表示为“-+++…+”，或者“--+++…+”，这被称为常规的投资模式。

还有一些项目，在其有效使用期间可能需要追加投资，使项目的现金流向呈现两次或多次的变化。采矿业中的露天剥采就是这样一个例子，为了符合相关环保法规的强制性要求，在项目的末期，开采者会追加投资以尽量弥补因不合理开采而导致的不良后果，这往往需要一大笔支出，采用符号表示为“-++…++-”。此外，一些项目还可能是先收到一笔钱，再发生资本性支出，采用符号表示为“+-+…-”。

在这样的非常规的投资模式下，一些传统的项目评价方法可能就会出现问题，而此时净现值法的优势将会体现出来。

【例3-2】项目A、B、C各期的现金流量见表3-10，注意每个项目内含报酬率的特点（假定贴现率为10%）。

表3-10 **内含报酬率与净现值** 金额单位：元

项目	项目A			项目B			项目C		
时期	0	1	2	0	1	2	0	1	2
现金流量	-150	195	0	150	-195	0	-150	345	-198
IRR	30%			30%			10%或20%		
NPV	27.27			-27.27			0		
允许的资本成本	<30%			>30%			>10%且<20%		
融资型还是投资型	投资型			融资型			混合型		

通过分析表3-10可知，项目A的现金流量为（-150，195），项目B的现金流量为（150，-195），其流动方向与项目A恰好相反。通过试差法计算，项目A和项目B的内含报酬率均为30%，但必须注意的是：当项目B贴现率低于30%时，净现值为负；相反地，当其贴现率高于30%时，净现值为正。于是，我们可以得到与以往相反的投资法则：若内含报酬率小于贴现率，则接受项目；反之，则拒绝项目。这一特殊法则，可以从图3-1、图3-2、图3-3中归纳出来。

① 张鸣. 公司财务理论与实务［M］. 北京：清华大学出版社，2005.

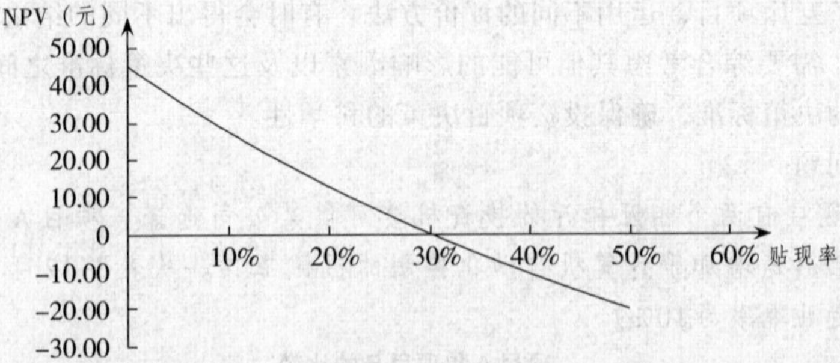

图3-1　项目A贴现率与净现值的关系图

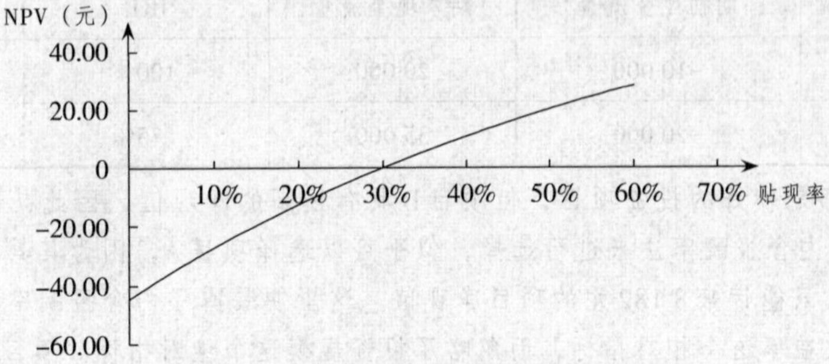

图3-2　项目B贴现率与净现值的关系图

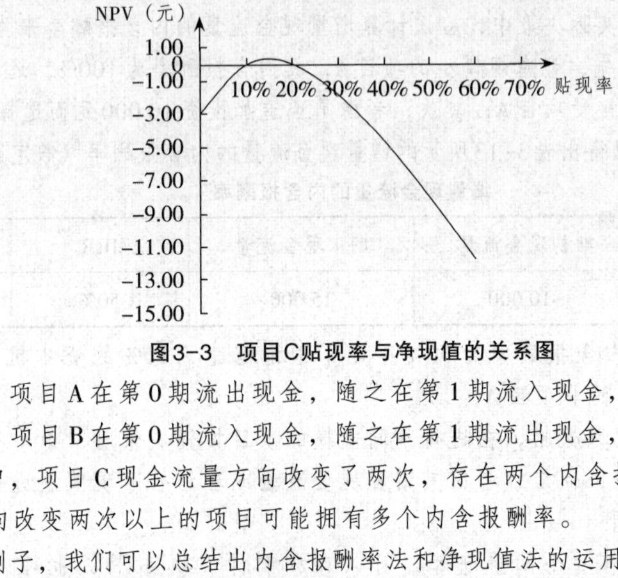

图3-3　项目C贴现率与净现值的关系图

图3-1中，项目A在第0期流出现金，随之在第1期流入现金，其NPV与贴现率负相关；图3-2中，项目B在第0期流入现金，随之在第1期流出现金，其NPV与贴现率正相关；而图3-3中，项目C现金流量方向改变了两次，存在两个内含报酬率，可以推断，现金流量序列方向改变两次以上的项目可能拥有多个内含报酬率。

通过这个例子，我们可以总结出内含报酬率法和净现值法的运用法则，具体见表3-11。

表3-11　IRR法则和NPV法则小结

现金流量特点	IRR个数	IRR法则	NPV法则
期初为负，后期为正	1	IRR>贴现率，接受；反之，放弃	NPV>0，接受；反之，放弃
期初为正，后期为负	1	IRR<贴现率，接受；反之，放弃	NPV>0，接受；反之，放弃
期初之后，部分为正，部分为负	可能>1	IRR失效	NPV>0，接受；反之，放弃

2.互斥项目的决策

采用净现值法、内含报酬率法以及现值指数法评估独立项目时，一般能够得出相同的结论，但是对于互斥项目，运用不同的评价方法，有时会得出不同的结论。为了正确进行投资项目决策，需要综合考虑其他可能的影响因素以及这些决策标准之间的联系与区别，以便选择合适的决策标准，确保投资项目决策的科学性。

（1）规模问题

【例3-3】现在有两个相互排斥的投资机会可供某公司选择。项目A是人工操作的机械工具，而项目B是增加了计算机自动化控制的机械工具。从表3-12可以看出该公司的具体选择（假定贴现率为10%）。

表3-12 **项目A和项目B的比较** 金额单位：元

项目	期初现金流量	期末现金流量	IRR	NPV
A	-10 000	20 000	100%	8 182
B	-20 000	35 000	75%	11 818

虽然二者都是较好的投资项目，但项目B具有较高的净现值，因此，该公司会选择项目B。如果根据内含报酬率法来进行选择，似乎可以选择项目A，因为其具有更高的内含报酬率，但项目A只能带来8 182元的项目净现值。这里便暴露了内含报酬率法的一个重大缺陷，即只重视收益率这个相对指标，而忽略了投资规模这个绝对指标。项目A的高回报率掩盖了其获取（收益）这一绝对指标偏低的不足。在这种情况下，仅采用内含报酬率法进行决策容易误导管理者，在实际决策中，应该计算增量现金流量的内含报酬率来弥补这一缺陷。

其具体做法是：首先，考虑规模小的项目A，其内含报酬率为100%，远远超过了10%的资本机会成本，故可以接受项目A；其次，考虑是否追加投资10 000元而选择项目B，接受项目B而非项目A，就可以得出表3-13所示的增量现金流量的内含报酬率（假定贴现率为10%）。

表3-13 **增量现金流量的内含报酬率** 金额单位：元

项目	期初现金流量	期末现金流量	IRR	NPV
增量现金流量	-10 000	15 000	50%	3 634

增量现金流量的内含报酬率为50%，同样远远超过了10%的资本机会成本，因此，该公司应该选择项目B而非项目A。

根据上面的例子可以概括，在进行不同规模的项目投资决策时，绝对不能简单地比较两个项目的内含报酬率，而应该考虑其增量现金流量或者结合净现值法进行决策。

（2）时间序列问题

【例3-4】某公司有一个闲置仓库，可以存放钢材（项目C），也可以存放电子仪器（项目D），两个项目的现金流量见表3-14。

表3-14 **项目C和项目D的现金流量** 金额单位：元

年份	0	1	2	3	NPV			IRR
					r=0	r=10%	r=15%	
项目C	-12 000	12 000	1 200	1 200	2 400	802	131	16.04%
项目D	-12 000	1 200	1 200	14 400	4 800	901.58	（581）	12.94%

从表3-14中可以看到，当贴现率较小时，项目D的净现值较高；而当贴现率较大时，项目C的净现值较高。通过仔细分析二者的现金流量，可以发现项目C的大额现金流入先于项目D。图3-4揭示了在低贴现率下，两种法则为何会给出不一样的结论。

两个项目的现金流量模式分析，如图3-4所示。

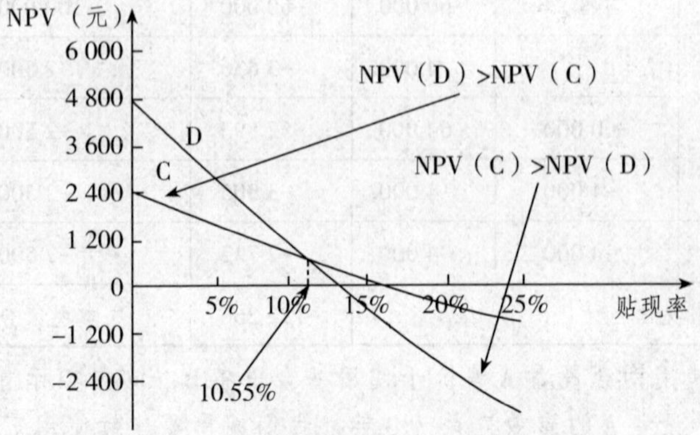

图3-4 两个项目的现金流量模式分析图

当贴现率为10.55%时，二者的净现值相等。内含报酬率是项目净现值为0时的贴现率，因为项目D的净现值曲线下降得更快，所以，其内含报酬率相对较小。当贴现率较高时，我们倾向于选择项目C，这是因为许多管理者相信，项目C在前期形成的现金流入可以再按同样的利率投资于其他项目（如项目D）。正因为如此，项目D的绝大部分现金流入发生在第三年，在贴现率较低的时候，项目D的净现值就相对较高。

在决策时，我们可以比较两个项目的净现值。例如，上例中，若贴现率小于10.55%，则选择项目D；反之，则选择项目C。我们也可以对比增量内含报酬率与贴现率，如前文所述，这里不再赘述。

3.结合不同的寿命周期

在前面互斥项目的决策中，假定各项目的寿命周期是一致的，但在实际中，可能出现寿命周期不同的情况。

（1）等额年金法

【例3-5】假设某公司必须选择购买设备A或设备B。设备A初始需要投入60 000元，有效寿命期为2年，每年的维护费用为4 000元，假定无残值；设备B初始需要投入100 000元，有效寿命期为4年，每年的维护费用为2 500元，假定无残值。预计两台设备能够产生等量的年现金流入。该公司该如何决定设备的投入?

如果两台设备能够产生等量的未来现金流入，那么，二者决策的唯一依据便是其全部成本的现值孰低。但关键问题就是两台设备的使用寿命是不同的，除非两台设备运营的时间相同，否则，它们之间就无可比性。假定该公司第二年年末将重置一台新的设备A，这样，我们就能将两台总共可以连续使用4年的设备A与一台设备B的有关现金流出序列及在资本成本为10%的情况下计算的现值进行比较，具体见表3-15。在相同的使用年限内，两台设备A连续使用的总成本现值高于一台设备B的总成本现值，所以，该公司应当选择购买设备B，尽管设备B的初始投入更高。

表3-15　　两个不同寿命期投资项目的现金流出和成本的现值　　单位：元

年末	两台设备A连续使用				一台设备B	
	设备1 现金流出	设备2 现金流出	总计	现值	现金流出	现值
0	−60 000		−60 000	−60 000	−100 000	−100 000
1	−4 000		−4 000	−3 636	−2 500	−2 273
2	−4 000	−60 000	−64 000	−52 893	−2 500	−2 066
3		−4 000	−4 000	−3 005	−2 500	−1 878
4		−4 000	−4 000	−2 732	−2 500	−1 708
成本现值合计				−122 266	成本现值合计	−107 925

上例中，连续使用两台设备A等价于使用一台设备B，但在实际情况下，如果设备B的有效寿命为5年，设备A的有效寿命为3年，我们就需要连续使用五台设备A与连续使用三台设备B，使其在均具有15年使用寿命的情况下进行比较。可见，这种通过寻找不同项目有效寿命的最小公倍数的方法，称为共同年限法。但是，当其共同比较周期较长时，计算是非常烦琐的，下面介绍的方法则相对更为简便。

等额年金法是将每个项目的现金支出序列转化为与其具有相同现值的约当年度成本后进行比较，并选择等额年金最低的项目进行投资。它是项目使用年限内现金流出总现值与年金现值系数的比值，即平均每年的现金流出。

上例中，设备A和设备B的等额年金计算如下：

设备A=PVA÷（P/A，10%，2）=［60 000+4 000×（P/F，10%，1）+4 000×（P/F，10%，2）］÷1.7355

=66 942÷1.7355=38 572（元）

设备B = PVB÷（P/A，10%，4）=［100 000+2 500×（P/F，10%，1）+2 500×（P/F，10%，2）+2 500×（P/F，10%，3）+2 500×（P/F，10%，4）］÷3.1699

=107 925÷3.1699=34 047（元）

设备A的初始支出60 000元和2年内每年支出的维护费用4 000元，相当于2年内每年支出38 572元，两种现金流出量的现值为66 942元。其中，38 572元就是设备A等额年金，同理，设备B等额年金为34 047元。由于设备B等额年金较低，因此，应当选择设备B，结论同上。

（2）设备更新时机的选择

在前面的例子中，我们总是假定机器的使用期限是给定的，但在实际生产过程中，设备的更新是经济的反映，而非机器真正意义上的完全报废。管理层需要考虑在固定资产的使用期限内进行更新的最佳时机，也就需要估算固定资产的经济寿命。这是项目投资决策应当考虑的问题，这个问题与上述的等额年金有着密切关系。

固定资产的经济寿命是指使固定资产平均年成本达到最低时的使用年限。其计算包括三项内容：固定资产的初始投资成本、持有成本以及年运行成本。其中，固定资产的持有成本是其初始投入成本与净残值的现值之差。一般来说，由于技术的进步和机器设备的损耗，固定资产的残值逐年减少，因此，固定资产的持有成本会逐年增加；而由于设备的日渐老化，维护费、修理费、能源消耗等也会逐步增加，即固定资产的年运行成本呈现递增趋势。因此，这两项成本之和达到最低时的年份，就是固定资产的经济寿命。

固定资产的经济寿命计算公式为：

$$UAC=\left[C-\frac{S_n}{(1+i)^n}+\sum\frac{C_n}{(1+i)^n}\right]\div(P/A,\ i,\ n) \quad (3.9)$$

式中：C——固定资产原值；S_n——n年后固定资产残值；C_n——第n年运行成本；n——预计使用年限；i——投资必要报酬率；UAC——固定资产平均年成本。

【例3-6】某公司新购置设备一台，买价为6 000元，预计可以使用8年，寿命终了有残值600元，第一年的运行成本为1 500元，以后每年递增10%。假设该公司可以在若干年内出售该设备，其售价等于按照使用年限总和计算折旧后的折余价值。如果该公司要求在设备上的投资达到10%的最低收益率，则该设备的经济寿命为多少年？

这里，我们通过计算该设备1~8年的年平均使用成本进行比较。按照年限总和法，计算该设备1~8年计提的折旧额分别为1 200元、1 050元、900元、750元、600元、450元、300元、150元。

n年内投资的年摊销额为：

当n=1时，1 200÷（P/A，10%，1）+（6 000−1 200）×10%=1 800（元）。

当n=2时，（1 200+1 050）÷（P/A，10%，2）+（6 000−1 200−1 050）×10%=1 671（元）。

…

n年内均衡发生的年运行成本为：

当n=1时，1 500×（P/F，10%，1）÷（P/A，10%，1）=1 500（元）。

当n=2时，［1 500×（P/F，10%，1）+1 500×（1+0.1）×（P/F，10%，2）］÷（P/A，10%，2）=1 571（元）。

…

其计算过程汇总见表3-16。

表3-16　**固定资产年均使用成本计算表**　单位：元

年序	年摊销额	年运行成本	年均使用成本
1	1 800	1 500	3 300
2	1 671	1 571	3 242
3	1 552	1 645	3 197
4	1 440	1 721	3 161
5	1 337	1 799	3 136
6	1 242	1 879	3 121
7	1 153	1 961	3 114
8	1 072	2 045	3 117

可见，当n=7时，该设备的年均使用成本达到最小，故其经济寿命为7年。

二、现金流量估计实例——京东物流收购德邦控股①

（一）收购背景

随着电商行业的快速发展，物流服务的效率和质量已经成为电商平台竞争的关键。京东物流作为我国最大的零售平台之一的京东集团的物流部门，长期致力于提高其物流效率和覆盖范围。京东物流收购德邦控股是其拓展服务能力、增强物流网络的重要一步。德邦物流成立于1996年，最初以提供货运服务为主。随着时间的推移，德邦物流逐渐拓展服务范围，涵盖了包括快递、货运、供应链解决方案等多个领域。德邦控股是中国领先的综合物流服务提供商之一，特别是在大件运输服务方面有着较强的竞争优势，能够处理包括家具、家电等大型货物的运输。此外，德邦控股还提供了包括仓储管理、供应链解决方案等在内的综合物流服务。对京东物流而言，收购德邦控股可以大幅增强其在特定物流领域的服务能力，不仅可以扩大自身的物流网络，还能通过整合资源提高服务质量，加强与其他电商平台的竞争。

（二）收购概况

京东物流通过其子公司京东卓风，以约89.76亿元人民币的价格收购了德邦控股99.9870%的股本权益。这使得京东物流实现了对上市公司德邦控股66.4965%股份的控制。随着对德邦控股的收购，京东卓风触发了全面要约收购义务，计划以每股13.15元的价格收购德邦控股2.77亿股股份，总对价约为36.44亿元。这次收购不仅是京东物流规模最大的一次收购行动，也是我国快递行业中的重大并购案例，标志着京东物流在物流行业中的实力和影响力实现了进一步的增强。本次交易于2022年7月26日（北京时间）进行交割。

此次收购项目投资巨大，其发展前景如何，风险究竟有多大，是否具有收购价值，对于企业的长远发展至关重要。

（三）德邦控股的现金流与会计利润分析

根据德邦控股2019年和2020年的财务报表数据，首先对该公司2021年和2022年的财务数据和现金流量进行了预测。2022年之后，假设该公司进入稳定状态，收入和费用的增长率始终为5%，通过销售百分比法估算财务数据，并假设收购后可以经营10年，据此计算的德邦控股的财务指标预测值分别见表3-17和表3-18。

（四）德邦控股收购项目的决策指标

1.净现值

假设京东物流要求的必要报酬率为10%，使用10%为贴现率对净现金流量进行折现。德邦控股收购项目所带来的现金流的净现值见表3-19。

① 资料来源：根据德邦物流股份有限公司关于控股股东股权结构变动暨实际控制人发生变更的公告整理而得（http：//www. sse. com. cn/disclosure/listedinfo/announcement/c/new/2022-03-12/603056_20220312_2_gyNk9XaE.pdf）。

表3-17 德邦控股的净利润 单位：千万元

年度	2021	2022	2023	2024	2025	2026	2027	2028	2029	2030	2031
营业总收入	31 359.07	31 391.54	32 961.12	34 609.17	36 339.63	38 156.61	40 064.44	42 067.67	44 171.05	46 379.60	48 698.58
营业总成本	31 627.98	31 035.67	32 587.45	34 216.83	35 927.67	37 724.05	39 610.25	41 590.77	43 670.30	45 853.82	48 146.51
营业利润	169.01	780.21	819.22	860.18	903.19	948.35	995.77	1 045.56	1 097.83	1 152.73	1 210.36
利润总额	166.79	784.65	823.88	865.08	908.33	953.75	1 001.43	1 051.51	1 104.08	1 159.29	1 217.25
净利润	147.26	649.23	681.69	715.78	751.56	789.14	828.60	870.03	913.53	959.21	1 007.17
归属母公司股东的净利润	147.76	648.76	681.20	715.26	751.02	788.57	828.00	869.40	912.87	958.51	1 006.44
综合收益总额	532.37	419.73	440.72	462.75	485.89	510.18	535.69	562.48	590.60	620.13	651.14

表3-18 德邦控股的净现金流量 单位：千万元

年度	2021	2022	2023	2024	2025	2026	2027	2028	2029	2030	2031
息税前利润	281.79	931.24	977.80	1 026.69	1 078.03	1 131.93	1 188.52	1 247.95	1 310.35	1 375.87	1 444.66
税后经营净利润	211.34	698.43	733.35	770.02	808.52	848.95	891.39	935.96	982.76	1 031.90	1 083.50
经营活动产生的现金流量净额	2 402.32	3 599.96	3 779.96	3 968.96	4 167.40	4 375.77	4 594.56	4 824.29	5 065.51	5 318.78	5 584.72
净经营资产的增加额		1 197.64	180.00	189.00	198.44	208.37	218.79	229.73	241.22	253.27	262.94
净现金流量		−499.21	553.35	581.02	610.08	640.58	672.60	706.23	741.54	778.63	820.56

注：净现金流量=息税前利润×（1-所得税税率）-（经营性资产的增加额-经营性负债的增加额）=税后经营净利润-净经营资产的增加额。

表3-19 德邦控股收购项目现金流的净现值 单位：千万元

年度	2021	2022	2023	2024	2025	2026	2027	2028	2029	2030	2031
净现金流量	−897.60	−499.21	553.35	581.02	610.08	640.58	672.60	706.23	741.54	778.63	820.56
净现金流量现值	−897.60	−453.83	457.31	436.53	416.69	397.75	379.67	362.41	345.93	330.22	316.36
合计											2 091.44
合计（考虑持股比例）											1 090.00

净现金流量现值合计=收购项目未来现金净流量现值-初始投资额

=−499.21×（P/F，10%，1）+553.35×（P/F，10%，2）+581.02×（P/F，10%，3）+610.08×（P/F，10%，4）+640.58×（P/F，10%，5）+672.60×（P/F，10%，6）+706.23×（P/F，10%，7）+741.54×（P/F，10%，8）+778.63×（P/F，10%，9）+820.56×（P/F，10%，10）−897.60

=（−453.83+457.31+436.53+416.69+397.75+379.67+362.41+345.93+330.22+316.36）−897.60=2 989.04−897.60

=2 091.44（千万元）

净现金流量现值合计（考虑持股比例）=收购项目未来现金净流量现值×持股比例-初始投资额

=2 989.04×66.4965%−897.60

=1 090.00（千万元）

考虑持股比例之后，该收购项目给京东物流带来的净现金流量现值为1 090千万元，说明项目报酬率超过10%，该收购项目是有利可图的，可以接受。

2.盈利指数

德邦控股收购项目盈利指数计算指标见表3-20。

表3-20 德邦控股收购项目盈利指数计算指标 单位：千万元

年度	2022	2023	2024	2025	2026	2027	2028	2029	2030	2031
净现金流量	−499.21	553.35	581.02	610.08	640.58	672.60	706.23	741.54	778.63	820.56
净现金流量现值	−453.83	457.31	436.53	416.69	397.75	379.67	362.41	345.93	330.22	316.36
合计										2 989.04
合计（考虑持股比例）										1 987.61

净现金流量现值合计的计算方式同上。

$$PI=\frac{净现金流量现值合计\times 持股比例}{初始投资额}$$

$$=\frac{(-453.83+457.31+436.53+416.69+397.75+379.67+362.41+345.93+330.22+316.36)\times 66.4965\%}{897.60}$$

$$=\frac{2\,989.04\times 66.4965\%}{897.60}=\frac{1\,987.61}{897.60}\approx 2.2$$

盈利指数约为2.2，远远大于1，说明该收购项目为盈利项目，并且能够带来超过100%的回报。

3.投资回收期

德邦控股收购项目投资回收期计算指标见表3-21。

表3-21 德邦控股收购项目投资回收期计算指标 单位：千万元

年度	2021	2022	2023	2024	2025
净现金流量	−897.60	−499.21	553.35	581.02	610.08
累计净现金流量	−897.60	−1 396.81	−843.46	−262.44	347.64

累计净现金流量=以往年份的净现金流量+本年度的净现金流量

$$投资回收期=全部投资回收需要的整年数+\frac{年初没有回收的成本}{本年度的净现金流量}$$

$$=3+\frac{262.44}{610.08}\approx 3.4（年）$$

4.平均会计收益率

德邦控股收购项目平均会计收益率计算指标见表3-22。

表3-22 德邦控股收购项目平均会计收益率计算指标 单位：千万元

年度	2022	2023	2024	2025	2026	2027	2028	2029	2030	2031	平均值
净利润	649.23	681.69	715.78	751.56	789.14	828.60	870.03	913.53	959.21	1 007.17	816.59

$$平均会计收益率=\frac{平均净利润}{原始投资额}\times 100\%=\frac{816.59}{897.60}\times 100\%=91.0\%$$

5.内含报酬率

在计算内含报酬率时，需要通过逐步测试，最后采用插值法求解。手工计算时，过程比较烦琐，当然一些计算机软件可以帮助计算，如Excel①。针对本实例，当贴现率为34%时，项目的净现值为0，则该项目的内含报酬率为34%。

本项目的内含报酬率为34%，远远高于必要报酬率10%，说明该项目将为公司带来丰厚的经济利益。

本实例主要说明的是现金流量估算的重要性。一个项目的成功开展与否，在很大程度上取决于对收支款项的界定。各收入之间的抵销效应，以及一些作为政府支持获得的收入而未计项目成本的现金流量，都会直接影响到项目的决策。

第三节 风险条件下的资本预算

在前面的分析中，为了方便，我们忽略了投资决策中的风险问题。但在现实中，投资决策的风险是不容忽视的客观存在。本节主要针对资本预算过程中的风险进行分析。

一、项目投资中的风险

在项目分析中，项目的风险可以从以下三个层次来看待：

（一）项目的特有风险

将项目独立于企业考虑，即项目自身的特有风险，其可以利用项目预期收益率的波动性来衡量。例如，某企业每年需要进行数以百计的研究项目开发，每个项目成功的概率只有10%左右。如果项目成功，企业将会获得巨额利润；如果项目失败，企业则会损失全部投入。如果企业只有一个研究开发项目，则企业失败的概率为90%。当独立地考察并度量每个研究开发项目自身的特有风险时，它们无疑都具有高度的风险。但从投资组合角度来看，尽管该企业每年都有许多独立研究开发的项目，并且每个项目成功的概率只有10%，但这些高风险项目组合在一起后，单个项目的大部分风险可以在企业内部分散，此时，企业的整体风险低于单个研究开发项目的风险，或者说，单个研究开发项目并不一定会增加企业的整体风险。

（二）公司风险

将项目放到企业中考虑，除新项目特有的风险与公司内部其他项目和资产组合分散的部分风险外，应当着重考察项目给公司带来的增量风险。比如，微软公司推出Vista操作系统，希望逐步取代XP系统。微软公司为此花费了大量的推广费用，虽然XP系统的销售量有所减少，但许多用户仍然不愿意接受价格较高的新系统，转而使用微软公司竞争对手的Linux系统，导致Windows系统的总体销售量降低。

---

① 计算内含报酬率的Excel函数为IRR（参数1，参数2）。其中，参数1是投资和回收的现金流量所在的单元格，投资用负数，回收用正数；参数2是迭代计算时的精确度，默认为0.1，其值越小，说明计算的精确度越高（此处计算使用默认值）。

（三）市场风险

市场风险是站在拥有高度多元化投资组合的公司股票所有者的角度上进行衡量的。也就是说，股东在项目剩余的风险中，一部分能够被企业股东的其他资产多样化组合分散，剩下的任何多元化投资组合都无法消除的那部分风险，就是市场风险。从资产组合及资本资产定价的角度衡量新项目投资的风险，不应该考虑其实施对企业现有水平可能产生的风险增量。企业股东可以通过构造证券组合来消除单个股权的大部分风险。所以，唯一影响股东预期收益的是项目的系统风险，而这也是理论上与项目风险相关的风险度量，如图 3-5 所示。

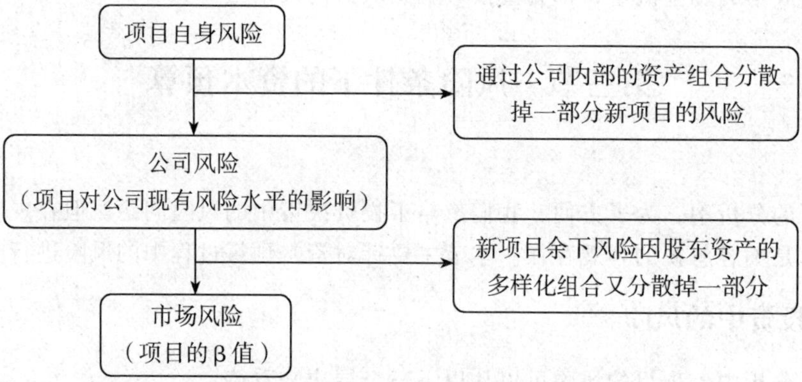

图3-5 资本预算过程中的风险分析图

二、项目风险分析方法

在了解项目投资中存在的风险以后，就需要考虑公司采用何种方法来分析项目风险，然后探讨公司用来确定项目风险的技术，从而确定潜在利润是否能够补充相应的风险。公司的根本目标是实现股东价值的最大化，那么，项目风险分析的最终落脚点是考虑一个项目对股东风险的影响。股东投资通常是分散化的，因此，理论上市场风险就是最为相关的风险度量指标。

在度量市场风险以前，应先分析项目自身的特有风险。虽然这类风险对股东而言影响是很小的（大部分可以通过投资组合消除），但就公司而言是十分重要的，而且估算项目的特有风险相比估算公司风险和市场风险更加容易。在大量的案例中，这三种风险都是高度相关的——如果经营状况好，公司情况就好，从而公司大部分项目情况就好。因为这种高度相关的关系，项目的特有风险通常可以作为难以独立的公司风险和市场风险的代表。

分析项目的特有风险的起点是确定其现金流量的内在不确定性、具体分布的性质以及这些现金流量之间的相互关系，这决定了相应项目净现值的概率分布性质，也决定了项目的特有风险。常用的分析方法有敏感性分析、情景分析、盈亏平衡点分析、蒙特卡洛模拟等，下面我们将逐一进行讨论。

（一）敏感性分析（Sensitivity Analysis）

在采用净现值法计算项目的价值和对项目进行决策时，我们得出的结论是建立在对未来的一系列变量预测的基础上的。这些变量的预测是否准确，或者说，这些变量是否会在未来出现未能预期的变化，都将改变我们对项目价值的预测。更重要的是，在项目的进展过程中，我们应当关注哪些变量的变化，或者说，我们管理的重点是什么。解决这个问题的途径，就是进行敏感性分析。

敏感性分析即在其他因素不变的情况下，只改变一个影响净现值的因素，以单独考察该因素变动对净现值的影响幅度。如果某一相关因素在很小幅度内发生变动，但是对项目的净现值造成很大幅度的变动，则表明投资绩效对该因素的敏感性较强；相反，如果某一相关因素在较大幅度内发生变动，但是对项目的净现值影响甚微，则表明投资绩效对该因素的敏感性较差。对于敏感性较强的因素，在资本投资项目的控制过程中，应当加强监管，以保证净现值目标的顺利实现。

继续沿用前述德邦控股收购项目的投资价值分析实例。我们已经知道，在正常情况下，该项目的NPV值为1 090千万元，并且对其产生影响的最主要的因素是营业收入和经营成本。表3-23反映了变量在不同情况下NPV值的变动情况。敏感性分析，如图3-6所示。

表3-23　**德邦控股收购项目敏感性分析**　金额单位：千万元

影响净现值的因素	各因素变化后项目的净现值			
	悲观		乐观	
各因素变化的百分比	-10%	-5%	5%	10%
营业收入	-1 708.31	-854.15	764.39	1 618.55
各因素变化的百分比	-10%	-5%	5%	10%
经营成本	1 644.40	876.70	-658.70	-1 426.40

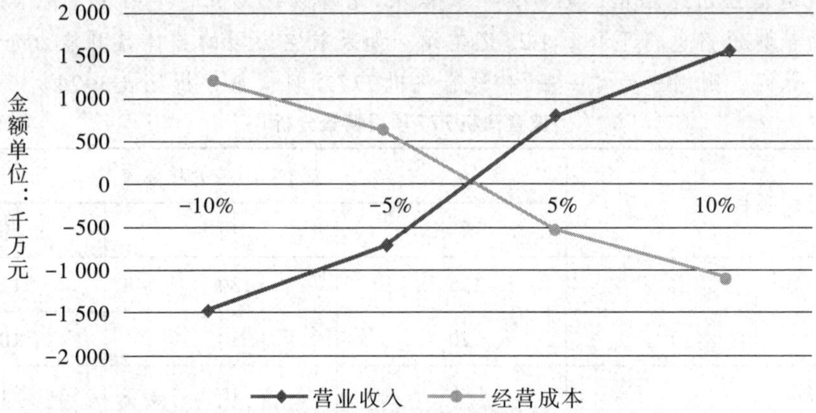

图3-6　敏感性分析图

由图3-6可知，营业收入的敏感性曲线更陡，说明净现值对于营业收入的敏感性更高；而净现值对于经营成本的敏感性则相对不高。所以，项目收入的估计对整个项目的预算起到重要作用。

敏感性分析是识别能够对项目净现值产生较大影响的变量的有效方法，特别是一些投资额大、收益慢和风险大的大型项目，如房地产投资。

但是，敏感性分析也存在一些局限性。首先，所谓的“悲观值”和“乐观值”，均属于人为的主观判断，从而增加了额外的、主观的不确定性。其次，敏感性分析考察了各种变量对净现值的敏感性，每次仅仅变化一个变量，而忽略了变量之间的内在联系。例如，竞争既能引起销售量的减少，又能使销售价格下跌。假如能够将所有关联变量的各种组合可能的“悲观值”和“乐观值”预测出来，则敏感性分析的结果将大大改进，但这是一项十分复杂的工作。最后，敏感性分析仅对变量的不确定性和敏感程度给出某些信息，而没有对项目的选择问题给出明确答案，所以，敏感性分析尽管是分析投资项目风险的一种有效工具，但作为唯一的分析方法显然是不够的。

（二）情景分析（Scenario Analysis）

通过敏感性分析，能够了解某一因素变化情况下现金流的情况，但无法知道几个因素的综合影响。比如，某一项目对产品价格和生产成本的敏感度都很高，那么，我们会认为该项目的风险较大。然而，如果在产品价格与原材料价格同步上涨的情况下，这个项目的实际风险是较小的。

情景分析考虑了关键变量的变动，综合考虑在某一概率下各种因素产生的总影响。一般从无风险情况开始，通过对营销部门、生产部门等其他部门的分析，考虑项目在最佳情况和最差情况下的净现金流量。

【例3-7】航空运输业的健康状况可以用来分析波音飞机777项目成功的可能性。如果航空运输业不景气，航空公司不得不削减购买飞机的数量，或者必须得到一个较为宽松的融资环境，以购买相同数量的飞机。我们可以通过三种情况来分析航空运输业的景气程度。如果所有航空公司的整体盈利能力超过50亿美元，则表明航空公司的盈利状况非常好，划分为“景气”，这种情况可以假设飞机的年销售量从100架提高到120架，并且每架飞机的销售价格也将上升到1.35亿美元。如果航空公司的整体盈利能力低于0.5亿美元，则说明航空运输业已经恶化，划分为“较差”，此时假设飞机的年销售量将下降到80架，每架飞机的销售价格也将下降到1.25亿美元。如果航空公司的整体盈利能力介于“景气”和“较差”之间，则划分为“一般”。波音飞机777项目情景分析见表3-24。

表3-24 **波音飞机777项目情景分析** 单位：百万美元

项目	第1~10年的现金流		
	景气	一般	较差
1.收入	135	130	125
2.可变成本额	70	80	100
3.固定成本额	8	10	12
4.折旧额	25	25	25
5.税前利润额（1-2-3-4）	32	15	-12
6.税金	8	4	0
7.净利润额（5-6）	24	11	-12
8.经营现金流（4+7）	49	36	13
净现值	301.08	221.20	79.88

(三)盈亏平衡点分析(Break-even Point Analysis)

无论是进行项目的敏感性分析,还是进行项目的情景分析,其实都是为了回答这样的问题:如果销售额或者项目成本不如预期,经营状况究竟会恶化到什么程度。如果我们换个角度来考虑,到底什么样的销售水平将会导致项目开始亏损,这就称作盈亏平衡点分析。这种方法被用于确定公司盈亏平衡时所需达到的销售量,是敏感性分析方法的有效补充。①

需要注意的是,盈亏平衡点包含两种含义:会计利润盈亏平衡点和财务盈亏平衡点。会计利润盈亏平衡点是基于会计数字来计算净利润等于零的销售量。也就是说,在平衡点处,项目既不盈利也不亏损。财务盈亏平衡点是以现金流量为基础,计算净现值为零的销售量。本节更加强调财务盈亏平衡点的重要性,因为净现值比净利润更重要。这里可以利用上一节所介绍的等额年金的概念,但与之有所不同。这里的等额年金相当于初始投资在考虑货币的时间价值以后的每年的折旧,当每年的营业现金流量等于等额年金时,净现值等于零。

【例3-8】假定某公司正在进行某项目的评估。该项目的初始投资为1 000万元,寿命期为4年,资本成本为12%,所得税税率为25%。在正常情况下,估计该项目所生产的新产品的每年销售量为2 400件,销售单价为2万元/件,变动成本为1万元/件,固定成本为1 350万元/年,折旧为250万元/年。以销售量为例,计算其财务盈亏平衡点。

不同销售量假设下的成本和收入见表3-25。

表3-25 不同销售量假设下的成本和收入 金额单位:万元

期初	第1~5年								
初始投资	年销售量	销售收入	变动成本	固定成本	折旧	所得税	净利润	经营现金流量	净现值
1 000	0	0	0	1 350	250	-400	-1 200	-950	-3 424.54
1 000	1 000	2 000	1 000	1 350	250	-150	-450	-200	-720.96
1 000	2 400	4 800	2 400	1 350	250	200	600	850	3 064.06
1 000	5 000	10 000	5 000	1 350	250	850	2 550	2 800	10 093.37

该项目的初始投资为1 000万元,可以采用适当的年金系数折算为4年约当年金成本:

约当年金成本=初始投资额÷(P/A,12%,4)

=1 000÷(P/A,12%,4)

=1 000÷3.0373

=329.24(万元)

除此之外,该项目所需承担的成本还有固定成本,但折旧作为税盾可以抵减成本,抵销成本所需的盈亏平衡点的计算如下:

$$\frac{\text{约当年金成本}+\text{固定成本}\times(1-T)-\text{折旧}\times T}{(\text{销售单价}-\text{单位变动成本})\times(1-T)}=\frac{1\,279.24}{0.75}=1\,705.65\text{(件)}$$

因此,财务盈亏平衡点的销售量为1 706件。

现在我们可以计算会计利润盈亏平衡点,以此来比较其与财务盈亏平衡点的区别。

① 罗斯. 公司理财[M]. 吴世农,沈艺峰,王志强,译. 11版. 北京:机械工业出版社,2017:128.

$$\frac{(固定成本+折旧)\times(1-T)}{(销售单价-单位变动成本)\times(1-T)}=\frac{1\,200}{0.75}=1\,600\ (件)$$

因此，会计利润盈亏平衡点的销售量为1 600件。

通过比较可知，会计利润盈亏平衡点是低于财务盈亏平衡点的。二者不相等的主要原因是：当采用会计利润计算盈亏平衡点时，扣除的是每年250万元的折旧，所以，只要销售1 600件产品就能获得足够的收入来补偿折旧和其他费用。但在此销售水平下，该项目无法弥补1 000万元初始投资的机会成本。假设将1 000万元投资于其他项目可以获得12%的投资报酬率，那么，在生产期间每年摊销初始投资的真实成本为329.24万元，而不是250万元（1 000÷4）。因此，按照直线折旧法计提的折旧不足以摊销初始投资的真实成本。如果仅实现了会计利润盈亏平衡点的销售量，公司实际上还是亏本的，其原因是忽略了初始投资的机会成本。因此，在对项目进行风险分析时，计算财务盈亏平衡点是十分重要的，因为其不仅考虑了时间价值和风险因素，还考虑了项目初始投资的机会成本。只有投资者投资的项目超过了财务盈亏平衡点，项目在财务上才具有可行性。

（四）蒙特卡洛模拟（Monte Carlo Simulation）

通过对投资项目进行敏感性分析、情景分析和盈亏平衡点分析，决策者固然可以对一个或几个变量的变化情况进行分析，考察各变量变化时投资项目的结果。但是，无论决策者所进行的分析有多么全面，分析仍然是有限的，并且没有考虑各变量的随机变化。

蒙特卡洛模拟或称计算机随机模拟方法，是一种基于"随机数"的计算方法，其极好地弥补了上述缺陷。蒙特卡洛模拟的名字来源于摩纳哥的一个城市——蒙特卡洛，该城市以赌博闻名，而蒙特卡洛模拟正是以概率论为基础的方法。运用这一分析方法，可以将投资项目投入运营之后的各种情形予以充分地展现、模拟和计算，在计算机技术的支持下，利用统计方法，对投资项目的风险程度进行较为客观的分析和评价。

蒙特卡洛模拟技术在解决实际问题时的步骤，可以简单地描述如下：

① 根据具体问题构造相应的概率模型，并将需要解决的变量问题对应到这个模型中随机变量的一些特征上，如均值、方差等；

② 对模型中随机变量的分布函数做出假设，并通过计算机生成一些随机数，以进行模拟；

③ 根据模型特征和随机变量的分布特征，设计适合的抽样方法，从已经生成的随机数中进行抽取；

④ 对抽样的随机数进行模拟实验，并对其结果进行统计分析等。

运用蒙特卡洛模拟技术，需要大量的影响投资项目风险程度的相关数据，比如足够多的销售额预测，这在一定程度上避免了以往分析方法中涉及的将来情形不够全面的缺陷。比如情景分析，由于技术方法的限制，对于未来可能出现的变化只能假设为极其有限的几种情形，如好、一般、不好等。但这种离散分布式的未来情形变化并不符合企业投资项目风险的实际情况，是一种简化的风险分析方法。按照蒙特卡洛模拟，可以将未来可能出现的各种变化设想为一种连续的变化，并在此基础上，通过成千上万次的计算，确定基于广泛分布的各种项目评价指标，如期望的净现值以及净现值的分布情形，借以判断投资项目的风险程度，帮助项目决策。[①]

---

① MYERS B. Principles of corporate finance［M］. 7th ed. New Jersey：Wiley，2003：263.

第四节　实物期权在投资决策中的应用[①]

截至目前，我们所介绍的分析方法均属于静态分析。事实上，标准的NPV法从某种程度上来说也是静态的。然而，公司一般是在动态的环境下进行决策的。因此，在项目的评估中，必须引入期权的思想。

一、实物期权

期权是买卖双方签订的一种合同，该合同赋予了期权持有人（买方）在未来某一时刻以确定的价格买进或者卖出某项资产的权利。它突出了决策者在项目实施中的主动性，即决策者对已经实施项目的再选择权利，这种权利就是实物期权。

1977年，Stewart Myers教授在美国麻省理工学院时，首先认识到金融期权在实物投资中的应用前景，并明确了实物期权（Real Option）的概念，用来区别于金融期权（Financial Option）。他指出，一个投资项目产生的现金流量所创造的利润，来自对目前所拥有的资产的使用，再加上一个对未来的投资机会的选择。企业可以取得一项权利，在未来以一定的价格购买或者出售一项实物资产或者投资项目，而取得此项权利的价格，则可以利用期权定价公式计算出来，所以，实物资产的投资可以应用类似于评估一般金融期权的处理方式来进行评估。因为其标的物为实物资产，所以，Stewart Myers教授将这种性质的期权称为实物期权。

【例3-9】某房产开发商计划买下一块土地的使用权，用于开发房地产。这块土地的附近有一条正在建设的高速公路，预计两年后完工。该开发商认为目前土地价格具有很大的不确定性，但两年后，随着高速公路的建成，这种不确定性会有很大程度的下降。因此，该开发商希望两年后再投资并开发这块土地。但当地政府不愿意等那么长时间，他们希望现在就找到其他买家。为了防止这样的投资机会被竞争对手夺走，该开发商考虑同当地政府签订一个协议——该协议允许开发商在两年后，以1亿元的价格买下这块土地的使用权，但开发商需要为此付出一定的代价，这个代价就是实物期权的价格。

如果两年后土地升值了，该开发商就可以买下这块土地的使用权，开始投资房地产；如果两年后土地没有升值，该开发商希望放弃这项权利，那么，他损失的就是该实物期权的价格。

传统的投资决策是采用净现值法进行评价的。虽然这种方法应用起来比较简便，也是传统评价方法中最有优越性的，但是，随着社会经济运行中不确定性因素的增多，投资项目面临的风险也与日俱增。与实物期权法相比，传统的净现值法的局限性也愈加凸显。

首先，净现值法是一种刚性的项目评价方法，其忽略了管理者的主观能动性，并没有将管理者在外部环境和技术发生变化的情况下所做出的调整考虑在内。实物期权法与净现值法之间最大的区别也在于此。在实际经营中，由于不确定性和竞争的影响，实际现金流量往往与当初的预期是不同的。当新的信息被逐渐获取时，项目的固有风险降低，管理者

---

① 乔纳森. 实物期权分析［M］. 邱雅丽，译. 北京：中国人民大学出版社，2006.（本节内容仅对“实物期权”加以简单介绍）

可以通过转变经营战略来把握有利机会并减少损失，这便是所谓的管理弹性（Managerial Flexibility）。如果发现新产品投放市场后销售不佳，管理者可以选择减少产量、调整产品性能或者加大广告宣传力度，这些决策行为本身是有价值的，会影响项目的后续发展。实物期权考虑到项目投资决策中的投资收益的复杂特征，因此，相比简单地采用一个固定利率贴现现金流量、计算项目净现值的方法，其更为科学。

其次，净现值法只是对投资项目运行过程中得到的直接收益进行定价，对于间接的、无形的收益，没有进行计量。而实物期权法则认识到项目评价中需要考虑无形资产的价值，尽管大多数无形资产当下不能立刻产生现金流量，但伴随无形资产而产生的各种机会也是有价值的。比如，通过对白色家电产业的投资，企业可以获得相关的营销渠道、客户资源和生产管理经验，日后如果转产黑色家电，企业便可以利用这些资源和经验。这些资源和经验都不是投资白色家电的直接经济效益，但其可以给企业带来未来收益，这些收益可以体现在黑色家电产业上，却无法体现在当初投资白色家电的收益上。

净现值法是根据风险来调整贴现率并折现未来现金流量的。经过资本市场的竞争，预期报酬率体现了资本成本，所以，贴现率能够反映市场的评价，但这并非是均衡的无套利关系，不能通过市场中的套利者建立头寸来直接和迅速地建立均衡，而且这种估值的正确性还依赖于市场的成熟度，要求完全自由竞争、十分健全和完善的市场。而实物期权分析方法中的动态复制原理，则主要是比较存在于同一金融市场中的其他金融资产的价值，其无套利均衡关系表现得更为直接，可以通过套利行为迅速建立均衡。因此，相对而言，实物期权能够更加直接地体现出市场的评价。

然而，传统的净现值法并非彻底过时或无可操作性，而是应该作为拓展的期权框架的基础，即新的实物期权分析方法包括两个部分：一是传统静态的净现值现金流；二是为适应运营和战略弹性的期权价值。所以，实物期权的发展并非需要完全否定净现值法，而是对其理论和方法做出突破性的补充。①

实物期权理论经历了20多年的发展和实践，形成了一个较为完整的理论体系。比较有代表性和在实际中使用最为广泛的主要有延迟期权、扩张期权和放弃期权。所谓延迟期权（Option to Defer），即在项目持有人预判项目净现值为负时，通过等待至适当的时机实施该项目而获得更多的收益，这种选择权可以降低项目失败的风险。扩张期权（Option to Expand）是指在投资项目的存续期，投资者可以根据市场的情况随时调整投资规模的选择权。当市场行情不明朗或企业进入自己不熟悉的行业时，投入少量的资金试探市场情况，一方面是可以获得现在投资的收益；另一方面是可以获得未来投资的机会。放弃期权（Option to Abandon）是指在已投资项目的存续期，投资者可以根据市场情况随时放弃该项投资的权利，即投资者在继续项目的价值与放弃项目的价值之间进行比较，选择较高的一方，从而做出决策，改变项目价值。

【例3-10】某投资项目在初始时刻的投资额I_0为108万元。该项目的价值在未来具有不确定性。一年后，如果市场繁荣，那么该项目的市场价值为180万元；如果市场萧条，那么该项目的市场价值为60万元。假设一年后，市场繁荣和萧条的概率均为50%。该投资项目价值变化状况，如图3-7所示。那么，该投资项目的投资机会价值为多少？是否值

① 汪平．财务管理理论·实务·案例［M］．北京：经济管理出版社，2007：129.

得投资于该项目？

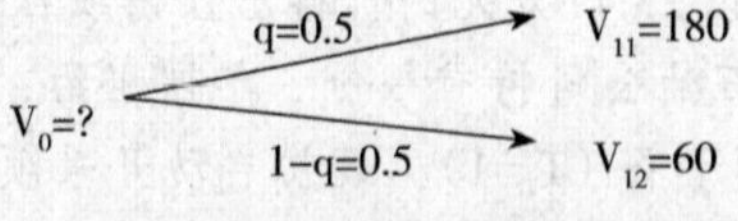

图3-7　投资项目未来前景分析

按照传统的投资决策分析，如果该项目的净现值大于零，那么可以决定投资；如果其净现值小于零，那么应该放弃投资。金融市场上，如果与该投资项目风险相当的资产的期望收益率为20%，则计算该项目的净现值时所采用的折现率k为20%。该项目的净现值计算如下：

该投资项目的价值为：

V_0=［qV_{11}+（1-q）V_{12}］÷（1+k）=（0.5×180+0.5×60）÷（1+20%）=100（万元）

其净现值为：

NPV=V_0-I_0=100-108=-8（万元）

由于该项目的净现值为负，按照传统的投资决策标准，应该放弃该项投资，但是考虑到该项目所具有的实物期权，会改变该项目的投资决策。

假设一年后，投资者有权决定是否对该项目进行投资。一年后，如果市场繁荣，那么投资者可以决定投资；如果市场萧条，那么投资者应该放弃投资。因此，投资者所具有的这种推迟一年再投资的选择权，称之为推迟投资期权，相当于一个以项目现金流为标的资产、以投资额为执行价格、期限为一年的看涨期权。假设无风险利率r为8%（一年计一次复利），可以利用二叉树期权定价模型来计算该推迟投资期权现在的价值。

首先，利用投资项目的价值变化来求出风险中性概率P。

在风险中性世界，一年后该投资项目价值的期望值为V_{11}×P+V_{12}×（1-P），利用无风险利率对其进行折现，折现后的现值就是该项目现在的价值：

V_0=［V_{11}×P+V_{12}×（1-P）］÷（1+r）

将具体数据代入该公式，可以求出风险中性概率：

100=［180×P+60×（1-P）］÷（1+8%）

P=0.4

其次，计算一年后该推迟投资期权的价值。

初始时刻的投资I_0=108万元，一年后投资成本I_1=108×（1+8%）=116.64（万元）。

一年后，当市场繁荣时：

该推迟投资期权的价值C_{11}=max（V_{11}-I_1，0）=max（180-116.64，0）=63.36（万元）

一年后，当市场萧条时：

该推迟投资期权的价值C_{12}=max（V_{12}-I_1，0）=max（60-116.64，0）=0

最后，计算该推迟投资期权现在的价值。

该推迟投资期权现在的价值C_0=［P×C_{11}+（1-P）×C_{12}］÷（1+r）=（0.4×63.36+0.6×0）÷（1+8%）

=23.47（万元）

根据Trigeorgis的投资决策修正的NPV方法①，则有：

NPV^*=NPV+C_0=-8+23.47=15.47（万元）

---

① 1996年，Trigeorgis提出了一种投资决策修正的NPV方法，即当修正的NPV^*（传统的NPV+实物期权价值）大于零时，接受一个项目或进行一项投资。

因此，不能拒绝该项目，其具体做法是：期初不能进行投资，但应保留该项目的投资权，一年后再进行决策；或者以23.47万元的价格出让该项目的投资权。

【例3-11】假设一家大型石油公司持有一份一年期租约，公司可以在一年内对含有潜在石油储备的未开发土地进行开采（$T_1=1$）。最初启动开采项目需要一定的投资费用，如道路和其他基础设施的建设支出（I_1），接下来是建造新的处理设备的支出（I_2），项目建设完成后，才能开始石油的提炼。也就是说，对于石油开采项目来说，只有在最后支出完成后的经营阶段，才能够产生现金流收益。在石油开采的建设期，如果市场条件发生了不利变化，如石油的储量不足或者石油的价格下降等不利信息，则项目管理者可以选择减少或放弃初始投资计划的一些支出费用（如减少I_2）。如果市场条件不如当初预测的理想，则项目管理者也可以选择降低经营规模（C），节约最后支出（H_C）。另外，石油提炼厂可以预先设计，如果石油价格高于预期，可以增加投资，从而提高生产能力。可以看到，在石油开采这类投资项目中，包含大量重要的实物期权。

（1）推迟投资期权。石油公司可以设立一个合约，合约规定管理者有权推迟投资一年，从而使得公司能够受益于这一年期间石油价格的不确定性变化。只有石油价格的上升幅度足够大，管理者才会投资（如执行期权以提炼石油）。如果石油价格发生下跌，管理者将放弃投资项目（节约计划支出）。在合约到期之前，石油开采项目的投资机会价值为max（$V-I_1$，0）。推迟投资期权类似于美式看涨期权，其总现值为项目预期经营现金流，其执行价格为投资项目的所需支出（I_1）。由于过早的投资意味着投资者将会失去等待期权（Waiting Option）的价值，该期权价值的损失增加了额外的投资成本，因此，只有项目现金流收益的价值（V）确实超出项目的所需支出，才能证明投资具有价值。

（2）扩张期权。如果石油价格或其他市场条件比初期设想的更为有利，则管理者可以增加成本（I_E）、增加生产比率或扩大生产规模（x%）。这类似于支付执行价（I_E），得到项目初始规模额外的x%的扩张期权。扩张期权的投资机会价值可以看作项目的初始规模加上未来投资的看涨期权，即V+max（$x\%\cdot V-I_E$，0）。给定最初的投资选择，决策者应该投资于具有较大灵活性的投资项目，这样，投资者可以适时地实施扩张期权。

（3）放弃期权。在许多现实的投资项目中，所需要的投资并不是作为一次性的预先支出。例如，当投资石油开采项目后，如果石油价格非常低，投资者可以选择先放弃投资，待石油价格回升后，再继续投资。这样，每一阶段（如建设必要的基础设施）的投资可以看作对后续投资的一个期权，其价值是以后阶段的价值，其成本是进入下一阶段所必需的投资成本支出。因此，投资者所具有的这一类期权类似于金融期权中的复合期权，我们可以利用类似于期权的期权（或复合期权），对放弃期权进行估价。

二、决策树分析（Decision Trees Analysis）

如果投资者将项目看作一个“黑箱”，他们对项目的取舍可能只经过一次的决策过程，而不考虑可能出现的后续决策。但是，如果后续决策与当前决策相关，那么，就不能再孤立地对待当前决策。如果项目进行顺利，除了可以按计划进行外，还可以追加投资；而如果项目进行不容乐观，就可以减少投入甚至彻底放弃项目。当项目可以视发展情况而进行调整时，相比一般的项目，其更具有价值。

在传统的净现值法和前面介绍的各种分析方法中，都没有考虑到项目调整的可能性。

当利用净现值法来评估项目价值时，已经默认公司被动地持有资产，而完全忽视了公司决策者的主观能动性。

在对分阶段决策的项目进行分析时，常用的方法是决策树法。所谓决策树法，就是将前一阶段的决策作为后一阶段决策的基础，各阶段之间的决策相互联系，每个决策不仅依赖于其前面各阶段决策的结果，也影响其后面的决策结果。

运用决策树法进行决策的过程为：由右向左，由后至前，根据各阶段的收益值和损失值以及事件发生的概率，计算出各阶段收益或损失的期望值，然后比较这些期望值，淘汰不理想的方案，最后保留下来的就是最佳方案。

【例 3-12】某公司拟投资于新型游戏机项目。该项目分为三个阶段：①市场调研阶段，需要一次性调研费用支出40万元。②在市场调研表明项目可行的基础上，投资80万元进行小规模试验；若市场调研表明项目没有可行性（P=0.2），则终止项目。③如果小规模试验成功（P=0.6），则投资800万元进行生产；如果小规模试验失败，则终止项目。

新型游戏机项目相应的概率及净现金流量，如图3-8所示。

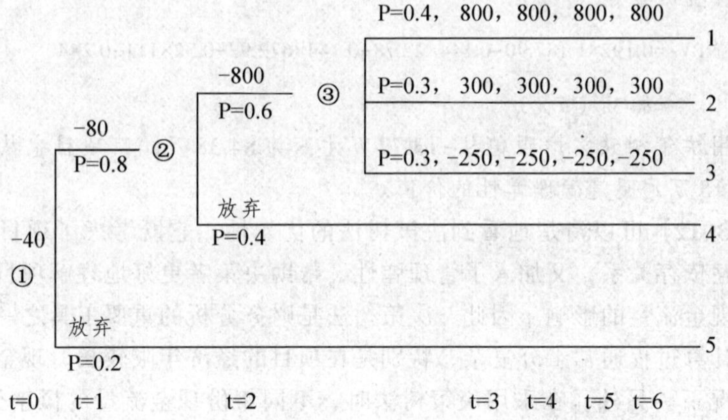

图3-8　新型游戏机项目相应的概率及净现金流量（1）

下面将分别采用净现值法和决策树法进行项目分析。

（1）净现值法（假设该公司要求的报酬率为12%）

该项目的净现值为：

$$NPV = \sum_{i=1}^{5} P_i \times NPV_i = 0.192 \times 1\,187.90 - 0.144 \times 22.78 - 0.144 \times 1\,354.51 - 0.32 \times 111 - 0.2 \times 40$$

$$= -13.77 \text{（万元）}$$

P_i、NPV_i的计算过程省略。

因此，按照传统的净现值法，NPV小于0，说明该项目不可行。

但是，这里似乎忽略了管理者的主观能动性，没有考虑管理弹性。在项目的进行过程中，管理者如果发现项目出现严重亏损并且后期也没有发展价值，是可以选择终止该项目的。例如，上例中，在第二年选择投资800万元进行生产后，第三年产生了-250万元的净现金流量，该公司完全可以在第三年年末终止该项目，这样也就不会再有后续的亏损。假设该公司在第三年后变卖设备并进行项目清算，获得400万元的净现金流量，则该项目的现金流量，如图3-9所示。

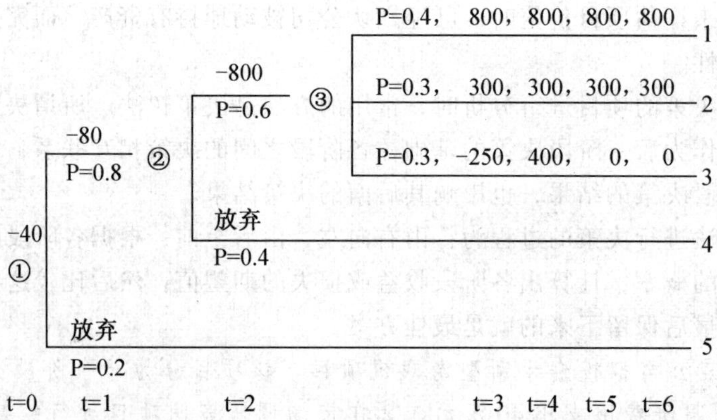

图3-9 新型游戏机项目相应的概率及净现金流量（2）

（2）决策树法

这时，第三种可能结果的净现金流量为：

$NPV_3=-672.92$万元

项目的净现金流量为：

$$NPV=\sum_{i=1}^{5}P_i\times NPV_i=0.192\times 1\,187.90-0.144\times 22.78-0.144\times 672.92-0.32\times 111-0.2\times 40$$

$$=84.38\text{（万元）}$$

因此，采用决策树法，净现值从-13.77万元变为84.38万元，项目也从不可行变为可行，增加的98.15万元便是管理弹性的价值。

根据【例3-12】可以清楚地看到决策树法的优越性。它既考虑了项目未来各年现金流量之间的相互依存关系，又加入了管理弹性，帮助决策者更好地理解项目风险，把握未来决策对项目现金流量的影响。因此，决策树法是财务分析的重要工具之一。然而，在实际中，这样的计算过程通常十分复杂，特别是在项目的经济年限较长、现金流量的可能性结果较多的情况下。另外，在采用决策树法时，不同年份现金流量的概率分布是不同的，其风险也不尽相同，应该采用不同的贴现率来计算净现值。如果简单地采用同一折现率，将会导致计算出来的净现值及其标准差和变异系数产生一定的误差。

第五节 投资项目风险决策

运用净现值法对项目进行评价时，我们需要的数据是项目现金流量和折现率，项目的风险也就主要体现在未来现金流量和折现率的不确定性上。所以，为了有效地考虑风险对投资价值的影响，可以按照投资风险的大小适当地调整项目的净现金流量或贴现率，从而更准确地计算项目的投资价值。

（一）风险调整现金流量法

净现值的计算在很大程度上取决于对一个项目在较长期间内的现金流量的估计。现实的复杂性使得对未来的预测充满了极大的不确定性，预测期越长，不确定性越大。因此，需要按照一定的方法将有风险的现金流量调整为无风险情况下的现金流量，再计算所需的项目评价指标。

将不确定的现金流量调整为确定的现金流量的方法有很多，其中，最常用的是概率法和肯定当量法，下面对其进行逐一介绍。

1.概率法①

概率法是在不确定性条件下进行投资决策的最简单、最方便的方法，又称期望值决策法，是利用现金流量的期望值作为实际值的代表，通过比较各方案现金流量期望值的大小，从备选方案中选出最优或者最合适的投资项目的过程。

【例3-13】某公司拟投资某一项目，现金流量及其概率分布情况见表3-26，该公司的资本成本为10%。请判断该项目是否可行。

表3-26　**投资项目预期现金流量及其分布**　金额单位：元

t=0		t=1		t=2		t=3	
概率	现金流量	概率	现金流量	概率	现金流量	概率	现金流量
1	45 000	0.3	30 000	0.1	20 000	0.2	45 000
		0.7	10 000	0.6	40 000	0.4	15 000
				0.3	20 000	0.4	5 000

该项目各年的期望现金流量为：

E_1=0.3×30 000+0.7×10 000=16 000（元）

E_2=0.1×20 000+0.6×40 000+0.3×20 000=32 000（元）

E_3=0.2×45 000+0.4×15 000+0.4×5 000=17 000（元）

所以，该项目的期望净现值为：

E（NPV）=16 000×0.9091+32 000×0.8264+17 000×0.7513-45 000

=53 762.5-45 000

=8 762.5（元）

由于该项目的净现值为正，所以项目可行。

虽然概率法的决策相对简单，但这种方法没有考虑项目现金流量的分布，如果实际中现金流量的分布并不是正态分布，则可能出现错误的结论。另外，对于概率的估计也有很大的主观性，缺乏可操作性，而且这种方法也没有考虑不同项目决策者的不同风险偏好，而具有不同风险偏好的决策者对同一项目愿意承担的风险程度往往是不同的。

2.肯定当量法

第二种常用的方法是肯定当量法，其基本思路是：以在不确定性条件下投资项目现金流量的期望值为基点，考虑投资风险以后，按比例适当调低期望值所表示的现金流量，使这一较低的确定性收益所带来的效用与较高的期望收益所带来的效用相等。

在实际操作中，首先采用一个肯定当量系数将有风险的现金流量调整为无风险的现金流量，然后采用无风险的折现率计算净现值，以便利用净现值法判断投资项目是否可行。

肯定当量系数是肯定的现金流量同与之相当的、不肯定的现金流量的比值。其计算公

① 刘力. 公司财务［M］. 北京：中国经济出版社，1992.

式为：

$$\alpha_t=\frac{\text{肯定的现金流量}}{\text{不肯定的现金流量期望值}}$$

$$NPV = CF_0 + \frac{\alpha_1 \times CF_1}{1+k} + \frac{\alpha_2 \times CF_2}{(1+k)^2} + \cdots + \frac{\alpha_n \times CF_n}{(1+k)^n} = \sum_{t=0}^{n}\frac{\alpha_t \times CF_t}{(1+k)^t} \tag{3.10}$$

式中：t——进行项目投资的时期；CF_t——t时期的净现金流量；α_t——t时期的肯定当量系数；k——项目的无风险贴现率；n——投资进行的总时期；NPV——投资项目的净现值。

在确定肯定当量系数时，应当根据每年现金流量风险的大小来选取不同的肯定当量系数。一般来说，当未来现金流量为确定值时，可取α_t=1.0；当未来现金流量风险很小时，可取$0.8 \le \alpha_t < 1.0$；当未来现金流量风险适中时，可取$0.4 \le \alpha_t < 0.8$；当未来现金流量风险很大时，可取$0 < \alpha_t < 0.4$。

肯定当量系数一般由专业人士凭借经验判断，因此其带有一定的主观色彩。为了防止因决策者的风险偏好不同而造成决策失误，有些企业根据标准离差率来确定肯定当量系数。因为标准离差率是衡量风险大小的一个很好的指标，所以用其来确定肯定当量系数是合理的。标准离差率与肯定当量系数的关系见表3-27。

表3-27 **标准离差率与肯定当量系数的关系**

标准离差率	肯定当量系数	标准离差率	肯定当量系数
0~0.07	1.0	0.33~0.42	0.6
0.08~0.15	0.9	0.43~0.54	0.5
0.16~0.23	0.8	0.55~0.70	0.4
0.24~0.32	0.7	⋮	⋮

【例3-14】某项目初始投资为10万元，项目期为5年，1~5年的净现金流分别为2.8万元、3.6万元、3.5万元、3.6万元和4.0万元，企业要求的报酬率为11%。经专家测评，确定该项目第1年、第2年的肯定当量系数为0.7，第3年、第4年的肯定当量系数为0.8，最后一年的肯定当量系数为0.9。利用肯定当量法对项目做出评估。

$$NPV=-10+\frac{0.7\times 2.8}{1+11\%}+\frac{0.7\times 3.6}{(1+11\%)^2}+\frac{0.8\times 3.5}{(1+11\%)^3}+\frac{0.8\times 3.6}{(1+11\%)^4}+\frac{0.9\times 4.0}{(1+11\%)^5}$$

$$=-0.108\ (\text{万元})$$

由于利用肯定当量法计算得出的该项目的净现值为负，所以应该拒绝对该项目的投资。

（二）风险调整贴现率法——贴现率的选择

利用净现值法对项目进行评价时，除了关心项目的现金流量，贴现率也是需要注意的影响净现值的重要因素。由于未来现金流量并非无风险，所以，项目贴现率应由两个部分组成：无风险利率和风险溢价。那么是根据整个公司的风险、与项目同类公司的平均风险还是根据项目自身的风险来调整溢价，都需要决策者对项目分析后做出职业判断。贴现率的不确定性会对净现值的准确性造成影响，并且项目的生命周期越长，影响就越显著。

1.利用资本资产定价模型（CAPM）调整贴现率

利用CAPM，一个项目的贴现率（投资者所要求的必要报酬率）可以运用以下公式计算：

$$R_j=R_f+\beta_j\ (R_m-R_f) \tag{3.11}$$

式中：R_j——按照风险调整的折现率或项目的必要报酬率；R_f——无风险利率；β_j——项目j的β系数；R_m——市场组合的预期收益率。

运用这个公式计算项目的贴现率，其关键的问题是β系数的确定。在许多国外教材中，详细介绍了β系数的各种计算方法。①

2.对债务融资影响因素的调整

如果企业运用债务融资，则企业的资本成本与CAPM所计算的股票期望收益率不同，由于增加了财务杠杆，即增加了财务风险，因此，企业的实际整体风险就更高了。企业的资本成本可以通过计算企业各种债务和权益证券的加权平均期望收益而得到，所以，可以在利用CAPM计算权益报酬率的基础上，确定项目的税后加权平均资本成本，其计算公式为：

$$WACC=R_{负债}\ (1-T)\cdot D/V+R_{权益}\cdot E/V \tag{3.12}$$

【例3-15】某公司拟投资1 000万元于某一项目，其资金来源为：利用企业留存收益筹资100万元；发行债券筹资400万元，年利率7%，筹资费率4%；发行普通股筹资500万元，预期每股股利8元，每股市价80元，筹资费率3%，股利增长率5%。预计投产后，每年可以实现200万元的利润，适用的所得税税率为25%。试根据以上资料，判断该项目是否可行。

首先，计算个别资本成本，具体见表3-28。

表3-28　**个别资本成本计算表**

留存收益	8÷80×100%+5%=15%
发行债券	$\frac{7\%}{1-4\%}\times(1-25\%)=5.47\%$
发行普通股	$\frac{10\%}{1-3\%}\times100\%+5\%=15.31\%$

然后，计算加权平均资本成本：

$$WACC=15\%\times\frac{100}{1\ 000}+5.47\%\times\frac{400}{1\ 000}+15.31\%\times\frac{500}{1\ 000}=1.5\%+2.188\%+7.655\%\approx11\%$$

可见，如果项目的收益率大于项目所需资金的加权平均资本成本，即采用11%的贴现率计算项目净现值时，其净现值为正，则项目可行。

3.根据项目类型调整

当项目风险高于公司整体风险时，无法直接使用公司资本成本，而应当根据风险与收益的理论，调高项目的资本成本（贴现率）。

通常，公司会将拟投资的项目划分为四类：第一类是与公司现有资产相比风险较高的

① 布里格姆．财务管理：理论与实践［M］．狄瑞鹏，胡谨颖，侯宇，译．10版．北京：清华大学出版社，2005：251.

项目；第二类是与公司现有资产相比风险近似的项目；第三类是与公司现有资产相比风险较低的项目；第四类是强制性执行的项目。对于高风险与低风险的项目，在公司现有资本成本的基础上，分别确定一个正和一个负的调整值以计算其所适用的资本成本；对于风险相似的项目，以公司资本成本作为项目资本成本；对于必须执行的项目，项目决策与资本成本无关。

【例3-16】某公司的现有资本成本为16%，根据上述分析和公司的具体情况，该公司确定的风险调整值为4%，即高风险项目的资本成本为20%；而低风险项目，则以12%作为其资本成本；中等风险的项目，其资本成本为16%；强制性执行的项目，项目决策与资本成本无关。分类项目资本成本的具体情况见表3-29。

表3-29 **分类项目资本成本**

项目类型	实例	WACC	调整值	贴现率
高风险	新产品研发	16%	4%	20%
中等风险	降低成本项目		0	16%
低风险	资产置换		-4%	12%
强制性	污染治理		—	不适用

本章小结

1.项目投资是指公司为了在未来获取收益，通过在一定条件下从事某种生产经营活动，将前期获得的收入或者筹措到的资金投入生产经营活动的经济行为。按照投资项目之间的关系可以分为：独立项目、互斥项目、依存项目。按照投资目的可以分为：重置项目、扩张项目、安全和环保类项目、研究与开发长期合同等。项目投资分析决策的使用方法在各个地区存在一定的差异，而这种差异与一国经济发展程度有着一定的关系。

2.评估备选方案的相关现金流量是项目投资分析中一个重要的组成部分。任何一个新的项目，都会引起公司现金流量的变化。在评估一个投资方案时，必须考虑公司现金流量的预期变化情况，包括项目所要求的投资额以及该项目带来的未来净现金流入，并确定现金流量变化是否能够增加公司的价值。

3.在项目分析中，项目的风险可以从三个层次来看：项目的特有风险、公司风险、市场风险。分析项目的特有风险的起点是确定其现金流量的内在不确定性、具体分布的性质以及这些现金流量相互之间的关系，这决定了相应项目净现值的概率分布性质，也就决定了项目的特有风险。常用的分析方法有敏感性分析、情景分析、盈亏平衡点分析、蒙特卡洛模拟等。

4.期权是买卖双方签订的一种合同，该合同赋予了期权持有人（买方）在未来某一时刻以确定的价格买进或者卖出某项资产的权利。它突出了决策者在项目实施中的主动性，即决策者对已经实施项目的再选择权利，这种权利就是实物期权。实物期权理论主要包括延迟期权、扩张期权和放弃期权。

5.项目的风险主要体现在未来现金流量和折现率的不确定性上，常用概率法和肯定当量法调整现金流量，利用资本资产定价模型、债务融资影响因素和项目类型调整贴现率。

重要术语

等额年金（Equivalent Annual Cost）
总税后现金流量（Total Cash Flow，TCF）
税后现金流量（Operating Cash Flow，OCF）
市场风险（Market Risk）
敏感性分析（Sensitivity Analysis）
资本资产定价模型（Capital Assets Pricing Model，CAPM）
情景分析（Scenario Analysis）
盈亏平衡点分析（Break-even Point Analysis）
蒙特卡洛模拟（Monte Carlo Simulation）
管理弹性（Managerial Flexibility）
决策树分析（Decision Trees Analysis）
实物期权（Real Option）
延迟期权（Option to Defer）
扩张期权（Option to Expand）
放弃期权（Option to Abandon）

习题

复习思考题

1.什么是项目投资？
2.投资项目的分类有哪些？
3.如何认识项目投资决策方法在各个地区的应用差异？
4.利用现金流量评估项目可行性的决策方法有哪些？
5.在项目分析中，可以从哪些层次看待项目的风险？
6.名义利率和实际利率的区别是什么？
7.什么是实物期权？实物期权的分类有哪些？
8.简述实物期权法与净现值法的区别。
9.什么是决策树法？如何运用决策树法进行决策？
10.简述将不确定的现金流量调整为确定的现金流量的方法。

计算题

1.考虑两个互斥项目的现金流量，具体见表3-30。

表3-30 **两个互斥项目的现金流量** 单位：元

年份	项目A	项目B
0	-40 000	-50 000
1	20 000	10 000
2	15 000	20 000
3	15 000	40 000

项目A的现金流量以实际形式表示，项目B的现金流量以名义形式表示，适用的名义贴现率为15%，通货膨胀率为4%。你会选择哪个项目？

2.假设某公司计划投资购买一台机器设备，目前可供选择的设备有两种：第一种设备的价格为30万元，使用期限为6年，每年的维护费用为1.5万元；第二种设备的价格为15万元，使用期限为4年，每年的维护费用为3万元。假设两种设备的生产能力和产品质量完全相同，且期末均无残值，公司的资本成本为10%，则该公司应该选择哪种设备？

3.某公司投资于某一项目，预计投资额为3 000万元，项目存续期为10年。假设该项目仅有两种路径：成功和失败，概率各为50%。成功时，项目产生的总现金流入现值为5 000万元；失败时，项目产生的总现金流入现值仅为1 000万元。

（1）运用决策树法分析该公司是否应该投资这一项目？

（2）如果该项目失败时，公司能以2 000万元的价格出售该项目，请问公司是否会进行投资？

4.请指出以下投资项目可能包含何种实物期权：

（1）某公司决定推迟引进一条生产线。据估计，该项目的净现值大于零，但公司希望待产品需求旺盛后再考虑引进这条生产线。

（2）尽管项目净现值为负，但某公司还是进行了投资，并开始生产。其理由是能够在快速发展且具有盈利潜力的市场中占据有利位置。

（3）某公司购买了一条流水线，该流水线安装有可以根据不同产品生产需要而进行相互切换的特别装置。

（4）上海市政府与中国隧道公司就一条地铁达成了一项谅解备忘录。该备忘录声明，如果“技术条件成熟，经济状况容许……而交通分流不至于使第一条隧道的期望收益受损”，双方就将在未来5年内着手筹划再建一条地铁。在未来5年内，除中国隧道公司外，所有其他公司都将无权进行下一条地铁的建设。

5.光华公司决定投资建设一家水泥厂，投资规模为6 000万元，假设不包括初始投资的未来现金流量的总现值为7 500万元。如果第一年市场状况良好，当年现金流量为1 200万元，则第一年年末该项目的价值为13 800万元；如果第一年市场状况不理想，当年现金流量为600万元，则第一年年末该项目的价值为4 800万元，市场无风险利率为10%。假设1年之内该项目就可以实施，请使用实物期权法分析光华公司是否应该立即投资水泥厂。

案例讨论题

项目投资决策分析

A公司与B公司拟合资组建C公司。组建需要固定资产投资12 000万元，垫支营运资金5 000万元，采用直线法计提折旧，期限为5年，5年后固定资产残值为2 000万元。5年内每年的销售收入为10 000万元，第1年的付现成本为5 000万元，以后随着设备陈旧，逐渐增加修理费500万元。为了完成该项目所需的12 000万元的固定资产投资，由双方共同出资，各自的出资比例为50%，垫支营运资金5 000万元拟通过银行借款解决。

A公司的加权平均资本成本为8%，B公司的加权平均资本成本为12%，C公司的加权平均资本成本为10%。预计C公司实现利润的20%以公积金的方式留归C公司使用，其余全部进行分配，A公司和B公司各得50%。A公司每年可以从C公司获得1 000万元的技术转让收入，但需要支付400万元的有关费用。B公司每年可以向C公司销售零配件，其销售利润预计为400万元。另外，B公司每年还可以从C公司获得500万元的技术转让收入，但需要支付200万元的有关费用。A公司、B公司和C公司的所得税税率均为25%。该投资项目在第5年年末出售，设备残值、累计折旧及提取的公积金等估计为10 000万元，扣除税金和有关费用后，预计净现金流量为6 000万元，该笔现金流量A公司和B公司各得50%。

针对此案例的投资项目分析如下：

（1）以C公司为主体进行分析。从上述资料可以看出，合资企业C公司每年的销售收入为10 000万元，第1年的付现成本为5 000万元，以后每年增加500万元，经营期为5年，每年的折旧应为固定资产投资12 000万元减去残值2 000万元的余额再除以5，得到2 000万元，所得税税率为25%。根据表3-31的计算过程，可以得出C公司经营期5年内每年的营业现金流量。

表3-31　　**投资项目营业现金流量计算表**　　单位：万元

项目	第1年	第2年	第3年	第4年	第5年
销售收入①	10 000	10 000	10 000	10 000	10 000
付现成本②	5 000	5 500	6 000	6 500	7 000
折旧③	2 000	2 000	2 000	2 000	2 000
税前利润④=①-②-③	3 000	2 500	2 000	1 500	1 000
所得税⑤=④×25%	750	625	500	375	250
税后净利润⑥=④-⑤	2 250	1 875	1 500	1 125	750
现金流量⑦=①-②-⑤	4 250	3 875	3 500	3 125	2 750

计算合资企业C公司的净现值（具体见表3-32）：

NPV_c=−17 000+4 250×0.909+3 875×0.826+3 500×0.751+3 125×0.683+13 750×0.621

=3 365.63（万元）>0

表3-32　　**投资项目现金流量计算表（1）**　　单位：万元

项目	第0年	第1年	第2年	第3年	第4年	第5年
固定资产投资	-12 000					
营运资金垫支	-5 000					
营业现金流量		4 250	3 875	3 500	3 125	2 750
期末残值及垫支资金收回						11 000
现金流量合计	-17 000	4 250	3 875	3 500	3 125	13 750

（2）以A公司为主体进行分析。每年A公司取得的技术转让费收入所带来的净现金流量为450万元（（1 000-400）×（1-25%））。每年A公司投资C公司获得的股利收入应为每年C公司的净利润扣除20%的公积金后再除以2，由A公司和B公司平均分配。例如，A公司第一年的股利收入为900万元（2 250×（1-20%）÷2）。

按照8%的资本成本折算A公司的净现值（具体见表3-33）：

表3-33　　**投资项目现金流量计算表（2）**　　单位：万元

项目	第0年	第1年	第2年	第3年	第4年	第5年
初始投资	-6 000					
技术转让净现金流量		450	450	450	450	450
股利收入净现金流量		900	750	600	450	300
期末收回残值及公积金						3 000
现金流量合计	-6 000	1 350	1 200	1 050	900	3 750

NPV_A=-6 000+1 350×0.926+1 200×0.873+1 050×0.816+900×0.763+3 750×0.713
=514.95（万元）>0

（3）以B公司为主体进行分析。每年B公司销售零配件和收取技术转让费增加的净现金流量为525万元（（400+500-200）×（1-25%））。每年B公司从C公司获取的股利收入的计算同A公司。

按照12%的资本成本折算B公司的净现值（具体见表3-34）：

表3-34　　**投资项目现金流量计算表（3）**　　单位：万元

项目	第0年	第1年	第2年	第3年	第4年	第5年
初始投资	-6 000					
销售和技术转让净现金流量		525	525	525	525	525
股利收入净现金流量		900	750	600	450	300
期末收回残值及公积金						3 000
现金流量合计	-6 000	1 425	1 275	1 125	975	3 825

$$NPV_B=-6\,000+1\,425\times0.893+1\,275\times0.792+1\,125\times0.712+975\times0.636+3\,825\times0.567$$
$$=-127.80\text{（万元）}<0$$

计算结果表明，分别以A公司和B公司为主体投资时，一个净现值大于零，一个净现值小于零。该如何解决这一矛盾？

资料来源：王铁萍．运用净现值法进行合资企业投资可行性分析［J］．财会月刊，2011（2）．

二维码3-1　参考答案

二维码3-2　拓展阅读：深入实施国家战略，加强重大项目投资

延伸阅读

［1］张青．项目投资与融资分析［M］．北京：清华大学出版社，2012．

［2］祝波．投资项目管理［M］．上海：复旦大学出版社，2009．

［3］王景山．项目投资与管理［M］．北京：机械工业出版社，2004．

［4］穆昕，王浣尘．基于实物期权的项目投资管理柔性分析［J］．数量经济技术经济研究，2004（8）．

［5］林则夫，陈德泉．基于实物期权的投资项目风险管理［J］．中国管理科学，2005（10）．

第四章　债　券

学习目标

1. 熟悉债券的基础知识，以及我国债券市场的概况；
2. 掌握债券的相关计算，如收益率、即期利率和远期利率、久期等；
3. 了解债券的组合管理，尤其是免疫组合的构造原理。

引例：华晨集团债券违约　“子强母弱”型企业背后的警示

华晨集团全称“华晨汽车集团控股有限公司”，是辽宁省政府于2002年批准成立的综合类大型国有企业，总部位于沈阳市，旗下有三家上市公司，分别是金杯汽车、华晨中国和申华控股。一直以来，华晨集团都是中国汽车工业“自主创新、自主技术、自主品牌”的知名企业。

但就在2020年8月——华晨集团债券发生实质性违约的两个月之前，华晨集团多只存续债券出现大跌。东方金诚和大公资信将华晨集团的信用评级从AAA级一路降成CCC级。2020年10月，华晨集团由于未能按时兑付10亿元到期私募债“17华汽05”而发生实质性违约；同年11月16日，华晨集团发布公告确认65亿元债券构成实质性违约，逾期利息合计1.44亿元。2020年11月13日，格致汽车科技股份有限公司向辽宁省沈阳市中级人民法院申请对华晨集团进行重整。截至破产重组申请获准日，华晨集团违约债券共计14只，总规模达到176.58亿元。突然之间，一家市值千亿的大型国企就走到了需要破产重整的地步。

华晨集团长期以来的经营和管理都处于较差水平，其自有品牌的运营一直在持续亏损，其负债水平也高于同行业均值。拥有如此恶劣经营业绩的华晨集团，是如何在债券市场上持续获得融资的呢？其原因就是华晨集团是典型的“子强母弱”型企业，企业2019年度合并财务报表显示，企业合并净利润共计109.5亿元，其中子公司华晨宝马贡献净利润150.2亿元。由此可见，剥离华晨宝马业务的华晨集团实际上早已出现巨额亏损，而且母公司债务负担沉重，在债券违约前已有多笔银行贷款逾期，但华晨集团凭借其相对“亮眼”的合并业绩，仍然获得了较高信用评级，从而顺利在债券市场上实现融资。华晨集团债券违约事件给我国金融市场敲响了警钟，加强和完善现代金融监管、强化金融稳定保障体系迫在眉睫。

资料来源：财经启示．以华晨集团为例，探索地方性国企债券违约形成与防范分析［EB/OL］．（2023-09-18）．https：//baijiahao.baidu.com/s？id=1777365805801124236&wfr=spider&for=pc.

读者不妨带着下面几个问题阅读本章内容：华晨集团债券违约的原因是什么？信用恶化对公司债券的市场表现可能意味着什么？打破刚性兑付——政府兜底，对我国的债券市场有何影响？

由于历史原因，我国金融市场向来以商业银行间接融资为主，以股票、债券等直接融资为辅。其中，股票市场的发展速度要快于债券市场；而在债券市场中，公司债券的发展相对落后。

就公司债券市场而言，2004年以前，我国的公司债主要以企业债为主。企业债由国家发改委主导，审批严格，配额有限，要求银行担保，并且主要针对特大型中央企业。因此，企业债尚不是一种真正意义上的公司债，其规模和影响都很有限。从2004年开始，我国公司债券市场进入了高速发展期，银行间市场率先推出短期融资券；2007年，证券交易所市场上的公司债正式登场；2008年以后，银行间市场上的中期票据、超短期融资券等新品种也纷纷面世。

2004年以来，我国公司债券市场在广度和深度上都得到了迅猛的发展。但是，随着发债门槛的降低，发债公司的增加，特别是近年来相对趋弱的宏观经济状况，公司债券违约的情况开始逐步增多。2022年1至12月，我国债券市场共有27家企业发生债券违约，涉及债券84只、金额500.61亿元。债券违约是一个成熟债券市场的组成部分，这样才能体现信用的价值——信用级别高的发债主体，融资成本低，而信用级别低的发债主体，融资成本高，有助于提高资本市场配置资源的效率。

但是，如果大量公司债券出现违约，并且呈现相互“传染”的态势，那么，对处于起步阶段的我国公司债券市场而言也将是严峻的考验。

债券市场，尤其是公司债券市场的发展与完善，可以帮助有融资要求的企业优化资本结构，降低融资成本。对于有投资要求的企业，如保险、基金公司等，丰富的债券品种有利于对投资组合的管理。本章将结合我国债券市场的特点，着重介绍债券的基础知识及其应用策略。

第一节 债券知识概述

一、债券定义

债券是政府、金融机构和工商企业等机构依照法定程序向投资者发行的，并约定在一定期限内还本付息的债权债务凭证。债券属于一种有价证券，其本质是一种体现债权债务关系并具有法律效力的证明书。债券合约在当事人之间产生特定的权利和义务关系，在这种权利和义务关系中，享有权利的人称为债权人，也就是债券的投资人，债权人依据合同享有要求债务人履行义务的权利；对债务负有义务的人称为债务人，即债券的发行人，债务人依据合同必须履行归还本息的义务。

无论是投资者还是融资者，都需要评价债券的价值，因为这会影响投资者的投资收益和融资者的融资成本。在评价债券的价值时，需要着重考虑以下主要的构成要素[①]：

① 中央国债登记结算公司．债券投资基础［M］．北京：中国金融出版社，2008：20-52.

（一）债券的票面价值

债券的票面价值是券面注明的以某种货币表示的票面金额，其是到期偿还本金和计算利息的基本依据。通常情况下，1年以上的中长期附息债券的发行价格与债券的面值是一致的；而国库券等1年以内的短期债券的发行价格低于面值，即贴现发行，其价差相当于支付的利息。

（二）债券的偿还期限

债券的偿还期限是指发行人清偿债务所需要的时间。债券期限一般可以分为三类：期限在1年以内的为短期债券；期限在1～10年之间的为中期债券；期限在10年以上的为长期债券。债券期限，通常是发行人根据资金的需求、市场利率变动趋势、投资者心理偏好、偿还期限及资金供求情况等因素而确定的。

（三）利息支付的频率

我国大部分债券是1年付息1次，也有付息2次和4次的债券。美国市场的债券大多是1年付息2次。其他方面完全相同的两只债券，付息次数越多，债券价值越大。

（四）债券的票面利率（Coupon Rate）[①]

债券的票面利率是指债券利息与债券票面价值的比率，通常用百分数表示年利率。债券的票面利率在整个债券存续期内一般是保持不变的，但浮动利率债券的利率在债券存续期内是变化的。债券的票面利率对发行人和购买人具有不同的意义。对于发行人来说，它是筹集资金的成本；对于购买人来说，它是投资的收益。

（五）债券发行主体的信用级别

债券发行主体的信用状况会影响其债券的价值，安全性、流动性、收益性都会受到影响。比如，一般认为国债是无信用风险的，安全性和流动性最好，收益性最低。公司债由于具有相对较高的信用风险，收益率相对较高。

（六）是否含有选择权

含有选择权的债券主要包括可赎回债券（Callable Bonds）、可售回债券（Puttable Bonds）和可转换债券（Convertible Bonds）。含有选择权的债券实际上就是由普通债券和期权合成的衍生工具，持有人是否行权取决于届时的市场状况。

可赎回债券是指发行人有权在债券到期之前按事先约定的价格买回债券。可赎回债券在发行之后的一段时间内是不能赎回的，这被称为赎回保护期。在赎回保护期期末，发行人有权按事先规定的价格赎回债券。是否提前赎回的主动权在发行公司手中，主要依据在赎回保护期以后该种债券的市场利率和票面利率孰高：如果市场利率低于票面利率一定幅度，发行人很有可能赎回原有债券，然后按低利率重新融资；反之，发行人则不大可能赎回。所以，可赎回债券的价值低于可比的普通债券。

可售回债券是指投资人有权按事先规定的价格将债券售回给债券发行者。这种债券赋予了投资人选择提前兑付的权利。所以，可售回债券的价值高于可比的普通债券。我国国

① Coupon Rate，也翻译为息票利率或息票率。

家开发银行于2022年发行的第十九期金融债券就是投资人选择权债券，即可售回债券，为10年期总额30亿元的债券，债券投资人既可10年全程持有，也可选择在债券期满5年时，要求发行人以面值购回。

可转换债券是一种被赋予股票转换权的债券。它是一种可以在特定时间、按特定条件转换为发债公司优先股或普通股股票的债券。可转换债券属于一种混合型的债券形式，债券持有人在行使转换权时，须按三个既定条件进行转换，即发行时预先规定的转换成股票的种类、转换成股票的期限和转换时股票的价格或转换比率。对发行人而言，如果认为本公司股票价格被高估，此时发行可转换债券比发行普通债券更划算。近年来，我国市场上又出现了一种新的可转债类型——分离交易型（Detached）可转债。其上市以后，选择权部分与债券部分分开交易：选择权部分在权证市场交易，企业债（纯债）部分在债券市场交易。

小贴士　　蓝盾转债成为首只退市的可转债

2023年7月28日，蓝盾转债完成了退市整理期的最后一个交易日，于7月31日正式被摘牌。

多位市场分析人士表示，在全面注册制背景下，A股退市公司大概率将显著增加，可转债市场也到了需要考虑风险的新时代。当前转债与正股退市仅仅是一个开端，这一趋势后续或许还会继续发酵。退市风险的出现，将促使市场重新审视可转债市场信用风险，资质较差、低评级品种转债或将面临新一轮价值重估，信用评级在可转债投资中的指引作用将更显著。

蓝盾转债退市主要缘于其发行人*ST蓝盾连续数年业绩不佳，同时还被出具了无法表示意见的审计报告。根据此前公告，蓝盾信息安全技术股份有限公司于2023年6月30日收到深圳证券交易所《关于蓝盾信息安全技术股份有限公司股票及可转换公司债券终止上市的决定》。这是自1992年中国宝安发行首只可转债以来，我国可转债30多年的发展进程中从未出现过的可转债退市情形，而这一纪录被蓝盾转债打破了。

*ST蓝盾于2023年7月10日发布公告称，公司股票及可转债于发布公告日进入退市整理期，退市整理期为十五个交易日，预计最后交易日期为2023年7月28日。2023年7月10日开盘后，蓝盾转债更名为蓝盾转退。截至2023年7月10日收盘，蓝盾转退价格报35.59元，日内大跌76.74%。而其正股*ST蓝盾也变成了蓝盾退，截至2023年7月10日收盘，蓝盾退股价遭腰斩，报0.24元。蓝盾转债在退市整理期首日大跌后，可转债价格持续在30元附近震荡，成交额也大幅缩减，在退市整理期最后一个交易日，蓝盾转债收涨近6%，报26.93元。

史无前例的转债退市给投资者敲响了警钟，投资可转债需要充分考虑公司的资质、偿债能力等。伴随着转债退市事件触发，可转债对于投资者的资产和债务状况分析和组合风险控制能力提出了更专业的要求。

资料来源：读创．今日摘牌！蓝盾转债成首只退市可转债，转债市场生变，“躺赢”时代结束［EB/OL］.（2023-07-31）．https：//baijiahao.baidu.com/s？id=1772898352513977255&wfr=spider&for=pc.

二、债券的分类

从不同的角度，债券大致可分为以下几种类型：

（一）按发行主体分类

债券可分为政府债券、金融债券、公司债券。政府债券又可分为中央政府和地方政府发行的债券。前者是由中央政府直接发行的债券，也称国债；后者是由地方政府发行的债券，也称为地方政府债券或市政债券。金融债券是银行或非银行金融机构等发行的债券。公司债券是由公司所发行的债券，在我国分为企业债券、短期融资券、公司债券和中期票据。

（二）按付息方式分类

债券可分为一次还本付息债券、零息债券、贴现债券和附息债券。一次还本付息债券是指在债券到期时，按照债券票面载明的利率一次性向债券持有者支付利息并偿还本金的债券。零息债券是指在发行时按一定折扣率以低于票面金额的价格发行，到期按面值偿还本金的债券，债券面值与发行价格的差额就是应支付的利息。贴现债券是期限小于1年的零息债券。附息债券是指在券面上附有定期支付利息凭证的债券，债券持有人可以定期兑取到期的利息。

（三）按利率是否固定分类

债券可分为固定利率债券和浮动利率债券。固定利率债券是指在发行时规定利率在整个偿还期内不变的债券。浮动利率债券又称为可变利率债券或可调利率债券，是指发行时规定债券利率随市场利率定期重新设定的债券，因此，债券利率在偿还期内可以进行变动和调整。浮动利率债券往往是中长期债券，债券的利率通常根据市场基准利率加上一定的票面利差来确定。票面利差一般不变，所以，债券利率随基准利率浮动。

（四）按有无担保分类

债券可分为信用债券和担保债券。信用债券又称为无担保债券，是指仅凭发行者信用所发行的，既没有抵押财产作担保，也没有第三者担保的债券。担保债券是指以有形财产作为抵押或以第三者作为担保而发行的债券，当发行人不能按期支付利息和本金时，债券持有人为满足清偿要求可以将抵押品出售或要求第三者清偿。公司发行的债券大多为担保债券，因为，此种债券有利于降低融资成本。

三、债券市场的基本投资工具

债券市场的基本投资工具主要有以下类型：

（一）国债

国债是指中央政府为筹集资金而发行的债券。国债的发行目的主要有三个：弥补政府财政赤字、筹集国家的大型基础设施建设所需资金以及弥补国际储备的不足。国债代表了国家信用，具有安全性高、流动性强、收益稳定的特点。另外，多数国家规定，购买政府债券的投资者可以享受优惠的税收待遇，甚至免税。由于具有很高的安全性和流动性，因此，国债的收益率相对较低。

（二）市政债券

市政债券一般是指由地方政府发行的一种债券，主要用于交通、通信、住宅、教育、医院和污水处理系统等地方性公共设施建设等支出，信用等级低于国债。在国外，市政债券一般可以同时免缴中央政府税收和地方政府税收，被称为“税务免除债券”。市政债券可分为一般责任债券和收入债券。一般责任债券是指借款的市政当局许诺以税收收入作为偿债担保的债券。支付给债券持有人的利息取决于税收和发行人的征税能力，信用等级较高。收入债券是指地方政府基于特定的市政项目，以项目所创造的收入作为担保而发行的债券。由于不以地方政府的征税能力作为担保，所以，这类债券的信用等级与项目收益有关，风险高于一般市政债券。2009年以前，我国地方政府不能直接发行债券。

2009年，我国开始试水地方政府债券。作为首期地方政府债券，新疆维吾尔自治区政府债券（一期）于2009年3月30日在上海证券交易所发行，但是这些地方债都是由财政部代理发行并还本付息的。从2011年开始，试点地方政府自行发债，虽然发行过程放开给地方政府，但是还本付息仍由财政部代理。直到2014年，上海、浙江等共十省区市试点地方政府债券自发自还，地方债发行由此终结了由财政部统一代理发行的时代，成为真正意义上的“市政债券”。

（三）政府机构债券

政府机构债券是由各国政府有关机构发行的债券，一般具有较高的信用等级。政府机构债券的发行主体通常是政府所属机构、公共团体或与政府有直接关系的企业。政府机构债券通常享受政府事实上的担保或法律上的担保，这使得它们具有较好的安全性，有利于降低融资成本。政策性金融债券是政府机构债券的一种，它是服务于国家政策性目的、由政策性金融机构所发行的债券，其信用等级高于公司债，如我国国家开发银行、中国农业发展银行、中国进出口银行等发行的债券。

（四）公司债券

公司债券是企业筹资解决资金短缺的重要方式，一般期限较长。公司债券的发行目的主要有：调整资本结构或负债结构，偿还已经到期的债务，为扩大设备投资和用于作为长期流动资金而发行。公司债券代表的是公司信用。与其他债券相比，公司债券的违约风险较大，收益率较高。

目前，我国的公司债券主要有以下四种：一是由中国证监会管理的公司债券，一般期限在1年以上，目前只在上市公司发行，在证券交易所市场流通，自2007年开始运行；二是由国家发改委管理的企业债券，已有30多年的历史，分为中央企业债和地方企业债，一般有配额；三是由中国人民银行下属的中国银行间市场交易商协会管理的公司债券，包括期限在270天之内的超短期融资券，期限在1年之内的短期融资券，以及期限在1年以上的中期票据（中期票据期限高于1年，但一般比企业债和公司债期限要短），都在银行间债券市场流通；四是由中国证监会管理的上市公司发行的可转换公司债券。

（五）金融债券

金融债券是商业银行和非银行金融机构为筹集中长期资金，向社会发行的债务凭证。金融债券的发行者是金融机构，一般具有较高的资信，所以，金融债券大多为信用债券，无须担保。在英国、美国等国家，金融债券被归类于公司债券；在我国及日本等国家，金融机构发行的债券被称为金融债券。目前，我国的金融债券品种繁多，分类标准也不一，主要有政策性金融机构债券、商业银行债券、非银行金融机构债券、证券公司债券等。

（六）中央银行票据

中央银行票据是指中国人民银行面向全国银行间债券市场成员发行的债券，简称“央行票据”。央行票据是我国中央银行进行公开市场业务操作的一个重要工具。目前，央行票据多数是1年期以内的短期央行票据，但也有1～3年期的中期央行票据。央行票据具有无风险、期限短、流动性强等特点，其发行改变了我国目前货币市场、债券市场缺乏短期工具的现状，有利于促进货币市场发展，为货币市场提供了基准利率。

（七）资产抵押债券

资产抵押债券是指以贷款、私人财产租赁或分期付款合同作为抵押发行的债券。资产抵押债券是在已有的信用关系基础上发展起来的，适合抵押的资产应该是那些具有预期未来稳定现金流的资产。2005年12月15日，国家开发银行首期资产支持债券（Assets Backed Securities，ABS）和中国建设银行首期住房抵押贷款支持债券（Mortgage Backed Securities，MBS）在银行间债券市场上成功发行。

第二节　债券的价格

一、待偿期正好是整数期的债券价格

下面主要讨论固定利率附息债券的价格计算，其原理可以推广到浮动利率债券等其他债券的计算。一种简单、有效的方法是利用Excel的财务函数来计算，当然像Matlab和Splus等软件所附带的金融工具包也有更强的功能性。

前面介绍了债券的基础知识，债券是资金借入者按照预先制订的计划，向资金借出者支付票面利息和本金的正式合约。计算债券价格时，需要重点关注以下要素：①票面利息（Coupon Interest）和票面利率（Coupon Rate），也称为息票和息票率；②待偿期（Term to Maturity），也称为偿还期；③面值（Par Value 或 Principal Value）；④付息频率（Frequency）；⑤是否内含选择权（Option），比如可赎回债券（Callable Bonds）。

美国的债券面值一般为1 000美元，半年付息一次；我国的债券面值一般为100元，多数一年付息一次。以下主要介绍无选择权、固定利率附息债券的价格计算，计算原理是现金流贴现。

（1）已知必要收益率（Required Yield）时的债券价格计算公式为：

$$P = \sum_{t=1}^{n} \frac{C}{(1+y)^t} + \frac{M}{(1+y)^n} \tag{4.1}$$

式中：P——债券价格；C——每次（美国为半年）支付的票面利息；M——债券到期价值（面值）；n——总付息次数（持有年数×每年付息次数）；y——每个付息周期（美国为半年）的必要收益率。

（2）零息债券（Zero Coupon Bonds）的价格计算公式为：

$$P=\frac{M}{(1+y)^n} \tag{4.2}$$

（3）永久债券（Perpetual Bonds）的价格计算公式为：

$$P=\frac{C}{y} \tag{4.3}$$

【例4-1】现有待偿期为10年、票面利率为6%的固定利率债券，面值为1 000元，必要收益率为5%，债券一年付息2次。试计算债券的价格。

由于债券一年付息2次，所以，待偿期为10年的债券将会付息20次，即n=20；每次支付的票面利息C=6%×1 000÷2=30（元）；债券到期价值M=1 000元；每个付息周期的必要收益率y=2.5%。

债券的价格为：

$$P=\sum_{t=1}^{20}\frac{30}{(1+0.025)^t}+\frac{1\,000}{(1+0.025)^{20}}$$

使用财务计算器可以计算出债券的价格P等于1 077.95元。

在Excel的财务函数中，PRICE函数是专门计算债券价格的函数。使用PRICE函数计算债券价格时需要注意，该函数针对的是面值为100元的债券。PRICE函数形式如下：

PRICE（Settlement，Maturity，Rate，Yld，Redemption，Frequency，Basis）

其中：

Settlement为证券的成交日，即在发行日之后，证券售卖给购买者的日期。

Maturity为有价证券的到期日，即有价证券有效期截止时的日期。

Rate为有价证券的年票面利率。

Yld为有价证券的年收益率。

Redemption为面值100元的有价证券的清偿价值。

Frequency为年付息次数，按年支付，Frequency=1；按半年期支付，Frequency=2；按季支付，Frequency=4。

Basis为日计数基准类型。根据2007年中国人民银行相关文件的要求，我国目前国债计算选择1，即“实际天数/实际天数”，其意思是：计息天数按照实际天数计算，每个付息周期的天数（两次付息日之间的天数）也按实际天数计算。美国国债计算也选择1。但在2007年以前，我国国债计算选择3，即“实际天数/365”，其意思是：计息天数按照实际天数计算，一年按照365天计算。Basis的取值分类情况见表4-1。

表4-1 **Basis的取值分类**

Basis	日计数基准
0或省略	美国（美国全国证券交易商协会）30/360
1	实际天数/实际天数
2	实际天数/360
3	实际天数/365
4	欧洲30/360

本例可以代入前面数据，日计数基准为“实际天数/实际天数”，具体如下：

PRICE（“2×20/2/15”，“2×30/2/15”，6%，5%，100，2，1）=107.795（元）

注意，由于PRICE函数针对的是面值为100元的债券，所以，Redemption输入的是100而不是1 000，得到的结果是107.795而不是1 077.95，它们代表的是“面值的百分之百”。例如，107.795是指债券价格是面值的107.795%，即1 000×107.795%。另外，Rate和Yld输入的是年度利率。

所以，债券的价格=107.795%×1 000=1 077.95（元）。

图4-1反映的是未含选择权标准债券价格和可赎回债券价格随收益率变化的不同。其中，图4-1（a）是未含选择权标准债券的情况。可以看到，价格与收益率呈反向关系：收益率越高，价格越低；收益率越低，价格越高。但价格与收益率的反向关系不是线性关系，价格是收益率的凸函数：收益率下降时债券价格上涨的幅度要大于收益率上升同样百分比时债券价格下跌的幅度。所以，在其他条件相同的情况下，凸性越大的债券，越有价值。

图4-1（b）中的实线是可赎回债券价格随收益率变化的情况，虚线是其他条件都相同的未含选择权标准债券价格的情况。可见，当收益率较低时，可赎回债券的价格是收益率的凹函数。收益率越低，其价格越高，但小于未含选择权标准债券价格的幅度越大，即价格受到压抑。可赎回债券与可比的未含选择权标准债券的价格之差，就是债券发行人拥有的赎回选择权的价值，反映了该债券被赎回的可能性。

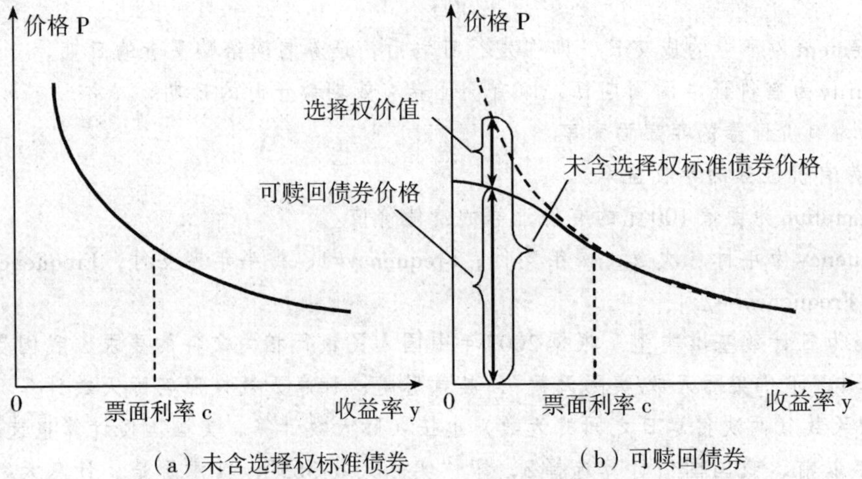

图4-1　未含选择权标准债券价格和可赎回债券价格变化的比较

二、待偿期不是整数期的债券价格

待偿期正好是整数期的债券，并不是一种常态，考察时刻处于两次付息日之间的情形更为普遍。下面将讨论待偿期不是整数期的债券价格计算。

待偿期不是整数期的债券现金流量，如图4-2所示。

图4-2中，考察时刻处于两次付息日之间，债券价格的计算需要使用两次贴现。第一步，将未来所有的现金流量贴现到下一付息日，包括下一付息日的利息；第二步，对第一步贴现得到的金额进行二次贴现，贴现到当前日期。通过以上两步贴现，计算得到的价格

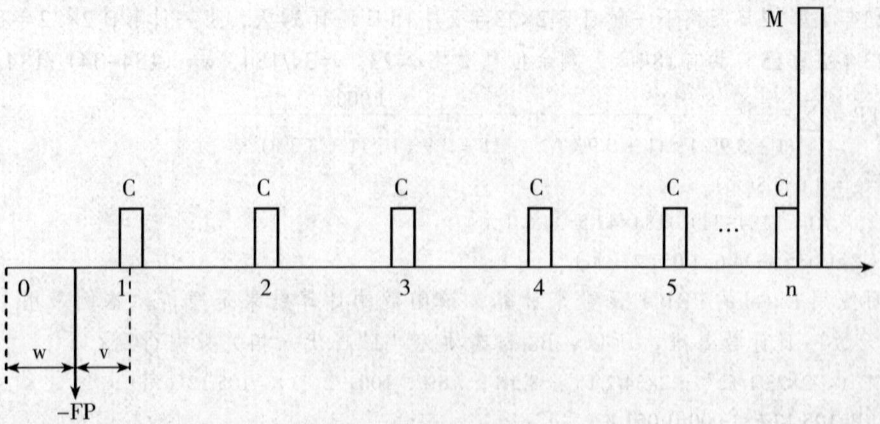

图4-2 待偿期不是整数期的债券的现金流量

称为债券的全价FP（Full Price）。债券的全价FP的计算公式[①]：

$$FP=\sum_{t=1}^{n}\frac{C}{(1+y)^{v}(1+y)^{t-1}}+\frac{M}{(1+y)^{v}(1+y)^{n-1}} \tag{4.4}$$

式中：FP——债券的全价；C——每次支付的票面利息；M——债券到期价值；n——剩余付息次数；y——每个付息周期的必要收益率。

另外，v是目前到下一付息日的期数，由目前到下一付息日的天数折算得到；w是上一付息日到目前的期数，由上一付息日到目前的天数折算得到。

（1）如果采用“实际天数/实际天数”日计数基准，则有：

$$v=\frac{\text{从交割日到下一付息日的实际天数}}{\text{每个付息周期(美国为6个月)包含的实际天数}} \tag{4.5}$$

$$w=\frac{\text{从上一付息日到交割日的实际天数}}{\text{每个付息周期(美国为6个月)包含的实际天数}} \tag{4.6}$$

（2）如果采用“实际天数/365”日计数基准，则有：

$$v=\frac{\text{从交割日到下一付息日的实际天数}}{365\div\text{每年付息次数}} \tag{4.7}$$

$$w=\frac{\text{从上一付息日到交割日的实际天数}}{365\div\text{每年付息次数}} \tag{4.8}$$

债券的全价FP是债券买卖真正的交易价格，即债券购买者支付给债券出售者的全部金额，也称为发票价格。全价中包含了应计利息AI（Accrued Interest），所谓应计利息，就是上一付息日或债券发行日到目前为止，债券原持有者已经持有的天数应该得到的利息补偿。全价扣除应计利息，就是净价CP（Clean Price），也称为交易报价。划分全价和净价的原因，就是要将全价中的价格效应和利息累积效应分开。我国从2001年开始要求以净价报价，以全价交易。

应计利息的计算公式：

$$AI=w\times\text{每期的利息} \tag{4.9}$$

【例4-2】某债券面值为1 000元，票面利率为8.5%，必要收益率为7.8%。2×23年1月12日买进该债券，下一付息日为2×23年2月15日，20×23年2月15日距离到期日还有11年。（采用“实际天数/实际天数”日计数基准）

① 范霍恩. 金融市场利率与流量［M］. 赵智文，等译. 大连：东北财经大学出版社，2000：89-105.

2×23年1月12日距离下一付息日2×23年2月15日还有34天，上一付息日2×22年8月15日距离2×23年2月15日共有184天，剩余付息次数n=23，v=34/184，w=（184-34）/184。

$$全价FP = \sum_{t=1}^{23} \frac{42.5}{(1+3.9\%)^{\frac{34}{184}}(1+3.9\%)^{t-1}} + \frac{1\,000}{(1+3.9\%)^{\frac{34}{184}}(1+3.9\%)^{23-1}}$$

$$= 1\,085.8(元)$$

应计利息AI=（184-34）÷184×42.5=34.6（元）

净价CP=1 085.8-34.6=1 051.2（元）

下面使用Excel的PRICE函数来计算，该函数的计算结果是净价。本例采用“实际天数/实际天数”日计数基准，所以，Basis选项为“1”。代入相关数据得到：

PRICE（“2×23/1/12”，“2×34/2/15”，8.5%，7.8%，100，2，1）=105.12（元）

净价CP=105.12%×1 000=1 051.2（元）

依据前面讲述的知识可以总结得到，票面利率、必要收益率、债券价格（净价）之间的关系见表4-2。

表4-2　　票面利率、必要收益率、债券价格（净价）之间的关系

票面利率<必要收益率	债券价格（净价）<面值	称为贴水债券（Discount Bonds）
票面利率=必要收益率	债券价格（净价）=面值	称为平价债券（Par Bonds）
票面利率>必要收益率	债券价格（净价）>面值	称为溢价债券（Premium Bonds）

附息债券一般以面值发行，票面利率反映了当时市场上可比债券的收益率情况。债券上市以后，其价格就会发生变化。债券价格（净价）变动的主要原因有以下几点：

① 债券发行人信用等级的变化，使必要收益率发生变化。如果公司发行人的财务状况出现重大问题，信用等级下降，则信用利差（该债券与相同期限的国债在收益率上的差别）会扩大，其必要收益率上升导致债券价格（净价）下跌。

② 市场变化引起必要收益率变化。例如，中央银行采取紧缩的货币政策，将会提高国债的收益率，其他债券如公司债的必要收益率也会上升，导致债券价格下跌。另一种常见的情形是整个市场上公司债与国债的信用利差扩大，就像美国2007年发生次贷危机之后的情形，即使公司自身信用并没有变化，但是多数公司债券的必要收益率都会上升，导致债券价格（净价）下跌。

③ 债券临近到期时，其价格（净价）会逐步接近面值，否则有套利的机会。

第三节　债券的收益率

前面介绍了在已知必要收益率的情况下计算债券价格的情形。但是，在现实市场中，更多的情况是知道债券的市场价格，反过来核算可能实现的投资收益率。从投资者角度来看，通过计算收益率可以在不同债券之间进行比较，以选择最合适的投资标的。从融资者角度来看，计算可比债券的收益率有助于估计公司债券发行的融资成本。

投资债券的收益来源有以下三种：

① 票面利息收入。

② 得到的利息收入进行再投资（Interest on Interest），也就是“利滚利”。

③ 如果债券持有至到期，收回的是面值金额；对于可赎回债券，如果债券被发行人提前赎回，收回的是赎回价格（Call Price）；如果持有人在到期前出售债券，收回的是债券出售价格。

基于考虑问题角度的不同，有不同的收益率计算方法，下面介绍几种常见的收益率计算方法。

一、当期收益率和到期收益率

（一）当期收益率

当期收益率（Current Yield）比较简单，计算公式如下：

$$当期收益率=\frac{年票面利息收益}{债券价格} \tag{4.10}$$

当期收益率的优点是计算简便、容易获得，但是这种计算方法的缺点也很明显。当期收益率没有考虑利息收入的再投资，也没有考虑资本利得，并且没有考虑货币的时间价值。在美国，公司债经常使用当期收益率来报价。但是，使用当期收益率来衡量投资收益，并不是一个理想的选择。

（二）到期收益率

计算到期收益率的公式，就是前面介绍的债券价格计算公式。到期收益率（Yield to Maturity）是使得未来现金流量的现值之和等于债券价格的常数贴现率，通常简写为YTM。到期收益率实质上就是财务中的内部收益率，是使用最广泛的收益率计算方式。计算公式如下：

$$P=\sum_{t=1}^{n}\frac{C}{(1+y)^t}+\frac{M}{(1+y)^n} \tag{4.11}$$

式中：P——债券价格；C——每次支付的票面利息；M——债券到期价值；n——总付息次数；y——每个付息周期的到期收益率。

需要注意的是，该公式计算得到的到期收益率y是付息周期的到期收益率，最后结果一般需要换算成年度收益率：y×每年付息次数。

到期收益率的优点就是考虑了所有现金流量的时间价值和金额大小，但是也有以下局限性：

① 与内部收益率一样，到期收益率暗含了将利息收入按常数收益率进行再投资的假设，而且这个常数收益率需要刚好等于到期收益率。所以，到期收益率没能正确反映每一笔现金流量的当前价值，实际上，中间得到的利息可能按多种利率进行再投资。

② 到期收益率暗含了持有至到期的假设。如果投资者在到期前出售债券或债券被发行公司赎回，到期收益率就不是一个适合的衡量指标。

【例4-3】现有15年期、票面利率为9%的债券，目前售价为1 100元，每年付息2次。试计算债券的到期收益率。

计算公式如下：

$$1\,100=\sum_{t=1}^{30}\frac{45}{(1+y)^t}+\frac{1\,000}{(1+y)^{30}}$$

使用财务计算器的计算结果为：半年到期收益率y=3.925%，转换为年度到期收益率为7.850%。

在Excel的财务函数中，YIELD函数是专门计算债券到期收益率的函数。使用YIELD函数计算到期收益率时需要注意，该函数针对的是面值为100元的债券。函数形式如下：

YIELD（Settlement，Maturity，Rate，Pr，Redemption，Frequency，Basis）

其中：

Settlement为证券的成交日，即在发行日之后，证券卖给购买者的日期。

Maturity为有价证券的到期日，即有价证券有效期截止时的日期。

Rate为有价证券的年息票利率。

Pr为面值100元的有价证券的价格，需要输入净价。

Redemption为面值100元的有价证券的清偿价值。

Frequency为年付息次数，按年支付，Frequency=1；按半年期支付，Frequency=2；按季支付，Frequency=4。

Basis为日计数基准类型，详情参照PRICE函数。

本例可以代入前面数据，日计数基准为"实际天数/实际天数"，具体如下：

YIELD（"2×23/2/15"，"2×38/2/15"，9%，110，100，2，1）=7.850%

注意，由于YIELD函数针对的是面值为100元的债券，所以，Pr输入的是110而不是1 100，Redemption输入的是100而不是1 000，得到的结果直接是年度收益率7.850%。另外，Rate输入的是年度利率。

【例4-4】下面来看一个关于我国国债收益率计算的实例。表4-3是关于23附息国债20的交易数据，时间为2×23年10月8日，日计数基准为"实际天数/365"。净价是报价数据（已知数据），试计算并验证表4-3中的应计利息、全价、平均收益率的结果。

表4-3 **23附息国债20的交易数据**

债券简称	债券代码	起息日期	债券期限	票面利率（%）	到期日	首次发行价格（元）	计息方式	全价（平均）（元）	应计利息（元）	净价（平均）（元）	平均收益率（%）
23附息国债20	230020	2×23-09-25	2年	2.22	2×25-09-25	100	附息式固定利率	100.009	0.079	99.930	2.2562

资料来源：中国债券信息网（www.chinabond.com.cn）.

假如今天是2×23年10月8日，从2×23年9月25日债券起息日到今天，共有13天。

应计利息AI=100×2.22%×13÷365=0.079（元）

全价FP=CP+AI=99.930+0.079=100.009（元）

应计利息和全价的计算结果同中国债券信息网的交易数据是一致的。接下来计算到期收益率，日计数基准为"实际天数/实际天数"，代入YIELD函数，可以得到：

YIELD（"2×23/9/25"，"2×25/9/25"，2.22%，99.930，100，1，1）=2.2562%

到期收益率为2.2562%，计算结果与表4-3中的交易数据是一致的。

二、实现的复利收益率

在实际投资中，很多投资者并不打算持有至到期，而是在持有一段时间后出售债券，所以采用到期收益率衡量或估计投资收益状况并不一定合适。下面介绍的实现的复利收益率（Realized Compound Yield）可能更加符合实际。

计算实现的复利收益率时，首先需要估计利息再投资的利率，用来计算利息加利息再投资的累计金额；其次需要预测未来出售时债券的到期收益率，用来估计债券届时的出售价格；然后加总得到投资债券的未来总收入（TR），再根据债券的初始投资和未来总收入，计算得出实现的复利收益率。①

具体步骤如下：

① 预计利息再投资利率。

② 预计出售时债券的到期收益率。

③ 计算债券持有期内利息收入和利息再投资收入之和FV_C：

$$FV_C = 利息收入 + 利息再投资收入 = \sum_{t=0}^{T-1} C_t(1+i)^t \tag{4.12}$$

式中：T——债券持有期；i——设定的利息再投资利率（期间利率）。

④ 计算债券持有期期末的售价P_T（按照预计的持有期期末的到期收益率y计算）：

$$P_T=\sum_{t=1}^{n-T}\frac{C}{(1+y)^t}+\frac{M}{(1+y)^{n-T}} \tag{4.13}$$

⑤ 将③和④的结果加总，得到债券投资的未来总收入TR：

$$TR=P_T+（利息收入+利息再投资收入）=P_T+FV_C \tag{4.14}$$

⑥ 计算一个付息期内（美国6个月）实现的复利收益率：

$$一个付息期内实现的复利收益率=\left(\frac{TR}{目前债券的购买价}\right)^{\frac{1}{T}}-1 \tag{4.15}$$

⑦ 将⑥的结果转换成年率，得到实现的复利收益率（年率）。

【例4-5】假设一个投资者计划购买以下债券：20年期，票面利率8%，目前售价828.40元，每年付息2次。该投资者仅打算持有3年，预计能够按照6%的年率将利息进行再投资。3年后打算卖出时，预计当时剩余17年期债券的到期收益率YTM为7%。

① 预计利息再投资利率为6%（年率）。

② 预计出售时债券的到期收益率为7%（年率）。

③ 计算债券持有期内利息收入和利息再投资收入之和FV_C：

$$FV_C=\sum_{t=0}^{6-1}40\times(1+3\%)^t=258.74(元)$$

④ 计算债券持有期期末的售价P_T：

$$P_T=\sum_{t=1}^{40-6}\frac{40}{(1+3.5\%)^t}+\frac{1\,000}{(1+3.5\%)^{40-6}}=1\,098.50(元)$$

⑤ 将③和④的结果加总，得到债券投资的未来总收入TR：

$TR=P_T+FV_C=1\,098.50+258.74=1\,357.24$（元）

⑥ 计算一个付息期内（美国6个月）实现的复利收益率：

$$一个付息期内实现的复利收益率=\left(\frac{1\,357.24}{828.40}\right)^{\frac{1}{6}}-1=8.58\%$$

⑦ 将⑥的结果转换成年率，得到实现的复利收益率（年率）：

实现的复利收益率（年率）=8.58%×2=17.16%

---

① 法博齐．固定收益数学——分析与统计技术［M］．俞卓菁，译．上海：上海人民出版社，2005：115-132.

为期3年的投资实现了17.16%的复利收益率（年率），如此高的收益率来自何处？债券期初的到期收益率为10%，远低于实现的复利收益率。超高的收益并非来自3年投资期的利息和利息再投资，而是来自资本利得（债券的价差收入）。债券的买入价格为828.40元，而3年后的出售价格为1 098.50元，实现资本利得270.10元，非常可观。进一步分析可以发现，获得高额资本利得的原因是3年间利率的大幅下降。总之，当一轮通货膨胀快要结束时，即拐点快要出现时，市场利率往往处于高位。此时，买入长期债券并持有数年后再卖掉，如果期间利率大幅下降，获得的收益率将会非常可观。

第四节　收益率曲线

一、收益率曲线的定义

收益率曲线作为债券市场的基准利率曲线，对于债券定价和风险管理的意义非常重大。收益率曲线（Yield Curve）表示的是仅在期限长短方面存在差异的零息债券的到期收益率与到期期限之间的关系。具体而言，在某一时刻将除期限以外的其他因素（如信用级别）都相同的零息债券的到期收益率和期限绘制成点，并将点连成线就可以得到该类债券的收益率曲线。收益率曲线也称为利率期限结构（Term to Structure）。图4-3是收益率曲线的示意图。

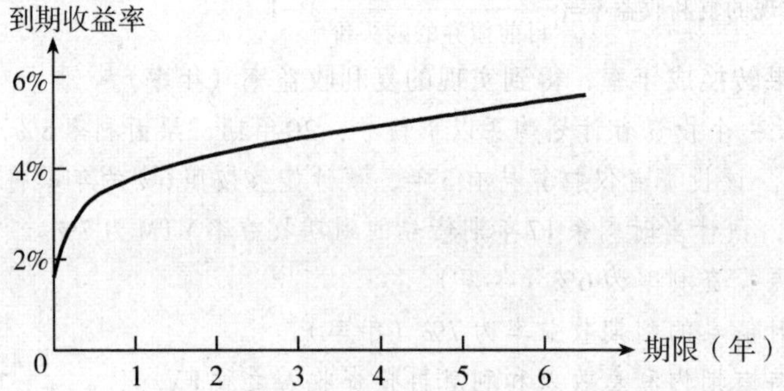

图4-3　收益率曲线示意图

图4-4是三种形态的收益率曲线的示意图。短端利率低、长端利率高的一般称为正常形态的收益率曲线。之所以称为正常形态，是因为这种形态最为常见，对应的宏观经济面是较低的通货膨胀水平。随着通货膨胀水平的上升，短期利率往往比长期利率的上涨幅度更大，收益率曲线变为平坦形态。如果通货膨胀水平继续上升甚至恶化，短期利率继续大幅上升，长期利率虽然也有所上升，但幅度较小，收益率曲线变为反转形态。

总之，短端利率随着宏观经济，尤其是通货膨胀的情况波动较大，长端利率多数情况下的变动方向与短端利率一致，但是波动幅度相对较小。这是由于长端利率主要反映的是市场对长期平均利率水平的预期。一个成熟的经济体不会长期处于高通货膨胀状态，所以，长期平均利率水平不会过高。短端利率主要受短期宏观经济因素的影响。因此，收益率曲线是宏观经济的“晴雨表”，同时，收益率曲线也为金融工具定价和风险管理提供了基准利率。

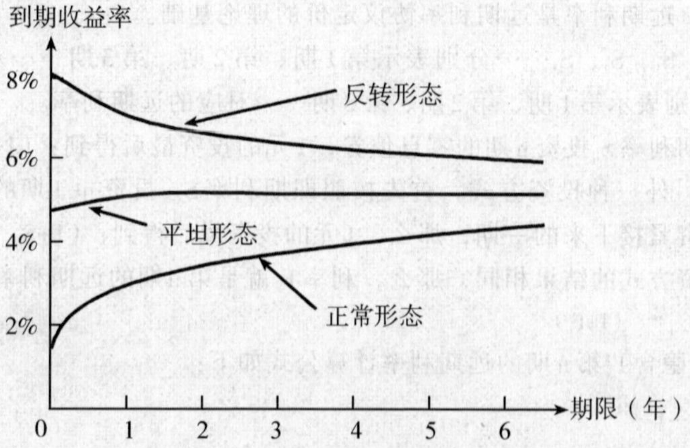

图4-4 三种形态的收益率曲线示意图

二、即期利率和远期利率

收益率曲线为投资者和融资者提供了基准利率的信息。融资者可以根据收益率曲线来估计融资成本，评估融资风险，选择融资时机。投资者可以根据收益率曲线来预测投资的收益，估计其持有投资组合的风险状况，确定买卖证券的市场时机。对金融机构而言显得尤为重要，收益率曲线是大多数金融产品定价和风险管理的基础。下面主要分析来自收益率曲线的两个常用利率：即期利率和远期利率（如图4-5所示）。

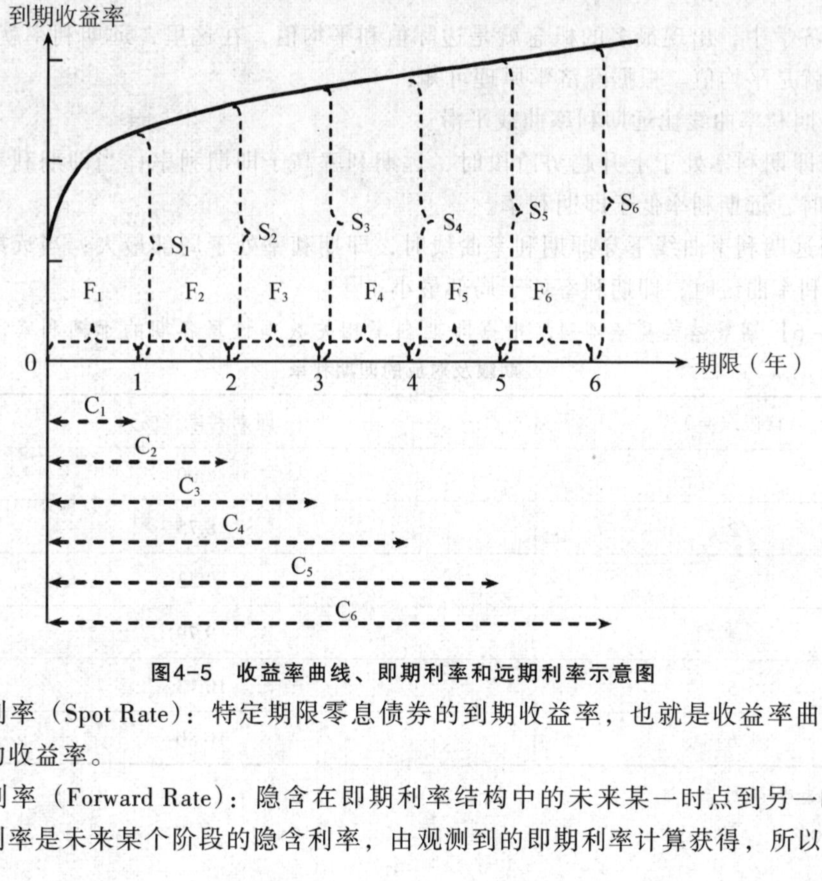

图4-5 收益率曲线、即期利率和远期利率示意图

即期利率（Spot Rate）：特定期限零息债券的到期收益率，也就是收益率曲线上特定期限对应的收益率。

远期利率（Forward Rate）：隐含在即期利率结构中的未来某一时点到另一时点的利率。远期利率是未来某个阶段的隐含利率，由观测到的即期利率计算获得，所以其是一种定义出来的利率。远期利率是远期利率协议定价的理论基础。

在图4-5中，S_1、S_2、S_3……分别表示第1期、第2期、第3期……对应的即期利率，F_1、F_2、F_3……分别表示第1期、第2期、第3期……对应的远期利率。

如果按照即期利率S_n投资n期的零息债券，1元的投资最后得到：$(1+S_n)^n$。

也可以考虑另外一种投资方式，首先按照即期利率S_{n-1}投资n-1期的零息债券，然后按照利率F_n再投资紧接下来的一期，那么，1元的投资最后得到：$(1+S_{n-1})^{n-1}(1+F_n)$。

如果两种投资方式的结果相同，那么，利率F_n就是第n期的远期利率。

$$(1+S_n)^n=(1+S_{n-1})^{n-1}(1+F_n)$$

可以得到，（隐含）第n期的远期利率计算公式如下：

$$F_n=\frac{(1+S_n)^n}{(1+S_{n-1})^{n-1}}-1 \tag{4.16}$$

因此，各期的远期利率计算公式如下：

$$F_1=S_1$$

$$F_2=\frac{(1+S_2)^2}{1+S_1}-1$$

$$F_3=\frac{(1+S_3)^3}{(1+S_2)^2}-1$$

…

可以推知，即期利率是各子期远期利率的几何平均数。

$$S_n=\sqrt[n]{(1+F_1)(1+F_2)\cdots(1+F_n)}-1 \tag{4.17}$$

在经济学中，出现最多的概念就是边际值和平均值，在这里，远期利率就是边际值，即期利率就是平均值。根据经济学原理可知：

① 即期利率曲线比远期利率曲线平滑。

② 当即期利率处于上升趋势阶段时，远期利率高于即期利率；当即期利率处于下降趋势阶段时，远期利率低于即期利率。

③ 当远期利率曲线下穿即期利率曲线时，即期利率处于局部最大；当远期利率曲线上穿即期利率曲线时，即期利率处于局部最小。

【例4-6】期限结构见表4-4，根据即期利率相关数据计算各期的远期利率。

表4-4 **期限及对应的即期利率**

期限（年）	即期利率（%）
1	8.00
2	8.75
3	9.33
4	9.79
5	10.13
6	10.80

根据表4-4可知：

$F_1=8.00\%$

$$F_2=\frac{(1+8.75\%)^2}{1+8.00\%}-1=9.51\%$$

$$F_3=\frac{(1+9.33\%)^3}{(1+8.75\%)^2}-1=10.50\%$$

…

计算结果见表4-5。

表4-5 远期利率计算结果

期限（年）	即期利率（%）	远期利率（%）
1	8.00	8.00
2	8.75	9.51
3	9.33	10.50
4	9.79	11.18
5	10.13	11.50
6	10.80	14.21

可以验证，即期利率是各子期远期利率的几何平均数。例如：

$$S_3=\sqrt[3]{(1+F_1)(1+F_2)(1+F_3)}-1=9.33\%$$

三、我国的收益率曲线

市场上的零息债券一般数量极少，交易也不活跃，流动性较差，导致价格可能失真。因此，零息债券收益率曲线并非来自零息债券，而是由附息债券价格经过金融工程方法计算得到的，所以也称为“理论的零息债券收益率曲线”。由于使用的是数学和统计方法，不同机构使用的模型或样本均不同，因此得到的收益率曲线也会有差别。中央国债登记结算有限责任公司每天在其网站上公布的各类债券的收益率曲线，是我国债券市场最为权威的收益率曲线。当然，其他金融机构也可以根据需要自行开发收益率曲线。

图4-6是来自中国债券信息网的三条即期收益率曲线，时间是2023年9月28日。最低的是中债国债收益率曲线，中间的是中债企业债收益率曲线（AAA），最高的是中债企业债收益率曲线（AA+）。收益率曲线之间的差距，反映了信用利差、税收和流动性差异①。

中国债券信息网的收益率曲线是债券市场的收益率曲线，期限跨度较大，最长可为50年，但是在短期利率方面不够精细。所以，对短期利率准确度要求较高的货币市场工具进行定价，更有效的收益率曲线是Shibor曲线。

上海银行间同业拆放利率（Shanghai Interbank Offered Rate，Shibor），以位于上海的全国银行间同业拆借中心为技术平台计算、发布并命名，是由信用等级较高的银行组成报价团自主报出的人民币同业拆借利率计算确定的算术平均利率，是单利、无担保、批发性利率。目前，对社会公布的Shibor品种包括隔夜、1周、2周、1个月、3个月、6个月、9个月及1年。Shibor报价银行团现由18家商业银行组成。图4-7是2023年9月28日的Shibor曲线。

① 我国的国债投资免利息税。

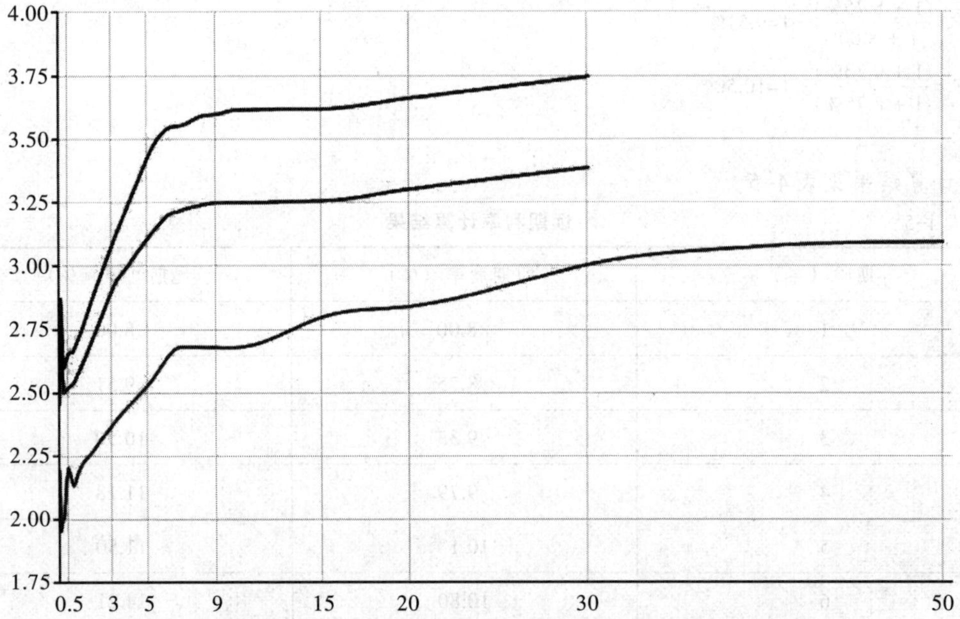

图4-6　中债国债、中债企业债AAA和中债企业债AA+的即期收益率曲线

注：图中横轴表示“待偿期（年）”，纵轴表示“收益率（%）”。

资料来源：佚名．收益率曲线查询表［EB/OL］．（2023-09-28）．https：//yield.chinabond.com.cn/cbweb-mn/yield_main？locale=zh_CN.

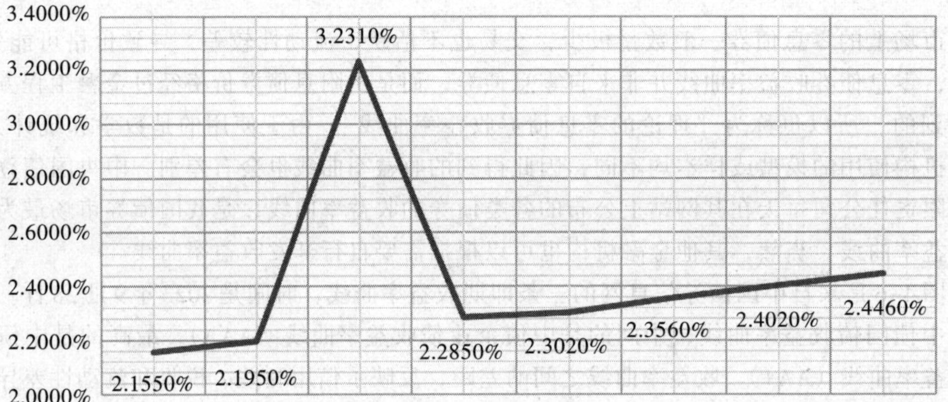

图4-7　2023年9月28日的Shibor曲线

资料来源：佚名．Shibor曲线查询表［EB/OL］．（2023-09-28）．http：//www.shibor.org/shibor/web/html/index.html.

收益率曲线有不同的形状，而且收益率曲线每天处于动态变化之中，那么，收益率曲线的形状和变化到底取决于哪些因素？这在多大程度上决定于市场对未来利率走势的预期？具体而言，如果收益率曲线上第2年的远期利率等于6%，是否意味着市场预期明年的一年期利率等于6%？由于不同的理论基于不同的假设，因此会有不同的结论。例如，纯粹预期理论就认为收益率曲线的形状完全由市场对未来利率的预期决定，远期利率是市场对未来短期利率的预期。但是，纯粹预期理论不能很好地解释实际情况，因为绝大多数情况下收益率曲线都是上升的正常形态。流动性偏好理论能够较好地解释这一现象。流动性偏好理论认为投资者更偏好流动性较好的短期债券，要吸引投资者购买长期债券，就需要支付一定的溢价或升水。所以，收益率曲线是由未来短期利率的预期加上流动性升水所决定的，远期利率大于市场对未来短期利率的预期。[①]

四、收益率曲线的作用

对于金融机构从业者来说，收益率曲线有助于分析债券的定价（估值）和风险管理。

（一）计算债券市场的公允价值

现实中的债券市场不是完全有效的，债券的市场价格可能会失真，即偏离其内在价值。美国债券市场基本上是场外交易，我国绝大部分的债券也是集中在银行间债券市场上，同样属于场外交易。因此，在每天的交易中，能够拥有双边报价或发生成交的债券并不是很多，大部分债券没有成交价格。[②]在实际业务中，对于交易类账户和可供出售类账户需要进行市值评估，需要每日计算市值；同时，一些有抵押品的债券业务需要对抵押品进行估值，以计算具体的抵押比例；大量的特殊类债券成交很少，需要提供每日估值服务；投资机构准备申购即将发行的债券，也需要评估其价值，制定投资策略。以上都提出了对债券估值的需要。合理的收益率曲线，可以很方便地对各类债券进行估值，以满足市场投资者的需要。

（二）用于对债券组合的业绩评估和风险管理

机构投资者持有债券的种类和数量越来越多，管理和运营这些债券的一个重要方面就是定期进行估值与风险分析，以便用来评估持仓债券市值变化水平和整体资产变化情况。在机构内部债券业务运营中，合理运用债券估值模型，为资金运营部门的监管提供了帮助。市值法在评估债券价值中受到越来越多的重视和使用，国际会计准则也出现了按市值法评估资产价值的倾向，这都需要使用收益率曲线。同时，运用收益率曲线可以预估债券的未来价格走势，有助于对利率风险的控制。

（三）利率衍生产品的定价

基于收益率曲线，通过合理的利率模型可以模拟未来短期利率的变动情况，进而对利率期权等衍生产品进行定价和风险管理。例如，货币市场收益率曲线隐含的远期利率，就是远期利率协议定价的理论基础。

2007年5月20日，为加强银行业风险管理，银监会[③]印发了《关于建立银行业金融机构市场风险管理计量参考基准的通知》（银监发〔2007〕48号，以下简称《通知》），从多个方面对银行业金融机构人民币债券收益率曲线的选择提出了原则性的指导和要求。《通知》要求银行可以使用自行编制的或其他机构编制的收益率曲线进行市场风险管理，所使用的收益率曲线对市场变化情况的反映要客观、合理；应力求建立在全面、客观、合

① 其他主要的期限结构理论还有市场分割理论和首选栖息地理论。

② 中央国债登记结算公司. 债券投资基础［M］. 北京：中国金融出版社，2008.

③ 现称“国家金融监督管理总局”。历史沿革：2003年3月，中国银行业监督管理委员会设立。2018年3月，第十三届全国人民代表大会第一次会议表决通过了关于国务院机构改革方案的决定，不再保留中国银行业监督管理委员会，组建中国银行保险监督管理委员会。2023年3月，中共中央、国务院印发了《党和国家机构改革方案》，在中国银行保险监督管理委员会基础上组建国家金融监督管理总局，不再保留中国银行保险监督管理委员会。2023年5月18日，国家金融监督管理总局正式揭牌。

理的债券数据源的基础上，并尽量剔除异常价格的影响；银行用于市场风险管理的收益率曲线的构建模型应适应债券市场多变的收益率形态，并满足光滑性和稳定性的要求。《通知》要求使用中债收益率曲线计算交易账户人民币头寸市值，并与根据自行编制的或其他机构编制的收益率曲线计算得出的相应市值在每个工作日至少进行一次比较；同时，鼓励各银行参照中债收益率曲线计算风险价值（VaR）等市场风险管理数据，对所承担的市场风险水平进行量化计算。

总之，随着我国债券市场的高速发展，人民币利率市场化进程的逐步深化，收益率曲线在金融产品定价和风险管理中的核心作用越来越明显。

五、债券定价

运用收益率曲线进行债券定价是收益率曲线最重要的用途之一，也是债券利率风险管理的基础。债券定价原理仍然是现金流贴现：使用收益率曲线上相应的即期利率对债券未来现金流贴现得到的现值总和，就是对债券内在价值的合理估计。但在使用收益率曲线评估债券价值时，注意需要使用同种风险类型的收益率曲线对目标债券进行定价。其计算公式如下：

$$V=\frac{C_1}{1+S_1}+\frac{C_2}{(1+S_2)^2}+\frac{C_3}{(1+S_3)^3}+\cdots+\frac{C_n+M}{(1+S_n)^n}$$

$$=\sum_{t=1}^{n}\frac{C_t}{(1+S_t)^t}+\frac{M}{(1+S_n)^n} \tag{4.18}$$

式中：V——债券的内在价值；C_t——每次支付的票面利息；M——债券到期价值；n——总付息次数；S_t——每次现金流量支付对应的即期利率。

【例4-7】收益率曲线的相关数据见表4-6。使用该收益率曲线估计同类风险的7年期零息债券的内在价值，面值1 000元。

表4-6 **收益率曲线的相关数据**

期限（年）	即期利率（%）
1	9.20
2	9.91
3	9.97
4	10.00
5	10.20
6	10.35
7	10.41
8	10.30
9	9.80
10	9.70

内在价值为：

$$V=\frac{1\ 000}{(1+10.41\%)^7}=500\text{（元）}$$

所以，估计的内在价值为500元。

【例4-8】沿用【例4-7】中的收益率曲线相关数据。使用该收益率曲线估计同类风险的10年期固定利率附息债券的内在价值，面值1 000元，票面利率8%，每年付息1次。

根据有关公式，使用对应的即期利率，计算每一笔现金流的现值为：

$$第1年现金流现值=\frac{80}{1+9.20\%}=73.2601（元）$$

$$第2年现金流现值=\frac{80}{(1+9.91\%)^2}=66.2240（元）$$

…

$$第10年现金流现值=\frac{1\,080}{(1+9.70\%)^{10}}=427.9176（元）$$

全部现金流现值的加总就是估计的内在价值，即886.7313元，具体见表4-7。

表4-7 **计算结果** 金额单位：元

期限（年）	零息债券价格	现值
1	80	73.2601
2	80	66.2240
3	80	60.1544
4	80	54.6408
5	80	49.2248
6	80	44.3056
7	80	40.0000
8	80	36.5160
9	80	34.4880
10	1 080	427.9176
内在价值		886.7313
对应的到期收益率		9.8300%

使用Excel函数可以计算此内在价值对应的到期收益率为9.8300%。

【例4-9】下面来分析一个实例。表4-8是关于23附息国债20的交易数据，时间为2×23年9月28日，日计数基准为“实际天数/365”。由于该债券在柜台、交易所和银行间债券市场同时交易，因此，使用我国固定利率国债即期收益率曲线评价其内在价值。

表4-8 **23附息国债20的交易数据**

债券简称	债券代码	起息日期	债券期限	票面利率（%）	到期日	首次发行价格（元）	计息方式	全价（平均）（元）	应计利息（元）	净价（平均）（元）	平均收益率（%）
23附息国债20	230020	2×23-09-28	2年	2.22	2×25-09-25	100	附息式固定利率	100.009	0.079	99.930	2.2562

资料来源：中国债券信息网（www.chinabond.com.cn）.

假如今天是2×23年10月10日，距离接下来的第1次付息日2×24年9月25日共有351

天。根据日计数基准“实际天数/365”，距离第1次付息日还有0.9616年；距离第2次付息日2×25年9月25日还有1.9616年。即期利率通过我国固定利率国债即期收益率曲线，运用线性插值法可以计算得到，具体见表4-9。

表4-9 计算结果

序号	付息日期	期数（年）	即期利率	现金流量（元）	现值（元）
1	2×24/9/25	0.9616	2.2006%	2.22	2.1740
2	2×25/9/25	1.9616	2.3162%	102.22	97.7302
合计					99.9042

$$第1次现金流现值=\frac{2.22}{(1+2.2006\%)^{0.9616}}=2.1740（元）$$

$$第2次现金流现值=\frac{102.22}{(1+2.3162\%)^{1.9616}}=97.7302（元）$$

全部现金流现值的加总就是估计的内在价值，即99.9042元，而实际市场上的全价等于100.009元。

第五节 久 期

一、债券价格的利率敏感性

从前面关于债券价格与收益率的计算公式可以看到，债券价格与收益率变化方向相反：收益率上升，债券价格下降；收益率下降，债券价格上升。这种性质就是债券价格对利率（收益率）的敏感性，也称为债券价格的波动性。不同债券的利率敏感性是不同的，从后面的分析可知，债券价格的利率敏感性取决于到期期限、票面利率和目前的收益率水平三个因素。本节引入的久期（Duration）可以近似涵盖这三个因素，能够较好地反映债券的利率敏感性，是进行债券组合管理需要考虑的关键指标。

债券价格由必要收益率的变化引起，而收益率变化主要由债券的信用状况变化和市场的收益率变化决定。所以，在自身信用没有发生变化的情况下，债券收益率的变化取决于同级别收益率曲线的变化。简化起见，本节假设收益率曲线是水平的，而且变化也是平行移动的。这样的假设有一个好处，即到期收益率等于即期利率，不用考虑期限结构问题。换句话说，本节所介绍的久期是基于“水平收益率曲线平行移动”这个假设展开的。本节所表述的债券价格对利率的敏感性中的“利率”，特指债券的到期收益率。

图4-8是未含选择权标准债券和可赎回债券价格随收益率变化的不同情形。其中，图4-8（a）是未含选择权债券的情况，价格与收益率呈反向关系，但不是线性的关系。价格是收益率的凸函数：收益率下降时债券价格上涨的幅度，要大于收益率上升同样百分率时债券价格下跌的幅度。也就是说，收益率变化引起的价格变动情况，始终要好于沿切线的变动，这就是正凸性。所以，正凸性对于债券来说是有利的性质。图4-8（b）是可赎回债券的情况。当收益率较高时，价格与收益率的关系也是正凸性。但是，当收益率较

低时，可赎回债券的价格是收益率的凹函数，即价格与收益率的关系是负凸性：收益率越低，债券价格越高，但小于沿切线的变动，因为未来债券被赎回的可能性不断加大。下面主要分析未含选择权债券的具体情况。

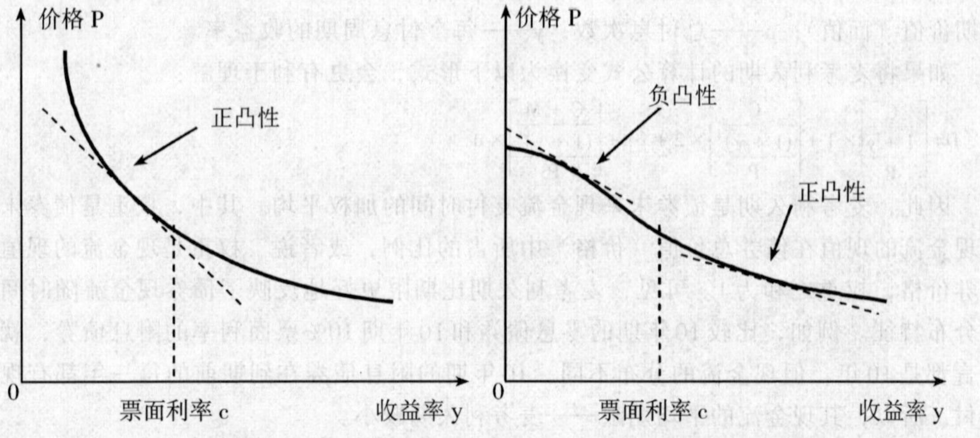

（a）未含选择权标准债券　　（b）可赎回债券

图4-8　债券价格与收益率的关系（债券的价值函数）

关于债券价格对收益率的敏感性，主要有以下结论：

① 债券价格与收益率呈反向关系：当收益率上升时，债券价格下跌；当收益率下降时，债券价格上涨。

② 债券到期收益率的上升导致的价格下跌幅度，要比收益率同等下降所导致的价格上涨幅度小，即存在凸性（Convexity）。

③ 通常而言，到期期限越长的债券，其价格对收益率变化越敏感。但利率敏感性随期限增加的程度，要小于期限增加的幅度。

④ 票面利率较低的债券，其价格对收益率变化更敏感。

⑤ 初始收益率较低的债券，其价格对收益率变化更敏感。

简而言之，“一长两低”的债券，其价格对利率更敏感。其中，“一长”是指到期期限长；“两低”是指票面利率低和初始收益率低。

二、久期的计算

只是考察债券的到期期限，并不能完全地反映债券的利率敏感性，因此，既要考虑到期期限，又要考虑票面利率和初始收益率的情况。这就是使用久期来衡量债券利率敏感性的原因。

久期最初用于测度债券未来现金流发生的平均期限，后来更多地用来测度债券价格对利率变化的敏感性。[①]

麦考利久期（Macaulay Duration）[②]的计算公式如下：

---

① HICKS. Value and capital［M］. 2nd ed. London：Oxford University Press，1946：141-145.

② MACAULAY. Some theoretical problems suggested by the movement of interest rates，bond yields，and stock prices in the United States since 1856［M］. New York：National Bureau of Economic Research，1948.

$$D=\frac{\frac{C}{1+y}}{P}+\frac{\frac{2C}{(1+y)^2}}{P}+\cdots+\frac{\frac{nC+nM}{(1+y)^n}}{P}=\sum_{t=1}^{n}\frac{\frac{tC}{(1+y)^t}}{P}+\frac{\frac{nM}{(1+y)^n}}{P} \tag{4.19}$$

式中：D——麦考利久期；P——债券价格；C——每次支付的票面利息；M——债券到期价值（面值）；n——总付息次数；y——每个付息周期的收益率。

如果将麦考利久期的计算公式变换为以下形式，会更有利于理解：

$$D=\left[\frac{\frac{C}{1+y}}{P}\right]\times 1+\left[\frac{\frac{C}{(1+y)^2}}{P}\right]\times 2+\cdots+\left[\frac{\frac{C+M}{(1+y)^n}}{P}\right]\times n \tag{4.20}$$

因此，麦考利久期是债券未来现金流支付时间的加权平均。其中，权重是债券未来每次现金流的现值在债券总价值（价格）中所占的比例，或者说，权重是现金流的现值除以债券价格，权重之和为1。可见，麦考利久期比期限更好地反映了债券现金流随时间变化的分布特征。例如，比较10年期的零息债券和10年期10%票面利率的附息债券，就期限而言都是10年，但现金流的分布不同。10年期的附息债券在到期前的每一年都有现金流支付，所以，其现金流的平均期限——麦考利久期较小。

利用图4-9中的债券现金流分布，有助于更好地理解麦考利久期。假设该债券期限8年，票面利率9%，每年付息1次，目前到期收益率为10%。运用公式计算得到麦考利久期等于5.97年。柱状图的高度代表现金流的大小，深色部分代表相应现金流的现值（使用收益率贴现），就像玻璃瓶子里的“墨水”。将现金流的现值作为权重，久期就是支点，就像物理学中“重心”所在的位置。

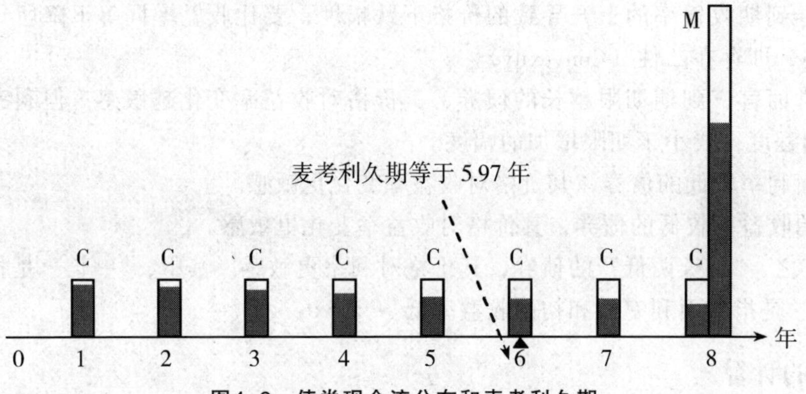

图4-9　债券现金流分布和麦考利久期

需要注意的是，根据公式计算得到的久期是按付息周期表示的久期。例如，每半年付息1次的债券，计算得到的久期单位就是“半年”。按照惯例，久期需要按单位“年”表示。如果每年付息m次，则以年表示的久期是按付息周期表示的久期的1/m。例如，计算得到某债券的麦考利久期等于3.2个半年，换算成年度指标，则该债券的麦考利久期等于1.6年。

进一步定义另外两个久期——修正久期和货币久期。修正久期（Modified Duration）用MD表示，等于麦考利久期除以1加上付息周期的收益率，公式如下：

$$MD=\frac{D}{1+y} \tag{4.21}$$

货币久期（Dollar Duration）用DD表示，等于修正久期乘以债券价格，公式如下：

$$DD=MD\times P \tag{4.22}$$

久期主要用来反映债券价格对收益率变化的敏感度，可以推导出债券价格变动的百分比为：

$$\frac{dp}{P}=-MD\times dy=-\frac{D}{1+y}\times dy \tag{4.23}$$

债券价格的变动值为：

$$dp=-DD\times dy \tag{4.24}$$

上述两个公式的意义非常清晰。公式中的负号表示价格P和收益率y是反向关系。债券价格变化的百分率与修正久期成正比。例如，修正久期为5年的债券，当年收益率上涨1%时，其价格（大约）下跌5%。债券价格的变化值与货币久期成正比。例如，货币久期为2 000元·年的债券，当年收益率上涨1%时，其价格（大约）下跌20元。为何要用“大约”一词？正如图4-8所示，久期只是反映了价格沿切线的变化，没有考虑凸性的存在。后文如果没有特别说明，久期特指的是麦考利久期。

使用Excel表格，根据久期公式可以很方便地计算久期。

【例4-10】使用Excel表格计算债券的麦考利久期和修正久期：2年期，每年付息2次，票面利率8%，目前到期收益率10%。

具体计算过程见表4-10。

表4-10 **计算过程** 金额单位：元

期限（半年）	现金流	现金流的现值	权重	权重×期限
1	40	38.09523810	0.039495737	0.0395
2	40	36.28117914	0.037614988	0.0752
3	40	34.55350394	0.035823798	0.1075
4	1 040	855.61057380	0.887065477	3.5483
合 计		964.54049498	1	3.7705

其中，现金流的现值加总就是债券价格，约964.5405元。

麦考利久期D=3.7705半年=1.8853年

修正久期MD=3.7705÷1.05

=3.5910（半年）=1.7955（年）

也可以利用Excel函数计算，DURATION计算麦考利久期，MDURATION计算修正久期。其中的参数与前面章节的债券价格公式一致，计算结果是年度数据。

DURATION（Settlement，Maturity，Coupon，Yld，Frequency，Basis）

MDURATION（Settlement，Maturity，Coupon，Yld，Frequency，Basis）

代入数据得到：

DURATION（“2×20/1/1”，“2×22/1/1”，8%，10%，2，1）=1.8852（年）

MDURATION（“2×20/1/1”，“2×22/1/1”，8%，10%，2，1）=1.7954（年）

影响债券价格利率敏感性的因素，就是决定久期大小的三要素：到期期限、票面利率和到期收益率。麦考利久期的主要性质有：

① 零息债券的久期等于它的期限。

② 当其他因素不变时，债券的久期随票面利率的降低而增大。

③ 当票面利率不变时，绝大多数情况下债券的久期随期限的增长而增大。附息债券期限增长1年，久期的增长少于1年。

④ 当其他因素不变时，债券的到期收益率越低，久期越大（零息债券除外）。

⑤ 永久债券的久期为：

$$D=\frac{1+y}{y} \tag{4.25}$$

【例4-11】某永久债券的收益率为15%，每年付息2次，计算其麦考利久期。

$$D=\frac{1+7.5\%}{7.5\%}$$

=14.333（半年）=7.167（年）

可见，永久债券没有到期期限，但其久期却是有期限的。

下面通过举例来分析，当收益率变动一定幅度时，如何使用久期来预测债券价格的变化情况。

【例4-12】25年期、面值1 000元的债券，票面利率为6%，每年付息2次，目前价格为703.570元。当收益率（年率）上升1bp（0.01%）、10bp、200bp时：方法一，使用债券价格公式计算实际上债券价格变动的百分率以及价格变动值；方法二，使用久期来预测债券价格变动的百分率以及价格变动值。试比较两种方法的结果有何不同。

目前价格为703.570元，可以计算出该债券目前到期收益率y=9%（年率）。

使用Excel计算得到债券的久期、修正久期和货币久期为：

D=11.0953年=22.1906半年

MD=11.0953÷1.045

=10.6175（年）=21.2350（半年）

DD=10.6175×703.570=7 470.154（元·年）

（1）如果收益率上升1bp，即从9%上升到9.01%。

首先直接进行计算。使用Excel计算得出收益率变化后的债券价格=702.824元。

价格变动值=702.824−703.570=−0.746（元）

这里引入一个新的术语——基点价值，英文表述为PVBP（Price Value of a Basis Point），是指收益率变化1个基点时，债券价格的变动值。所以，本例中的PVBP=−0.746元。

价格变动百分率=−0.746÷703.570×100%≈−0.106%

然后利用久期估计收益率上升1bp的价格变化。

使用MD估计价格变动百分率：ΔP/P=−10.6175×0.01%≈−0.106%

使用DD估计价格变动值：ΔP=−7 470.154×0.01%=−0.747（元）

小结：对于收益率变动1bp，利用久期估计的价格变动值和实际变动值非常接近。

（2）如果收益率上升10bp，即从9%上升到9.1%。

首先直接进行计算。使用Excel计算得出收益率变化后的债券价格=696.164元。

价格变动值=696.164−703.570=−7.406（元）

价格变动百分率=−7.406÷703.570×100%≈−1.053%

然后利用久期估计收益率上升10bp的价格变化。

使用MD估计价格变动百分率：ΔP/P=−10.6175×0.1%≈−1.062%

使用DD估计价格变动值：ΔP=−7 470.154×0.1%=−7.470（元）

使用PVBP估计价格变动值：-10×PVBP=-10×0.746=-7.460（元）

小结：对于收益率变动10bp，利用久期和PVBP估计的价格变动值和实际变动值比较接近。

（3）如果收益率上升200bp，即从9%上升到11%。

首先直接进行计算。使用Excel计算得出收益率变化后的债券价格=576.712元。

价格变动值=576.712-703.570=-126.858（元）

价格变动百分率=-126.858÷703.570×100%≈-18.031%

然后利用久期估计收益率上升200bp的价格变化。

使用MD估计价格变动百分率：ΔP/P=-10.6175×2%≈-21.235%

使用DD估计价格变动值：ΔP=-7 470.154×2%=-149.403（元）

使用PVBP估计价格变动值：-200×PVBP=-200×0.746=-149.200（元）

总结：对于收益率变动幅度较大的情况，利用久期或PVBP估计债券价格变动的误差较大，因为存在凸性因素。所以，使用久期估计价格变动只是一种近似方法，在收益率小幅变动时较为准确。[①]

三、债券组合的久期

债券组合的久期和修正久期可以通过其中各债券的久期和修正久期的加权平均来计算，权重是各债券市值占组合市值的权重。这种计算方法的暗含假设为：所有债券的收益率都发生同等幅度的变化。

债券组合的久期公式为：

$$D_P = w_1D_1 + w_2D_2 + \cdots + w_kD_k = \sum_{i=1}^{k} w_iD_i \tag{4.26}$$

债券组合的修正久期公式为：

$$MD_P = w_1MD_1 + w_2MD_2 + \cdots + w_kMD_k = \sum_{i=1}^{k} w_iMD_i \tag{4.27}$$

式中：w_i——第i种债券市值占组合市值的权重；D_i——第i种债券的麦考利久期；MD_i——第i种债券的修正久期；k——组合中的债券总数。

【例4-13】表4-11是一组债券组合的相关数据。组合由A、B、C三种债券构成，各债券的到期收益率、（麦考利）久期、修正久期已经计算得出并列示在表4-11中。试计算该债券组合的久期、修正久期和货币久期，并使用久期估计收益率上升1%时该债券组合市值变化的百分率和变化值。

表4-11　　A、B、C三种债券的相关数据

债券	数量	价格（元）	市值（元）	期限（年）	票面利率（年率）	到期收益率（年率）	久期（年）	修正久期（年）
A	5	881.31	4 406.546	5	6%	9%	4.3452	4.1581
B	12	110.71	1 328.516	25	0	9%	25.0000	23.9234
C	10	1 000.00	10 000.000	25	9%	9%	10.3257	9.8810

① 限于篇幅原因以及实践中的久期更为重要，本章不再介绍凸性的计算。

组合的总市值：

4 406.546+1 328.516+10 000=15 735.06（元）

组合的久期：

$$D_P=\frac{4\ 406.546}{15\ 735.06}\times 4.3452+\frac{1\ 328.516}{15\ 735.06}\times 25+\frac{10\ 000}{15\ 735.06}\times 10.3257=9.8898\text{（年）}$$

组合的修正久期：

$$MD_P=\frac{4\ 406.546}{15\ 735.06}\times 4.1581+\frac{1\ 328.516}{15\ 735.06}\times 23.9234+\frac{10\ 000}{15\ 735.06}\times 9.8810=9.4639\text{（年）}$$

组合的货币久期：

$DD_P=MD_P\times P_P=9.4639\times 15\ 735.06=148\ 915.03$（元·年）

如果收益率上升1%，则有：

使用MD估计价格变动百分率：$\Delta P/P=-9.4639\times 1\%=-9.4639\%$

使用DD估计价格变动值：$\Delta P=-148\ 915.03\times 1\%=-1\ 489.1503$（元）

第六节　债券组合的管理

一、债券组合的管理概述

债券组合策略一般可以划分为积极策略（Active Strategy）与消极策略（Passive Strategy）。选择哪一种策略主要取决于两个因素：一是投资管理者对市场定价有效性的看法；二是资产组合所需满足的负债性质。

选择积极策略的投资者认为市场并非有效，市场上一定存在高估的债券和低估的债券。积极策略就是要卖出高估的债券，同时买入或持有低估的债券。因此，积极策略需要对影响一组资产营运业绩的众多相关因素进行预测，如对未来利率及其波动趋势、不同市场利差的变化趋势等进行预测。积极策略的目的是试图击败市场，但是需要涉及大量的分析和调研，一般来说管理成本较高。

选择消极策略的投资者认为市场比较有效，即债券的定价基本合理，不存在价格明显高估或低估的债券。因此，消极策略涉及的预期因素非常少，并不试图战胜市场，主要关注持有资产组合的风险，因此其管理成本比积极策略要低。

在债券市场中，经常使用两种消极管理的策略：指数策略和免疫策略。

（一）指数策略

指数策略是使管理的资产组合复制一个已有指数的业绩。例如，组合管理者评价银行间市场高信用等级中期票据指数（如图4-10所示）后，认为该指数的收益和风险比较适合所管理组合的要求，组合管理者就可以买入该指数下面所有的成分债券（中期票据），并按照各债券在指数中的权重来构造自己的组合。如果不存在税收、佣金、流动性成本等交易成本，该组合的收益就能和指数收益保持一致。但是，市场毕竟存在交易成本，而且实际构造组合时，为了降低运作成本，一般只是买入部分成分债券追踪指数。所以，复制指数策略都有一定的追踪误差。

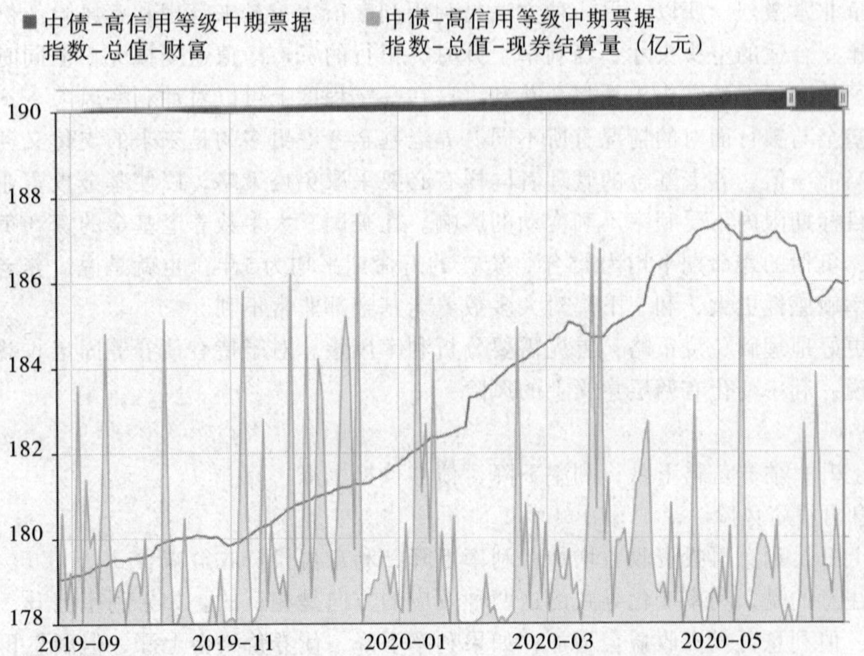

图4-10　2019年8月27日至2020年6月17日高信用等级中期票据指数走势图

（二）免疫策略

免疫策略是使债券组合价值免受利率波动影响的一种风险控制策略，其在银行、养老基金等金融机构中较为常用。例如，当利率向不利的方向发展时，养老基金希望自己的支付能力不受过大的影响，这就需要调整资产组合的久期，使之与负债结构相匹配。下面主要介绍免疫策略。

免疫（Immunization）又称为利率免疫，是指通过适当调整资产组合的期限结构来规避所面临的利率风险，这种用来保护金融资产免受利率波动影响的策略称为免疫策略。[①]

以银行业为例，就多数银行而言，资产与负债在期限结构方面自然存在着不匹配的情况。银行负债主要是客户存款，期限较短，因此久期也较短。相反，银行的资产大多是商业贷款、消费贷款和抵押贷款，资产的久期比负债的久期要长[②]。因此，资产的价值对利率变化更敏感。在利率意外上升的时期，银行的资产市值比负债市值下跌的幅度更大，导致资产净值（Net Worth）会大幅减少。20世纪80年代的市场利率高涨时期，美国专门从事住房按揭贷款的储蓄与贷款协会和互助银行两类金融机构都处于经济破产边缘，原因是它们的资产负债久期不匹配的情形非常严重，资产的久期远大于负债的久期。那么，银行需要如何应对利率风险？一种方法是调整资产负债久期不匹配的状况。在资产业务方面，有目的地调低资产的久期，如多发放浮动利率的贷款[③]和短期贷款，少发放固定利率的长期贷款，或者将部分固定利率贷款证券化。在负债业务方面，尽量多吸收期限长的定期存单等。但在实际操作中，无论是资产业务还是负债业务，需要调整期限的余地都不大，因

① REDINGTON. Review of the principles of life office valuations［J］. Journal of the Institute of Actuaries，1952，78（3）：286-340.

② 这一点在我国银行业并不明显，因为我国银行业的中长期贷款多为浮动利率贷款。

③ 浮动利率债券和浮动利率贷款的久期较短，浮动利率债券的久期大约等于目前至下次付息的时间。

为市场竞争非常激烈。所以，另一种方法是利用利率衍生工具来管理利率风险。例如，国债期货上建立合适的空头头寸，当利率上升时，银行的资产净值遭受损失，但同时债券价格下跌，国债期货上的空头头寸将会获利，这在一定程度上可以对冲利率风险。

养老基金与银行面对的情况有所不同。养老基金考虑更多的是未来的支付义务，而不是资产的当前净值。养老基金的管理者同样有必要采取免疫策略，以使基金投资业务的未来价值在目标期限内不受利率不利变动的影响。在美国，大多数养老基金的资产负债结构都不匹配，负债的寿命期平均为15年，资产的寿命期平均为5年。也就是说，养老基金对负债的利率敏感性更大，利率下降对大多数养老基金都非常不利。

为了更好地理解免疫策略，首先需要分析利率风险。对于持有债券等固定收益产品的投资者来说，利率变化有两层意义上的风险：

1.价格风险

利率上升，债券价格下跌；利率下降，债券价格上涨。

2.利息再投资风险

利率上升，利息再投资收益增加；利率下降，利息再投资收益减少。

需要注意的是，利率变化导致的这两种效应的方向是相反的。如果利率上升，债券价格会下跌，但利息再投资收益会增加；如果利率下降，债券价格会上涨，但利息再投资收益会减少。当资产的久期恰好等于债务的久期时（久期匹配），价格风险与再投资风险完全可以抵消。具体而言，当利率下降时，利率的再投资收益减少，但出售债券收益的增加弥补了损失；当利率上升时，出售债券的收益减少，但利息再投资收益的增加弥补了损失。这就达到了利率免疫的效果。

本节后面研究的免疫，同样是在"水平收益率曲线平行移动"这个假设条件下展开的。如果对未来的单笔支付采取免疫策略，一般需要利用两只债券来构成免疫资产组合，调整权重就可以实现资产负债久期的动态匹配。

资产组合管理者通过资产和负债的久期匹配实现了利率免疫，这种免疫策略是否会一劳永逸？当然不会，随着时间的流逝以及利率的变化，原来实现了久期匹配的资产和负债会变得不匹配，所以需要再平衡（Rebalancing）。再平衡是指在资产或负债久期变化的情况下，管理者必须不断调整固定收益资产和负债组合，以实现其与久期动态匹配，达到利率免疫的目的。

【例4-14】下面是一个免疫与再平衡的举例。假定资产组合管理者拥有一个期限为7年、金额为19 487元的负债，现值为10 000元。现在希望通过持有3年期零息债券和永久年金（每年付息1次，票面利率为10%），对其负债的支付进行利率免疫。

要求：

（1）如何在两只债券上分配资金，才能实现免疫策略？

（2）到了第2年，利率没有改变，此时是否需要再平衡？

（3）到了第2年，利率下降为8%，如何再平衡？

解答：

（1）如何分配资金实现免疫策略？

可以计算得出当前到期收益率为10%，永久年金的久期为11年（1.10÷0.10），零息债券的久期为3年。

负债久期为7年，为了达到免疫要求，假设零息债券的权重为w，永久年金的权重为1-w，则有：

$$w \times 3 + (1-w) \times 11 = 7$$

得到：w=0.5。即10 000元资金，零息债券和永久年金各投资5 000元。

(2) 到了第2年，利率没有改变，此时是否需要再平衡？

第2年收益率没有改变，但资产和负债的久期已经不匹配，需要再平衡。零息债券现在的久期为2年，永久年金的久期仍为11年，负债的久期为6年。

为了达到再平衡，资产组合的构成权重应当满足以下等式：

$$w \times 2 + (1-w) \times 11 = 6$$

得到：w=0.5556。

(3) 到了第2年，利率下降为8%，如何再平衡？

零息债券现在的久期为2年，永久年金的久期为13.5年，负债的久期为6年。

为了达到再平衡，资产组合的构成权重应当满足以下等式：

$$w \times 2 + (1-w) \times 13.5 = 6$$

得到：w=0.6522。

使用免疫策略，需要注意以下问题：

(1) 组合中债券的信用风险或提前赎回风险。理论上，久期匹配就可以实现利率免疫，但是并没有考虑到信用风险，也没有考虑到提前赎回等内含选择权的风险。

(2) 构造免疫债券组合需要基于假设："水平收益率曲线平行移动"。这与久期的假设是一致的，主要是为了简化问题，此假设下不用区分即期利率、远期利率和到期收益率。但收益率曲线变化实际上包含了三方面的变化：收益率水平变化、斜率变化和曲率变化，而"水平收益率曲线平行移动"假设仅反映了收益率水平变化部分，这样的假设具有实践意义吗？国内外学者研究表明，这一假设具有实践意义，因为收益率水平变化解释了收益率整体变化的绝大部分因素，而这样的假设可以大大简化问题，降低组合管理成本。

(3) 再平衡及其成本。随着利率的变化和时间的推移，免疫组合的久期将不再匹配，需要再平衡，但会涉及成本。理论上，再平衡需要每时每刻动态进行，会涉及大量的交易成本，这不太现实。所以，实施再平衡的频率与涉及的交易成本，需要组合管理者进行权衡。

(4) 备选资产的选择。为了达到久期匹配，需要在众多备选债券等资产中做出选择。一种常用的构造方法是最高收益率组合方法。在满足久期匹配的约束条件下，构建能够达到最高预期收益的资产组合。另一种常用的构造方法是聚焦策略。在满足久期匹配的约束条件下，资产中所有成分债券的久期都最接近于约定负债的久期，这样实际上使资产负债的凸性比较接近。这两种组合构造方法都可以利用规划求解等优化工具来实现。

二、积极的债券管理策略

积极的债券管理策略是基于债券市场并非完全有效这样一种认识而采取的策略。这种管理策略需要进行证券选择（Securities Selection），力图识别错误定价的债券。这种方法还需要进行市场时机（Market Timing）的选择，力图预测利率的总体走势。一个积极的债券投资管理者也可能会同时涉及债券的选择和市场时机的选择。下面是债券组合管理积极策略的简介。

（一）债券掉换

债券掉换（Bond Swap）是通过对收益率进行预测，将债券进行置换而达到积极管理债券资产的目的。具体来讲，债券掉换可以分为下列四种类型[①]：

1.替代掉换（Substitution Swap）

替代掉换是指将一种债券替换成另一种理想的替代债券或“孪生”债券，掉换的动因是暂时的价格失衡。相互替代的债券是拥有相似的票面利率、期限、质量、赎回特征等要素的债券。

例如，在其他方面均相同的一汽轿车和上海汽车的公司债，到期收益率分别为6.05%和6.35%。那么，上海汽车的债券价格可能被低估。如果现在持有的是一汽轿车的债券，就可以考虑更换成上海汽车的债券。

2.市场间利差掉换（Intermarket Spread Swap）

市场间利差掉换是指利用现行市场各部分收益率的不均衡，将投资重点从市场的一部分转移到另一部分以赚取差价。

例如，如果公司债券与政府债券的现有收益率利差被认为过大，并认为将来会缩小，投资者就会从投资政府债券转向投资公司债券。这是两种不同类型的债券市场间利差掉换的举例。

再如，投资经理持有一张30年期AA级公用事业债券，票面利率为7%，按面值出售，即到期收益率为7%。市场上另有一种10年期AA级公用事业债券，票面利率为6%，按面值出售，到期收益率等于6%。如果投资经理认为100bp收益率利差过小，未来可能会扩大，就可以考虑将30年期债券调换成10年期债券。这是两种不同期限的债券市场间利差掉换的举例。

3.利率预测掉换（Rate Anticipation Swap）

利率预测掉换是指利用对市场利率总体变化趋势的预测来获取利益。

如果预测利率会下降，投资者会将久期较短的债券掉换为久期更长的债券；如果预测利率会上升，投资者会将久期较长的债券掉换为久期较短的债券。

4.纯收益率摘取掉换（Pure Yield Pickup Swap）

这种掉换方式主要基于如下理念：从长期来看，持有更高收益率的债券可以增加投资收益。这类投资者一般不太关注市场各部分之间以及市场整体的短期价格波动。纯收益率摘取掉换是一种投资高收益率债券以赚取预期溢价的策略，投资者愿意承受由此带来的风险。

例如，期限为1年的国债的收益率为6%，期限为5年的国债的收益率为7%。只要预期收益率曲线在持有期内不会改变，纯收益率摘取掉换的投资者就会将短期债券掉换为长期债券，企图获得更高的收益。

再如，投资经理持有的一张30年期AA级公用事业债券的到期收益率为7%，市场上另有一种30年期AA级企业债券，其目前到期收益率等于8%。投资经理可能将公用事业债券替换成企业债券，尽管其风险更大。

① 夏普，亚历山大，贝利．投资学（上）[M]．赵锡军，等译．5版．北京：中国人民大学出版社，1998：328-330.

（二）水平分析

水平分析（Horizon Analysis）是一种根据利率预测来估计投资收益的债券组合管理形式。选择一个特定的持有期，并预测期末的到期收益率，进而得到预期的期末债券价格；同时预测利息的再投资利率，进而得到利息和利息再投资的累计收益。在考虑债券利息和利息再投资收益以及预期的资本利得的基础上，就可以得到债券持有期的总收益。通过水平分析，投资者可以在不同的备选债券中进行投资选择。在前面的债券收益率计算章节中，实现的复利收益率就是水平分析。

【例4-15】期限为20年、票面利率为10%的债券，每年付息2次，现在到期收益率为9%，售价为1 092.01元。计划投资期为5年的基金分析人员预测：5年后，15年期的该债券的到期收益率为8%（年率），利息收入再投资利率为8%（年率）。试计算持有期的总收益率，以及实现的复利收益率。

由于前面章节已经介绍了计算步骤，所以，本例仅给出相关计算结果。

使用Excel函数，可以计算5年后债券（15年期，YTM=8%）预计售价为1 172.92元。

预期资本利得为80.91元（1 172.92-1 092.01）。

预计利息再投资利率为4%（半年率），可以计算利息加上利息再投资收益为600.31元。

加总得到预期的持有期总收益为681.22元（80.91+600.31）。

$$\text{持有期总收益率}=681.22\div1\ 092.01\times100\%=62.40\%$$

$$\text{实现的复利收益率（半年率）}=(1+62.40\%)^{\frac{1}{10}}-1=4.97\%$$

将其换算成年率，则实现的复利收益率为9.94%。

本章小结

1.债券是政府、金融机构和工商企业等机构依照法定程序向投资者发行的，并约定在一定期限内还本付息的债权债务凭证。在评价债券的价值时，需要考虑以下主要的构成要素：债券的票面价值、债券的偿还期限、利息支付的频率、债券的票面利率、债券发行主体的信用级别、是否含有选择权。

2.债券价格的计算原理是现金流贴现。对于待偿期不是整数期的债券，价格分为全价和净价，二者之间的差距是应计利息。

3.基于考虑问题角度的不同，有不同的收益率计算方法。到期收益率（YTM）是使未来现金流的现值等于债券价格的常数贴现率。在实际投资中，很多投资者并不打算将债券持有至到期，而是在持有一段时间后出售债券，利用到期收益率衡量或估计投资收益状况并不一定合适。比较而言，实现的复利收益率更加符合实际。

4.收益率曲线（Yield Curve）是指仅在期限长短方面存在差异的零息债券，其收益率与期限之间的关系。收益率曲线是宏观经济的"晴雨表"，同时，收益率曲线也为金融工具定价和风险管理提供了基准利率。

5.即期利率（Spot Rate）是特定期限零息债券的到期收益率，也就是收益率曲线上特定期限对应的收益率。远期利率（Forward Rate）是隐含在即期利率结构中的、未来某一时点到另一时点的利率。即期利率是各子期远期利率的几何平均。

6.久期反映了债券价格对利率变动的敏感性。常用的久期概念有三种：麦考利久期，是债券未来现金流支付时间的加权平均期限，其中，权重是债券未来每次现金流的现值在债券价值（价格）中所占的比例；修正久期，等于麦考利久期除以“1+付息周期”表示的收益率；货币久期，等于修正久期乘以债券价格。

7.免疫策略属于消极的债券组合管理方法，是通过适当调整资产负债组合的期限结构来规避所面临利率风险的一种债券组合技术。免疫策略要求资产负债的久期相互匹配。

8.债券掉换属于积极的债券组合管理方法，是通过对收益率进行预测，将债券进行置换而达到积极管理债券资产的目的。水平分析是另一种积极的债券组合管理方法，是根据利率预测来估计投资收益的债券组合管理形式。

重要术语

债券（Bond）
全价（Full Price）
净价（Clean Price）
应计利息（Accrued Interest）
当期收益率（Current Yield）
到期收益率（Yield to Maturity）
实现的复利收益率 （Realized Compound Yield）
收益率曲线（Yield Curve）
即期利率（Spot Rate）
远期利率（Forward Rate）
久期（Duration）
凸性（Convexity）
麦考利久期 （Macaulay Duration）
修正久期（Modified Duration）
货币久期（Dollar Duration）
积极策略（Active Strategy）
消极策略（Passive Strategy）
免疫（Immunization）

习题

复习思考题

1.什么是项目投资？
2.债券有哪些主要的构成要素？它们如何影响债券的投资价值？
3.债券市场有哪些基本投资工具？简述它们的特点。

4.为什么可赎回债券的价值小于相同条件下的未附权债券？

5.收益率曲线有哪些作用？

6.为什么Shibor要使用会员银行的报价数据，而不是市场上实际的交易数据？

计算题

（注意：以下问题1~4和8~10中的所有债券都是半年付息1次，面值1 000美元，所有收益率都以年率表示）

1.计算3年期息票率为6%的债券价格，要求的收益率为5%。

2.计算30年期债券价格，前15年息票率为6%，后15年息票率为8%，要求的收益率为7%。

3.计算2年期息票率为10%的债券价格。类似风险的零息债券的到期收益率（YTM）如下：

6个月到期的零息债券的YTM：8.5%；

1年到期的零息债券的YTM：9.5%；

1.5年到期的零息债券的YTM：10%；

2年到期的零息债券的YTM：11%。

4.计算5年期息票率为8%的债券的到期收益率（YTM），目前价格为1 050美元。

5.假设你是一个债券组合投资管理者，在接下来的4年内如果债券组合实现的复利收益率（Realized Compound Yield）超过9%，你将得到丰厚的奖金。你的债券组合当前价值为1 100 000美元，当前收益率（Current Yield）为8%。你已经签订了一系列期货协议，确保能够按照8%的利率对息票收入进行再投资。试计算：为了得到丰厚的奖金，在持有期期末该债券组合的资本利得（Capital Gains）必须达到多少？

6.假设你面对如下的即期利率：1年即期利率为9.5%；2年即期利率为8.8%；3年即期利率为8.5%。试计算相应的远期利率。（每年计复利一次）

7.利用表4-12中的即期利率数据，计算相应的2年期远期利率（比如2年到3年，或者3年到4年）。（每年计复利一次）

表4-12 即期利率

时期	即期利率（%）
1	8.00
2	8.75
3	9.33
4	9.79
5	10.13

8.计算2年期息票率为7%的债券的麦考利久期D和修正久期MD，该债券当前的售价为981.85美元。

9.计算3年期息票率为7%的债券的麦考利久期D，该债券当前的YTM为5%。如果债券的YTM下降为4.5%，试估计该债券的新价格为多少，而实际的新价格又为多少？

10.考虑以下债券组合：

1份2年期息票率为6%的债券，YTM为8%；

1份1.5年期息票率为5%的债券，YTM为8%；

1份2.5年期的零息债券，YTM为8%。

试计算：债券组合的麦考利久期D和修正久期MD分别是多少？使用修正久期估计，如果债券的YTM上升为8.5%，那么，你预计债券组合价值的变化量为多少，而实际的变化量又为多少？

案例讨论题

为什么会有人买负收益率债券？

负收益率债券是央行激进政策最令人瞩目的后果。目前市场利率为负的债券总计接近7万亿美元，而且仍呈增长势头。购买收益率为负的债券并持有至到期，绝对是个赔本买卖。那么，为什么会有人这样做呢？

因为央行将继续购买

各国央行试图通过购买债券来刺激经济。他们希望削减借款成本，以鼓励放贷，最终目的是促进经济增长。负收益率债券不是该政策的缺陷，而是其应有的特点之一。

债券收益率越低，其价格就会越高。如果债券的票息为1元，价格为104元，1年后以100元的价格到期，收益率就为负。因此，负收益率只是反映了债券价格极高，而且可能因进一步的需求（比如央行购买）而推到更高水平。

因为你不得不买

机构和投资者在购买全球债券和股票时，受到委托权限的限制，即银行、养老基金或保险公司等出资方规定的各种规则。

买方的多层次官僚规则可能实际上迫使了一些投资者买入负收益率债券。例如，货币市场基金一般只能投资于到期时间不超过13个月的债券。在欧元区政府债券市场上，符合这个要求的大量债券的收益率为负值；到期期限为8年或以下的德国国债收益率全部为负值。

对于部分客户来说，监管要求可能会迫使他们购买某些特定资产，比如银行就必须持有流动资产。

因为买它比持有现金好

购买负收益率债券可能被视为类似于付钱给政府，由其将你的钱守护在金库里。不过政府债务是“流动的”，以较小的代价就可以迅速买入和卖出。

投资者需要回报，但他们必须在回报需要与流动性需要（为他们的客户提供快速获得现金或现金类资产的途径）之间进行权衡。

现金是流动性最强的资产。但某些央行已对现金存款实行负利率，这就会渐渐导致银行对机构投资者的存款实行负利率。相比之下，收益率为微小负值，但具有高度流动性的国债可能看起来更具吸引力。

因为这个世界越来越可怕

负收益率债券现象反映了央行政策面临的各种挑战，以及围绕经济增长的预期。在经济增长停滞的世界里，负收益率债券既是通缩的信号，也是人们指望的通缩的“解药”。

2016年以来，全球股市因经济走势低迷而形势堪忧。这些担忧不仅可能强化这样一个观点，即增长将进一步放缓，推动债券价格走高，还可能鼓励具有一定弹性空间的投资者将更多的资产配置到避险资产，而减持风险资产，其逻辑是：如果其他资产类别遭受两位数的降幅，那么，小幅亏损将构成“超常表现”。

随着担忧的加剧，对避险资产的需求也在不断增长。这会推高债券价格，导致收益率在负值区间进一步下行。在各国政府寻求将支出削减到以往水平的背景下，债券供应也可能会受到制约。这些长期动态可能导致低收益率——即使不是负收益率——常态化。它们肯定与塑造现代债券市场的经济动态不同。

投资者将其视为避险资产

在多变的环境中，投资者对于避险资产的需求和对于风险资产的需求是一样强烈的。违约风险较小的负收益率债券可能对于某些投资者来说是很有吸引力的，这是因为很多人将负收益率债券视为存储成本，也就是说，付钱以确保资金的安全。

思考：货币具有时间价值，因此无风险利率为正，这也是财务估值的基础。但在负利率时代，负利率与货币的时间价值矛盾吗？

资料来源：黑尔，麦克拉姆．为什么会有人买负收益率债券？[N]．金融时报（中文版），2016-04-15.

二维码4-1　参考答案

二维码4-2　拓展阅读：推进债市基础设施建设

延伸阅读

[1] 法博齐．固定收益证券手册［M］．范舟，等译．8版．北京：中国人民大学出版社，2018.

[2] 法博齐．债券市场——分析和策略［M］．路蒙佳，译．7版．北京：中国人民大学出版社，2011.

[3] 法博齐．固定收益数学——分析与统计技术［M］．俞卓菁，译．上海：上海人民出版社，2005.

[4] 范霍恩．金融市场利率与流量［M］．赵智文，余良标，译．大连：东北财经大学出版社，2000.

[5] 中央国债登记结算公司．债券市场［M］．北京：中国金融出版社，2008.

[6] 中央国债登记结算公司．债券投资基础［M］．北京：中国金融出版社，2008.

第五章 期 权

学习目标

1. 熟悉期权（权证）的基础知识以及我国权证和期权市场的概况；
2. 了解常用的期权组合策略；
3. 掌握期权定价的方法。

引例：领子组合对冲PTA价格风险

胜利集团贸易有限公司的主要业务模式是从市场上采购原材料，并销售给母公司胜利集团下属子公司，主要采购原料均与其集团母公司的线缆业务相关，其中，PTA（对苯二甲酸）为线缆用材之一。疫情常态化以来，大宗商品价格大幅上涨，能化品的价格也纷纷创下了阶段性新高，PTA在2021年年初的最高涨幅超31%，企业迫切希望引入PTA期权来对冲原材料采购价格波动风险。

郑州商品交易所（以下简称郑商所）一直以来不断增强机遇意识和风险意识，准确识变、科学应变、主动求变，不断创新产品、丰富风险对冲手段，帮助企业进行风险管理。根据企业生产经营的实际情况，结合通过对市场行情基本面和技术面的深入分析，计划采用领子组合策略帮助企业化解风险。领子组合策略，指的是投资者持有现货空头，买入一个看涨期权，同时卖出一个看跌期权的策略组合。其中，买入的看涨期权，主要用来对冲现货空头的价格风险，即使价格大幅上涨，在价格超过看涨期权的行权价后，看涨期权的收益能够覆盖现货价格上涨的成本；卖出的看跌期权，主要用来获得期权费，降低套期保值的成本，但在标的大幅下跌变成实值期权时，可能被期权买方行权而按照较高的行权价买入标的，从而放弃了原本可以从标的本身获取的收益。

2021年1月26日，胜利集团贸易有限公司与下游厂家签订订单，完成订单需要500吨PTA产品，企业认为短期PTA价格上涨可能性较大，于是选择在1月26日进行领子组合的建仓操作。1月26日，PTA主力合约的收盘价为3 890元/吨，该企业选择以119元/吨买入行权价格为4 000元/吨的5月份看涨期权合约TA105C4000，以111.5元/吨卖出行权价格为3 800元/吨的5月份看跌期权合约TA105P3800，建立了40手领子期权组合。2021年3月19日，企业购买原材料，并进行期权平仓，以318元/吨卖出平仓40手TA105C4000，以5.5元/吨买入平仓40手TA105P3800，PTA主力合约的收盘价为4 286元/吨，现货亏损396元/吨，期权盈利305元/吨，总盈亏-91元/吨。领子组合在企业面临价格大幅上涨的风险时，很好地帮助企业对冲了相关价格风险。在价格大幅上涨接近400元/吨的情况下，企业的采购成本仅上升了91元/吨，利用领子期权组合对冲了77.02%的价格上涨风险。

资料来源：东吴期货有限公司．郑商所期权优秀案例汇编［EB/OL］.（2021-11-05）. https：//mp.weixin.qq.com/s/IMu4g6_1d9LvESqGiWH01A.

读者不妨带着下面几个问题阅读本章内容：期权价格的影响因素有哪些？期权作为一种金融衍生工具，有哪些作用？

2015年是我国期权市场发展的重要一年，黄金实物期权和上证50ETF期权相继推出，加之2011年推出的银行间市场人民币兑外汇期权，我国已有三种期权品种。目前我国期权市场虽然尚不完善，期权品种也比较少，但是对于我国金融市场来说意义重大。上证50ETF期权是一种在证券交易所流通的金融期权，标的物为上证50ETF指数，属于场内交易期权，于2015年2月9日正式上市，标志着我国金融衍生品市场发展进入新的阶段。

期权作为一种金融衍生品工具，具有风险转移功能，有利于机构投资者执行风险对冲的交易策略，非大众散户交易品种，将为市场走向成熟打下基础。上证50ETF期权推出以后，给A股市场交易行为和市场结构两方面带来了重大变化，机构投资者的优势将更加明显。期权自身隐含着杠杆，杠杆交易本身的风险就比无杠杆现货交易大，再加上其非线性，结构相对复杂，将扩展专业投资者套期保值的范围。

期权这类衍生金融工具，一方面为投资者提供了更多的投资机会和风险管理途径，另一方面其是一把“双刃剑”，如果使用不当，可能造成的损失是巨大的。本章将结合我国实际情况，着重介绍期权的基础知识。

第一节　期权合约介绍

衍生证券（Derivatives）也称为衍生工具，其价格取决于或者衍生于其他证券的价格，所以又称为或有权利（Contingent Claim）。期权合约与期货合约都是衍生证券。在期权市场方面，我国从2005年开始上市的权证就是一种期权合约，总体来说，我国的期权市场尚处于起步阶段。虽然我国的衍生证券市场相对落后，但近些年加速发展的趋势还是很明显的。发达的衍生证券市场为投资者和融资者提供了低成本的套期保值工具，但如果使用不当，便意味着巨大的风险。

一、看涨期权和看跌期权

期权（Option）合约分为看涨期权和看跌期权。看涨期权（Call Option）是期权出售者给予期权购买者的一种权利而非义务，期权购买者拥有在合约规定的到期日或该日期之前以合约规定的价格购买标的资产的权利，看涨期权也称为认购期权。看跌期权（Put Option）也是期权出售者给予期权购买者的一种权利而非义务，期权购买者拥有在合约规定的到期日或该日期之前以合约规定的价格出售标的资产的权利，看跌期权也称为认沽期权。

期权对应的标的证券可以是个股、基金、债券、一揽子股票或其他证券，是发行人承诺按约定条件向期权持有人购买或出售的证券。合约规定的价格就是行权价格（Strike

Price或Exercise Price)。期权的购买价格称为期权价格或期权权利金(Premium)。下面的叙述中将用"C"表示看涨期权的价格，用"P"表示看跌期权的价格。

看涨期权持有者，也称为看涨期权多头，拥有的是购买资产的权利而非义务，通常只在标的资产的市值超过行权价格时才会行权。当标的资产市值高于行权价格时，看涨期权多头要么卖掉该期权，要么行权，从而获得利润；当标的资产市值低于行权价格时，看涨期权多头会放弃行权，至到期日还未行权的期权会自动失效。看涨期权多头的净利润等于行权或出售期权实现的期权价值，减去初始购买期权时的期权价格。所以，看涨期权多头的利润随标的资产价值的上升而增加。

看涨期权出售者，也称为看涨期权空头，通过出售期权获得利润。看涨期权空头拥有的是出售资产的义务而非权利。如果直到到期日看涨期权多头也未行权，看涨期权空头的净利润就等于期权价格；否则，其净利润等于期权价格减去因对方行权造成的损失。当然，看涨期权空头也可以中途买回看涨期权来结束头寸，即平仓。所以，看涨期权空头的最大利润就是期权出售时的价格，其利润随标的资产价值的上升而减少。

【例5-1】2023年3月22日到期的某股票看涨期权，行权价格(X)为每股11元，持有者在到期日之前都可执行期权(这种期权称为美式期权)。2023年2月26日期权价格(C)为每份0.285元，该日正股(标的股票)价格(S_0)为每股10.530元，由于正股股价低于行权价格，因此，期权持有者不会行权。

(1)如果直到到期日股价(S_T)都小于行权价格(X)，则持有者不会行权。

到期日持有者得到的价值(Payoff)=0

到期日持有者的利润(Profit)=0-0.285=-0.285(元)

(2)如果在到期日股价(S_T)大于行权价格(X)，如股价为11.2元/股，则持有者会行权。

到期日持有者得到的价值(Payoff)=S_T-X=11.2-11=0.2(元)

到期日持有者的利润(Profit)=0.2-0.285=-0.085(元)

看跌期权持有者，也称为看跌期权多头，拥有的是出售资产的权利而非义务，通常只在标的资产的市值低于行权价格时才会行权。当标的资产市值低于行权价格时，看跌期权多头要么卖掉该期权，要么行权，从而获得利润；当标的资产市值高于行权价格时，看跌期权多头会放弃行权。所以，看跌期权多头的利润随标的资产价值的上升而减少。

看跌期权出售者，也称为看跌期权空头，通过出售期权获得期权价格。看跌期权空头拥有的是购买资产的义务而非权利。如果直到到期日看跌期权多头也未行权，看跌期权空头的净利润就等于期权价格；否则，其净利润等于期权价格减去因对方行权造成的损失。所以，看跌期权空头的利润随标的资产价值的上升而增加，但是最大利润就是期权出售时的价格。

【例5-2】2023年3月22日到期的股票看跌期权，行权价格(X)为每股11元，持有者在到期日之前都可行权(美式期权)。2023年2月26日期权价格(P)为每份0.730元，该日股价(S_0)为每股11.530元，由于正股股价高于行权价格，因此，多头不会行权。

(1)如果直到到期日股价(S_T)都大于行权价格(X)，则持有者不会行权。

到期日持有者得到的价值=0

到期日持有者的利润=0-0.730=-0.730(元)

（2）如果在到期日股价（S_T）小于行权价格（X），如股价为10.5元/股，则持有者会行权。

到期日持有者得到的价值$=X-S_T=11-10.5=0.5$（元）

到期日持有者的利润$=0.5-0.730=-0.230$（元）

二、期权到期时的价值

（一）看涨期权

期权到期时，看涨期权多头和空头的价值和利润如下：

看涨期权多头的价值（Payoff），是正股股价与行权价格之差与0之间的大者：

$$\text{Payoff}=\max(S_T-X,\ 0)=\begin{cases}S_T-X & \text{如果}S_T>X\\ 0 & \text{如果}S_T\leqslant X\end{cases} \tag{5.1}$$

看涨期权多头的利润（Profit），是多头期权价值减去多头期权购买价格：

$$\text{Profit}=\text{Payoff}-C \tag{5.2}$$

看涨期权空头的价值（Payoff），是行权价格与正股股价之差与0之间的小者：

$$\text{Payoff}=-\max(S_T-X,\ 0)=\min(X-S_T,\ 0)=\begin{cases}X-S_T & \text{如果}S_T>X\\ 0 & \text{如果}S_T\leqslant X\end{cases} \tag{5.3}$$

看涨期权空头的利润（Profit），是空头期权出售价格减去空头期权价值：

$$\text{Profit}=C-\text{Payoff} \tag{5.4}$$

从上述公式可以看出，看涨期权多头与空头的价值是镜像关系。例如，如果多头的价值为1，则空头的价值就为-1。如果多头的购买价格等于空头的出售价格，则二者的利润也是镜像关系。所以，期权合约是一种零和博弈，但是可以帮助投资者实现风险的转移。

【例5-3】行权价格为10元的股票看涨期权，其多头购买价格和空头出售价格均为1.4元。如果到期时正股股价处于7元到13元（间隔为1元）的不同情况，那么，看涨期权多头与空头的价值是多少？实现的利润是多少？

根据公式计算，计算结果见表5-1。

表5-1 **看涨期权多头和空头的价值及利润计算结果** 单位：元

正股股价	7	8	9	10	11	12	13
多头的价值	0	0	0	0	1	2	3
多头的利润	-1.4	-1.4	-1.4	-1.4	-0.4	0.6	1.6
空头的价值	0	0	0	0	-1	-2	-3
空头的利润	1.4	1.4	1.4	1.4	0.4	-0.6	-1.6

图5-1是看涨期权多头和空头的价值和利润示意图。从中可以看出，多头的盈亏平衡点是11.4元，此时多头价值为1.4元，利润为0。正股股价大于11.4元，则多头开始有正的利润；反之，则亏损。看涨期权到期日，如果股价大于行权价格，多头就可能选择行权，利润可能为正，也可能为负；如果股价小于行权价格，多头会放弃行权，利润肯定为负。例如，假设到期时正股股价为11元，如果多头行权，则实现价值1元，利润-0.4元；如果其不行权，则实现价值0，利润-1.4元。因此，行权比不行权更好。同样，可以分析空头的情况。

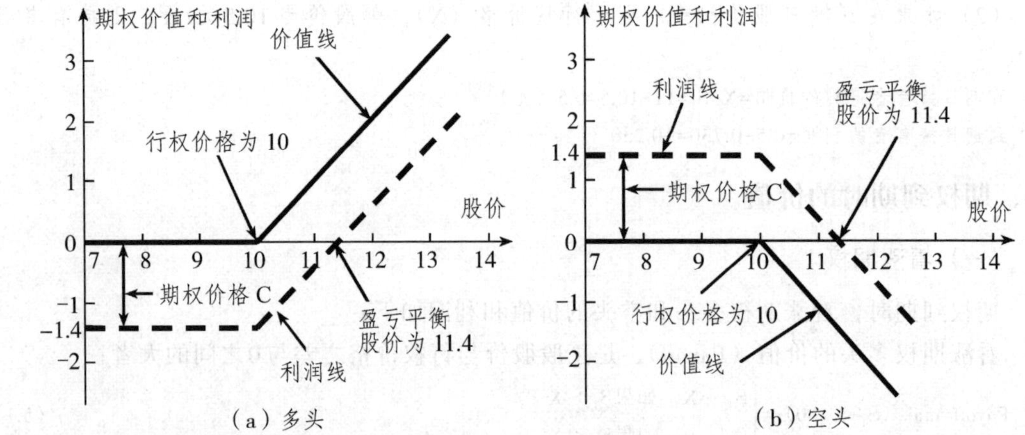

图5-1　看涨期权多头和空头的价值和利润示意图（单位：元）

从图5-1中可以看到，看涨期权空头最大的利润就是出售期权的价格C。如果到期时正股股价大幅上涨，空头的亏损将会特别巨大，理论上存在无下限的亏损空间。所以，即使对未来股价不看好，非专业金融机构一般不要做看涨期权空头，可以考虑做看跌期权多头。

（二）看跌期权

期权到期时，看跌期权多头和空头的价值和利润如下：

看跌期权多头的价值（Payoff），是行权价格与正股股价之差与0之间的大者：

$$\text{Payoff}=\max(X-S_T,\ 0)=\begin{cases}0 & \text{如果}S_T>X\\ X-S_T & \text{如果}S_T\leqslant X\end{cases} \tag{5.5}$$

看跌期权多头的利润（Profit），是多头期权价值减去多头期权购买价格：

$$\text{Profit}=\text{Payoff}-P \tag{5.6}$$

看跌期权空头的价值（Payoff），是正股股价与行权价格之差与0之间的小者：

$$\text{Payoff}=-\max(X-S_T,\ 0)=\min(S_T-X,\ 0)=\begin{cases}0 & \text{如果}S_T>X\\ S_T-X & \text{如果}S_T\leqslant X\end{cases} \tag{5.7}$$

看跌期权空头的利润（Profit），是空头期权出售价格减去空头期权价值：

$$\text{Profit}=P-\text{Payoff} \tag{5.8}$$

同样，多头和空头的价值也是镜像关系。如果多头的购买价格等于空头的出售价格，则二者的利润也是镜像关系。

【例5-4】行权价格为10元的股票看跌期权，其多头购买价格和空头出售价格均为1.4元。如果到期时正股股价处于7元到13元（间隔为1元）的不同情况，那么，看跌期权多头和空头的价值是多少？实现的利润是多少？

根据公式计算，计算结果见表5-2。

图5-2是看跌期权多头和空头的价值和利润示意图。从中可以看出，多头的盈亏平衡点是8.6元，此时多头价值为1.4元，利润为0。正股股价小于8.6元，则多头有正的利润；正股股价大于8.6元，则多头亏损。看跌期权到期日，如果股价小于行权价格，多头就会行权，利润可能为正，也可能为负；如果股价大于行权价格，多头会放弃行权，利润肯定为负。例如，假设到期时正股股价为9元，如果行权，多头实现价值1元，利润-0.4元；如果不行权，多头实现价值0，利润-1.4元。同样，可以分析空头的情况。

表 5-2 看跌期权多头和空头的价值及利润计算结果 单位：元

正股股价	7	8	9	10	11	12	13
多头的价值	3	2	1	0	0	0	0
多头的利润	1.6	0.6	−0.4	−1.4	−1.4	−1.4	−1.4
空头的价值	−3	−2	−1	0	0	0	0
空头的利润	−1.6	−0.6	0.4	1.4	1.4	1.4	1.4

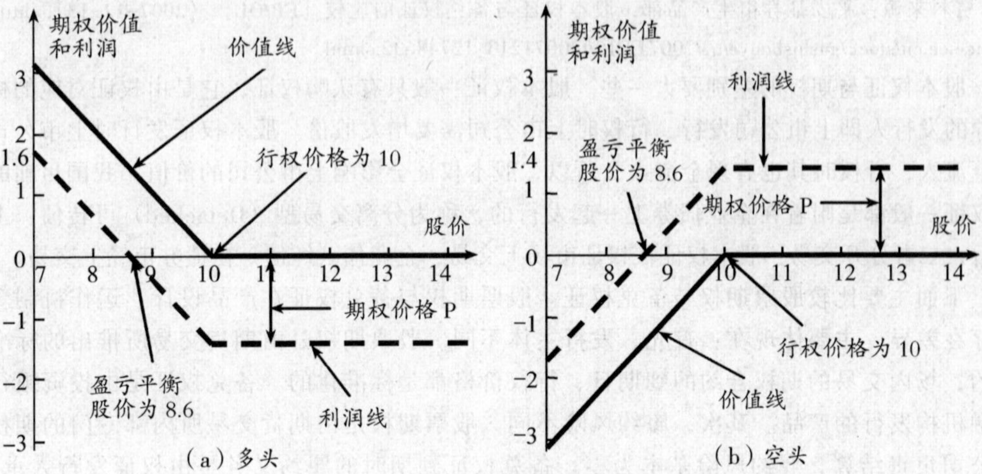

图5-2 看跌期权多头和空头的价值和利润示意图（单位：元）

三、期权和权证的比较

2005年，我国资本市场上发生了一件大事，就是“股权分置”改革。大多数公司的非流通股股东为了获得股票流通权，采取了向流通股股东送一定比例的股票或者在送股基础上再送一定比例的股票权证——股改权证——的措施。从此，权证在我国市场上开始出现，但是迄今为止，我国内地没有设立期权市场。中国香港既有权证市场，又有期权市场，但是权证市场更发达，而美国则以期权市场为主。

那么，权证和期权有何异同？权证（Warrant），也称为认股权证，中国香港称之为“窝轮”。权证本质上也是一种期权，从定义来看，权证和期权并无区别，二者的区别主要体现在交易机制上。权证分为认购权证（Call Warrant）和认沽权证（Put Warrant），认购权证与看涨期权的含义一致，认沽权证与看跌期权的含义一致。

按发行人不同，权证可以分为股本权证（Equity Warrant）和备兑权证（Covered Warrant，中国香港称之为衍生权证）。股本权证一般是由上市公司发行，备兑权证一般是由证券公司等金融机构发行，二者的比较见表 5-3。从中可以看到，备兑权证与期权很接近，只是在交易机制上有所差别，后文将会做出比较。备兑权证是由标的证券发行人以外的第三方发行，行权时不会产生股本变化。无论是发行时还是行权时，上市公司都没有现金流入，所以，备兑权证理论上不会影响上市公司的价值。我国的股改权证也是一种备兑权证，因为其发起人是上市公司以外的非流通股股东。

表5-3　　股本权证与备兑权证的比较

比较项目	股本权证	备兑权证（衍生权证）
发行人	标的证券发行人	标的证券发行人以外的第三方
标的证券	需要发行新股	已在交易所挂牌交易的证券
发行目的	为筹资或激励高管人员	为投资者提供避险、套利工具
行权结果	公司股份增加、每股市值稀释	不造成股本增加或权益稀释

资料来源：平安证券衍生产品部. 股本权证与备兑权证的比较［EB/OL］.（2007-12-13）. http://finance.ce.cn/stock/gushishouye/qz/200712/13/t20071213_12748632.shtml.

股本权证与期权的差别要大一些。股本权证一般只有认购权证，它是由权证对应的标的证券的发行人即上市公司发行，行权时上市公司需要增发股份。股本权证发行时上市公司有现金流入，行权时其也有现金流入，所以，股本权证会影响上市公司的价值。我国目前的股本权证一般都是附着在企业债券上一起发行的，称为分离交易型（Detached）可转债。上市以后，二者分开交易：股本权证在权证市场上交易，企业债（纯债）在债券市场上交易。

下面主要比较股票期权与备兑权证。股票期权与备兑权证在产品设计、运作机制等方面存在差异，主要体现在：首先，发行主体不同。股票期权是由期货交易所推出的标准化合约，场内交易的期权合约的到期日、行权价格都是标准化的。备兑权证是由投资银行等金融机构发行的产品。其次，履约风险不同。股票期权是由期货交易所内部专门的期权结算公司负责结算，履约风险基本为零。备兑权证到期时的履约义务是由权证发行人承担。最后，产品运作机制不同。期权是按照事先约定的规则连续发行的一系列产品，交易者买入或者卖出期权合约，即做多头或空头。期权的交易机制灵活多样，未平仓合约数量由市场确定。备兑权证是由发行人根据市场变化适时推出的，权证的发行数量也是固定的。

与期权相比，备兑权证的交易机制简单，与股票的交易机制极其类似。所以，大多数市场都是将备兑权证列为现货市场的产品。总体来说，股票期权市场价格更为公平，定价更有效率。因为期权没有特定发行人，交易价格由交易双方确定，市场的供应量可以说是无穷的。另外，期权市场的信用风险、操纵风险都要远小于备兑权证市场。从海外市场发展经验来看，股票期权是金融市场中的主流产品。期权产品约占全球衍生产品交易的55.5%。全球最发达的金融市场——美国市场——中没有备兑权证产品。①

四、期权术语和期权的作用

（一）实值期权、两平期权和虚值期权

期权分为实值期权、两平期权和虚值期权。

实值期权（in the Money）：如果期权立即行权，持有者会获得现金流入，即行权价值为正，称为实值期权。对于看涨期权，标的资产价格 $S>X$ 时是实值期权；对于看跌期权，标的资产价格 $S<X$ 时是实值期权。在权证市场上，实值期权也被称为价外权证。

两平期权（at the Money）：当标的资产价格 $S=X$ 时，称为两平期权。在权证市场上，两平期权也被称为价平权证。

① 于延超. 股票期权与备兑权证［J］. 深交所，2007（9）：45-47.

虚值期权（out of the Money）：如果期权立即行权，持有者会产生现金流出，即行权价值为负（实际上持有者此时不会行权），称为虚值期权。对于看涨期权，S<X时是虚值期权；对于看跌期权，S>X时是虚值期权。在权证市场上，虚值期权也被称为价内权证。

因此，只有当期权是实值期权时，才会被行权。

（二）期权类型

期权按权利行使期限不同，可分为以下类型：

美式期权或美式权证：允许持有者在到期日之前的任何一天行权。

欧式期权或欧式权证：只允许持有者在到期日当天行权。

权证中还有一种类型介于欧式权证和美式权证之间，即百慕大式权证。百慕大式权证是指持有人有权在到期日之前的一个或多个特定日期行权。我国上市公司“深发展”股改时，其非流通股股东发行的股改权证就是百慕大式权证。

期权按结算方式不同，可分为证券给付结算型期权和现金结算型期权。如果采用证券给付方式进行结算，其标的证券的所有权发生转移；如果采用现金结算方式，则仅按照结算差价进行现金兑付。我国因股改发行的权证均为证券给付结算方式，股票指数期权一般采用现金结算方式。

（三）股票分割、股票红利和现金红利的影响

对于股票分割，期权合约要按分割比例降低行权价格，每份合约的数量也要按相同比例增加。在美国，超过10%的股票红利也要做出同样的调整。例如，初始时某股票看涨期权行权价格为105美元，当以10∶1的比例进行股票分割后，每份新期权的行权价格变为10.5美元，同时合约的数量也增加为原来的10倍。这样的调整主要是为了保持期权价值的一致性。

在我国，一般没有股票分割，主要是送股票红利和公积金转增股本。我国的权证在正股股票送股票红利和公积金转增股本时，其调整方法与美国的调整方法类似，按送股比例降低行权价格，每份合约的行权比例也按相同比例增加（相当于合约的数量也按相同比例增加）。例如，初始时某股票认购权证行权价格为10元，行权比例为1，即1份权证行权时可以购买1份股票。当股票以10送10的比例送股票红利后，每份认购权证的行权价格变为5元，同时合约的行权比例也增加为2。

在美国的期权合约中，公司发放现金红利时一般不调整期权合约。也就是说，现金红利不影响期权合约的条款，所以，期权价格受红利政策的影响。高红利股票的看涨期权的价格较低，其看跌期权的价格较高。

我国的权证市场与此不同，公司发放现金红利时一般需要根据公式相应地调低行权价格，行权比例则保持不变，其目的是保持权证价值的一致性。例如，我国第一只股改权证——股票代码为580000的“宝钢认购JTB1”，权证发行时的行权价格为4.5元/股，2006年5月25日每股宝钢股份发放现金红利0.32元，于是，权证的行权价格调低为4.2元/股，而行权比例不变。

【例5-5】我国第一只股改权证是股票代码为580000的“宝钢认购JTB1”，权证的发行人是上市公司宝钢股份的非流通股股东宝钢集团，宝钢集团为了获得股票的流通权利，向流通股股东赠送一定数量的股票以及一定数量的“宝钢认购”权证。下面是“宝钢认

购”权证的主要条款：

① 基本情况。

权证类别：认购权证。

份数：38 770万份。

发行方式：派送。

权证存续期间：2005年8月18日至2006年8月30日，共378天。

标的证券：宝钢股份公司A股股票。

行权价格：4.5元。

类型：欧式，仅在权证存续期间的最后一个交易日行权。

行权日：2006年8月30日。

行权比例：1，即1份认购权证可按行权价格向本公司（指大股东宝钢集团公司）购买1股宝钢股份公司A股股票。

结算方式：证券给付方式，即认购权证持有人行权时，应支付以行权价格及行权比例计算的价款，并获得相应数量的宝钢股份公司股份。

② 认购权证行权价格和行权比例应予调整的情形和具体调整方法。

宝钢股份公司A股股票除权、除息的，认购权证行权价格和行权比例将按以下规则调整：

A. 当宝钢股份公司A股股票除权时，认购权证的行权价格、行权比例将按下列公式调整：

新行权价格=原行权价格×（宝钢股份公司A股除权日参考价/除权前一日宝钢股份公司A股收盘价）

新行权比例=原行权比例×（除权前一日宝钢股份公司A股收盘价/宝钢股份公司A股除权日参考价）

B. 当宝钢股份公司A股股票除息时，认购权证的行权比例保持不变，行权价格将按下列公式调整：

新行权价格=原行权价格×（宝钢股份公司A股除息日参考价/除息前一日宝钢股份公司A股收盘价）

因此，在2006年5月25日宝钢股份发放现金红利0.32元/股时，权证的行权价格调低为4.2元，而行权比例不变。

（四）期权的作用

首先，期权的杠杆性很大，购买时只需花费少量的期权价格，就可以以小博大，是投机性很强的金融衍生工具（可以参照【例5-6】有关内容）。其次，运用期权与标的资产价格波动的高度相关性，在二者基础上建立方向相反的头寸以达到套期保值的目的（这在下一节的期权组合策略中会有详细的分析）。最后，当期权价格不合理时，同样可以在标的资产和期权基础上建立方向相反的头寸，以实现套利（这在后面的期权定价章节中进行讨论）。

【例5-6】某投资者拥有25 000元本金可供投资，目前非常看好A公司股票在接下来数月的走势。他面临两种投资方式的选择：第一种投资方式是购买A公司股票，第二种方式是购买A公司股票的看涨期权。如果他的判断正确，第二种方式当然获利更大；但是，如果其判断失误，第二种方式的损失也同样巨大。经过慎重考量，该投资者最后采用了折中方案，即各投资一部分：投资1 000股A公司股票，买入价为15元/股；投资10 000份A公司股票的看涨期权，买入价为0.66元/份，行权价格为18元/股。几个月后权证到期，A

公司股价上升到20元/股。该投资者选择行权，同时卖出股票，其盈利状况见表5-4。

表5-4 **某投资者盈利状况** 金额单位：元

项目	购买A公司股票	购买A公司股票的看涨期权
买入数量	1 000股	10 000份
买入价	15元/股	0.66元/份
卖出价	20元/股	2.00元/份
盈利	5 000	13 400
投资成本	15 000	6 600
收益率	33.33%	203.03%

通过表5-4的对比可以看出，期权投资具有很高的杠杆性。事后看来，该投资者的判断是正确的，买入A公司期权的收益率远远超出购买其股票的收益率。但是，如果判断错误，A公司股票大跌，期权投资的亏损也会大得多。

小贴士　　投资者应当关注个股期权哪些基本风险?

个股期权，其标的物为股票或ETF，其交易不同于股票，具有特定风险，可能发生巨额损失。投资者在决定参与交易之前，应当充分了解其风险：

（1）杠杆性风险。个股期权交易采用保证金交易的方式，投资者的潜在损失和收益都可能成倍放大，尤其是卖出开仓期权的投资者面临的损失总额可能超过其支付的全部初始保证金以及追加的保证金，具有杠杆性风险。

（2）价格波动的风险。投资者在参与个股期权交易时，应当关注股票现货市场的价格波动、个股期权的价格波动和其他市场风险以及可能造成的损失。比如，期权卖方需要承担实际行权交割的义务，那么，价格波动导致的损失可能远大于其收取的权利金。

（3）个股期权无法平仓的风险。投资者应当关注个股期权合约可能难以平仓或无法平仓的风险，及其可能造成的损失。比如，当市场上的交易量不足或者没有办法在市场上找到合理的交易价格时，投资者作为期权合约的持有者可能面临无法平仓的风险。

（4）合约到期权利失效的风险。投资者应当关注个股期权合约的最后交易日。如果个股期权的买方在合约最后交易日没有行权，那么，由于期权价值到期后将归为零，合约权利也将失效。所以，这里提示投资者应当关注在合约到期日是否行权，否则，期权买方可能会损失付出的所有权利金以及可能获得的收益。

（5）个股期权交易被停牌的风险。投资者应当关注当个股期权交易出现异常波动或者涉嫌违法违规等情形时，个股期权交易可能被停牌等风险。

资料来源：中国证券监督管理委员会. 投资者应当关注个股期权哪些基本风险？[EB/OL].（2015-03-16）. http：//www.csrc.gov.cn/pub/guangdong/xxfw/tzzsyd/qhtz/201503/t20150316_270268.htm.

第二节　期权组合的策略

通过使用多个期权工具构成的组合，或者使用期权和标的资产构成的组合，可以满足投资者希望达到的收益分布。下面介绍一些常见的期权组合，如果没有特别说明，考查的是期权到期或行权的价值。①

一、保护性看跌期权

保护性看跌期权（Protective Put）是指通过购买股票同时购买该股票的看跌期权构成的组合。保护性看跌期权能够限制股价下跌的风险，从而锁定最小收益。下面主要考虑购买1股股票同时购买1份看跌期权的情况。表5-5和图5-3（a）显示的是保护性看跌期权的价值和利润分布，构建组合的总成本为S_0+P。

表5-5　　保护性看跌期权的价值和利润

项目	$S_T \leqslant X$	$S_T>X$
股票价值	S_T	S_T
看跌期权价值	$X-S_T$	0
价值总计	X	S_T
利润总计	$X-(S_0+P)$	$S_T-(S_0+P)$

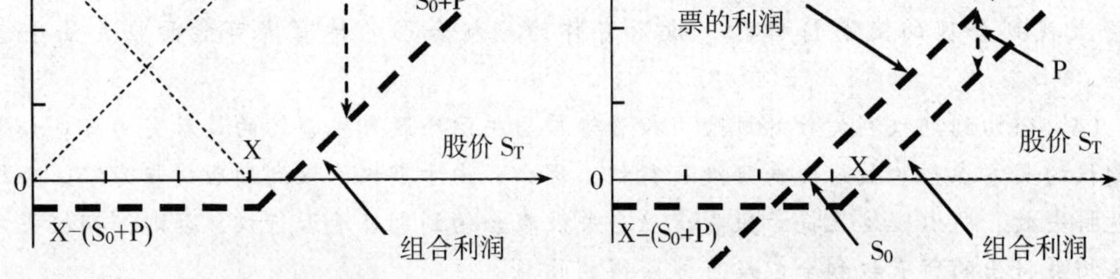

（a）保护性看跌期权　　（b）保护性看跌期权与股票投资的比较

图5-3　保护性看跌期权的价值和利润以及与股票投资的比较

那么，保护性看跌期权的组合有什么意义？保护性看跌期权可以利用看跌期权对股票投资进行避险。投资者如果持有某股票，而且是战略性地长期持有，但是预计受宏观经济的影响该股票近期的走势可能不好，就可以购买看跌期权，对所持有的股票进行保护。以

① 赫尔．期权、期货和其他衍生工具［M］．张陶伟，译．北京：华夏出版社，2000：159-171.

一定的期权价格P买进该股票的看跌期权，一旦未来股票价格下跌，期权获得的收益就可以用来弥补公司股票的损失；如果未来股票价格上涨，持有的股票可以获利，只是损失少量的期权购买成本P（权利金）。图5-3（b）是保护性看跌期权的利润分布和仅投资股票的利润分布之间的比较。只持有股票的利润是S_T-S_0，是对称分布，即股票大涨就大赚，股票大跌就大亏。而保护性看跌期权组合的利润分布是有下限的，股票大涨的时候也能赚钱，只是需要扣减期权价格P而赚得少些；但是在股票大跌时，损失是有限的。

二、抛补看涨期权

抛补看涨期权（Covered Call）或称备兑期权，是指购买股票的同时出售该股票的看涨期权的策略。下面主要考虑购买1股股票同时出售1份看涨期权的组合。表5-6和图5-4（a）显示的是抛补看涨期权的价值和利润分布。

表5-6 抛补看涨期权的价值和利润

项目	$S_T\leq X$	$S_T>X$
股票多头价值	S_T	S_T
看涨期权空头价值	0	$-(S_T-X)$
价值总计	S_T	X
利润总计	$S_T-(S_0-C)$	$X-(S_0-C)$

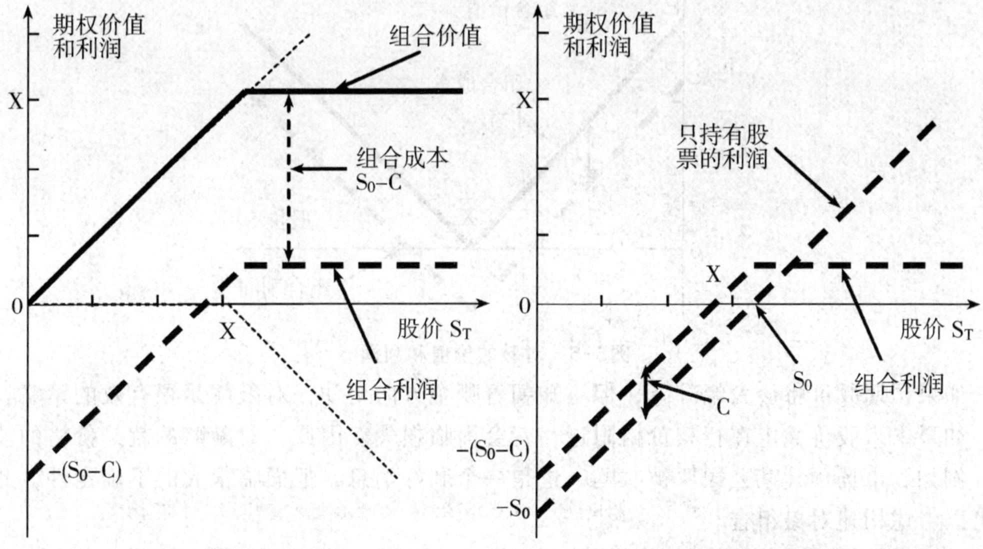

（a）抛补看涨期权 （b）抛补看涨期权与股票投资的比较

图5-4 抛补看涨期权的价值和利润以及与股票投资的比较

图5-4（b）是抛补看涨期权的利润分布和仅投资股票的利润分布之间的比较。可以看到，抛补看涨期权的利润是有上限的，未来股票大涨时的高利润被放弃。但是，如果未来股票大跌，损失也会少一些，因为还可以收到出售看涨期权的价格。这种策略对于已经制定好股票停止赢利价格——“止赢价”——的投资者来说是有意义的，因为他们本来就制定了股票价格上涨到一定价格就卖出的投资政策。

通过前面的分析可知，出售看涨期权的裸期权风险很大，所以，金融机构在出售看涨期权时，都要根据标的资产价格的情况，考虑买入一定数量的标的资产来对冲风险。当然，比例并非1∶1，这在后文的期权定价中会有详细分析。当标的资产价格上涨时，出售看涨期权的空头头寸会遭受损失，但是持有的标的资产的多头头寸会获得盈利，从而实现了风险对冲。

三、对敲

对敲（Straddle）也称为同价对敲、跨式期权、马鞍式期权，是指同时购买行权价格和到期时间都相同的同一资产的看涨期权和看跌期权构成组合。表5-7和图5-5显示的是对敲的价值和利润分布。

表5-7　**对敲的价值和利润**

项目	$S_T<X$	$S_T \geqslant X$
看涨期权多头价值	0	S_T-X
看跌期权多头价值	$X-S_T$	0
价值总计	$X-S_T$	S_T-X
利润总计	$X-S_T-$（P+C）	S_T-X-（P+C）

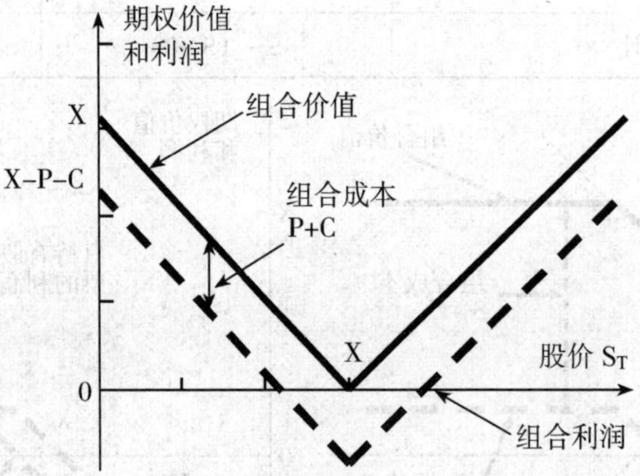

图5-5　对敲的价值和利润

如果预期股价将会大幅升降，但不知朝着哪个方向变动，对敲就是很有效的策略。但是，如果未来股价稳定在行权价格附近，就会面临损失。因此，对敲赌的就是价格的波动性。例如，市场预计某公司要被收购，这是一个利好消息，但面临很大的不确定性，此时就可以考虑构建对敲组合。

当然，根据同样的原理还可以构建很多不同的期权组合，以满足投资者对组合价值和利润分布的不同需要。

案例分析　　**用马鞍式权证[①]发“动荡财”**

2007年，中国香港股市的走势和中国A股的走势如出一辙，经历大半年的大牛市后，

① 马鞍式权证是中国香港市场的叫法，即本文所讲的对敲组合。

股市在2007年年末出现大幅回调，但是恒生国企指数（HSCE）的波动比恒生指数（HIS）的波动更大。其原因是本次整个香港股市的波动主要是由中资股引起的，香港本地股虽然受外围市场影响较大，但仍然起到了稳定器的作用。

既然国企指数波动变大，投资者就可以买入国企指数的“马鞍式”组合权证，这种权证能使投资者获得一种“波动溢价”，即股价偏离行权价格越多，投资者收益就越大，这可以让投资者发一笔“动荡财”。投资者可以直接买入“马鞍式”组合权证这种特种权证，其权证结构就是两个相同标的资产、相同到期日，但是相反的持仓头寸（认购权和认沽权头寸刚好抵消）。这种权证组合的收益与标的资产到期日收市价与权证行使价之间的差别大小有关，即越偏离行权价格，越能实现高收益。这是在股市波动巨大时候的不二交易策略，特别适合目前多空分歧加大的带有A股概念的恒生国企指数。

2007年12月5日，恒生国企指数报收于17 640点，比前一交易日上涨2.59%；而恒生指数报收于29 345点，涨幅为1.61%。我们可以选取潜在变动率或者引申波幅（后文所介绍的隐含波动率）比较大的国企指数作为相关资产。因为高的引申波幅意味着高的潜在波动率，也就是更高的潜在收益率。

选定标的资产后，还要考虑行权价格。比如恒生国企指数在未来5个月预期可以到达21 000点，而在近期既有上涨也有下跌的风险，投资者可以买入行权价格为18 000点的认购和认沽权证，查询可选权证之后发现有两组投资组合可供选择：法巴（法国巴黎银行）发行的代号为7661的中企法巴八零四A认购权证，到期日为2008年4月29日，引申波幅为58.39%，价格比前一交易日上涨11.11%。而与之对应的有相同行权价格和到期日的认沽权证有两只：法巴发行的代号为7707的中企法巴八零四D，以及德银发行的代号为1574的中企德银八零四D。两者的引申波幅分别为57.65%和59.58%，差别不大，严格地说，应该选择引申波幅更大的代号为1574的中企德银八零四D，但是后者的街货量（流通在外的数量）太小，不到前者的四分之一，所以真正市场波动的时候可能受到人为干预的影响。所以，最终选定的是法巴发行的代号为7661的中企法巴八零四A认购权证，以及法巴发行的代号为7707的中企法巴八零四D，两者的买入价格分别为0.170港元和0.285港元。因此，每份组合权证的买入成本就是0.455港元，通过买入成本价格可以计算出一个行权范围。如果标的价格落在这个范围之内，那么，投资者肯定亏损，当市场价格没有到达行权临界点的时候，投资者的亏损就是0.455港元。不过，投资者有足够的时间来等待，一旦市场价格偏离亏损范围，只要平仓就可以实现收益。但是这同时意味着，随着到期日的临近，该组合的价值越来越小——标的资产没有足够的时间来实现可能的波动。

中国香港类似“马鞍式”权证的衍生权证市场交易十分活跃，最新数据显示，整个权证市场的交易量已经超过200亿港元。与内地权证市场不同，香港权证市场在交易品种以及行权价格上都可以有多种选择，这也从客观上使本文所指之交易策略有了可行性。在市场波动剧烈，特别是市场投机氛围十分浓厚的时候，“马鞍式”交易实际上取得了一个“投机性溢价”。

资料来源：张尚斌．用马鞍式权证发“动荡财”[J]．证券市场周刊，2007（46）．

第三节 看涨期权和看跌期权的平价关系

看涨期权的价格随标的资产价格的上涨而上涨，随其下降而下降；看跌期权的价格随标的资产价格的上涨而下降，随其下降而上涨。那么，行权价格和到期时间都相同的同一资产的看涨期权和看跌期权，它们的价格到底存在一种什么样的关系？

首先，讨论不发放现金红利的欧式看涨期权与看跌期权的平价关系。构建一个看涨期权和国库券组合：购买1份行权价格为X的看涨期权，同时购买1份与其到期日相同、终值等于X的国库券（无风险零息债券）。其价值分布见表5-8。

表5-8 **到期时看涨期权和国库券组合的价值**

项目	$S_T<X$	$S_T \geqslant X$
看涨期权多头	0	S_T-X
+国库券多头	X	X
=价值总计	X	S_T

其次，构建一个保护性看跌期权组合：购买1股股票，同时购买1份该股票的看跌期权，行权价格为X，到期日与上述看涨期权相同。其价值分布见表5-9。

表5-9 **到期时保护性看跌期权组合的价值**

项目	$S_T<X$	$S_T \geqslant X$
股票多头	S_T	S_T
+看跌期权多头	$X-S_T$	0
=价值总计	X	S_T

通过比较表5-8和表5-9可以发现，看涨期权和国库券组合与保护性看跌期权组合具有相同的到期价值。因此，两个组合在期初的成本也应该相等，否则就会出现套利机会。

$$看涨期权和国库券组合的期初成本=C+\frac{X}{(1+r_f)^T} \tag{5.9}$$

$$保护性看跌期权组合的期初成本=S_0+P \tag{5.10}$$

因此，对于有效期内不发放现金红利股票的欧式期权，看跌期权与看涨期权的平价关系为：

$$C+\frac{X}{(1+r_f)^T}=S_0+P \tag{5.11}$$

或者写成：

$$C+PV(X)=S_0+P \tag{5.12}$$

进一步扩展，对于有效期内发放现金红利股票的欧式期权，看跌期权与看涨期权的平价关系为：

$$P=C-S_0+PV(X)+PV(红利) \tag{5.13}$$

第四节 期权价值的影响因素

期权价值受以下六个因素的影响：股票价格（标的资产）、行权价格、股票价格收益率的波动率、到期期限、无风险利率、现金红利。表5-10总结了这六个因素对看涨期权价值的影响。其中，波动性上升对看涨期权有利，波动性大的股票意味着股票价格可能大涨，也可能大跌。但是，期权的价值分布是不对称的，即使股价下跌到接近于0，期权的价格也不可能为负数。如果股票大涨，期权的价值会大幅上升。到期期限长对看涨期权有利，主要是到期期限长意味着股票有更大的波动性。利率上升对看涨期权有利，因为这会降低未来行权价格的现值。现金红利上升对看涨期权不利，但是这个因素对我国的权证价值不起作用。因为我国的权证在股票发放现金红利时会调整行权价格，所以，现金红利不会影响权证的价值。

表5-10 **对看涨期权价值的影响**

影响因素上升	看涨期权价值的变化
股票价格S	上升
行权价格X	下降
股价波动率δ	上升
到期期限T	上升
利率r_f	上升
红利支付D	下降

表5-11总结了这六个因素对看跌期权价值的影响，可以做出与上面类似的分析。

表5-11 **对看跌期权价值的影响**

影响因素上升	看跌期权价值的变化
股票价格S	下降
行权价格X	上升
股价波动率δ	上升
到期期限T	上升
利率r_f	下降
红利支付D	上升

第五节 二项式定价模型

计算期权的理论价值，可以为投资者评价期权市场价格是否被高估或低估提供依据。本节介绍一种主要的期权定价数值模型[①]——二项式模型（Binomial Model）。二项式模型

① 数值模型没有一个封闭式的解析式来求解问题，求解时需要反复计算很多步骤，一般使用计算机软件编程来处理。后面介绍的布莱克-舒尔斯期权定价公式就是封闭式的解析式，计算简单，但只能求解欧式期权的定价。

也称为二叉树模型，是观察在离散的很短的时间段内资产价格变化模式的一种模型。该模型假设在每一时间段内标的资产价格的变化只有两种可能。二叉树（Binomial Tree）模型图是用以表示二项式模型中资产价格如何演变的树形图，它既可以求解欧式期权，也可以求解美式期权。

一、单步二项式模型

单步二叉树模型图，如图5-6所示。一个无红利支付的股票的价格为S，基于该股票的期权的当前价格为f，有效期为T。在有效期内，股票价格或者从S向上变动到S_u，此时期权价值为f_u（u>1）；或者从S向下变动到S_d，此时期权价值为f_d（d<1）。当股票价格向上变动时，股票价格增长的比率为u-1；当股票价格向下变动时，股票价格下降的比率为1-d。[①]

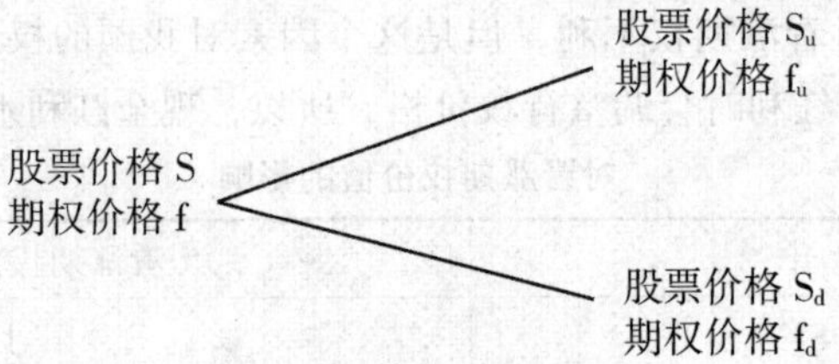

图5-6 单步二叉树模型图

考虑这一证券组合：Δ股股票多头+一个看涨期权空头，具体见表5-12。

表5-12 **股票多头和看涨期权空头的价值**

到期日股票价格	S_u	S_d
Δ股股票多头	$S_u\Delta$	$S_d\Delta$
+一个看涨期权空头	$-f_u$	$-f_d$
=价值总计	$S_u\Delta-f_u$	$S_d\Delta-f_d$

如果选取某个Δ值，使得该组合的到期价值对两种股票价格均相等，则该组合就是无风险组合。这意味着：

$$S_u\Delta-f_u=S_d\Delta-f_d$$

得到：

$$\Delta=\frac{f_u-f_d}{S_u-S_d} \tag{5.14}$$

这个Δ值就称为套期保值率，也称为德尔塔（Delta）比率。套期保值率是期权价格变化幅度与股票价格变化幅度的比率，其含义是出售一个看涨期权需要购买Δ股股票来套期保值。

无风险证券组合的盈利必定为无风险利率r，可以求解期权价格f。

该组合目前成本：

$$S\Delta-f=（S_u-f_u）e^{-rT}$$

期权价格：

$$f=S\Delta-（S_u-f_u）e^{-rT}$$

① 赫尔．期权、期货和其他衍生工具［M］．张陶伟，译．北京：华夏出版社，2000：204-270.

代入公式可得：

$$f=[pf_u+(1-p)f_d]e^{-rT} \tag{5.15}$$

其中：

$$p=\frac{e^{rT}-d}{u-d} \tag{5.16}$$

p和1-p可以看成是股价上升的概率和股价下降的概率。其实，这并不是股价真正上升或下降的概率，只是一种虚拟概率[①]。单步二项式模型期权定价公式的经济意义很清晰，即期权的价格等于其未来期望价值的现值。

【例5-7】某股票当前价格为20元，3个月后的股价可能上升到现行价格的1.1倍，或者下降到现行价格的0.9倍，即股价为22元或18元。该股票不付现金红利，无风险年利率为12%。利用单步二项式模型对有效期为3个月、行权价格为21元的欧式看涨期权进行定价。

根据题意可知，u=1.1，d=0.9，r=0.12，T=0.25，$f_u=1$，$f_d=0$。

通过计算可得：

$$p=\frac{e^{0.12\times 0.25}-0.9}{1.1-0.9}=0.6523$$

$$f=e^{-0.12\times0.25}(0.6523\times1+0.3477\times0)=0.633（元）$$

二、欧式期权两步二项式模型

单步二项式模型假设未来价格变化只有两种可能，但这与现实情况显然相差甚远。如果将期权的有效期分为几十步甚至几百步，每一步都是一个单步二项式，这就和现实情况比较接近了。从单步二项式模型扩展到两步二项式模型，首先需要分析欧式期权（到期前不能行权）的两步二项式模型。

初始股票价格为S，每一步股票价格可以上升到上一步的u倍，或者下降到上一步的d倍。期权每一步步长为T，无风险年利率为r，行权价格为X。股价的走势，如图5-7所示，每一步都有上升和下降两种可能（注意这种重合的二叉树称为重合树）。在两步中，股价只向上变化一次，有两条路径："上、下"或"下、上"，即先上后下，或先下后上。这两条路径的结果是一样的——S_{ud}，即非路径依赖。重合树大大减少了计算的工作量。

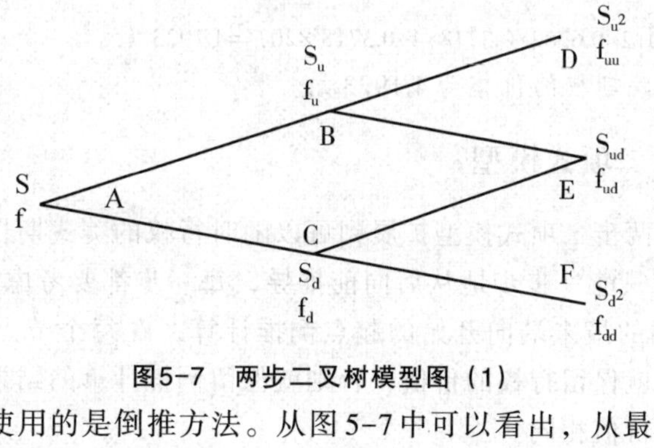

图5-7 两步二叉树模型图（1）

计算期权价格时使用的是倒推方法。从图5-7中可以看出，从最右侧到期时D、E、F节点处的股价和期权价值，向左计算B、C节点处的期权价值，最后计算目前A节点处的期权价值。

---

① 专业上称为风险中性概率。

节点B：$f_u=[pf_{uu}+(1-p)f_{ud}]e^{-r\Delta T}$

节点C：$f_d=[pf_{ud}+(1-p)f_{dd}]e^{-r\Delta T}$

节点A：$f=[pf_u+(1-p)f_d]e^{-r\Delta T}$

从上面三个公式可以得出欧式看涨期权的两步二项式定价公式：

$$f=[p^2f_{uu}+2p(1-p)f_{ud}+(1-p)^2f_{dd}]e^{-2r\Delta T} \tag{5.17}$$

期权的价格仍然是期望价值按无风险利率贴现的现值，这个公式只能计算欧式期权。其中，p^2、$2p(1-p)$ 和 $(1-p)^2$是股价达到最后上、中、下三个节点的概率，概率论的相关知识告诉我们，这正是二项式分布的概率。因此，我们可以进一步将此公式扩展到欧式看涨期权的多步二项式定价公式。

【例5-8】现有2年期欧式看跌期权，行权价格为52元，当前价格为50元。利用两步二叉树模型解决估值问题，每个步长为1年，在每个单步二叉树中股票价格或者按比率上升20%，或者按比率下降20%，无风险年利率为5%。

如果使用二项式倒推方法，结果如图5-8所示。

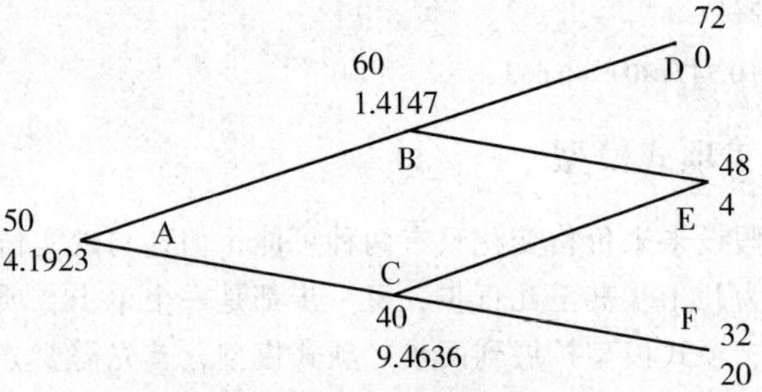

图5-8 两步二叉树模型图（2）

由于其为欧式看跌期权，因此，直接使用两步二项式公式计算：

$$p=\frac{e^{0.05\times 1}-0.8}{1.2-0.8}=0.6282$$

$f_{uu}=\max(0,-(72-52))=0$

$f_{ud}=-(48-52)=4$

$f_{dd}=-(32-52)=20$

$f=e^{-2\times0.05\times1}(0.6282^2\times0+2\times0.6282\times0.3718\times4+0.3718^2\times20)=4.1923$（元）

因此，此欧式看跌期权的价格为4.1923元。

三、美式期权两步二项式模型

下面从欧式期权两步二项式模型扩展到可以随时行权的美式期权两步二项式模型。求解美式期权定价时，只能一步步地从后向前推导，每一步都要考虑美式期权行权的可能。具体而言，从树形图的最末端向开始的起点倒推计算，在每个节点检验提前行权是否最佳。如果行权有利，就保留行权的价值，否则就保留倒推计算的结果。在末端节点，美式期权价值与欧式期权价值相同。

【例5-9】沿用【例5-8】的数据，将欧式看跌期权变为美式看跌期权，使用两步二叉树模型求解期权价值。

通过倒推计算，在每个节点检验提前执行是否最佳，如图5-9所示。

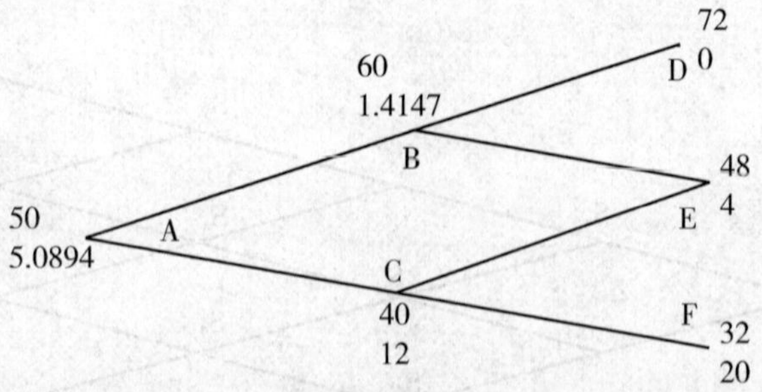

图5-9 两步二叉树模型图（3）

在节点B，计算的期权价格为1.4147元，提前行权的价值为-8元（-（60-52）），因此提前行权不是最佳选择，该节点的期权价格为1.4147元。

在节点C，计算的期权价格为9.4636元，提前行权的价值为12元，因此提前行权是最佳选择，该节点的期权价格为12元。

在节点A，计算的期权价格=$e^{-0.05\times1}$（0.6282×1.4147+0.3718×12）=5.0894（元），提前行权的价值为2元，因此提前行权不是最佳选择，该节点的期权价格为5.0894元。

因此，该美式看跌期权的价格为5.0894元，大于同样的欧式期权价格4.1923元。

四、套期保值率

股票期权的套期保值率（Delta）是期权价格变化幅度与基础资产价格变化幅度的比率。从数学角度而言，套期保值率是期权价格对基础资产价格的一阶导数，即期权价值曲线对应点切线的斜率。其公式如下：

$$\text{Delta}=\frac{f_u-f_d}{S_u-S_d}=\frac{df}{dS} \tag{5.18}$$

套期保值率[①]具有重要的投资含义：如果在期权上有空头头寸，当股价朝着不利的方向变化时，就会带来损失。此时为了对冲风险，可以购买或出售一定比例的基础资产，从理论上构造一个无风险组合，这个比例就是套期保值率。看涨期权的Delta大于或等于0，表示卖出看涨期权需要买入一定数量标的资产来套期保值；看跌期权的Delta小于或等于0，表示卖出看跌期权需要卖出一定数量标的资产来套期保值。由于Delta会随时间等因素的变化而变化，因此，套期保值需要定期调整所持有或卖出的基础资产的数量。

例如，某看涨期权在股票价格为120元/股时，期权价值曲线的斜率为0.6，即套期保值率等于0.6。这意味着，股票价格上升1元，期权价格约上升0.6元。因此，每出售1份看涨期权，就需要持有0.6股股票来进行套期保值。股票价格上升1元，期权损失0.6元，但股票价值上升0.6元（0.6×1），达到了保值的目的。当然，是否实施套期保值，取决于投资者的风险态度。

五、二叉树模型图的实际应用

实际应用二叉树方法时，通常将有效期分成几十或几百时间步，每一时间步都是一个二叉树。n个时间步意味着最后有n+1个末端股票价格，并且有2n个可能的股票价格路

① 除了Delta比率，期权定价还有其他一些常见比率，例如，分别计算期权价格对时间、无风险利率、股价波动率等因素的一阶导数，以及期权价格对基础资产价格的二阶导数，这些被称为“Greeks”。但是，最常用、最重要的还是Delta比率。

径，如图5-10所示。

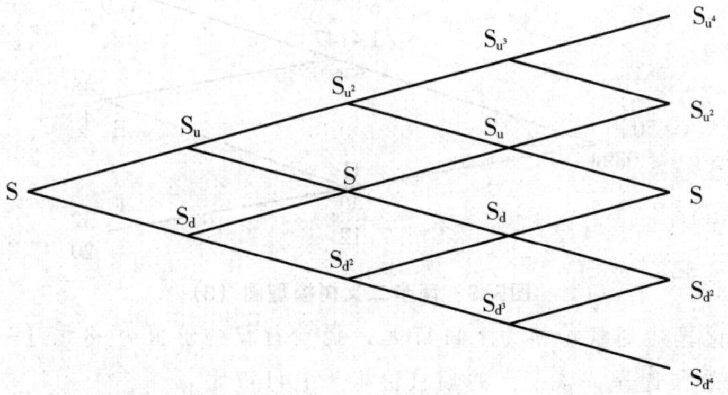

图5-10　二叉树模型图

根据股票收益率的年波动率s，可以确定u和d的值。如果Δt为单步时间步长，一种常用的方法就是设定：

$u=e^{\sigma\sqrt{\Delta t}}$

$d=1/u=e^{-\sigma\sqrt{\Delta t}}$

$$p=\frac{a-d}{u-d} \tag{5.19}$$

其中：

$a=e^{r\Delta t}$

通过二叉树模型图倒推计算期权价格，同样，美式期权每一步都要考虑行权的可能性。

【例5-10】一个不付红利股票的5个月期、每期为1个月的美式看跌期权，其股票单价为50元，行权价格为50元，无风险年利率为10%，每年股价波动率为40%。即S=50，X=50，r=0.10，δ=0.40，T=5/12。通过五步二项式模型计算期权价值。

构造一个二叉树模型，如图5-11所示。将期权的有效期分成五个时间段，每段长度为1个月，则有：Δt=1/12。

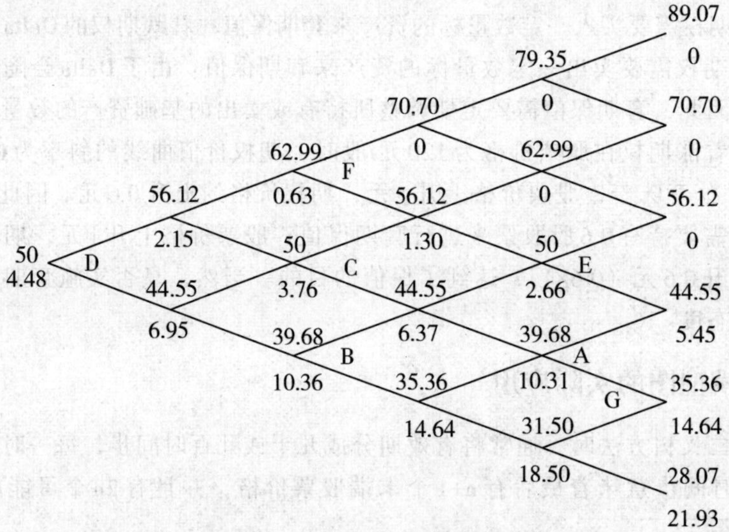

图5-11　多步二叉树模型图

可得：

$u=e^{\sigma\sqrt{\Delta t}}=1.1224$

$d=e^{-\sigma\sqrt{\Delta t}}=0.8909$

$a=e^{r\Delta t}=1.0084$

$p=\frac{a-d}{u-d}=0.5076$

$1-p=0.4924$

A节点：

股票价格$=50\times1.1224\times0.8909^3=39.68$（元）

期权价格$=e^{-0.10\times1/12}$（$0.5076\times5.45+0.4924\times14.64$）$=9.90$（元）

立即行权的收益为10.31元，大于9.90元，因此A节点的期权价值为10.31元。

E节点：

股票价格$=50\times1.1224^2\times0.8909^2=50$（元）

期权价格$=e^{-0.10\times1/12}$（$0.5076\times0+0.4924\times5.45$）$=2.66$（元）

立即行权的收益为0，小于2.66元，因此E节点的期权价值为2.66元。

B节点：

股票价格$=50\times1.1224^0\times0.8909^2=39.68$（元）

期权价格$=e^{-0.10\times1/12}$（$0.5076\times6.37+0.4924\times14.64$）$=10.36$（元）

立即行权的收益为10.31元，小于10.36元，因此B节点的期权价值为10.36元。

采用同样的方法可以计算其他节点的股票价格和期权价格。

最后，D节点的期权价值为4.48元。

另外，可以计算Delta套期保值率：

$$Delta=\frac{2.15-6.95}{56.12-44.55}=-0.41$$

Delta为-0.41，表示卖出1份该看跌期权的投资者，如果进行套期保值，此时需要卖出或卖空0.41股正股股票。

目前很多软件如Matlab、S-plus，都有期权计算函数。使用计算机软件，采用500步，可以计算出该期权价格为4.283元/股。

第六节 布莱克-舒尔斯期权定价公式

布莱克-舒尔斯（Black-Scholes）期权定价公式只能为欧式期权定价，它是一种解析方法，所以应用起来比二项式模型简单。布莱克-舒尔斯期权定价采用了如下主要的假设①：

① 股票价格遵循对数正态模型，即假设收益率是正态分布。

② 没有交易费用或税收，即无摩擦的市场假设，且所有证券都是高度可分的。

③ 在期权的有效期内没有现金红利支付。有关这一点后文可能会做出调整。

---

① BLACK，SCHOLES. The pricing of options and corporate liabilities［J］. Journal of Political Economy，1873（81）：637-659.

④ 不存在无风险套利机会。

⑤ 证券交易是连续的，即不存在股票价格的跳跃行为。

⑥ 投资者能够以同样的无风险利率借款或贷款，无风险利率r为常数，且对所有的到期日都相同。

基于以上假设，可以得出布莱克-舒尔斯欧式看涨期权定价公式：

$$C_0=S_0N(d_1)-Xe^{-rT}N(d_2) \tag{5.20}$$

$$d_1=[\ln(S_0/X)+(r+\sigma^2/2)T]/(\sigma T^{1/2}) \tag{5.21}$$

$$d_2=d_1-\sigma T^{1/2} \tag{5.22}$$

式中：C_0——当前看涨期权价格；S_0——当前股票价格；N（d）——标准正态分布中小于d的概率；X——行权价格；r——无风险利率（年率，连续复利）；T——期权有效期（用年表示）；σ——股票连续复利收益率（年波动率）的标准差。

【例5-11】现有某看涨期权，$S_0=100$，X=95，r=0.10，T=0.25（3个月），σ=0.50。运用布莱克-舒尔斯期权定价公式计算期权价值。

$d_1=[\ln(100/95)+(0.10+0.5^2/2)\times0.25]/(0.5\times0.25^{1/2})=0.43$

$d_2=0.43-0.5\times0.25^{1/2}=0.18$

查表（或运用Excel）得到：

N（0.43）=0.6664，N（0.18）=0.5714

C_0（看涨期权价格）$=100\times0.6664-95\times e^{-0.10\times0.25}\times0.5714=13.70$（元）

布莱克-舒尔斯期权定价公式是关于欧式看涨期权的公式，根据欧式看涨、看跌期权的平价关系，可以求得欧式看跌期权的定价公式：

$$P=Xe^{-rT}[1-N(d_2)]-S_0[1-N(d_1)]$$
$$=Xe^{-rT}-S_0+C_0 \tag{5.23}$$

在实践中，考查期权价值常用的一个指标是隐含波动率（Implied Volatility），也称为引申波幅、衍生波幅。前面计算期权价值时，根据布莱克-舒尔斯期权定价公式输入包括波动率在内的参数，最后得到期权的理论价值。当然，计算得到的理论价值与期权的市场价格是有差异的。而计算隐含波动率是一个逆过程，保持其他参数不变，输入期权的市场价格，反过来求解该市场价格对应的波动率，这个波动率就是隐含波动率。隐含波动率可以帮助投资者判断期权是否被高估或低估。例如，如果隐含波动率远大于股票近几个月市场表现的实际波动率，则该期权的市场价格可能被高估了。

布莱克-舒尔斯期权定价公式中，看涨期权的套期保值率为N（d_1），看跌期权的套期保值率为N（d_1）-1。因此，看涨期权的套期保值率总是为正，且小于1；看跌期权的套期保值率总是为负，且绝对值小于1。

布莱克-舒尔斯期权定价公式要求股票不支付现金红利，当期权到期前股票支付现金红利时，需要调整公式。调整的方法是：如果现金红利支付可以预测，用S_0-PV（红利）代替S_0，并代入布莱克-舒尔斯期权定价公式计算期权价值。

【例5-12】现有某欧式看涨期权，其标的股票在2个月和5个月后各有一个现金红利除息日。每个除息日的红利的期望值为0.50元。当前股票价格为40元，行权价格为40元，每年股票价格波动率为30%，无风险年利率为9%，到期时间还有6个月。根据布莱克-舒尔斯期权定价公式计算期权价值。

红利的现值为：

PV（红利）$=0.5\times e^{-0.09\times 2/12}+0.5\times e^{-0.09\times 5/12}=0.9741$（元）

于是有：$S_0=40-0.9741=39.0259$，$X=40$，$r=0.09$，$T=0.5$（6个月），$\sigma=0.30$。

$d_1=[\ln(39.0259/40)+(0.09+0.3^2/2)\times 0.5]/(0.3\times 0.5^{1/2})=0.2017$

$d_2=0.2017-0.3\times 0.5^{1/2}=-0.0104$

查表得到：

$N(0.2017)=0.5800$，$N(-0.0104)=0.4959$

C_0（看涨期权价值）$=39.0259\times 0.5800-40\times e^{-0.09\times 0.5}\times 0.4959=3.67$（元）

【例5-13】继续沿用“宝钢认购JTB1”的实例，试估计股改权证580000“宝钢认购JTB1”上市时刻（2005-08-18）的理论价值。“宝钢认购”权证的主要条款为：

该欧式权证存续期间为2005年8月18日至2006年8月30日共378天，行权日为2006年8月30日，行权价格为4.5元，行权比例为1。根据之前一年的历史数据估计，正股宝钢股份股价的年波动率为30.5%，使用7年期国债收益率3.3%作为无风险收益率。采用布莱克-舒尔斯期权定价公式计算，对应不同的股价，宝钢认购JTB1上市时刻的理论价值（自行验证此结果）见表5-13。

表5-13 **宝钢认购JTB1的理论价值**

宝钢股份的股价（元/股）	4.2	4.5	4.8	5.0
认购权证的理论价值（元/份）	0.46	0.62	0.82	0.96

上市一段时间以后，2006年4月25日，宝钢认购JTB1的市场价格为1.357元，再次估计其理论价值。此时行权价格仍为4.5元，行权比例为1，正股股价为4.21元。2006年4月25日距离到期日2006年8月30日还有127天，即0.34795年。

重要的是估计年波动率，选择在此之前的2005年11月22日至2006年4月24日共100个交易日的每日股价收盘价来计算，具体见表5-14。根据股价数据计算每日收益率，采用连续复利方法，其公式如下：

$$r_t=\ln\frac{P_t}{P_{t-1}} \tag{5.24}$$

式中：r_t——当日收益率；P_t——当日收盘价；P_{t-1}——上一交易日收盘价。

表5-14 **收益率计算表**

交易日	股票收盘价格（元）	每日收益率
0	3.88	
1	3.95	1.7880%
2	4.00	1.2579%
3	4.01	0.2497%
⋮	⋮	⋮
98	4.37	−2.9314%
99	4.40	0.6842%
100	4.32	−1.8349%

根据表5–14中的数据，计算每日收益率数据的样本标准差，就可以得到每日波动率等于1.1919%。一年按252个交易日计算，将每日波动率转化为年波动率：

$$\sigma_{year}=\sigma_{day}\sqrt{一年的交易日天数}=1.1919\%\times\sqrt{252}=18.9208\%$$

使用布莱克–舒尔斯期权定价公式计算权证理论价值等于0.09635元，比市场实际价格1.357元少了很多。换句话说，认购JTB1权证的价格被宝钢股份高估了。根据理论价值0.09635元，还可以计算出Delta套期保值率为0.3306。

如果保持其他参数不变，将市场实际价格1.357元输入布莱克–舒尔斯期权定价公式，可以得到对应的隐含波动率等于149.33%，远高于18.9208%的实际年波动率，所以，该权证价格过高。

本章小结

1.期权合约分为看涨期权和看跌期权。看涨期权是期权出售者给予期权购买者的一种权利而非义务，期权购买者拥有在合约规定的到期日或之前以合约规定的价格购买标的资产的权利。看跌期权是期权出售者给予期权购买者的一种权利而非义务，期权购买者拥有在合约规定的到期日或之前以合约规定的价格出售标的资产的权利。

2.从定义来看，权证和期权并无区别，二者的区别主要体现在交易机制上。权证分为认购权证和认沽权证，认购权证与看涨期权、认沽权证与看跌期权的含义是一致的。

3.期权按权利行使期限，可分为美式期权和欧式期权。期权按结算方式，可分为证券给付结算型和现金结算型。期权的杠杆性很大，是投机性很强的金融衍生工具，同时又是很有效的套期保值工具。

4.期权组合的策略，是指使用多个期权工具构成组合，或者使用期权和标的资产构成组合，可以满足投资者希望达到的收益分布。常见的期权组合有：保护性看跌期权、抛补看涨期权、对敲等。

5.看涨期权的价格随标的资产价格的上涨而上涨，随之下降而下降；看跌期权的价格随标的资产价格的上涨而下降，随之下降而上涨。行权价格、到期期限都相同的同一资产的欧式看涨期权和看跌期权之间存在一种平价关系。

6.期权价值由六个因素决定：股票（标的资产）价格、行权价格、股票收益率的波动性、到期期限、利率、现金红利。我国的权证在股票发放现金红利时会调整行权价格，所以，现金红利不影响权证的价值。

7.二项式模型是一种主要的期权定价数值模型，是观察在离散的很短的时间段内资产价格变化模式的一种模型。该模型假设在每一时间段内标的资产价格的变化只有两种可能。二项式模型既可以求解欧式期权，也可以求解美式期权。

8.布莱克–舒尔斯期权定价公式只能计算欧式期权定价，是一种解析方法，所以其应用起来比二项式模型简单。

权估值。

2. 如果问题1中的看跌期权是美式看跌期权，估价又为多少？

3. 不支付红利的某欧式看涨期权，有效期为3个月，执行价格为50元，股票市价为52元，无风险年利率为12%，股价年波动率为30%。试采用Black-Scholes公式为该期权估值。

4. 试构造一个三步长的二叉树模型为问题3中的期权估值。

5. 如果问题3中的期权，预计1个月后该股票将会支付1元的现金红利。试采用Black-Scholes公式为该期权估值。

案例讨论题

詹姆斯·科迪尔：期权大佬跌落神坛

2018年11月15日，詹姆斯·科迪尔掌管的期权交易公司OptionSellers.com通过邮件告知投资者，其公司管理的账户遭受了毁灭性的损失。

科迪尔从14岁开始就进入了期货市场。相比索罗斯、巴菲特这些投资大鳄，科迪尔算不上出名。但在美国的期权圈内，科迪尔可是名副其实的大佬，一度被称为天才基金经理。他在1984年进入了Heinold Commodities从事交易员的工作，并以此开始了自己的职业生涯。科迪尔开始也只是一个做市交易员，做的事情就是匹配交易。但是，科迪尔在工作中发掘了一种卖出期权的交易策略，并发现可以赚钱。

1999年，科迪尔创立了自由交易集团（Liberty Trading Group），开启了自己的交易之路。当谈到公司的投资策略时，他说道："我们的目标就是采用最激进的工具并且保守地管理它。"他做得非常顺手，并在2004年的时候出版了自己的书——《期权出售完全指南》，这本书曾于2007年在我国出版。

靠着期权交易，科迪尔成功地赚到了钱，在圈内的知名度越来越高，并且在美国专门为高净值人群管理期权卖空。公司的整体业绩还算不错，2009年至2015年，公司管理资金的净值增幅达到了142.4%，也就是说，科迪尔每年为客户赚到了约13个点。在2015年至2018年年中的两年半时间内，公司管理资金的净值涨幅又增加了约60%。

然而，这一切在2018年11月15日崩塌了。科迪尔遭遇了毁灭性的爆仓，旗下管理的约1.5亿美元资产全部亏空，还欠了证券经纪公司一大笔钱。他是在天然气上"败下阵"的。科迪尔卖出了大量的天然气看涨期权，毫无任何对冲保护，直接裸卖空美国天然气。他认为天然气价格会下跌，或者只是小涨。谁知，11月份，美国天然气价格持续上涨。在爆仓的前一夜，美国天然气价格暴拉22%，达到了122美元，股价创下了2005年以来的高位，导致对手盘集体行权。科迪尔不得不以每份105美元的价格卖出，最终每份亏损达7美元。当亏损超过保证金时，他的期权也就爆仓了。

其实，美国天然气价格的上涨早有迹象。在爆仓前一个月左右，就有投资人表示美国将经历寒冬，天然气的供求关系将变得紧张。科迪尔5月份在《期货杂志》发表的文章中，也谈论到了天然气市场交易的风险。该文章中，科迪尔谈及天然气短期市场走势难以预测，天气预报可能引发普通投机者大规模入市，导致剧烈的日常波动，特别是在冬季。

市场的不确定性，固然是风险的组成部分。但这次的惨败，不仅是市场的波云诡谲、不可预判，更是科迪尔对风险敬畏之心的忽视。在科迪尔连续的创业中，小概率事件都没有发生，他做得风生水起。这让他愈发大胆地使用单边卖出期权、放大杠杆赚取权利金的策略。这次，科迪尔又冒着巨大风险赌了一把，没有做任何对冲保护，最终遭遇了重挫。

思考：詹姆斯·科迪尔曾经是一位知名的基金经理人，2018年在天然气期权上的爆仓彻底改变了他的命运。从风险管理的角度来看，詹姆斯·科迪尔犯了哪些错误？

资料来源：英大金融．詹姆斯·科迪尔：期权大佬跌落神坛［EB/OL］.（2019-01-14）. http：//finance.sina.com.cn/money/lczx/2019-01-14/doc-ihqhqcis6051918.shtml.

二维码5-1 参考答案

二维码5-2 拓展阅读：股票期权家族迎来科创50ETF期权

延伸阅读

［1］BLACK F，SCHOLES M S. The pricing of options and corporate liabilities［J］. Journal of Political Economy，1973，81（3）：637-654.

［2］COX J，ROSS S，RUBINSTEIN M，et al. Option pricing：A simplified approach［J］. Journal of Financial Economics，1979，7（3）：229-263.

［3］博迪，凯恩，马库斯．投资学［M］．汪昌云，等译．北京：机械工业出版社，2017.

［4］赫尔．期权、期货和其他衍生工具［M］．王勇，等译．9版．北京：机械工业出版社，2014.

［5］罗孝玲．期货与期权［M］．北京：高等教育出版社，2011.

［6］中国期货业协会．金融期权［M］．北京：中国财政经济出版社，2013.

第六章　期　货

学习目标

1. 熟悉期货的基础知识以及我国期货市场的概况；
2. 掌握期货的投机、套利和套期保值策略；
3. 了解期货理论价格的决定机理。

引例："保险+期货"模式助力乡村振兴

糖料蔗是食糖生产的主要原料，糖料蔗产业的发展关系到乡村振兴战略和农业强区建设的全面推进，有助于贯彻新发展理念，着力推进高质量发展。但在糖料蔗生产成本的提升和国内外食糖价格倒挂的双重挤压下，国内食糖价格波动加剧，糖料蔗市场风险凸显，糖料蔗产业的高质量发展面临巨大挑战。为稳定糖料蔗产业的发展，创新"金融支持乡村振兴"的模式和工具，广西创新探索糖料蔗"保险+期货"试点。

2017年至2018年，郑商所在广西探索开展糖料蔗"保险+期货"项目的分散试点与县域全覆盖试点。2019年，随着广西糖料蔗产业步入市场化改革，糖料蔗"保险+期货"模式进一步拓展形成"订单+保险+期货"模式。保险公司与蔗农签订价格保险合约，明确赔付方式、赔付计算方法、赔付数量等内容，为蔗农提供价格风险保障，同时向期货公司买入场外期权合约，转移市场风险；期货公司对蔗农开展"保险+期货"宣传培训，根据保险合约的内容设计场外期权合约，为保险公司提供场外期权的产品策略，并在期货市场交易白糖期货以对冲风险。

开始实施糖料蔗"保险+期货"项目后，各试点地区产量及利润皆有显著提升。罗城县糖料蔗产量由2018年的50.11万吨增长至2021年的69.56万吨，2021年罗城县糖料蔗产量同比增长33.41%。2018—2019年、2019—2020年、2020—2021年罗城县糖料蔗种植利润分别提升17.07%、15.86%、22.72%，成效显著。

资料来源：陈新建，徐李雨．糖料蔗"保险+期货"模式的实践探索与优化对策研究——以广西为例［J］．区域金融研究，2023（7）：69-78.

读者不妨带着下面几个问题阅读本章内容：期货有哪些作用？期货和期权有何异同？如何认识期货的交易风险？

期货作为一种重要的衍生工具，其作用与期权类似，具有强大的投机功能，但期货本身具有杠杆效应，是一种高风险的衍生工具。投资者应当读懂交易产品，根据实际情况选择合适的投资工具，因为产品设计问题和缺乏风险控制机制会给投资者带来巨大损失。除了套利与投机，期货也是一种套期保值的有效工具。套期保值者可以利用期货实现控制成本、锁定利润和转移风险等目的。

我国的期货市场起步于改革开放以后，有色金属、农产品等商品期货经过多年的发展已经比较成熟，但金融期货的发展相对滞后，股票指数期货、国债期货处于发展初期，而汇率期货等产品尚处于筹备之中。本章将联系我国的实际情况，在介绍期货的基础知识以后，着重分析期货的套期保值功能。

第一节 期货市场的基础知识

一、国内外期货市场的发展历程

现代的期货交易产生于19世纪中期的美国芝加哥。1848年，芝加哥组建了美国第一家期货交易所，即芝加哥期货交易所（Chicago Board of Trade，CBOT）。经过不断探索，最早的玉米合约从远期合约发展为期货合约，并逐步完善了标准合约制度、保证金制度和结算制度。从此以后，世界各地相继成立了期货交易所，其他谷物类、畜产类、食品类、林产品类、纤维类、油料类、金属和能源类等大宗商品期货相继推出，商品期货得到了迅速发展。

20世纪70年代初期，国际经济形势急剧变化，汇率、利率频繁剧烈波动，金融期货应运而生。率先出现的是外汇期货，1972年5月，芝加哥商品交易所（Chicago Mercantile Exchange，CME）首次推出了包括英镑、加拿大元、西德马克、法国法郎、日元和瑞士法郎等货币在内的外汇期货合约。1975年10月，芝加哥期货交易所上市国民抵押协会债券期货合约，成为世界上第一个推出利率期货合约的交易所。1982年2月，美国堪萨斯城期货交易所（Kansas City Board of Trade，KCBT）开发了综合指数期货合约，使股票价格指数成为期货交易的对象。目前，在国际期货市场上，金融期货占期货交易量的80%以上。①

改革开放以后，我国期货市场经历了从初步建立到规范发展的过程。我国期货市场产生于20世纪80年代末期。1988年5月，国务院决定进行期货市场试点。1990年10月12日，中国郑州粮食批发市场经国务院批准，以现货交易为基础，正式引入期货交易机制，迈出了我国期货市场发展的第一步。20世纪90年代中期，我国期货市场发展走上了一个“小高潮”。但是，在缺乏统一管理和没有完善法规的情况下，我国期货市场出现了盲目高速发展的趋势。为了遏制期货市场的盲目发展，国务院授权中国证监会从1993年开始，对期货市场主体进行了大规模的清理整顿和结构调整。至1999年底，上海、大连、郑州三家期货交易所因相对管理规范而得到保留。经过近些年的发展，我国期货市场的结构趋于完善，一个相对独立的期货行业基本形成，构建了以期货交易所为核心的较为规范的市场组织体系，为企业提供了套期保值的场所，也为投资者提供了良好的投资场所。目前，我国的期货交易所主要有上海期货交易所、大连商品交易所、郑州商品交易所和中国金融期货交易所。

① 罗孝玲．期货与期权［M］．北京：高等教育出版社，2006：1-4.

（1）上海期货交易所。上海期货交易所主要从事有色金属和燃料油的期货交易。目前上市交易的有铜、铜（BC）、铝、锌、铅、镍、锡、黄金、白银、螺纹钢、线材、热轧卷板、不锈钢、原油、低硫燃料油、燃料油、石油沥青、天然橡胶、20号胶、纸浆共计20个期货品种以及铜、铝、锌、黄金、天然橡胶、原油6个期权合约，并推出了黄金、白银和有色金属的连续交易。

（2）大连商品交易所。大连商品交易所是我国最大的农产品期货交易所。目前上市交易的有玉米、玉米淀粉、黄大豆1号、黄大豆2号、豆粕、豆油、棕榈油、纤维板、胶合板、鸡蛋、粳米、生猪、聚乙烯、聚氯乙烯、聚丙烯、焦炭、焦煤、铁矿石、乙二醇、苯乙烯、液化石油气共计21个期货品种和豆粕、玉米、铁矿石、液化石油气、聚乙烯、聚氯乙烯、聚丙烯、棕榈油8个期权品种，并推出了棕榈油、豆粕、玉米、焦炭、焦煤、铁矿石等21个期货品种和8个期权品种的夜盘交易。

（3）郑州商品交易所。郑州商品交易所上市交易的期货品种体系覆盖粮、棉、油、糖、果以及能源、化工、纺织、冶金、建材等多个国民经济重要领域。目前上市交易的期货品种有普通小麦、优质强筋小麦、早籼稻、晚籼稻、粳稻、棉花、棉纱、油菜籽、菜籽油、菜籽粕、白糖、苹果、红枣、动力煤、甲醇、精对苯二甲酸（PTA）、玻璃、硅铁、锰硅、尿素、纯碱、短纤、花生等23个期货品种和白糖、棉花、PTA、甲醇、菜粕、动力煤等6个期权品种。

（4）中国金融期货交易所。中国金融期货交易所于2006年9月8日在上海成立，是专门从事金融期货、期权等金融衍生品交易与结算的公司制交易所。目前，中国金融期货交易所交易的品种包括股票指数期货和国债期货，并深入研究开发外汇期货及期权等金融衍生产品。

二、期货合约介绍

期货合约绝大部分可分为两大类：①商品期货合约，其标的资产是农产品、有色金属、化工原料、能源等商品；②金融期货合约，其标的资产是外汇、债券或股票指数等基础金融工具。

期货合约（Future Contract）是投资者与交易所签订的，在将来某个确定的时间按确定的价格购买或出售某项资产的协议。承诺买入标的资产的投资者持有的是期货多头（Long Futures），承诺卖出标的资产的投资者持有的是期货空头（Short Futures）。交易所场内由交易员议定的价格，称为期货价格（Future Price）。期货价格是由供求关系决定的。

表6-1是上海期货交易所2023年9月28日下午铜、黄金和铝期货收盘行情。cu2310表示2023年10月份交割的铜期货，au2402表示2024年2月份交割的黄金期货，al2405表示2024年5月份交割的铝期货。

期货交易者买入或者卖出期货合约的行为就是开仓（Open a Position）。投资者手中未进行对冲处理的买或者卖期货合约的数量称为头寸（Position）。对于买进者，称处于多头头寸；对于卖出者，称处于空头头寸。例如，2023年9月28日下午，如果投资者A认为接下来几个月铜价会上涨，他就可以在铜期货cu2311上开仓建立一个多头头寸，即“买入开仓”。开仓的期货价格为67 240元/吨，11月为交割月份。如果投资者B认为接下来

表6-1 上海期货交易所（SHFE）2023-09-28下午铜、黄金和铝期货收盘行情 金额单位：元

合约名	最新价	涨跌	持仓量	成交量	成交金额	买卖价	昨结算	开盘	最低	最高
cu2310	67 460	100	43 292	29 133	9 810 100 100	67 400/67 460	67 360	67 270	67 160	67 520
cu2311	67 240	60	152 183	64 133	21 553 958 050	67 240/67 250	67 180	67 110	67 000	67 380
cu2312	67 150	70	91 693	22 109	7 420 230 200	67 150/67 170	67 080	67 000	66 920	67 300
cu2401	67 060	40	36 444	8 508	2 852 819 650	67 060/67 100	67 020	66 920	66 870	67 230
cu2402	67 070	70	12 234	1 789	599 312 400	66 950/67 100	67 000	66 920	66 850	67 190
cu2403	66 990	30	8 823	1 897	635 289 700	66 860/67 020	66 960	66 930	66 820	67 180
cu2404	67 050	60	3 682	312	104 490 400	66 910/67 330	66 990	66 920	66 860	67 180
cu2405	67 030	40	1 541	175	58 623 100	66 860/67 120	66 990	67 060	66 880	67 250
cu2406	67 040	60	2 166	167	55 956 850	66 700/67 200	66 980	67 030	66 810	67 180
cu2407	66 980	-20	1 850	205	68 724 650	66 800/67 060	67 000	66 960	66 880	67 160
cu2408	67 060	70	1 429	125	41 856 300	66 780/67 180	66 990	66 970	66 850	67 130
cu2409	67 000	-50	638	229	76 628 800	66 800/67 280	67 050	66 950	66 800	67 100
au2310	459.30	-2.54	2 772	13 084	6 069 866 780	457.90/462.82	461.84	465.92	457.00	466.10
au2311	460.00	-8.64	165	196	90 552 240	456.32/461.02	468.64	465.76	455.12	465.76
au2312	459.50	-8.80	195 595	217 875	100 425 866 200	459.44/459.48	468.30	465.04	455.00	465.74
au2402	459.94	-9.00	98 936	84 992	39 225 670 460	459.86/459.94	468.94	465.94	455.28	466.24
au2404	460.70	-8.08	21 052	17 492	8 079 523 320	460.02/460.70	468.78	466.92	456.12	466.92
au2406	461.38	-8.16	18 581	7 223	3 343 961 300	461.02/461.30	469.54	466.98	456.86	467.34
au2408	461.50	-8.34	3 578	1 503	696 533 920	460.38/461.80	469.84	467.02	457.48	467.42
au2410	462.18	-8.18	597	161	74 839 200	462.00/462.72	470.36	467.56	458.50	468.26
al2310	19 710	140	62 695	58 091	5 723 488 150	19 660/19 710	19 570	19 620	19 600	19 835
al2311	19 445	55	262 674	255 977	24 945 428 575	19 440/19 445	19 390	19 420	19 390	19 645
al2312	19 325	50	125 521	66 196	6 416 584 975	19 315/19 325	19 275	19 290	19 280	19 535
al2401	19 240	40	50 877	23 025	2 221 065 850	19 240/19 280	19 200	19 250	19 190	19 450
al2402	19 190	25	11 662	3 594	346 108 400	19 190/19 250	19 165	19 200	19 150	19 405
al2403	19 160	20	6 078	863	83 005 225	19 155/19 325	19 140	19 185	19 135	19 380
al2404	19 140	20	3 918	202	19 421 700	19 060/19 300	19 120	19 160	19 115	19 345
al2405	19 175	75	2 144	307	29 448 125	19 150/19 215	19 100	19 160	19 100	19 340

资料来源：佚名. 上海期货交易所2023年9月28日下午铜、黄金和铝期货收盘行情［EB/OL］.（2023-09-28）. https：//www.shfe.com.cn/statements/dataview.html？paramid=delaymarket_al.

几个月铜价会下跌，他就可以在铜期货cu2311上开仓建立一个空头头寸，即“卖出开仓”。开仓的期货价格也为67 240元/吨，同样是在11月份进行交割。

投资者持有期货合约称为持仓。如果合约一直持有至到期，就进入交割程序。如果是实物交割，根据交易所的规则和程序，交易双方将进行该期货合约所载商品所有权的转移；如果是现金交割，则交割盈亏差价。商品期货一般都是实物交割。如果投资者A持有的多头头寸进入交割程序，投资者A就会在指定仓库收到合约规定的标准铜，并支付结算价格[①]、手续费和税费。如果投资者B持有的空头头寸进入交割程序，投资者B就会在指定仓库上交合约规定的标准铜，并收到结算价格，支付手续费和税费。如果不考虑手续费和税费，多头A实现的利润就是标准铜在交割日的价格减去开多头仓时的期货价格；空头B实现的利润就是开空头仓时的期货价格减去标准铜在交割日的价格。

在实际操作中，只有极少的合约进入交割程序，大部分是在合约到期之前就进行平仓（Closing Out a Position），即期货交易者买入或者卖出与其所持期货合约的品种、数量及交割月份相同但交易方向相反的期货合约，结束期货交易行为。例如，假如到了10月份，cu2311的价格上涨为68 240元/吨，此时投资者A可以做一个“卖出平仓”结束其头寸，每吨实现利润1 000元（68 240-67 240）（不考虑手续费和税费）。投机者一般选择在合约规定的交割日前平仓，原因是进行交割常常很不方便，有时交割成本也很昂贵。套期保值者也是大多采用平仓策略，他们更愿意在期货市场上平仓，然后通过一般现货途径来买卖资产。从表6-1的黄金期货行情中可以看到，很快到期进入交割程序的au2311未平仓合约（持仓量）很小，交易量也很小，流动性风险较大，说明大部分合约已经平仓；而au2312未平仓合约最大，交易量也最大，流动性很好，在市场上一般称为“主力合约”。

期货合约的主要条款包括标的资产、合约规模、交割地点、交割月份等规定（具体见表6-2）。

表6-2　上海期货交易所阴极铜标准合约

交易品种	阴极铜
交易单位	5吨/手
报价单位	元（人民币）/吨
最小变动价位	10元/吨
涨跌停板幅度	上一交易日结算价±3%
合约交割月份	1至12月
交易时间	上午9：00至11：30，下午1：30至3：00和交易所规定的其他交易时间
最后交易日	合约月份的15日（遇国家法定节假日顺延，春节月份等最后交易日交易所可另行调整并通知）
交割日期	最后交易日后连续5个工作日

① 由于期货交易实施每日盯市规则，即每日无负债原则，交易者每日结算盈亏，所以，最后交割的结算价格不是期货开仓时的期货价格，而是交割时的现货价格。

续表

交割品级	阴极铜，符合国标GB/T 467-2010中A级铜（Cu-CATH-1）规定，或符合BS EN 1978：1998中A级铜（Cu-CATH-1）规定
交割地点	交易所指定交割仓库
最低交易保证金	合约价值的5%
交割方式	实物交割
交割单位	25吨
交易代码	CU
上市交易所	上海期货交易所

资料来源：佚名. 上海期货交易所阴极铜标准合约查询［EB/OL］.（2023-09-28）. http：//www.shfe.com.cn/products/cu/standard/90.html.

（1）标的资产（Assets）或交割品级（Deliverable Grades）

交割品级是指由期货交易所统一规定的、准许在交易所上市交易的合约商品的质量等级。上海期货交易所的标准阴极铜，要求符合国标GB/T 467-2010中1号标准铜（Cu-CATH-2）规定，其中主成分铜加银含量不小于99.95%。为了保证期货交易顺利进行，许多期货交易所允许用与标准品有一定等级差别的商品作替代交割品。

（2）合约规模（Contract Size）或交易单位（Trading Units）

合约规模或交易单位，规定了每一张合约中标的资产的数量。交易单位过小，会涉及较高的交易成本；交易单位过大，不利于吸引更多中小投资者的参与。上海期货交易所的标准阴极铜每张合约为5吨，即交易数量必须是5吨的整数倍。

（3）交割安排（Delivery Arrangement）或交割地点（Delivery Points）

交割地点是指由期货交易所统一规定的、进行实物交割的指定交割仓库。这对于运输费用较高的商品期货特别重要，有时可能存在多个交割地点。目前上海期货交易所铜的交割仓库有17个，分布在全国各地，并有详细附件说明各个仓库交割的升贴水标准。此外，上海期货交易所铜的交割单位为25吨。

（4）交割月份（Delivery Months）

交割月份是指某种期货合约到期需要交割的月份，由期货交易所规定。某种商品期货合约交割月份的确定，一般由标的资产的生产、使用、消费等特点决定。例如，农产品期货的生产与消费具有很强的季节性，因而其交割月份的规定也具有季节性特点。美国芝加哥期货交易所交易的玉米期货合约的交割月份为3月份、5月份、7月份、9月份和12月份。我国上海期货交易所的铜期货交割月份为一年中的任意一个月。在国际货币市场上交易的外汇期货的交割月份多为3月份、6月份、9月份、12月份等。

对于特定月份的合约，交易所还要规定合约的最后交易日（Last Trading Day）和交割日期（Days of Delivery），最后交易日一般在最后交割日的前几天。上海期货交易所铜合约的最后交易日是合约月份的15日（遇国家法定节假日顺延），交割日期是最后交易日后连续5个工作日。

(5) 交易保证金（Margin）

交易保证金是交易所规定的、交易者按合约价值的一定比例缴纳的履约金。上海期货交易所铜合约的最低交易保证金是合约价值的5%。这是针对期货经纪公司等会员单位的，经纪公司对普通投资者收取的交易保证金还会略高一点。越低的交易保证金意味着越大的杠杆，投机性越强，套期保值的成本越低。

(6) 交割方式（Delivery Methods）

期货交易的交割方式分为实物交割（Physical Delivery）和现金交割（Cash Delivery）两种。在最后交易日结束后，手中还有未平仓合约的买方必须买进相应合约的商品，卖方必须卖出相应合约的商品，这是实物交割方式。在现金交割方式下，不必买入或卖出相应合约的商品，只结算差价。商品期货通常采用实物交割方式，金融期货大多采用现金交割方式。上海期货交易所的铜期货采用实物交割方式，中国金融期货交易所的沪深300股指期货采用现金交割方式。

三、期货价格收敛于现货价格

从表6-1中可以看到，同一类期货，如阴极铜期货，不同交割月份的期货价格是不同的。其中，黄金合约是距离交割日时间越长，期货价格越高，这称为正向市场（Normal Market）；而铜合约和铝合约都是距离交割日时间越长，期货价格越低，这称为反向市场（Inverted Market）。

标的资产在现货市场上的价格称为现货价格（Spot Price），也有的翻译为即期价格。同一期货合约，随着合约的交割月份的接近，期货的价格会逐步收敛于标的资产的现货价格。当到达交割日期时，期货的价格会等于或非常接近于标的资产的现货价格，否则会有套利机会，如图6-1所示。图6-1（a）中，期货价格高于现货价格，称为期货溢价或升水，这对应的是正向市场，见表6-1中的黄金期货合约。图6-1（b）中，现货价格高于期货价格，称为现货溢价或升水，这对应的是反向市场，见表6-1中的铜和铝期货合约。

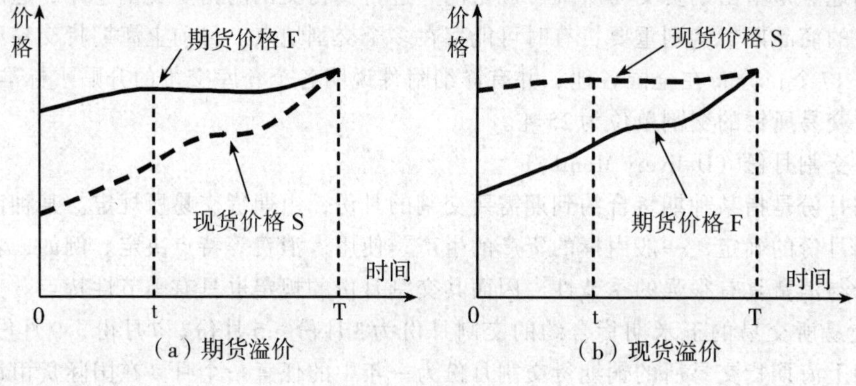

图6-1 期货价格收敛于现货价格

对于一个期初开仓（0时）做多头，并持有至到期（T时）的投资者来说，持有至到期进行交割实现的利润是F_T-F_0，F_T代表合约到期时的期货价格，F_0代表合约期初开仓时的期货价格。由收敛性可知，到期时的期货价格F_T等于现货价格S_T，所以，期货的总盈亏可以表示为S_T-F_0。如果不计交易费用、利息费用或利息收入，则在到期日：

多头利润=到期时的现货价格-开仓时的期货价格=$F_T-F_0=S_T-F_0$

空头利润=开仓时的期货价格-到期时的现货价格=$F_0-F_T=F_0-S_T$

如果不计交易费用，空头的损失（盈利）等于多头的盈利（损失），期货合约是零和博弈。

四、保证金制度和每日盯市

期货实施的是保证金制度，即期货的交易者被要求在账户中保留现金（或证券）余额。保证金制度既体现了期货交易特有的“杠杆效应”，同时也成为交易所控制期货交易风险的一种重要手段。我国期货保证金比例一般是合约价值的5%~10%，一般以货币资金缴纳，以上市流通国库券、标准仓单折抵期货保证金，应当符合有关规定。

以表6-1为例，2023年9月28日下午，铜期货cu2311价格为67 240元/吨，11月份交割。投资者A在cu2311上“买入开仓”10张合约，客户保证金比例为10%，1张合约为5吨。

投资者A的交易保证金=67 240×10%×10=67 240（元）

当然，除了交易保证金，客户还要缴纳手续费。简单起见，以下忽略手续费。在每日收市结算后，投资者账户中的资金不能低于根据当天结算价格计算的交易保证金。如果账户余额低于要求的交易保证金，在下一个交易日开始之前必须追加补齐保证金，否则会被强行平仓。为了避免被强行平仓，投资者的账户资金余额最好保持为交易保证金的3倍以上。

2023年10月9日下午收市，cu2311收市结算价格为67 400元/吨。

投资者A当天的盈利=（67 400-67 240）×10=1 600（元）

投资者A当天的交易保证金=67 400×10%×10=67 400（元）

2023年10月9日下午收市结算，由于期货价格上涨，投资者A当天盈利1 600元，这1 600元当天就会划入其账户。这就是盯市（Marking to Market）制度，或称为每日无负债原则。盯市是根据相关市场变量的当前价值对金融工具进行重新估值的行为。具体而言，交易所对会员单位的结算，期货经纪公司对客户的结算，都是在每一交易日交易结束后对每一客户的当日盈亏、交易手续费、交易保证金等款项进行结算，盈亏当日划转。当天收市时，投资者A的账户余额不得低于67 400元。

2023年10月10日下午收市，cu2311收市结算价格为66 460元/吨。

投资者A当天的盈利=（66 460-67 400）×10=-9 400（元）

投资者A当天的交易保证金=66 460×10%×10=66 460（元）

2023年10月10日下午收市结算，由于期货价格下跌，投资者A当天亏损9 400元，这9 400元当天就会从其账户中划出。当天收市时，投资者A的账户余额不得低于66 460元。

2023年10月11日，投资者A“卖出平仓”10张合约结束头寸，假设平仓价格为66 930元。

投资者A当天的盈利=（66 930-66 460）×10=4 700（元）

2023年10月11日下午收市结算，期货价格上涨，投资者A当天盈利4 700元。

因此，如果忽略交易费用，每日盯市总体盈利情况为：

投资者A的总体盈利=1 600-9 400+4 700=-3 100（元）

使用开仓价格和平仓价格计算，总体盈利情况为：

投资者A的总体盈利=（66 930-67 240）×10=-3 100（元）

可见，计算结果是一样的，但是盈亏在期货交易中是每日结算的。

国际上通行的保证金制度与我国略有不同。以美国为例，保证金分为初始保证金（Initial Margin）和维持保证金（Maintenance Margin）。初始保证金是投资者在最初开仓交易时必须存入的资金数量，一般为合约价值的5%～15%。每日交易也遵循盯市规则，随着期货价格的变化所实现的盈亏立即进入保证金账户。为了确保保证金账户的资金余额在任何情况下都不会为负值（爆仓），交易所设置了维持保证金。维持保证金数额低于初始保证金数额，一般为初始保证金数额的75%。如果保证金账户的余额低于维持保证金数额，投资者就会收到保证金催付通知（Margin Call），要求在下一交易日将保证金账户内的资金补足到初始保证金的水平，否则，经纪人有权出售该合约强行平仓。

五、远期合约和期货合约的比较

远期合约（Forward Contracts）是买卖双方签订的一个在确定的将来时间按确定的价格购买或出售某项资产的协议。远期合约是场外交易（OTC）工具，其历史比期货合约更久远，现今仍然活跃在国际金融市场上，如远期利率协议。

远期合约与期货合约的主要区别在于：远期合约不在交易所内交易，通常是两个金融机构之间或金融机构与其公司客户之间的合约。远期合约的内容可以不与交易所规定的标准条款一致，协议人可以协商交割日期。一张远期合约通常只设定一个交割日期，但期货合约则设立一系列交割日期。远期合约不必每天盯市，双方在交割日结清。远期合约也不像期货合约那样绝大部分在交割前平仓，而一般持有至到期进行交割。表6-3总结了远期合约与期货合约的不同点。

表6-3 远期合约与期货合约的不同点

远期合约	期货合约
交易双方私下签署	交易所内交易
非标准化合约（灵活）	标准化合约
通常指定一个交割日	一系列交割日期
在合约到期日结算	每日结算
对方（信用）风险	交易所（信用）风险
通常在到期日交割	通常在到期日前平仓

第二节 期货的应用：投机和套期保值

一、运用期货合约的投机

投机（Speculation）是投机者因打赌未来资产价格会上升或下降而参与期货市场交易的。与现货交易相比，期货提供了可观的财务杠杆，具有更大的投机性，操作也更方便。

重要术语

衍生证券（Derivatives）

期权（Option）

看涨期权（Call Option）

看跌期权（Put Option）

权证（Warrant）

认购权证（Call Warrant）

认沽权证（Put Warrant）

保护性看跌期权（Protective Put）

抛补看涨期权（Covered Call）

对敲（Straddle）

二项式模型（Binomial Model）

布莱克-舒尔斯期权定价公式（Black-Scholes Model）

套期保值率（Delta）

习题

复习思考题

1.看涨期权的空头与看跌期权的多头有何区别？

2.简述期权和权证的区别。

3.什么是实值期权、两平期权、虚值期权？

4.影响期权价值的因素有哪些？如何影响？（分看涨期权与看跌期权说明）

5.为什么美式期权的价值总是大于或等于其内在价值？

6.欧式期权的价值可能小于其内在价值吗？为什么？

7.为什么普通投资者不适合做看涨期权合约的空头？

8.什么是Delta套期保值率？该比率有何策略意义？

9.通过购买一个较低执行价格X_1的股票看涨期权，同时出售一个相同股票的较高执行价格X_2的股票看涨期权构造一个组合，两个期权的到期日相同。试绘图说明组合的价值和利润分布，并分析组合的策略意义。

10.通过购买一个较低执行价格X_1的股票看跌期权，同时出售一个相同股票的较高执行价格X_2的股票看涨期权构造一个组合，两个期权的到期日相同。试绘图说明组合的价值和利润分布，并分析组合的策略意义。

计算题

1.不支付红利的某欧式看跌期权，有效期为9个月，执行价格为49元，股票市价为50元，无风险年利率为5%，股价年波动率为30%。试构造一个三步长的二叉树模型为该期

【例6-1】假定现有一位美国投机者。2月份，他认为英镑兑美元会在未来两个月内升值，准备对25万英镑进行投机。

方法一：现货市场投机。现在就借入美元，再买入25万英镑并存入生息账户，以后当英镑升值时再将英镑卖出获得利润。

方法二：期货市场投机。买入4月份交割的25万英镑期货合约。当前即期汇率为1.6470美元/英镑，4月份期货价格为1.6410美元/英镑，4月份英镑的即期汇率为1.7000美元/英镑。

期货投机的利润=（1.7000−1.6410）×25=1.475（万美元）

现货投机的利润=（1.7000−1.6470）×25=1.325（万美元）

2月份英镑的即期价格大于英镑的期货价格。根据后面介绍的知识可以得知，这表明英镑的市场利率更高。如果现货投机交易者是一个金融机构，在货币市场上借入美元兑换为英镑再存入货币市场账户，该机构还可以赚取英镑和美元之间的利差收益，所以，两种投机方法的收益在理论上是相等的。但是，期货市场投机具有很大的杠杆效应，因为只需投入很少的保证金。

二、运用期货合约的套期保值

套期保值（Hedging）是为了避免由标的资产价格的不利变动而产生的风险，需要在现货和期货上建立相反的头寸，希望利用期货上的盈利对冲现货上的亏损。套期保值效果的好坏，主要取决于在套期保值期间内现货和期货价格之间的关联度是否符合之前的预期。

【例6-2】假定现在是7月份，目前市场汇率为1.6920美元/英镑，交易所9月份到期的英镑期货价格为1.6850美元/英镑。

某一美国进口商A在9月份要为从英国供应商那里购买的货物支付100万英镑，A公司可以做多9月份交割的100万英镑期货合约来规避英镑升值的风险。在9月份交割期货的同时，按当时汇率将美元换成100万英镑。假设忽略佣金和其他成本，期货合约将未来的货款支付成本锁定在168.5万美元。

分析如下：9月份将美元换成1英镑的支出为$-S_T$，1英镑期货多头的利润为S_T-F_0，所以套期保值的结果是：$-S_T+(S_T-F_0)=-F_0$，即每1英镑的未来成本锁定为1.6850美元。

另一美国出口商B在7月份向英国出口货物，9月份才能收到100万英镑的货款。B公司可以做空9月份交割的100万英镑期货合约来规避英镑贬值的风险。在9月份交割期货的同时，按当时汇率将100万英镑换成美元。假设忽略佣金和其他成本，期货合约将未来的货款收入锁定在168.5万美元。

分析如下：9月份将1英镑换成美元的收入为S_T，1英镑期货空头的利润为F_0-S_T，所以套期保值的结果是：$S_T+(F_0-S_T)=F_0$，即每1英镑的未来收入锁定为1.6850美元。

这个例子是完全套期保值（Perfect Hedging），即现货的交易期和期货的交割期是同一天，而且现货的资产和期货的标的资产也相同。在完全套期保值情况下，价格波动的风险可以完全规避。但是，现实的套期保值很少属于完全套期保值。

美国进口商A使用的是多头套期保值（Long Hedge），即现货空头加上期货多头。多头套期保值的情况见表6-4。

表6-4　　多头套期保值分析

到期时现货价格变化	现货空头	期货多头
下降	盈利	亏损
上升	亏损	盈利

美国进口商B使用的是空头套期保值（Short Hedge），即现货多头加上期货空头。空头套期保值的情况见表6-5。

表6-5　　空头套期保值分析

到期时现货价格变化	现货多头	期货空头
下降	亏损	盈利
上升	盈利	亏损

表6-6是完全套期保值组合到期时的利润（忽略利息、仓储等费用）分析情况。空头套期保值利润是F_0-S_0，多头套期保值利润是S_0-F_0。由于S_0和F_0在当前已经是确定的，所以，完全套期保值没有价格风险。

表6-6　　完全套期保值分析

空头套期保值			多头套期保值		
现货多头	期货空头	组合利润	现货空头	期货多头	组合利润
S_T-S_0	F_0-S_T	F_0-S_0	S_0-S_T	S_T-F_0	S_0-F_0

从结果来看，套期保值的结果有时可能还不如不进行套期保值。当标的资产价格朝着不利的方向发展时，套期保值可以用期货的盈利对冲现货的亏损。但是，当标的资产价格朝着有利的方向发展时，现货的盈利却被期货的亏损对冲掉了。作为一个成熟的"蓝筹"公司，还是需要适度使用套期保值来规避商品价格、利率、汇率带来的风险，以使公司的业绩能够更多地取决于管理和技术优势。

【例6-3①】某铜业公司在年初根据资料分析，预计铜价会有较大幅度的下跌。于是，该公司决定按每月4 000吨的计划销售量，对其产品电解铜进行套期保值交易。该公司在期货市场上分别以17 450元/吨、17 650元/吨、17 850元/吨、18 050元/吨、18 250元/吨的价格卖出5月份、6月份、7月份、8月份、9月份的期货合约，各4 000吨。该公司将当时的现货价格17 200元/吨作为其目标销售价。

进入第二季度以后，现货铜价果然跌至16 500元/吨，该公司按预定交易策略，从4月1日起对应其每周的实际销售量对5月份期货合约进行买入平仓。4月月末的套期保值交易结果见表6-7。

根据结果可知，盈亏相抵并减去8万元的交易手续费后，该公司5月份还盈利37万元。因此，该公司实际上实现的销售价格约为17 290元/吨。这一结果表明，该公司通过套期保值交易，有效地规避了铜价下跌所产生的风险，实现了该公司所希望的目标销售价。

① 此案例来自上海期货交易所。

表 6-7 铜套期保值交易结果

期间	现货市场	期货市场
预期	目标销售价 17 200 元/吨 计划销售量 4 000 吨	5 月期货合约卖出价 17 450 元/吨，合约数量 4 000 吨
第一周	实际销售量 1 000 吨 平均销售价 16 500 元/吨 销售亏损 70 万元	5 月合约买入平仓量 1 000 吨 平仓价 16 650 元/吨 平仓盈利 80 万元
第二周	实际销售量 1 000 吨 平均销售价 16 450 元/吨 销售亏损 75 万元	5 月合约买入平仓量 1 000 吨 平仓价 16 600 元/吨 平仓盈利 85 万元
第三周	实际销售量 1 000 吨 平均销售价 16 400 元/吨 销售亏损 80 万元	5 月合约买入平仓量 1 000 吨 平仓价 16 550 元/吨 平仓盈利 90 万元
第四周	实际销售量 1 000 吨 平均销售价 16 400 元/吨 销售亏损 80 万元	5 月合约买入平仓量 1 000 吨 平仓价 16 500 元/吨 平仓盈利 95 万元
累计	累计销售量 4 000 吨 累计销售亏损 305 万元	累计平仓量 4 000 吨 累计平仓盈利 350 万元

小贴士

期权与期货合约有什么区别？

期货合约是指由期货交易所统一制定的、规定在将来某一特定的时间和地点交割一定数量和质量的标的物的标准化合约。期权与期货合约的区别有以下几个方面：

（1）当事人的权利与义务不同。期权合约是非对称性合约，期权的买方只享有权利而不承担义务，卖方只承担义务而不享有权利；期货合约当事人双方的权利与义务是对等的，也就是说，在合约到期时，持有人必须按照约定价格买入或卖出标的物（或进行现金结算）。

（2）收益与风险不同。在期权交易中，投资者的风险和收益是不对称的，具体而言，期权买方承担有限风险（以损失的权利金为限），而盈利则有可能是无限的，期权卖方享有有限收益（以所获得的权利金为限），而其潜在风险可能无限；期货合约当事人双方承担的盈亏风险是对称的。

（3）保证金制度不同。在期权交易中，期权卖方应当支付保证金，而期权买方无须支付保证金；在期货交易中，无论是多头还是空头，持有人都需要以一定的保证金作为抵押。

（4）套期保值与盈利性的权衡。投资者在利用期权合约进行套期保值的操作中，在锁定管理风险的同时，还预留进一步盈利的空间，即标的物（如股票、50ETF 等）价格朝着不利方向运动时可以及时锁定风险，而朝着有利方向运动时又可以获取盈利；投资者在利用期货合约进行套期保值的操作中，在规避不利风险的同时，也放弃了收益增长的可能。

资料来源：佚名．期权与期货合约有什么区别？[EB/OL]．(2015-03-16)．http：//www.csrc.gov.cn/pub/guangdong/xxfw/tzzsyd/qhtz/201503/t20150316_270267.htm.

第三节　期货合约的定价

期货的价格和标的资产现货的价格在交割日期总是会收敛的，这就决定了在到期前期货的价格和现货的价格变化总是有很强的相关性。这一节着重分析期货价格和现货价格之间的函数关系，即期货合约理论价格（内在价值）的确定。早期理论认为期货价格取决于对未来现货价格的预期，现代定价理论则是根据无套利定价原则来确定期货的价格。

一、股指期货的定价

全球市场上股票指数期货非常普及，而针对具体股票的股票期货却很少见。由于股票期货定价公式的推导较为简单，本节就从股票期货开始分析。①

如果套期保值是完全的，即标的资产现货多头加上期货空头构成的空头套期保值组合是没有风险的，那么，该组合头寸的收益率应与其他无风险投资的收益率相同，否则，就有套利机会。考虑一个空头套期保值组合，标的资产是股票，到期日是T。在期初0时刻，资产现货价格为S，股票期货价格为F，预计截止到期货交割日，股票累计红利的终值为D，货币市场利率为r。如果忽略期货每日盯市效应，该组合在期初和期末的现金流情况见表6-8。

表6-8　空头套期保值组合的现金流

项目	期初现金流	期末现金流
购买股票1单位	-S	S_T+D
期货空头1单位	0	$F-S_T$
总计	-S	F+D

由于期初现金流和期末现金流都是确定的，所以，该组合的收益率为货币市场无风险利率。按照“实际天数/360（Days/360）”的基准，使用单利规则，则有：

$$\frac{(F+D)-S}{S}=r\times\frac{Days}{360}$$

股票期货的理论价格②：

$$F=S\left(1+r\times\frac{Days}{360}\right)-D \tag{6.1}$$

进一步推广到股指期货的定价。股票指数代表的是股票组合，由于含有众多股票，股利发放近似于连续的现金流。因此，定义股利收益率δ等于每年的股利除以股票现行价格。

单利规则下股指期货的理论价格：

$$F=S\left(1+r\times\frac{Days}{360}\right)-\delta\times S\times\frac{Days}{360}$$

$$=S\left[1+(r-\delta)\times\frac{Days}{360}\right] \tag{6.2}$$

① 赫尔. 期权、期货和其他衍生工具［M］. 张陶伟，译. 北京：华夏出版社，2000：15-98.

② 严格来讲，这个公式是远期合约的定价公式，但没有考虑盯市效应。多数期货合约距离到期日都仅有几个月，远期价格和期货价格没有太大差异。

上面的公式也称为持仓成本关系（Cost-of-Carry Relationship）。如果购买现货需要立即支付现金，则损失其时间价值，成本为r，但会收到红利，能够抵减一部分资本成本。因此，相对于购买期货，持有现货的净持仓成本率为r-δ，这部分成本会被期货与现货的价差所抵销。如果平价关系不成立且偏差达到一定程度，则意味着存在套利机会。

期货定价公式也可以推广到多个期间。

期间复利规则下股指期货的理论价格（有效期为T）：

$$F=S\left(1+r-\delta\right)^{T} \tag{6.3}$$

连续复利规则下股指期货的理论价格（有效期为T）：

$$F=Se^{(r-\delta)T} \tag{6.4}$$

上面给出了单利、期间复利和连续复利规则下的股指期货定价公式，使用哪一个更合适？在现实操作中，活跃的期货合约多数就有几个月的有效期，一般使用单利规则计算，这更好地反映了实际的持仓成本。在理论分析中，经常使用连续复利规则，其表达更为简洁。

【例6-4】假设目前沪深300股票指数为4 100点，一年期融资利率为5%，持有现货的股利年收益率为2%，以沪深300股票指数为标的物的股指期货合约距离到期日的时间为90天。使用单利规则，计算该合约的理论价格。

该合约的理论价格=4 100×［1+（5%-2%）×90÷360］=4 130.75（点）

二、其他类型期货的定价

下面继续推广到其他类型期货的定价。

对于外汇期货，三种复利规则下外汇期货的理论价格分别为：

$$F=S\left[1+\left(r-r^{*}\right)\times\frac{Days}{360}\right] \tag{6.5}$$

$$F=S\left(1+r-r^{*}\right)^{T} \tag{6.6}$$

$$F=Se^{(r-r^{*})T} \tag{6.7}$$

式中：r——本币的货币市场利率；r^{*}——外币的货币市场利率；$r-r^{*}$——外汇的持仓成本率。

黄金和白银等贵金属是一类特殊的商品，只有少部分用于生产性消费，大部分被各种投资者作为投资、保值工具等持有，所以说黄金和白银属于投资型商品。投资型商品与股票指数和外汇等金融工具有些不同，持有黄金和白银现货会涉及存储成本（Storage Costs）。定义存储成本率u等于一年期存储成本与现货价格的比率。

三种复利规则下投资型商品期货的理论价格分别为：

$$F=S\left[1+\left(r+u\right)\times\frac{Days}{360}\right] \tag{6.8}$$

$$F=S\left(1+r+u\right)^{T} \tag{6.9}$$

$$F=Se^{(r+u)T} \tag{6.10}$$

式中：u——存储成本率；r+u——投资型商品的持仓成本率。

因此，从理论上讲，黄金的期货价格应该大于现货价格，交割月份越远的合约，应该有更高的期货价格。从前面的表6-1中可以看到，上海期货交易所的黄金期货呈现正向市场行情。

对于铜、铝等有色金属商品，主要用于生产性消费，与黄金和白银等投资型商品相比有不同的特点。拥有铜、铝这些生产消费型商品的单位主要是生产企业，为了确保正常的生产秩序，必须要有合理的库存。也就是说，生产企业保持一定量的铜、铝现货会带来便利收益（Convenience Yield），否则，生产过程可能会面临中断的风险。这里用y表示便利收益。

三种复利规则下生产消费型商品期货的理论价格分别为：

$$F=S\left[1+(r+u-y)\times\frac{Days}{360}\right] \tag{6.11}$$

$$F=S(1+r+u-y)^{T} \tag{6.12}$$

$$F=Se^{(r+u-y)T} \tag{6.13}$$

式中：r+u——生产消费型商品的持仓成本率；y——便利收益。

虽然便利收益不容易计量，但上述公式可以帮助我们分析期货的价格模式。当生产消费型商品的社会库存量较低，预期会供不应求时，便利收益就会较高。当便利收益y大于持仓成本r+u时，期货价格会小于现货价格，即成为反向市场。从前面的表6-1中可以看到，上海期货交易所的铜期货就呈现反向市场行情，其原因是我国一直是主要的铜进口国，铜的便利收益较高。

如果生产消费型商品的社会库存量较高，供给充足，那么，便利收益就会较低。当便利收益y小于持仓成本r+u时，期货价格会大于现货价格，即成为正向市场。

第四节 基差和最小方差套期保值比率

基差（Basis）就是现货价格减去期货价格[①]。在实际应用时，期货合约的套期保值并不那么完全。首先，需要对冲价格风险的现货资产与期货合约的标的资产可能并不完全一致。其次，套期保值者可能并不肯定购买或出售资产的确切时间，期货合约往往在到期日之前就平仓。因此，套期保值会存在基差风险（Basis Risk），或者说，套期保值是利用基差风险来替换现货价格变动的风险。

因此，如果套期保值者的目的是风险最小化，那么，套期保值的最佳比例一般不会是1单位现货对应1单位期货。下面主要分析基于历史数据估计的最小方差的套期保值比率。

套期保值比率（Hedge Ratio）指的是现货的风险暴露头寸（Exposure）中，使用期货等衍生工具进行套期保值部分头寸所占的比例。具体而言，套期保值比率就是持有期货合约的头寸大小与被套期保值现货资产大小之间的比率。其公式表示如下：

$$h=\frac{期货头寸}{现货头寸}=\frac{N_FQ_F}{N_S} \tag{6.14}$$

式中：h——套期保值比率；F——期货价格；S——现货价格；N_S——被套期保值现货的头寸，如50吨铜；N_F——期货合约的张数；Q_F——1张期货合约的大小，如我国1张铜期货合约为5吨铜。

最小方差套期保值比率h^*（Minimum Variance Hedge Ratio），就是使套期保值组合

① 有些书籍把基差定义为期货价格减去现货价格。

（现货头寸加上期货头寸构成的组合）方差最小的套期保值比率，也称为最优套期保值比率。[①]

下面以空头套期保值组合为例展开分析，在套期保值期限内组合价值的变化为：

$$\Delta P=\Delta S-h\Delta F$$

套期保值组合价值变化的方差为：

$$\sigma^2_P=\sigma^2_S+h^2\sigma^2_F-2h\rho\sigma_S\sigma_F$$

式中：ΔP——组合价值的变化值；ΔS——现货价格的变化值；ΔF——期货价格的变化值；σ_P——ΔP的标准差；σ_S——ΔS的标准差；σ_F——ΔF的标准差；ρ——ΔS和ΔF的相关系数。

若要使得该方差最小，则h需要满足下列条件：

$$\frac{\partial\sigma_P^2}{\partial h}=2h\partial_F^2-2\rho\sigma_S\sigma_F=0\text{且}\frac{\partial^2\sigma_P^2}{\partial h^2}=2\sigma_F^2>0$$

所以，最小方差套期保值比率为：

$$h^*=\rho\frac{\sigma_S}{\sigma_F} \tag{6.15}$$

这个公式的投资含义非常清晰：现货价格波动性越大，现货和期货的价格变动相关性越高，为减小风险就需要建立更多的期货头寸。在实际操作中，要得到相关参数，就需要收集过去一段时间现货和期货的历史价格样本数据，并做出回归分析，如图6-2所示。

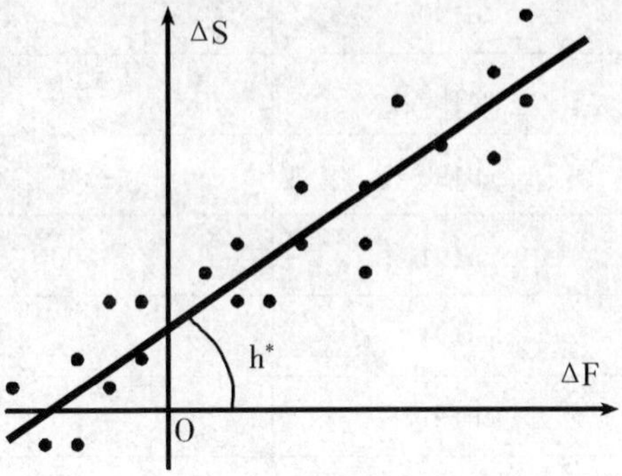

图6-2　ΔS对ΔF的回归示意图

图6-2中，ΔS（纵轴）为被解释变量，ΔF（横轴）为解释变量。回归拟合线的斜率参数即为最小方差套期保值比率h^*。回归的可决系数R^2在这里代表套期保值效果（Hedge Effectiveness），意思是现货价格的变化中有多少比例能够被期货价格的变化对冲。套期保值效果的公式为：

$$R^2=h^{*2}\frac{\sigma_F{}^2}{\sigma_S{}^2} \tag{6.16}$$

从理论上讲，选取样本观察值的时间间隔应当与需要实施的套期保值的时间间隔长度一致。例如，一个铜材的生产厂家预计未来1个月铜价会下跌，准备做一个为期1个月的空头套期保值。为了估计需要做空的期铜合约最佳数量，需要收集过去一段时间每月该类型铜材现货价格月度变化数据，以及活跃的主力期铜合约价格月度变化数据，然后进行回归分析。

---

① STULZ R M. Optimal hedging policies［J］. Journal of Financial and Quantitative Analysis，1984，19（2）：127-140.

案例分析　　　　铜冶炼企业的空头套期保值

葫芦岛的一家铜冶炼企业，生产1#电解铜，主要销往以北京为中心的北方市场。2020年5月31日，该企业负责人预计未来1个月（6月份）铜价会大幅下跌，但是产品要在6月底才能上市交易，于是准备在上海期货交易所做一个为期1个月的阴极铜合约空头套期保值。该企业2020年6月的销售计划为2 000吨1#电解铜。为了估计需要做空的期铜合约数量，该负责人收集了过去15个月1#电解铜在北京有色金属市场上的现货价格月度数据，以及在上海期货交易所过去15个月中2个月后交割的主力期铜合约价格的月度数据，相关数据见表6-9。2020年6月1日，该企业卖空cu2008合约，2020年6月30日，其买入cu2008合约进行平仓，每张合约为5吨阴极铜。2020年6月30日，该企业在北京有色金属市场上一次性出售全部2 000吨1#电解铜现货。

表6-9　　　　1#电解铜现货价格和期铜价格的月度数据　　　　单位：元

月份	期货合约	期货价格变化	现货价格变化
2019年3月	cu1905	−1 350	−300
2019年4月	cu1906	10	−800
2019年5月	cu1907	−2 770	−2 300
2019年6月	cu1908	760	900
2019年7月	cu1909	−340	250
2019年8月	cu1910	−100	−600
2019年9月	cu1911	530	550
2019年10月	cu1912	50	−100
2019年11月	cu2001	−90	150
2019年12月	cu2002	1 750	1 700
2020年1月	cu2003	−1 260	−1 000
2020年2月	cu2004	−3 740	−3 250
2020年3月	cu2005	−5 340	−5 300
2020年4月	cu2006	3 800	3 550
2020年5月	cu2007	1 090	1 150

资料来源：1#电解铜在北京有色金属市场上的现货价格数据来源于有色金属价格网，期铜价格数据来源于上海期货交易所。

使用Excel统计分析得到的结果见表6-10。

图6-3是ΔS和ΔF的回归拟合图。

表6-10 使用Excel统计分析得到的结果

回归统计						
Multiple R	0.979914					
R Square	0.960232					
Adjusted R Square	0.957173					
标准误差	435.892					
观测值	15					
方差分析						
	df	SS	MS	F	Significance F	
回归分析	1	59640980	59640980	313.8974	1.74E-10	
残差	13	2470020	190002			
总计	14	62111000				
	Coefficients	标准误差	t Stat	P-value	Lower 95%	Upper 95%
Intercept	70.7396	115.1427	0.614365	0.549576	-178.011	319.490
期货价格变化	0.923014	0.052097	17.71715	1.74E-10	0.810464	1.035563

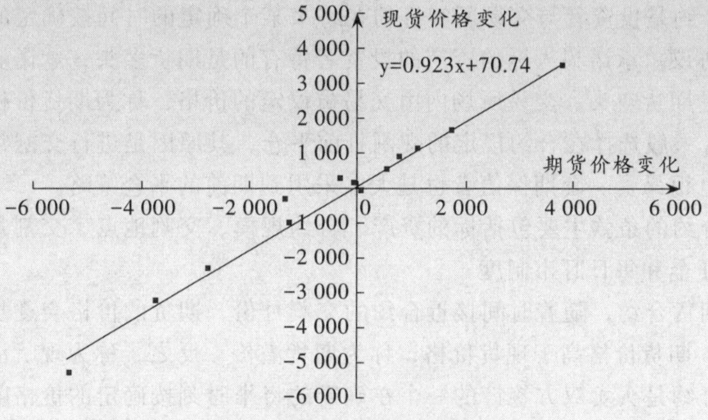

图6-3 ΔS和ΔF的回归拟合图（单位：元）

现货价格变化ΔS的标准差σ_S等于2 106.30；期货价格变化ΔF的标准差σ_F等于2 236.15；ΔS和ΔF的相关系数ρ等于0.9799；最小方差套期保值比率h^*（回归拟合线的斜率参数，非常显著）等于0.9230；套期保值效果（可决系数R^2）等于0.9572。

根据前面的公式，每张合约为5吨阴极铜，可以得到2 000吨1#电解铜对应的最佳期铜合约卖空数量为：

$$N_F^* = \frac{h^* N_S}{Q_F} = \frac{0.9230 \times 2\,000}{5} = 369.2\text{（张）}$$

取整数为369张期铜合约卖空。

该企业2020年6月1日卖空cu2008合约369张，开仓价格为44 370元/吨，此时，1#电解铜在北京有色金属市场上的现货价格为44 750元/吨[①]。2020年6月30日，该企业买入cu2008合约369张进行平仓，假设平仓价格为42 330元/吨。2020年6月30日，该企业在北京有色金属市场上一次性出售全部2 000吨1#电解铜，假设出售价格为43 100元/吨。

假设不计交易费用，期货市场盈利：

（44 370−42 330）×5×369=3 763 800（元）

以2020年6月30日现货价格为预算考核价格，现货市场盈利：

（43 100−44 750）×2 000=−3 300 000（元）

因此，套期保值实现盈利：

3 763 800−3 300 000=463 800（元）

从历史数据来看，期铜价格波动比北京现货市场1#电解铜价格波动要大，而且相关系数高达0.9799，所以，套期保值比率小于1，为0.9230。换句话说，2 000吨1#电解铜现货，套期保值使用的期货数量为1 845吨（5×369）。从实施套期保值的结果来看，如果2020年6月期铜价格的跌幅比1#电解铜现货价格的跌幅要大，超过历史样本估计的趋势，则会导致期货市场盈利高于现货市场亏损，套期保值总体实现超过40万元的盈利。

本章小结

1.期货合约是投资者与交易所签订的在将来某个确定的时间按确定的价格购买或出售某项资产的协议。承诺买入标的资产的投资者持有的是期货多头，承诺卖出标的资产的投资者持有的是期货空头。交易所场内由交易员议定的价格，称为期货价格。

2.投机者一般选择在合约规定的交割日前平仓，其原因是进行交割常常很不方便，有时交割成本也很昂贵。套期保值者也是大多采用到期前的平仓策略。

3.期货合约的条款主要包括标的资产、合约规模、交割地点、交割月份等规定。期货实施的是保证金和每日盯市制度。

4.同一期货合约，随着时间接近合约的交割月份，期货的价格会逐步收敛于标的资产的现货价格。期货价格高于现货价格，称为期货溢价；反之，称为现货溢价。

5.远期合约是买卖双方签订的一个在确定的将来时刻按确定的价格购买或出售某项资产的协议。与期货合约不同，远期合约是场外（OTC）工具。

6.期货的理论价格和现货价格的差距是由持仓成本决定的。

7.套期保值是利用基差风险来替换现货价格变动的风险。基差就是现货价格减去期货价格。由于存在基差风险，因此，如果套期保值者的目的是风险最小化，套期保值的最佳比例一般不会是1单位现货对应1单位期货。需要基于历史数据估计最小方差的套期保值比率。

① 1#电解铜在北京有色金属市场上的现货价格数据来源于有色金属价格网，期铜价格数据来源于上海期货交易所，使用当日收盘结算价格。

重要术语

资本结构（Capital Structure）
期货合约（Future Contract）
期货多头（Long Futures）
期货空头（Short Futures）
交易保证金（Margin）
交割（Delivery）
正向市场（Normal Market）
反向市场（Inverted Market）
每日盯市（Marking to Market）
投机（Speculation）
套期保值（Hedging）
基差（Basis）
最小方差套期保值比率（Minimum Variance Hedge Ratio）

习题

复习思考题

1.期货和期权有何不同？
2.为什么投机者、套期保值者一般选择在合约规定的交割日前平仓，而不是交割？
3.期货合约有哪些主要条款？
4.简述期货的保证金制度和每日盯市制度。
5.期货合约和远期合约有何不同？
6.期货有哪些作用？
7.套期保值是否能够完全规避价格风险？为什么？
8.期货套利有哪些方式？各面临哪些风险？
9.什么是期货的持仓成本？
10.套期保值的最佳比例一般不会是1单位现货对应1单位期货，为什么？

计算题

1.某投资者以50.00美分的价格卖空一张棉花期货合约，每张合约规模为22 679.6185千克（50 000磅）。交割时，如果棉花价格分别为46.50美分和52.10美分，那么，该投资者的盈亏如何？

2.某种商品现货价格变化每季度的标准差为0.65元，该种商品期货价格变化每季度的标准差为0.81元，二者变化的相关系数为0.8。一张3个月期限合约的最佳套期保值比率为多少？有何含义？

3. 如果无风险年利率为8%，股票指数的红利年收益率为3%，指数现值为2 000元。那么，3个月期限的期货的理论价格为多少？分别使用单利和连续复利规则下的股指期货定价公式进行计算。

4. 白银的现价为0.3175美元/克（9美元/盎司），储存费用为每年0.008466美元/克（0.24美元/盎司），每季度支付一次且要预先支付。假设所有期限的年利率均为10%，使用连续复利规则下的股指期货定价公式计算9个月后交割的白银的期货价格。

5. 一家航空公司计划在1个月以后购买2 000 000升航空煤油，打算使用燃料油期货合约进行套期保值。表6-11为在此之前连续15个月份的历史样本数据。每份燃料油期货合约为42 000升。分别计算最小方差套期保值比率、最佳合约数量，并依据历史数据讨论套期保值的效果。

表6-11 **历史数据** 单位：美元

月度	期货价格变化	现货价格变化
1	0.021	0.029
2	0.035	0.020
3	−0.046	−0.044
4	0.001	0.008
5	0.044	0.026
6	−0.029	−0.019
7	−0.026	−0.010
8	−0.029	−0.007
9	0.048	0.043
10	−0.006	0.011
11	−0.036	−0.036
12	−0.011	−0.018
13	0.019	0.009
14	−0.027	−0.032
15	0.029	0.023

案例讨论题

进口付汇业务的套期保值

MC公司是一家在美国经营的企业。该公司刚刚从英国采购了一批原材料，合同约定180天后付款2 020万英镑。MC公司外汇管理部门的分析师担心未来英镑对美元升值，所以考虑对该笔应付账款所带来的交易风险进行套期保值，有以下四个备选方案：

（1）远期合约套期保值。远期合约套期保值与期货合同套期保值的基本原理相似，只是远期合约大多为商业银行点对点为企业提供量身定制的非标准化合约，而期货合同一般由期货交易所出售，合同格式都是标准化的。

（2）货币市场套期保值。货币市场套期保值是指用货币市场头寸来抵补未来应付账款或应收账款头寸。针对远期的外币应付账款，企业可以即期借入本币并将其兑换成应付账款所对应的外币，而后将其存入银行，在恰当计算外币存款利息之后，该笔外币存款到期的本利和可以恰好支付应付账款所需的金额。借入的本币也可以根据本币贷款利率确切计算出到期应该偿付的本利和。

（3）货币期权套期保值。货币买入期权（看涨期权）提供在一定期间内按执行价格购买一定数量的某种货币的权利，其主要用于对远期应付账款的套期保值。货币卖出期权（看跌期权）提供在一定期间内按执行价格卖出一定数量的某种货币的权利，其主要用于对远期应收账款的套期保值。

（4）不套期保值。这样，外汇头寸完全没有对冲。

MC公司的分析师从外汇市场上获取了以下信息：现时英镑即期汇率为1.65美元；现时180天英镑远期汇率为1.62美元；英、美两国180天存贷款利率分别为1%和1.5%。另外，180天英镑买入期权（看涨期权）的执行价格为1.59美元，期权费为0.01美元。MC公司的分析师预测180天后英镑即期汇率见表6-12。

表6-12 预测180天后英镑即期汇率 金额单位：美元

可能结果	概率
1.52	15%
1.58	70%
1.64	15%

思考：MC公司应该采用哪一种套期保值方案？

二维码6-1 参考答案

二维码6-2 拓展阅读：二十大引领期货市场发展

延伸阅读

［1］STULZ R M. Optimal hedging policies［J］. Journal of Financial and Quantitative Analysis，1984，19（2）：127-140.

［2］赫尔. 期权、期货及其他衍生产品［M］. 王勇，索吾林，译. 9版. 北京：机械工业出版社，2014.

[3] 罗孝玲. 期货与期权 [M]. 北京：高等教育出版社，2011.

[4] 赖利，布朗. 投资分析与投资组合管理 [M]. 李伟平，译. 8版. 北京：中国人民大学出版社，2011.

[5] 中国期货业协会. 期货投资分析 [M]. 北京：中国财政经济出版社，2013.

[6] 中国期货业协会. 中国期货业发展创新与风险管理研究 [M]. 北京：中国金融出版社，2015.

第七章　资本运作

学习目标

1. 了解资本运作的内容；
2. 掌握兼并与收购的相关知识；
3. 学习企业价值评估的基本方法；
4. 掌握资产重组的基本内容；
5. 掌握股票回购的基本知识。

引例：埃隆·马斯克收购推特

埃隆·马斯克是特斯拉（Tesla）的创始人兼首席执行官，也是美国太空探索技术公司（SpaceX）的首席执行官兼首席技术官。马斯克认为，推特（一家美国社交网络及微博客服务的公司，致力于服务公众对话）存在严重的内容审查缺陷，严重干涉公众的言论自由。2022年年初，为了改善推特公司的经营缺陷，马斯克以28.9亿美元收购了推特9.2%的股份，成为推特的大股东，并加入该公司的董事会，参与公司经营决策。这受到了推特董事会的阻止。为了阻止马斯克的敌意收购，推特董事会推出了限制马斯克持股不能超出14.9%的协议，但遭到马斯克的拒绝。为了获得推特的控制权，马斯克提出了要约收购推特的请求，以每股54.20美元（相比开始投资推特前一天溢价54%）的价格收购该公司的剩余股份，并且所有金额均采用现金支付。即便推特董事会发起了"毒丸计划"，以抵御马斯克的收购行动，但最后以失败告终。

收购完成后，马斯克进行了一系列整合。首先，进行人力资源整合，解雇推特原CEO帕拉格·阿格拉瓦尔，自己担任推特的CEO。其次，进行文化整合，引进特斯拉技术和管理团队，将特斯拉的工程师文化带进推特。此外，马斯克还裁掉了大批推特的前员工，以大幅降低推特的运营成本。2023年7月，马斯克发布推文称，更换推特的"蓝鸟"图标为"X"图标，并宣布Twitter网址由twitter.com迁移到X.com。完成收购后，2023年，推特的月活用户为5.41亿人，较2022年的3.68亿人，同比增长了47%。马斯克预测，推特的品牌价值将达到4 400亿美元，是推特收购价的10倍。但也有人提出异议，例如，Brand Finance（著名品牌估值咨询公司）估计，推特的品牌价值约为40亿美元。美国范德比尔特大学金融学助理教授Joshua White认为，推特的品牌价值可能在150亿美元至200

亿美元之间。

资料来源：丁金运．4 400亿美元？马斯克称X品牌价值将达到其推特收购价至少10倍！从并购的视角来看马斯克收购推特案例［EB/OL］．（2023-08-10）．https：//mp.weixin.qq.com/s/EyOMaqAXXXWD5_Yp7ylWZA.

艾萨克森．埃隆·马斯克传［M］．北京：中信出版集团，2023.

读者不妨带着下面几个问题阅读本章内容：马斯克并购推特的原因是什么？除了要约收购，还有哪些收购方式？什么是“毒丸计划”？如何对企业的并购活动进行估值？企业进行资本运作还可以采取哪些方式？

第一节 资本运作概述

一、资本运作的概念

资本运作的实践活动起源于西方，但其概念诞生于我国。我们知道，西方经济学以资本主义生产方式为前提条件，在西方，资源配置的过程也就是资本运作的过程，因此，在西方经济学中没有必要特意提出“资本运作”这一概念。事实上，资本运作的概念诞生于我国，并且有着深刻的历史背景。近年来，在将计划经济体制改革为市场经济体制的过程中，以产品经营为中心逐渐上升到以资本运作为中心，并由此提出了资本运作的概念。

资本运作的概念在国内学术界仍然没有形成统一的认识，但是基本包括了如下两方面的意思：第一，资本运作是对企业全部资产和要素进行运筹和优化配置及资本结构动态调整的过程。第二，资本运作的目标是实现企业价值的最大化，即最大限度地实现资本增值。

由此看来，就资本运作的含义而言，大体上可以划分为广义的资本运作和狭义的资本运作。

广义的资本运作是指企业通过对可以支配的资源和生产要素进行运筹、谋划和优化配置，以实现利润最大化和资本增值。广义的资本运作内涵广泛，从资本运动的过程来看，资本运作涵盖整个生产及流通过程，既包括金融资本运作、产权资本运作与无形资本运作，又包括产品的生产与经营。从资本运动的状态来看，既包括存量资本运作，又包括增量资本运作。存量资本运作是指企业通过兼并、收购、联合、剥离、分立及股份制改造等产权转移方式促进资本存量的合理流动与优化配置。增量资本运作是指企业的投资，包括投资方向的选择、投资结构的优化、筹资与投资决策、投资管理等。①

狭义的资本运作是指企业通过收购、兼并、重组、参股、控股、交易、转让、租赁等各种途径，提高资产运用效率，最大限度地实现利润最大化和资本增值，既可以扩大资本规模，也可以通过兼并、收购等途径缩小资本规模，以提高资本的运营效率。通过剥离、分立等途径，还可以在企业内部通过重组对资源进行整合与优化配置，以实现资本增值。事实上，狭义的资本运作主要研究的是存量资本的配置。本章主要讨论的是狭义的资本运作，即研究如何通过兼并、收购、重组、剥离、分立等途径，优化资本结构，提高资本运营效率，实现利润最大化和资本增值。

① 朱玉辰．企业资本运营［M］．北京：中国财政经济出版社，2000：2.

二、资本运作的基本方式

(一) 扩张型资本运作

扩张型资本运作是指以扩大企业经营规模和资产规模为目的的资本运作行为，其目的是实现企业规模的扩大和发展领域的拓展。[①]

资本扩张是资本运作的本质属性，在资本市场上要想立于不败之地并使资本获得保值增值，就必须使资本规模不断扩大，以产生规模效应来提升竞争力，否则就会被更大的资本所吞并。扩张型资本运作往往可以使经营规模和资产规模迅速地扩大，并由此产生一系列效应，如协同效应、规模效应、降低交易成本、提高市场占有率等。

扩张型资本运作方式主要包括：收购资产、并购企业、收购股份、企业合并等。

(二) 收缩型资本运作

收缩型资本运作与扩张型资本运作大致相反，是指企业将拥有的固定资产、产品生产线、部门、子公司等予以转让或分离，使之与企业脱离所有权关系的资本运作行为。

需要指出的是，收缩型资本运作并非企业经营失败的标志，事实上，它与扩张型资本运作方式一样，都是企业资本运作的基本方式。企业发展过程中往往会由于各种原因，出现一些不符合长期发展战略、没有成长潜力，甚至影响企业整体运营的资产、产品生产线、部门乃至子公司等，及时剥离这些资产可以使企业减轻负担、降低风险、收回投资，并将过剩的资本转移到其他经营领域，从而使资本得到更有效的配置。

综上所述，收缩型资本运作的主要目的是调整企业的经营结构或资本结构，而且经常与扩张型资本运作方式配合起来使用。事实上，企业常常通过扩张的方式进入新的有发展前景的领域，同时剥离那些影响企业发展或不景气的资产、生产线、部门等，以达到资源整合的目的。

收缩型资本运作方式主要包括：资产出售、资产剥离、企业分立、股票回购、破产清算等。

(三) 变动产权型资本运作

有一部分资本运作不能单以企业规模的变化来划分，其主要特征是产权发生变动，并通过对资产进行置换、分拆、转让等活动来优化资本结构，以达到资源的合理配置。变动产权型资本运作的实质是对企业资源进行重新配置。

变动产权型资本运作方式主要包括：股权置换、资产股权置换、交叉持股、资产重组、债务重组等。

三、资本运作的特点

(一) 资本运作的增值性

资本运作的根本目标是实现价值增值，这也是资本的本质属性，资本运作就是围绕这个中心进行的，无论是资本的流动还是资本的重组，目的都是最大限度地实现资本增值。[②]

---

① 蔡昌，黄克立. 资本运营［M］. 西安：西安交通大学出版社，2005：14.
② 杨波，马金城. 资本经营原理及运作［M］. 北京：中国物资出版社，2005：10.

企业的经营大致可以分为生产经营和资本层面的经营两个层次。资本层面的经营即为资本运作，且资本运作又是以生产经营为基础的。生产经营通常注重将劳动者的劳动与生产资料相结合，来实现资本增值。资本运作则更加注重各种生产要素、人力资本的优化配置，如兼并收购以扩大企业规模从而形成规模经济优势，并产生协同效应，降低代理成本等，最终实现资本增值。

（二）资本运作的价值性

资本运作的特点在于以价值形态为主，要求将所有可以利用和支配的资源、生产要素等看作可以经营的价值资本，并利用最少的资源与要素投入来获得最大的收益。事实上，在资本运作的条件下，各个要素的使用都必须以其价值形态进行计量，不仅要考虑有形资本的投入产出，还要注意专利、技术、商誉、品牌等无形资本的投入产出。由于资本的投入和产出都可以用价值来进行比较，从而使最大限度地提高资本的配置效率和运营效率成为可能。资本不仅重视生产经营过程中的实物供应、实物消耗、实物产品，更关心价值变动、价值平衡、价值形态及变换等。[①]

（三）资本运作的流动性

如前所述，资本的本质属性就是价值增值。企业资本只有流动起来才能增值，资产一旦被闲置将是资本最大的损失。因此，通过产权重组，可以盘活利用率低的资本存量，提高资本的利用效率，通过资本流动获得增值的契机。我国企业的资本形态大多限于实物形态，由于资本无法流动而导致的资源浪费现象往往比较严重，而资本运作奉行资本只有在运行中才能增值的原则，最大限度地促进了资本的流动和利用，以达到资本最大限度增值的目的。

（四）资本运作的开放性

资本运作要求最大限度地支配和使用资本，以较少的资本来调动和支配更多的社会资本。资本运作的开放性，要求经营者打破地域概念、行业概念、产品概念，而且企业作为资本价值增值的载体，所要面对的是所有的行业及国内外市场。因此，采用兼并、收购、重组等各种资本运作方式，有效运用外部的交易型战略，利用外部的各种资源，实现利润最大化并创造价值。

（五）资本运作的风险性

资本运作的高收益性决定了其高风险性。资本运作作为一种更高层次的、涉及面较广的、影响因素较多的经营管理活动，具有一套极其复杂的运作战略。这种战略包括对企业总体发展战略规划等的制定，并在总体的战略规划下，选择具体的资本经营战略，然后选择目标企业进行评价与风险分析，最后实施具体战略，整合资本运作以后的资源。

资本运作过程中如此复杂的战略要在资本市场上实施，必然会受到资本市场各种因素的影响，而资本市场本身就有着很大的不确定性。根据统计资料可知，发达国家的企业并购成功率只有50%。也就是说，企业在资本运作中的任何一个环节都有面临失败的可能，资本运作失败的案例屡见不鲜。

---

① 杨波，马金城．资本经营原理及运作［M］．北京：中国物资出版社，2005：10.

四、资本运作的理论

（一）资本集中理论

在竞争中，大资本利用自身规模经济的优势吞并小资本，或将若干资本合并组成新的规模更大的资本，从而形成资本集中。实际上，企业进行的外部资本运作就是资本集中，内部进行的资本积累则是资本积聚。而且，企业在外部进行的资本运作与在内部进行的资本积累相比，不仅速度更快，而且效率更高。资本扩张和增值的本性导致了资本的集中，通过并购不仅可以迅速地实现资本扩张和增值，而且可以避免进入新行业或新领域所带来的风险，投资见效快，投资成本低。除此之外，企业还可以快速地汲取经验，占领市场。

（二）规模经济理论

规模经济理论认为，在一定条件下，随着生产和经营规模的扩大，收益将不断递增。企业可以获得因规模扩大而带来的经济效益。企业通过兼并、收购等资本运作方式，可以推动企业获取规模经济效益，并优化企业的规模结构。规模经济还能够产生明显的协同效应，降低管理费用等固定成本。另外，企业还会因大量采购而获得价格优惠，降低运费支出，并且有可能获得较高的声誉。

（三）交易费用理论

科斯提出的交易费用理论认为，企业和市场是两种可以相互替代的资源配置机制，由于市场交易费用高昂，为节约交易费用，企业作为代替市场的新型交易形式应运而生。交易费用是指企业用于寻找交易对象、订立合同、执行交易、洽谈交易、监督交易等方面的费用与支出。企业通过资本运作的方式，可以将市场内部化，并消除由于市场的不确定性所带来的风险，从而降低交易费用。

（四）多元化经营理论

很多企业在进行扩张时都会选择多元化战略，因为多元化经营可以减少企业对某一业务的过度依赖，降低企业经营的风险，即“不把所有的鸡蛋放在同一个篮子里”。混合兼并就是追求多元化经营的一种方式，通过兼并进行多元化经营可以避免进入新行业所遇到的诸多困难，如原有企业的抵制、新建销售渠道、花费大量成本寻找客户等。多元化经营还可以促进经济效益的改善，使技术、市场、研发、人力资源等部门之间取长补短，节约费用。另外，多元化经营还可以降低风险，实现多元投资的综合收益，获得新的利润增长点。

（五）产权理论

产权理论认为，资产的权利界定是市场交易的先决条件，而明晰的产权界定是企业资本运作的客观基础。企业所有权与经营权相分离是产权理论的主要贡献。产权理论形成以后，学者们对资本运作理论的研究更为深入，形成了效率理论、价值低估理论、信号传递理论、委托代理理论等重要理论。其中，效率理论认为并购之所以会发生，是因为目标企业的管理者是无效率的。一般情况下，企业的所有者无法对这些管理者进行更换，而并购可以撤换被并购企业的无效管理者，提高被并购企业的管理效率。由于这些理论在本章的后续内容中还要讲述，故这里不再赘述。

第二节　兼并与收购

一、并购概述

（一）并购的概念

兼并与收购意义相近，经常被合在一起使用，简称并购或购并，它是资本运作的核心。并购是企业产权变动的基本形式，是实现企业扩张和发展的基本途径。并购的实质在于一个企业取得另一个企业的财产、经营权或股份，并对另一个企业产生支配性的影响，通过共享资源来实现价值的创造。

兼并通常是指一家企业以现金、证券或其他形式购买并取得其他企业的产权，使其他企业丧失法人资格或改变法人实体，从而取得决策控制权的行为。兼并一般包括两种情形，即“吸收合并”与“新设合并”。“吸收合并”是指合并各方中一家公司可以存续下来，其他公司宣告终止；而“新设合并”则是指合并的双方公司都宣告终结，新产生一家公司。收购是指一家企业以现金、债券或股票在产权市场上购买另一家企业全部或部分股票或资产，以获得对该企业全部或部分所有权的控制。

兼并和收购也存在着区别。在兼并中，被兼并企业作为法人实体将不复存在；而在收购中，被收购企业仍然可以作为法人实体存在。兼并后，兼并企业将成为被兼并企业新的所有者和债权债务的承担者，是资产、债权债务的一种转换；收购后，收购企业是被收购企业的新股东，以收购出资的股本为限来承担被收购企业的风险。

（二）并购的类型及特征

企业并购的形式多种多样，按不同的标准可以分为不同的类型。

1.按并购的行业关联性划分

（1）横向并购

横向并购是指并购方与被并购方处于同一行业，或生产经营同类产品，并且并购使得资本在同一市场领域或部门集中的并购。实质上，它是竞争对手之间的合并。横向并购的目的是消除竞争、扩大市场份额、增强企业的竞争力和盈利能力。横向并购有两个明显的效果：实现规模经济，提高行业集中程度。

（2）纵向并购

纵向并购是指在生产经营方式上有前后关联的企业，即互为上下游的企业之间进行的并购，如钢铁企业并购铁矿石生产企业、钢材销售企业等。纵向并购的主要目的是加强供应链的管理，实现产销一体化，提高经济协作效益，促进生产经营过程中各个环节之间的密切配合，节约共同费用和资源。纵向并购的另一个好处是受各国反垄断法的限制较少。

（3）混合并购

混合并购是指处于不同产业领域且各领域之间不存在特别的生产技术联系，或产品属于不同市场的企业之间的并购，如家电制造企业收购食品制造企业。混合并购的目的主要是减少长期经营一个行业所带来的经营风险，实现多元化分散投资，扩大市场活动范围，实现技术和资源的优势互补，增强企业的应变能力等。

2.按支付方式划分

（1）现金收购

现金收购是指收购公司以支付现金的方式实现的收购活动。收购公司使用现金购买目标公司全部或部分资产以实现并购，或者以现金购买目标公司全部或部分股份（或股票）来进行收购。现金收购的特点是：支付方式简洁、快速；支付时间通常可以推迟；支持分期付款。

（2）股票收购

股票收购是指收购方通过增发新股，以发行的股票交换目标公司的股票，或者通过发行新股取代收购方和被收购方的股票，从而取得目标公司控股权的收购方式。收购完成后，被收购公司股东的所有权并没有丧失，只是发生了转换，即由被收购公司转移到了收购公司，被收购公司的股东同时成为规模扩大的收购公司的新股东。股票收购的特点包括：一是不需要支付大量现金，不影响企业的现金流量，避免不必要的资金短缺；二是目标公司的股东不会失去股权，仍然可以保留他们的权益；三是收购公司股权结构将会发生变化，大股东的股权被稀释。①

（3）资产置换收购

资产置换收购是指收购方以实物资产、无形资产或其他股权资产作为支付手段，换取目标公司股权的形式。资产置换收购可以减轻收购方现金支付的巨大压力，但是对于如何进行资产价值评估及确认评估结果仍有一定的难度。

（4）组合证券收购

组合证券收购是指收购方以现金、股票、认股权证、可转换公司债券等多种支付方式组合购买目标公司股票，以完成收购的方式。其特点是可以避免支出更多的现金，防止控股权的转移。

3.按并购双方是否通过友好协商划分

（1）善意并购

善意并购是指并购双方通过友好协商来确定并购的相关事宜。事实上，善意并购的主动性来自并购双方，只有双方拥有主动追求利益的一致共识，并共同努力促进，才能使并购顺利完成。一旦并购完成，并购公司将获得预期收益，目标公司也能得到一定的利益，如先进的技术、管理经验、充足的资金等。

（2）敌意并购

敌意并购是指并购公司在并购目标公司股权时，虽然遭到目标公司的抗拒，但仍然强行并购，或者并购公司事先并不与目标公司进行协商，而突然直接向目标公司股东开出价格或发出收购要约的并购行为。敌意并购活动往往具有隐蔽性和突然性，并购公司事先不同目标公司协商，而是在自我认为适当的时机突然宣布并购，从而使目标公司措手不及。对于目标企业来说，敌意并购不仅会破坏其原有的资源组合与结构，打乱原有的经营计划与目标，而且还可能会打破目标企业所在行业的均衡。

---

① 胡海峰. 公司并购理论与实务［M］. 北京：首都经济贸易大学出版社，2007：5.

4.按并购交易是否通过证券交易所划分

（1）要约收购

要约收购是指收购公司公开向目标公司股东发出要约，并承诺以某一特定价格购买一定比例或数量目标公司的股票（股份），从而达到控制该公司的目的的一种收购方式。一般来说，要约的对象是目标公司的全体股东，要约的内容包括收购期间、收购价格和收购数量等。要约收购的出价要高于目标公司股票的价格才具有吸引力，目标公司高级管理层是否同意公开收购要约中所列的条件与公开收购的成败有着很大的关联。由于公开收购要约对目标公司具有很大的影响，并且与股东的切身利益相关，因此，世界各国均对发出公开收购要约的条件及程序做出了详细规定，以保护中小投资者和股东的正当利益。

要约收购依据其性质不同，划分为自愿要约收购和强制要约收购。自愿要约收购是由收购方决定是否以要约方式收购目标公司股票的行为；强制要约收购是指当投资者及一致行动人直接或间接持有一家上市公司已发行的股份达到一定的比例时，依照法律规定，向上市公司全体股东发出收购要约，收购该公司股份的行为。强制要约收购是法律给收购者设定的义务，一般不能免除，但若符合一定的条件可以申请豁免。我国《证券法》规定，当投资者持有一家上市公司已发行股份的30%时，继续进行收购的，应当依法向该上市公司所有股东发出收购要约。

要约收购依据收购股份的比例和数量，划分为全部要约收购和部分要约收购。全部要约收购是指收购人向目标公司全体股东发出收购要约，收购目标公司全部股份的方式；部分要约收购是指向全体股东发出收购要约，收购目标公司一定比例股份的方式，如果目标公司股东出售的股份超出部分要约收购预定的收购比例或数量，收购者可以不予接受。

（2）协议收购

协议收购是指不构成公开收购要约的收购活动，收购方通过在证券交易所外与目标公司私下协商，达成收购股权协议，从而达到控制目标公司的目的。协议收购通常为友好收购，即善意收购。这种收购大多发生在目标公司股权较为集中的情况下，收购方只需与控股股东达成转让股权协议，即可获得控制权。

小贴士　　要约收购的相关法规

要约收购是各国证券市场最主要的收购形式。对于要约收购的支付方式，《上市公司收购管理办法》（以下简称《收购办法》）第三十六条原则上认可了收购人可以采用现金、证券、现金与证券相结合等合法方式支付收购上市公司的价款。但《收购办法》第二十七条特别规定，收购人为终止上市公司的上市地位而发出全面要约的，或者向中国证监会提出申请但未取得豁免而发出全面要约的，应当以现金支付收购价款；以依法可以转让的证券支付收购价款的，应当同时提供现金方式供被收购公司股东选择。对于要约收购的期限，《证券法》第六十七条和《收购办法》第三十七条规定，收购要约约定的收购期限不得少于30日，并不得超过60日；但是出现竞争要约的除外。对于要约收购的变更和撤销，《证券法》第九十一条规定，在收购要约确定的承诺期限内，收购人不得撤销其收购要约；收购人需要变更收购要约的，必须事先向国务院证券监督管理机构及证券交易所提出报告，经批准后，予以公告。

资料来源：根据《上市公司收购管理办法》和《中华人民共和国证券法》整理而得。

二、并购的动机、程序及绩效

考虑并购的动机，即探讨两家公司合并比分离更有价值的原因所在。公司并购作为资本运作的一种方式，追求利润最大化和资本价值增值是其根本目标。但是，从不同公司的并购现象来看，具体动机又表现出不同的形式，而且大多数并购的动因绝不仅限于某一个因素，而是诸多因素综合作用的结果。

(一) 并购的动机

(1) 创造协同效应，获取规模经济效益

协同效应是指两家公司并购后，其总体效益大于两个独立公司的效益之和，即1+1>2。协同效应包括经营协同效应、管理协同效应和财务协同效应。经营协同效应即并购带来的企业生产经营效率的提高，尤其是规模经济效益。管理协同效应是指在并购后，目标企业经营管理水平提升到与并购企业一样的高度，从而给两家企业均带来了经济效益。财务协同效应可以实现投资机会与内部现金流的互补，还可能产生股价预期效应。

(2) 降低交易费用

该动机源于交易费用理论。该理论认为，市场和企业都是资源配置的有效调节主体，并且可以相互替代，由于交易费用的存在，以企业替代市场，市场交易将变为企业内部的行政管理，这样可以降低交易费用。

(3) 提高市场占有率，争夺市场权利

企业通过并购活动，减少了竞争对手，提高了市场占有率，一方面加强了对采购市场和销售市场的控制能力，使其不易受市场环境变化的影响，降低了风险；另一方面加强了对市场的控制能力和垄断能力，从而获得了超额利润。

(4) 实现税负效应

企业通过并购亏损企业，可以将亏损分年度摊销到盈利上，从而减少税收的支出。另外，有部分国家的政府主动以税收减免的方式来鼓励并购，这给企业带来了更大的好处。因此，通过盈利企业和亏损企业之间的并购，可以充分利用纳税方面的优势以减轻税负。

(5) 降低进入新行业的成本

假如企业想以投资新建的方式进入一个新的行业，必须充分考虑进入新行业所要面对的行业进入壁垒。但是，通过并购该行业内的企业，可以顺利地解决这个问题。并购使收购方不仅能够获取该行业的经营经验，还能够降低成本，迅速展开经营。

(6) 多元化经营

多元化经营可以减少公司的财务风险，降低破产的可能性。任何经营活动都存在着周期性的波动，但不同行业的波动周期不同。收购方可以通过混合并购相关程度较低的不同行业的企业，分散自身的特有风险，还可以通过一定程度的风险抵消，降低投资组合的投资风险。

(7) 获得价值低估效应

当目标公司的市场价值由于某种原因而未能反映出其真实价值或潜在价值时，收购企业可以利用其暂时的困境压低收购价格，兼并成功后再对其进行重组或等待时机出让。

有的并购可能是为了获得特殊的资产，如获得目标企业的土地、获得目标企业某一个拥有特殊技术的优秀研发团队的部门等。

我国企业的并购除了上述动机之外，还有一些特殊的动机，如消灭亏损企业、调整产业结构及借壳上市等。另外，在我国，国有企业享有种种特权和优惠政策，而民营企业无法享受这些，因此，并购一家国有企业可以使民营企业同样获得这些特权和优惠。

（二）并购的程序

（1）准备阶段

并购是一项复杂的、系统的活动，涉及企业内部各个方面，因此，并购活动能否成功，受诸多环节和因素的影响，并购开展前的准备工作显得尤为重要。准备工作具体包括并购前详细的市场调查、客观的行业分析、可行性分析等。

（2）目标企业的确定

搜寻到目标企业之后，为了确保并购成功，并购企业必须对目标企业做出详细调查。调查应该包括目标企业的历史、所处产业、劳动状况、规章制度及有关契约、人事管理状况、财务状况等诸多方面的内容。并购企业根据搜寻结果确定一系列的候选企业，再对这些候选企业进行进一步的深入分析，以初步筛选确定收购目标。

（3）对目标企业进行价值评估

确定候选目标企业之后，收购方就要对这些目标企业进行价值评估分析。通常根据目标企业当前的资产、负债、营运状况和市场价值等指标，来确定目标企业的价值。

（4）确定收购价格、支付方式

收购成交价的形成有两种方式：一种是通过谈判确定成交价，即并购双方以资产评估所确定的资产总体价值为基础进行平等谈判，以谈判的结果作为成交价；另一种是在发达的产权交易市场上，以资产评估所确定的资产价值为基础，通过市场的招标、投标、公开竞争等形成成交价。

收购方同时需要考虑筹资的问题，即利用何种融资方式及筹资的数额等。收购价款的支付方式通常有现金支付、股权支付、债权支付、混合支付等。

（5）签约

并购双方确定收购价格和支付方式之后，并购交易便进入了立约阶段，即由并购双方充分协商，就具体契约条款达成一致意见，并由双方法人代表正式签订并购协议。协议一经签订，便具有法律效力，不得擅自变更和解除。协议内容应该包括收购的主要条款、转让标的、转让价款、双方的义务、违约责任、争议的解决对策、交易完成的相关细节等。

（6）产权转移和变更

待收购方付款，协议或合同生效之后，就应该进行产权的转移和变更。产权转移首先需要进行资产移交，按照协议办理资产交接手续，其次依法进行股权交割，提交相关文件。并购双方还应依法办理登记、注销手续以及商标、房地产的变更手续。办理完各种手续之后，并购到此结束，随后进入并购后的整合阶段。

事实上，上述几个步骤只是大致说明了并购的流程，列出了并购过程中关键的几个阶段，并没有也不可能完全反映并购的工作程序和角色内容。并购的实际过程其实要相对复杂得多，而且具体到每一种并购方式上（比如要约收购、协议收购等）还会略有不同。另外，实际工作未必都会严格依照这几个步骤进行，也就是说，并购并非必须经历每一个环节，流程序列也不是不可违逆的，有时甚至还会循环，可见，并购活动在实际工作中要灵活得多。

(三) 并购绩效

全球范围内的并购风暴愈演愈烈，其并购的效果究竟如何？事实上，这需要考核其具体的绩效，因为并购绩效是衡量公司并购成功与否的依据。但目前尚未有合适的方法和指标来准确地度量公司的并购效应。并购绩效从宏观来看就是并购行为是否能够创造价值，是否能够优化社会资源配置；从微观来看就是并购能否提高公司的经济收益和投资者的收益。然而，这些问题一直都是理论界研究的热点，而且由于观察的角度不同，学者们并没有达成一致的认识。

目前，研究公司并购绩效的主流方法是实证研究法。它又具体分为事件研究法、会计指标研究法、临床诊断研究法和问卷调查研究法等，其中，前两者又是国际学术界研究公司并购绩效的主要方法。

1.国外研究现状

目前，西方学者对企业并购进行了大量的研究，但尚未形成一致的研究结论。

一方面，有研究认为，企业并购是公司实现快速增长的一种方式，能够增加企业的价值。例如，有学者发现，全球并购数量从1985年的2 676起增加到2020年的44 926起，全球并购交易的总价值从1985年的3 470亿美元增加到2020年的2.8万亿美元（Klok等，2023）。Karamanos等（2015）分析了希腊14家银行1996年至2013年的财富效应，结果显示公司并购公告能够获得2.91%的累积异常回报率。现有研究也对企业通过并购活动实现快速增长的原因进行了总结。例如，Hariyani等（2011）发现，并购活动能够帮助企业快速获得现金流、获得经验丰富的员工、在短时间内获得客户、获得成熟的运营和管理系统、降低业务失败的风险、节省进入新业务领域的时间、最小化业务风险等。Akram和Shadid（2016）认为，企业可以通过并购活动获得最新的技术、优秀的管理团队以及重要的自然资源，从而为企业提供竞争优势。Gupta（2012）以及Feldman和Hernandez（2022）发现，并购作为实现协同效应和企业增长的手段，能够帮助企业寻求业务增长、扩大规模经营、增加市场份额、增强业务能力、实现多样化、降低业务风险、平衡产品生命周期、进入新市场或新产品领域等。

另一方面，也有研究认为，企业并购并不能创造价值。Intrisano和Rossi（2012）通过事件研究法研究了意大利银行业2002年至2005年的72笔交易，并认为投标公司的价值受到了破坏。Kumar等（2013）通过事件研究法研究了印度银行并购公告对股价、波动性和流动性的影响，以检验13家投标银行的业绩，结果显示并购活动对投标银行的股票回报率的影响并不确定。Shah和Arora（2014）研究了亚太地区被收购和竞标公司股价在并购公告期间的异常收益，发现竞标公司没有因并购活动的宣布而获得异常收益。Kinateder等（2017）通过事件研究法研究了2006年6月至2015年期间公开上市的并购收购方和目标方在金砖国家（BRICS）中的50例交易公告回报，发现收购方的平均回报率损失0.12%。

2.国内研究现状

国内学者从不同角度研究了我国上市公司的并购现象，基本上借鉴国外的实证研究方法，采用事件研究法和会计研究法来检验并购绩效。

蒋冠宏（2022）研究指出，中国内资企业之间的所有权转移对企业绩效有积极影响，尤其是通过并购促使资源在不同“能力”所有者之间重新配置，从而提升资源使用效率和企业绩效。

孙亮和刘春（2022）对中国资本市场监管科技化建设进行了研究，发现中国证监会建立券商工作底稿科技管理系统后，试点券商担任独立财务顾问的企业并购交易绩效显著提升。

肖土盛等（2018）以中国民营上市公司异地并购事件为样本，考察了民营企业风格与政府环境的匹配及其经济后果，认为民营企业在与其风格相匹配的政府环境中的异地并购能够显著提升并购绩效。

潘红波和余明桂（2014）发现，目标公司会计信息质量与民营收购公司并购绩效呈正相关关系，认为高质量的目标公司会计信息有助于抑制管理者的机会主义并购行为，从而提升民营收购公司的短期市场绩效和长期会计绩效。

王凤荣和高飞（2012）研究发现，地方政府干预对处于不同生命周期企业的并购绩效有不同影响。对处于成长期的地方国有企业，较高的政府干预会产生负面影响；而对处于成熟期的地方国有企业，在较高政府干预的情况下，绩效能够得到明显改善。

宋贺和段军山（2019）研究了财务顾问及其异质性特征对企业并购绩效的影响。他们发现，总体来看，财务顾问与并购方存在利益冲突，聘请财务顾问可能降低并购绩效；然而，关系型财务顾问和声誉较高的财务顾问能够缓解这种利益冲突，发挥专业服务功能，从而提升并购绩效。

综上所述，国内学者也因研究角度和样本的不同，而并未就并购绩效得出一致的结论。

三、杠杆收购和管理层收购

（一）杠杆收购（LBO）

1.杠杆收购概述

所谓杠杆收购（Leveraged Buy-Out，LBO）是指收购企业以目标企业的资产和未来的收益能力为抵押，通过大量举债筹资，向目标企业股东购买股权的高负债融资的收购行为。收购公司不必拥有巨额资金，只需以目标公司的资产及营运所得作为融资担保或还款来源，以贷款所得金额兼并公司，达到“四两拨千斤”的效果。

杠杆收购产生于美国20世纪60年代，在20世纪80年代和90年代分别出现过两次收购高潮，贯穿整个80年代美国企业并购运动的始终，并逐渐由美国向欧洲延伸。1980年至1988年，美国企业并购金额从1 250亿美元上升到2 500亿美元，其中，杠杆收购占有2 800多家，比在纽约证券交易所挂牌的企业数目还要多。1983年，杠杆收购交易额达到45亿美元，而到1989年，这个数字急升到766亿美元。在1987年的杠杆收购全盛期，杠杆收购占全部收购数量的7%，占全部收购价格的21%。

2.杠杆收购的特点

杠杆收购的原理很简单，就是以尽可能少的自有资金来收购其他公司。正是这一思想决定了杠杆收购有以下几个特点：

（1）高负债

收购方自有资金相对较少，通常占收购总价款的10%~15%，其余部分均通过负债筹集。

（2）高风险

收购的绝大部分资金来源为债务融资。借贷方可能是金融机构、信托基金、产权投资人，甚至还可能是目标公司的股东。并购后，企业面临沉重的债务压力，经营风险极高。

（3）高收益

对于提供贷款的金融机构来说，可以获得更高的收益。同时，由于被收购企业在收购交易中的交易价格一般低于其实际价值，因此，收购企业可以获得额外的收益。另外，债权人只要求偿还利息和本金，而不分享其利润，所以只要管理得当，收购者通常获利很高。

在杠杆收购中，收购所需资金的构成一般分为投资银行贷款占60%，垃圾债券占30%，收购方自有资金占10%。垃圾债券在本书前面的章节中已经做过介绍，这里不再赘述。

（二）管理层收购（MBO）与员工持股计划（ESOP）

1.管理层收购的产生与发展

管理层收购（Management Buy-Out，MBO）是杠杆收购的一种形式，指企业内部管理者通过融资方式购买本公司的股份，从而获得公司实际控制权的行为。员工持股计划（Employee Stock Ownership Plans，ESOP）则是企业员工通过贷款购买、现金支付等方式拥有企业的股票，从而以劳动者和所有者的双重身份参与企业生产和经营管理的一种制度。员工持股计划最初是对雇员的一种优惠计划，将公司的盈利以股份的形式分配给雇员。这也是对雇员的一种激励措施，鼓励雇员以主人翁的态度工作并参与管理，之后发展为通过这一方式来获得公司的控制权，从而使其成为实现公司并购的一种形式。事实上，MBO和ESOP有时也是相通的，当管理层中持股的人数达到一个很高的比例，股权已经分散到许多员工手中时，管理层收购可能就会演变成员工持股计划。当然，通常二者的界线还是很分明的。

2.管理层收购的特点

（1）收购的主体是目标公司内部的经理和管理人员

他们对本公司非常了解，有很强的经营管理能力，通常会设立一家新公司，并以新公司的名义来收购目标公司。收购完成之后，他们也实现了身份的转变。

（2）目标公司一般是具有巨大潜力的企业

管理层通过对目标公司股权、控制权、资产结构以及业务的重组和对公司治理结构的完善，达到节约代理成本、提高企业经营效率、获得巨额现金注入并给投资者带来收益回报的目的。

（3）管理层收购往往通过债务融资来完成

由于自身资金有限，管理层往往利用财务杠杆，通过债务融资来完成收购。财务结构由优先债（先偿债务）、次级债（后偿债务）与股权三者构成。管理层收购同时具有杠杆收购的特点。

3.员工持股计划（ESOP）

（1）ESOP的相关情况

从ESOP在美国产生的背景来看，员工持股产生的原因主要有：一是改良资本主义传统的雇佣劳动关系；二是寻求相对的公平，有利于重新分配社会财产，缓解财富分配不公的社会状况；三是推行人力价值的资本化；四是对企业和员工进行自救，企业经营困境时通过向员工发行职工股来自救，也可以增强员工对企业的责任感。

（2）我国ESOP的情况

在我国，ESOP作为一种福利计划，可以促进员工长期收入的提高，而且ESOP主要通过企业提供的资金使其职工持股，因此，员工不需要投入全部的购股资金。另外，由于政府提供了一系列的税收优惠，ESOP相比通常的现金福利计划更具有吸引力，并使ESOP在企业激励机制改革、资产剥离、股权多元化、员工保障机制改革等方面得到了广泛的应用。从一些案例来看，许多企业进行MBO时都先实施ESOP，当然，还有更多的非上市公司通过ESOP来激励员工的积极性。

四、并购的风险与反收购

（一）并购的风险分析

1.并购战略风险

并购战略是一个并购活动的开始，并购战略的正确与否，关系到整个企业的生死存亡。适合的战略可以使并购后产生预期的协同效应，一切向好的方向发展；错误的战略则将从根本上导致并购的失败。事实上，由于并购的复杂性和中途的各种不确定性，可能导致目标企业选择错误，过高估计并购后的协同效应，错误估计并购后的整合成本和机会成本等。可见，并购战略的制定具有极高的风险。

2.信息风险

并购实施前，必须对目标企业的历史、财务、市场、客户等进行详细的调查，并在此基础上对目标企业的未来情况做出准确预测，进行目标企业的价值评估。这些对并购至关重要的步骤都需要及时准确的信息，如果缺乏必要的信息，甚至得到的是虚假的信息，将会导致企业做出错误的决策，增加并购的风险。

3.法律风险

各国都有相关的法律对兼并收购领域的活动实行监管，比如美国的《谢尔曼反托拉斯法》、英国的收购与兼并守则。我国现行的收购规则要求，如果上市公司的收购方不是该公司的发起人，那么，其持有该公司的股份首次达到5%时，需要依法履行公告程序，并暂停交易，此后所持股份每增加2%需要重复这一过程，当持有股份达到30%时，则需要向所有股东发出全面收购要约。并购中若不遵守或绕过这些法律，无疑会增加成本，还会增加风险。

4.财务风险

并购方面临的财务风险一般有两种：一是融资风险，即并购所需巨额资金能否及时到位、融资方式、收购后的债务偿还等；二是流动性风险，即并购后由于支出大量现金、债务负担过重而导致现金短缺，同时缺乏短期融资，从而导致无法维持正常的经营活动。采用现金支付的并购企业，流动性风险表现得尤为突出。财务风险不能得到很好的预测和控制，将会导致企业并购后瘫痪甚至破产。

5.整合风险

并购后的整合是一次并购能否成功的关键，整合又包括诸多方面，如果并购后在整合阶段处理得不好，那么就难以达到预期的目标，甚至会被并购拖垮。

6.反并购的风险

企业并购涉及方方面面的利益，现存体制与利益格局都将面临企业实施并购的冲击，因此，企业并购必然会受到这些因素的制约。被并购公司对并购行为持不欢迎或不合作的态度，或者为了保存企业而进行奋力抵抗，尤其是在面对敌意收购时，更会激起强烈的反对，目标企业甚至可能会动用一切力量采取一系列措施进行防御和反抗，或者在公司章程中预防性地规定反收购的种种条款，所有这些都增加了并购的风险。

案例分析　　从大洋电机商誉爆雷看并购风险①

中山大洋电机股份有限公司（以下简称“大洋电机”）创建于1994年，并于2008年顺利上市。上市后的大洋电机开启了“买买买”模式，通过不断外延式并购，赶在国内电动车产业爆发前夕，在车辆旋转电器领域、新能源汽车动力总成系统领域完成了布局。

2011年，大洋电机收购了芜湖杰诺瑞57.5%的股权，涉足车辆旋转电器领域，并于2014年和2015年先后收购了北京佩特来电器有限公司（以下简称“北京佩特来”）77.8%的股权和美国佩特来100%的股权，继续布局车辆旋转电器产业，主要产品为传统汽车起动机、发电机等。2015年7月，大洋电机收购了上海电驱动股份有限公司（以下简称“上海电驱动”）100%的股权，开展新能源汽车动力总成系统业务，后来的主要产品为新能源汽车驱动电机、控制器等。进入2016年，大洋电机开始涉足氢燃料电池行业。2016年7月，大洋电机参股巴拉德9.9%的股权，成为巴拉德的最大单一股东，并于2017年年初与巴拉德达成燃料电池模组组装授权协议，构建“电机+电控+电池”完整产业链。

自上市以来，大洋电机完成了一连串的收购，奠定了其在国内电动车动力总成领域的霸主地位。

但“买来”的业绩终究只是昙花一现，2016年以后，大洋电机因并购达到业绩顶峰，就开始走向了下坡路。年报显示，2017年，大洋电机新能源汽车动力总成系统实现营收14.2亿元，同比增长9.1%，而2018年，“虚空”的业绩最终“功亏一篑”，大洋电机当年实现营收86.4亿元，同比增长0.4%，但净利润却大幅亏损23.8亿元，同比下降668.7%。2018年，净利润的亏损额相当于大洋电机过去8年利润的总和。

造成亏损的原因非常明显，大洋电机早前收购的子公司上海电驱动2018年的业绩出现巨额亏损。

据公告称，2014年和2015年，大洋电机分别溢价3.26倍、10.57倍获得了北京佩特来和上海电驱动的控股权，分别确认商誉5.46亿元、29.37亿元。而实际情况是，二者的业绩承诺完成情况都很糟糕。上海电驱动自2016年起，连续3年实现的业绩与承诺相去甚

① 资料来源：证券市场周刊. 大洋电机商誉爆雷［EB/OL］.（2019-06-12）. https://xueqiu.com/7955260278/128099785.

远，2016年和2017年的业绩完成率分别只有83.43%、67.04%，2018年直接亏损1.6亿元。北京佩特来2016年至2018年分别实现净利润6 561万元、4 765万元、2 033万元。大洋电机表示，根据上海电驱动目前的经营情况及未来的行业情况，公司认为因收购上海电驱动形成的商誉存在大额减值迹象，报告期内计提20.96亿元的商誉减值准备，再加上并购子公司北京佩特来，合计计提24.07亿元的资产减值准备。

大洋电机2014年至2017年累计实现净利润15.65亿元，公司2018年计提的24.07亿元商誉减值损失吞噬了近4年来所赚取的全部利润。不仅如此，大洋电机的资产负债率飙升，从2013年的40%激增到2018年的54%；流动负债也从2013年的16.76亿元飙升至2018年的55.19亿元，财务状况堪忧。

（二）反收购

收购与反收购是收购活动中同时存在的两种行为，其实质是争夺对企业的控制权。如果是善意收购，则双方将通过协商解决，来实现“双赢”；如果是敌意收购，则目标公司可能会进行殊死抵抗，以坚决反对。下面我们讨论一些常见的反收购策略，按照采取反收购策略时间上的差异，将其分为收购前的反收购策略和收购中的反收购策略。

1.收购前的反收购策略

收购前的反收购策略主要为一些防御性的措施。

（1）持股结构合理

收购公司的关键是收购到足以达到控制公司目的的股权，若未达到控制目的，就是失败的收购。企业应该保持警惕，合理安排持股结构。

（2）章程中设置反收购条款

章程中设置的反收购条款，也被称为“驱鲨条款”，比如绝对多数条款、公平价格修正条款等。绝对多数条款是指涉及公司重大事项的决议，须经绝大多数有表决权的股东同意后方可通过，这个比例通常为80%或2/3，这使通过股东批准并购变得极其困难。在并购这样的事务上，如果支持管理层的团体拥有较多的股份，此方法尤为有效。

（3）“毒丸”计划

“毒丸”（Poison Pills）计划是指目标公司在公司章程中预先规定一些对袭击者极为不利的规定，这些“规定”就是“毒丸”。它在主人手中可能没有影响，但是一旦被收购者所拥有，其“毒性”马上就会发作，如稀释袭击者手中的股份，增加买方的收购成本，甚至是不惜自我伤害。“毒丸”计划的表现形式很多，有股权毒丸、债务毒丸以及其他毒丸。

（4）“降落伞”计划

“降落伞”计划是对企业并购中员工离任补偿制度的形象说法。员工离任补偿制度可以规定企业在被收购后，员工离职时必须对其支付巨额补偿。该规定无疑增加了收购者的收购成本，具有反收购的作用。

2.收购中的反收购策略

（1）回购目标公司股票

回购目标公司股票是指当袭击者对目标公司进行敌意收购时，目标公司高价回购本公司的股票，以减少在外流通股股数，使买方无法收购到足以控股的股数的做法。另外，由于目标公司回购价格往往较高，迫使收购方不得不提高其收购价格，增加收购成本。

(2) 帕克曼式防御战略

帕克曼式防御战略是指当目标公司遭遇袭击时，以攻为守，反过来收购袭击者的股票，或以出让本公司部分利益为条件，策动与目标公司关系密切的公司出面收购对方股票的防御战略。

(3) 诉诸法律

目标公司将袭击者诉诸法律有三个作用：一是拖延收购公司的收购进度，以便争取时间采取防御措施；二是迫使收购公司提高收购价格；三是控诉收购违背法律而迫使袭击者罢手。

(4) 焦土战术

焦土战术是指当目标公司面临被收购的威胁时，采用各种方式有意恶化公司的资产和经营业绩，如出售优质资产、具有摇钱树性质的专利技术和商标等资产，通常被称为摘除“皇冠上的明珠”，从而失去对收购者的吸引力；还有购买不良资产、增加负债，导致公司包袱沉重、资产质量下降，在短时间内收益大减，使买方实施收购后不堪重负，这也被称为“虚胖”战术。

(5) 寻找“白衣骑士”

“白衣骑士”是指在敌意收购发生时，目标公司的友好公司或其他公司作为第三方出面来解救目标公司，驱逐敌意收购者。也就是说，在目标公司遭到敌意收购时，寻找第三方与袭击者争购，造成第三方与袭击者竞价收购目标公司股份的局面。

案例分析　　伊利公司对阳光保险的反收购案例①

伊利公司是我国产业线最全、业务规模最大的乳制品企业，但由于股权分散，并购者容易在二级市场上通过收购股权的方式争夺伊利公司的控制权。2016年9月18日，伊利公司发布简式权益变动公告称，阳光保险集团股份有限公司（以下简称“阳光保险”）旗下两家公司已经合计持有公司5%的股份，一举触及举牌线。为防止“野蛮人”入侵，伊利公司于2016年10月22日公布非公开发行股票预案，拟以15.33元/股的价格定向发行5.87亿股A股股票，引入5家友好公司作为本公司的“白衣护卫”，增强伊利公司对股权的控制力，成功将阳光保险旗下形成的一致行动人合计持有的5%股权稀释到举牌线以下，稀释后占总股本的4.56%。此时，阳光保险要想获得伊利公司的控制权，需要使自己和一致行动人合计持股超过24.12%，这就意味着，阳光保险还需收购13.01亿股来增持19.56%的股份。按照8月1日至10月23日的股票均价16.96元/股来计算，阳光保险还需再耗资220.65亿元。这笔巨额的资金拉高了阳光保险夺取伊利公司控制权的成本。最终，伊利公司反收购成功。

五、企业并购后整合

(一) 并购后整合的重要性

与数量巨大的并购案例和高额的并购金额相比，企业并购成功率并不高。究其原因，大多数并购的失败源于并购后整合的失败。Poter（1987）对《财富》世界500强公司的研

① 郭静. 伊利公司对阳光保险的反并购策略研究［D］. 南昌：江西财经大学，2019.

究表明，大多数公司在并购后并不能进行有效的整合，在收购5年以后，70%的公司将并购业务重新剥离出去。波士顿咨询公司的研究表明，在收购之前，只有不到20%的公司考虑过并购后双方的整合步骤。所以，Haspeslagh和Jemison（1991）指出，并购后整合是价值创造的来源和并购成功的关键。

（二）并购后整合的风险

企业并购后的整合过程充满了各种不确定性和风险，整合中的任何一个环节处理不当，都可能导致整合过程的失败。这样，并购就会变成一个财富毁灭过程，甚至导致并购企业业务上和财务上的双重失败，使企业陷入泥潭和深渊。

并购整合风险一般是指企业在并购整合阶段，由于缺乏解决并购双方在战略、管理、人力资源、文化等方面差异和冲突的整合措施，从而造成并购后经营不佳的可能性。其一般包括以下几个方面：

1.战略整合面临的风险

在并购初期，企业内部往往缺少对新公司的战略及相关目标的清晰确定和沟通。高层管理人员仅将注意力集中在内部整合细节，而忽视了对战略的把握或关注，使战略整合面临风险：一是员工对企业目标路径模糊，影响了他们工作的积极性和效果；二是分散企业对外部客户和竞争者的注意力，使竞争者有机可乘。

2.管理整合面临的风险

管理整合就是并购企业根据被并购企业的实际情况，将自己优秀的管理模式创造性地移植到被并购企业并取得成效，从而将被并购企业纳入并购企业整体管理战略的过程。管理整合可能会出现管理层意见不一致、原有的员工对新的管理层产生抵制情绪等情况，在一定程度上影响了管理整合的效果。

3.人力资源整合面临的风险

人力资源整合是并购整合中最敏感的因素，对其处理不当，就会造成优秀技术人才和管理人才的流失，从而给企业带来巨大的损失。根据《华尔街》的报道，有50%~70%的经理会在企业兼并后的3年内离开。因此，如何留住优秀的人才，激励他们保持积极性和创业精神，是企业兼并后人力资源整合面临的重要难题。

4.文化整合面临的风险

并购会在员工中产生强烈的情绪反应，对来自不同公司的员工而言，文化冲突不可避免。文化冲突会造成组织成员的分歧，使成员之间的工作困难；文化冲突会形成不同的利益集团，它们之间的冲突将是破坏性的、剧烈的、持续的；文化冲突会破坏企业的凝聚力，导致优秀人才的流失。

5.并购后整合的其他风险

其他风险一般是指并购整合中面临的财务风险，以及制度冲突、产权关系不明晰所带来的风险等。

（三）并购后整合的关键因素

黄速建和令狐谙（2003）在综合专家学者和咨询公司对于影响并购绩效因素的研究结果的基础上，发现存在着一些共同导致并购整合失败的关键因素，主要可以归纳为：

第一，并购前相关因素考虑不周全，并购双方在经营业务上的战略匹配性不强。

第二，并购双方组织匹配性较差，具有不相容的组织文化，其具体体现为管理风格、经营理念、价值观念等方面的差异。同时，整合过程中缺乏有效的沟通和协调，不能解决组织文化的冲突，导致双方组织文化难以有效整合。

第三，缺乏有效的整合计划设计和执行，整合过程中的管理和控制失当，整合进程缓慢。

第四，并购前后过程中并没有充分考虑和利用“人的因素”，譬如有效的领导与高层推动、员工对组织的承诺、专业人才的投入、有效的沟通等，而是将注意力过于集中在短期财务利益上。

案例分析　　万科并购普洛斯后的整合分析

一、并购基本概况

2017年7月14日，万科发布公告称，公司将携手厚朴基金、高瓴资本、中银投资及SMG组成的财团，共同参与在新加坡交易所上市的Global Logistic Properties Limited（以下简称“普洛斯”）潜在的私有化，报价为每股3.38新加坡元。11月30日，普洛斯私有化方案获得股东大会批准。根据收购相关协议约定，普洛斯于2018年1月22日从新加坡交易所主板退市，万科出资总额约为24.54亿美元（按照2018年1月22日汇率折算，约为157.33亿元人民币），最终以21.4%的占股成为普洛斯的单一最大股东。

二、并购后的整合分析

1.整合面临的财务风险问题

从收购后的各项财务比率来看，万科在收购完成后的2018年第一季度，现金比率出现明显下降，这说明企业在收购后的短期现金需求量大幅增加。就长期偿债能力而言，万科在收购前后，资产负债率、有形资产负债率、长期债务与营运资金比率等指标均未发生较大波动，这说明此次收购未对企业的长期偿债能力产生较大影响。

2.整合措施

（1）战略目标清晰，并购立意长远

随着传统房地产行业竞争愈发激烈，万科急需寻找新的业务增长点。物流地产具有高租金、高需求、缺口大的特点，万科捕捉到这一商机，将物流地产规划到自己的商业版图中。早在2015年，万科就联合黑石集团成立了万科物流地产发展有限公司，其商业布局更倾向于一二线城市。

普洛斯于2010年在新加坡交易所上市，其是亚洲最大的工业和物流基础设施提供商和服务商，同时也是全球领先的现代物流设施提供商，具备优质的客户及高效的客户物流网络。普洛斯业务遍及全球117个重要城市，拥有并管理着约为5 500万平方米的物流基础设施，其在日本、巴西的市场占有率均排名第一，在美国排名第二。我国作为普洛斯最大的，也是最主要的增长市场，市场份额超过行业第2名至第10名的总和。截至2017年3月月末，普洛斯在我国国内拥有254个物流园区，分布在38个大中城市，物业总建面积约2 920万平方米，这与万科在物流地产发展方面的需求非常契合。

万科董事会主席郁亮曾表示，此次并购有助于万科在物流地产领域完善布局，在全球范围内打造全新的商业发展模式。万科将充分利用普洛斯在国内搭建起的物流地产平台，助力自身实现从“住宅提供商”向“城市配套服务商”的转型，从而跻身物流地产巨头行列。

(2) 组成战略财团，减少财务压力

本次收购中，万科联合厚朴基金、高瓴资本、中银投资及SMG组成财团，最终成为普洛斯的第一大股东。2016年度和2017年度，万科的营业收入均超过2 400亿元人民币，此次收购的资金支出占当年营业收入的比例约为6.6%，并未给万科带来巨大的财务压力。万科与几大资本的联合，也充分发挥了投资的杠杆作用，以较少的资金投入实现了其战略目标。

3. 整合效果

(1) 业绩增长显著

万科领衔的财团于2018年1月23日完成对普洛斯的收购。万科2018年度半年报和年报显示，其营业收入较上年同期分别增长52%和23%，业绩拥有明显提升。从发布的《关于参与私有化普洛斯的投资暨公司股票复牌公告》到发布的《关于私有化普洛斯交易完成的公告》，万科股价从25.3元/股上涨到40.98元/股。可见，资本市场对此次收购的反应积极，非常看好万科此次的战略部署。

(2) 物流地产发展成果显著

2015年，万科成立了万科物流地产发展有限公司，物流地产实现了业务从0到1的突破。2015—2018年，万科物流地产获得项目及新增建筑面积的情况见表7-1。2018年，万科在完成对普洛斯的并购后，物流地产细分领域发展迅速，当年获得物流地产项目64个、物流地产建筑面积约494.31万平方米，当年获得的项目数量和建筑面积均超过2015—2017年共3年的总和。

表7-1 2015—2018年万科物流地产发展情况统计

年度	当年获得物流地产项目数量	当年新增物流地产建筑面积	累计物流地产建筑面积
2015年	8个	50.68万平方米	50.68万平方米
2016年	10个	99.06万平方米	149.74万平方米
2017年	36个	265.00万平方米	414.74万平方米
2018年	64个	494.31万平方米	909.05万平方米

从上面的分析可以看到，万科通过并购普洛斯，成功地得到了我国物流地产的半壁江山，迅速地建立起了这一细分领域的行业地位。更为重要的是，通过并购整合，万科从传统房地产企业的混战中成功突围，获得了新的业务增长点，提高了自身的核心竞争力，为今后企业的发展和国际化的扩张打下了坚实基础。

第三节 目标企业的价值评估

目标企业价值评估是指利用科学合理的方法对目标企业股权或资产做出的价值判断。显然，目标企业价值评估对于并购双方都具有十分重要的意义，是整个并购活动成败的关键，通过价值评估可以使并购企业在并购谈判中做到心中有数，不至于因出价过高而导致并购的失败。因此，目标企业价值评估是并购中的核心问题。

目标企业价值评估的方法有很多，而且操作起来非常复杂。本节简单介绍以下几种常见方法：资产价值法、市场法和现金流量折现法。

一、资产价值法

资产价值法适用于公司拥有较多的有形资产，资产负债表中包括其大部分的无形资产，且资产价值可以准确估计的情况。资产价值法包括账面价值法、重置成本法、清算价值法。

（1）账面价值法

账面价值法是指用总资产减去总负债的剩余部分，即以股东权益或净资产来决定并购价格的方法。它以会计核算为基础，其优点是直观易懂，但不考虑资产市场价格的波动，也不考虑被评估资产的收益能力现状，无法反映企业未来的获利能力。

（2）重置成本法

重置成本法是指在评估资产时按评估资产的重置成本减去损耗或贬值来确定被评估资产价值的一种方法，常用于单项资产和特定用途资产的评估。企业的资产重置成本一般是将其主要单项资产成本加总。它的基本思路是，投资者在购置一项资产时，所愿意支付的价格绝不会超过建造一项同样用途的替代品所需的成本。

这种方法考虑了资产的动态市场价值，但忽视了企业整体的配置效应，无法反映企业未来的动态发展状况。

（3）清算价值法

清算价值法是指通过估算目标企业的净清算价值收入来确定并购价格的方法。净清算价值收入是通过估算出售企业所有资产所得到的收入扣除企业应付债务剩余的部分，是企业已经不能实现增值情况下的一种价值评估方法。清算价值可以作为定价基准，即目标企业的最低实际价值。该方法适用于收购陷入困境而面临破产清算公司的价值评估。

二、市场法

（一）市场法简介

市场法又称为市场比较法或相对价值法，是比较市场上相同或相似公司的公允价值，经过类比分析、适当修正而得到目标公司价值的评估方法。市场法的基本模型[①]如下：

$$V=X\cdot(V_1/X_1) \tag{7.1}$$

式中：V——目标企业的价值；X——目标企业与价值有关的可观测变量；V_1——可比企业的价值；X_1——可比企业与价值有关的可观测变量；V_1/X_1——价值乘数。

前面提及市场比较法适用于市场上相同或相似的公司，这里的相同或相似就是指两个企业的价值乘数相同。因此，市场比较法的关键就是选择合适的可比企业以及与价值相匹配的价值乘数。

通常选择的价值乘数都是对公司价值而言很重要的指标，如市盈率、价格/账面价值比率、价格/销售收入比率、价格/现金流量比率、价格/股息比率、市场价值/重置价值比率等。这里仅对市盈率加以介绍，其他价值乘数与此相似。

① 胡海峰. 公司并购理论与实务［M］. 北京：首都经济贸易大学出版社，2007：127.

（二）市盈率法

市盈率反映的是股票市场价值与企业股票收益之间的关系。

市盈率=股票市值÷股票收益=每股价格÷每股收益=P/E (7.2)

采用市盈率法评估目标企业价值，需要遵循以下步骤：

① 检查目标企业最近的利润业绩，并在目标企业维持现有管理层的前提下预测其未来的业绩。

② 选择、计算目标企业估计收益指标。对于经营波动性较大的公司，尤其是那些经营活动具有明显周期性的公司，应该采取最近3年甚至更长时间的税后利润平均值作为年收益估计值，详细分析在并购的情况下，影响目标企业收益和成本变化的因素。在并购后收益维持不变的基础上，为目标企业股东估计该企业并购后及未来的收益，这些收益就是目标企业股东期望维持或保持的收益。

③ 选择一个标准市盈率。选择标准市盈率有以下几种方式：在并购时估计目标企业未来的市盈率；与目标企业具有可比性的企业的市盈率；目标企业所属行业的平均市盈率。若目标企业是非上市公司，则通常选择一组在经营和财务方面与目标公司具有可比性的公司作为参照物，并分析这些可比公司的财务信息和业绩，得出一个适合于目标公司的市盈率。

④ 估计目标公司价值。

目标公司价值=估计年收益×标准市盈率 (7.3)

根据市盈率评估并购目标企业价值时，通常有两个可供选择的市盈率：一个是根据历史数据计算的市盈率；另一个是根据未来数据计算的市盈率。历史的市盈率是将目前的股价与最近年度的收益相联系；未来的市盈率是将目前的股价与当前年度结束时预计的收益相联系。因而，市盈率可以计算出一个区间值，目标企业当前市价就应该是收购的最低价格；目标企业并购后的估计年收益乘以目标企业并购后的市盈率，就是收购的最高价格。

（三）对市场法的简评

采用市场法估算目标企业的价值，被应用于各种并购中的价值评估，尤其适用于通过二级市场进行并购的情况。它的优点体现在：一是数据容易获得，综合性高；二是计算简单，容易理解。

市场法也有以下缺陷：一是对市场有效性的要求较高，价值乘数不仅与企业自身联系密切，还受到宏观经济环境的影响；二是对未来可能的增长没有明确的概念，没有明确需要多久目标企业能够达到预期的目标。

三、现金流量折现法

现金流量折现法（DCF）就是预测企业未来每期的现金流量以及资本成本，然后将每期的现金流量以相对应的资本成本作为折现率折现，再将各期折现值加总，将其作为企业价值的一种评估方法。该方法的基本思想是增量现金流量原则和时间价值原则，也就是任何资产的价值都是其未来现金流量的现值。

（一）现金流量折现法的基本模型

$$V = \sum_{i=1}^{n} \frac{CF_i}{(1+r)^i} + \frac{CV}{(1+r)^n} \quad (7.4)$$

式中：V——目标公司的价值；CF_i——自由现金流量；n——预测期；r——折现率；CV——n年企业净资产的变现值，即预测期期末终值。

（二）模型中各参数的选择

1.自由现金流量

自由现金流量是企业真正的营业现金流量，其是企业所产生的税后现金流量的总额，由企业的所有者（包括股东和债权人）支配。其计算公式为：

自由现金流量=税后净营业利润+非现金支出（折旧和摊销）-资本性支出-营运资本增加

其中，税后净营业利润指的是扣除所得税之后的营业利润，也就是息前税后利润。这里的营业利润是指由持续经营活动产生的收益，不包括企业从非经营性项目中取得的非经常性收益。

2.折现率

折现率的选择也是现金流量折现法的关键。由于折现率的细小变化都会对评估结果产生重大影响，因此，在选择折现率的时候需要格外谨慎。选择折现率的方法有很多，通常采用的是加权平均资本成本法。

采用加权平均资本成本作为折现率，是因为需要折现的现金流量是债权人和所有者共同得到的现金流量。加权平均资本成本是根据债务和产权的市场价值加权进行计算的，其公式如下：

$$WACC=\frac{V_d}{V_d+V_e}\times r_d\times (1-T)+\frac{V_e}{V_d+V_e}\times r_e \tag{7.5}$$

式中：V_d——债务市场价值；V_e——权益市场价值；r_d——税前债务资本成本；r_e——权益资本成本；T——进行价值评估的边际税率，通常为所得税税率。

税前债务资本成本r_d取决于现实的市场利率。权益资本成本r_e可以利用资本资产定价模型（CAPM）求得，其公式如下：

$$r_e=r_f+(r_m-r_f)\times\beta \tag{7.6}$$

式中：r_f——无风险利率；r_m——市场投资组合的预期报酬率；β——某公司或者某股票风险系数。

3.预测期

一般的做法是逐期预测现金流量，直到其不确定程度使管理层不能充分地做出更进一步的预测。一般是将预测期确定为5~10年，更准确的方法是，一直预测到公司追加投资的报酬率等于资本成本为止。

4.预测期期末终值

这里的终值是指被并购方作为一个永续经营的整体，在其计划年限终止时，公司作为一个整体的价值。其一般采用目标公司预测期期末税后利润或者假定公司已经进入成熟期，其现金流量是按照某一固定增长率所计算的增长额（比如按照自由现金流量恒值增长法计算），该方法假定公司的自由现金流量在预测期后以一个不变的比例增长，其公式如下：

$$CV=CF_n(1+g)/(WACC-g) \tag{7.7}$$

式中：CV——预测期终值；CF_n——预测期最后一年的现金流量；WACC——加权平均资本成本；g——自由现金流量预期增长率恒值。

【例7-1】A公司欲扩大生产规模，决定在2×19年年初收购目标企业B公司。为了更为合理地估计B公司的价值，采用现金流量折现法计算B公司的价值。经预测，并购后可以经营6年，经营期满清算价值为100万元。B公司未发行优先股，其总资本中的普通股股本占45%，长期负债占55%。已知长期负债年利率为8%，当期国库券的年收益率为3%，B公司风险报酬率（r_m-r_f）为6%，β系数为1.8。并购后未来6年的净现金流量预测见表7-2。

表7-2 **并购后未来6年的净现金流量预测** 单位：万元

年份	2×19年	2×20年	2×21年	2×22年	2×23年	2×24年
净现金流量	500	550	605	665	732	805

由于已经预测现金流量，接下来就应该估算折现率，首先计算B公司的资本成本（假设不考虑所得税的影响）。

B公司股权资本成本=r_f+（r_m-r_f）×β=3%+1.8×6%=13.8%

B公司加权平均资本成本=13.8%×45%+8%×55%=10.61%

然后计算净现金流量现值，估计目标企业价值，则有：

$$V=\frac{500}{1.1061}+\frac{550}{1.1061^2}+\frac{605}{1.1061^3}+\frac{665}{1.1061^4}+\frac{732}{1.1061^5}+\frac{805}{1.1061^6}+\frac{100}{1.1061^6}$$

$\approx$2 729.21（万元）

（三）对现金流量折现法的简评

现金流量折现法是一种逻辑严谨、科学性较强的价值评估方法，其预测效果取决于现金流量预测结果和折现率选择的准确性。它的最大优点是适用面广，既可以用于评估上市公司，也可以用于评估非上市公司，而且不必选择可比公司。

它的最大缺点是对现金流量的增长和现金流量的预期折现率这两个因素依赖过大，二者的微小变化都会导致评估结果的巨大变化，特别是折现率的估计还有很大的不确定性。因此，在使用时需要将模型评估的结果与其他方法得出的结果相比较。

案例分析 **宝能举牌万科估值案**

万科企业股份有限公司（以下简称“万科”）是我国规模最大、占据住宅市场份额最多、客户满意度最高的房地产开发企业。公司在发展过程中先后入选《福布斯》全球200家最佳中小企业和亚洲最佳小企业200强，多次获得《投资者关系》等国际权威媒体评出的最佳公司治理、最佳投资者关系等奖项，连续八次获得“中国最受尊敬企业”称号，确立了其在住宅行业的竞争优势。

深圳市宝能投资集团有限公司（以下简称“宝能集团”）成立于2000年3月，从开始的蔬菜行业，到2003年的物流行业，再到2005年的综合物业开发领域，宝能集团凭借其强大的运作团队，以惊人的速度逐渐覆盖了市场上诸多业务板块。其中，宝能集团资本的筹集和使用主要依靠两家公司来进行，分别是深圳市钜盛华实业有限公司（以下简称“钜盛华”）和前海人寿保险股份有限公司（以下简称“前海人寿”）。

万科股权之争是我国A股市场历史上规模最大的一场公司并购与反并购攻防战。随着宝能集团进一步在二级市场上增持万科的股份，截至2015年7月10日，万科公告显示，前海人寿（宝能系）通过二级市场耗资80亿元买入万科A约5.52亿股，约占万科A总股本的5%，构成第一次举牌。7月24日，前海人寿及其一致行动人钜盛华对万科二度举牌，持有万科A股份11.05亿股，占万科A总股本的10%。11月27日—12月4日，钜盛华买入万科A股份5.49亿股，合计持有万科A约22.1亿股，占总股本的20.008%，取代华润集团成为万科第一大股东。截至2015年12月18日，宝能系对万科的持股比例增至22.45%。此时，万科A发布临时停牌公告称，正在筹划股份发行，用于重大资产重组及收购资产。这也被视为万科管理团队对宝能集团的正式反击。

宝能集团为何意图通过在二级市场上收购股权的方式争夺万科的控制权？这与万科盈利能力强、现金流充裕、各项资产状况都非常良好的财务状况是密切相关的。此外，市场上的股票价值并未充分反映万科的真实价值，因此，市值被低估的蓝筹股“万科股份”很容易成为二级市场上投资者的购并目标。下面我们将重点对万科进行价值评估。

1. 估值方法

主要使用现金流量折现法（DCF）对公司进行估值，其要点为：

（1）按股本成本对未来扣除偿债成本后可获得的净现金流量进行折现，所得结果加上公司2014年底部分现金持有量，从而得出公司的资产净值。

（2）模型对公司2015—2024年的现金流量进行了预测，并对2024年以后的现金流量使用了永续增长的假设计算公司的现值。

（3）并未采用加权平均资本成本（WACC）作为折现率进行计算，这是因为，万科的未来资本结构将不会是静态的，因此，采用以上所建议的股本成本折现法有助于得到更精确的估值结果。

现金流量折现法示意图，如图7-1所示。

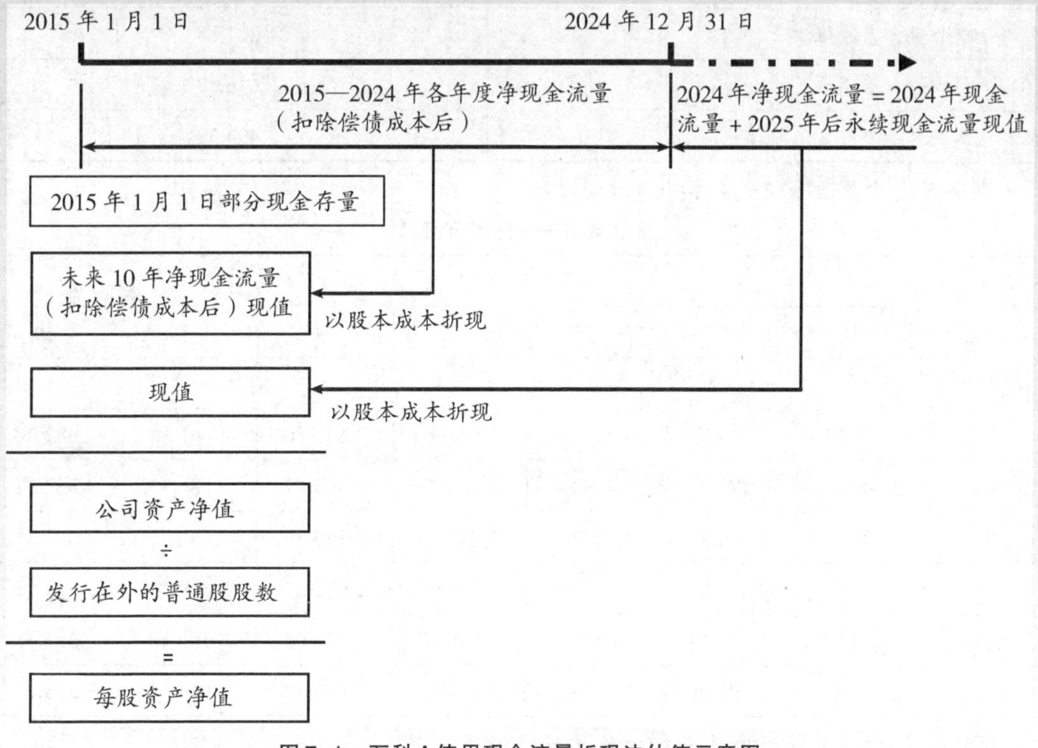

图7-1 万科A使用现金流量折现法估值示意图

2. 主要假设

（1）假设永续增长率为0。

（2）经计算，公司股本成本率为10%。

（3）股本成本的计算主要建立在资本资产定价模型（CAPM）的基础上，并通过风险溢价法进行进一步的确认。

3. 估值结果（见表7-3）

表7-3 净现金流量（NCF）分析 单位：亿元

年度	2015年	2016年	2017年	2018年	2019年	2020年	2021年	2022年	2023年	2024年
净利润	254.49	283.50	372.08	492.72	551.32	578.89	607.83	638.22	670.13	703.64
所有者权益	1 363.10	1 616.77	1 866.74	2 356.21	2 705.79	3 072.85	3 458.26	3 862.94	4 287.85	4 734.01
所有者权益增加额	204.16	253.67	249.97	489.47	349.58	367.06	385.41	404.68	424.91	446.16
股权现金流量	50.33	29.83	122.11	3.25	201.74	211.83	222.42	233.54	245.22	2 960.98

资料来源：根据万科集团年度报表整理而得。

注：①股权现金流量=税后利润-所有者权益增加额；②净现金流量（2024年）=该年现金流量+2025年以后现金流量（永续现金流量）的现值，其中，2025年以后现金流量的现值是根据增长率为0的永续年金现值模型计算的。

表7-4是对估值结果以10%为折现率进行的具体分析。

表7-4 估值结果详细情况分析（以10%为折现率）

项目	人民币（亿元）
加现金前公司资产净值	1 877.86
2014年底部分现金存量	616.53
总计（加现金后公司资产净值）	2 494.39

表7-5是对资产净值进行估值的计算结果。

表7-5 估值结果——资产净值

	永续增长率						
	0	1%	2%	3%	4%	5%	6%
折现率	资产净值（亿元）						
8%	2 808.93	2 948.07	3 121.99	3 345.61	3 643.76	4 061.18	4 687.30
9%	2 644.35	2 771.23	2 929.84	3 133.77	3 405.67	3 786.33	4 357.33
10%	2 494.39	2 610.20	2 754.97	2 941.10	3 189.27	3 536.71	4 057.86
11%	2 357.61	2 463.41	2 595.65	2 765.67	2 992.37	3 309.74	3 785.81
12%	2 232.73	2 329.44	2 450.34	2 605.78	2 813.03	3 103.18	3 538.41
13%	2 118.57	2 207.06	2 317.68	2 459.89	2 649.52	2 914.99	3 313.20

表7-6是对每股资产净值进行估值的计算结果。

表7-6　　估值结果——每股资产净值

	永续增长率						
	0	1%	2%	3%	4%	5%	6%
折现率	每股资产净值（元）						
8%	25.42	26.68	28.25	30.28	32.98	36.75	42.42
9%	23.93	25.08	26.51	28.36	30.82	34.27	39.43
10%	22.57	23.62	24.93	26.62	28.86	32.01	36.72
11%	21.34	22.29	23.49	25.03	27.08	29.95	34.26
12%	20.21	21.08	22.18	23.58	25.46	28.08	32.02
13%	19.17	19.97	20.97	22.26	23.98	26.38	29.98

基于现金流量折现法计算的万科A（2015年1月1日）资产净值的估值为每股人民币22.57元，与万科A当时交易价格（2015年7月10日）折算的每股人民币14.49元相比，当时交易价格为资产净值的36%。

这里仅介绍了估值最为核心的部分，除了以上的假设之外，估值还做出了很多的假设，如在模型预测期间，对营业收入、营业成本、所有者权益增加额等都做出了一系列详细的假设。

4. 敏感性分析（见表7-7和表7-8）

表7-7　　敏感性分析情况

敏感性分析	资产净值（亿元）	每股资产净值（元）	变化率（%）
基本估值结果	2 494.39	22.57	0
情况1：营业收入减少1%	2 202.89	19.94	-11.69
情况2：营业成本减少1%	2 730.53	24.71	9.47
情况3：营业收入增加1%	2 785.95	25.21	11.69
情况4：营业成本增加1%	2 258.31	20.44	-9.47
综合上述情况2和情况3	3 022.06	27.35	21.15

表7-8　　购并价格敏感度分析情况

购并价格较资产净值的折扣率（价格敏感度）	每股资产净值（元）	购并价格（元）	购并价格之溢价（7月10日）（%）	购并价格/每股盈利（2014年）	购并价格/账面净值（2014年）
0	22.57	22.57	56	15.78	2.82
5%	22.57	21.44	48	14.99	2.68
10%	22.57	20.31	40	14.20	2.54
15%	22.57	19.18	32	13.41	2.40
20%	22.57	18.06	25	12.63	2.26
25%	22.57	16.93	17	11.84	2.12
30%	22.57	15.80	9	11.05	1.98

注：这里2014年的每股盈利为1.43元，每股账面净值为7.99元。

5. 总结

在上述购并价格敏感性分析中，我们假设的购并交易对价范围为15.80~22.57元，在此价格范围内，万科A在7月10日的收盘价之溢价为9%~56%，市盈率为11.05~15.78（以2014年盈利计算），购并价格与账面净值之比为1.98~2.82。总体来看，万科A股票的市场价值被低估，这也在一定程度上解释了宝能集团意图通过在二级市场上收购万科股权的方式以获得万科控制权的动因。

第四节 资产重组

一、资产重组概述

资产重组就是对运行效果不理想的资产组合进行重新配置、对不合理的资产配置结构进行调整的过程，资产重组是企业重组的核心。

资产重组通过对各种要素的重新组合，提高资源要素的利用效率，最大限度地实现资本增值，是资本运作的一种方式。因此，盘活存量资产、提高存量资产的使用效率，是资产重组的基本特征和主要目标。在实际操作中，企业重组的最直接和最常用的形式就是资产重组。

在西方国家，资产重组是一个与并购相并列的概念，指通过合并、分离、出售、分立等方式，实现资产主体的重新选择和组合，优化企业资产结构，是一系列的紧缩资产的行为，既包括以资产剥离为代表的紧缩资产的行为，也包括极端的重组行为（如公司的破产与清算等）。在我国，资产重组是一个更为广泛的概念，包括了兼并收购以及资产的剥离、分立、出售等一切要素的重新组合与配置。在我国，资产重组实际上包括了西方学者所说的并购和重组两个部分，既有资产的扩张行为，也有资产的紧缩行为。

这里采用西方学者界定的资产重组的范围，将其看成与并购相并列的概念进行讨论，主要是一种公司紧缩资产的行为。

资产重组的形式很多，主要有资产剥离、企业分立、股份置换和股本分散等。本节将着重介绍前两种形式。

二、资产剥离

（一）资产剥离的含义

所谓资产剥离，是指公司将其现有的某些子公司、部门、产品生产线、固定资产等出售给其他公司，同时取得现金、有价证券或其他资产的商业行为。资产剥离的目的是运用资产出售手段，将公司盈利能力差、流动性不强的低质量资产出售，以提高盈利能力和市场竞争力，或者加强主营业务，提高核心竞争力。

资产剥离可以理解为与兼并收购的扩张行为相反的资产运作手段，但资产剥离和兼并收购的扩张行为并非完全对立，而是相辅相成的。首先，资产剥离是并购行为的必要准备和补充。并购之后的资产剥离可以去掉缺乏战略意义的资产或不良资产，同样可以使并购后达到反垄断的要求，也可以迅速整合后转而出售谋利，还可以弥补因战略错误而进行并购行为造成的损失。其次，资产剥离在反收购中也有着重要的作用，如剥离“皇冠上的明珠”。因此，资产剥离和并购同为资产运作的手段，是互补的关系。

（二）资产剥离的动因

关于资产剥离的动因，西方学者一般认为促成公司资产剥离的真正原因只有两个：第一，该资产作为买方企业的资源比作为卖方企业的资源更具有价值；第二，该资产明显干扰了卖方企业其他资产组合的运营。资产剥离在资产重组实践中有着不同的表现，如提高公司股票的市场价值、提高管理效率、满足公司的现金需求、突出主业、调整主业、减轻债务负担、改善财务状况、剔除被收购公司中不合适的业务、满足反垄断的要求等。

（三）资产剥离的类型

1.按剥离的意愿划分

按是否符合公司的意愿，资产剥离可以分为自愿剥离和强迫剥离。自愿剥离是指公司为优化资源配置效率、提升核心竞争能力和企业的价值而主动进行的剥离。强迫剥离是指政府部门或司法机构根据反垄断法等法律法规的规定，迫使公司进行的剥离。在并购活动中，如果政府认为并购后的公司会造成过度的垄断或控制，政府可能会要求这些公司剥离其中一部分资产或业务。

2.按剥离中出售资产的形式划分

按剥离中出售资产的形式划分，资产剥离可以分为出售资产、出售生产线、出售子公司、分立和清算等。出售资产是指仅出售公司的部分设备、场地等固定资产。出售生产线是指将与生产某种产品相关的全套机器设备等出售给其他公司。出售子公司是指将一个持续经营的子公司整体出售给其他公司，剥离对象不仅包括全套的机器设备，还包括相关职能部门和人员。分立和清算将在随后章节中详细介绍。

（四）资产剥离的方式

目前，国内外资产剥离的方式主要有以下三种：

第一，向控股股东出售资产，这是上市公司的控股集团内部进行资产调整最常用的手段，对于国内上市公司来说，这种资产剥离也最为普遍。一是因为上市公司控股股东之间的交易容易达成；二是这种资产剥离的价格和支付方式比较灵活；三是这种资产剥离不存在售出的资产和业务对上市公司造成竞争威胁的风险。

第二，向非关联公司出售资产，即将资产出售给无关联关系的其他企业。

第三，管理层收购（MBO）。

案例分析　　**招商积余重组更名上市案例**①

中航善达与招商物业均为国资物企，在专业技术和资源方面具有较强的竞争优势。其中，中航善达在物业管理标准化建设方面多年来处于行业前列，2015年成为全国物业服务标准化技术委员会（SAC/TC560）秘书处承担单位。从管理的物业类型来看，两者在机构物业管理领域都具有一定的竞争优势。根据国务院国资委关于国有企业“瘦身健体、提

① 资料来源：根据http：//basic.10jqka.com.cn/144/000043/interactive.html相关资料整理而得。

质增效”以及优化国有资本布局结构的指示，中航善达自2016年7月开始进入战略转型。2016年12月，公司出售了下属大部分房地产开发业务相关的资产与负债。2018年，公司顺利完成惠东项目和贵阳项目的出售挂牌交易，并完成上海天盛广场项目工商变更和资产交割。2019年8月，公司将剩余房地产开发项目委托给招商局蛇口工业区控股股份有限公司开发管理。2019年12月，中航善达完成重大资产重组，通过发行股份方式购买招商局物业管理有限公司100%的股权。前述交易实现了物业管理行业的横向整合，有利于公司扩大管理规模，体现规模优势，以明确公司未来发展的战略定位，激发公司的发展活力，提高主业核心竞争力，进一步打开物业管理战略业务的未来发展空间。中航善达与招商物业的“联姻”，是国企体系内部专业化整合的一部分，在国企推进混合所有制和股权多元化改革的背景下，将会有更多的国资物企进行重组整合，以推动物业管理行业的整合向纵深发展。

三、企业分立

1.企业分立的含义

企业分立是指将母公司所拥有的子公司的股份按比例分配给母公司的股东，形成与母公司股东相同的新公司，从而在法律上和组织上将子公司从母公司分立出去。

分立是一种特殊形式的资产剥离，在纯粹的公司分立过程中，不存在股权和控制权向母公司股东之外的第三方转移的情况，因为现有股东对母公司和分立出来的子公司同样保持着他们的权利，分立后的新公司拥有独立的法律地位。

企业分立可以用来缩减生产经营规模、增强企业活力，也可以获取财务方面的利益，通常用来消除“负协同效应”、纠正错误的并购、应对变化的经营环境等。企业分立既然是一种特殊形式的资产剥离，其就拥有和资产剥离相似的动因。

2.企业分立的形式

根据原公司是否存续，可以将企业分立分为派生分立和新设分立两种。派生分立（也称存续分立）是指公司以其部分资产设立另一个新公司，新公司需要进行注册登记，原公司继续存续经营，但需要办理减少注册资本的变更登记的企业分立方式。新设分立（也称解散分立）是指将原公司全部资产分解为若干份，重新设立两个或两个以上的新公司，原公司解散的企业分立方式。

除标准分立形式外，企业分立还有其他多种变化形式，其中最主要的是换股分立，是指母公司以其在子公司占有的股份，向部分（而非全部）股东交换其在母公司的股份。换股分立不同于纯粹的分立，这种方式会导致两个公司所有权结构的改变，需要母公司的部分股东放弃其在母公司的权益，转而投资于子公司，这种方式在实际业务中并不常见。

四、企业清算

（一）企业清算的形式

企业清算是指企业在终止过程中，为保护债权人、所有者等利益相关者的合法权益，依法对企业的财产、债务等进行清查、变卖，分配剩余财产，以终结企业现有各种经济关系，依法取消其法人资格的行为。

清算是企业终止阶段的主要工作，主要涉及企业的财务问题。只有通过清算，才能对企业现有的各种财务关系进行终结。任何企业的终止，都必须进行清算工作。企业清算的主体应该是基于法律对企业资产享有的所有权或者拥有对企业的重大管理权限。清算组织是在企业清算时组织清算工作的主体，但其并不是清算的主体，而只是清算主体任命或者选定的具体操作企业清算事宜的临时性组织。企业清算的范围为公司的出资、资产、债权、债务等，应当重点清查公司的资产，分析债权债务的性质、收回和清偿的合理性依据等。企业清算的目的是使企业与其他社会主体之间产生的权利和义务同时消失，从而为公司的终止提供合理的依据。

1.企业清算按原因不同分为解散清算和破产清算

企业由于解散而导致的清算称为解散清算。导致企业解散清算的原因主要有：公司章程规定的营业周期期满或者公司章程规定的其他解散事由出现（如经营目的已经达到而不需要继续经营，或经营目的无法达到且公司无发展前景等）；公司股东大会决定解散；企业合并或分立使原公司解散；公司违反法律、行政法规而被依法责令关闭。

破产清算是因经营管理不善而造成严重亏损，不能偿还到期债务而进行的清算。根据我国《企业破产法》的规定，凡有下列情况之一，应当依照规定宣告破产：A.企业因经营管理不善而造成严重亏损，不能清偿债务的，依照规定宣告破产。B.申请破产企业在整顿期间，不执行和解协议的，或财务状况继续恶化，债权人会议申请终结整顿的，或严重侵害债权人利益的，经人民法院裁定，终结企业整顿，宣告其破产。C.申请破产企业整顿期满，不能按和解协议清偿债务的，依照规定宣告其破产。

2.企业清算按法律程序不同分为普通清算和特别清算

普通清算是指企业自行组织的清算，清算事务主要是由企业自行组织的清算组按照法律规定的一般程序进行的，法院和债权人不直接干预。特别清算是指企业依照法院命令开始清算，由法院干预并且自始至终都在法院严格监督之下进行的清算。如果企业不能清偿到期债务，存在资不抵债的嫌疑，或者企业无力自行组织清算工作，企业董事会对清算事务未达成一致意见，或者由债权人、股东、董事会中任何一方提出申请，就应采取特别清算程序。

对于普通清算和特别清算，企业并无选择的权利。企业解散后，应当立即进行普通清算。在普通清算过程中，企业资产超过负债有不实之嫌，即形式上企业资产超过负债，但实际上是否真正超过负债尚待确认，或者公司实行普通清算遇到明显障碍，法院可以命令其实行特别清算。

（二）破产清算

1.破产的界定

破产的界定指法院据以宣告债务人破产的法律标准，国际上通常被称为法律破产原因。从法律上理解，破产有两层含义：一是资不抵债时发生实际上的破产，即债务人因负债超过资产，不能清偿到期债务而破产；二是债务人因不能清偿到期债务而被法院依法宣告破产。也就是说，即使债务人的资产超过负债，但由于没有足够的现金或无法以债权人同意的其他方式偿还到期债务，债务人也不得不宣告破产。

这里需要注意的一点是，“资不抵债”和破产并不是同一回事。绝大部分企业在破产时确实“资不抵债”，但“资不抵债”和破产之间是不能画等号的，因为在现实中，有一些企业没有“资不抵债”却破产了，有一些企业已经“资不抵债”却没有破产，破产与否的关键是看其是否有能力偿还到期债务。

2.破产财产的构成

根据自2007年6月1日起实施的《企业破产法》，破产申请受理时属于债务人的全部财产，以及破产申请受理后至破产程序终结前债务人取得的财产，称为债务人财产。债务人被宣告破产后，债务人称为破产人，债务人财产称为破产财产。

小贴士　有关债务人财产的可撤销、无效行为

《企业破产法》第三十一条规定，人民法院受理破产申请前一年内，涉及债务人财产的下列行为，管理人有权请求人民法院予以撤销：(1) 无偿转让财产的；(2) 以明显不合理的价格进行交易的；(3) 对没有财产担保的债务提供财产担保的；(4) 对未到期的债务提前清偿的；(5) 放弃债权的。《企业破产法》第三十三条规定，涉及债务人财产的下列行为无效：(1) 为逃避债务而隐匿、转移财产的；(2) 虚构债务或者承认不真实的债务的。

资料来源：根据《中华人民共和国企业破产法》整理而得。

3.破产财产的清偿顺序

破产财产在优先清偿破产费用和共益债务后，依照下列顺序清偿：

① 破产人所欠职工的工资和医疗、伤残补助、抚恤费用，所欠的应当划入职工个人账户的基本养老保险、基本医疗保险费用，以及法律、行政法规规定应当支付给职工的补偿金。

② 破产人欠缴的除前项规定以外的社会保险费用和破产人所欠税款。

③ 普通破产债权。

④ 破产财产不足以清偿同一顺序的清偿要求的，按照比例分配。

（三）企业清算的程序

1.解散清算的清算程序

企业进行解散清算，应当成立清算组、发布清算公告、清理财产、制订和执行清算方案、清偿债务、分配剩余财产、编制清算报告、宣告清算结束等。这些都是清算的一般程序。

(1) 成立清算组

企业解散时应当依法成立清算组，接管企业，负责处理企业宣告终止后的一切清算事宜。根据《公司法》的规定，企业应当在解散事由出现之日起15日内成立清算组。对于普通清算，清算组成员一般由清算企业的董事会确定，通常在董事会中推选。对于特别清算，清算组由人民法院组织成立，其成员由人民法院从企业上级主管部门、政府财政部门等有关部门、企业董事会或股东或社会专业中介机构中指定，并可聘请必要的工作人员。

(2) 发布清算公告

根据《公司法》的规定，清算应当自清算组成立之日起10日内通知债权人，并在60日内在报纸上发布公告，要求债权人向清算组申报其债权。债权人应当自接到通知书之日起30日内，未接到通知书的自公告之日起45日内，向清算组申报其债权。债权人申报其债权，应当说明债权的有关事项，并提供证明材料。

（3）清理财产

清算组对企业财产进行清理，编制资产负债表和财产清单。企业财产是指企业所拥有的、可供分配给债权人的所有财产。清算组在清理财产后，发现企业财产不足以清偿债务的，应当立即向人民法院申请宣告破产。企业经人民法院裁定破产后，清算组应当将清算事务移交人民法院。

（4）制订和执行清算方案

清算组在完成对企业财产清理的基础上，应当对企业资产进行估价，制订清算方案，包括清算的程序和步骤、财产定价方法和估价结果、债权收回和财产变卖的具体方案、债务的清偿顺序、剩余财产的分配以及对公司遗留问题的处理等。清算方案须报经股东大会、债权人大会或者有关主管机关批准确定。

（5）清偿债务和分配剩余财产

企业清算财产首先用于支付清算费用，即企业清算过程中的各项支出，如清算人员的工资、变卖过程中的费用等。一般情况下，清算费用随时发生随时支付，清算财产不足以支付清算费用时，清算程序应当终结，未清偿的债务不再清偿。企业财产支付清算费用以后，按照次序清偿债务，支付应付未付的职工工资、劳动保险费、相关税费等后，才能清偿其他债务。财产余额不足以清偿全部债务的，应当按比例偿付。清偿所有债务后还有剩余的，即为剩余财产，应当按照合同、章程的有关条款处理，充分体现公平、平等、照顾各方利益的原则。

（6）编制清算报告

公司清算结束后，清算组应当编制清算报告，报经股东大会或者人民法院确认，并报送公司登记机关，申请注销公司登记，公告公司终止。

（7）宣告清算结束

清算报告报经股东大会或者人民法院确认完毕后，清算程序终结，宣告清算结束。

2.破产清算的清算程序

（1）宣告破产

人民法院依照规定宣告债务人破产的，应当自裁定做出之日起5日内送达债务人和管理人，自裁定做出之日起10日内通知已知债权人，并予以公告。

（2）变价和分配

管理人应当及时拟订破产财产变价方案，提交债权人会议讨论，按照债权人会议通过的或者人民法院依法裁定的破产财产变价方案，适时变价出售破产财产。管理人由人民法院指定，可以由有关部门、机构的人员组成的清算组或者依法设立的律师事务所、会计师事务所、破产清算事务所等社会中介机构担任。

管理人需要履行下列职责：接管债务人的财产、印章和账簿、文书等资料；调查债务人的财产状况，编制财产状况报告；决定债务人的内部管理事务；决定债务人的日常开支和其他必要开支；在第一次债权人会议召开之前，决定继续或者停止债务人的营业；管理和处分债务人的财产；代表债务人参加诉讼、仲裁或者其他法律程序；提议召开债权人会议；人民法院认为管理人应当履行的其他职责。

（3）破产程序终结

破产人无财产可供分配的，管理人应当请求人民法院裁定终结破产程序。管理人在最后分配完结后，应当及时向人民法院提交破产财产分配报告，并提请人民法院裁定终结破产程序。人民法院应当自收到管理人终结破产程序的请求之日起15日内做出是否终结破产程序的裁定。裁定终结的，应当予以公告。管理人应当自破产程序终结之日起10日内持人民法院终结破产程序的裁定，向破产人的原登记机关办理注销登记。

管理人应当于办理注销登记完毕的次日终止执行职务，但是存在诉讼或者未决仲裁情况的除外。

小贴士　　破产清算申请和受理的相关事项

（1）破产申请

《企业破产法》第八条规定，向人民法院提出破产申请，应当提交破产申请书和有关证据。破产申请书应当载明下列事项：①申请人、被申请人的基本情况；②申请目的；③申请的事实和理由；④人民法院认为应当载明的其他事项。债务人提出申请的，还应当向人民法院提交财产状况说明、债务清册、债权清册、有关财务会计报告、职工安置预案以及职工工资的支付和社会保险费用的缴纳情况。《企业破产法》第九条规定，人民法院受理破产申请前，申请人可以请求撤回申请。

（2）破产受理

《企业破产法》第十条规定，债权人提出破产申请的，人民法院应当自收到申请之日起5日内通知债务人。债务人对申请有异议的，应当自收到人民法院的通知之日起7日内向人民法院提出。人民法院应当自异议期满之日起10日内裁定是否受理。除前款规定的情形外，人民法院应当自收到破产申请之日起15日内裁定是否受理。有特殊情况需要延长前两款规定的裁定受理期限的，经上一级人民法院批准，可以延长15日。

《企业破产法》第十一条规定，人民法院受理破产申请的，应当自裁定做出之日起5日内送达申请人。债权人提出申请的，人民法院应当自裁定做出之日起5日内送达债务人。债务人应当自裁定送达之日起15日内，向人民法院提交财产状况说明、债务清册、债权清册、有关财务会计报告以及职工工资的支付和社会保险费用的缴纳情况。

《企业破产法》第十二条规定，人民法院裁定不受理破产申请的，应当自裁定做出之日起5日内送达申请人并说明理由。申请人对裁定不服的，可以自裁定送达之日起10日内向上一级人民法院提起上诉。

资料来源：根据《中华人民共和国企业破产法》整理而得。

（四）清算损益的确定

清算损益是破产企业自破产宣告日起至清算结束日止的清算时间内的清算成果，其直接影响破产企业的分配结果。清算损益包括以下内容：

① 清算收入，包括清算期间的财产盘盈收入、因破产企业债权人的原因确实无法偿还的债务、破产宣告日未了业务的经营收入、清算期间的资产变现净值。

② 清算费用，包括清算期间发生的财产盘亏损失、清算期间的破产费用（清算机构对破产财产的管理、变卖和分配所需的费用）、破产案件诉讼费用以及为保护债权人的共同利益而支出的其他费用、清算期间的资产清算减值、清算所得依法缴纳的所得税。

③ 清偿债务利益，即清算期间因资产不足而未能清偿的债务。破产企业应当设置

"破产清算权益"账户核算上述内容。清算费用记入该账户的借方，清算收入和清偿债务利益记入该账户的贷方，清算结束日，该账户的余额为清算净损失或净收益，转入资产负债表有关项目。

第五节　股票回购

一、股票回购概述

股票回购是指上市公司利用现金等方式，从股票市场上购回本公司发行在外的一定数额股票的行为。虽然我国上市公司股票回购起步较晚，但是经过多年来的不断发展，股票回购已经成为我国上市公司资本运作的重要手段。整体来看，我国上市公司股票回购主要经历了如下几个阶段：

股票回购萌芽阶段（2005年以前）。在此阶段，仅有为数不多的上市公司成功实施股票回购。在国家倡导国有股减持的背景下，股票回购主要配合国有股减持，以达到改善公司治理的目的。

股票回购缓慢增长阶段（2005—2008年）。在国有股减持、股权分置改革以及《上市公司回购社会公众股份管理办法（试行）》等政策的刺激下，2006年，我国上市公司掀起了股票回购的新热潮（有25家公司成功实施股票回购方案）。但随着国有股减持备受质疑以及股权分置改革的不断推行，我国上市公司股票回购数量逐渐下降。

股票回购快速增长阶段（2008年至今）。在2008年金融危机的影响下，我国股市低迷，很多公司价值被低估。在政策环境方面，2008年，我国制定了《关于上市公司以集中竞价交易方式回购股份的补充规定》，规范上市公司回购股份行为。在此背景下，刺激上市公司进行大量股票回购，以增强投资者信心。直到2022年，我国有1 041家公司成功实施股票回购计划，股票回购情况见表7-9。

表7-9　**我国上市公司年度股票回购情况**

年份	成功实施股票回购公司数量（家）
1994年	1
1999年	1
2000年	4
2005年	6
2006年	25
2007年	2
2008年	5
2009年	4
2010年	4

续表

年份	成功实施股票回购公司数量（家）
2011年	16
2012年	54
2013年	86
2014年	158
2015年	222
2016年	317
2017年	435
2018年	952
2019年	822
2020年	844
2021年	942
2022年	1 041

数据来源：根据RESSET数据库相关数据整理而得。

二、股票回购方式

一般而言，股票回购主要依据回购价格的确定方式来划分其形式。具体而言，主要分为以下几类回购方式：

（一）公开市场回购（Open Market Repurchase）

公开市场回购是指上市公司等同于市场其他潜在投资者，按照市场交易价格回购本公司股票。公开市场回购是二级市场较为常见的回购方式，其优势在于可以向市场传递积极信号，增加股票活跃度。但与此同时，公开市场回购具有回购周期长的缺点。

（二）现金要约回购（Cash Repurchase）

现金要约回购是指上市公司在回购股票之前，以固定价格在相应的期限内向股东发出回购要约，从而实现股票回购。通常而言，要约回购的报价会高于市场价格。现实中，现金要约回购可以分为固定价格要约回购以及荷兰式拍卖回购。

1.固定价格要约回购（Fixed Price Repurchase）

固定价格要约回购主要是指上市公司在尊重股东选择权的基础上，以固定价格在约定的期限内向股东发出回购要约的方式。通常，固定价格要约回购的认购期为2~3期。一般而言，公司为了达到回购目的，其所发出回购要约的价格往往会高于二级市场价格。因此，固定价格要约回购对公司而言，具有灵活性较差且成本较高的特点，一般在公司为了防止敌意收购时采用。

2.荷兰式拍卖回购（Dutch Auction Repurchase）

荷兰式拍卖回购是指公司事先设定股票回购的价格区间、要约回购范围及回购数量，并按照回购价格从低到高的顺序进行操作。相较而言，荷兰式拍卖回购具有选择性大以及溢价低的特点，因而被广泛采用。

（三）协议回购（Negotiated Repurchase）

协议回购是指上市公司在市场外通过私下协议的方式确定公司回购数量、回购价格的回购方式。协议回购主要针对一个或者多个特定股东进行。在我国，协议回购方式主要在股权分置改革时被采用，主要回购对象是非流通股股东。

（四）转换要约回购（Tender Offer Repurchase）

转换要约回购是指上市公司赋予股东将所持公司股票转换为债券或优先股的权利。鉴于股东转换后所持公司权益流动性变差，所以，公司在要约过程中，通常会给予股东一定的溢价进行补偿。因此，转换要约回购对公司而言成本较高。

（五）可转让出售权回购（Transfer Put Repurchase）

可转让出售权回购是指上市公司赋予股东在一定的期限内，以特定的价格向公司出售所持股票的权利。可转让出售权回购的优点是回购期比较短，其缺点在于会产生一定的交易费用，增加回购成本。

三、股票回购动因

关于上市公司股票回购的动机，现有学术研究已经比较丰富，并形成了一系列假说，具体如下：

（一）信号传递假说

Bhattacharya（1979）、Miller 和 Rock（1985）等基于信息不对称理论，提出信号传递假说，认为股票回购是由公司管理层发出的关于未来收益的明确信号，即当公司为了向市场传递有关未来业绩或现金流的有利信息时，尤其是当管理层认为公司价值被低估时，宣布或采取股票回购可以将这些内部信息的价值传递给现有股东。Wansley 等（1989）通过调查询问，发现绝大部分公司管理层宣布实施股票回购的目的是向市场传递经营良好的信号。

（二）自由现金流假说

自由现金流假说起源于委托代理理论。Jensen（1986）提出管理层作为公司的实际经营者，对自由现金流的配置负有责任。通常，自由现金流会被用于投资盈利项目，之后的超额部分应用于股息分配或股票回购，从而减少可转移的现金流，进而遏制管理层过度投资的动机。因此，当公司现金充裕时，股东会要求管理层分配超额现金，而股票回购在时间和现金支付金额方面较为灵活（Grullon 和 Michaely，2002），通常被管理层用来作为分配超额或临时现金流的手段（Guay 和 Harford，2000；Jagannathan 等，2000；Lee 和 Rui，2007；Lee 和 Suh，2011）。

（三）避税假说

公司的现金流可以通过股利或股票回购的方式分配给股东，但由于资本利得税要低于红利税，因此，公司采取股票回购的方式是为了让股东享受到税收优惠（Barclay 和 Smith，1988；Black，1976）。此外，公司不仅能够使用现金回购，还能够通过负债加杠杆进行回购，这样，债务支付的利息抵扣不仅能够降低税负，还能够利用债务利息“税盾”的原理，发挥财务杠杆效应，提升公司资产收益率（Vermaelen，1984；Dittmar，2000）。

（四）EPS管理假说

EPS（Earnings Per Share）即每股收益，其简单计算公式为：税后净利润÷在外流通普通股股数。因此，当公司回购股票，不论是转为库存股，还是进行注销，其结果都是立即减少了在外流通普通股股数，进而提高了EPS。同时，由于管理层可以选择性地披露回购信息，决定何时购买股票，甚至选择是否购买股票，这也使得股票回购特别适合作为每股收益的管理工具。Brav 等（2005）报告称，超过 76% 的 CEO 和 CFO 表示，在他们公司的股票回购决策中，提高每股收益是一个非常重要的考虑因素。实证研究结果也发现，当员工股票期权存在对每股收益的稀释效应时（Bens 等，2003），为达到分析师预测目标（Almeida 等，2016），为避免每股收益下跌导致的股价崩盘风险（Myers 等，2007），公司会战略性地增加股票回购。

（五）管理层激励假说

在美国，上市公司管理层的薪酬结构大多为基于业绩的现金工资加股票期权。而业绩的考核指标中，EPS和股价是极为重要的存在，这类薪酬计划会扭曲管理层的动机，使其通过股票回购来推动每股收益（Lazonick，2014），进而提升股价。另外，公司也需要通过股票回购来维持一定数量的库存股票，为高管股票期权计划提供股本（Fenn 和 Liang，2001；Kahle，2002）。基于此，管理层为实现自身财富的最大化，会推动公司进行股票回购（Jolls，1998）。

（六）抵御收购假说

抵御收购假说是指管理层人员为了保全自身和公司的权益，通过股票回购的方式来避免公司的绝对控制权遭受侵害。首先，公司进行股票回购会增加潜在收购方的收购成本（Bagwell，1991）；其次，股票回购可以缓解代理问题及相关成本，从而降低了因管理层不作为而导致的潜在收购可能性（Bagnoli 和 Lipman，1989）；最后，股票回购计划赋予了公司灵活回购股票的权利，可以随时应对潜在的收购风险（Billett 和 Xue，2007）。

（七）财富转移假说

财富转移假说认为，股票回购主要表现为债权人向股东、出售股票的股东向持有股票的股东以及同行业非回购公司向回购公司的财富转移，并不能产生新的价值。例如，公司在股票回购的前后可以通过债务融资的方式来筹集资金，这类股票回购的实质是将债权人的财富转移给股东。但这类说法的合理性被美国许多州的相关法律削弱了，因为这些法律规定只能利用盈余进行回购。此外，大多数债券契约对回购进行了相应限制。在实证方面，Masulis（1980）发现回购公告后的几天内，公司股价先涨后跌，直至恢复到原有水平，这说明股票回购本质上并没有产生新的价值。David（1980）等研究发现，在回购期间，若公司股价相对较低，拥有信息优势的股东会选择购买，反之，则会抛出股票，因此，公司财富只是从不知情股东转移到了知情股东。

四、股票回购的“利”与“弊”

（一）股票回购的“利”

1.提升公司股价，维护市场稳定

当公司管理层认为股票被低估时，或者对未来经营现金流持有较强信心时，通过实施股票回购计划会向市场释放有关公司价值和未来业绩的积极信号，有利于提升公司股价。当市场出现短期非理性下跌，股价普遍被低估时，通过实施回购计划可以提升每股价值，促进增量资金入市，增强市场流动性，有利于为股价稳定提供强有力支撑，正面信号的释放也可以缓解市场恐慌情绪，维护市场稳定健康发展。

2.维护公司控制权，防止恶意收购

在A股市场上，个人投资者占比较高，但由于其专业知识和信息来源有限，对公司价值的判断容易产生偏差，在市场上往往容易追涨杀跌。我国的一些机构投资者本身也是不成熟的，许多机构投资者热衷于概念炒作和短线操作，踩雷事件也频频发生。因此，我国A股市场“散户化”的投资风格容易导致公司股价偏离实际价值，这使得外资有机会以低成本持有优质公司的股权。比如，我国多家银行的股份在上市前被外资低价购买，或者在股市低迷期被外资持续抄底购买。因而，当出资企业的股价被低估或持续下跌时，采用股票回购的方式可以自我保留公司股票，维护公司的控制权。

3.优化资本结构，提高企业价值

由于股票回购在资金来源上，不仅可以利用公司经营活动产生的自由现金流，还可以通过发行债券、银行借款等方式融资。前者通过内部资金回购股票，可以将超额现金流回馈给股东，避免了企业经理人过度投资的风险，股票回购正好可以有效缓解代理问题及降低其成本，提高资金的使用效率。后者通过举债筹集回购资金，当公司负债率较低时，可以调整优化企业的资本结构，使其充分发挥财务杠杆效应，提升资产收益率。因而，企业通过不定期不定量地回购股票，可以动态调整资本结构，找到合适的财务杠杆，同时发挥公司治理作用，提升企业的价值。

4.完善投资者回报机制，提高股东回报

若公司新增投资项目的ROE低于现有资产，特别是对于成熟企业来说，通过分红或回购可以减缓ROE下滑的斜率，保证股东在较长时间内拥有相对较高的权益回报率。另外，通过股票回购，可以促使企业资金实现有进有退、合理流动、资本动态优化配置的要求，从而提高资本的流动性。因此，当企业发展到成长性较低、盈利稳定的成熟期时，在资本充足的情况下，通过回购股票可以在较长时间内提升股东价值，形成投资者回报的另一机制。

案例分析　　**苹果公司股票回购**

一、苹果公司概况

苹果公司于1977年1月3日成立。公司主要从事设计、生产和销售移动通信和媒体设备，包括个人电脑、便携式数字音乐播放器等。公司通过其零售商店、网上商店和直销队伍在全球销售其产品，并通过第三方移动网络运营商、批发商、零售商和增值经销商实现销售。公司的产品主要面向教育界、创业者、消费者和商业以及政府用户。从公司主营业务来看，截至2019年12月31日，手机业务在公司主营业务中的占比为61%，其次是服务业务的占比为14%，公司主营业务比较集中。公司自2013年开始实施股票回购，公司股票回购金额逐年攀升，截至2022年年末，公司股票回购累计花费约3 582亿美元。

二、苹果公司股票回购结果分析

1.通过股票回购优化资本结构

从表7-10的相关数据可以看出，苹果公司资产负债率在2017年以前维持较低水平，加之公司销售净利率以及资产周转率水平较低。一方面，股票回购能够提高公司权益乘数，优化公司资本结构；另一方面，公司实施股票回购可以适当提高公司资产负债率，有效改善公司资本结构，从而充分发挥负债的“税盾”效应。

表7-10 苹果公司股票回购与资本结构 金额单位：亿美元

年份	2009年	2010年	2011年	2012年	2013年	2014年	2015年
股份回购金额	0	0	0	0	0	0	0
资产负债率（%）	48.32	36.43	34.16	32.86	40.31	51.89	58.91
销售净利率（%）	15.61	21.48	23.95	26.67	21.67	21.61	22.85
资产周转率（倍）	0.78	1.01	1.13	1.07	0.89	0.83	0.89
权益乘数	1.93	1.57	1.52	1.49	1.68	2.08	2.43
年份	2016年	2017年	2018年	2019年	2020年	2021年	2022年
股份回购金额	0	35.00	719.87	580.58	735.15	697.70	814.14
资产负债率（%）	60.13	64.28	70.70	73.27	79.83	82.03	85.64
销售净利率（%）	21.19	21.09	22.41	21.24	20.91	25.88	25.31
资产周转率（倍）	0.70	0.66	0.72	0.74	0.83	1.08	1.12
权益乘数	2.51	2.80	3.41	3.74	4.96	5.56	6.96

数据来源：根据WIND相关数据整理而得。

2.通过股票回购提高股东回报

就苹果公司盈利增长而言，公司凭借自身优势在2013年以前维持高速增长。但随着手机业务利润下滑，公司盈利增长降低，尤其是在2016年公司营业收入出现负增长(−7.7%)，同时公司净利润也出现负增长（−14.4%）。从公司现金情况来看，公司现金余额保持较高水平且逐年上升。因此，在2017年之后，苹果公司在自身成长性不足，而现金较为充裕的情况下，实施股票回购计划，可以将公司多余的现金回馈给股东，提高股东回报。具体而言，股票回购提高了公司的每股收益，并且股票回购提高了公司权益乘数，从而增加了公司ROE水平（见表7-11）。从公司总市值来看，公司实施股票回购计划后，总市值增长较快。经计算，苹果公司2009—2022年市值复合增长率为18.6%，同期公司利润复合增长率为22.68%，道琼斯指数复合增长率为8.61%。可见，苹果公司股票回购对提高股东回报具有重要作用。

表7-11 苹果公司股东回报情况

年份	2009年	2010年	2011年	2012年	2013年	2014年	2015年
每股股价（前复权）（美元）	6.38	9.77	12.26	16.25	17.57	24.70	23.96
市值（亿美元）	1 898.02	2 970.89	3 764.11	4 996.96	5 007.41	6 431.20	5 836.13
ROE	23.35	37.06	41.67	42.84	30.64	33.61	46.25
基本每股收益（美元）	6.39	15.41	28.05	44.64	40.03	6.49	9.28
年份	2016年	2017年	2018年	2019年	2020年	2021年	2022年
每股股价（前复权）（美元）	26.95	40.10	37.88	71.52	130.39	175.56	129.21
市值（亿美元）	6 089.60	8 608.82	7 460.79	12 876.43	22 322.79	29 016.45	20 669.42
ROE	36.90	36.87	49.36	55.92	73.69	147.44	175.46
基本每股收益（美元）	8.35	9.27	12.01	11.97	3.31	5.67	6.15

数据来源：根据WIND相关数据整理而得。

3.股票回购可能导致公司风险增加

合理的股票回购能够提高股东价值，使股东回报最大化；但事实上，过于激进的股票回购可能导致公司风险增加。尤其是在美国长期处于低利率的环境下，可能导致公司过度热衷于举债回购。就苹果公司而言，2009—2022年公司经营活动现金流量净额增速放缓，而公司资产负债率逐年上升，尤其是2022年公司资产负债率已经超过85%（见表7-12）。此时，如果继续进行大量股票回购，必然会增加公司财务风险。

表7-12 苹果公司风险情况

年份	2009年	2010年	2011年	2012年	2013年	2014年	2015年
经营活动现金流量净额（亿美元）	101.59	185.95	375.29	508.56	536.66	597.13	812.66
资产负债率（%）	48.32	36.43	34.16	32.86	40.31	51.89	58.91
年份	2016年	2017年	2018年	2019年	2020年	2021年	2022年
经营活动现金流量净额（亿美元）	658.24	635.98	774.34	693.91	806.74	1 040.38	1 221.51
资产负债率（%）	60.13	64.28	70.70	73.27	79.83	82.03	85.64

数据来源：根据WIND相关数据整理而得。

（二）股票回购的“弊”

1.股票回购可能会降低公司应对风险的能力

由于股票回购会花费公司的现金储备，而公司的现金可以用于投资、研发等，也是公司应对突发状况的保障。因此，只有当公司的盈利能力较为稳定时，在保证资本的内源供给后，才可以利用充裕的自由现金流进行股票回购，此时，市场也会给予正向反应。但是若公司采取激进的方式，甚至通过大规模举债加杠杆来分红或回购，则会增加公司未来的还本付息的压力，提高公司面临财务困境的风险，降低公司的信用评级，而债务违约风险的急剧上升可能会阻碍公司的经营与发展。例如，属于重资产或周期性行业的公司，在经济繁荣期举债回购股票，公司价值是会有所上升的；一旦遇到“黑天鹅”事件或经济危机，即在资产价格恶化的背景下，许多公司将无法为其到期债务进行再融资，或许会引发较为严重的债务风险，甚至会永久性损害公司的价值。基于此，企业在推行股票回购计划前，需要根据企业的经营环境（如宏观经济、货币政策等）以及自身特征（如行业特征、现金流、利息支出、生命周期等），判断股票回购的合理性和可持续性。

2.管理层可能会利用股票回购进行机会主义行为

我国上市公司实施股票回购起步较晚，并且我国对股票回购的相关监管与西方国家存在较大差异。例如，美国对上市公司股票回购的监管主要遵循“原则允许，例外禁止”的思路，对上市公司回购股票的目的、资金来源、用途等没有过多限制，更多的是对公司在回购过程中的信息披露、买入股票时的交易行为以及公司内部人员在回购过程中的交易行为等方面有严格、具体的要求。我国在初期采取的是恰好相反的思路，早期我国《公司法》对股票回购的规定存在使用范围较窄、决策程序不够简便、库存股制度缺乏等问题，这严重阻碍了我国A股市场实施股票回购的步伐。基于此，2018年10月26日，全国人大常委会审议通过了《全国人民代表大会常务委员会关于修改〈中华人民共和国公司法〉的决定》，为完善回购股份制度提供了法律依据。此后，中国证监会、财政部、国务院国资委联合发布相关文件，进一步明确支持回购的具体举措，交易所也相继公布有关股票回购的实施细则。这些相关政策的推行可以在一定程度上弥补制度的差距，但不可否认的是，我国在这方面的改革起步较晚，很多具体实施细则也尚未成熟。基于此，在我国股票回购制度约束尚不完善的情况下，公司管理层可能会利用监管制度漏洞进行机会主义行为。

3.股票回购可能会侵害中小股东利益

我国上市公司股权结构中，大股东往往一股独大。虽然上市公司会公布其股票回购计划，但是相比中小股东，大股东具有明显的信息优势。在我国股票回购的实践中，不乏出现大股东利用股票回购套现或者在股票回购过程中出现信息泄露等损害中小股东利益的问题。因此，公司在进行股票回购的同时，应该重视大股东滥用控股权侵占中小股东利益的问题。

案例分析　　波音公司股票回购分析

一、波音公司概况

波音公司是全球最大的航空航天业公司，也是世界领先的民用飞机和防务、空间与安全系统制造商，以及售后支持服务提供商。作为美国最大的制造出口商，波音公司为分布在全球150多个国家和地区的航空公司和政府客户提供支持。自2008年以来，波音公司除2010—2012年间没有进行股票回购外，其他年份均进行了股票回购。从回购率（回购金额/总市值）来看，波音公司最高回购率达到7.3%，其他年份回购率也达到较高水平。

二、波音公司股票回购动因分析

1.通过股票回购稳定股价

从表7-13可知，整体上，波音公司净利润增长率与公司每股股价之间出现明显背离现象。2010年以后，公司净利润增长率下降，尤其是在2019年，公司净利润增长率为-106%。在公司低增长的情形下，为了稳定公司股价，波音公司在2013年逐渐实施股票回购计划，以达到稳定公司股价的目的。

表7-13 **波音公司股价与利润增长**

年份	2009年	2010年	2011年	2012年	2013年	2014年	2015年
前复权股价（美元）	42.18	52.12	60.02	63.15	116.65	113.68	129.67
净利润增长率（%）	-50.90	152.06	21.50	-2.94	17.56	18.78	-4.96
年份	2016年	2017年	2018年	2019年	2020年	2021年	2022年
前复权股价（美元）	144.34	281.05	313.37	323.83	214.06	201.32	190.49
净利润增长率（%）	-5.43	62.83	23.67	-106.08	-1 766.82	64.61	-17.44

数据来源：根据WIND相关数据整理而得。

2.通过股票回购回馈股东

波音公司作为世界最大的民航飞机制造商之一，占领了世界很大一部分商用飞机市场。但随着航空航天业竞争的加剧，波音公司增长陷入瓶颈，长期处于低增长状态，而公司又拥有大量的现金（见表7-14）。基于此，在自身成长性不足的情形下，波音公司选择实施股票回购计划，将公司多余的现金回馈给股东，以提高股东回报。

表7-14 **波音公司现金与利润增长**

年份	2009年	2010年	2011年	2012年	2013年	2014年	2015年
现金（亿美元）	92.15	53.59	100.49	103.41	90.88	117.33	113.02
净利润增长率（%）	-50.90	152.06	21.50	-2.94	17.56	18.78	-4.96
营业收入增长率（%）	12.10	-5.82	6.89	18.86	6.03	4.78	5.90
年份	2016年	2017年	2018年	2019年	2020年	2021年	2022年
现金（亿美元）	88.01	88.13	76.37	94.85	77.52	80.52	146.14
净利润增长率（%）	-5.43	62.83	23.67	-106.08	-1 766.82	64.61	-17.44
营业收入增长率（%）	-1.61	-1.25	8.28	-24.29	-24.04	7.10	6.94

数据来源：根据WIND相关数据整理而得。

三、波音公司股票回购后果分析

1.股东回报增加

在股票回购的刺激下，公司股价与总市值不断上涨。公司2009年的每股股价为42.18美元，到2022年年末增长到190.49美元，期间总共增长了近3.52倍。公司总市值也从2009年的409.14亿美元，增长到2022年年末的1 135.29亿美元，增长了约1.77倍（见表7-15）。此外，即便受到疫情的冲击，波音公司2009—2022年市值复合增长率仍为

7.56%，依然维持正增长，优于同行其他公司。这表明波音公司在低增长的情形下，通过股票回购增加了股东回报。

表 7-15 波音公司股东回报情况

年份	2009年	2010年	2011年	2012年	2013年	2014年	2015年
前复权股价（美元）	42.18	52.12	60.02	63.15	116.65	113.68	129.67
市值（亿美元）	409.14	479.83	545.16	569.44	1 020.10	918.60	963.87
年份	2016年	2017年	2018年	2019年	2020年	2021年	2022年
前复权股价（美元）	144.34	281.05	313.37	323.83	214.06	201.32	190.49
市值（亿美元）	960.80	1 756.42	1 830.64	1 833.73	1 245.51	1 185.61	1 135.29

数据来源：根据WIND相关数据整理而得。

2.公司风险应对能力降低

事实上，股票回购的实施效果评估还应该结合公司或者所在行业资产的特点。表7-16报告了波音公司各年非流动资产占总资产的比例，具体而言，波音公司非流动资产平均占比约为30%。相较于其他行业公司，波音公司重资产占比较大。一般而言，重资产公司的经营需要大量的资金支持。此外，为了维持公司运行，波音公司一直维持着较高的资产负债率，在2019年及以后出现资不抵债的情况，年平均资产负债率高达99.13%。较高的资产负债率导致公司面临着较高的利息费用，经计算，波音公司平均每年支付的利息费用约9.4亿美元。在此情形下，股票回购会提高公司资产负债率，可能会加剧公司财务风险。此外，在经济不确定性较高或资源利用不足的情形下，波音公司股票回购可能会降低其应对风险的能力。比如，波音公司在2019年遭遇波音737 Max停飞事件，以及受到疫情的影响，公司遭遇了前所未有的现金流风险和股价下跌风险（见表7-17）。

表 7-16 波音公司资产结构特点及负债情况

年份	2009年	2010年	2011年	2012年	2013年	2014年	2015年
资产负债率（%）	96.41	95.83	95.49	93.29	83.82	91.14	93.22
非流动资产/总资产（%）	43.15	40.83	37.73	35.53	29.77	31.67	27.72
利息支出（亿美元）	5.14	6.76	6.26	5.51	4.61	4.02	3.39
年份	2016年	2017年	2018年	2019年	2020年	2021年	2022年
资产负债率（%）	99.03	99.55	99.65	106.21	111.88	110.72	111.56
非流动资产/总资产（%）	30.57	29.43	25.16	23.50	20.04	21.57	20.11
利息支出（亿美元）	3.65	4.30	5.44	7.84	21.99	27.14	25.61

数据来源：根据WIND相关数据整理而得。

表 7-17　　波音公司第一季度股价及经营活动现金流

年份	2009 年	2010 年	2011 年	2012 年	2013 年	2014 年	2015 年
前复权股价（美元）	46.48	54.54	62.63	65.65	197.48	202.11	206.30
经营活动现金流量净额（亿美元）	56.03	29.52	40.23	75.08	81.79	88.58	93.63
年份	2016 年	2017 年	2018 年	2019 年	2020 年	2021 年	2022 年
前复权股价（美元）	145.58	243.83	328.11	326.85	218.38	203.78	187.84
经营活动现金流量净额（亿美元）	104.99	133.44	153.22	−24.46	−184.10	−34.16	35.12

数据来源：根据 WIND 相关数据整理而得。

本章小结

1.资本运作是一个广泛的概念，就其含义而言，大体上可以划分为广义的资本运作和狭义的资本运作。广义的资本运作是指企业通过对可以支配的资源和生产要素进行运筹、谋划和优化配置，以实现利润最大化和资本增值。狭义的资本运作是指企业通过收购、兼并、重组、参股、控股、交易、转让、租赁等各种途径，提高资产运用效率，最大限度地实现利润最大化和资本增值的过程。

2.兼并与收购的意义相近，故经常被合在一起使用，简称并购或购并，其是资本运作的核心。兼并通常是指一个企业以现金、证券或其他形式购买并取得其他企业的产权，使其他企业丧失法人资格或改变其法人实体，从而取得决策控制权的行为。收购是指一个企业以现金、债券或股票在产权市场上购买另一个企业全部或部分股票或资产，以获得对该企业全部或部分所有权的控制。

3.目标企业价值评估是指利用科学合理的方法对目标企业股权或资产做出的价值判断。目标企业价值评估对并购双方都具有十分重要的意义，是整个并购活动成败的关键，通过价值评估可以使并购企业在并购谈判中做到心中有数，不至于出价过高而导致并购的失败，因此，目标企业价值评估是并购的核心问题。目标企业价值评估的方法有很多，而且操作起来非常复杂。企业价值评估法主要有三种：资产价值法、市场法和现金流量折现法。

4.资产重组是对运行效果不理想的资产组合进行重新配置、对不合理的资产配置结构进行调整的过程。资产重组是企业重组的核心。资产重组是与并购相并列的概念，指通过合并、分离、出售、分立等方式，实现资产主体的重新选择和组合，优化企业资产结构，是一系列的紧缩资产的行为，既包括以资产剥离为代表的紧缩资产的行为，也包括极端的重组行为（如公司的破产与清算等）。

5.股票回购是指公司利用现金等方式，从股票市场上购回本公司发行在外的一定数额股票的行为。股票回购是公司进行资本运作的重要手段，当公司有多余现金且无其他优质投资项目时，通过股票回购能够将剩余资金回馈给股东，实现股东财富最大化。与此同时，股票回购有可能会增加公司风险，降低公司应对风险的能力。

重要术语

资本运作（Capital Operation）
并购（Mergers & Acquisitions，M&A）
横向并购（Horizontal Mergers & Acquisitions）
纵向并购（Vertical Mergers & Acquisitions）
混合并购（Mixed Mergers & Acquisitions）
要约收购（Offer Acquisitions）
协议收购（Agreement Acquisitions）
杠杆收购（Leveraged Buy-Out，LBO）
管理层收购（Management Buy-Out，MBO）
资产重组（Reconstruction of Asset）
清算（Liquidation）
破产（Bankruptcy）
股票回购（Stock Repurchase）

习题

复习思考题

1.什么是资本运作？
2.资本运作的基本方式及特点有哪些？
3.什么是并购？如何认识兼并与收购的关系？
4.并购的类型有哪些？
5.如何理解并购的效应？
6.反收购策略有哪些？
7.目标企业价值评估的方法有哪些？
8.简述现金流量折现法的计算方法。
9.如何理解资产重组？
10.简述企业清算程序。
11.股票回购的动因有哪些？
12.简述股票回购的“利”与“弊”。

案例讨论题

九鼎投资“借壳之旅”

2015年12月3日，江西中江地产股份有限公司发布公告称，公司拟将名称变更为“昆吾九鼎投资控股股份有限公司”（以下简称“九鼎投资”）。至此，从名称到实质，新三板“头号”PE机构九鼎投资完成了其借壳上市之旅，成功登陆A股，完成了狂赚百亿元的资本运作。

2015年5月，九鼎投资以41.5亿元收购中江集团100%的股权，从而间接持有中江地产72.37%的股份，成为中江地产的大股东。12月2日，中江地产发布了《关于重大资产购买暨关联交易实施完毕的公告》，宣告中江地产与九鼎投资和拉萨昆吾已经完成本次交易标的资产的过户工作，中江地产已经合法拥有昆吾九鼎100%的股权。也就是说，九鼎投资通过控股中江地产这一上市公司平台，反收购九鼎投资100%的股权，从而成功将其PE业务注入上市公司，实现了曲线上市。值得注意的是，11月12日中江地产发布120亿元定增预案并复牌后，中江地产股价连续14个交易日涨停。截至12月3日收盘，中江地产总市值高达227亿元，按照九鼎投资持股72.37%计算，九鼎投资所持股份市值已达164.28亿元，除去收购中江集团的成本41.5亿元，九鼎投资账面浮盈约122.8亿元。

九鼎投资作为第一家上市的纯PE公司，其示范效应显著。九鼎投资的上市对行业的意义非凡，堪称开创了PE上市的先河。华睿投资董事长表示，九鼎投资将PE上市这条路走通了，对于整个行业来说是件好事，上市后，创投机构募集资金的渠道可以更加多元化，投资布局可以进一步打开。

资料来源：佚名．九鼎投资“借壳之旅”[EB/OL]．(2015-12-04)．http://epaper.stcn.com/paper/zqsb/html/2015-12/04/content_759545.htm.

思考：

1.九鼎投资为何要借壳上市？

2.九鼎投资在并购过程中可能存在哪些风险？

3.从长远来看，九鼎投资并购中江集团是成功的吗？为什么？

二维码7-1　参考答案

二维码7-2　拓展阅读：我国传统报业借助资本运作转型升级的新尝试

延伸阅读

[1] 朱玉辰．企业资本运营［M］．北京：中国财政经济出版社，2000.

[2] 杨波，马金城．资本经营原理及运作［M］．北京：中国物资出版社，2005.

[3] 胡海峰．公司并购理论与实务［M］．北京：首都经济贸易大学出版社，2007.

[4] 蒋泽中．企业收购与兼并［M］．北京：中国人民大学出版社，2004.

[5] 房西苑．资本的游戏［M］．北京：机械工业出版社，2008.

融资篇

第八章　企业生命周期与融资

学习目标

1. 了解我国企业融资现状；
2. 熟悉企业生命周期的概念，了解其阶段性特点；
3. 理解企业不同生命周期阶段的融资选择。

引例：推动构建科技创新企业全生命周期债券融资支持体系

中国证监会网站2022年11月11日发布消息称，中国证监会、国务院国资委日前联合发布了《关于支持中央企业发行科技创新公司债券的通知》，旨在进一步健全资本市场服务科技创新的支持机制，发挥中央企业科技创新的引领示范作用，促进科技、资本和产业高水平循环，引导各类金融资源加快向科技创新领域聚集，更好服务国家创新驱动发展战略。

近年来，中国证监会积极推动构建科技创新企业全生命周期债券融资支持体系。2017年，推出创新创业公司债券，拓宽初创期、成长期企业的融资渠道；2021年，开展科技创新公司债券试点，将支持对象拓展到成熟期企业转型升级等领域；2022年，推动科技创新公司债券试点转常规，将创新创业公司债券纳入科技创新公司债券统筹管理，并进一步完善发行主体、资金用途、信息披露和配套安排等制度措施，发布有关业务指引。国务院国资委推动中央企业积极用好债券市场改革发展机遇，主动参与科技创新公司债券试点发行，为促进高水平科技自立自强提供中长期资金支持。截至目前，科技创新公司债券共支持130多家企业融资近1 400亿元，主要投向集成电路、人工智能、高端制造等前沿领域，助力科技成果加速向现实生产力转化。发债主体既有天图资本、璞泰来新能源、TCL科技、小米通讯等民营企业，也有龙腾光电、深圳创投、国投集团、中关村发展、张江高科等国有企业。

党的二十大报告指出，营造有利于科技型中小微企业成长的良好环境。在这一指导思想下，各级政府和金融机构基于各自特色，针对企业不同成长阶段的经营特征和金融需求，打造覆盖企业全生命周期的金融服务体系。例如，广东省东莞市政府针对东莞“科技创新+先进制造”的城市特色，出台了《东莞市人民政府办公室关于强化金融服务企业全生命周期发展的实施意见》；四川省成都市政府运用金融科技手段，搭建了交子金融“5+2”平台，构建中小微企业全生命周期投融资服务体系；北京银行通过全流程的方案设计，全力打造公募REITs全生命周期的金融服务能力；宁波银行开发了投贷联动产品

“科创贷”，并通过“债权+股权”的综合金融服务方案为小微企业提供全生命周期的“定制”服务；海通证券通过“投、融、保、研”与财富管理联动，构建能够满足客户全方位、全生命周期投融资需求的一体化服务框架和体系。总之，未来我国资本市场还将推出针对各企业生命特征的融资产品和融资渠道，进一步提升金融资源配置效率，全力助推高质量发展。

资料来源：中国证监会. 中国证监会 国务院国资委联合发布《关于支持中央企业发行科技创新公司债券的通知》[EB/OL]. (2022-11-11). http: //www.csrc.gov.cn/csrc/c100028/c6412062/content.shtml.

读者不妨带着下面几个问题阅读本章内容：为什么处于不同生命周期的企业，其融资来源有所不同？在不同生命周期阶段，企业经营特点有何不同，对其融资选择有何影响？

第一节　我国企业融资现状

随着改革开放的深入和市场经济体制的确立，我国企业的融资结构有了一定的改善，但是企业融资方式不合理、融资结构扭曲等现象依然存在。融资结构的“融资优序理论”认为，企业偏好于将内部资金作为融资的主要资金来源，其次是债务融资，最后才是股权融资。但是，这似乎与我国的实际情况大相径庭。从总体上看，我国企业融资一直以外源融资为主，内源融资所占比重很低。不仅同西方发达国家相比，这一比重低得多，而且同许多发展中国家相比，这一比重也较低。如果从资本金比率中扣除“三角债”、呆坏账等虚置部分所占份额，我国企业融资结构中的内源融资比重则会更低。

一、我国企业融资方式的现状

1.企业内源融资比例偏低

我国企业的内源融资除企业建立之初的原始资本投入外，在企业发展过程中，正常的来源渠道是企业留存利润和折旧资金。

与发达国家不同，我国企业的内源融资的比重偏低，主要原因有：①经济效益水平不高和企业自我积累与自我约束机制不健全，使利润留存率普遍较低。②在留利分配上严重倾向于消费，即首先考虑职工增加工资或奖金的要求，留存利润中真正能够用于生产发展的份额不断缩小。③改革初期的低折旧政策，使原本有限的留存利润只能应付更新改造支出，很难充作企业发展之用，后来虽然提高了折旧水平，并且允许部分固定资产采取加速折旧法，在一定程度上缓解了固定资产再生产资金不足的矛盾，然而相对企业过快的发展速度而言，资金积累仍显不足。

可见，我国企业要提高资金积累能力，其关键是提高企业经济效益和健全企业资金积累机制。

2.直接融资比重逐渐加大

以1981年恢复发行国债为契机，我国出现了证券市场，经过四十余年的发展，证券市场的规模不断扩大，种类不断增加，结构不断优化。就企业而言，利用证券市场进行直接融资的比例有了显著提高。1987年，我国企业债券发行规模仅为30亿元，到2022年，我国非金融企业债券市场发行规模为121 531.11亿元，其中，公司债券发行规模达14 741.09亿元。利用股票市场进行融资的主体数量和融资规模也得到发展，1987年，仅有各类股票10亿元，仅有几家股份制试点的公司，到2022年底，A股上市公司总数达4 917家，沪深两市总市值为78.8万亿元，非金融企业境内股票融资为1.18万亿元。目前，在直接融资中，除了传统的债券融资和首次公开发行（IPO）渠道以外，定向增发也比较普遍。所谓定向增发，就是非公开发行，即向特定投资者发行。定向增发是一种以增量资金或资产来重组存量的行为，一般是带有战略目的的收购行为或引入战略投资者，一般而言，定向增发是一种较为接近市场化的融资和收购方式。在短短的四十几年间，我国证券市场达到了许多国家几十年甚至上百年才能实现的规模，已经成为我国经济的重要组成部分，并开始成为经济发展的重要推动力量。

2022年，非金融企业债券市场发行情况见表8-1。

表8-1　　2022年非金融企业债券市场发行情况

债券品种	2022年数量（只）	2021年数量（只）	同比	2022年规模（亿元）	2021年规模（亿元）	同比
国家发改委	484	491	-1.43%	3 683.30	4 399.40	-16.28%
企业债券	484	491	-1.43%	3 683.30	4 399.40	-16.28%
交易所市场	3 824	4 216	-9.30%	33 517.91	37 784.31	-11.29%
公募公司债	1 393	1 425	-2.25%	14 741.09	16 408.13	-10.16%
私募公司债	2 247	2 639	-14.85%	16 163.75	18 126.11	-10.83%
可转换债券	148	119	24.37%	2 190.13	2 828.47	-22.57%
可交换债券	36	33	9.09%	422.94	421.60	0.32%
银行间市场	8 738	9 130	-4.29%	84 329.90	86 428.19	-2.43%
中期票据	2 654	2 561	3.63%	27 999.30	25 492.65	9.83%
短期融资券	4 986	5 165	-3.47%	49 565.38	52 301.71	-5.23%
定向工具	1 098	1 404	-21.79%	6 765.22	8 633.83	-21.64%
合计	13 046	13 837	-5.72%	121 531.11	128 611.90	-5.51%

资料来源：根据WIND相关数据整理而得。

2013—2022年，非金融企业债券市场发行规模与数量，如图8-1所示。

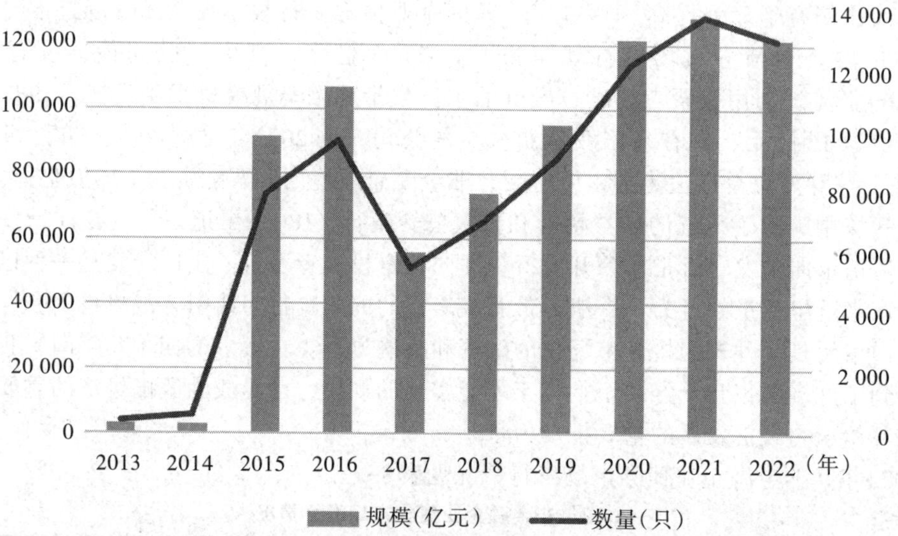

图8-1 2013—2022年非金融企业债券市场发行规模与数量

资料来源：根据WIND相关数据整理而得。

小贴士　　我国企业债券和公司债券的区别

我国企业债券和公司债券的区别主要有三个方面：发行主体的范围不同、担保要求不同、发行定价方式不同。

第一个是发行主体的范围不同。企业债券主要是以大型企业为主发行；公司债券的发行人是依照《公司法》在中国境内设立的有限责任公司和股份有限公司，但是不限于大型公司，一些中小规模公司只要符合一定的法规标准，也有发行机会。

第二个是担保要求不同。企业债券较多采取担保方式，并以一定的项目为主；公司债券募集资金的使用不强制与项目挂钩，也不强制担保，引入了信用评级方式，并且募集的资金可以用于偿还银行贷款。

第三个是发行定价方式不同。企业债券的利率不得高于银行相同期限定期存款利率的40%；公司债券的利率或价格由发行人通过市场询价确定。

自2020年3月1日起，企业债券发行由核准制改为注册制，公司债券公开发行也同时实行注册制。2023年6月20日，中国证监会对外发布了《关于深化债券注册制改革的指导意见》，按照统一公司债券和企业债券、促进协同发展的思路，对深化债券注册制改革做出了系统性制度安排，企业债券将纳入公司债券监管框架，发行审核标准与流程将与公司债券保持一致，但企业债券将依旧保留“资金跟着项目走”的制度安排，以支持国家重大战略、重大项目建设。

3.银行信贷融资仍占主导地位

由于我国目前仍然处于现代企业制度发展初期，与之相适应，我国的企业融资格局仍然是以银行贷款为主，即使在上市公司，银行贷款仍然占据较大的比重。2022年，全年人民币贷款增加21.31万亿元，同比增加1.36万亿元。尽管间接融资所占比重近些年随着资本市场的发展而缓慢下降，但其数额近些年不断上升并维持在很高的水平（见表8-2）。

表8-2　　境内股票筹资额和各项贷款增加额的比率　　金额单位：亿元

年份	境内股票筹资额	各项贷款增加额	比率（%）
2002年	720.05	18 475.00	3.90
2003年	665.51	27 652.00	2.41
2004年	650.53	22 648.00	2.87
2005年	339.03	23 543.82	1.44
2006年	2 374.50	31 809.00	7.46
2007年	7 814.74	36 322.51	21.51
2008年	3 312.39	49 041.00	6.75
2009年	4 834.34	95 941.63	5.04
2010年	9 799.80	79 450.29	12.33
2011年	7 154.43	74 715.39	9.58
2012年	4 542.40	82 037.63	5.54
2013年	4 131.46	88 916.22	4.65
2014年	8 498.26	97 815.77	8.69
2015年	16 361.62	117 238.60	13.96
2016年	20 297.39	126 496.23	16.05
2017年	15 534.98	135 277.81	11.48
2018年	11 377.88	161 704.90	7.04
2019年	12 538.82	168 144.09	7.46
2020年	14 211.58	196 340.43	7.24
2021年	15 422.00	199 489.96	7.73

注：自2015年起，“各项贷款”包含银行业金融机构拆放给非银行业金融机构的款项；境内股票筹资额不包含可转债转股金额，2021年年末，境内股票筹资额=沪深股市股票筹资额+北交所市场股票筹资额。

资料来源：根据中国人民银行发布的《中国金融稳定报告（2022）》整理而得。

总结以上企业融资方式的特点，可以看出，我国证券市场目前处于初期发展阶段，因而企业发展对银行贷款的依赖在短期内还难以减轻；一个由各类融资方式，即由银行贷款和发行股票、债券融资等组成的高融资效率的企业融资格局尚未形成；企业融资结构仍然以间接融资为主，以直接融资为辅；直接融资以股权融资为主，以债权融资为辅。

小贴士　　国家统计局：2022年社会融资规模增量32万亿元

国家统计局发布的《中华人民共和国2022年国民经济和社会发展统计公报》（以下简称《公报》）显示，年末广义货币供应量（M2）余额266.4万亿元，同比增长11.8%；狭义货币供应量（M1）余额67.2万亿元，同比增长3.7%；流通中货币（M0）余额10.5万亿元，同比增长15.3%。

《公报》表示，2022年全年社会融资规模增量32.0万亿元，按可比口径计算，比上年增加0.7万亿元；年末社会融资规模存量344.2万亿元，按可比口径计算，同比增长9.6%，其中，对实体经济发放的人民币贷款余额212.4万亿元，增长10.9%。年末全部金融机构本外币各项存款余额264.4万亿元，比年初增加25.9万亿元，其中，人民币各项存款余额258.5万亿元，增加26.3万亿元。全部金融机构本外币各项贷款余额219.1万亿元，增加20.6万亿元，其中，人民币各项贷款余额214.0万亿元，增加21.3万亿元。人民币普惠金融贷款余额32.1万亿元，增加5.6万亿元。

《公报》强调，2022年全年沪深交易所A股累计筹资15 109亿元，比上年减少1 634亿元。其中，沪深交易所首次公开发行上市A股341只，筹资5 704亿元，比上年增加353亿元，其中的科创板股票123只，筹资2 520亿元；沪深交易所A股再融资（包括公开增发、定向增发、配股、优先股、可转债转股）9 405亿元，减少1 986亿元。北京证券交易所公开发行股票83只，筹资164亿元。全年各类主体通过沪深北交易所发行债券（包括公司债券、资产支持证券、国债、地方政府债券和政策性银行债券）筹资64 494亿元，其中，沪深交易所发行上市基础设施领域不动产投资信托基金（REITs）13只，募集资金419亿元。全国中小企业股份转让系统挂牌公司6 580家，全年挂牌公司累计股票筹资232亿元。

《公报》显示，2022年全年发行公司信用类债券13.7万亿元，比上年减少1.0万亿元。

资料来源：根据国家统计局（http：//www.stats.gov.cn/）相关资料整理而得。

二、我国企业的融资结构和融资顺序

图8-2是我国资本市场2012—2021年上市公司直接融资结构图。从中可以看出，我国的股权融资结构和融资顺序似乎与西方发达国家比较类似，融资顺序表现为多债务融资、少股权融资。在我国，产生这种现象的主要原因可能是监管层面对于上市公司通过股权融资的监管比较严格，比如IPO一直以来推行的是“核准制”，并且在2013年间暂停过IPO发行。但是近些年，随着资本市场的不断开放，我国的证券发行制度也在不断改进和完善，例如，2020年10月5日，国务院印发的《关于进一步提高上市公司质量的意见》中提出将“全面推行、分步实施证券发行注册制，支持优质企业上市”。2023年2月17日，中国证监会及证券交易所等发布全面实行股票发行注册制的制度规则，自发布之日起施行。这标志着注册制的制度安排基本定型，注册制推广到全市场和各类公开发行股票行为，全面实行股票发行注册制正式实施。因此，在注册制等配套制度的推行下，预计公司的直接融资数额将快速增长，融资困境的缓解也将进一步激发各公司主体的活力，推动我国经济高质量发展。

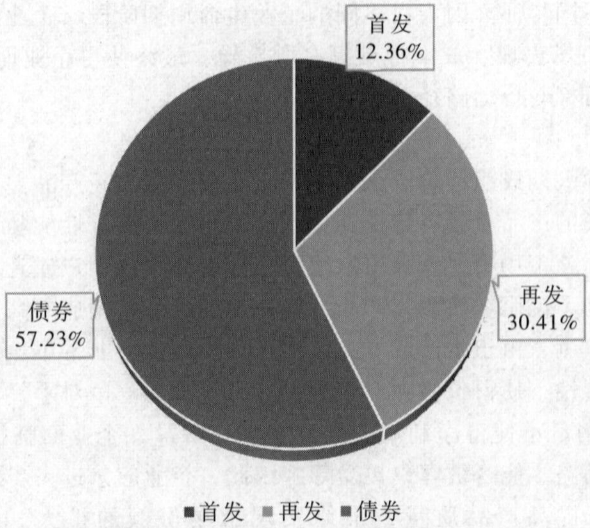

图8-2　我国上市公司2012—2021年直接融资结构图

注：①上市公司直接融资数据来自深圳证券交易所和上海证券交易所每年披露的统计年鉴。②“首发”指股票首次公开发行（IPO）；“再发”指股票再次发行，包括增发（向公众增发和定向增发）、配股、可转债转股、优先股；“债券”包括公司债及资产支持证券，其中，公司债包括可转债、可分离债、中国证监会审批发行的公司纯债、私募债。

第二节　企业生命周期概述

一、企业生命周期概念

企业是一个不断演进的实体，而演进的路径和速度取决于内部因素和外部因素，这些因素导致了企业生命周期的变化，并在不同阶段呈现出明显的差别。企业生命周期是企业发展与成长的动态轨迹。“企业生命周期”的概念最早在1959年由马森·海尔瑞（Mason Haire）提出，他指出可以利用生物学中的“生命周期”观点来看待企业，认为企业的发展也符合生物学中的成长曲线。企业在发展过程中会出现停滞、消亡等现象，导致这些现象的原因是企业在管理上的不足，即一个企业在管理上的局限性可能成为其发展的桎梏。

研究“企业生命周期理论”的目的是试图为处于不同生命周期阶段的企业找到能够与其特点相适应，并能够不断促使其发展延续的特定组织结构形式，使得企业可以从内部管理方面找到一个相对较优的模式来保持企业的发展能力，在每个生命周期阶段充分发挥特色优势，进而延长企业的生命周期，帮助企业实现可持续发展。

二、企业生命周期阶段及其特点

企业生命周期与产品生命周期紧密相关，与此对应，企业生命周期主要归结为初创期、成长期、成熟期和衰退期四个阶段。在制定企业财务战略之前，需要理解企业在不同发展阶段所具有的不同特征。因为在不同的企业生命周期阶段，企业生产的产品技术特点不同，会导致产品市场表现、成本特点等有所差异，最终使得企业面临不同的经营风险，会选择不同的战略目标与行动路径。

（1）初创期

初创期又称为导入期或萌芽阶段，是一个企业刚刚推出新产品、企业组织刚刚形成的初级阶段。这个阶段的产品质量有待提高，产品类型、特点、性能和目标市场方面尚在不断发展变化之中。在该市场中，产品用户很少，只有高收入用户或者求新求异的消费群体才会尝试新产品。为了说服客户购买产品，导入期的产品营销成本高、广告费用大，而且销量小，导致产能过剩，由于生产成本高，生产规模可能会非常小。但是，由于产品的独特性和客户群体的特性，使得价格弹性较小，只有很少的竞争对手，可以采用高价格、高毛利的政策，但是销量小使得净利润较低。在这一阶段，企业面临很大的经营风险，例如，新产品是否有销路、能否被客户接受等。因此，企业应该进一步加大对研究与开发和技术改进的投资，提高产品质量，最终实现市场份额的扩大，争取成为市场中的“领头羊”。

（2）成长期

如果企业成功迈过了初创期，进入了成长期，那么，新产品或服务将成功进入市场，销售数量将快速上升。为争取最大的市场份额，这一时期的广告费用投入仍然较高，但每单位销售收入所分摊的广告费用有所下降，产品价格最高，单位产品净利润也最高。然而，企业面临着生产能力不足以及市场扩大所带来的竞争加剧等问题，需要企业向大批量生产转换，并建立大宗分销渠道。此时，企业应该加强市场营销，进一步改变价格形象和质量形象。

（3）成熟期

企业处于成熟期，产品逐步标准化、同质化，技术和质量改进缓慢，生产趋于稳定，局部生产能力过剩。成熟期开始的重要标志是竞争者之间出现挑衅性的价格竞争，产品价格开始下降，毛利率和净利润率都会下降，利润空间适中。这一阶段新的客户减少，主要依靠老客户的重复购买支撑；市场虽然巨大，但已经基本饱和；销售额和市场份额、盈利水平都比较稳定，现金流量变得比较容易预测。这一时期的经营风险主要是稳定的销售额可以持续多长时间，以及总盈利水平的高低，总体上，经营风险进一步降低，达到中等水平。处于成熟期的企业，应该进一步提高经营效率、降低成本，从而巩固市场份额并同时提高投资报酬率。

（4）衰退期

处于衰退期的企业将面临更加精明和挑剔的客户，各企业的产品差别较小，客户对产品或服务的性价比要求很高，这时的产品价格、毛利都很低。为降低成本，产品质量可能会出现问题。同时，由于企业在成本控制的优势上存在差异，有些成本控制不力的企业逐步退出产品市场，只有大批量生产并有着自身销售渠道的企业才具有竞争力。因此，处于这一阶段的企业，应该首先加强防御，尽可能获取最后的现金流，并且相较于前三个阶段，企业经营风险最低。

第三节　企业不同生命周期阶段的融资策略与融资风险

一、企业不同生命周期阶段的融资策略

在不同的企业生命周期阶段，企业内部所拥有的财务资源和财务能力是不同的，在行业中的地位也是不断变化的，相应地，企业所面临的外部竞争环境、财务环境也在动态变化之中。表8-3分析了企业在不同生命周期所呈现出的阶段性特征。因此，如何制定合适的融资战略，充分发挥企业的核心优势，契合企业的外部环境，是企业必须考虑的问题。

表8-3　　企业生命周期的阶段性特征

类别	具体指标	企业的发展阶段			
		初创期	成长期	成熟期	衰退期
风险搭配	经营风险	非常高	高	中等	低
	财务风险	非常低	低	中等	高
财务战略	资本结构	权益融资	主要是权益融资	权益+债务融资	权益+债务融资
	资金来源	风险资本	权益投资	保留盈余+债务	债务
	股利	不分配	分配率低	分配率高	全部分配
主要指标	价格/盈余倍数（市盈率）	非常高	高	中等	低
	股价	迅速增长	增长并波动	稳定	下降并波动

资料来源：中国注册会计师协会. 公司战略与风险管理［M］. 北京：中国财政经济出版社，2023.

（1）初创期企业财务特征与融资策略

初创期企业财务的一般特征表现为：①现金需求量大，产品或服务的市场前景存在较大不确定性，企业面临很大的经营风险。这种高经营风险意味着，与这一阶段相关的财务风险应该尽可能降低。②企业市场份额的确定缺乏依据与理性。没有稳定的市场份额，投机性较强，风险性投资较为明显。③新产品的开发和市场的拓展需要大量的资金投入，企业的净现金流量大多呈现负数，并且需要投资者给企业注入新的资金，内部资金积累还需要一个过程。零股利分配政策已经成为初创期企业普遍采用的财务政策。④企业的财务环境陌生，各种财务关系尚待疏通。特别是由于企业尚未拥有一定的市场份额，其信用程度不强，资产抵押能力有限，偿债能力较差，外部筹资能力也极为有限。⑤创业者在经营管理上唱“独角戏”。技术、经营与管理等方面的一般知识与专门知识普遍不同程度缺乏，企业更缺乏一套系统而科学的授权体系。众多的不确定因素使得企业抵抗环境变化的能力非常弱，在严酷的市场竞争中缺乏竞争力。企业的核心能力没有完全培育成熟，没有一个完整的发展规划，极易形成缺乏长远意识的短期行为，战略管理处于较低的层次。

基于此，处于初创期的企业，资金筹集主要源于创业者和风险资本，以自有资金为主，或者依靠风险资本来满足其对资金的需求。随着企业经营业务的发展，经营活动产生的现金流量逐渐由负值趋向于零，并会逐渐增加，销售额最大化成为财务管理的目标。

（2）成长期企业财务特征与融资策略

成长期企业财务的一般特征表现为：①拥有稳定的产品和生产销售体系，在没有强大企业介入的小范围内建立了较大的竞争优势。相较于初创阶段，销售额高速增长时期所蕴含的经营风险有所降低，但在绝对数值上依然很高。②自有资本在企业发展中不断增加。企业自身创造现金的能力不断增强，企业通过积累拥有了一定的自有资金周转规模，基本上能够满足企业生产经营对追加资金的需求。③企业资产规模的快速扩张，往往使企业的资产收益率在一个较长时间内表现为相对的低水平，因为收益的增长相对资产的增长总是具有一定的滞后性。④企业内部缺乏科学有效的成本费用控制体系，相当一部分企业在成本费用控制上仍然处于事后算账的阶段，事前和事中控制能力较低。⑤大规模生产和近乎疯狂的利润导向，使得资本源源不断地注入短期盈利较大的某一产品或某一行业领域。

鉴于此，企业在这个阶段应该适当拓宽融资渠道，更多地利用负债而不是股权筹资，旨在将财务风险控制在低水平。企业股利分配政策应该在保持企业未来成长所需资金支持的前提下，尽可能实现企业所有者现实利益的增长。在定期支付少量现金股利的基础上，尽可能采取股票股利的分配方式。

（3）成熟期企业财务特征与融资策略

成熟期企业财务的一般特征表现为：①企业销售额和产品市场份额比较稳定，其增长率一般为0~10%。②企业发展速度缓慢，面临成长极限，但稳定性增强，成本、利润等财务指标在这一期间保持不变或变化很小。③经营活动出现正的现金流量，投资活动出现的现金流量开始慢慢由负变为正，融资活动不再给企业带来净现金流入，开始表现为净现金流出，现金流转顺畅。财务状态比较稳定，资产收益水平较高，企业的获利能力大大提高，规模效益显著。这时，通过负债融资提高的财务风险可以利用降低的经营风险抵消，因为这一阶段的净现金流量已经变为正数，借款和还款成为可能。④企业已经通过资本积累和融资达到相当大的资本规模。融资渠道多，且融资能力强，成为企业成长的重要推动力。⑤公司留存收益具有潜在风险，因为其可能没有被合理使用，从而导致企业整体经营回报率的降低。另外，公司开始将资金投入到其他领域，以期望挖掘新的成长机会和形成新的可持续竞争优势，并以此创造新的增长机遇。

此阶段的融资渠道较多，融资数额与难度有所降低。随着负债融资的增加，财务风险上升到与经营风险相当的程度。每股的高现金净利比例使股利支付率和支付额都会提高，投资者此时的回报更多的是通过股利分配来满足的。

（4）衰退期企业财务特征与融资策略

衰退期企业财务的一般特征表现为：①企业产品销售量和利润急剧下降，市场萎缩，价格下调，生产任务不足，销售增长率出现负数。②企业获利能力下降，偿债能力不能保持，企业财务状况逐渐恶化，员工流动率增大，财务杠杆水平和财务风险逐渐增加。③现金需求量持续减少，唯一存在的重大风险是，在有利可图的前提下，经营还能持续多久。

④企业需要战略调整，实施组织再造与管理更新。⑤财务管理的重点是获得稳定的现金流量，并不断提高自身的市场价值。

这个阶段较低的经营风险可以同相对较高的财务风险互补，融资策略可以通过高股利支付率和负债融资来实施。

根据上述分析，表8-4反映了企业生命周期不同阶段现金流量的特征。

表8-4　企业生命周期不同阶段现金流量的特征[①]

项目	初创期	成长期	成熟期	衰退期
经营现金流	-	+	+	-
投资现金流	-	-	-	+
筹资现金流	+	+	-	+（-）

二、企业不同生命周期阶段的融资风险

在制定企业的融资策略时，融资风险也是一个不容忽视的重要考虑因素。融资风险是指企业在融资活动中面临的可能遭受损失的不确定性，这种不确定性既可能存在于融资前的尽职调查、资金确定、投资人选择等融资方案设计过程，也可能存在于融资后的信息披露、资金监管、风险防范等融资方案实施过程，既与融资结构、治理水平、经营情况等可控微观因素有关，也与经济周期、政策出台、社会变动等不可控宏观因素相连。

融资风险根据不同的标准，可以进一步划分为不同的种类。本书主要按照融资方式对融资风险进行划分，主要可以分为：①银行信贷融资风险，指企业在向银行等金融机构借款时，可能由于利率、汇率、借款条件等因素变动而遭受损失的不确定性。②债券融资风险，指企业在发行债券筹集资金过程中，可能由于发行方案制订不当、经济环境变动等因素而遭受损失的不确定性。③股票融资风险，指企业在发行股票筹集资金过程中，可能由于制订股票发行或股利分配方案时决策不当、股票发行后经营成果不佳等因素而遭受损失的不确定性。除此之外，融资风险按照融资方式，还可以分为项目融资风险、租赁融资风险、贸易融资风险等。

由于企业在不同生命周期采取的融资策略不同，因此，在不同阶段，企业主要面临的融资风险类型也不相同。例如，初创期和成长期企业以权益融资为主，这两类企业主要需要防范股票融资风险，在制订股票融资方案时需要慎重决策股票发行种类、发行时机、发行价格、发行数量、发行对象等，同时，这两类企业由于经营业务尚处在发展阶段，在使用股票融资工具时，也需要注意后期经营成果能否达到投资者预期。此外，初创期和成长期企业通过权益融资引入新的投资人时，可能还面临着其他风险，如选错投资人（投资人风格不适合企业发展）、投资人并未给予承诺的资源支持、投资人直接争夺控制权等，或者在向投资人披露信息时泄露商业秘密、知识产权等。相比之下，成熟期和衰退期企业则较为偏向债务融资策略，这两类企业需要多加注意如经济政策、利率汇率等融资环境的变动，合理规划债务结构，防范流动性风险。

---

① 陈旭东，杨文冬，黄登仕．企业生命周期改进了应计模型吗——基于中国上市公司的研究［J］．会计研究，2008（7）．

本章小结

1.融资结构的"融资优序理论"认为，企业偏好于将内部资金作为融资的主要资金来源，其次是债务融资，最后才是股权融资。我国的企业融资一直以外源融资为主，内源融资所占比重很低，并且外源融资中的融资顺序表现为：先股权融资，后债务融资。研究发现，目前企业的融资格局仍然是以银行贷款为主，随着证券市场规模的不断扩大，企业直接融资的比例有了显著提高。

2.企业生命周期是企业的发展与成长的动态轨迹，包括初创、成长、成熟、衰退几个阶段。企业在发展过程中会出现停滞、消亡等现象，导致这些现象的原因是企业在管理上的不足，即一个企业在管理上的局限性可能导致其发展的桎梏。

3.企业生命周期与产品生命周期紧密相关，与此对应，企业生命周期主要归结为初创期、成长期、成熟期和衰退期四个阶段。在制定企业财务战略之前，需要理解企业在不同发展阶段所具有的不同特征。

4.在不同的企业生命周期阶段，企业内部所拥有的财务资源和财务能力是不同的，在行业中的地位也是不断变化的，相应地，企业所面临的外部竞争环境、财务环境也在动态变化之中。因此，应该根据每个时期不同的特点制定合适的财务战略，充分发挥企业的核心优势，契合企业的外部环境，制定相应的融资策略，并且有针对性地防范不同融资策略所带来的融资风险。

重要术语

企业生命周期（Enterprise Life Cycle Theory）
初创期（Start-Up Stage）
成长期（Growth Stage）
成熟期（Maturity Stage）
衰退期（Decline Stage）
财务战略（Financial Strategy）
融资结构（Financing Structure）
融资风险（Financing Risk）

习题

复习思考题

1.我国企业融资方式具有什么样的特点？

2.什么是企业生命周期？

3.企业生命周期主要分为几个阶段？每个阶段有何特点？

4.初创期企业的财务特征表现有哪些？其融资策略是什么？

5.成长期企业的财务特征表现有哪些？其融资策略是什么？

6.成熟期企业的财务特征表现有哪些？其融资策略是什么？

7.衰退期企业的财务特征表现有哪些？其融资策略是什么？

8.在企业生命周期的不同阶段，企业应当遵循什么样的风险搭配原则？

9.在企业生命周期的不同阶段，企业融资战略选择呈现出什么样的特点？

10.如何判断企业所处的生命周期阶段？

案例讨论题

腾讯不同生命周期的融资选择

腾讯公司（www.tencent.com，香港联交所股票代码为00700.HK）成立于1998年11月，2004年6月16日，其在香港联交所主板市场公开上市。作为我国领先的综合互联网服务企业，腾讯公司经营着国内最大的个人电脑及移动即时通信社区。截至2020年底，即时通信工具腾讯QQ的月活跃账户数达到5.94亿个，微信（WeChat）的月活跃账户数达到12.25亿个。考虑到产品的生命周期同企业的生命周期有着密切关联，产品的生命周期将直接影响企业的销售额，所以，将营业收入作为腾讯公司生命周期各阶段的划分标准。初创期是1998年至2001年，从创业日到企业第一次实现盈利的年份；成长期是2002年至2009年，从首次盈利的年份到企业全年营业收入突破百亿元的年份；成熟期是2010年至今，腾讯公司在开放与创新中不断发展，2020年年末，企业市值达到6 978亿美元，约4.55万亿元人民币。

1.初创期融资策略分析（1998—2001年）

在初创期，腾讯公司的融资策略主要依靠创始人的个人积蓄和风险投资。

（1）创始人的个人积蓄

腾讯的五大创始人分别为马化腾、张志东、陈一丹、许晨晔、曾李青。马化腾在创业之前曾在润讯工作，月薪从1 100元上涨到8 000元，同时，他也是惠多网络的马站长。张志东是马化腾的同窗好友，具备优秀的计算及算法技术，家境比较好，毕业后曾在黎明网络工作。陈一丹曾在出入境检验检疫局工作。许晨晔曾在电信数据通信局上班。曾李青能言善辩，也曾在电信数据通信局上班。这五人决定创办企业时，注册资金为50万元。

1998年8月，马化腾打算开发一个类似ICQ的即时通信工具，并取名为OICQ，中文名为“中文网络寻呼机”。腾讯公司技术人员采用了UDP（用户数据报协议）技术，大大节约了服务器成本，使得当年在资金上捉襟见肘的腾讯公司，凭借技术方面的优势利用尽量少的服务器坚持了尽可能长的时间。

在创业初期，他们想方设法四处寻找业务，软件售价从20万元下降到3万元，导致亏本销售。除此之外，他们还进行网站设计、服务器存储空间和智能更新管理维护的全包服务，以及简单的网页制作，有些单子的价格只有5 000元。马化腾等创始人利用各种方式开拓业务、筹集资金，使腾讯公司得以发展，到1999年底，也就是创业一年以后，腾讯公司总共获得了100万元的营业收入。

（2）风险投资

腾讯公司推出OICQ以后，用户量迅速上涨，但在更新服务器和技术升级方面需要耗费大量的资金。1999年11月，腾讯公司出现资金危机，在近乎走投无路的情况下，其抓住了救命稻草——风险投资。

① IDG和盈科数码

当时我国仅有的几家风险投资企业中，知名度最高的就是美国国际数据集团IDG。腾讯公司创始人之一曾李青联系到了IDG中国项目负责人王树，王树在浏览腾讯公司的商业计划书以后，表示这是一个前途未卜的项目，因为当下没有办法找到OICQ的盈利方式，投资者无法可靠地预估收益和风险。IDG最后愿意冒险投资腾讯公司，是因为：第一，OICQ的用户数迅速增长，市场受欢迎程度高；第二，1993年3月，美国在线斥资2.87亿美元买下了以色列的ICQ，使IDG认为OICQ也具有商业价值。IDG最终以获得腾讯公司20%的股份为条件签订了投资协议。

在IDG表示了投资意向的同时，曾李青又遇到了中国香港风险投资公司——盈科数码。该公司一直试图进入内地市场，投资腾讯公司正好为其提供了试验的机会。从1999年11月出现资金危机到2000年4月完成融资，腾讯公司幸运地获得了IDG和盈科数码的冒险投资，帮助其躲过了2000年美国纳斯达克泡沫破灭的大股灾，从而得以生存和发展。

② MIH同IDG和盈科数码进行股权交易

受2000年互联网大股灾的影响，有些投资者逐渐对腾讯公司失去了信心。OICQ用户数量的急剧增长，使腾讯公司耗费了大量资金用于更新服务器的配置，然而并没有盈利。腾讯公司入不敷出，2000年底，其再次出现资金危机。

IDG和盈科数码表示以可转换债券的方式对腾讯公司提供200万元的贷款，之后将不再继续追加投资。为了降低投资风险，两家风投企业都在试图为腾讯公司寻找到新的收购者。

当腾讯公司再次因无盈利模式而四处碰壁时，MIH——总部在南非的一家投资集团企业，伸出了援助之手。MIH中国业务部副总裁网大为看到了腾讯QQ（OICQ已经更名为腾讯QQ）的发展前景，发现了腾讯公司与中国移动正在进行的“移动梦网”计划，隐约看到了盈利的可能性。网大为对腾讯公司的估价为6 000万美元，相比一年前整整高出了11倍，并且MIH表示投资将全部以现金支付。这让IDG大喜过望，对于其所拥有的20%的股份，决定出让12.8%给MIH，仅保留7.2%。2001年6月，盈科数码陷入因收购香港电讯而举债过多，已经连续两个季度出现巨额亏损的困境中，所以其不得不将腾讯公司20%的股份全部售予MIH，获取套期收益。

股权交易以后，腾讯公司估值6 000万美元，与新浪在美国纳斯达克的融资额相同，MIH以32.8%的股份成为腾讯公司的第二大股东，从此腾讯公司摆脱了资金短缺的困境。

2.成长期融资策略分析（2002—2009年）

（1）内源融资

腾讯公司在成长期找到了自己的盈利模式，促进了营业收入的迅速增长，企业不断积累留存收益，使得腾讯公司实现了内源融资策略。腾讯公司自2004年上市以来，股本及股本溢价在资金配置中占据优势地位，直到2006年，其资金配置开始以保留盈利为主。这主要得益于腾讯公司抓住时机、把握机遇，不断改善和更新产品技术，找到适合的盈利模式。处于成长期的腾讯公司的盈利模式包括：移动及电信增值服务、互联网增值业务、QQ秀和QQ空间、网络游戏和网络广告。

（2）上市融资

2004年6月2日，腾讯公司公布招股说明书，表明企业2003年全年实现营业收入7.35亿元人民币，净利润3.22亿元人民币，企业将发行新股股数4.2亿股，相当于25%的股权，每股招股价2.77港元至3.7港元，募集总额将达11.6亿港元至15.5亿港元。

2004年6月16日，腾讯公司正式挂牌上市，股票代码为00700.HK。当天上市的交易价是招股价的最上限3.7港元，收盘时跌破发行价。当天共有成交量4.4亿股，发行股数4.2亿股，换手率高达104%，通过上市腾讯公司总共筹集资金14.38亿港元。

（3）银行信贷

处于成长期的腾讯公司较少采取银行借款的融资策略。腾讯公司分别在2007年和2009年向商业银行进行短期借款，并且通过与同一家银行签订的远期外汇合约按固定汇率以美元（人民币买进）偿还。此外，这两笔银行短期借款都以受限制现金作为抵押，其中，2009年财务报告显示受限制现金为2亿元人民币。由此可见，虽然轻资产的企业缺乏固定资产作为抵押担保，但是成长期的企业已经具备一定的财务实力，现金储备相对充裕，可以适当运用现金储备作为抵押以换取银行借款，从而发挥债务融资的节税功能，降低企业资本成本。

（4）商业信用

随着经营收入的日益增长，处于成长期的腾讯公司充分运用商业信用这一价格低、灵活性强的融资策略。腾讯公司运用商业信用融资的规模呈现迅速增长的趋势，尤其是2009年的商业信用额同2008年相比，增长了4.52亿元人民币，同比增长率为184.7%，增长明显。

3.成熟期融资策略分析（2010年至今）

（1）内源融资

腾讯公司用了不到5年的时间，2009年总收入达到124.4亿元，突破百亿元。自2010年开始，腾讯公司进入成熟期，着力打造增值服务、网络广告、电子商务交易、软件销售与开发等其他业务，通过多元化的发展战略，腾讯公司营业收入快速增长，净利润不断增加。处于成熟期的腾讯公司的营业收入和净利润都在持续性增长，并且增长率一直在20%以上，增长速度明显。2010—2015年营业收入由196.46亿元增长至1 028.63亿元，增长额为832.17亿元，增长率为423.58%；净利润由81.15亿元增长至291.08亿元，增长额为209.93亿元，增长率为258.69%。这反映出腾讯公司具备内源融资的实力，能够依靠自身发展，积累丰厚的利润。

（2）债务融资

① 银行信贷

处于成熟期的腾讯公司向银行借款的金额呈现上升趋势，自2012年开始，腾讯公司向银行申请长期借款。一方面，反映了企业规模不断扩大，对资金的需求旺盛；另一方面，反映了企业财务实力雄厚、发展稳定，凭借企业信用就能够获得银行贷款，查看企业年度财务报告可以发现有些借款并无抵押。

② 发行债券

腾讯公司自2011年以来开始采取发行债权融资的方式。2011年，腾讯公司在新加坡证券交易所公开发行债券，筹资净额为592 440 000美元；2012年，腾讯公司在香港联交所公开发行债券，筹资净额为593 826 000美元；2013年，腾讯公司在香港联交所不公开发行债券，筹资净额为299 000 000美元。

2014年，腾讯公司设立全球中期票据计划，据此其可向专业投资者发行本金总额最多为50亿美元（或其他货币的等值金额）的一系列中期票据。2015年，腾讯公司更新全球中期票据计划，将本金总额限额由50亿美元增至100亿美元。

（3）股票融资

处于成熟期的腾讯公司仍然以发行股票的方式筹集资金，2010—2015年发行普通股股票所得款项分别为1.99亿元、1.60亿元、2.38亿元、3.08亿元、2.99亿元和1.69亿元。值得注意的是，腾讯公司分别在2011年和2013年进行了两次较大规模的股份赎回行为，分别为10.47亿元和13.25亿元。

资料来源：覃雪. 基于生命周期的轻资产企业融资策略研究——以腾讯企业为例［D］. 南宁：广西大学，2017.

思考：腾讯公司在不同生命周期阶段的融资选择方式有何不同？为什么？

二维码8-1　参考答案

二维码8-2　拓展阅读：形成科技型企业全生命周期金融服务

延伸阅读

［1］爱迪思. 企业生命周期［M］. 赵睿，译. 北京：华夏出版社，2004.

［2］中国注册会计师协会. 公司战略与风险管理［M］. 北京：中国财政经济出版社，2023.

［3］彭罗斯. 企业成长理论［M］. 赵晓，译. 上海：上海人民出版社，2007.

［4］中国人民银行金融稳定分析小组. 中国金融稳定报告（2022）［M］. 北京：中国金融出版社，2022.

第九章　创业融资

学习目标

1. 熟悉创业融资的种类，了解各类创业融资应用；
2. 理解各类创业融资方式的特点；
3. 了解多种创业企业的创新性融资来源。

引例：中小企业融资难、融资贵是世界性难题——不断完善中小企业融资制度

党的二十大报告指出，要“健全资本市场功能，提高直接融资比重”，并从支持民企及中小微企业发展等方面为深化资本市场改革指明了方向。从我国中小企业直接融资体系的发展情况来看，现阶段，中小企业直接融资市场仍处于培育阶段，股票和债券两个市场对于中小企业的融资支持均较为有限。在股票市场方面，近年来，我国逐步形成了以科创板、创业板、北交所、新三板、区域性股权市场等为主要构成的中小企业股权融资体系，但中小企业股权融资仍有较大拓展空间，融资支持效力尚待进一步释放，主要体现在：一是创业板和科创板准入门槛相对较高，中小企业进入上述板块融资存在一定难度。二是北交所创立时间较短，上市企业规模有限。三是新三板等场外市场门槛相对较低，但市场流动性不足。在债券市场方面，债券市场分层不足，债券融资是中小企业资本市场融资短板，债券市场对中小企业融资的支持力度有待加强，主要体现在：中小企业债券融资规模整体有限，融资总额不足；信用债融资结构分化明显，民企融资占比较低；“专精特新”企业债券融资规模有限，难以满足其资金需求。

中小企业融资难、融资贵是世界性难题，国外较早认识到中小企业的重要作用，出台了各类扶持政策。在债券市场方面，国外主要发展高收益债市场和资产证券化产品来助力中小企业融资；同时加强政府主导，发挥担保等机制作用，健全资本市场体系，助力增强中小企业的韧性。从国外中小企业融资具体经验来看，国外债券市场主要通过发展高收益债市场、资产证券化产品等方式来支持中小企业融资。国外支持中小微企业融资的举措较为多元，主要通过发挥政策性金融机构支持作用，加大政府性担保支持力度，健全服务中小微企业的全链条资本市场体系等举措，扶持中小微企业融资，支持方式大同小异。不断完善中小企业融资制度，是我国推动金融供给侧结构性改革、增强金融服务实体经济能力的重要任务。

资料来源：北京日报．中小企业融资难、融资贵是世界性难题——不断完善中小企业融资制度［EB/OL］．（2023-01-16）．https：//news.bjd.com.cn.

读者不妨带着下面几个问题阅读本章内容：目前我国创业企业融资存在哪些困境？企业能够选择何种融资方式？不同的融资方式具有怎样的特征，会给企业发展带来何种影响？

第一节　创业融资困境

一、创业融资概述

创业融资是指创业企业因生产经营需要而通过各种手段与方式筹措和募集资金的行为和过程。创业企业发展需要大量的资金投入，所需资金往往需要外部支持。通常，创业融资的来源有股权融资和债务融资两种。

股权融资中常见的融资渠道包括天使投资、风险投资、私募股权投资和首次公开募股等。债务融资是较为传统的创业融资方式。创业企业债务融资的主要来源有亲朋好友、家庭、银行、民间借贷机构等。创业企业由于受到自身在资产、信誉、市场等方面诸多不利条件的限制，获得银行贷款往往较为困难。非正规债务融资已经成为目前我国许多地方的创业型小微企业（尤其是传统行业）的常用融资渠道。[①]

对于大多数创业企业来说，其发展必须经过机会识别、团队组建、创业融资等过程，其中最难的阶段就是融资。在我国，创业融资难这一问题的存在，既有创业企业自身的原因，也有外部环境存在的客观原因，融资难已经成为我国许多创业企业面临的首要问题。虽然国家已经采取很多措施，如完善多层次的资本市场、优化资本市场的规则等，但创业企业融资难问题依旧突出。

二、创业融资困境及其原因

目前，导致我国创业企业融资难的原因有很多，比如信息不对称、创业企业自身及企业外部环境等。

1.信息不对称原因

（1）商业秘密带来的信息不对称。创业者在寻求融资的过程中，往往会出于保护商业秘密的考虑，无法对外透露足够多的关于创业项目创意、技术、商业模式等信息。投资者在信息极为有限的条件下，无法对创业项目做出准确判断和评估，最终导致融资失败。

（2）创业企业与投资者的非充分了解带来的信息不对称。创业企业在团队素质、财务状况、市场运营等方面都可能与外部投资者存在严重的信息不对称，即使在项目可行的情况下，由于缺乏对创业企业团队、财务等方面的充分认识和了解，投资人往往难以做出投资决定。创业企业也可能由于对投资者意图或其他方面存在疑虑而选择放弃融资。

（3）市场变化和创业企业发展的不确定性带来的信息不对称。市场复杂多变，无论是创业企业还是投资人，都无法对市场变化和企业发展做出绝对性的判断。由于对市场变化和企业发展无法完全预估，即使投资人有意向对创业企业进行投资，双方也可能因为对企业发展前景和盈利能力判断的不同，导致对企业价值评估形成巨大差异而无法达成一致意见，最终导致融资失败。

---

① 杨柳．企业非正规债务融资中的信用服务研究［M］．长沙：湖南师范大学出版社，2012.

2.创业企业自身原因

（1）创业企业具有较高的经营风险。创业企业的风险水平较高，缺乏稳健的现金流，使得许多创业企业贷款的利率水平不能抵偿其风险，进而必然会促使商业银行远离这些高风险的企业贷款，转向资信较好的大型企业。

（2）创业项目缺乏投资吸引力。每年有数以万计的创业企业如雨后春笋般涌现，但是真正能够经得起市场考验、具有良好投资潜力的企业是有限的。在很多情况下，创业企业融资难的原因是创业企业自身的创新度不够或缺乏足够的市场竞争力和市场潜力，对资本而言没有吸引力。

（3）创业企业缺乏沟通渠道。若要提高融资成功概率，一个非常可靠的途径是找到适合的沟通渠道。以风险投资为例，风投机构每年会收到大量的商业计划书，但风投机构真正会投资的企业数量非常有限。如何成为被精挑细选的这一小部分投资对象，除了创业项目本身以外，创业企业还要拥有良好的沟通渠道。

（4）创业项目缺乏融资规划。很多创业企业往往是在实际需要资金时才开始进行融资。事实上，顺利融资往往需要提前半年甚至更久的时间就开始准备。许多创业者经常等到资金短缺时才急于寻求融资，然而，这个时候创业者焦虑的心态会使投资人产生疑虑。①

3.企业外部环境原因

（1）获得银行贷款难。商业银行强调稳健和偏好低风险等，我国的商业银行往往争相对大型国有企业贷款，而对小型创业企业十分“惜贷”。同时，银行贷款需要具备抵押物、信用担保等条件，使得创业企业从银行获得贷款的难度进一步加大。由于无法从银行获取足够的资金，许多创业企业不得不寻找其他的融资方式。

（2）获得风险投资难。风险投资大多偏好以高新技术为基础的技术密集型产业或创新型企业，对我国多数处于传统行业的创业企业而言，获得风投资金相对是比较困难的。此外，由于我国风险投资机构主要针对导入期创业企业，对种子期创业企业进行投资的天使投资比例不足，因此，即使是高新技术类创业企业，也难以在初创时寻找到合适的风险投资支持。

（3）融资成本过高。与成熟的大中型企业相比，除国家定向扶持的行业和群体外，大多数创业企业由于规模小、资本基础薄弱等原因，在借款方面不仅很难获得优惠利率，而且还要支付比大中型企业更多的借款浮动利息。同时，由于银行对中小企业的贷款大多采取抵押或担保方式，为寻求担保或抵押等，创业企业还要额外付出诸如担保费、抵押资产评估等相关费用。

（4）征信体系尚未健全。征信是国家特许专业机构以法人或自然人为对象，依法采集、客观记录市场主体的信用信息，并采用专门方法进行整理、加工，向社会提供信用信息产品的服务业务。征信的主要目的是为商业银行等授信机构提供信用信息共享平台，以防范信用风险，维持资金稳定。因而，它是市场经济体系不可或缺的公信服务，是社会信用体系建设的基础环节。目前，我国的征信制度和征信体系虽在加速建设但仍不健全，信用体系的不完善加剧了企业融资的困难程度。

（5）融资途径狭窄。企业的融资渠道大多为自有资金，即所说的内部融资。可是，这

① 迪利普，理查德．企业融资——顺利募集资金的25个要点［M］．陈小红，译．汕头：汕头大学出版社，2004.

种自我解决融资的发展模式已经无法满足公司的后续发展，公司急需开辟新的、多元化的融资渠道。在直接融资方面，创业企业直接获取资本市场的资本是非常有限的，利用债务和股权融资的可行性几乎没有。在间接融资方面，创业企业过度依赖银行的贷款。在贷款过多、负债率高的影响下，企业创新和发展的能力受到束缚和阻碍。此外，大型商业银行的竞争主要集中在大型企业。大型企业拥有规模经济，形成与创业企业的优势对比，使得银行信用贷款能够提供给创业企业的份额少之又少，即使有很好的项目也较难获得银行贷款，严重限制了创业企业的快速发展。[①]

第二节　股权融资

一、天使投资

天使投资（Angel Investment）是权益资本投资的一种形式，是指富有的个人对原创项目或小型初创企业进行一次性的前期投资。天使投资又称为非正式风险投资，是投入新兴的、具有巨大发展潜力企业的一种早期权益资本投资。[②]天使投资最早起源于19世纪的美国，与机构风险投资一同构成了美国的风险投资产业。从美国历史来看，种子期与启动期企业将天使投资看作其动力来源。相比风险投资，天使投资具有民间性、自发性、个体性和分散性等特征，这些特征使得天使投资区别于传统的风险投资，成为一种很有发展前景的个人投资方式。与风险投资等其他投资方式相比，天使投资的优势为：投资期较早、投资效益较高、投资成本较低、投资决策较快。天使投资的这些特性使其独立于风险投资和其他投资形式，成为一种具有极大活力和生命力的个人投资方式。

天使投资对于创业企业融资有着非常重要的意义。天使投资可以拓展初创企业的融资渠道，并为企业提供有效的资金来源；天使投资为创业企业的早期发展奠定了坚实的基础；天使投资人往往还可以为初创企业提供创业经验，帮助企业提高管理水平和解决创业困难。因此，也有人把天使投资人称为创业者背后的创业者，他们为创业企业提供了大量的增值服务，帮助其摆脱了许多经营性困难。

小贴士　**万物皆可光伏　百亿规划者众**

中能创光电科技（常州）有限公司（以下简称“中能创”）成立于2021年9月7日，由原光伏国家重点实验室主任黄强博士创办，总部坐落于江苏常州，是一家光伏异质结电池制造与技术服务企业。成立仅2个月后，中能创获得了软银中国的数百万元投资。2022年，公司研发出全球首个210mm无主栅异质结，并获得了德国TÜV莱茵第三方认证。中能创的技术与产品进一步吸引了资本方的关注。2022年9月，公司完成了近亿元Pre-A轮融资，该轮融资由耀途资本领投，正轩资本、同创伟业等跟投。

中能创有两项关键技术：无主栅异质结与印花技术。无主栅异质结，顾名思义其取消了光伏电池的主栅，采用了更多更细的铜栅。目前，中能创正在进行扩建量产线的准备，

① 王颖驰．创业融资、运作方式及财务管理［M］．北京：机械工业出版社，2018.
② 陆雄文．管理学大辞典［M］．上海：上海辞书出版社，2013.

并积极研发下一代产品，扩充团队，计划在2023年实现1GW相关产品产能，并快速扩展至10GW规模。在市场方面，中能创已经开始在全球各区域进行落地示范工作。

资料来源：OFweek太阳能光伏. 万物皆可光伏 百亿规划者众［EB/OL］.（2022-09-01）. https://solar.m.ofweek.com/2022-09/ART-260018-8440-30574477.html.

二、风险投资

风险投资（Venture Capital，VC）也称为创业投资。根据美国的全美风险投资协会的定义，风险投资是由职业金融家将资本投入新兴的、迅速发展的、具有巨大竞争潜力的企业的一种权益资本。[①]在我国，风险投资具有约定俗成的内涵。广义的风险投资包含所有高风险、高收益类型的创业投资。按照投资阶段、规模及类型的不同，可以分为种子资本（Seed Capital）、导入资本（Start-Up Funds）、发展资本（Development Capital）、风险并购资本（Venture A Capital）四种，同时对应着风险投资的四个阶段，即种子期、导入期、成长期和成熟期。也可以简单地将风险资金分为种子资金、天使投资、风险投资（狭义）三类。目前，风险投资是极为重要的创业融资来源，是诸多创业企业（尤其是高新技术行业）优先考虑的融资方式。

对于创业企业来说，在融资过程中选择风险投资，不仅可以获得资金，而且可以获得其他优势和便利。

1.风险投资向市场传递的信号

对创业企业进行风险投资的风险投资者大多经验丰富，对自己所要投资的企业有着比一般主体更为全面深入的了解，于是向市场传递着该创业企业具有高质量、高潜力、好前景的信号，为企业树立了良好的形象，同时也为企业吸引了更多来自风险投资市场的投资，增加了企业的价值，形成了一种良性循环。

2.风险投资对企业创新的促进

风险投资有自己的退出机制，为了吸引和继续留住风险投资，创业企业必须不断创新，并保持竞争优势。创业企业如果不进行有力的创新，就有可能会失去市场，甚至失去风险投资者的后续投资。这是创业企业不希望面对的情况，所以，风险投资不断地鼓励和鞭策创业企业进行有效的创新。

3.风险投资者对企业较少的干涉

风险投资者一般较少直接干预创业企业的经营和决策，以致不会在企业管理上与创业者产生严重分歧。但是，创业者大多在经营管理上经验不足，这时可以请求风险投资公司给予一些帮助，协助创业企业渡过难关。

三、私募股权投资

私募股权投资主要采用私募方式筹集资金，并对企业进行股权或者准股权投资的权益性投资。在创业企业运用私募股权进行创业融资的过程中，私募股权投资会附带考虑将来的退出机制，即通过创业公司首次公开发行股票、兼并与收购或管理层回购等方式退出获利。简单来说，私募股权创业融资就是一些具有高潜力而又未上市的公司寻找私募股权投

---

① 胡海峰. 风险投资学［M］. 北京：首都经济贸易大学出版社，2022.

资者进行融资，出售其一定比例的股份给投资者，进而解决公司内部矛盾，推动公司发展。

在创业融资中，私募股权投资的主要对象为初创业阶段的高成长性企业。在我国，私募股权进行创业投资所涉及的典型行业包括新能源、新材料、生物科技和互联网等。我国在海外市场上市的互联网企业，如新浪、网易、搜狐、百度等，在发展过程中都得到了私募股权的支持。

成功的私募股权机构拥有丰富的投资经验，还可以为创业企业提供战略指导、团队建设、财务规划甚至业务发展等方面的帮助。同时，私募股权融资的投资规模较大，随着企业的发展，创业企业可能会进行后续融资，私募股权融资仍然是其投资的主要参与者。

四、首次公开募股（IPO）

创业企业的首次公开募股融资是指一家创业企业或公司（股份有限公司）第一次将其股份向公众出售，通过出售股票所获得的大量资金进行企业融资的过程。[①]IPO融资被很多创业企业看作企业融资成功并得到报酬的象征，同时也被风险投资人和私募股权投资人看作自己转让股权获利退出的时机。

创业企业选择IPO融资具有重大意义。创业企业进行首次公开募股后，可以迅速募集资金，加快资金的流动和利用效率，归还部分银行贷款，在一定程度上减轻企业债务负担。创业企业可以回报风险投资人和私募股权基金管理人，必要时使其完全退出，实现完全自立，并有足够资金实现自我发展。同时，IPO融资可以吸引更多的投资者，增加创业企业的市值，提高企业的市场声望和员工认同感。

为了满足多元化国民经济发展需求和多层次投资者投资需求，中国证监会紧紧围绕多层次资本市场体系建设主线，不断拓展市场的广度和深度。我国多层次资本市场体系包括主板、中小板、创业板、科创板、全国性场外市场（新三板）以及区域性股权交易市场（如图9-1所示）。

图9-1　我国多层次资本市场体系

资料来源：根据中信建投证券研究发展部（www.csc108.com）相关资料整理而得。

① 证券时报社，深圳怀新企业投资顾问. 中国公司IPO和再融资被否原因揭秘［M］. 北京：经济科学出版社，2011.

五、创业者的社会背景与融资

具有社会背景的创业者拥有更好的资源，能够提升企业融资效率，表现为“资源效应”。第一，具有社会背景的创业者拥有丰富的资源。具有社会背景的创业者在融资方面相较不具有社会背景的创业者更有优势，他们凭借自身从业经历拥有其他人不具有的资源，例如，他们拥有更加良好和丰富的商业合作关系等。社会背景的“烙印”，促使他们可以利用自己的“圈子”为企业搭建起资源获取的通道，就像一个无形的“桥梁”，将相关的行业资源联系起来，不仅提高了行业内部沟通的效率，而且提升了企业的透明度。这种特殊的“关系”更加稳固了同行业对企业的信任度，相当于企业为行业相关者提供了一种潜在的担保，使得企业在进行外源融资时具有独特的优势，降低了融资限制，从而有助于缓解企业的融资约束，促使其利用资金选择更有价值的投资项目，使企业自身获得良性发展，从而能够更长远地提升投资效率。无融资约束的企业容易出现过度投资行为，而融资受到约束的企业的过度投资倾向并不明显。[①]第二，创业者具有社会背景的信号会获得外部投资者的关注和信赖。外部投资者过多的关注与信赖能够提高企业的信息透明度，这种关注会对企业的经营业绩产生“放大”作用，缓解资本市场的信息不对称。另外，外部投资者对企业的持续关注也可能会减少企业投资过程中的非效率行为，降低管理者谋取私利的可能性，提高资金使用效率，使其进行高效率的投资。

第三节 债务融资

一、民间借贷

民间借贷有狭义和广义之分：广义的民间借贷涵盖所有民间借贷的类型，包括公民之间，公民与法人、其他组织之间的借贷关系；狭义的民间借贷仅指民间个人之间的借贷关系。民间借贷行为应当符合国家相关法律的规定。民间借贷是一种相对于正规金融机构的借贷方式，主要是指公民之间或公民与法人、其他组织之间的借贷关系，只要双方的意思真实，即可认定有效。[②]民间借贷具有替代性、自主性与自发性等特点。

（1）民间借贷的替代性

民间借贷在一定程度上替代了正规金融机构借贷。商业银行对中小企业包括初创企业存在一定程度的“排斥”，中小企业难以通过正规金融渠道获得资金。当其资金需求无法完全通过正规金融渠道获得满足的时候，中小企业便会求助于民间借贷。从这种意义上来看，民间借贷在一定程度上是正规金融借贷的替代品。

（2）民间借贷的自主性

民间借贷的自主性主要体现为民间借贷在一定程度上具有解决借贷信息不对称问题的功能。民间借贷的主体主要是私人个体，大多发生在亲戚朋友之间，因此，债权人对债务人的偿债能力、资信情况和道德品格等方面有较为清楚的了解，相对正规金融机构的借贷

① 王彦超. 融资约束、现金持有与过度投资［J］. 金融研究，2009.

② 中华人民共和国最高人民法院. 最高人民法院关于修改《关于审理民间借贷案件适用法律若干问题的规定》的决定［EB/OL］.（2020-08-20）. https：//www.court.gov.cn/fabu/xiangqing/249031.html.

而言，债权人获悉的信息更全面、更真实。

（3）民间借贷的自发性

民间借贷在借贷发生的各个环节中具有自发性。民间借贷大多发生在单位内部职工、同乡、朋友之间，一般采用口头协议、借条、便条等不规范方式运作，作为自发的经济现象，民间借贷的一些风险与生俱来。这是因为民间借贷的本质是有关主体对自己可支配的资金进行借贷，在多数的借贷过程中手续简单，既不用抵押也不用担保，但由于缺少法律对债权人的保护，因此，民间借贷也容易产生债务纠纷。

二、信用担保

信用担保是指依法设立的担保机构在企业向银行融通资金的过程中，根据合同约定，为融资企业提供担保，在企业无法偿还债务的情况下，由担保机构履行偿还负债的责任，从而保证银行自身债权的一种金融支持方式。

信用担保实质上是商业银行对风险的防范和分散。在信用担保中，涉及担保机构、银行和企业三方。三方之间的关系是担保机构为企业提供信用担保，银行向企业发放贷款资金。对商业银行而言，担保的参与分散了商业银行所需面对的风险，同时担保的参与也使中小企业融资的渠道变得更加通畅。担保机构出于对风险的识别与控制，往往是按照特定的目标承担担保责任的，这在一定程度上引导了社会资源的流向以及流量，也对紧张的现代社会资源配置产生了调节作用，使资源流向更有效率和效果的部门，资源得以更加充分地利用。[①]

当企业无法偿还债务并由担保企业代为偿还后，担保机构可以要求企业偿还。担保机构为企业融资提供信用担保是承担着巨大信用风险的，尽管担保机构可以通过制定规章制度、完善担保流程等措施降低一定的风险，但是不可能完全规避风险。当担保合同中约定的情况发生时，担保机构便会因为履约而使得自身资产受损。一旦被担保企业具有偿还债务的能力，担保机构便可要求其偿还债务。担保机构可以使用包括法律在内的手段，实现事后追偿。

三、典当

资产典当融资是指中小企业等资金需求方将其自有的可以用作典当的资产，采用抵押或质押的方式，支付一定比例的费用，以从典当行获得贷款的行为。与其他融资相比，资产典当融资具有审核流程简单、融资速度快、融资门槛低、融资起点低等特点。

（1）审核流程简单，融资速度快

相对正规融资渠道，资产典当融资的审核过程更为简单，融资速度更快。企业向银行贷款融资需要经过申请审批、提供相关证明以及合同签订等一系列较为烦琐的过程，周期长，时间成本高，而资产典当融资当场付款，手续简便，灵活度高。

（2）融资门槛低

一方面，资产典当融资可以接受的抵押质押物范围广，包括金银饰品、家用电器以及车辆等有价值的物品都可以用来典当并取得贷款；另一方面，典当行对企业的信用要求及

① 中小企业担保课题组，贾康．中小企业信用担保的总体情境与财政政策匹配［J］．改革，2012（3）：5-20.

贷款用途的限制较少，企业只要利用当物抵押质押，典当行对其信用几乎没有要求，同时，对债务人的资金使用方向一般也不过问，因此所获得的资金几乎可以用作所有的用途。[①]

（3）融资起点低

资产典当融资的起点很低，当物价值接受的广泛性在一定程度上使得贷款资金数量跨度区间较大，千元、百元都可以典当。不过，典当行一般会收取一定的典当费用，这些费用通常由服务费、保管费、保险费和利息等要素综合构成，从而在一定程度上造成融资成本的增加。

四、向亲友融资

向亲友融资属于替代性融资，是除了金融中介和金融市场以外的一种外部融资渠道。向亲友融资是创业融资的重要来源，在创业初期起到重要的支持作用。特别是在我国，以家庭为中心，形成的以亲缘、地缘、商缘等为经纬的社会网络关系，对包括创业融资在内的许多创业活动产生了重要影响。家庭成员和亲朋好友因与创业者个人之间的关系而愿意投入资金，从而成为新创企业十分常见的融资方式之一。[②]

向亲友融资相对于其他融资形式，具有信息优势和成本优势。

（1）信息优势

由于人缘、血缘和地缘的关系，借贷双方通常保持相对频繁的来往与接触，贷款人对借款人的资信、收入状况以及还款能力等相对比较了解，这种信息上的优势可以在一定程度上解决因信息不对称所产生的逆向选择和道德风险问题，避免信贷配给现象的发生。

（2）成本优势

基于对风险的考虑，银行等金融机构对企业提供贷款时会更加谨慎，即便是国有企业或上市公司，也会审慎审查其还款的可能性，而不是一味地提供贷款。从另一个角度来看，这会增加企业向银行贷款的边际成本，特别是高负债企业。在这种情形下，企业通过信任、关系及声誉等非正式规则所获得的向亲友融资，可能成本更低。

第四节　创新性融资来源

一、众筹

众筹是面向公众筹集资金，从而为创业者或企业提供所需要的资金及其他资源的新型融资方式。众筹（Crowdfunding）是Crowdsourcing（公众搜索）和Microfinancing（微型金融）二词含义的融合。众筹融资项目发起人不需要担保或抵押，只需要在众筹平台上向大众进行创业项目的展示和宣传，通过获得关注者的认可而获得资金支持。它为初创企业的创业者提供了一种有别于传统融资渠道的融资方式。众筹融资模式有效借助互联网思维，为解决初创企业的融资困境提供了一种新思路。近年来，我国众筹融资模式在影视、科技、音乐、艺术等各种活动方面得到了快速发展。[③]众筹融资模式具有发起成本低、项目

① 郭娅丽．论典当的性质、地位及其规范结构设计［J］．法学评论，2013（5）：148-154.
② 陈又星．创业基础［M］．北京：高等教育出版社，2016.
③ 杨东，文诚公．互联网+金融=众筹金融［M］．北京：人民出版社，2015.

多样化、投资者跨度大及范围广等特点。在一些众筹活动中，投资者不仅提供资金支持，而且还会加入到项目设计与实施过程中，贡献自己的智慧，提高项目的可行性和收益。

具体来看，不同的众筹机构和活动所采用的众筹步骤有着一定的差别，但众筹融资的流程主要包括以下几个步骤：

（1）准备：选择或创建项目，确定项目展示内容，制定目标与预期回报，提交并等待审核。

（2）预热：审核通过后，需要根据大众和市场的反馈对项目进行调整，再次提交审核。

（3）筹资：审核再次通过后，项目进入线上推广阶段，与大众进行积极互动以获得支持。

（4）进行：达到筹资目标后，发起者可将所有筹款金额投入项目实施运营，并定期汇报进展。

（5）完成：兑付承诺并实现回报后，发起的项目最终完成。

虽然众筹融资在解决我国初创企业融资难的问题方面具有可行性和巨大的价值，但是，目前我国相应的配套法律制度和监管机制尚不健全，初创企业难免面临一些潜在的法律问题。比如，根据我国《公司法》等相关法律法规的规定，单位或者个人未依照法定程序经有关部门批准，不得以发行股票、债券、彩票、投资基金证券或者其他债权凭证的方式向社会公众筹集资金并承诺在一定期限内以货币、实物以及其他方式向出资人还本付息或给予回报。所以，如果企业的项目采用诸如股权回报等比较具有激励性质的回报方式，可能会面临被视为非法集资的风险。此外，由于在项目展示和宣传时，企业需要尽可能翔实地展现项目策划，这就意味着企业可能会面临创意被抄袭、知识产权遭受侵害等风险。

二、租赁

租赁是一种以一定费用借贷实物的经济行为，出租人将自己所拥有的某种物品交予承租人使用，承租人由此获得在一段时间内使用该物品的权利，但物品的所有权仍保留在出租人手中。承租人拥有租赁物件的使用权、收益权，但承租人需要为其所获得的使用权向出租人支付一定的费用。[①]融资租赁行业的健康发展，有利于缓解创业企业融资难、融资贵的难题，有利于拉动企业设备投资，带动产业升级，更好地服务我国实体经济。

在创业初期，创业企业规模不大，之前在银行没有信用记录，企业本身信用等级低，不具有抵押担保资质，很难从银行贷款或者只能从银行获得很少数额的贷款。由于租赁公司拥有租赁设备的物权，因此，租赁公司对企业资信和抵押担保的要求相对较低，租赁公司更看重的是项目本身的前景，以及设备产生的效益，这降低了中小型创业企业贷款的硬性门槛。

融资租赁在自筹资金比例上更为灵活，不像银行那样对企业设备固定资产贷款有着更多的硬性要求。对处于快速发展阶段需要新项目的创业企业而言，尤其是在企业固定资产比例大、流动资产比例小、流动资金压力大的情况下，当企业需要筹措大量现金时，融资

① 罗晓春．融资租赁经营论［M］．北京：清华大学出版社，2012.

租赁有助于解决创业企业所面临的资金困难。

同时，融资租赁可以在一定程度上加速资本折旧，使创业企业可以延迟缴税，享受税务融资的好处；也能优化财务结构和财务报表，拓宽融资渠道，扩大融资空间，降低项目的资本金要求，促进创业企业良好发展。

三、战略合作伙伴

战略合作伙伴（Strategic Partner）是指企业为提升竞争优势，通过合资合作或其他方式而形成的密切合作的商业伙伴。战略合作伙伴能够给企业带来资金资源、先进技术、管理经验，提升创业企业技术进步的核心竞争力，改善创业企业的竞争地位和绩效。[①]企业在选择战略合作伙伴融资方式时，需要考虑的因素包括：

（1）创业企业自身的需要

当创业企业自身存在缺陷和不足时，会优先考虑引入战略合作伙伴，通过投资和合作提高自身在技术、管理、人才等方面的能力，进而提升企业的整体竞争力。同时，企业还可以通过战略合作伙伴形成自己的产业联盟，占领更多的市场份额，提升企业的知名度，增强其对市场和金融风险的抵抗能力。

（2）伙伴间的信任关系

战略合作伙伴关系是一种基于高度信任，伙伴成员之间共享竞争优势和利益的长期性、战略性的协同发展关系，能够对外界产生独立和重大的影响，并为合作各方带来深远的意义。战略合作伙伴强调双方的信任基础和共赢价值，通过实现深度合作，合作企业在资金、技术、管理等方面实现共享和优势互补，使合作企业可以互利互惠，共同发展。

四、项目资助

项目资助指的是国家、政府或社会基金对创业企业具有潜在价值的技术创新项目给予适当的资助的行为。项目资助可以为创业企业技术创新带来更多的价值，激发创业企业的技术创新热情，促进创业企业的技术创新活动，并带动创业企业新一轮的技术创新升级，使创业企业更好地为社会服务。

项目资助这一特殊融资方式对于我国创业企业，尤其是处于初创阶段的创业企业具有重要意义。

（1）获得低成本甚至免费的支持

为扶持符合当地经济和产业发展规划的创业项目，我国各地方政府部门和机构会选择性地发布项目资助申请，符合一定条件的创业者或创业企业，均可以根据申请要求，通过递交申请书、商业计划书等方式申请项目资助。项目资助提供了另外一条企业筹资的渠道，一般不需要企业付出其他资金方面的成本，属于一种低成本甚至免费的资金来源。

（2）获得资金之外的其他帮助

项目资助可以在一定程度上解决创业企业所面临的资金不足和人才短缺问题。同时，一些项目资助还可以帮助创业企业在树立品牌、信誉、技术等方面传递积极的市场信号，为企业进一步的融资和市场发展提供支持。

---

① 李玉刚. 战略管理［M］. 北京：科学出版社，2013.

五、供应链金融

供应链金融是指将供应链上的核心企业及其相关的上下游配套企业作为一个整体，根据供应链中企业的交易关系和行业特点制定基于货权及现金流控制的整体金融解决方案的一种融资模式。供应链金融有别于传统融资方式，主要是其围绕企业上下游供应链这一整体，抓住具有经营规范、资信良好、稳定销售额与渠道和回拨资金来源的优质企业进行产品与服务设计。这种以优质企业为核心的上下游供应链融资，打破了传统融资授信要求，也无须另行提供抵押质押担保，切实解决了中小企业融资难、担保难的问题，而且通过打通上下游融资瓶颈，还可以降低供应链融资成本，提高核心企业及配套企业的竞争力。

供应链金融通过现货质押和未来货权质押的结合，打通了从原材料采购、中间及制成品到最后经由销售网络将产品送到消费者手中这一供应链整体，将供应商、制造商、分销商、零售商直到最终用户连成一个整体，全方位地为供应链上的“n”个企业提供融资服务，通过相关企业的职能分工与合作，实现整个供应链的不断增值。

（1）基于应收账款的供应链融资模型

应收账款融资是指在供应链核心企业承诺支付的前提下，供应链上下游的中小型企业可以利用未到期的应收账款向金融机构进行贷款的一种融资模式。在这种模式下，供应链上下游的中小型企业是债券融资需求方，核心企业是债务企业并对债权企业的融资进行反担保。一旦融资企业出现问题，金融机构便会要求债务企业承担弥补损失的责任。应收账款融资使得上游企业可以及时地获得银行的短期信用贷款，不仅有利于解决融资企业短期资金需求问题，加快中小型企业健康稳定发展和成长，而且有利于整个供应链的持续高效运作。

（2）基于库存的供应链融资模型

当企业除了货物以外，没有相应的应收账款和供应链中其他企业的信用担保时，金融机构可以采用融通仓融资模式对其进行授信。融通仓融资模式是指企业以库存作为质押，经过专业的第三方物流企业的评估和证明后，金融机构向其进行授信的一种融资模式。在这种模式下，抵押货物的贬值风险是金融机构需要重点关注的问题。但银行等金融机构既不擅长对质押物品市场价值的评估，也不擅长对质押物品物流的监管，因此，这种融资模式通常需要专业的第三方物流企业参与。金融机构可以根据第三方物流企业的规模和运营能力，将一定的授信额度授予物流企业，由物流企业直接负责融资企业贷款的运营和风险管理。这样，既可以简化流程，提高融资企业的产销供应链运作效率，也可以转移自身的信贷风险，降低经营成本。

（3）基于预收账款的供应链融资模型

有些时候企业支付货款后，在一定时期内并不能收到现货，但其实际上已经拥有了对该批货物的未来货权。未来货权融资是指下游购货商向金融机构申请贷款，用于支付上游核心供应商在未来一段时期内交付货物的款项，同时供应商承诺对未被提取的货物进行回购，并将提货权交由金融机构的一种融资模式。在这种模式下，下游融资购货商不必一次性支付全部贷款，可以从指定仓库中分批提取货物并利用未来的销售收入分次偿还金融机构的贷款；上游核心供应商将仓单抵押给金融机构，并承诺一旦下游购货商出现无法支付贷款情形，便会对剩余的货物进行回购。这是一种“套期保值”的金融业务，极易被用于大宗物资（如钢材）的市场投机。为防止虚假交易的产生，银行等金融机构通常还需要引入专业的第三方物流机构对供应商上下游的货物交易进行监管，以抑制可能发生的供应链上下游企业合谋的动机。[①]

本章小结

1.创业融资是指创业企业因生产经营需要而通过各种手段和方式筹措和募集资金的行为和过程。创业企业由于自身实力所限，所需资金往往需要外部支持。常见的创业融资来源有股权融资和债务融资两种。

2.天使投资（Angel Investment）是权益资本投资的一种形式，是指富有的个人对原创项目或小型初创企业进行的一次性前期投资。

3.风险投资（Venture Capital，VC），广义的风险投资泛指一切具有高风险、高潜在收益的投资；狭义的风险投资是指以高新技术为基础，生产与经营技术密集型产品的投资。

4.私募股权，通常指的是主要采用私募方式筹集资金，并对企业进行股权或者准股权投资的集合投资方式。私募股权投资是指通过私募基金对非上市公司进行的权益性投资。

5.首次公开募股（Initial Public Offerings，IPO）是指一家企业或公司（股份有限公司）第一次将其股份向公众出售。IPO融资被很多创业企业看作企业融资成功并得到报酬的象征，同时也被风险投资人和私募股权投资人看作自己转让股权获利退出的时机。

6.债务性融资是指通过银行或非银行金融机构贷款或发行债券等方式融入资金。债务性融资需要支付本金和利息，能够带来杠杆收益，但是会提高企业的负债率。一般来说，预期收益较高，能够承担较高的融资成本，而且经营风险较大，要求融资的风险较低，企业便倾向于选择股权融资方式。而对于传统企业，经营风险较小，预期收益较低，一般会选择融资成本较低的债务性融资方式进行融资。

7.民间借贷是指自然人之间或者自然人与法人、其他组织之间的借贷关系，而非经金融监管部门批准设立的从事贷款业务的金融机构及其分支机构进行资金融通的行为。

8.众筹是面向公众筹集资金，从而为创业者或企业提供所需要的资金及其他资源的新型融资方式。众筹融资项目发起人不需要任何担保或抵押，只需要在众筹平台上向大众进行项目的展示和宣传，并获得认可，即可获得资金支持。

9.供应链金融（Supply Chain Finance）是指将供应链上的核心企业及其相关的上下游配套企业作为一个整体，根据供应链中企业的交易关系和行业特点制定基于货权及现金流控制的整体金融解决方案的一种融资模式。

重要术语

内部控制系统（Internal Control System）

创业融资（Venture Financing）

① 包兴，肖迪．供应链管理：理论与实践［M］．北京：机械工业出版社，2011.

融资困境（Financing Dilemma）
权益融资（Equity Financing）
天使投资（Angel Capital）
风险投资（Venture Capital）
私募（Private Equity）
首次公开募股（Initial Public Offerings）
债务融资（Debt Financing）
银行担保（Bank Guarantee）
众筹（Crowdfunding）
供应链金融（Supply Chain Finance）

习题

复习思考题

1.何谓创业融资？为什么创业企业融资困难？
2.创业融资主要有哪些方式？采取不同的方式主要考虑的因素有哪些？
3.民间借贷的利弊有哪些？
4.权益融资有哪些类型？
5.风险投资有哪些特点？风险投资可以为创业企业提供哪些帮助？
6.什么是租赁？它具有哪些特点？
7.什么是众筹？
8.什么是供应链金融？它具有哪些融资模式？
9.为什么第三方支付能够成为一种融资方式？
10.战略合作伙伴对创业融资具有怎样的意义？
11.项目资助对创业融资具有怎样的意义？

案例讨论题

从杨浩涌看企业融资与造势

2019年9月12日，瓜子二手车创始人杨浩涌给全体员工发了一封内部信，宣布瓜子二手车经历4年的发展，已经取得了阶段性的领先，并预测按照目前态势，瓜子二手车和毛豆新车的主营业务将在当年第四季度实现整体盈利。①

成立于2015年9月的瓜子二手车，相比成立于2011年的优信和2014年的人人车都要晚。作为一个二手车行业的后来者，为什么杨浩涌如今成为二手车行业内的“摘瓜人”，而不是其他玩家呢？

赶集网的血泪教训

在我国市场上，杨浩涌是一位成功的连续创业者，他在2005年创办了分类信息网站赶集网。到了2015年4月，赶集网与其竞争对手58同城合并，2015年底，杨浩涌从58同

① 李勤．杨浩涌发内部信：瓜子二手车要在四季度盈利［EB/OL］．（2019-09-12）．https：//36kr.com/p/1724350922753.

城分拆出二手车交易平台瓜子二手车直卖网，开始了自己的第二次创业。

在经营赶集网时，杨浩涌自认为赶集网的产品比58同城更好，但营销力量弱于后者；在很长一段时间内，赶集网常常需要花费两倍的价钱才能达到58同城相同的经营效果。2013年年末，58同城上市后，虽然赶集网抓住了一些时机，但大势已经把握在58同城的手中。

经历了赶集网与58同城持久战的杨浩涌，一方面，他对广告刺激市场有着深刻的理解，曾经将瓜子二手车的广告策略总结为“沸水效应”——如果水没烧到100摄氏度，烧到95摄氏度就是浪费。另一方面，他发现在商业世界里，两家公司在竞争的时候，必然存在一个终局——互联网公司的规模效应和网络效应导致的一家独大。谁能拿到第一名，不论是在资本上、人才上，还是在战略上，都有一个非常大的纵深空间，有机会获得更大的势能。

瓜子与人人车的竞争

58同城与赶集网合并后，杨浩涌作为联席CEO将之前孵化的项目“瓜子”分拆出来。分拆瓜子项目的时候，杨浩涌发现，最大的竞争对手人人车刚刚宣布了一轮5 000万美元的融资，投资它的是腾讯、顺为等机构。而在当时的市场上，1个月的二手车成交量，人人车是300多辆，瓜子是200多辆，基本处于同一量级。

基于观察到的这一现象，杨浩涌根据以往的经验和教训，其立刻意识到，当前的二手车市场瓜子能够依靠资本势能大概率取胜。

因此，在58同城和赶集网合并之后的第一次董事会上，他就提出了为瓜子进行资本投入的要求。这个要求得到了董事会特别爽快的支持。因为58同城和赶集网此前进行了太久的博弈，大家都知道持久战有多么消耗资源，有多么痛苦，不如直接通过巨量的资本投入早点结束这场商战。

杨浩涌安排瓜子团队启动了一个“夜行军”计划，在人人车还未有意识的情况下，将瓜子的二手车业务覆盖范围在1个月内扩张到40个城市。当时，人人车的覆盖城市仅有十几个。杨浩涌同瓜子团队说，可以先不管效率，扩张到40个城市才是第一目标。

于是，瓜子从2015年8月开始执行这个计划，9月，瓜子拿出1亿多元的预算，在市场上铺天盖地进行广告宣传，2个月后，瓜子的月成交量从原来的200多单上涨到1 700多单。

与此同时，人人车在看到瓜子重金砸出来的成交数据后，也做出了反应，抓紧开始进行广告宣传。但是，此时的瓜子已经拥有了提前2个月的品牌声量。人人车开始广告宣传之后，瓜子也继续跟进，但其改变了投放策略。瓜子的策略转化为紧跟人人车。人人车在哪一平台上投放广告，瓜子就在哪一平台上投放，干扰对手的投放效果。

这一轮比拼下来，虽然人人车的月成交量上涨到700多单，但还是未能追赶上瓜子的1 700多单这一量级。

看到这个初步的战况，杨浩涌心里有数了，到11月的时候，他将瓜子作为自己新的创业项目，正式从58同城分拆出来，到市场上重新寻找融资。

拥有1 700多单与700多单这样一个差距，杨浩涌就能和资本说，瓜子是行业第一。到2016年春节前后，瓜子完成了A轮2亿多美元的融资。此次投资的领投方为红杉资本中国基金和光信资本，此外，山行资本、微光创投、风云天使基金、诺伟其投资等数家知名投资机构参与跟投。在完成A轮融资后，瓜子的估值超过了10亿美元。

虽然在这个过程中，资本对瓜子的烧钱动作也有过一点点疑虑，但到11月有了这1 700多单的月成交量，杨浩涌就能和投资人说，现在不要追问效率，这个阶段该追求的是规模和势能，得到了势能，效率未来一定能够提升。瓜子的市场投放是势能，1 700多单的月交易量是势能，2亿多美元的融资规模也成为其势能。因为依据当时的交易量，瓜子已经成为行业老大，瓜子的估值和融资额就会抑制人人车的后续融资。因为在投资人的眼中，瓜子作为行业老大，估值10亿美元，那么，行业老二的估值不可能高于行业老大，投资人也就愿意给出三四亿美元的估值。如果只估值三四亿美元，就不可能像瓜子那样得到2亿多美元的融资，最多只能得到三五千万美元的融资。如果只能得到三五千万美元，如何同手中握有2亿多美元的瓜子竞争呢？

在这些疑虑的层层堆叠下，人人车的下一轮融资一直拖到2017年才完成。在这个过程中，双方比拼的已经不仅仅是营销了，而是营销之下整体势能的对战了。

杨浩涌说，如果时光倒流，他是人人车的创始人，那么，他就会在拿到那笔5 000万美元融资的时候，抢先在市场上砸出去。之后，两家企业在市场上进行融资时，能够拿到2亿多美元的就不会是瓜子，而是人人车。

资料来源：蔡钰．瓜子杨浩涌：对资本的正确用法是“造势”［EB/OL］.（2020-12-28）. https: //m.igetget.com/sare/course/trialReading/KYBO4Xn5z2rL7x30dp7qk6m8oUL1umLlXTjdB412kWaYmEPyWeo6DZgRbA8kmGl1.

思考：如何评价瓜子二手车的融资？创业企业成功获得融资需要具备哪些条件？

二维码9-1　参考答案

二维码9-2　拓展阅读：改善小微企业融资环境 增强基层和初级市场活力

延伸阅读

［1］金雪军．纾解中小企业融资困境策略研究［M］．北京：科学出版社，2015.

［2］李伟铭．中国新创企业成长机制研究［M］．北京：科学出版社，2014.

［3］唐滔．天使投资［M］．杭州：浙江人民出版社，2012.

［4］王旭良．创业融资从天使轮到IPO上市［M］．北京：电子工业出版社，2020.

［5］张青．创业投资与融资［M］．上海：复旦大学出版社，2019.

治理篇

第十章　公司治理

学习目标

1.熟悉公司治理的概念，了解公司治理的模式；
2.理解公司治理的内部机制和外部机制，了解公司治理的现状；
3.了解基于价值创造的公司治理。

引例：康美药业财务造假300亿元

康美药业（600518.SH）于1997年成立，2001年挂牌上市。在过去的二十多年里，康美药业业绩惊人，股价也一路上涨，长期以来被股民看作是我国资本市场上人人追捧的“大白马”。2018年5月29日，康美药业的股价达到了历史最高点27.99元，市值更是创下了1 390亿元的新纪录。但也是从2018年开始，康美药业不断爆雷，最终引起了中国证监会的注意。2018年12月，中国证监会称因涉嫌信息披露违法违规，决定对康美药业立案调查。

在中国证监会对康美药业立案调查之后，康美药业年报姗姗来迟，直到2019年4月30日才公布，同时发布的还有《关于前期会计差错更正的公告》。自此，康美药业近300亿元资金不翼而飞的惊天大雷被曝出，震惊了整个资本行业。

中国证监会立即对康美药业不翼而飞的近300亿元进行了详细调查。最终认定，2016年至2018年期间，康美药业虚增巨额营业收入，通过伪造、变造大额定期存单等方式虚增货币资金，将不满足会计确认和计量条件的工程项目纳入报表，虚增固定资产等。同时，康美药业存在控股股东及其关联方非经营性占用资金的情况。上述行为致使康美药业披露的相关年度报告存在虚假记载和重大遗漏，被中国证监会认定为“有预谋、有组织，长期、系统实施财务欺诈行为”。2020年5月14日，中国证监会依法对康美药业近300亿元违法违规案做出处罚决定，责令康美药业改正，顶格处罚60万元。

2021年11月12日，康美药业证券虚假陈述责任纠纷案一审落槌，中证中小投资者服务中心代表的5.2万余名投资者胜诉。在此次康美药业虚假陈述侵权赔偿中，5名曾任或在职的独立董事也面临连带赔偿责任，对应金额高达1.23亿元或2.46亿元。5位独立董事中有4人均为大学教授，每人每年的薪酬仅10万元左右。康美药业诉讼案判决后，引发了一波独立董事的“辞职潮”。2021年11月13日至19日，约有20家A股上市公司独立董事相继辞职。这说明，在资本市场严厉治市的时代下，追溯处罚机制开始发挥作用，同时也暴露出独立董事定位不清晰、责权利不对等、监督手段不够、履职保障不足等一系列制度性问题。

读者不妨带着下面几个问题阅读本章内容：康美药业得以长期财务造假的原因是什么？如何从公司治理的角度对康美药业事件进行分析？可以采取什么措施防止类似事件的再次发生？独立董事的职责是什么？为什么康美药业事件会引发独立董事的“辞职潮”？

第一节　公司治理概述

一、公司治理的概念

公司治理（Corporate Governance）这一概念最早是在20世纪80年代被提出的。总体来说，公司治理是一个多角度、多层次的概念，可以从狭义和广义两方面来理解。

狭义的公司治理，是指所有者（主要是股东）对经营者的一种监督与制衡机制，即通过一种制度安排来合理配置所有者与经营者之间的权责利。公司治理的目标是保证股东利益的最大化，防止经营者对所有者利益的背离。其主要特点是通过股东大会、董事会、监事会及管理层所构成的公司治理结构来进行内部治理。应该说，公司治理既包括公司治理结构，又包括公司治理机制。其核心是在法律、法规和惯例的框架下，以保证股东为主体的利益相关者的利益为前提的一整套公司权利安排、责任分工和约束机制。

广义的公司治理则不再局限于股东对经营者的制衡，而涉及更广泛的利益相关者，包括股东、债权人、供应商、雇员、政府和社区等与公司有利益关系的集团。此时，公司治理是通过一套包括正式或非正式的、内部或外部的制度或机制来协调公司与所有利益相关者之间的关系，以保证公司决策的科学化，从而最终维护公司各方面的利益。从这个角度来说，公司已经不仅是股东的公司，而是一个利益共同体。公司的治理机制也不仅局限于以治理结构为基础的内部治理，而是利益相关者通过一系列的内部、外部机制来实施共同治理。治理的目标不仅要保证股东利益的最大化，而且要保证公司决策的科学性、保证公司利益相关者的利益最大化。

公司治理机制包括公司的内部治理和外部治理两部分。其中，内部控制系统（Internal Control System）指的是在一个企业的资源计划范围内，可以用来实现企业公司治理目标的各种公司治理机制的总称。其包括股份、股东、股东会与股权结构、董事会和管理层激励等方面。外部控制系统（External Control System）是指公司的出资者（股东和债权人）通过市场体系对经营者进行控制，以确保出资者获得收益的方式。公司的外部治理机制是通过市场的外部制约而发生作用的，涉及的内容较多，主要包括控制权市场、债权人治理、产品市场和要素市场等方面。

二、公司治理模式

各国的政治制度、经济制度、历史传统、市场环境和法律环境等因素不尽相同，公司治理的模式也有所不同。就决策、执行和监督三部分权力的分配方式来看，国际上主要有三种模式：一是外部控制主导型模式，二是内部控制主导型模式，三是家族控制主导型模式。

（一）外部控制主导型模式

外部控制主导型模式又称为市场导向型公司治理模式，是一种外部市场在公司治理中起主要作用的治理模式。该模式存在的前提是一个流动性非常强的资本市场、股权分散的上市公司和活跃的公司控制权市场。实行该模式的典型国家有美国和英国。

此类公司的内部治理结构一般遵循决策、执行、监督三权分立的原则，分为股东大会、董事会和首席执行官三个层次。其中，股东大会是公司最高权力机构；董事会是公司最高决策机构，大多由外部独立董事组成，董事长一般由外部董事兼任，董事会既是决策机构，又具有监督功能；首席执行官依附于董事会，负责公司的日常经营。该治理结构中往往不单设监事会，其监督功能由董事会下设的审计委员会承担，审计委员会委员全部由外部独立董事担任。

该模式的基本特点是通过资本市场或其他市场的有效运行来制约经理人员的行为。其具体表现在：第一，一般股东与公司的关系比较淡化；第二，公司不设监事会，由董事会履行监督职责；第三，激励经理人员的主要手段是股票期权制度。

外部控制主导型模式有利于形成对经理人员的有力鞭策和监督，促使董事会和经理人员将利润最大化作为公司的主要奋斗目标。其缺陷在于经营者迫于股东分红的强大压力，只能侧重于追求短期盈利，从而导致公司经营行为的短期化。

（二）内部控制主导型模式

内部控制主导型模式又称为网络导向型模式，是一种股东（法人股东）、银行（一般也是股东）和内部经理人员的流动在公司治理中起主要作用的模式。该模式适用于资本市场不是很活跃、资本流通性相对较弱的国家。该模式的典型代表为德国和日本的公司。

在治理结构方面，公司分别设立董事会和监事会。具体而言，在德国公司中，监事会是公司股东、职工利益的代表机构和监督机构，有权任命和罢免董事会成员并决定其报酬；董事会就法定事项向监事会报告，董事会在执行公司章程或监事会规定的业务时，需要经监事会同意。两者之间存在一种隶属关系。与此不同，日本公司的监事会和董事会是平行机关，监事会只有监察权，无权参与公司的决策和经营管理。

内部控制主导型模式的基本特点是机构投资者长期持有公司大量股份，并与公司形成固定的控股关系，内部股东数量相对较多，可以从企业内部直接获取信息，以此来直接制约经理人员。大股东的影响则主要通过监事会来实现。

该治理模式有利于保证决策与执行的一致性，提高经营效率，减少管理成本。更重要的是，其注重公司长远发展、人力资本投资、研究与开发等方面，使公司具备很强的竞争力。其缺陷在于信息的透明度不高，容易导致关系失衡。

（三）家族控制主导型模式

家族控制主导型模式是指家族占有公司股权的相对多数，企业所有权与经营权不分离，家族在公司治理中起主导作用的一种治理模式。与之对应的是，较弱的资本流动性。该模式以韩国、新加坡、马来西亚、泰国和中国香港等国家和地区的公司为代表。

这种模式的资本结构以家族为核心，家族以合股和合资等形式形成家族控股企业。

其主要特点是公司的所有权和经营权不分离或不完全分离，公司与家族合一，公司的主要控制权在家族成员中配置，即较为典型的物资资本单边治理型治理结构。在该治理模式下，企业的重大决策，如创办新企业、开拓新业务、人事任免、决定企业的接班人等，都是由家族中的家长一人做出的，家族中的其他成员做出的决策也必须得到家长的同意。企业的激励和约束机制建立在家族利益和亲情的基础上，使得公司利益与股东利益趋于一致。其缺陷在于容易造成任人唯亲的情况，家族继承风险较大，企业的社会化、公开化程度较低。

从上述的介绍可以看出，不同的公司治理模式需要解决的问题也是不同的，具体见表10-1。

表10-1　　公司治理模式比较

股份公司治理模式	公司治理的关键
外部控制主导型	强管理层，弱股东
内部控制主导型	利益相关者的利益结合
家族控制主导型	强家族大股东，弱经理层小股东

第二节　内部治理机制

公司的内部治理机制简称公司治理结构（Corporate Governance Structure），即所有者（主要是股东）对经营管理者的一种监督与制衡，其目的是协调公司与股东及其他利益相关者之间的利益，在维护股东利益最大化的同时兼顾公司其他相关者的利益。其主要特点是由股东大会、董事会、监事会及管理层构成的内部治理机制。[①]现代企业制度区别于传统企业的根本是所有权和经营权的分离，或称为所有权与控制权的分离，从而需要在所有者和经营者之间形成一种相互制衡的机制，用以对企业进行管理和控制。现代企业中的公司治理结构正是这样一种协调股东和其他利益相关者之间关系的机制，其涉及激励与约束等多方面的内容。简单地说，公司治理结构就是一种处理企业各种契约关系的制度。

公司治理结构在企业中发挥着重要的职能。针对公司中责任不对等的问题，通过设计一定的程序，事先保证所有者权益免受因管理者决策的重大失误或资产掠夺等行为所造成的损害，达到责任与权力对等的目的。此外，公司治理结构对公司外部的劳动力市场、资本市场、产品市场、技术市场、日益提升的国际化水平和国家制度的影响也会做出反应。

世界上不同的国家针对自身的情况，对公司治理结构做出了不同的规定。在我国，按照《公司法》的规定，我国股份有限公司内部设置的治理机构包括：股东大会、董事会、监事会和经理四个部分，各机构之间的关系，如图10-1所示。

---

① 李维安. 公司治理［M］. 天津：南开大学出版社，2000.

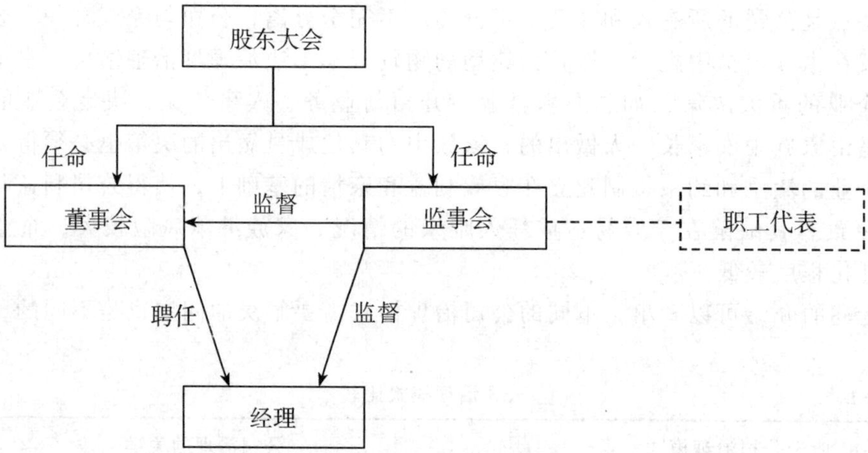

图10-1 我国股份有限公司内部治理结构图[①]

一、董事会

（一）董事会概述

作为公司资产的所有者，股东为了保障自身权益，对企业进行管理，就需要一批能够代表其利益、有才干的人员来领导和管理公司，董事和董事会就是在这种需求下产生的。

董事（Member of the Board，Director）是指由公司股东大会选举产生的，具有实际权力和权威的管理公司事务的人员，是公司内部治理的主要力量，对内管理公司事务，对外代表公司进行经济活动。董事会（Board of Directors）由股东选出的董事组成，股东大会对董事有撤换权和罢免权。董事一般由本公司的股东担任，有的国家也允许有管理专长的专家担任董事，有利于提高管理水平。作为公司的常设权力机构，董事会向股东大会负责，实行集体领导，是股份公司的权力机构和领导管理、经营决策机构，是股东大会闭会期间行使股东大会职权的权力机构。董事会对外是公司进行经济活动的全权代表，对内是公司组织、管理的领导机构。董事会设董事长一名，各国公司法均规定，董事长是公司的法定代表人。

（二）董事会的类型

董事会按照其结构可以分为不同的类型，虽然世界各国的情况差异较大，但是总体来说，董事会大概可以分为以下几种类型：

1.单层董事会制

单层董事会制也称为一元制，在该制度下，公司不单设监事会，董事会兼具执行和监督两项职能，如图10-2所示。其中，执行和非执行董事均由股东大会直接选举产生，且二者均被纳入这种单一结构，以确保所有董事都有平等的地位，共享集体决策的权力。这一类型的董事会属于股东导向型。另外，由于设置了强有力的非执行董事，这一类型的董事会可以肩负起广泛的职责。这一模式普遍存在于英国以及其他受英国传统影响的国家。

---

① 于东智．公司治理［M］．北京：中国人民大学出版社，2005.

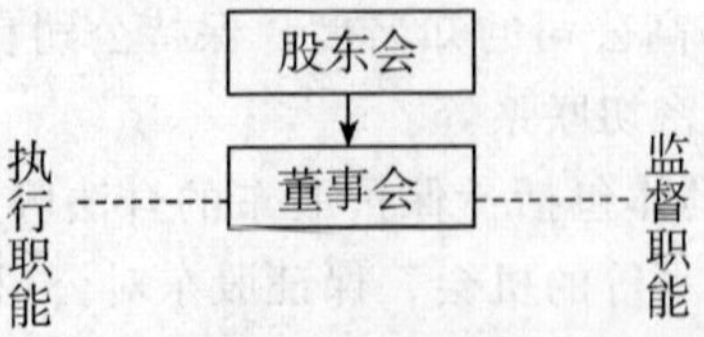

图10-2 单层董事会制结构图

2.双层董事会制

在这种类型的董事会制度下，分设监督董事会和执行董事会。一般来说，其是由一个地位较高的非执行董事会来监管一个代表利益相关者的执行董事会。监督董事会由股东选举产生，成员全部是非执行董事（包括该董事会的主席），其职责在于督导公司的管理层。管理董事会由执行人员组成（主席就是企业的CEO），由上层的监督董事会选聘。监事会具有聘任、监督和在必要时解聘执行董事会成员的权力。该模式属于社会导向型，普遍存在于欧洲大陆国家，因此又称为欧洲大陆模式，如图10-3所示。

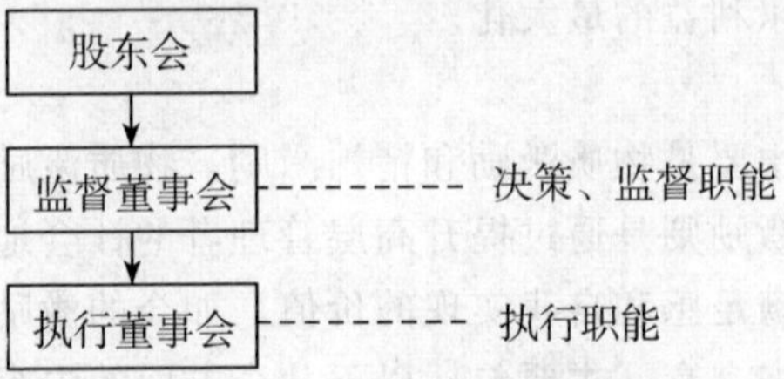

图10-3 双层董事会制结构图

3.业务网络模式

这种模式主要存在于日本，又称为日本模式。其治理的特点是：公司之间通过内部交易、交叉持股和关联董事任职等方式形成非正式的网络关系，上市公司的董事会规模非常大，可以达到30人。董事会通常包括四五个层级组织，其一般执行程序化的功能，权力由主席、CEO和代表董事掌握，如图10-4所示。

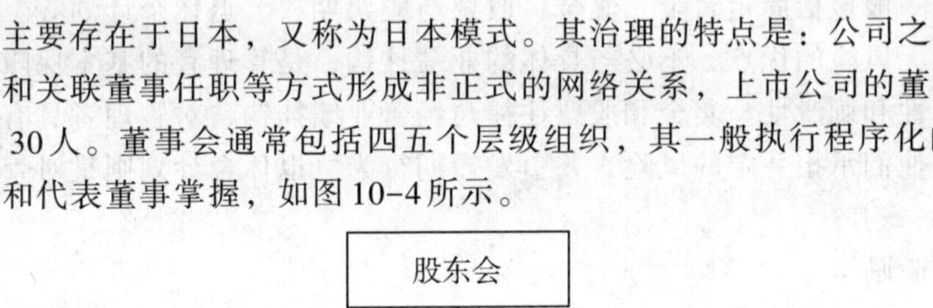

图10-4 业务网络模式结构图

（三）董事会的职能

① 行使监督职能。具体包括：提名CEO，批准CEO提名的其他经营管理岗位的人选，并为他们提供必要的工作环境和条件；评价经营管理者的绩效，确定经营管理者的薪酬，并对经营管理者进行监督；制定公司章程，设计和修订交由经营管理者实施的政策、目标。

② 确保法规被遵守。具体包括：熟悉新的法规、制度，确保公司遵守每一项相关的法规，并以合法的手段回避不利于公司的法规。

③ 保护相关者的利益。具体包括：监督产品质量，致力于员工工作条件的改善，检

查劳动政策的贯彻和执行，提高公司的知名度，保持公司良好的公众形象；与政府机构、教育科研机构、民间团体保持密切联系等。

④ 服务于股东的利益。具体包括：保护股东的合法收益，促进公司资产的保值、增值，保证股东在选任代表时有平等的机会，保证股东对公司信息的知情权等。

二、管理者的激励与约束

现代公司制度的一大特征就是所有权和控制权的分离，Berle和Means（1932）指出，随着股份公司规模的不断扩大以及股权的高度分散化，股东对公司的经营和决策已经无力施加直接的影响，公司的实际控制权已经转移到职业经理的手中。这样，股东的利益可能受到经理层的掠夺，导致公司的行为偏离利润最大化的目标，由此产生了委托代理的问题。此时，公司治理的一个核心内容就是设计出一套机制来激励和约束高层管理者。通过适当的制度安排，合理分配所有者与高层管理者之间的权力与责任，防止高层管理者对所有者利益的背离，确保股东利益的最大化。

1.管理者的激励机制

公司对管理者的激励主要是物质激励和精神激励。物质激励是通过工资和奖金实现对高层管理者的激励。精神激励则是通过提升高层管理者的社会地位，并使其获得尊重，从而提高其在工作中获得的满足感和自我实现的价值。如今的激励机制在这两个基础上有了进一步的发展，内容也更加丰富，主要包括以下几个方面的内容：

（1）报酬激励

报酬激励一般包括固定薪金、奖金、股票与股票期权、退休金计划等。其中，固定薪金具有可靠、无风险的优点，不必与具体的业绩挂钩，是管理者的基本保障。但是，固定薪金缺乏灵活性和刺激性。奖金和股票往往与经营业绩挂钩，对管理者具有较强的激励作用，但也会使他们承担一定的风险，并引发短期行为。退休金计划则是对管理者长期行为的激励。

（2）福利激励

福利激励是企业对高层管理人员进行实物支付的一种激励方式。它的形式比较灵活，并且具有税收方面的优惠。它是在满足国家法定福利的基础上，企业自主给予其高层管理人员的福利。例如，在医疗保险项目的基础上增加医疗保健、心理咨询、社会娱乐等项目，在保险项目上增加人寿保险，由企业提供轿车等。

（3）经营管理权激励

所谓经营管理权激励，就是指高层管理人员通过契约约定所获得的经营管理权给其带来的激励，包括日常的生产、销售、雇用等权力。经营控制权使管理者拥有职位特权，可以享受特定的职位消费，带来了除正规报酬激励外的物质满足。具体来说，包括舒适的办公室、合意的雇员和公务旅游等。

（4）剩余支配权激励机制

所谓剩余支配权，就是对纯利润的支配权。现代企业往往通过向高层管理者大幅度转让剩余支配权，达到激励的目的。一般来说，高层管理者得到的剩余支配权越接近于其开创性努力，激励效果就越好；剩余支配权越小，就越容易忽略对高层管理者的激励，激励效果就越差。

2.管理者的约束机制

约束机制是指公司的利益相关者针对高层管理者的经营结果、行为或决策而采取的一系列客观而及时的审核、监察和督导的行动。约束机制分为公司内部的约束机制和公司外部的约束机制两部分。

（1）公司内部约束

公司内部约束主要包括组织制度约束和管理制度约束两部分。

所谓组织制度约束，是指公司治理结构中的包括股东大会、董事会和监事会制度在内的一系列制度。通过明确各部分的职责实现其约束的目的，例如，股东大会对经理人员的约束主要通过董事会来实现，而董事会则直接负责公司的重大决策和经理人员的任免，并通过奖惩的手段对经理人员进行约束。监事会则负责对董事和经理进行监督，防止其做出损害公司利益的行为。可以说，组织制度约束是公司内部约束制度的核心。

所谓管理制度约束，就是通过建立科学有效的管理制度，对高层管理者的行为进行事前监督，防止其不当行为。科学的管理制度是组织制度约束的基础，而严格规范的财务制度则是管理制度约束的核心，通过保证财务部门的独立性，确保公司财务报表的真实性、可靠性，为所有者及时了解公司的经营状况提供了重要的保障。

（2）公司外部约束

组织内部约束是约束制度的重要部分，但是，这种内部约束本身也存在缺陷，尤其是在投资者监管动力不足的情况下，就更加离不开公司的外部约束。公司对管理者的外部约束是公司外部治理机制的内容，将在下一节中进行详细介绍。

三、股权结构

股权结构（Ownership Structure）是指股份公司总股本中各投资主体（包括自然人和法人）所拥有的不同性质的股份所占的比例及其相互关系。股权结构是公司治理结构的基础，公司治理结构则是股权结构的具体运行形式。股权结构表现了以财产所有权为基础的不同持股主体之间的所有权构成，因此，股权结构可以从两个维度来考察：一个是质维，即股权属性（持股者的身份），主要考察的是持股主体（股东）的类型及其构成与持股比例，这个维度在不同国家和不同企业之间会表现出较大的差异性；另一个是量维，即股权集中度，主要考察的是公司股份的集中或分散状况。就股权集中度而言，股权结构可分为以下三种形态：

（1）集中型股权结构

所谓集中型股权结构，是指股权高度集中于一个或者几个大股东的手中，中小股东所占的份额很小。集中型股权结构下的公司是相对封闭的企业组织和稳定的股东群体，尤其是银行特有的股权债权双重性的大股东身份，使其非常注重公司的长期效益以及所承担的社会责任和义务。企业经营目标既要满足所有者的利益，也要考虑其他相关者的利益。从公司的内部治理来看，在这种股权结构下，公司的经营者一般是大股东的直接代表，直接保护大股东的利益，而中小股东由于力量薄弱而缺乏行使权力的积极性，容易导致大股东和经营者勾结在一起，侵犯中小股东的利益。而从公司的外部治理来看，股权的高度集中限制了资本市场治理效用的发挥，很难形成有效的治理机制。

（2）分散型股权结构

所谓分散型股权结构，是指股权高度分散，股东数量较多，单个股东的作用有限。分散型股权结构下的公司是开放型的企业组织，“不在的所有者”通过资本市场的“用脚投票”机制传导信息并影响公司的经营决策。在社会化的、不稳定的股东群体看来，评价企业经营绩效的主要标准是盈利率和股票价格的高低，这就使得经营者在追求短期回报和高收益率的巨大压力下，不得不注重短期效益，并将股东财富最大化视为企业经营的最高目标。但是，分散型股权结构也存在问题。从公司的内部治理来看，在分散型股权结构下，单个股东的作用并不明显，股东普遍不愿付出成本监督经营者，于是出现“搭便车”现象，造成公司内部缺乏对经营者的有效监督。在公司的外部治理上，这类公司受市场环境的影响较大。具体表现为：在股票市场较为发达、信息披露真实、股权流动性较强的环境下，分散的股东可以通过在股票市场上卖掉其持有的公司股票的方式对公司经营者施加压力；但是，在股票市场不太发达、市场信号失真的环境下，股东就难以通过股票市场对经营者实行监督，导致外部监督的缺乏。

（3）阶梯型股权结构

所谓阶梯型股权结构，是指股权相对集中于一定数量的股东手中，股权的分布呈现由高到低的阶梯形态，即第一大股东拥有相对优势的股份，成为核心股东，其他股东的地位依次下降。各股东以其持股水平为依据，决定其行使权力的努力程度，由于各股东持股差距适当，能够实现各股东适度参与，形成对大股东的权力制约。同时，在股票市场不太发达、股权流动性较差的情况下，股权相对集中，不仅可以提高股东直接监控公司经营的动力和效率，而且有利于保持银行经营发展的稳定性和持续性。

不同的股权结构决定了不同的企业组织结构，从而决定了不同的企业治理结构，最终决定了企业的行为和绩效。许多研究都表明：公司股权结构与公司行为和公司绩效之间存在联系。股权结构不仅会对公司的价值和行为产生影响，而且会成为不同的公司治理机制之间的桥梁和纽带。

四、公司内部治理现状

（1）利益相关者导向下的内部治理

传统的公司治理理论认为，股东作为企业的所有者，拥有企业的终极产权，即剩余索取权。管理者作为股东的代理人，其最重要的职责就是保证股东收益的最大化。而债权人、消费者和雇员等企业的利益相关者，由于已经通过其他形式的契约获得回报，并不会对管理决策产生过多影响。这种以所有者为中心发展起来的公司治理理论，被称为股东价值导向治理模式。

但是，不断发生的公司财务丑闻让这种价值导向的局限性表现得越来越明显，人们开始质疑这种以股东价值为导向的治理模式。在这一背景下，从股东利益至上论扩展的利益相关者理论开始得到关注。Cochran 和 Wartick（1988）认为，公司治理需要解决的是高级管理人员、股东、董事会和公司的其他利益相关者相互作用产生的诸多特定的问题。即将股东和其他利益相关者放在同等的地位进行关注。我国学者钱颖一（1995）具体提出，公司治理结构是用以处理不同利益相关者即股东、贷款人、管理人员和职工之间的关系，以实现经济目标的一整套制度安排。具体包括：如何配置和行使控制权；如何监督和评价董事会、经理人员和职工；如何设计和实施激励机制。良好的公司治理结构能够利用这些制度安排的互补性质，并选择一种结构来降低代理成本。

利益相关者理论对于我国国有企业来说有着重要的意义。长期以来，政府在国有企业中扮演着所有者角色，在股东价值导向下，国有企业就形成了有别于内部人员控制的“行政干预下的经营控制型”的企业治理结构，这种结构是国有企业改革陷入困境的重要原因。因此，由股东价值导向转为以利益相关者为导向的公司治理模式，有助于企业进行正确的管理决策，也更加适应企业健康发展的需要。但是必须指出，以利益相关者为导向的治理结构在实际运用中可能会遇到一些问题，尤其是与股东价值导向治理模式的单一目标相比，利益相关者导向带来的诸多目标使得经理人员难以明确管理目标和方向。除此之外，如何对这种标准的经营绩效进行度量也是一个难题。因此，建立在利益相关者导向下的现代公司治理结构，仍然面临许多挑战。

（2）董事会治理的改革

董事会在公司内部治理中发挥着最为核心的作用，但是，长期以来，董事会并不能有效地控制经理人，监督效率低下。因此，外部董事在董事会中的作用开始受到关注。外部董事（Outside Directors）是指除了担任董事以外，与公司没有任何家族、商业关联的董事会成员，又称为独立董事（Independent Directors）。Jensen（1993）指出，当不存在产品、要素、资本市场以及管制的危机时，建立在内部控制机制基础上的大型公司在组织重构和战略调整上表现出的缓慢和迟钝是内部控制机制失败的明证。因此，董事会应当保持较小的规模，除了CEO作为唯一的内部董事以外，其余都应为外部董事。Fama和Jensen（1983）提出，作为其他公司关键决策者的外部董事，通常较为关注其在经理人市场上的声誉，因此，与内部董事相比，更有可能成为经理人的有效监督者。Noe和Rebello（1997）在考虑董事会构成的基础上，指出外部董事占据大多数足以产生有效率的资源配置。高凤莲和王志强（2016）研究发现，独立董事社会资本越丰富，公司股东与管理者之间的第一类委托-代理成本以及控股股东与中小股东之间的第二类委托-代理成本越低；在法律保护环境比较薄弱的地区，或者当地区信任水平偏低时，独立董事社会资本在降低公司委托-代理成本方面的治理效应更为显著，发挥了正向的替代效应。黄海杰等（2016）研究发现，会计专业独立董事的声誉对企业盈余质量有着显著的正向影响，并且这种影响在受聘于大股东掏空严重、低市场化进程地区企业和担任审计委员会主席的高声誉会计专业独立董事上更为明显。谢获宝等（2019）研究表明，海外背景董事通过优化董事会咨询和监督职能，从而降低债务融资成本；进一步研究发现，在政府干预程度越高和法治发展水平越低的地区，海外背景董事降低企业债务融资成本的作用越强。

上述观点主要关注的是董事会的构成对公司治理的影响，也有学者从制度安排的角度进行了讨论。Hermalin和Weisbach（2001）将董事会理解成为一个用来缓和代理问题的制度安排，研究显示，董事会的有效性受到其独立性的影响，而其独立性则取决于已有的董事与CEO关于薪金和增补董事会人选等问题的讨价还价。梁权熙和曾海舰（2016）实证研究发现，独立董事制度的正式引入显著降低了公司股价发生崩盘的风险。张天舒等（2018）研究发现，当独立董事的薪酬过低时，存在激励不足问题，不利于调动独立董事履职的积极性，由此造成公司高管变更与经营业绩之间敏感性的降低以及公司盈余管理程度的提高；与此相仿，当独立董事的薪酬过高时，存在激励过度问题，削弱了独立董事的独立性，也将导致较低的高管变更与经营业绩的敏感性以及更高程度的公司盈余管理。江新峰等（2020）研究发现，“忙碌”独立董事的存在会降低企业违规行为发生的可能及频率，并且随着企业聘用“忙碌”独立董事的数量以及“忙碌”独立董事在董事会中占比的增加，该现象会更加显著。

总体来说，现有的研究仍然肯定了董事会在公司内部治理中的作用，尽管董事会对经理人员的监督主要体现在经理人员的事后更迭上，但是在法律和道德的约束下，董事会仍然可以在一定程度和范围内对经理人员实行事中监督。此外，还有学者指出，董事会除具有监督职能外，还具有向高层管理人员提供战略咨询的功能。Adams（1999）考察了董事会监督和咨询功能的相互冲突，认为从减少冲突的角度出发，双层董事会结构优于混合董事会结构。

（3）激励合约设计

在对经理人员的激励上，传统的激励合约设计得到了进一步的发展。有学者指出，在激励合约设计的过程中，必须考虑到两个因素：

第一，在强调合约绩效衡量的可证实性时，不要忽略关系型合约（隐形合约）的激励作用。关系型合约是指各种非正式协议、尚未形成文字的行为规则，以及供需双方达成的谅解等。和正式合约相比，关系型合约允许交易双方充分利用对特殊形势的指示，及时采纳新的信息，但这种合约的有效前提是必须依靠自我实施。Baker、Gibbons 和 Murphy（2000）利用重复博弈的分析框架比较了企业内部和外部关系型合约的异同，证明了关系型合约的存在有助于企业内部和外部之间正式合约的实施，但需要考虑正式合约和关系型合约的收益和成本。蓝紫文和李增泉（2022）发现，公司具有越多的关系型合约，越可能采用双重股权结构；此外，在采用双重股权结构后，关系型合约公司会通过建立更加完善的公司治理机制来缓解双重股权结构所带来的代理问题。例如，公司会大概率聘请国际“四大”会计师事务所进行审计，开展更多的投资者电话会议活动，设定更高的独立董事比例，提高会计信息披露质量以吸引更多分析师的关注。

第二，经理人员在工作中的努力可能是多维的，但是相应的绩效衡量尚不完备，这时就涉及不同激励方式的冲突问题。Holmstrom 和 Milgrom（1991）认为，在绩效衡量不完备的情况下，当个体同时从事不同的任务时，必然会在不同的任务之间产生配置努力程度的激励冲突。对于这种冲突的一个解决方法是借鉴次优理论（Theory of Second-Best），即在提高某种任务的激励效用时，可以通过增加该项任务本身的回报，或者降低另一项任务的回报来实现，尤其是后一种方法，在不增加个体对绩效衡量操纵的同时，降低了该项任务的机会成本，从而实现了激励，在实践中具有较高的应用价值。

小贴士　　我国上市公司股权激励的相关法规制度

《上市公司股权激励管理办法》是为进一步促进上市公司建立、健全激励与约束机制，依据《中华人民共和国公司法》《中华人民共和国证券法》及其他有关法律、行政法规的规定制定的。由中国证券监督管理委员会于2016年5月4日审议通过，并于2018年1月15日进行修订。

公司股权激励计划的对象可以包括上市公司的董事、高级管理人员、核心技术人员或者核心业务人员，以及公司认为应当激励的对公司经营业绩和未来发展有直接影响的其他员工，但不应当包括独立董事和监事。外籍员工任职上市公司董事、高级管理人员、核心技术人员或者核心业务人员的，可以成为激励对象。单独或合计持有上市公司5%以上股份的股东或者实际控制人及其配偶、父母、子女，不得成为激励对象。下列人员也不得成为激励对象：

（1）最近12个月内被证券交易所认定为不适当人选；

（2）最近12个月内被中国证监会及其派出机构认定为不适当人选；

（3）最近12个月内因重大违法违规行为被中国证监会及其派出机构行政处罚或者采取市场禁入措施；

（4）具有《中华人民共和国公司法》规定的不得担任公司董事、高级管理人员情形的；

（5）法律法规规定不得参与上市公司股权激励的；

（6）中国证监会认定的其他情形。

股权激励的方式包括股票期权、限制性股票，以及法律、行政法规允许的其他方式。股票期权授权日与获授股票期权首次可以行权日之间的间隔不得低于1年。实施股权激励计划所需标的股票的来源，可以根据本公司实际情况，通过向激励对象发行股份、回购本公司股份及法律、行政法规允许的其他方式确定。

上市公司全部有效的股权激励计划所涉及的标的股票总数累计不得超过公司股本总额的10%。非经股东大会特别决议批准，任何一名激励对象通过全部有效的股权激励计划获授的本公司股票累计不得超过公司股本总额的1%。

此外，对于国有控股的上市公司来说，国务院国资委还特别规定在国有控股的上市公司股权激励计划有效期内，股票期权授权日与获授股票期权首次可以行权日之间的间隔不得低于2年；限制性股票，其禁售期不得低于2年，解锁期不得低于3年。

资料来源：根据《上市公司股权激励管理办法》（证监会令〔2016〕126号）、《关于修改〈上市公司股权激励管理办法〉的决定》（证监会令〔2018〕148号）、《国有控股上市公司（境内）实施股权激励试行办法》（国资发分配〔2006〕175号）相关资料整理而得。

（4）大股东治理与分权控制

20世纪80年代以后，很多学者对各国的股权结构进行了大量的实证研究，结果发现各国公司的股权结构均出现了某种程度的集中化倾向。股权集中化导致的大股东治理就像一把“双刃剑”：一方面，大股东参与公司治理有助于解决传统的代理问题中由于股权高度分散而造成的“搭便车”问题和外部股东与管理层之间在投资机会与业绩评价方面的信息不对称问题，保证了公共产品——监督的供给，产生“控制的公共利益”（Chidambaran等，1998）；另一方面，大股东治理在发挥监督激励经理人作用的同时也会给企业带来一些新的成本。正如Burkart、Gromb和Panunzi（1997）所指出的，即使大股东控制在事后是有效率的，但在事前其所构成的对经理人的威胁，将降低经理人的创造力和减少经理人的企业专用性投资。此外，大股东治理缺少多样化的投资方式，企业实际上承担了更多的风险（Demsets和Lehn，1985）。当处于控制地位的股东较少时，企业甚至会出现监督过度和侵占中小股东利益的现象。

为了解决大股东治理所带来的问题，学者们进行了一系列的研究，并发展出分权控制理论（Share Control Theory）。按照Bennedsen和Wolfenzon（2000）的研究，控制集团之外的大股东的存在将迫使控制性股东为了维持控制性地位，不断扩大股权比例，从而使企业的价值内部化。Gomes 和 Novaes（2001）的研究则证明，分权控制在维持经理人有价值的私人利益的同时，也保护了中小股东的利益，其实际上是内部化企业价值之前的大股东监督过度与不存在控制性股东所导致的经理人挥霍过度的折中。

但是，分权控制并非是万能的，其不利于监管和决策的制定，容易导致公司决策制定的拖沓和僵持，严重影响公司的运作效率，甚至可能会导致公司业务的瘫痪，最终使中小股东的利益受到损害。Gomes 和 Novaes（2001）指出，只有在存在明显的投资过度，或者需要大量融资的企业看来，分权控制才可能是一种有效的公司治理模式。

第三节　外部治理机制

公司的外部治理机制，是指公司的出资者（股东和债权人）通过市场体系对经营者进行控制，以确保出资者获得收益的治理机制。公司的外部治理机制是通过市场的外部制约而发生作用的，其内容较为复杂，我们将从控制权市场、债权人治理、产品（要素）市场和投资者保护机制四个方面予以说明。

一、控制权市场

要了解控制权市场，首先要对控制权有一个明确的概念。公司的控制权，是指通过投票来实现对企业主要管理人员的任免，对重要经营管理活动的决策和监督。控制权的拥有者可以凭借这种权力，按照自己的意愿运行公司，并从中获益。正是由于控制权的行使能够带来控制利益，其本身就成为控制利益的载体，因此，控制权具有相应的价值。同时，控制权作为一种有价值的资源，具有稀缺特性，持有者和争夺者之间会对其开展交易。控制权作为一种特殊的交换物，通过市场实现了流动和转移，持续的交易就形成了专门的控制权市场。

（一）控制权市场的定义

一般来说，公司控制权市场（Market for Corporate Control）是一个由不同管理团队相互竞争公司管理权资源而形成的市场，通过收集股权或投票代理权来取得对企业的控制，以达到接管和更换不良管理层的目的。股权的收集可以通过在市场上逐步买入小股东的股票来实现，也可以通过从大股东手中批量购入来完成。由于控制权市场的这种特点，其也被称为接管市场。它涉及了公司接管（Corporate Takeover）、杠杆收购（Leveraged Buyout）以及公司重组（Corporate Restructuring）等公司资产控制权转移的各种市场行为。其中，接管包括兼并（Merger）、代理权竞争（Proxy Contest）以及敌意和友好要约收购（Hostile and Friendly Tender Offer）等。

（二）控制权市场的功能

控制权市场是公司外部治理体系中的重要组成部分，在公司治理中发挥着重要作用。

首先，从微观层面来讲，当公司内部治理机制不能有效降低代理成本时，公司控制权市场就会成为一种替代机制。公司经理的低劣表现会反映到股价上，从而使所有者通过更换经理、改善经营来获取改善收益的机会。外部控制权市场是对公司治理效率的一种有效监督。由此形成了对管理者的持续性外部威胁，迫使管理者改变经营方式，改善公司治理。从这个角度上讲，控制权市场减少了由于所有权和控制权分离所带来的代理问题。

其次，从宏观层面来讲，控制权市场的运作可以促使存量资本的合理流动和调整，使无效或低效的资产转移到可以有效运用资产的人员手中，从而优化了资源的配置，达到调整产业结构、改善行业结构的目的。

需要指出的是，公司控制权市场作用的有效发挥需要具备以下几个条件：①股票价格完全反映了公司的基本价值，实现股票价格的最大化就是实现公司价值和股东利益的最大化。②公司股票的市场价格反映了经理阶层的行为和工作效率。股票价格越高，说明经理的工作效率越高，即股价与经理的行为和工作效率之间存在正相关关系。③接管的发生是因为经理的能力较差或者背离股东的利益，即接管与经理的能力和行为有负相关性。总之，要求资本市场是有效率的。

（三）控制权市场的类型

目前来看，美国的公司控制权市场历史悠久，特点也最为突出。但是，由于各国的法律、经济和历史环境不尽相同，其控制权市场的发展也有所不同，呈现出各自的特点。总体来说，控制权市场大致可以分为以下几种类型：

1.市场导向型公司控制权市场

在这种控制权市场上，公司的所有权较为分散，两权分离现象比较严重，主要是依靠高效的资本市场来实现对企业经营者的激励和监督，公司的治理主要是通过外部市场发挥作用的。由于公司的部分或全部所有权为公众所有，所以，立法的重点在于维护作为企业所有者的公众权益。市场导向型公司控制权市场强调充分的信息披露和股东待遇平等原则。与此相对应，这种控制权市场常常拥有比较发达的证券市场，其中持续增加的并购、兼并活动会对公司内部的经理人构成威胁，促使其更加努力地为公司股东服务，发挥公司治理的积极作用。

2.机构导向型公司控制权市场

这种控制权市场又称为组织导向型公司控制权市场或内部控制主导型公司控制权市场。其主要特点是公司的股权集中度比较高，以内部监控机制为主，通过严密的有形组织结构来制约企业的经营者、法人股东和银行，在公司控制中发挥着主导作用。公司治理更多地依赖于大股东和银行，而较少依赖于完备的法律保护。由于大股东和银行与公司管理层之间保持着长期稳定的关系，这就有助于达成所有者目标并减少代理问题，此时控制权市场基本无效。

3.家族治理型公司控制权市场

家族治理型公司控制权市场建立在以家族为主要控股股东的基础上，在以血缘为纽带的家族成员内进行权利分配，实施制衡机制。家族通过控制董事会达到控制经理层的目的，全面主导企业的发展。作为企业与家族的统一体，家族企业具有代理成本低、决策效率高、内部交易成本低等优点，因而，公司控制权市场就显得并不重要，公司控制权市场对其也是基本无效的。

4.内部人控制型公司控制权市场

内部人控制型公司控制权市场主要存在于转轨经济国家。由于没有一套良好的制度保障，经理层利用计划经济解体后留下的真空期，对企业实行强有力的控制，在某种程度上成为企业实际的所有者，从而形成严重的“内部人控制”状况。在市场环境扭曲、未来前景不确定的情况下，被内部人控制后的公司更多地面临被“掠夺”，而不是建设。同时，由于国家对投资者的保护比较薄弱，所有权的高度集中又严重影响了股票市场的流动性，导致初始所有权和控制权的变动十分困难，从而造成公司控制权交易极不活跃的状况。

在这四种控制权市场中，由于内部人控制型公司控制权市场存在许多缺陷，随着经济的最终转轨和相关法律制度的健全，这种模式必然会向其他模式转化。其他三种控制权市场在相互借鉴的基础上，表现出一定的趋同趋势，最终会向市场化方向转变。

二、债权人治理

（一）债权人治理的定义

当企业发展到一定规模时，就要进入资本经营阶段，企业必须借助融资渠道才能更好地发展壮大。在融资方式上，主要有负债融资和所有者权益融资。由于具有数额大、时间快等优点，负债融资现已成为企业重要的融资渠道，在美国等债券市场比较发达的国家，其重要性甚至超过了权益融资。在我国，自20世纪90年代以来，尤其是近些年，国有企业平均资产负债率为55%~60%，而我国非上市国有企业的资本负债率高达70%，这表明我国非上市国有企业的资本绝大部分是举债获取的。

正是由于负债在资本结构中的重要性，决定了债权人在公司中的重要地位，所以有必要将债权人引入公司的治理机制，充分发挥债权人的作用，于是形成了所谓的债权人治理。

（二）债权人治理的主体选择

与公司股东相比，债权人的构成和分类要复杂得多。根据债权发生的原因，债权人可以分为自愿债权人（契约债权人）和非自愿债权人（法定债权人），其中自愿债权人是最重要的公司债权人。按照债权内容的不同，债权人又可分为资金交易债权人和非资金交易债权人。正是由于债权人的这种特点，各类债权人参与公司治理的动力和能力也有所不同，其参与治理的效率也存在较大区别。

首先，债权人参与公司治理的动力主要取决于两个因素：一是债权人风险的大小和风险控制的难易程度。债权人的风险越大，风险控制越难，其参与公司治理的动力就越强。二是债权人参与公司治理的收益和成本之比。债权人参与公司治理，帮助公司改善经营业绩，可以获得收益，但是也必须支付成本（如获取公司内部信息的成本和监督成本等），如果其获得的收益超过支付的成本，那么，债权人参与公司治理的动力就大。因此，公司应当主动赋予债权人更多地参与公司治理的权利，以保证债权人参与到公司治理中。

其次，债权人参与公司治理的能力包括信息能力和专业能力。信息能力是指债权人获取公司内部信息并进行分析的能力，这种信息包括经营信息和财务信息。一般来说，获取信息的能力越强且信息成本越低，债权人参与公司治理的能力就越强。专业能力则是指债权人参与公司治理应当具有的、专业性的经营管理及财务管理能力，债权人专业能力越强，其参与公司治理的能力就越强。其中，非自愿债权人对公司形成债权的原因一般具有被动性和法定性（如因公司的侵权行为而利益受到侵害的人员），其与公司之间的关系具有偶然性和随机性，在事前一般并不了解公司的相关信息，在债权发生后获取公司信息的成本又太高。同时，其一般不具备公司经营管理方面的专业知识，因此，非自愿债权人获取信息的能力和专业能力都较弱。相反，自愿债权人一般是企业等组织，具有较强的专业知识，又是主动与公司建立契约并进行交易的，所以，自愿债权人具有较强的动机获取公司的信息并参与管理。因此，自愿债权人参与公司治理有利于实现公司治理效率的最大化。

（三）债权人治理的机制

债权人可以通过多种途径参与公司的治理，监督债务人的行为并形成相应的机制，这些措施或机制会对公司的治理机制发挥作用，因而，这些机制也就是债权人在公司治理中发挥作用的机制。具体来说，债权人的治理机制可以分为市场机制、合同机制和共同治理机制。

1.市场机制

完善的债务市场具有很好的监督机制。在债券市场上，举债公司如果具有较差的信誉，将会增加未来的举债成本。即使债权人不能有效地保护自己，市场仍能发挥作用限制公司的行为。尤其是当举债公司处于破产边缘时，其市场信誉也降到了最低点。因此，健全的市场机制与完善的破产程序是市场机制发挥作用的必备条件。

2.合同机制

市场机制并不总是有效的，这就需要合同机制的补充。按照标准的债务合同，当公司破产时，债权人有权干预公司，保护自身利益，这是最为极端的参与形式。同时，合同的其他内容也能够起到作用，例如，可转换成股票的债券可以起到避免资产替代问题和事后改变红利政策问题的作用。因为如果债券发行人事后从事资产替代行为，那么，债券拥有者就可以将债券转换成股票。另外一种降低因借贷融资而产生的代理成本的机制是债权人在合同中要求债务人提供债务担保。债权人在这类合同中可以利用较低的执行合同和实施合同的代价来换取实现债权的优先权，从而部分解决资产替代问题。在这类债务合同中，都存在限制债务人处分担保物的权利，而这种担保物通常具有公司特有的价值，也就是说，该担保物对公司的价值远远大于其市场价格，这就是利用实物来支持交换的基本点。有担保物的债券也可以避免债权侵蚀问题，只要债权人办理了担保物的登记手续，其对该担保物就有优先求偿权。显然，债务人希望通过事后举债来改变债权人对该担保物享有的优先求偿权是非常困难的。另外，有担保物的举债方法还可以部分解决投资不足问题。而对于无担保债权来说，由于新的债权人将承担项目失败的风险，而只有现存的债权人会从中获益，所以，其不大可能对新的债权人具有很强的吸引力。

3.共同治理机制

实际上，在上述两种机制中，债权人并没有直接干预公司的经营管理，这在市场条件与法律环境完善、公司债务融资份额相对较小、债权人对单个公司提供的借款份额不大以及债权人投资分散的情况下，确实能够较好地保护债权人的利益并发挥债权人在公司治理中的作用。但是，当债权人提供的融资金额较大，同时市场条件和法律环境不够完善时，上述机制的作用将受到较大限制。此时，债权人有必要采取进一步的措施来影响公司治理，这主要是通过以下两种方式来实现的：

① 银行的监控代理机制。作为公司的重要利益相关者，银行具备监控公司的动力和优势，广大中小股东和中小债权人可以将自己的监督权委托给银行，由银行进行集中代理。银行可以委派代表作为独立董事进入债务公司的董事会，或作为监事进入债务公司的监事会，参与公司的治理。

② 债权人对债务公司的持股也是一种有效的因举债融资而产生的监督机制。在一般的债务合同中，只有当债务公司不能清偿到期债务时，债权人才能对债务人进行干预。但如果债权人同时是债务人的股东，就可以要求召开股东大会。更进一步，如果债权人的股份相当多，那么，其就可以撤换债务公司的管理者。

如果债权人是债务公司的唯一或主要债权人，还可以解决投资不足问题。加之债权人又是债务公司的股东，可以行使监督权和控制权，所以，这种债权人和股东的双重身份将明显缓解债权侵蚀问题，从而有利于降低因举债而产生的代理成本。

另外，交叉性贸易的债权人和债务人之间的相互持股也有利于减少因贸易信贷而产生的代理成本。在合同关系稳定的前提下，交叉性相互持股有利于促进成员之间的贸易活动，进而有助于促进集团成员的专用性资产投资。在这样的公司集团中，因股票融资和举债融资而产生的代理成本都得到了较好的控制。必须指出的是，要使这种控制有效，强有力的产品市场竞争优势是必要的。

三、产品市场和要素市场

从西方经济学对市场的描述中，我们已经知道，产品市场和要素市场的竞争是提高公司经济效率的重要力量。实际上，其也是公司外部治理机制的重要组成部分。考虑一般的情形，即在充分竞争的产品市场和要素市场上，产品和要素的价格主要由市场决定。这时，各企业的利润水平就成为反映企业盈利状况的信息指标，我们不妨设想这样的情况，A公司是生产轮胎的，轮胎的价格由市场决定。这时，只要将该企业的盈利水平与行业的平均利润水平相比较，就可以判断公司治理活动是否有效，从而判断管理层是否尽职。因此，充分竞争的产品市场和要素市场实际上是考察公司治理水平的重要途径。然而，需要注意的是，产品市场和要素市场的治理效率也是受到一定因素限制的。一方面，产品市场和要素市场治理作用的发挥总是在事后，相比其他的治理机制，具有一定的滞后性，难以及时发现公司存在的问题。另一方面，其不能从根本上阻止经理人侵占股东的利益。正如Jensen的自由现金流理论所指出的，在产生自由现金流的组织中，股东与经理人关于自由现金流分配政策的利益冲突十分严重，而产品市场和要素市场却对此无能为力。因此，我们还需寻找其他的外部控制途径。

四、投资者保护机制

证券市场的作用是促进资金在投资人和企业之间的流动，而投资人是否愿意拿出资金以供企业使用，取决于他们预期获得未来回报的可能性。良好的资本市场应为投资人提供取得回报的保障和信心。投资者保护机制就应起到这个作用。

La Porta、Lopez-De-Silanes、Shleifer和Vishny（1998）详细研究了证券市场监管的普遍机制，他们确认了以下几个方面的机制：①法系起源。法系起源是指一个国家的公司法或商法从属于哪一个法系。一般的研究将法系分为大陆法系和英美法系。大陆法系又分为法国法系、德国法系和北欧法系。简要来说，大陆法系更多地依靠成文法典来解释案件，而英美法系更多地依靠判例来解释案件。从保护投资者法律条款的健全程度来说，英美法系对投资者的保护最充分，法国法系最差，德国法系和北欧法系在两者中间。②股东权利。其是指股东代表公司行使股东权利的能力，尤其是指某些政策是否保护小股东的权利，包含以下六个方面的权利：按持股比例分红、投票选举董事、参与股东会议、与内部人同等条件下认购新发行证券、怀疑被损害利益时控告董事或大股东、召集特别股东会议等。③同股同权法则。每一股股票在享有控制权的时候，必须同时拥有相应比例的现金流权利。④执法效率与执法力度。显然，完美的法律如果无法执行或者没有执行，也达不到立法的目的。La Porta、Lopez-De-Silanes、Shleifer 和 Vishny（1998）发现，在执法效率与执法力度方面，北欧法系和德国法系最好，英美法系紧居其后，法国法系还是最差的。

以上这些投资者保护机制的核心作用就是要使投资人在投资之后有能力监督企业的行为，避免出现被经理层或大股东盘剥等公司治理问题。只有这样，投资人才有信心将资金交给企业来使用，资本市场才能运转。从这些机制中我们也可以看出，能够实施这些机制的只能是政府、法庭或政府授权的机构。

五、公司外部治理现状

（一）控制权市场的约束功能

Jensen 和 Ruback（1983）对控制权市场提出了一个观点，即将控制权市场视为经理人市场的一个重要组成部分，即不同的管理团队竞争公司资源控制权的竞技场。这个观点看到了变化中的技术和市场条件通常会对公司资产的重组提出要求，而具有全新管理理念的管理团队往往更容易实现变革。市场监管的成功将促使旧的管理团队向新的管理团队过渡，随之而来的就是经理人被辞退的风险，这样就会迫使经理人以股东利益为行事原则，达到公司治理的目的。因此，公司控制权市场不仅是一种融资渠道，更是一种约束经理人行为的重要机制。

对于控制权市场的约束功能，Grossman 和 Hart（1980）、Scharfstein（1988）指出，一旦企业的外部环境发生变化，原有的约束经理人与股东关系的合约将不再适用。经理人可能选择低效率的经营方式，甚至考虑转移企业的部分资产，通过第三方（接管者）控制企业，重新制定一个适应新环境的合约，接管机制实现了效率的改善。因此，接管机制以间接方式实现了股东与经理的重新缔约。

但是，在实际的公司治理过程中，接管并不总是有效的。Grossman 和 Hart（1980）认为，如果被接管的目标公司中，分散的股东预期在新的经营管理政策下，企业的盈利将大幅度提高，那么，他们会选择继续持有该公司的股票，除非接管者的出价反映了企业盈利水平的增加。小股东的上述“搭便车”行为使得接管者无法获得接管收益，从而放弃接管。

此外，公司经理人可能针对接管行为制定各种反接管措施，在各国的接管实践中，这些措施包括了“毒丸”（Poison Pills）策略、“金降落伞”（Golden Parachutes）、董事会交叉选举、双重再资本化、“白衣骑士”（White Knights）、“绿色邮使”（Green Mails）及“焦土政策”（Scorched-Earth Policy）等。

“毒丸”策略是指在收购事件中董事会赋予股东以超低价购买公司股票的权利；“金降落伞”是董事会管理者的一份旨在当管理人员因控制权的改变选择（或被迫）离职时向管理人员提供巨额补偿的协议；董事会交叉选举确保了每年仅有一部分董事（常常是三分之一）被取代，所以即使收购者获得所有投票权，也要花费一定的时间来控制董事会；双重再资本化策略涉及发行具有优先投票权的二级股份（优先股），并且在其出售前需要换成普通股，这确保了投票权集中在管理者的手中；“白衣骑士”是指即将成为被接管目标的企业与另一“友好”企业签订协议，在接管威胁出现时，让该“友好”企业以较低价格收购目标企业；“绿色邮使”是指当一个潜在的接管者拥有一个企业的大量股票时，目标企业与潜在的接管者进行交涉，以高于市价的价格买回其手中的股票，有时还要求对方在一定时间内拥有该企业的股票不能超过一定的比例；“焦土政策”是指目标公司为了避免被其他公司收购，所采取的一些会对目标公司本身造成严重损害的手段，通过降低自身吸引力来达到降低被接管威胁的目的。很显然，这些反收购措施会直接或间接地加大收购的成本，使一些应该发生的收购行为难以出现或出现后失效。因此，目前来看，控制权市场要在公司治理中发挥约束功能，仍然需要解决这些问题。

（二）债权人治理

Williams（1988）指出，在现代企业中，债权和股权不应仅仅被看作是不同的融资工具，而且还应被看作是不同的治理结构。由此可见，债权人不仅能够为企业提供资金，而且存在一定的治理作用。

在研究的早期，学者们主要是从债务需要到期还本付息这一角度来探讨债权的治理效用的。例如，Jensen（1986）等就提出了债权人治理的作用体现在两个方面：首先，债务定期的还本付息会减少经理人能够动用的自由现金流，从而减少经理人借以增加个人效用的机会；其次，偿还债务的压力会迫使经理人努力工作以增加企业现金流，保证未来的还债能力。在我国，张维迎（1998）的观点与此一致，他认为债务会迫使经理人将企业现金收入及时分配给投资者而不是自己挥霍，债务还会迫使经理人出售不良资产以及限制经理人进行无效但能增加其权利的投资。

Dewatripont和Tirole（1994）研究了企业在监督经理人时最优融资结构与激励机制相互补充的问题。他们提出了一个有效率的控制权安排方式：在企业实现好的绩效时，由股东拥有控制权；在企业实现坏的绩效时，由债权人拥有控制权。债权人在拥有控制权的情况下，就可以采取合约中未规定的行动来约束经理人，达到公司治理的目的。可以说，这样的安排方式将导致经理人、股东以及债权人利益的部分一致性。

Diamond（1991）则从声誉效应角度出发，指出企业的借贷记录可以向银行传递有关借款人声誉的信息，因而，一个借款人要获得新的贷款，必须考虑目前行为所发出信号的未来效应。因此，声誉效应可以作为对信用等级良好的经理人监督的替代机制。

傅元略（1999）从债务契约和破产机制的联系这一角度出发，认为“债券和股票一样是最优的”。债券给企业造成的破产威胁在股权分散化的企业中对经营者构成了硬约束，由于经营者不愿看到企业破产，必然就会激励经营者努力提高企业价值。

张亦春等（2015）研究发现，由于存在“预算软约束”，我国债权治理效果整体呈现不确定性，不能显著抑制上市企业的非效率投资。其深层次原因是债权各构成部分的有效性不一致：商业信用的治理作用显著，但银行贷款、企业债券的治理作用不明显；短期债权的治理作用显著，而长期债权的治理作用不明显。进一步研究发现，紧缩货币政策下的债权治理效果得到增强，因此，可以通过加速资本市场法治建设、发展企业债券市场和推动银行业改革、规范货币操作以提高我国债权治理有效性。

在现实中，债权人治理的运用还是比较广泛的，比较典型的国家有美国、德国和日本。其中，美国主要采用的是相机治理机制。即当企业经营正常，其财务状况良好且具有履行债务的能力时，作为最大债权人的银行对公司的活动不加以干预；当作为债务人的公司出现财务危机而不能按约履行其债务时，债权人就可以通过法律程序接管公司。德国和日本采用的模式较为一致，它们实施的债务人治理主要体现在：一方面，同美国一样，利用债权人地位采用相机治理机制；另一方面，可以持有公司的股票，直接参与到公司的内部治理中。

（三）声誉市场与职业关注

Fama（1980）、Fama和Jensen（1983）提出经理人对声誉市场的关注会对其自身行为形成约束。Holmstrom（1990）则讨论了一个人对其未来职业的关注（Career Concern）如何影响其现阶段付出努力程度的激励，他认为，个体的生产能力可以通过对业绩的长期观察反映出来，由于对个体生产能力的评价会影响期望产出，而期望产出又会进一步影响每一期的报酬，从而存在一个隐形的合约，将现在的业绩与未来的报酬联系在一起，个体现在的行动将影响企业未来对个人能力的评价，从而对报酬过程产生重要影响。因此，为了证明自己的生产能力，个体有动力在现阶段选择较高的努力程度。

Gibbons和Murphy（1992）研究了当工人关注未来业绩时，最优的激励合约设计，他们证明，最优的激励合约将最大化包括来自职业关注的隐性激励和来自报酬合约的显性激励在内的总的激励。他们的理论预测，对于一个临近退休的工人，最优补偿合约中的显性激励将达到最强，其对未来职业的关注程度最低。

此外，职业关注所提供的隐性激励不仅适用于经理人，而且适用于董事。Kaplan和Reishus（1990）的研究发现，绩效较差的企业的董事，被视为在监督经理人时表现拙劣，很难在其他企业重新成为董事。

然而，Holmstrom（1999）指出，风险的规避与折旧限制了市场约束激励的能力。因此，对未来职业的关注所带来的结果并不总是好的，这主要取决于企业与个人利益的协调程度。

（四）公司治理的法律和政治途径

Shleifer和Vishny（1997）指出，公司治理是一个经济问题，同时是一个法律问题，甚至是资本社会化以后减少经理人对投资者“剥削”的政治问题。在企业的外部融资中，投资人以牺牲资金使用权为代价，获得对资金的剩余控制权，这个权益的实现过程离不开法律的保护。尽管理论界对于法律和政治管制在约束经理人行为方面的作用还心存疑虑（Jensen，1993），但是，法律途径毕竟是公司治理中最基础的保障和约束工具，La Porta、Lopez-De-Silanes、Shleifer和Vishny（1998，2000）实证研究发现，各国在股权结构、资本市场和分红政策上的差异与法律对投资者的保护程度密切相关。

对于公司治理的政治途径，一方面，借助公司治理的相关法规来实现，例如，美国在20世纪80年代曾经出现接管浪潮，而美国最大的200家公司的CEO们组成了“商业圆桌会议”（Business Roundtable）对此施加了影响，使得美国的大多数州通过了反接管法案。另一方面，对政治因素的考虑也对一国法律的制定产生了重大影响，Roe（1990）研究了美国法律体系对金融机构的控股量加以限制的原因，结论表明，限制的动机部分来源于公众认为金融整体的稳定离不开各组成部分的稳定这一精神信念，以及公众缺乏对强大金融机构的信任。

Pagano和Volpin（1999）分析了政治决策对投资者保护的影响，发展了公司治理的政治经济学理论。研究表明，在某些情形下，法律是谋求高投资者保护程度的企业家和谋求高雇员保护程度的雇员的政治妥协。对大多数国家而言，对雇员的保护与对投资者的保护呈现负相关关系。他们的理论得到了经济合作与发展组织（OECD）提供的经验数据的支持。

张宏亮和王靖宇（2018）实证研究发现，公司投资者保护能够抑制股价崩盘的风险；进一步，发现相对于市场竞争类企业，投资者保护在特定功能类企业的风险抑制作用更明显，而在法律保护程度不同的地区没有显著差异。

辛宇等（2020）发现，中证投服作为投资者保护公益组织向中小股东提供了公益服务，同时又具备政府弹性监管的色彩，与我国现行的司法制度形成互补；更为重要的是，中证投服参与证券支持诉讼产生了显著的溢出效应，在唤醒中小股东维权意识的同时，明显提升了民间律师团体的活跃程度，进而从整体上极大地带动了民间股东诉讼的兴起。

（五）媒体监督

媒体监督作为公司外部治理的一种重要手段，近期成为学术界关注的热点。Joe（2003）检验了媒体监督对审计师行为的影响，当上市公司面临更多“负面”消息的报道时，审计师更倾向于出具有保留意见的审计报告。Dyck和Zingales（2004）对控制权私有收益进行了国际范围内的比较，研究发现，除了传统的司法体制以外，包括媒体信息传播在内的一些体制外因素也会抑制控制权的私有收益。Miller（2006）的研究表明，媒体在揭示上市公司会计丑闻的过程中起到了积极的作用。Dyck等（2008）进一步发现，媒体报道能够促使企业改正侵害外部投资者权益的行为。Joe等（2009）则将研究聚焦于媒体曝光对董事会的影响，研究发现，媒体曝光董事会的无效行为会产生显著的经济后果，使得董事会采取积极的措施来保护股东权益。

那么，媒体监督在我国上市公司治理中又扮演了什么样的角色？贺建刚等（2008）通过对五粮液集团2003年之后关联交易和现金股利的追踪分析，证明媒体监督并没有有效地抑制大股东掏空上市公司的行为。李培功和沈艺峰（2010）的研究结论表明，媒体曝光有助于纠正企业违规行为，保护投资者利益。于忠泊等（2011）以2001—2009年A股上市公司为研究样本，实证结果表明大量的媒体报道会给管理者带来强大的市场压力，迫使管理者更多地从事应计项目的盈余管理，从而暂时满足市场对盈余的要求。周兰和耀友福（2018）的研究表明，媒体负面报道的监督能够减少审计意见购买行为，降低审计报告的激进程度，从而提高审计师的审计质量；进一步地，上市公司变更审计师具有审计意见购买的动机，但媒体负面报道的监督能够减少上市公司通过审计师变更以实现审计意见购买的行为，降低审计师变更的审计报告激进程度，并且审计报告激进程度的降低在审计师升级变更方面更为明显，从而能够提高审计师变更及其升级变更方面的审计质量。吴先聪和郑国洪（2021）检验了媒体关注对上市公司大股东违规减持的影响，研究结果表明上市公司受到的媒体关注度越高，大股东违规减持的可能性越低，而且媒体负面报道效果越显著，但是，媒体报道对控股大股东和非控股大股东违规减持的监督效果没有明显差异。进一步研究发现，在不成熟的资本市场，媒体很难通过提高公司内部控制有效性来约束大股东违规减持行为，但是可以依靠行政介入实现其公司治理功能。

目前，我国媒体的发展正处于初级阶段，媒体的公信力没有完全建立起来，所以，创造良好的外部条件，促进媒体的发展是当务之急。比如适度提高媒体报道的独立性，同时强化媒体的自律性；在放开媒体准入的情况下加强对媒体的监管，形成媒体之间的有效竞争等。此外，还要建立信用社会，强化人们对声誉的重视，形成良好的社会规范，只有这样媒体的监督作用才能真正发挥。

第四节 公司治理与价值创造

对于公司治理，应当以股东的利益为导向还是以利益相关者的利益为导向，目前还存在一定的争议。但是不可否认，不论是实现股东利益最大化还是实现利益相关者利益最大化，其根本目标是公司创造价值的最大化。正如Jensen（2001）所指出的，只有公司创造价值的最大化，才能实现利益相关者利益的最大化。许多研究都表明，公司价值和公司治理水平之间存在正相关关系。杨华（2003）则明确指出，公司治理理论的发展与人们对公司价值的看法始终是联系在一起的，人们对公司价值有怎样的看法，一般就会对公司治理有怎样的期待。

具体而言，两者存在什么样的关系？总体来说，为了达到创造价值最大化的终极目标，公司所有的制度安排、组织设计都必须围绕这一目标进行。公司治理作为公司的一种具体的制度安排，当然也必须服从于价值创造的终极目标。就公司的内部治理而言，其主要考察了董事会的权责、管理者的激励与约束、股权结构等问题，这些问题实际上也是对组成公司的各种契约的管理。此外，这些契约的管理也会影响到企业的运行，进而影响到公司的价值创造。就公司的外部治理而言，其主要考察了控制权市场、债权人治理、产品市场和要素市场、投资者保护等对公司治理的影响，而这些外部因素同样也会对公司的价值创造产生影响。不论从公司的内部治理还是外部治理来看，公司治理与价值创造都存在着逻辑一致性，公司治理会影响到企业的价值创造，价值创造也会反作用于公司治理，修正治理机制中的缺陷。

将价值创造引入公司治理确实有着积极的意义。正如张维迎（2005）所指出的，现在有关公司治理的一些政策过多地集中在财富的分配方面，而投入到财富创造方面的注意力过少，这不仅发生在我国，在西方国家也有这种风险。过多地关注财富的分配，而不是关注如何创造价值，是难以形成一个良性的公司治理结构的。企业只有将自身改造为价值的创造者，将为股东、顾客、员工乃至整个社会创造价值作为自身的目标，才能实现企业的持续发展。

一、基于价值创造的公司治理理论基础

（一）公司价值衡量指标体系的形成

在如何衡量企业价值这个问题上，早期人们大多使用传统的会计指标来对公司绩效进

行度量，但事实上，传统的会计指标往往体现的只是企业某个方面的价值，不能反映股东资本的机会成本，而且与非正常回报的相关性较弱，不能准确反映出股东财富的变化。随着价值衡量指标的不断发展，公司财务中的价值链、经济增加值、价值预期、公允价值、现值、终值、重置价值、清算价值、账面价值和持续经营价值等多个指标组成了公司的价值衡量体系。以经济增加值（EVA）这一指标为例，其最大的特点就是从股东角度重新定义了企业利润。它考虑了投入企业所有资本的成本，克服了传统会计指标的缺陷，从过去只重视会计利润转向重视持续价值增值，能够真实地反映公司的经营业绩，准确地衡量管理者为股东创造的价值，有助于实现“股东价值最大化”的目标。

（二）价值链理论

迈克尔·波特（1985）认为，每一个企业都是在设计、生产、销售、发送其产品的过程中进行各种活动的集合体。所有这些活动可以用一个价值链来表示。迈克尔·波特的价值链理论实际上是将企业价值的创造过程看作由一系列具有价值的，并与企业价值相关的活动所构成的价值链体系，也就是企业形成和创造价值的系统。企业要实现整体价值的提升，就必须充分发挥各子系统的价值并协调各子系统的价值，以价值链的形式带动企业整体价值系统的良性运转。价值链理论对于公司治理的意义在于，借鉴价值链理论，可以将公司治理的各个环节看作创造价值的子系统，通过整合子系统之间的价值创造活动，实现公司治理中各个环节的协调。

二、基于价值创造的公司治理

借鉴公司价值衡量和价值链的理论基础，可以将公司的治理行为与价值创造过程联系起来，图10-5大致描述了基于价值创造的公司治理模式。

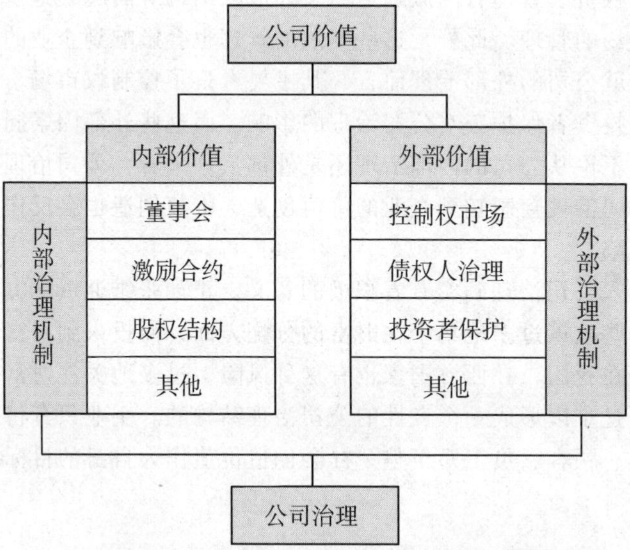

图10-5 基于价值创造的公司治理模式

基于价值创造的公司治理的思路在于以公司价值最大化为目标导向，将公司治理机制（包括内部治理机制和外部治理机制）中各环节的活动与公司的价值创造活动结合起来，使得每一项活动在公司价值链系统中找到自己的位置，这样，一方面可以通过对治理机制的设计实现价值的创造，另一方面可以通过价值创造的结果，反过来寻找价值链上存在问题的地方，即存在问题的治理环节，从而对治理机制进行修正。

三、基于价值创造的公司治理优势

基于价值创造的公司治理优势，主要体现在以下几个方面：

（1）将公司治理的目标清晰化

在基于价值创造的公司治理模式下，公司治理的目标与价值创造挂钩，使目标变得清晰。该模式下的每一个治理环节都作为一个相对独立的价值创造单位而存在，这就使其拥有了较为明确的考评标准，每一个环节的治理行为对公司价值的影响都能够被追踪，并且可以通过公司价值的反馈结果对存在问题的环节进行修正。

（2）提高公司治理效率

控制活动是指为实现内部控制目标，对确认的风险所采取的政策与程序。基于价值创造的公司治理，要求从价值创造的角度辨识公司的每项治理设计是否实现了增值的目标，然后遵循成本收益原则，通过对风险的分析，对治理设计进行改进，提高公司治理的效率，从而创造更大的价值。

（3）使公司治理活动更具弹性

价值创造导向下的公司治理结构和制度设计不是固定不变的，它们会随着公司价值反馈回来的信息而不断调整，并且能够及时对公司战略做出反应。这实际上实现了对公司治理活动的内部控制，使公司的治理活动变成了一个开放的体系，能够有效识别价值创造过程中的失误，以便及时采取修正措施，能够及时接受相关信息并进行调整。

本章小结

1. 公司治理是一个多角度、多层次的概念，可以从狭义和广义两方面加以理解。狭义的公司治理，是指所有者对经营者的一种监督与制衡机制，即通过一种制度安排来合理地配置所有者与经营者之间的权责利。广义的公司治理，则不局限于股东对经营者的制衡，而涉及更广泛的利益相关者，包括股东、债权人、供应商、雇员、政府和社区等与公司有利益关系的集团。

2. 公司治理的模式，就决策、执行和监督三部分权力分配的不同方式来看，国际上主要有三种模式：一是外部控制主导型模式；二是内部控制主导型模式；三是家族控制主导型模式。

3. 公司的内部治理机制又称为公司治理结构，即所有者对经营管理者的一种监督与制衡，其目的是协调公司与股东及其他利益相关者的利益，在维护股东利益最大化的同时兼顾公司其他相关者的利益，其内容主要包括董事会、管理者的激励与约束和股权结构等。

4. 公司的外部治理机制，是指公司的出资者（股东和债权人）通过市场体系对经营者进行控制，以确保出资者获得收益的治理机制。公司的外部治理机制是通过市场的外部制约而发生作用的，主要包括控制权市场、债权人治理、产品（要素）市场和投资者保护四个方面。

5.公司治理水平和公司价值之间存在正相关关系。总体来说，为了达到创造价值最大化的终极目标，公司所有的制度安排、组织设计都必须围绕这一目标进行。公司治理作为公司的一种具体的制度安排，当然也必须服从于价值创造的终极目标。不论从公司的内部治理还是外部治理来看，公司治理与价值创造都存在着逻辑一致性，公司治理会影响到企业的价值创造，价值创造也会反作用于公司治理，修正治理机制中的缺陷。

重要术语

公司治理（Corporate Governance）
公司治理结构（Corporate Governance Structure）
董事（Member of the Board，Director）
董事会（Board of Directors）
内部控制系统（Internal Control System）
外部控制系统（External Control System）
股权结构（Ownership Structure）
公司控制权市场（Market for Corporate Control）
管理层激励（Executive Compensation）
债权人治理（Governance of Creditor's Rights）
产品市场竞争（Product Market Competition）

习题

复习思考题

1.什么是公司治理？
2.公司治理机制分为哪两大类？如何认识两者之间的关系？
3.公司内部治理机制有哪些？
4.如何提高董事会治理的效率？
5.管理者的激励与约束机制有哪些？
6.不同股权结构下的公司治理有什么特点？
7.公司外部治理机制有哪些？
8.如何看待债权人治理？
9.如何认识资本市场上频发的控制权争夺？
10.简述公司治理与价值创造的关系。

案例讨论题

华仪电气被顶格处罚60万：18位董监高集体被罚，多位申辩“甩锅”实控人

华仪电气于2007年2月在上交所实现借壳上市，其是温州地区首家主板上市的电气企业，业务涵盖输配电、风电、环保、工程总包等领域。2019年12月，华仪电气被中国证监会立案调查，调查历时一年半，处罚终于落地。《行政处罚决定书》显示，浙江证监局查明华仪电气主要有三项违法事实：

一、未按规定披露关联方非经营性资金占用情况

2017年至2019年，华仪电气通过控股股东华仪集团实际控制的乐清合颐贸易有限公司、浙江伊赛科技有限公司等公司账户及部分员工个人账户走账，通过多道划转，最终将上市公司资金划转至华仪集团及其关联方。上述行为构成关联方非经营性资金占用，累计发生额23.2亿元，余额11.41亿元。迟至2019年11月25日，华仪电气发布《关于公司违规担保、资金占用等事项的公告》，披露存在关联方资金占用及违规担保。华仪电气上述非经营性资金占用未按照有关信息披露规定及时进行临时公告，亦未在2017年年报、2018年半年报、2018年年报和2019年半年报中如实披露。

二、未按规定披露关联担保情况

华仪电气及其全资子公司华仪风能有限公司、浙江华仪电器科技有限公司为华仪集团及其关联方提供担保，累计担保金额10.875亿元。其中，2017年担保发生额2.58亿元，2018年担保发生额8.295亿元。华仪电气上述担保未经股东大会审议，未按照《上市公司信息披露管理办法》第三十条第二款第十七项的规定及时进行临时公告，亦未在2017年年报、2018年半年报、2018年年报和2019年半年报中如实披露。

三、未披露违规使用募集资金情况

2018年和2019年，华仪电气未按规定用途使用募集资金合计4.94亿元，其中，2018年涉及金额3.07亿元，2019年涉及金额1.87亿元。其中，包含于前述关联方非经营性资金占用的金额2.36亿元，其余用于华仪电气归还借款及日常经营支出。华仪电气未按照非公开发行方案所列用途使用募集资金，未经股东大会审议而擅自改变募集资金用途，其披露的2018年半年度、2018年年度、2019年半年度募集资金专项报告存在虚假记载。

浙江证监局表示，上述违法事实有公司公告、董事会及监事会资料、公司自查报告、审计机构核查报告、相关人员谈话笔录、担保协议、银行资金流水、财务凭证等相关证据证明，足以认定。其行为构成了《证券法》第一百九十三条第一款所述的信息披露违法行为。

浙江证监局指出，华仪电气董事长兼总经理陈孟列知悉、同意并参与了上述资金占用及违规担保等事项，对上述信息披露违法行为负有主要责任。副董事长范志实知悉资金占用等事项，在相关定期报告上签字，作为董事会成员审议通过募集资金专项报告。财务总监李维龙知悉资金占用等事项，作为会计机构负责人（会计主管人员）在相关定期报告上签字，兼任董秘期间明知存在资金占用等情况但未按规定履行披露义务。上述人员是华仪电气信息披露违法行为的直接负责主管人员。

此外，董事陈孟德、董事徐乐雁、独立董事祁和生、独立董事周民艳、独立董事汪光宇、监事彭传彬、监事屈军、监事林忠沛、监事骆克梅、副总经理倪淑燕、副总经理陈宇强在任期内相应定期报告上签字承担保证责任，是华仪电气信息披露违法行为的其他直接责任人员。实际控制人陈道荣筹划、授意并指挥他人从事资金占用、违规担保及违规使用募集资金等多项违法行为，构成《证券法》第一百九十三条第三款所述的实际控制人指使从事信息披露违法行为。

根据当事人违法行为的事实、性质、情节，依据《证券法》第一百九十三条第一款、

第三款的规定，浙江证监局决定：对华仪电气责令改正，给予警告，并处以60万元罚款；对陈道荣给予警告，并处以60万元罚款；此外，对陈孟列、范志实、李维龙、骆克梅、倪淑燕、陈宇强等18位董监高人员给予警告，并分别处以3万元至30万元不等的罚款。

此外，浙江证监局还对华仪电气实际控制人陈道荣采取终身证券市场禁入措施，对华仪电气董事长陈孟列采取10年证券市场禁入措施。

《华夏时报》记者注意到，《行政处罚决定书》显示，在中国证监会正式做出处罚决定前，华仪电气被罚的18位董监高人员中，有至少12位进行申辩，其中多位在申辩意见中表示，华仪电气上述违法行为系实际控制人直接策划、授意并指使他人进行，自己并未参与实施，希望能够获得从轻处罚。

例如，华仪电气董事长、总经理陈孟列在申辩材料中提出，自己没有侵害上市公司利益的主观故意，违法行为系受他人指使；主动交代违法行为，统领公司及相关人员积极配合调查且有立功表现，因此请求从轻、减轻处理。

华仪电气副董事长范志实在申辩材料中表示，其2017年6月25日之前担任华仪集团副总裁分管财务工作，期间未发生违规担保及违规使用募集资金。期间的1.5亿元投资款履行了审议及披露程序，后被关联方占用，其不知悉、未参与。其2017年6月25日至今担任华仪集团常务副总裁，未直接分管财务工作。违法行为系实际控制人直接策划、授意并指使他人进行，其未审批、未参与实施。综上，请求核实情况并从轻处罚。

华仪电气财务总监、董事会秘书李维龙也在申辩材料中提出，资金占用、违规担保均系实际控制人直接筹划、授意并指挥他人进行，其未审批、未参与实施。因此，请求核实情况并从轻处罚。

华仪电气独立董事周民艳、汪光宇二人也申辩表示，由于大股东和实际控制人的操纵和蒙蔽，辨识各种舞弊手段明显超出核查能力和职权范围。自己已经尽到忠诚勤勉义务，对违法行为不存在过错，不应承担责任，请求撤销处罚。

不过，对于上述申辩意见，浙江证监局复核后均未予以采纳。浙江证监局认为，董监高应当具备履职所需的专业知识，主动了解公司情况，并基于自身的独立判断履行职责，不知情、未参与、不分管、任职时间短、多次提出离职、信赖中介机构意见等均不构成免责事由。并且，浙江证监局已经综合考虑涉案参与程度、任职履职情况等因素，对相关人员的责任认定及量罚幅度进行了区分，量罚合理。

资料来源：华夏时报. 华仪电气被顶格处罚60万：18位董监高集体被罚，多位申辩“甩锅”实控人［EB/OL］.（2021-06-10）. https：//new.qq.com/rain/a/20210610A0CK1E00.

思考：导致上市公司董监高集体“甩锅”的原因是什么？如何利用公司治理机制促进董监高履行勤勉尽责义务，保障股东的利益？

二维码10-1　参考答案

二维码10-2　拓展阅读：在完善公司治理中加强党的领导

延伸阅读

[1] 格尔根. 公司治理 [M]. 王世权, 杨倩, 侯君, 译. 北京: 机械工业出版社, 2014.

[2] 李维安. 公司治理学 [M]. 北京: 高等教育出版社, 2009.

[3] 马永斌. 公司治理之道: 控制权争夺与股权激励 [M]. 北京: 清华大学出版社, 2013.

[4] 宁向东. 公司治理评论 [M]. 北京: 中国发展出版社, 2006.

[5] 郎咸平. 公司治理: 郎咸平学术文集 [M]. 北京: 东方出版社, 2014.

[6] 张维迎. 理解公司 [M]. 上海: 上海人民出版社, 2014.

第十一章　内部控制

学习目标

1. 了解内部控制的概念；
2. 理解为何需要内部控制；
3. 掌握内部控制的要素及措施；
4. 了解内部控制的设计与评价。

引例：广州浪奇信息披露违法违规案

2020年9月，广州浪奇发布公告称价值5.72亿元的存货“不翼而飞”。公司无法对存放在江苏鸿燊物流有限公司及江苏辉丰石化有限公司的货物开展正常盘点及抽样检测工作，相关存货价值高达5.72亿元。而在沟通之后，鸿燊公司、辉丰公司均否认保管有公司存储的货物。经过调查发现，洗衣粉消失是假，事实是广州浪奇在2018年和2019年年报中存在虚假记录，其两年虚增营收逾128亿元，虚增利润逾4亿元，虚增存货逾20亿元。

最终，广东证监局对广州浪奇做出了行政处罚决定。广东证监局《行政处罚决定书》（〔2021〕21号）显示：

2018年1月1日至2019年12月31日，广州浪奇通过虚构大宗商品贸易业务、循环交易乙二醇仓单等方式，虚增营业收入、营业成本和利润。通过上述方式，广州浪奇《2018年年度报告》虚增营业收入6 234 322 859.99元，虚增营业成本6 023 835 603.98元，虚增利润210 487 256.01元，占当期披露利润总额的518.07%。广州浪奇《2019年年度报告》虚增营业收入6 651 448 598.32元，虚增营业成本6 450 009 272.10元，虚增利润201 439 326.22元，占当期披露利润总额的256.57%。

2018年1月1日至2019年12月31日，为美化报表，广州浪奇将部分虚增的预付账款调整为虚增的存货。通过上述方式，广州浪奇《2018年年度报告》虚增存货金额956 423 831.44元，占当期披露存货金额的75.84%、披露总资产的13.54%、披露净资产的50.53%。广州浪奇《2019年年度报告》虚增存货金额1 082 231 342.91元，占当期披露存货金额的78.58%、披露总资产的12.17%、披露净资产的56.83%。

资料来源：根据巨潮资讯有关广州浪奇的一系列公告整理而得。

透过这一事件，作为一名专业人士，我们需要关注的问题是什么？这一事件是如何发生的？有没有办法加以预防？通过本章的学习，你将了解到公司内部出现了哪些不良的控制环境，你也将学习到可以防止或发现这些弊端的内部控制制度。

第一节　内部控制概论

一、引言

企业能够不加以控制就有序运行吗？也许能，但是必定需要付出高昂的代价。没有控制，组织如何实现其目标呢？在本章中，我们将让你了解，控制对企业组织而言，极为重要。企业的管理人员必须确保组织的各单位依照规定行事，否则其营运必定一团混乱。在一个充满不确定性的世界中，如何识别和控制风险成为企业生存与发展的重要一环，在很多情况下，这往往决定了企业的成败。

对财务管理人员而言，控制的概念并不陌生，因为控制是管理的一项主要职能。控制的主要目的是：合理保证企业经营目标的实现；降低企业遭受危险、损失等的风险；合理保证对法律、法规的遵从。因此，控制是与目标相联系的，没有目标，控制就没有意义。我们将风险定义为，一个事件或行动造成组织不能实现其目标的可能性。当企业披露出现风险或遭遇损失时，通常都是公司控制失效的表现。

二、内部控制的发展历程

任何组织都非常希望在一种有条不紊、高效率的方式下开展业务活动，提供可靠的财务会计信息和各项管理信息以供自身和其他方面使用，它们需要一些控制来减少决策的失误和弥补工作中的缺陷。随着企业内控实践的丰富，内部控制理论逐渐发展起来，大致可以分为内部牵制、内部控制制度、内部控制结构、内部控制整合框架以及企业风险管理整合框架五个阶段。

在内部牵制阶段，内部控制的主要内容是账目之间的相互核对，内部控制的主要方式是设置不兼容岗位，这在早期被认为是确保所有账目正确无误的一种理想控制方法。在内部控制制度阶段，内部控制以内部会计控制为核心，重点是建立健全规章制度。在内部控制结构阶段，内部控制被认为是为合理保证企业特定目标的实现而建立的各种政策和程序，分为内部控制环境、会计制度和控制程序三个方面。内部控制整合框架阶段就是在以上三个阶段的基础上，将内部控制要素整合成五个相互关联的部分。企业风险管理整合框架阶段是内部控制整合框架阶段五要素基础上的拓展，形成了八个相互关联的要素整体，同时，内部控制与风险管理理念贯穿其中。

（一）什么是内部控制

最初的内部控制的定义可以追溯到1949年，美国公共会计师协会发布了其对内部控制的第一份研究成果：内部控制——一个协调的系统要素及其对管理层和独立会计师的重要性。这份研究成果中给出了会计职业界对内部控制的第一个定义：内部控制包括组织机构的设计及企业内部采取的所有相互协调的方法和措施。这些方法和措施用于保护企业的财产，检查会计信息的准确性，提高经营效率，推动企业执行既定的管理政策。

美国注册会计师协会审计程序委员会于1958年发布了《第29号审计程序公告》。在这一公告中，该委员会将内部控制分为内部会计控制和内部管理控制两个部分，并将内部会计控制与保护资产的安全完整和财务记录的可靠性直接联系在一起，具体措施包括交易授权与批准制度、资产的实物控制、从事财务记录和审核与从事经营或财产保管职务分离的控制。

在内部控制和风险管理的演进过程中，COSO的突出贡献举世公认。COSO（Committee of Sponsoring Organizations of Treadway Commission）是Treadway委员会中专门研究内部控制问题的委员会，而著名的Treadway委员会创立于1985年，由美国注册会计师协会（AICPA）、美国会计学会（AAA）、财务经理人协会（FEI）、国际内部审计师协会（IIA）以及管理会计师协会（IMA）发起。它在1992年发布的，并于1994年做出局部修正的《内部控制——整合框架》，已经成为世界通用的内部控制权威文献，被国际和各国审计准则制定机构、银行监管机构及其他方面所采纳。

COSO报告将内部控制定义为：内部控制是一个过程，其受到董事会、管理人员和其他职员的影响，以期为实现经营的效果和效率、财务报告的可靠性及遵守相关的法律法规提供合理保证。

COSO报告认为，内部控制由五个相互联系的要素组成，即控制环境、风险评估、控制活动、信息与沟通、监控。

① 控制环境（Control Environment）——形成组织的氛围，影响员工的控制意识。它是内部控制其他元素的基石，提供纪律与框架。

② 风险评估（Risk Assessment）——识别并分析实现经营目标的有关风险，提供如何管理风险的基础。

③ 控制活动（Control Activities）——帮助确保管理指令得到执行的政策与程序。

④ 信息与沟通（Information and Communication）——以适当的形式与频率识别、获取和交换信息，以帮助员工执行其职务。

⑤ 监控（Monitoring）——评估内部控制绩效的程序。

20世纪90年代末，随着安然、世通等重大财务案件的相继发生，美国国会推出了《萨班斯-奥克斯利法案》，旨在从法律上加强对在美国上市的公司内部控制的建设和监控，以免企业陷入危机。《内部控制——整合框架》成为美国证券交易委员会（SEC）唯一推荐使用的内部控制框架，《萨班斯-奥克斯利法案》第404节的"最终细则"也明确表示《内部控制——整合框架》可以作为评估企业内部控制的标准。由于《萨班斯-奥克斯利法案》的适用对象涵盖了在美国上市的外国公司，这使《内部控制——整合框架》在美国乃至国际上的应用得到了快速而广泛的推进。

在《萨班斯-奥克斯利法案》中，主要的改革措施包括：设立会计监督委员会（Accounting Oversight Board）、加强会计师独立性规定、提高公司管理人员与董事所需承担的责任、规定高阶管理人员必须对公司的内部控制负责、加重白领犯罪的惩罚。该法案的第201节禁止会计师事务所对其客户提供某些非审计服务；第302节规定企业的CEO和CFO必须对季报与年报内容签名证实；第404节则规定企业每年必须对SEC提交内部控制报告。

小贴士 **《萨班斯-奥克斯利法案》的出台**

2001年12月，美国最大的能源公司——安然公司，突然申请破产保护。此后，公司丑闻不断，规模也"屡创新高"，特别是2002年6月的世界通信会计丑闻事件，"彻底打击了（美国）投资者对（美国）资本市场的信心"。为了改变这一局面，美国国会和政府加速通过了《萨班斯-奥克斯利法案》（SOX法案），该法案的另一个名称是"公众公司会计改革与投资者保护法案"。它是美国政府出台的一部涉及会计职业监管、公司治理、证券市场监管等方面改革的重要法律。该法案的第一句话就是"遵守证券法律以提高公司披露的准确性和可靠性，从而保护投资者及其他目的"。它对在美国上市的公司提供了合规性要求，使上市公司不得不考虑控制IT风险在内的各种风险，为公众公司的外部审计师创建了一个新的监督体制，并将对财务报告的内部控制作为关注的具体内容。该法案不仅要求管理层报告公司对财务报告的内部控制，还要求外部审计师证实管理层报告的准确性。但由于其过于严格，导致上市公司费用过高，致使部分海外公司退市或在其他国家上市。

《内部控制——整合框架》自颁布以来，理论界和实务界对其实施和完善进行了大量的工作，提出了许多改进建议，特别强调内部控制整合框架的建立应该与企业风险管理相结合。与此同时，COSO委员会也意识到《内部控制——整合框架》自身存在的一些问题，如过分注重财务报告，而没有从企业全局与战略的高度关注企业风险。2001年，COSO委员会发布了《企业风险管理——整合框架》。其对风险管理的定义为：风险管理是一个过程，受企业董事会、管理层和其他员工的影响，包括内部控制及其在战略和整个公司中的应用，旨在为实现经营的效率和效果、财务报告的可靠性以及法规的遵循提供合理保证。通过图11-1可以清楚地看到，COSO内部控制整合框架与企业风险管理整合框架的构成。

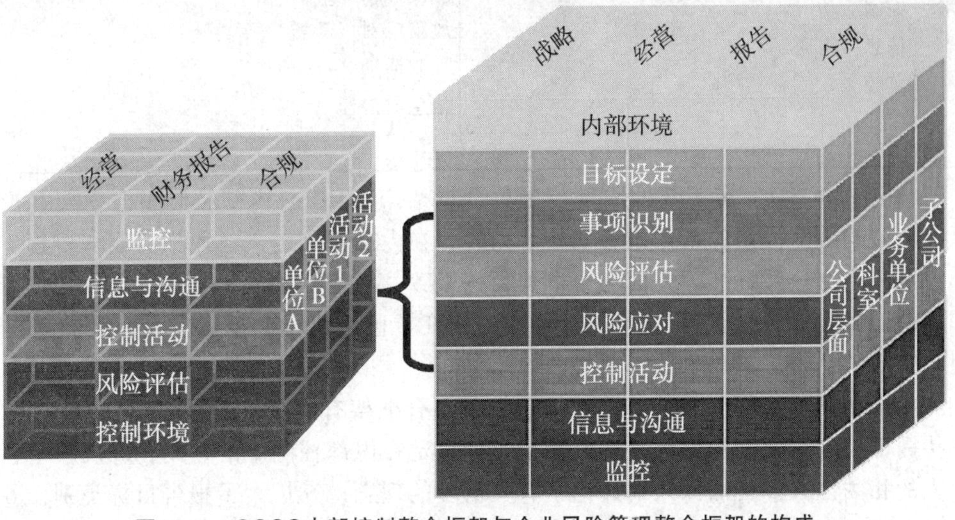

图11-1 COSO内部控制整合框架与企业风险管理整合框架的构成

在内部控制整合框架五要素的基础上，企业风险管理整合框架的构成增加到八要素：①内部环境；②目标设定；③事项识别；④风险评估；⑤风险应对；⑥控制活动；⑦信息与沟通；⑧监控。八要素相互关联，贯穿于企业风险管理的整个过程。

企业风险管理比内部控制更广泛，引入风险管理，拓展并细化了内部控制，形成了一个更全面、更强有力关注风险的框架。

具体来看，企业风险管理整合框架在内部控制整合框架的基础上增加了一个新观念、一个目标、两个概念和三个要素，即风险组合观，战略目标，风险偏好、风险可接受程度概念，以及目标设定、事项识别、风险应对要素。

两者的主要区别见表11-1。

表11-1 **COSO内部控制整合框架与企业风险管理整合框架的比较**

项目	内部控制整合框架	企业风险管理整合框架
基调	满足管理层为达到目标进行内部控制的需求	满足管理层为达到目标进行企业风险管理的需求
目标	经营目标 财务报告目标 合规目标	战略目标（新增） 经营目标 报告目标 合规目标
风险观	没有提出风险组合观 只有风险评估	从企业总体层面提出风险组合观
环境	管理层及员工的内部控制观念	管理层及员工的风险观念，并提出风险偏好、风险可接受程度的概念
要素	控制环境 风险评估 控制活动 信息与沟通 监控	内部环境（广义） 目标设定（新增） 事项识别（新增） 风险评估 风险应对（新增） 控制活动 信息与沟通 监控

2013年，COSO发布了新的内部控制整合框架。新COSO内部控制整合框架并没有改变原框架关于内部控制的基本概念和核心内容，在内部控制定义、内部控制五要素、评估内部控制体系有效性标准等方面与原框架保持一致，对原框架的某些概念和指引进行了更新和改进，以期反映近年来企业经营环境的演变、监管机构的要求和其他利益相关者的期望。

与内部控制整合框架相比，企业风险管理整合框架有7项重要变化：①明确列示了用以支持内部控制五要素的原则；②明确了目标设定在内部控制中的作用；③反映了科技日益深入的相关性；④更加深入地讨论了有关治理的理念；⑤扩大了报告目标类别；⑥加强了对反舞弊预期的考虑；⑦更加关注非财务目标。其中，最重大的变化就是其明确列出了17项总体原则，这些原则代表了内部控制要素相关的基本概念，由于这些原则均直接来自内部控制的各要素，因此，通过应用这些原则，企业即可实现有效的内部控制。新COSO内部控制整合框架17条基本原则见表11-2。

表11-2　　新COSO内部控制整合框架17条基本原则

要素	序号	原则
控制环境	1	对诚信和道德价值观的承诺
	2	董事会独立于管理层，对内部控制的制定及实施进行监督
	3	在董事会的监督下，管理层建立相应组织结构、报告路径、适当的权利和责任体系，以实现组织目标
	4	致力于吸引、发展和保留具有职业胜任能力且与企业整体目标匹配的人才
	5	内部控制责任人的问责制度
风险评估	6	制定清晰的目标，以便有效识别和评估所涉及的风险 ——运营目标 ——外部财务报告目标 ——外部非财务报告目标 ——内部报告目标 ——合规目标
	7	从整个企业的角度来识别实现目标所涉及的风险，分析风险，并据此决定应该如何管理这些风险
	8	在评估影响目标实现的风险时，考虑潜在的舞弊行为
	9	识别并评估可能会对内部控制系统产生重大影响的事项
控制活动	10	选择并制定有助于将目标实现的风险降低至可接受水平的控制活动
	11	选择技术并制定一般的控制活动，以支持目标的实现
	12	通过政策和程序来实施控制活动，政策用以确定期望的目标，程序则将政策付诸行动
信息与沟通	13	获取或生成并利用相关的高质量信息，以支持内部控制体系的运行
	14	内部沟通中的信息（包括内部控制目标和职责范围）必须能够支持内部控制运行
	15	与外部各方沟通影响内部控制运行的相关事项
监控	16	选择、制定并实施持续及/或专门的评估，以判定内部控制各要素是否存在并运行
	17	及时评估内部控制缺陷，并将有关缺陷及时通报给负责整改措施的相关方（包括高级管理层和董事会）

2017年9月，美国反欺诈财务报告委员会（Committee of Sponsoring Organizations of Treadway Commission，COSO）发布了新的企业风险管理框架"企业风险管理——服务于企业战略和绩效的实现"（Enterprise Risk Management - Aligning Risk with Strategy and Performance），这是继2004年COSO正式公布企业风险管理框架（Enterprise Risk Management Framework，ERM框架）以来，第一次对ERM框架进行修订和完善，更确切

地说，是对ERM框架大刀阔斧地进行了重新构思和设计。其原因是过去十年间外部环境发生复杂的变化，利益相关方更加关心风险管理对企业价值的创造，尤其是在战略的制定和执行中风险管理价值的体现，以及增强风险管理和企业绩效之间的协同关系。

与2004年的ERM框架相比，新的ERM框架有以下变化：

① 新ERM使用了“构成元素+原则”的结构，在5个构成元素下提炼出了20条原则。

② 简化了企业风险管理的含义。新ERM对企业风险管理的定义为：组织在创造、保存、实现价值的过程中赖以进行风险管理的，与战略制定和实施相结合的文化、能力和实践。

③ 强调了风险与价值之间的关系。新的风险定义提升了对战略及绩效的讨论，更新后的框架强调了企业风险管理创造、保持和实现价值的角色。企业风险管理不再侧重于防止对企业价值的侵蚀事件和将风险降低至可接受的水平。相反，它被视为不可或缺的战略设定和抓住机遇来创造和保持价值的一部分。

④ 重新定位了企业风险管理的侧重点。新ERM中强调了将企业风险管理融入企业的所有业务流程。从战略目标的设定流程到经营目标的形成，再到执行过程中完成绩效的情况，企业风险管理工作不再是额外的和独立的工作。

ERM（2017）与ERM（2004）框架的要素变化见表11-3。

表11-3　ERM（2017）与ERM（2004）框架的要素变化

ERM（2004）框架8要素	ERM（2017）框架5要素
内部环境	治理和文化
目标设定	战略和目标设定
事项识别	绩效
风险评估	
风险应对	
控制活动	
信息与沟通	审阅与修订
监控	信息、沟通与报告

ERM（2017）框架5要素与20项原则见表11-4。

表11-4　ERM（2017）框架5要素与20项原则

ERM（2017）框架5要素	ERM（2017）框架20项原则
一、治理和文化	1.董事会提供战略监管，实施治理职责，以支持管理层达成战略和商业目标
	2.为达成战略和商业目标所建立的运营模式
	3.组织对期望行为的定义体现了主体所追求的文化理念
	4.组织对其核心价值观的承诺
	5.组织为协同战略和商业目标所致力培养的人力资本

续表

ERM（2017）框架5要素	ERM（2017）框架20项原则
二、战略和目标设定	6.组织关注不同商业环境对风险状况的潜在影响
	7.组织在创造、保护和实现价值时定义风险偏好
	8.组织评估可替代战略和对风险的潜在影响
	9.组织在建立支持战略实现的不同层次商业目标时应该考量风险
三、绩效	10.组织识别影响战略绩效和商业目标绩效的风险
	11.组织评估风险的严重程度
	12.组织对风险进行排序，作为选择风险应对措施的基础
	13.组织识别和选择风险应对措施
	14.组织建立一种组合视角进行风险评估
四、审阅与修订	15.组织识别并评估可能对战略和商业目标影响重大的变化
	16.组织审视主体绩效的同时考虑相关风险
	17.组织需要不断改进和完善企业风险管理
五、信息、沟通与报告	18.组织运用自身的信息技术系统支持企业风险管理
	19.组织应用沟通渠道支持企业风险管理
	20.组织向主体报告不同层次的风险、文化和绩效

现代企业运营对于IT信息技术与网络的依赖与日俱增，而信息也逐渐成为企业重要的资产，只有加强IT治理，强化内部控制与企业风险管理，才能确保企业的IT能够支持组织战略和目标的实现。IT管理的框架COBIT（Control Objectives for Information and Related Technology）作为一个管理内部控制和适当的IT安全水平的参考框架，于1996年被提出并经过多次修改和完善。COBIT提供了一套公认的IT控制目标，以协助企业最大化应用IT的效益和进行适当的IT管理。

IT治理协会对IT管理的定义是：IT管理是执行层和董事的责任，由领导、组织架构和流程组成，确保企业的IT能够维护和发展组织的战略和目标。IT管理应该关注5个领域：战略统一、传递价值、资源管理、风险管理和绩效评估。

COSO的关注点是在企业的层面上实现经营的目标，COBIT将关注点集中在信息技术。因此，在COBIT中，内部控制的概念是将内部控制应用于IT控制，而不是整个企业的经营战略。

（二）内部控制在我国的发展历程

我国的内部控制研究是随着审计事业的恢复而逐步发展起来的，20世纪80年代，学术界就开始了对这一领域的探索和研究。中国审计学会、中国内部审计协会亦多次组织理论界和实务界人士开展相关研究，并取得了一些研究成果。

1996年，财政部发布《独立审计具体准则第9号——内部控制与审计风险》，首次完整地提出了内部控制的“三要素”，并要求注册会计师应当审查企业内部控制。中国人民银行、中国证监会等先后发布部门或系统的有关内部控制的行政规范。

1999年修订，并于2000年7月1日正式施行的《会计法》，从法律角度对内部控制做出了规定，对单位内部会计监督提出了明确的思想要求（职责明确、相互分离、相互制约、相互监督）。

进入21世纪，我国的内部控制建设在政府、行业的推动下，向政策指导、实务应用领域迅速展开。

中国证监会于2000年11月发布的《公开发行证券的公司信息披露编报规则》要求，公开发行证券的商业银行、保险公司、证券公司应当建立健全内部控制制度，并在招股说明书正文中专设一部分，对其内部控制制度的完整性、合理性和有效性做出说明。同时规定，商业银行、保险公司、证券公司还应委托所聘请的会计师事务所对其内部控制制度及风险管理系统的完整性、合理性和有效性进行评价，提出改进建议，并以内部控制评价报告的形式进行报告。另外，中国证监会发布的相关招股说明书准则也有类似的规定。中国证监会于2001年1月31日发布了《证券公司内部控制指引》。

财政部于2001年6月22日发布了《内部会计控制规范——基本规范（试行）》和《内部会计控制规范——货币资金（试行）》，明确了单位建立和完善内部会计控制体系的基本框架和要求，以及货币资金内部控制的要求。

2002年底至2003年，财政部陆续发布了《内部会计控制规范——工程项目（试行）》《内部会计控制规范——销售与收款（试行）》《内部会计控制规范——采购与付款（试行）》，以及有关担保、成本费用、实物资产、对外投资等方面的征求意见稿。

2006年5月12日，深圳证券交易所发布公开征求《深圳证券交易所上市公司内部控制指引》意见通知，在全国范围内为建立内控制度体系征询意见。

2006年5月17日，中国证监会发布第32号令——《首次公开发行股票并上市管理办法》，其第二十二条规定，发行人的内部控制在所有重大方面是有效的，并由注册会计师出具了无保留结论的内部控制鉴证报告。这是我国首次对上市公司内部控制提出具体的要求。

2006年6月5日，上海证券交易所出台了《上海证券交易所上市公司内部控制指引》，明确内控制度建立和执行情况、定期和临时内控信息披露、全体董事作为责任人等三大内控监管重点。

2006年6月6日，国务院国资委发布了《关于印发〈中央企业全面风险管理指引〉的通知》，对内控、全面风险管理工作的总体原则、基本流程、组织体系、风险评估、风险管理策略、风险管理解决方案、监督与改进、风险管理文化、风险管理信息系统等进行了详细阐述。

2006年7月15日，财政部发起成立了“企业内部控制标准委员会”；中国注册会计师协会也发起成立了“会计师事务所内部治理指导委员会”。

2006年9月28日，深圳证券交易所发布了《深圳证券交易所上市公司内部控制指引》，要求上市公司从内部环境、目标设定、事项识别、风险评估四个方面加强内部控制管理。

2007年3月2日，企业内部控制标准委员会公布了《企业内部控制规范——基本规范》和17项具体规范的征求意见稿，广泛征求意见。

内部控制作为公司治理的关键环节和经营管理的重要举措，在企业发展壮大过程中具有举足轻重的作用。但从现实情况来看，许多企业管理松弛、内控弱化、风险频发、资产流失、营私舞弊、损失浪费等问题还比较突出。

随着市场经济的发展和企业环境的变化，单纯依赖会计控制已经难以应对企业面对的市场风险，会计控制必须向风险控制发展。同时，各部门之间的内控要求也有待进一步协调，以便为内部控制自我评估和外部评价提供统一的标准。

2008年5月22日，财政部、证监会、审计署、银监会、保监会[①]联合发布了《企业内部控制基本规范》。基本规范自2009年7月1日起首先在上市公司范围内施行，鼓励非上市的其他大中型企业执行。执行基本规范的上市公司，应当对本公司内部控制的有效性进行自我评价，披露年度自我评价报告，并可聘请具有证券、期货业务资格的中介机构对内部控制的有效性进行审计。基本规范共七章，各章分别是：总则、内部环境、风险评估、控制活动、信息与沟通、内部监督和附则。与基本规范同时发布的还包括《企业内部控制评价指引》《企业内部控制应用指引》和中国注册会计师协会主持起草的《企业内部控制鉴证指引》等配套规范的征求意见稿。

2010年4月15日，出台了与《企业内部控制基本规范》相配套的3个相关指引。配套指引自2011年1月1日起首先在境内外同时上市的公司施行，自2012年1月1日起，强制要求上交所、深交所主板上市的公司披露年度自我评价报告和内部控制审计报告。这些规定的出台对我国内控制度的建设具有十分深远的意义，标志着我国的内控信息披露制度逐步迈向了强制披露的道路。

2012年5月，财政部联合国务院国资委下发《关于加快构建中央企业内部控制体系有关事项的通知》，要求各中央企业全面启动内部控制建设与实施工作。

2012年8月，财政部联合中国证监会发布了《关于2012年主板上市公司分类分批实施企业内部控制规范体系的通知》，要求主板上市公司确保内部控制体系建设落到实处。

2012年11月，财政部发布了《行政事业单位内部控制规范（试行）》，加强行政事业单位内部控制规范，并规定于2014年1月1日在全国范围内实行。

2015年12月，财政部发布了《关于全面推进行政事业单位内部控制建设的指导意见》，要求行政事业单位必须于2016年底前完成内部控制的建立和实施工作。

2016年6月，财政部发布了《关于开展行政事业单位内部控制基础性评价工作的通知》，要求事业单位开展内部控制基础性评价工作。

2017年1月，财政部印发《行政事业单位内部控制报告管理制度（试行）》，要求行政事业单位遵照执行，全面推进了行政事业单位内部控制建设。

2017年6月，财政部制定并颁布《小企业内部控制规范（试行）》，引导和推动小企业加强内部控制建设，提升经营管理水平和风险防范能力，促进小企业健康可持续发展。

2018年12月，《中央企业合规管理指引（试行）》正式颁布，要求中央企业合规管理以有效防控合规风险为目的，以企业和员工经营管理行为为对象，开展包括制度制定、风险识别、合规审查、风险应对、责任追究、考核评价、合规培训等有组织、有计划的管理活动。

---

① 银监会、保监会现称“国家金融监督管理总局”。

2021年3月，财政部、中国证监会发布《关于深交所主板与中小板合并后原中小板上市公司实施企业内部控制规范体系的通知》，要求深交所主板与中小板合并后，原中小板上市公司应当全面实施企业内部控制规范体系。

2023年10月，为推动上市公司和拟上市企业进一步加强内部控制，开展内部控制评价，实施财务报告内部控制审计，财政部会同中国证监会研究起草了《关于强化上市公司及拟上市企业内部控制建设、推进内部控制评价和审计的通知（征求意见稿）》。其要求各上市公司应当严格按照《企业内部控制基本规范》及企业内部控制配套指引的有关要求，持续优化内部控制制度，完善风险评估机制，加强内部控制评价和审计，科学认定内部控制缺陷，强化内部控制缺陷整改，促进公司内部控制的持续改进，不断提升内部控制的有效性。

上述系列规范的发布，标志着我国初步建立了内部控制规范。剖析我国的企业内部控制规范，可以发现其中的“12345结构”特点，即1个基本规范，2种内部控制缺陷标准（设计缺陷、运行缺陷），3项内部控制指引（评价指引、应用指引、鉴证指引），4点控制目标（法律法规遵循性、资产安全性、财务报告可靠性、经营管理有效性），5个方面内控要素（控制环境、风险评估、控制活动、信息与沟通、内部监督）。这些内控规范指明了内部控制“做什么”“由谁做”“怎样做”的方向。

从目前颁布的《企业内部控制基本规范》来看，内部控制涉及的领域已经非常广泛，覆盖公司层面、业务层面的几乎所有活动，远远突破原来的内部牵制、会计控制的范围。积极倡导有条件的企业，根据市场自由竞争的需要建立全面内部控制和全面风险管理。

小贴士　　企业内部控制基本规范

基本规范共七章五十条，各章分别是：总则、内部环境、风险评估、控制活动、信息与沟通、内部监督和附则。基本规范坚持立足中国国情、借鉴国际惯例，确立了我国企业建立和实施内部控制的基础框架，并取得了重大突破。

一是科学界定内部控制的内涵，强调内部控制是由企业董事会、监事会、经理层和全体员工实施的，旨在实现控制目标的过程，有利于树立全面、全员、全过程控制的理念。

二是准确定位内部控制的目标，要求企业在保证经营管理合法合规、资产安全、财务报告及相关信息真实完整、提高经营效率和效果的基础上，着力促进企业实现发展战略。

三是合理确定内部控制的原则，要求企业在建立和实施内部控制全过程中贯彻全面性原则、重要性原则、制衡性原则、适应性原则和成本效益原则。

四是统筹构建内部控制的要素，有机融合世界主要经济体加强内部控制的做法经验，构建了以内部环境为重要基础、以风险评估为重要环节、以控制活动为重要手段、以信息与沟通为重要条件、以内部监督为重要保证，相互联系、相互促进的五要素内部控制框架。

五是开创性地建立了以企业为主体、以政府监管为促进、以中介机构审计为重要组成部分的内部控制实施机制，要求企业实行内部控制自我评价制度，并将各责任单位和全体员工实施内部控制的情况纳入绩效考评体系；国务院有关监管部门有权对企业建立并实施内部控制的情况进行监督检查；明确企业可以依法委托会计师事务所对本企业内部控制的有效性进行审计，出具审计报告。

资料来源：根据《企业内部控制基本规范》（财会〔2008〕7号）相关资料整理而得。

三、对内部控制的理解

内部控制强调了以下理念：

1.内部控制是一个过程，是达到目的的工具，而不是目的本身

（1）内部控制是管理过程的一个组成部分

内部控制不是一个事件或者环境，而是一系列保证企业的活动得以顺利进行的行为。这些行为的范围很广泛，而且包含在管理层运作业务的方式中。组织的单位（Unit）及功能部门内部或者跨组织单位和功能部门的业务流程，是通过计划、执行和监控这些基本的管理流程来实施的。内部控制是这些过程的一部分，并与它们紧密结合。内部控制使流程可以正常运行，并监督其实施和保持持续相关性。内部控制是管理活动的一部分，但是，并非所有的管理活动都是内部控制的组成部分。例如，目标的建立，尽管这是一项重要的管理责任，但其是内部控制的前提。类似地，管理层的许多行动和决定都不是内部控制。

（2）内部控制不是附加的，而是嵌入的

COSO在其报告中指出，内部控制系统与企业的经营活动交织在一起，并因最基本的业务需求而存在。经营过程是指通过计划、执行及监督等基本的管理过程对企业加以管理。这些过程由组织的某一个单位或部门进行，或由若干单位或部门共同进行。内部控制是企业经营过程的一部分，与经营过程结合在一起，而不是凌驾于企业的基本活动之上，其使经营达到预期的效果，并监督企业经营过程的持续进行。内部控制只是管理的一种工具，并不能取代管理。当内部控制嵌入企业的基层组织并成为企业核心部分时，其是最有效的。控制应该是"嵌入式"的，而不是"流于形式"的。"嵌入式"控制可以避免不必要的成本，可以对环境变化做出快速反应。

2.内部控制并不只是政策手册和表格，而是由组织中各层级的人员实施

内部控制是由企业的董事会、管理层和其他人员实施（Effect）的，其是通过组织中人员的言行来实现的。人们确立企业的目标，并落实控制机制。同样，内部控制影响人们的行为，人们并不总能理解、沟通或者坚持实施。每个人将各自不同的背景、技术和能力带到工作中，并且有着不同的需求。这些影响着内部控制，并受到内部控制的影响。人们必须知道他们的责任和权限。相应地，人们的责任与他们做事的方式、公司目标之间应该有明确、紧密的联系。

不仅仅是管理人员、内部审计师或董事会，组织中的每个人都应该对内部控制负有责任。确立这种组织思想有利于使企业的所有员工团结一致，使其主动地维护及改善企业的内部控制，而不是与管理阶层相互对立、被动地执行内部控制。组织中的人员包括董事会、管理层和其他人员。董事会的主要职责是监督，但其也负责指明工作方向及批准某些交易和政策，所以，董事会是内部控制的重要因素。管理层负责实施组织的内部控制，CEO应当对控制系统承担最终责任。

3.内部控制为企业的管理层和董事会提供合理保证，而不是绝对保证

内部控制无论设计和运行得多么完善，也只能对管理层和董事会就组织目标提供合理保证。实现目标的可能性受到内部控制本身局限性的影响，因为人们进行决策判断所基于的事实可能是错误的，负责设立内部控制的人员需要考虑相关的成本和效益，人为的一个小错误等都可能导致内部控制的失败。内部控制应当符合成本与效益原则，内部控制并不

是要消除任何滥用职权的可能性，而是要创造一种为防范滥用职权而投入的成本与滥用职权的累计数额之比呈现合理状态（经济原则）的机制。另外，控制也可能因两个或多个人员的共谋而被规避。最后，管理层有可能凌驾于内部控制之上。

4.内部控制通过调整来达到一个或多个独立但又有交叉的目标

每个企业均有使命、战略和目标。目标可以是全公司范围的，也可以是针对特定业务活动的。尽管很多目标是针对特定企业的，但有些确实是共同的目标。例如，所有企业均要在行业内和消费者中保持良好的声誉，向股东提供可靠的财务报表，在经营方面遵纪守法。

正如COSO所言，这个内部控制的定义是广义的。因为，一方面，它是大多数高级管理层在管理他们的业务活动时看待内部控制的方式；另一方面，它包括了内部控制的子集。如果需要，就可以只专注于某一方面的内部控制，如财务报告的控制或合法合规性的控制。同样，也可以直接关注企业中那些针对特定的单位或活动的控制。可以说，COSO将“内部控制的范围扩展到了政策、计划、程序、过程、系统、活动、职能、设计、交易以及公司的所有层次上”。

第二节 内部控制的要素

一、内部控制目标

内部控制是指单位治理层、管理层及其员工共同实施的，旨在实现控制目标的过程。内部控制的目标是合理保证单位经营管理合法合规、资产安全、财务报告及相关信息真实完整，提高经营效率和效果，促进单位实现发展战略。

（1）促进实现发展战略

这是内部控制的终极目标。它要求单位将近期利益与长远利益结合起来，在单位经营管理中努力做出符合战略要求、有利于提升可持续发展能力和创造长久价值的策略选择。

（2）促进提高经营效率和效果

它要求单位结合自身所处的特定的经营、行业和经济环境，通过健全有效的内部控制，不断提高营运活动的盈利能力和管理效率。

（3）促进提高信息报告质量

可靠的信息报告能够为单位管理层提供适合其既定目标的准确而完整的信息、支持管理层的决策和对营运活动及业绩的监控。同时，保证对外披露的信息报告的真实、完整，有利于提升单位的诚信度和公信力，维护单位良好的声誉和形象。

（4）促进维护资产安全

资产安全完整是投资者、债权人和其他利益相关者普遍关注的重大问题，是单位可持续发展的物质基础。良好的内部控制，应当为资产安全完整提供扎实的制度保障。

（5）促进企业经营管理合法合规

守法和诚信是单位健康发展的基石。逾越法律的短期发展终将付出沉重代价。内部控制要求单位必须将发展置于国家法律法规允许的基本框架之下，在守法的基础上实现自身的发展。

二、内部控制要素

企业建立与实施有效的内部控制，应当包括下列要素：

（一）内部控制环境

内部控制环境规定单位的纪律与架构，影响经营管理目标的制定，塑造单位文化氛围并影响员工的控制意识，是实施内部控制的基础。

其通常包括以下方面：

① 单位的治理结构，比如董事会、监事会、管理层的分工制衡及其在内部控制中的职责权限，审计委员会职能的发挥等。

② 单位的内部机构设置及权责分配，尽管没有统一模式，但所采用的组织结构应当有利于提升管理效能，并保证信息通畅。

③ 内部审计机制，包括内部审计机构设置、人员配备、工作开展及其独立性的保证等。

④ 单位的人力资源政策，比如员工的聘用、培训、辞退与辞职，员工的薪酬、考核、晋升与奖惩，关键岗位员工的强制休假制度和定期岗位轮换制度，对掌握国家秘密或重要商业秘密的员工设岗的限制性规定等。

⑤ 单位文化，包括单位整体的风险意识和风险管理理念，董事会、经理层的诚信和道德价值观，单位全体员工的法治观念等。一般而言，董事会及单位负责人在塑造良好的内部控制环境方面发挥关键作用。

（二）风险评估

风险是指一个潜在事项的发生对目标实现产生的影响。风险评估是单位及时识别、科学分析经营活动中与实现控制目标相关的风险，合理确定风险应对策略，是实施内部控制的重要环节。风险评估主要包括目标设定、风险识别、风险分析和风险应对。

风险与可能被影响的目标相关联。单位必须制定与生产、销售、财务等业务相关的目标，设立可以辨认、分析和管理相关风险的机制，以了解单位所面临的来自内部和外部的各种不同风险。这些风险通常表现为各种潜在事项和因素，包括经济因素、自然环境因素、法律因素、社会因素、科学技术因素等外部因素，以及人力资源、管理、自主创新、财务、安全环保等内部因素。

在充分识别各种潜在风险因素后，要对固有风险，即不采取任何防范措施可能造成的损失程度进行评估，同时，重点评估剩余风险，即采取了相应应对措施之后仍可能造成的损失程度。

确保数据来源的可靠性是评估风险的基础，因此，进行行业纵向和横向比较是风险评估中的常用方法。单位管理层在评估了相关风险的可能性和后果，以及成本效益之后，要选择一系列措施使剩余风险处于期望的风险容限以内。

常用的风险应对措施有：风险规避，即单位对超出风险承受度的风险，通过放弃或者停止与该风险相关的业务活动以避免和减轻损失的策略；风险降低，即单位在权衡成本效益之后，准备采取控制措施降低风险或者减轻损失，将风险控制在风险承受度之内的策略；风险分担，即单位准备借助他人力量，采取业务分包、购买保险等方式和适当的控制措施，将风险控制在风险承受度之内的策略；风险承受，即单位对风险承受度之内的风险，在权衡成本效益之后，不准备采取控制措施降低风险或者减轻损失的策略。一般来说，风险应对策略往往是综合运用的。

（三）控制活动

控制活动是指单位管理层根据风险评估结果，采取相应的控制措施，将风险控制在风险承受度之内，是实施内部控制的具体方式。

常见的控制措施有：不相容职务分离控制、授权审批控制、会计系统控制、财产保护控制、预算控制、运营分析控制、绩效考评控制等。

（四）信息与沟通

信息与沟通是指单位及时、准确地收集、传递与内部控制相关的信息，确保信息在单位内部、单位与外部之间的有效沟通，是实施内部控制的重要条件。

信息与沟通的主要环节有：确认、计量、记录有效的经济业务；在财务报告中恰当揭示财务状况、经营成果和现金流量；保证管理层与单位内部、外部的顺畅沟通，包括与利益相关者、监管部门、注册会计师、供应商等的沟通。

信息与沟通的方式是灵活多样的，但无论哪种方式，都应当保证信息的真实性、及时性和有用性。

（五）内部监督

内部监督是指单位对内部控制建立与实施情况进行监督检查，评价内部控制的有效性，发现内部控制缺陷，及时加以改进，是实施内部控制的重要保证。

内部监督包括日常监督和专项监督。监控情况应当形成书面报告，并在报告中揭示内部控制的重要缺陷。内部监督形成的报告应当有畅通的报告渠道，确保发现的重要问题能够送达治理层和管理层；同时，应当建立内部控制缺陷纠正、改进机制，充分发挥监控效力。

上述五个要素相互关联与配合，形成了一个整合系统。这个系统可以对外部环境的改变做出动态反应。

三、有关各方在内部控制中的职责和作用

（1）董事会

董事会直接影响内部环境这一控制基础，其在内部控制中的重要职责表现为：科学选择恰当的管理层并对其进行监督；清晰了解管理层实施有效的风险管理和内部控制的范围；知道并同意单位的最大风险承受能力；及时知悉最重大的风险以及管理层是否恰当地予以应对。董事会负责单位内部控制的建立健全和有效实施。

（2）审计委员会

审计委员会是董事会下设的专业委员会，其在内部控制中的职责一般包括：审查单位内部控制的设计，监督内部控制有效实施和单位开展内部控制自我评价情况，协调内部控制审计及其他相关事宜等。审计委员会负责人应当具备相应的独立性、良好的职业操守和专业胜任能力。

(3) 管理层

管理层直接对一个单位的经营管理活动负责。总经理在内部控制中承担重要责任，其职责包括：为高级管理人员提供领导和指引；定期与主要职能部门——营销、生产、采购、财务、人力资源等部门的高级管理人员进行会谈，以便对他们的职责，包括他们如何管理风险等进行核查。管理层负责组织领导单位内部控制的日常运行。

(4) 风险管理部门

风险管理部门及其人员的职责包括：建立风险管理政策；确定各业务单元对风险管理的权利和义务；提高整个单位的风险管理能力；指导风险管理与其他经营计划和管理活动的整合；建立一套通用的风险管理语言；帮助管理人员制定报告规程；向董事长或总经理等报告进展和暴露的问题。

(5) 财务部门

单位的财务活动应当贯穿单位经营管理的全过程，财务部门负责人在制定目标、确定战略、分析风险和做出管理决策时应当扮演一个关键的角色。管理层应当赋予财务负责人参与决策的权利，并支持其关注经营管理的更大范畴，限制财务负责人的关注领域和知悉范围会削弱、制约单位的管理能力。

(6) 内部审计部门

内部审计部门及其人员在评价内部控制的有效性，以及提出改进建议方面起着关键的作用。单位应当授予内部审计部门适当的权利以确保其审计职责的履行；对内部审计部门负责人的任免应当慎重；内部审计部门负责人与董事会及其审计委员会应当保持畅通沟通；应当赋予内部审计部门追查异常情况的权利和提出处理处罚建议的权利。

(7) 单位员工

所有员工都在实现内部控制中承担相应职责并发挥积极作用。管理层应当重视员工的作用，并为员工反映诉求提供信息通道。

第三节 内部控制的措施

内部控制措施是实现内部控制目标、发挥控制功能的技术手段，主要包括：

(1) 不相容职务分离控制

所谓不相容职务，是指那些如果由一个人担任既可能发生错误和舞弊行为，又可能掩盖错误和舞弊行为的职务。

不相容职务一般包括：授权批准与业务经办、业务经办与会计记录、会计记录与财产保管、业务经办与稽核检查、授权批准与监督检查等。对于不相容的职务，如果不实行相互分离的措施，就容易发生舞弊等行为。

不相容职务分离的核心是“内部牵制”，因此，单位在设计、建立内部控制制度时，首先应确定哪些岗位和职务是不相容的；其次要明确规定各个机构和岗位的职责权限，使不相容岗位和职务之间能够相互监督、相互制约，形成有效的制衡机制。

（2）授权审批控制

授权审批是指单位在办理各项经济业务时，必须经过规定程序的授权批准。授权审批形式通常有常规性授权和临时性授权之分。常规性授权是指单位在日常经营管理活动中按照既定的职责和程序进行的授权，用以规范经济业务的权利、条件和有关责任者，其时效性一般较长。临时性授权是指单位对办理例外的、非常规性交易事件的权利、条件和责任的应急性授权。

单位必须建立授权审批体系，明确以下内容：①授权审批的范围；②授权审批的层次；③授权审批的程序；④授权审批的责任。单位对于重大业务和事项，应当实行集体决策审批或者联签制度，任何个人不得单独进行决策或者擅自改变集体决策意见。

（3）会计系统控制

会计作为一个信息系统，对内能够向管理层提供经营管理的诸多信息，对外可以向投资者、债权人等提供用于投资等决策的信息。会计系统控制主要是通过对会计主体所发生的各项能够利用货币计量的经济业务进行记录、归集、分类、编报等进行的控制。

会计系统控制的内容主要包括：①依法设置会计机构，配备会计从业人员。从事会计工作的人员，应当具备从事会计工作所需要的专业能力。会计机构负责人应当具备会计师以上专业技术职务资格。大中型企业应当设置总会计师或者财务总监，设置总会计师或者财务总监的单位，不得设置与其职务权力重叠的副职。②建立会计工作的岗位责任制，对会计人员进行科学合理的分工，使之相互监督和制约。③按照规定取得和填制原始凭证。④设计良好的凭证格式。⑤对凭证进行连续编号。⑥规定合理的凭证传递程序。⑦明确凭证的装订和保管手续责任。⑧合理设置账户，登记会计账簿，进行复式记账。⑨按照《会计法》及相关的会计准则和会计制度的要求，编制、报送、保管财务会计报告。

（4）财产保护控制

财产保护控制主要包括：

① 财产记录和实物保管。其关键是要妥善保管涉及资产的各种文件资料，避免记录受损、被盗、被毁。对于重要的文件资料，应当留有备份，以便在遭受意外损失或毁坏时恢复，这在计算机处理条件下尤为重要。

② 定期盘点和账实核对。其是指定期对实物资产进行盘点，并将盘点结果与会计记录进行比较。盘点结果与会计记录如不一致，可能说明资产管理上出现了错误、浪费、损失或其他不正常现象，应当分析原因、查明责任、完善管理制度。

③ 限制接近。其是指严格限制未经授权的人员对资产的直接接触，只有经过授权批准的人员才能接触该资产。限制接近包括限制对资产本身的直接接触和通过文件批准方式对资产使用或分配的间接接触。一般情况下，对于货币资金、有价证券、存货等变现能力较强的资产，必须限制无关人员的直接接触。

（5）预算控制

预算控制的内容涵盖了单位经营活动的全过程，单位通过预算的编制和检查预算的执行情况，可以比较、分析内部各单位未完成预算的原因，并对未完成预算的不良后果采取改进措施，确保各项预算的严格执行。

在实际工作中，预算编制不论采用自上而下还是采用自下而上的方法，其决策权都应落实在内部管理的最高层，由这一权威层次进行决策、指挥和协调。预算确定后，由各预算单位组织实施，并辅之以对等的权、责、利关系，由内部审计部门等负责监督预算的执行。

预算控制的主要环节有：①确定预算的项目、标准和程序；②编制和审定预算；③预算指标的下达和责任人的落实；④预算执行的授权；⑤预算执行过程的监控；⑥预算差异的分析和调整；⑦预算业绩的考核和奖惩。

（6）运营分析控制

运营分析控制要求单位建立运营情况分析制度，管理层应当综合运用生产、购销、投资、融资、财务等方面的信息，通过因素分析、对比分析、趋势分析等方法，定期开展运营情况分析，发现存在的问题，及时查明原因并加以改进。

（7）绩效考评控制

绩效考评控制要求单位科学设置考核指标体系，对单位内部各职能部门和全体员工的业绩进行定期考核和客观评价，并将考评结果作为确定员工薪酬以及职务晋升、评优、降级、调岗和辞退等的依据。

（8）内部报告控制

内部报告控制要求企业建立和完善内部报告制度，明确相关信息的收集、分析、报告和处理程序，及时提供业务活动中的重要信息，全面反映经济活动情况，增强内部管理的时效性和及时性。

内部报告方式通常包括例行报告、实时报告、专题报告、综合报告等。

（9）信息技术控制

信息技术控制要求企业结合实际情况和计算机信息技术应用程度，建立与本企业经营管理业务相适应的信息化控制流程，提高业务处理效率，减少和消除人为操纵因素，同时加强对计算机信息系统开发与维护、访问与变更、数据输入与输出、文件存储与保管、网络安全等方面的控制，保证信息系统安全、有效运行。

第四节　内部控制的设计与评价

一、内部控制的设计

（一）内部控制的设计原则

在企业的实践应用中，设计内部控制的总体思路是：借鉴内部控制理论，参考内部控制范例，根据内部控制法规，结合企业业务运营过程中的各个核心控制点和核心控制环节，从而设计健全的内部控制系统，并且需要定期进行评价，根据业务变化做出相应调整。

设计内部控制制度，应当遵循以下5条具体原则：

① 全面性原则。内部控制应当贯穿决策、执行和监督的全过程，覆盖企业及其所属单位的各种业务和事项。

② 重要性原则。内部控制应当在全面控制的基础上，关注重要业务事项和高风险领域。

③ 制衡性原则。内部控制应当在治理结构、机构设置及权责分配、业务流程等方面相互制约、相互监督，兼顾运营效率。

④ 适应性原则。内部控制应当与企业经营规模、业务范围、竞争状况和风险水平等相适应，并随着情况的变化及时加以调整。

⑤ 成本效益原则。内部控制应当权衡实施成本与预期效益，以适当的成本实现有效控制。

（二）内部控制的设计程序

内部控制的设计程序，可以简要总结如下：

设计内部控制的步骤，主要是确定控制目标、整合控制流程、鉴别控制环节、确定控制措施，最终以流程图或调查表的形式加以体现。

（1）确定控制目标

这既是管理经济活动的基本要求，又是实施内部控制的最终目的，也是评价内部控制的最高标准。在实际工作中，管理人员和审计人员总是根据控制目标，建立和评价内部控制系统。因此，设计内部控制，首先应该根据经济活动的内容特点和管理要求提炼内部控制目标，然后据以选择具有相应功能的内部控制要素，形成控制系统。

（2）整合控制流程

控制流程是依次贯穿于某项业务活动始终的基本控制步骤及相应环节。控制流程通常与业务流程相吻合，主要由控制点组成。当企业的业务流程存在控制缺陷时，则需要根据控制目标和控制原则加以整合。

（3）鉴别控制环节

实现控制目标，主要是控制容易发生偏差的业务环节。这些可能因发生错弊而需要控制的业务环节，通常称为控制环节或控制点。控制点按其发挥作用的程度不同，可以分为关键控制点和一般控制点。那些在业务处理过程中发挥作用最大、影响范围最广，甚至决定全局成效，对于保证整个业务活动的控制目标具有至关重要作用的控制点，即为关键控制点；相比之下，那些只能发挥局部作用、影响特定范围的控制点，则为一般控制点。例如，材料采购业务中的“验收”控制点，对于保证材料采购业务的完整性、实物安全性等控制目标都起着重要的保障作用，因此其是材料采购控制系统中的关键控制点；相比之下，“审批”“签约”“登记”“记账”等控制点，即是一般控制点。需要说明的是，关键控制点和一般控制点在一定条件下是可以相互转化的。某个控制点在此项业务活动中是关键控制点，在另外一项活动中则可能是一般控制点，反之亦然。

在鉴别控制点的过程中，应当对内部风险和外部环境进行深入分析。对于内部风险，需要重点关注以下方面：

① 董事、监事、经理及其他高级管理人员的职业操守、员工专业胜任能力等人力资源因素。

② 组织机构、经营方式、资产管理、业务流程等管理因素。

③ 研究开发、技术投入、信息技术运用等自主创新因素。

④ 财务状况、经营成果、现金流量等财务因素。

⑤ 营运安全、员工健康、环境保护等安全环保因素。

对于外部环境，需要重点关注以下方面：

① 经济形势、产业政策、融资环境、市场竞争、资源供给等经济因素。

② 法律法规、监管要求等法律因素。

③ 安全稳定、文化传统、社会信用、教育水平、消费者行为等社会因素。

④ 技术进步、工艺改进等科学技术因素。

⑤ 自然灾害、环境状况等自然环境因素。

(4) 确定控制措施

控制点的功能，是通过设置具体的控制技术和手续而实现的。这些为预防和发现错弊而在某个控制点所运用的各种控制技术和手续等，通常被称为控制措施。例如，现金控制系统中的“审批”控制点设有以下控制措施：①主管人员授权办理现金收支业务；②经办人员在现金收支原始凭证上签字或盖章；③部门负责人审核该凭证并签章批准等。银行存款控制系统中的“结算”控制点设有以下控制措施：①出纳员核查原始凭证；②填制或取得结算凭证；③加盖收讫或付讫戳记；④签字或盖章；⑤登记结算登记簿等。以上两个控制点的差异，说明由于其控制的业务内容不同，所要实现的控制目标不同，因而相匹配的控制措施也不相同。因此，在实际工作中，必须根据控制目标和对象设置相应的控制技术和手续。

企业应当根据风险分析的结果，结合风险承受度，权衡风险与收益，确定风险应对策略。企业应当综合运用风险规避、风险降低、风险分担和风险承受等风险应对策略，实现对风险的有效控制。

(5) 绘制流程图或调查表

在明确控制流程、控制点和相应的控制措施的基础上，绘制相应业务流程的流程图或调查表，并加以适当的文字说明。

(三) 内部控制的设计形式

内部控制的设计形式，主要有内部控制流程图和内部控制制度。

内部控制流程图是以流程图的形式直观反映各关键控制点、关键控制环节及控制措施，并显示各种不相容职务、部门的分离。

内部控制制度主要是以企业规章制度的形式存在，作为企业各部门以及各级员工日常业务运作的依据和约束。内部控制制度主要以文字记录的形式存在。

二、内部控制的评价

内部控制评价是指由企业董事会和管理层实施的，对企业内部控制有效性进行评价，形成评价结论，出具评价报告的过程。内部控制有效性是指企业建立与实施内部控制能够为控制目标的实现提供合理的保证。

(一) 评价原则

企业实施内部控制评价，应当遵循下列原则：

① 风险导向原则。内部控制评价应当以风险评估为基础，根据风险发生的可能性和对企业单个或整体控制目标造成的影响程度来确定需要评价的重点业务单元、重要业务领域或流程环节。

② 一致性原则。内部控制评价应当采用统一可比的评价方法和标准，保证评价结果的可比性。

③ 公允性原则。内部控制评价应当以事实为依据，评价结果应当有适当的证据支持。

④ 独立性原则。内部控制评价机构的确定及评价工作的组织实施应当保持相应的独立性。

⑤ 成本效益原则。内部控制评价应当以适当的成本实现科学有效的评价。

（二）评价内容

单位应当对与实现内部控制目标相关的内部环境、风险评估、控制活动、信息与沟通、内部监督等内部控制要素进行全面系统、有针对性的评价。

企业实施内部控制评价，包括对内部控制设计有效性和运行有效性的评价。

内部控制设计有效性是指为实现控制目标所必需的内部控制要素都具备并且设计恰当；内部控制运行有效性是指现有内部控制按照规定程序得到了正确执行。

评价内容包括但不限于：

① 被评价单位内部控制是否在风险评估的基础上涵盖了企业层面的风险和所有重要的业务流程层面的风险。

② 被评价单位内部控制设计的方法是否适当，内部控制建设的时间进度安排是否科学、阶段性工作要求是否合理。

③ 被评价单位内部控制设计和运行的组织是否有效，人员配备、职责分工和授权是否合理。

④ 被评价单位是否开展内部控制自查并上报有关自查报告。

⑤ 被评价单位是否建立有利于促进内部控制各项政策措施落实和问题整改的机制。

⑥ 被评价单位在评价期间是否出现过重大风险事故等。

（三）评价程序

企业按照制订评价方案、实施评价活动、编制评价报告等程序开展内部控制评价。

内部控制评价机构根据企业整体控制目标，制订内部控制评价工作方案，明确评价目的、范围、组织、标准、方法、进度安排和费用预算等内容，报管理层和董事会审批。

内部控制评价机构应当根据审批通过的评价方案组织实施内部控制评价工作，通过适当的方法收集、确认、分析相关信息，确定与实现整体控制目标相关的风险及细化控制目标，并在此基础上辨识与细化控制目标相对应的控制活动，然后针对控制活动进行必要的测试，获取充分、相关、可靠的证据，以对内部控制的有效性进行评价，并做出书面记录。

实施评价活动是指根据所收集的证据，判断相关控制的设计与运行是否有效。在判断内部控制设计与运行的有效性时，应当充分考虑下列因素：

① 是否针对风险设置了合理的细化控制目标。

② 是否针对细化控制目标设置了对应的控制活动。

③ 相关控制活动是如何运行的。

④ 相关控制活动是否得到了持续一致的运行。

⑤ 实施相关控制活动的人员是否具备必需的权限和能力。

企业在实施内部控制评价时，应当对内部控制缺陷进行分类分析。内部控制缺陷一般可以分为设计缺陷和运行缺陷。设计缺陷是指缺少实现控制目标所必需的控制，或者现存控制设计不适当，即使正常运行也难以实现控制目标。运行缺陷是指现存设计完好的控制没有按照设计意图运行，或者执行者没有获得必要授权或缺乏胜任能力以有效实施控制。

企业存在下列情况之一，应当认定内部控制存在设计或运行缺陷：

① 未实现规定的控制目标。

② 未执行规定的控制活动。

③ 突破规定的权限。

④ 不能及时提供控制运行有效的相关证据。

单位完成内部控制评价后，应当编写内部控制评价报告，说明内部控制程序是否符合国家有关规定，是否符合单位管理方针和政策，是否满足单位经营管理的需要，是否有利于单位经营目标的实现，内部控制制度在运行中存在的漏洞或缺陷，以及改进的措施及具体计划和进度安排等。内部控制评价报告至少应当包括下列内容：

① 内部控制评价的目的和责任主体。

② 内部控制评价的内容和所依据的标准。

③ 内部控制评价的程序和所采用的方法。

④ 衡量重大缺陷严重偏离的定义，以及确定严重偏离的方法。

⑤ 被评估的内部控制整体目标是否有效的结论。

⑥ 被评估的内部控制整体目标如果无效，存在的重大缺陷及其可能的影响。

⑦ 造成重大缺陷的原因及其相关责任人。

⑧ 所有在评估过程中发现的控制缺陷，以及针对这些缺陷的补救措施及补救措施的实施计划等。

第五节 我国企业内控的实践与总结

一、我国企业内控的实践

从2004年中国境外上市公司基于《萨班斯-奥克斯利法案》启动内控建设开始，内部控制在我国企业中已经走过了二十年的时间。如果我们以内部控制的实施范围为标尺，会发现我国企业的“内控时代”走过了三个阶段。

（一）启动探索：在美国上市的国内公司

2002年7月26日，针对安然、世通等财务欺诈事件，美国国会出台了《萨班斯-奥克斯利法案》。根据该法案302条款的规定，公司的CEO和CFO负责建立、维护和评价“与财务报告相关的内部控制和程序”；根据该法案404条款的规定，公司管理层每年除提交年度报告外，还需提交一份内部控制报告，且外部审计师必须就管理层对公司财务报告的内部控制评估进行测试和评价，并出具评价报告。

为满足《萨班斯-奥克斯利法案》的要求，从2004年开始，以中国石油、中国移动、华能国际为代表的、在美国上市的国有企业纷纷聘请专业咨询机构，开启了内部控制建设与评价的有益探索；同时，伴随着互联网时代的浪潮，在美国上市的搜狐、新浪、百度等互联网企业以及新东方等教育类及其他新兴行业企业也聘请专业咨询机构，开启了内部控制建设与评价的探索之路。当然，其中也包括像IBM、微软等在美国上市的跨国公司的中国分支机构。

（二）全面开展：国内上市公司及拟上市公司

2008年5月22日，财政部、证监会、审计署、银监会、保监会①联合发布的《企业内部控制基本规范》和2010年发布的《企业内部控制配套指引》，标志了我国企业内部控制规范基本建成。根据配套指引的要求，自2011年1月1日起，该规范和指引首先在境内外同时上市的公司实施，并逐步推广到其他上交所和深交所的上市公司，并鼓励非上市大中型企业执行。

从2010年开始，国内上市公司陆续开始进行内控建设和评价工作。截至2012年4月，67家在境内外同时上市的公司全部披露了2011年度内控评价报告和内控审计报告。2012年，853家在实施范围内的上市公司全部披露了内控评价报告和内控审计报告。截至2019年，3 455家上市公司披露了年度内部控制评价报告。部分拟上市公司为满足IPO的要求，更早一些开展了内部控制建设工作，并提交了内控评价报告和内控审计报告。

（三）纵深推进：中央企业、民营企业及其他企业

2012年，国务院国资委为推动中央企业扎实开展管理提升活动，加强内部控制，夯实基础管理，推动企业做强做优，发布了《关于加快构建中央企业内部控制体系有关事项的通知》，要求从2012年起，中央企业全面启动内部控制建设与实施工作，并在2013年5月31日前向国务院国资委报送内部控制评价报告。由此，内控建设进一步推向集团型中央企业。

在上市公司和中央企业实施内部控制的带动下，国内众多企业包括民营企业也开始在企业内部推行内控管理，强化管理的规范化，增强抗风险能力，促进精细化管理。伴随着市场对内部控制理解的日益深入，华为、海尔、联想、万科、双汇、三一、美的、新希望等遍布各行各业的民营企业管理层意识到了内部控制的重要性，开启了民营企业内部控制的建设和实施。

二、我国企业内控的总结

根据《中国上市公司内部控制白皮书（2023）》显示，2022年度，沪、深、京交易所共有4 846家A股上市公司披露了年度内部控制评价报告，占披露年度报告上市公司数量的94.43%。

2022年度，内部控制评价结论被认定为整体有效和非整体有效的上市公司数量分别为4 776家、70家，占比分别为98.56%、1.44%。内部控制评价结论为非整体有效的上市公司中，11家为财报内控有效、非财报内控无效，占比0.23%；45家为财报内控无效、非财报内控有效，占比0.93%；14家为内部控制整体无效，占比0.29%。

① 银监会、保监会现称“国家金融监督管理总局”。

从内部控制评价报告总体披露趋势来看，自2011年上市公司开展内部控制规范体系建设以来，上市公司内部控制评价报告的披露数量逐年增长，披露比例也稳步提高，基本维持在94%左右。

从内部控制评价结论非整体有效比例变动来看，自2011年以来，上市公司内部控制评价结论非整体有效的公司数量及比例总体呈现先升后降的趋势。2013年，非整体有效比例首次超过1%，随后在2013—2016年期间基本保持平稳；2017年，随着中国证监会专项执法行动的开展，上市公司内部控制评价结论非整体有效比例显著增加，于2019年达到峰值（3.54%）。近年来，这一比例有所下降，基本维持在1.5%左右。

自2011年首个内部控制合规年实施以来，在监管机构、会计师事务所等第三方机构和上市公司的共同合力下，我国上市公司内部控制建设整体情况向好，但距离以高质量内部控制助推企业高质量发展的目标还存在一定的差距，提升内部控制质量依旧任重道远。当前国内上市公司内部控制主要存在四个方面的问题：一是上市公司内部控制信息披露质量和合规性有待提升，表现为信息披露的时效性、完整性、准确性不够，内部控制评价报告相似度过高。二是上市公司内部控制建设质量有待提升，如超过1/3的公司存在违法违规行为，上市公司经营合规性有待加强；资金活动问题高发，20%以上的内部控制缺陷存在于资金管控环节；约七成内部控制重大重要缺陷未有效整改，缺陷整改落实亟待加强；战略、经营和资产安全目标实现程度不及期望目标一半，上市公司内控实施效果有待提升。三是注册会计师执业质量有待提升。四是内部控制信息披露监管标准亟待完善。在内控新时代即将开启之际，我国企业需要审慎地找准内控定位，及时调整内控步伐，未来应当通过如下三大领域的内控变革，实现价值释放：

① 创新的推动：利用内部控制工作本身要求的评价完善机制，成为企业持续创新机制、战略调整和自我提升的活力源泉，促进企业战略目标的达成。

② 资源的整合：利用内部控制工作跨部门的特征，整合风险和控制，优化流程和提高效率，帮助企业整合数据和满足信息质量控制要求。

③ 系统的监督：作为企业决策、执行和监督的三权分立体系中监督权的核心，联合发挥监督体系效能，推动深入到岗位的自我评价体系和提升高、精、专领域的控制水平，确保各种监督手段的有效落实。

未来，内部控制将帮助我国企业解开管理的致命症结，全面提升企业价值，在实现我国企业“世界梦”的进程中，承担起历史的使命。

本章小结

1.企业的风险管理是一个过程，受企业董事会、管理层和其他员工的影响，包括内部控制及其在战略和整个公司的应用，旨在为实现经营的效率和效果、财务报告的可靠性以及法规的遵循提供合理保证。

2.内部控制不是一个事件或者环境，而是一系列保证企业的活动得以顺利进行的行为。它是企业经营过程的一部分，与经营过程结合在一起，而不是凌驾于企业的基本活动之上。

3.内部控制的目标是合理保证单位经营管理合法合规、资产安全、财务报告及相关信息真实完整，提高经营效率和效果，促进单位实现发展战略。

4.内部控制的要素包括内部控制环境、风险评估、控制活动、信息与沟通和内部监督五个要素，这五个要素相互关联与配合，形成了一个整合系统。

5.在充满不确定性与变化快速的经营环境下，对于财务管理来说，风险管理早已不限于与财务相关的风险，应当强化企业内部控制，协助企业使风险管理发挥其功能，并运用风险管理协助企业创造价值。

重要术语

内部控制（Internal Control）
内部控制目标（Internal Control Objective）
内部控制要素（Internal Control Element）
企业风险管理（Enterprise Risk Management）
内部审计（Internal Auditing）
内部控制设计（Internal Control Design）

习题

复习思考题

1.什么是内部控制？COSO认为内部控制由哪些要素构成？

2.COSO内部控制整合框架与企业风险管理整合框架有什么区别与联系？

3.我国的企业内部控制有何特点？

4.如何理解“内部控制提供的是合理保证，而不是绝对保证”？

5.如何进行风险评估？常用的风险应对措施有哪些？

6.企业进行内部控制的措施有哪些？

7.企业在设计内控制度时应当遵循哪些具体规则？设计程序包括哪些步骤？

8.如何评价企业内部控制的有效性？内部控制评价报告应当包括哪些内容？

9.某企业仓库保管员负责登记存货明细账，以便对仓库中所有存货项目的收、发、存进行永续记录。当收到验收部门送交的存货验收单后，根据验收单登记存货领料单。平时，各车间或其他部门如果需要领取原材料，都需要填写领料单，仓库保管员根据领料单发出原材料。公司辅助材料的用量很少，因此，当领取辅助材料时，没有要求使用领料单，可以直接到仓库领取。如果仓库保管员有时间，偶尔也会对存货进行实地盘点。

要求：

（1）从内部控制活动的角度，分析企业在存货管理方面存在的问题及其可能导致的风险。

（2）针对发现的问题，提出改进措施。

10.某公司最高权力机关是董事会，指定财务部门为预算管理机构。2023年年初，董事会根据上一年度的生产经营状况，结合对未来各种因素的合理估计，制订当年的年度预算方案，并将内容详细的预算下发给内部各单位执行。到2023年10月，年度经营实际执行只完成了预计的一半。销售部门认为下半年属于销售淡季，全年任务肯定无法完成，因此向预算管理机构（财务部门）提出调整经营预算。财务部门认为，既然实际销售情况和预算相去甚远，预算不能发挥应有的作用，那么就应将预算中的销售收入调整为原来的2/3。年末，预算管理机构向董事会报告，全面完成全年经营预算。

要求：从内部控制活动的角度，分析该公司在预算控制过程中存在哪些问题？应该采取哪些措施？

11.据《浙商》报道，2008年10月7日，被称为绍兴“雷曼”的江龙控股总部工厂全面停产，董事长夫妇一夜之间神秘失踪，企业濒临倒闭，留下的是4 000多名职工和至少12亿元银行欠款、8亿元民间借贷。据了解，在江龙控股的治理框架中，企业控制权力集中于陶寿龙一人手中，机构设置形同虚设，毫无权力制衡机制。陶寿龙与其妻子一手创办了江龙控股，二人分别是集团的董事长和总裁。作为元老，他们完全将企业当作自己的“儿子”，把握所有决策权。要资本运作，企业就得资本运作，要举债，企业就得举债，就连进货验收也是凭借陶寿龙的一句话。在资金运作方面，陶寿龙采取过于激进的融资方式，没有任何防范风险的配套方案。2006年9月7日，江龙印染以“中国印染”之名在新加坡证券交易所主板成功上市。但就在上市前一个月，陶寿龙斥资4亿元买下了南方控股集团位于绍兴柯桥的南方科技公司。2007年，传来南方科技正在筹备美国纳斯达克上市的消息。时隔不到两年时间，陶寿龙就计划在两家证券交易所上市融资，这样的融资计划连资金雄厚的老牌企业也难以实施。江龙控股的会计账簿完全由陶寿龙夫妇控制。面临公司破产而无力回天的现实，他们在逃离之前，烧毁了江龙控股的所有账簿。

要求：从内部控制活动的角度，分析该公司存在的内部控制缺陷，并简要说明理由。

案例讨论题

内部控制案例分析

某国有大型集团公司为切实提升管理水平和风险防范能力，于2022年12月26日召开了由集团领导班子成员参加的内部控制高层会议，讨论通过了关于集团内部控制建设和实施的决议。有关人员的发言要点如下：

总经理刘某：“我先讲两点意见：（1）加强内部控制建设十分重要，可以杜绝财务欺诈、串通舞弊、违法违纪等现象的发生，这是关系到集团可持续发展的重要举措。（2）集团公司内部控制建设应当抓住重点，尤其要注重加强对控制环境、风险评估、控制活动等内控要素方面的建设，企业文化方面对内部控制影响较小，可不必投入太多人力、物力。”

常务副总经理张某：“企业生产经营过程中面临着各种各样的风险，这些风险能否被准确识别并得以有效控制，是衡量内控质量和效果的重要标准。建议重点关注集团内部各种风险的识别，找出风险控制点，据此设计相应的控制措施，来自集团外部的风险不是内部控制所要解决的问题，可不必过多关注。在内控建设与实施过程中，对于那些可能会给企业带来重大经济损失的风险事项，应采取一切措施予以回避。”

总会计师李某：“由于集团公司是基于行政划转的原因而组建的，母、子公司内部连接纽带脆弱，子公司各行其是的现象比较严重。建议集团公司加强对子公司重大决策权的控制，包括筹资权、对外投资权、对外担保权、重大资本性支出决策权等，对子公司重大决策应当实行集团公司总经理审批制。”

协管人事的副总经理周某：“集团公司可以从完善人事选聘和培训政策入手，健全内部控制。(1) 建议子公司的总经理和总会计师由集团统一任命，直接对集团公司董事会负责。(2) 注重加强内控知识的教育培训。中层以上干部每年必须完成一定学时的内控培训任务；其他基层员工仍应以岗位技能培训为主，没有必要专门组织内控培训。”

董事长吴某：“以上各位的发言我都赞同，最后提三点意见：(1) 思想要统一。对集团公司而言，追求的是利润最大化。一切制度安排都要将利润最大化作为唯一目标，包括内部控制。(2) 组织要严密。建议由总会计师李某全权负责建立健全和有效实施集团内部控制，我和总经理全力支持和配合。(3) 监督要到位。应当成立履行内部控制监督检查职能的专门机构，直接对集团公司总经理负责，定期或不定期对内部控制执行情况进行检查评价，不断完善集团公司内部控制。”

讨论：从企业内部控制理论和方法的角度，指出总经理刘某、常务副总经理张某、总会计师李某、协管人事的副总经理周某以及董事长吴某在会议发言中的观点是否符合内部控制的有关要求？其理由分别是什么？

二维码11-1　参考答案

二维码11-2　拓展阅读：数字乡村能否转化成基层治理能力

延伸阅读

[1] 格林. 萨班斯法案内控指南 [M]. 张翼，林小池，译. 北京：经济科学出版社，2007.

[2] COSO. 企业风险管理——整合框架 [M]. 方红星，王宏，译. 大连：东北财经大学出版社，2017.

[3] 胡为民. 内部控制与企业风险管理：实务操作指南 [M]. 北京：电子工业出版社，2009.

[4] 胡为民. 内部控制与企业风险管理：案例与评析 [M]. 北京：电子工业出版社，2013.

[5] 德勤会计师事务所. 中国企业内控十年专题报告 [R]. 2014.

[6] COLBERT. How to monitor internal controls [J]. Journal of Corporate Accounting & Finance，2008 (1).

[7] ARAD，JAMSHEDY-NAVID. A clear look at internal controls：Theory and concepts [M]. Research Paper，SSRN Digital Library，2009.

第十二章　绩效评价

学习目标

1. 了解绩效评价的概念；
2. 了解绩效评价的功能；
3. 掌握绩效评价的方法。

引例：放弃OKR？谷歌启用GRAD绩效管理系统的真相

2022年5月，谷歌宣布将开始启用新的绩效管理系统GRAD，即员工评价和发展（Googler Reviews and Development）计划。消息公布之后，有媒体将这项措施简单解读为谷歌将弃用OKR，引发业内很大争议。

OKR是Objectives and Key Results的缩写，这套系统由英特尔制定，在谷歌成立不到一年时，被投资者约翰·都尔（John Doerr）引入谷歌，不断加以改善，并沿用至今。谷歌的品牌价值让OKR变成了教科书一般的存在，被Uber、LinkedIn、Twitter等世界著名企业采用，并进一步推广到我国。从华为到字节跳动，从百度到小米、阿里、京东、腾讯、网易、美团……众多国内互联网企业，在过去几年纷纷开始抛弃KPI，而引入OKR。谷歌开启新一轮的绩效管理变革原因究竟为何，是否真的意味着其将抛弃OKR？

首先，需要了解谷歌完整的绩效管理系统（Performance Management），其在内部被称为Perf，这是一个连续的周期性过程，包括目标设定、自我评估、同事评估、校准会议、绩效面谈等五个重要部分。OKR是Perf的一个部分，主要用以设定某些目标。谷歌的目标设定并不是完全通过OKR来实现的，大量常规性的工作依然需要设置KPI，只是在一些创新性的工作上会启动OKR。作为一种目标设定和跟踪的工具，OKR具有明显的优势：其一，相对KPI的设置，其更加灵活、聚焦，且便于动态调整；其二，设置了频繁的、循环式的复盘（Review），让目标得以引导员工。

但在这些优势之下也潜藏着问题，根据The Information发布的相关报道，47%的谷歌员工认为此前的绩效评估系统完全是在浪费大家的时间。谷歌的绩效评估历来需要员工和经理进行大量的工作。在《重新定义团队——谷歌如何工作》一书中，谷歌人力资源副总裁讲道，"每个季度（2013年之前，谷歌每年进行4次考核）所有团队主管要用数千小时投入绩效考评，一年中有多达24周的时间在分配考评任务、校准评级或就考评结果进行沟通。有些团队主管喜欢这个频率，认为这样可以迫使他们经常检查员工工作，以便发现绩效突然变差的员工。但是，为了发现500名陷入困境的员工却要评估5 000人，这是一种浪费”。2022年第一季度，谷歌员工数量已经增长到了163 906名，可以想象谷歌每半年一次的考核所需的大量工时。

在此背景下，谷歌决定启用GRAD，并进一步解释道，“GRAD不需要让员工及其团队有太多的准备。员工仍需要在全年内与经理保持联络、获取反馈并规划职业发展，但现在员工每年只需要接受一次绩效评级”。由此可以看出，谷歌启用的新系统GRAD实际上与OKR无关，而是在流程层面对绩效考核的优化。对此，谷歌列举了三个具体实施方法：（1）期望、反馈和核查。为了在重点工作上保持一致，员工和管理层将在期望上保持一致，并且全年都会有反馈和核查。其中的一项核查将专注于员工在谷歌的学习和职业发展。这和OKR的实施保持一致，强调员工和管理层自下而上的沟通协同。（2）晋升。每年进行两次晋升，将继续探索新方式，帮助谷歌员工通过内部晋升来发展自己的职业生涯。这和此前谷歌的晋升机制保持一致。（3）评价和评级。每年将进行一次绩效评级，新评级量表将反映大多数谷歌员工日常工作的实际影响力。其中的重点有两个方面：其一，每年绩效评级从两次减少到一次，理论上直接减半了员工和管理层应对绩效考核的工作量；其二，晋升决定权收回到高层管理者组成的晋升委员会手中，搭建了新的评估系统，方便管理层打分，等级分为“变革性影响”“突出影响”“重大影响”“适度影响”“影响不足”，明确大多数谷歌员工处于中间位置的“重大影响”。这两点简化了员工和经理们在绩效考核方面的工作，他们无须填写长篇大论的表格，以论证自己或对方的工作成果。这一切都是在简化绩效考核体系，优化360环评的内容项，让员工更专注于实际工作。所以，如果一定要说明谷歌的GRAD和OKR有什么关系，那也应该是“谷歌启用GRAD优化简化绩效考核，让员工更专注于完成OKR”。

资料来源：Tina，核子可乐．曾经一年有6个月在考核绩效，谷歌最终放弃使用了20多年的“内卷神器”OKR［EB/OL］.（2022-05-06）. https：//mp.weixin.qq.com/s/_HtOqrj4xBPXh2DYg8DlOg.

穆胜．放弃OKR？谷歌上演“绩效管理大逃亡”［EB/OL］.（2022-05-24）. https：//www.huxiu.com/article/563285.html.

陆离．谷歌启用GRAD，就是要放弃OKR了？［EB/OL］.（2022-05-17）. https：//mp.weixin.qq.com/s/Wj6nE0b0K8z3X5c7F_LsqQ.

读者不妨带着下面几个问题阅读本章内容：绩效评价工具有哪些，其特点分别是什么，并分别适用于何种场景？企业如何选择一套绩效管理工具，既可以衡量目标实现的程度，作为奖金分配及晋升的依据，又可以成为促进员工成长的目标管理工具？国内企业应该如何审视自己的绩效管理，盲目引进国外的绩效管理体系能否起到效果，在实践应用过程中应当注意哪些问题？

第一节　绩效评价与价值创造的关系

1992年，美国卡普兰（Robert Kaplan）和诺顿（David Norton）在《平衡计分卡——业绩衡量与驱动的新方法》一文中指出，“评价什么便得到什么”（What You Measure is What You Get）。似乎意味着，要想得到什么便评价什么。

实际上，绩效评价体系能够事前调整、激励管理层和员工的行为，进而影响企业的价值创造；绩效评价结果能够事后描述企业价值创造的多少以及与预期的差异；在信息技术支持的情况下，绩效评价还能够事中监测企业的价值创造过程。

然而，需要注意的是，绩效评价并非一项为企业创造价值的活动。尽管绩效评价能够反映企业对各类价值创造活动的战略权衡，但绩效评价对企业价值创造的主要作用路径是通过对人们行为选择的影响实现的。这包含三方面的意思：（1）绩效评价体系是建立在企业的战略抉择之上的。因此，企业引入的绩效评价体系能否帮助企业进行价值创造，首先取决于企业的战略抉择是否科学合理。（2）绩效评价体系不直接等价于企业的战略。因此，在一个既定的、适宜的战略下，绩效评价体系的设计能否从本质上落实企业战略，将决定企业引入相关绩效评价体系后能否帮助企业进行价值创造。（3）绩效评价是否会在实施过程中，在“经济人”假设下偏离初衷。例如，当绩效评价包含一定的主观评价指标时，在一定的组织文化下，绩效评价的结果将受到上级、下级亲疏关系的影响；又如，由于企业的绩效评价指标并未形成纵向、横向连接，各部门仅关注对自身评价重要的指标……这些都将导致绩效评价机制被引进后对企业的价值创造活动产生负面影响。

总之，并非评价什么就能得到什么。绩效评价的设计初衷固然是帮助企业进行价值创造，但绩效评价是否能够帮助企业进行价值创造，不仅取决于企业是否具有适宜的战略，而且取决于企业组织文化对绩效评价机制的接受、认可，以及企业内部相关信息技术对绩效评价体系的支持。当然，最关键的还是绩效评价能否帮助管理层和员工调整思路，做出适合企业战略的最优抉择。

第二节　绩效评价概念与功能

所谓绩效，在管理学中，是指组织为实现其目标而展现在不同层面上的有效输出，其包括个人绩效和企业绩效两个方面。对企业绩效而言，其指某一经济实体在一定时期内从事经营所取得的成果，一般表现为业绩和效率两个方面。绩效是企业价值增长的具体体现。

绩效评价，是指运用数理统计和运筹学原理，采用特定指标体系，对照相应标准，按照一定程序，通过定量和定性相结合的方式，对企业一定经营期间的经营效益和经营者业绩做出客观、公正和准确的综合评判。

绩效评价具有如下功能：

（1）认识功能。

通过绩效评价可以对企业有比较全面、客观的认识，有一定的定量依据，避免主观印象起主导作用。

（2）战略调整和目标分配功能。

通过绩效评价可以掌握企业价值链各环节信息，为企业监控日常运营，制定、调整系统战略，合理进行目标分解和工作分配，提供有效信息，提高企业效率和业绩。

（3）考核功能。

通过绩效评价可以考核企业各级管理层以及员工的业绩水平。一个企业的绩效状况，一方面取决于管理层的领导能力与素质，另一方面取决于员工的执行能力。绩效评价有利于员工绩效的及时反馈，有利于为员工的薪酬激励提供依据。

(4) 引导与促进功能。

通过绩效评价可以将企业的行为取向引导到绩效中来，调动企业员工创造良好业绩的积极性，促进各项事业顺利发展。

(5) 挖潜功能。

通过绩效评价可以发现企业间的差距，达到发挥优势、克服劣势、挖掘潜力的目标，进一步提升绩效的目的。

第三节 绩效评价方法评析

近年来，传统的会计方法已经失去了其往日的效用，变得越来越不可靠。这一现状直接催生了一批以价值为基础的会计理念，如 Economic Value Added（经济增加值）、Cash Flow Return on Investment（现金流投资回报）、Market Value Added（市场增值），以及其他价值管理机制。

基于价值的管理（Value-Based Management，VBM）是增进组织绩效的关键因素，因为其提出了精确的绩效标准，即价值，而一个组织只有基于价值才可能发展起来。近年来，国外报刊和商用书籍连篇累牍地介绍了改善组织绩效的新方法，诸如全面质量管理（Total Quality Management，TQM）、持续改进、流程再造、提升团队精神、社会责任绩效评价等。虽然许多方法取得了成功，但也有不少方法失败了。汤姆·科普兰教授认为，在大多数情况下，失败的原因是缺乏明确的绩效指标或者各项指标未能与创造股东价值这一目标保持协调。以全面质量管理为例，许多公司制订了复杂的全面质量管理方案，几年过后徒劳无功，只能放弃。这些失败的方案都缺乏有意义的绩效目标。它们往往以投入（建立了多少质量小组）来衡量成果，缺乏基于价值的指标，最终导致了失败。

现有研究认为，基于价值的管理在企业变革中发挥着关键作用：(1) 基于价值的管理帮助公司确定了应予采纳的具体财务绩效目标；(2) 基于价值的管理帮助公司在不同战略之间做出选择，并帮助它们评估实现特定战略的必要资源；(3) 基于价值的管理帮助公司确定部门的绩效指标和后续衡量办法；(4) 通过确认关键的价值动因，基于价值的管理提供了一条途径，帮助公司在相互矛盾的目标之间权衡轻重，抓住重点；(5) 基于价值的管理是公司内部理财创新实现的前提。①

基于价值的管理不是企业的某种职能管理，而是企业经营管理的全部，是一种从价值视角看待企业的管理，是一种战略意义的管理理念。它强调的是整体的视角和观念。基于价值的管理强调在组织的各个层面上做出更好的决策。它承认自上而下的指令加控制式的决策过程效果不佳，在经营多种业务的大公司中尤其明显。因此，一线经理必须学会运用以价值为基础的绩效标准，以做出更好的决策。

但是，传统的绩效评价主要是对财务指标的分析，而在现代市场竞争环境下，各种不确定因素对企业前景有着众多影响，仅仅通过一些财务指标已经不能满足企业绩效评价的

① 黄致杰. 基于价值的管理与公司理财创新 [J]. 投资理财，2015 (20).

需要，主要表现为：

（1）只注重对过去经营业绩的评价，不能对未来应采取的行动提供充分的指导。

传统的绩效评价作为一种对过去经营数据的评价，只能获取滞后指标，不能及时地捕捉到下一期乃至更远的会计期间各部门（责任中心）的行为给企业创造了多少价值或对企业的价值增值有多少破坏性的影响，因而不能对未来创造企业价值而采取的行动提供充分的指导。

（2）只注重财务因素，不反映非财务因素。

传统的绩效评价只注重对财务业绩的评价，而许多对企业经营管理有着重要影响的非财务因素并没有被看作绩效评价的核心内容，如主要从创新能力、研发费用率、新产品销售率、新产品开发率、市场占有率、顾客满意度和合同交货率等方面来反映企业的经营业绩的评价指标。

（3）只注重短期财务成果，不关注长期价值创造。

传统的绩效评价会导致企业各部门（责任中心）过分重视和维持所取得的短期财务成果，进而急功近利，在短期绩效方面投资过多，而在长期价值创造方面，特别是能够使未来增长得以实现的知识资产方面投资过少。

（4）只注重内部各种因素，不考虑外部因素影响。

传统的绩效评价只注重内部各种因素，而对企业经营绩效有着重要影响的许多外部因素，如供应商、客户、合作伙伴、竞争对手等，在绩效考评指标方面没有被考虑进去。因此，传统的绩效评价只能发现问题而不能提供解决问题的思路，只能做出评价而难以改善企业的状况。面对企业日益复杂的内部、外部环境，单纯的财务指标已经难以全面评价企业的经营绩效，只有突破单一的财务指标体系，而采用包括财务指标、非财务指标相结合的多元化指标体系，才能对企业各部门的经营绩效做出全面正确的评价。因此，全面的基于价值管理的绩效评价方法应运而生，如平衡计分卡、经济增加值、关键绩效指标法等。具体的绩效评价指标，如图12-1所示。

- 财务指标
  - 盈利指标
    - 利润基础
      - 会计利润基础：税后利润、EPS、ROI、NOPAT、EBIT
      - 经济利润基础：RI、EVA、REVA
    - 现金基础：OCF、CFROI、RCF、FCF
    - 市价基础：股票市价、市值、托宾Q、MVA
  - 营运指标：资产周转率、存货周转率、应收账款周转率
  - 偿债指标：流动比率、速动比率、资产负债率
- 非财务指标
  - 顾客角度：顾客满意度、顾客忠诚度、顾客兼并、顾客盈利分析
  - 内部程序角度
    - 创新：BET
    - 经营：MCE、PPM、COQ
    - 售后服务
  - 学习与增长角度
    - 雇员：雇员满意度、雇员忠诚度、雇员士气
    - 制度
    - 组织程序

图12-1　绩效评价指标[①]

① 路媛媛．企业经营绩效评价研究综述及展望［J］．财会通讯（中），2012（2）．

（5）只注重企业经济效益考察，不考虑社会效益评价。

2015年9月，中共中央办公厅、国务院办公厅印发了《关于推动国有文化企业把社会效益放在首位、实现社会效益和经济效益相统一的指导意见》，落实国有文化企业“双效统一”的评价体系。

公司的社会效益主要从经济责任、法律责任、道德责任和其他责任四个方面进行考察，如是否合法地进行生产经营、是否导致严重污染、是否正确对待少数民族员工、是否恰当处理社会关系、是否正确处理顾客问题等。这样不仅可以使公司清楚自身的社会绩效在同行业中的位置，知道公司的资源应当重点分配给哪些利益相关者，还能促进公司经理与利益相关者的沟通。在绩效预算管理下，企业及企业内部各部门不能仅仅以完成或超额完成经济预算指标为目的，还应从企业承担的社会责任是否尽职尽责等角度对企业进行绩效评价。评价企业社会责任的指标，如从重大事故发生率、安全生产率、泄密率、职工薪酬费用支付率、社会积累率、排污达标率和环境保护状况等方面反映综合业绩。全面的成本管理和控制，对于企业价值的提升具有重要的意义。它既是企业增加盈利的根本途径，也是企业抵御内外压力、求得生存的主要保障，更是企业发展的基础。

案例分析　　寻找办法而非锁定责任

在一次企业季度绩效考核会议上，营销部门经理A说：最近的销售做得不太好，我们有一定的责任，但是主要的责任不在我们，竞争对手纷纷推出新产品，比我们的产品好。所以，我们也很不好做，研发部门要认真总结。

研发部门经理B说：我们最近推出的新产品很少，但是我们也有困难。我们的预算太少了，就这少得可怜的预算，也被财务部门削减了。没钱怎么开发新产品呢？

财务部门经理C说：我们是削减了你们的预算，但是你们要知道，公司的成本一直在上升，我们当然没有多少钱投资在研发部门。

采购部门经理D说：我们的采购成本是上升了10%，可是为什么你们知道吗？俄罗斯的一个生产铬的矿山爆炸了，导致不锈钢的价格上涨。

这时，A、B、C三位经理一起说：哦，原来如此，这样说来，我们大家都没有多少责任了，哈哈哈哈。

人力资源经理F说：这样说来，我只能去考核俄罗斯的矿山了。

点评：绩效考核的目的是改善绩效，而不是分清责任，当绩效出现问题的时候，大家的着力点应该放在如何改善绩效而不是划清责任。遇到问题先界定责任后讨论改善策略是人们的惯性思维，如果我们把精力放在如何有效划清责任而不是如何改善等方面，那么，最后的结果都是归错于外，作为企业的员工谁都没有责任，最终客户被晾在一边，当责任划分清楚了，客户的耐心也已经消失殆尽了。于是，客户满意度和客户忠诚度也随之消失，最终企业的财务目标没有实现的基础，股东价值也就无从说起。

第四节　平衡计分卡（BSC）

一、平衡计分卡简介

传统的绩效测评指标主要是会计、财务指标，注重的是对结果的反映，具有静止、单一和被动反映的特点，不能全面地、动态地反映过程中的问题，不能主动地进行分析和管理，也不能与组织的战略目标及战略管理手段有机融合。这些固有的问题在知识经济社会环境中变得越来越突出。

20世纪90年代以后，工业经济社会逐步转向知识经济社会，企业所面临的经营环境发生了重大变化。在这一过程中，企业无形资产的重要性日益凸显，价值创造模式开始由依靠有形资产创造价值转向依靠无形资产创造价值。表12-1列示了20世纪工业经济时代与21世纪知识经济时代企业的主要差异。[①]

表12-1　　20世纪工业经济时代与21世纪知识经济时代的企业差异

20世纪工业经济时代	21世纪知识经济时代
大批量、标准化产品	小批量、个性化产品
强调规模经济	强调顾客化
注重有形资产的运用	注重无形资产的开发与运用
注重财务绩效评价	注重财务与非财务相融合的创造价值动因及可持续性的战略绩效评价
创造价值的源泉主要是制造和生产	创造价值的源泉主要是创造和营销

知识经济使信息的传递更加迅速，获取信息的成本更加低廉，信息加工和分析的技术更加完善，这都导致了市场竞争程度的迅速提高。越来越大的竞争压力迫使企业重新审视战略目标、战略管理程序和绩效测评指标。企业希望能够创造出这样一种管理程序，使其能够像一个肌肉强健、反应灵敏、充满活力的运动员，随时根据市场的变化调整自己，及时地、持续地为市场提供令人满意的优质服务和产品。竞争也使企业在关注内部的同时，进而关注外部，绩效测评指标体系也必须顺应这种变化。

由于对传统的绩效测评体系感到灰心，一些经理已经放弃了权益报酬率、每股盈余之类的财务测评指标，并且有一种看法认为，"改善经营之后自然会有好数字"。但是，经理们并不准备在财务测评指标和业务测评指标二者之间必择其一。他们希望各种测评方法能够结合在一起使用，以便能够同时从几个角度对公司绩效进行考评，平衡计分卡的提出有效地解决了这一问题。[②]

平衡计分卡（Balanced Score Card，BSC）的创始人为罗伯特·卡普兰（Robert S. Kaplan）和戴维·诺顿（David P. Norton）。平衡计分卡的概念最早可以追溯到1990年，当

① 胡玉明. 高级管理会计［M］. 3版. 厦门：厦门大学出版社，2009.
② 德鲁克，等. 公司绩效测评［M］. 李焰，江娅，译. 北京：中国人民大学出版社，1999.

时诺顿研究所对美国的若干公司进行了为期一年的研究，在诺顿研究所的课题“衡量未来组织的业绩”的研究成果的基础上，诺顿研究所所长兼带头人诺顿和美国管理会计学权威卡普兰教授提出了平衡计分卡的概念，并于1992年在《哈佛商业评论》上发表了关于平衡计分卡的第一篇文章《平衡计分卡——业绩衡量与驱动的新方法》。该文章提出，不能只从财务指标来评价一家企业的业绩，而应从财务、顾客、内部运营以及学习与发展四个方面来评价企业业绩。

自20世纪90年代初以来，平衡计分卡受到了广泛的关注，取得了长足的发展，越来越多的企业应用了平衡计分卡，平衡计分卡已经成为企业的一项综合绩效评价制度。《哈佛商业评论》认为，平衡计分卡为过去75年来最具影响力的企业管理观念之一。

平衡计分卡是一种全面的绩效评价体系，其将财务指标与非财务指标相结合，并将企业的战略转化为财务、顾客、内部运营以及学习与发展四个互为关联的维度，利用财务指标反映企业在生产经营过程中的结果，同时通过顾客满意度、内部程序及组织创新对经营者进行测评，以弥补财务指标衡量的不足。图12-2是平衡计分卡的结构图。

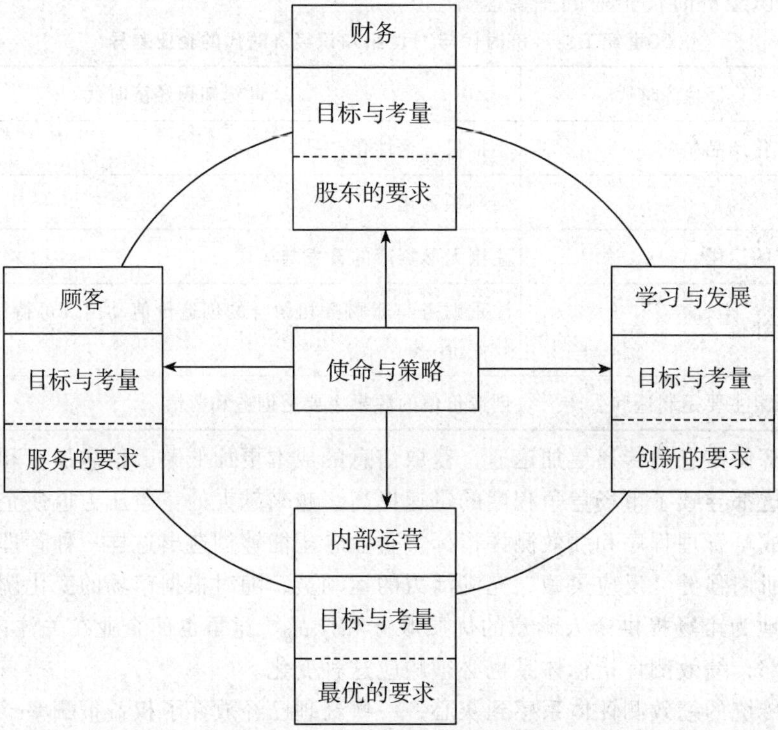

图12-2　平衡计分卡的结构图

资料来源：杨健奎. 国有大型企业经营绩效评价研究［D］. 北京：北京航空航天大学，2007：33.

财务维度：从财务方面来看，就是如何满足股东和投资者的需求，实现股东价值的最大化。由此产生的第一类指标，即财务绩效指标，它们是股东和投资者最为关注的、反映公司当前绩效的重要参数。财务衡量在平衡计分卡中不仅是一个单独的衡量方面，而且是其他几个衡量方面的出发点和落脚点。

顾客维度：为了满足股东和投资者的需求，使他们获得丰厚的回报，就必须关注顾客、关注市场表现。因为只有向顾客提供产品和服务，满足顾客的需要，企业才能生存、发展。顾客关心时间、质量、性能和服务、成本，企业就必须在这些方面做出努力，如提高服务质量、保证服务水平、降低产品成本等。从顾客角度给自己设定目标，就能够保证企业的工作成效。

内部运营维度：为了满足顾客需要、获得市场价值，从内部运营角度企业应该具有什么优势，具有什么核心能力，具有什么关键技术，这是企业必须认真对待的问题，并将这些规定具体量化为考核指标，这也是企业改善其经营绩效的重点。

学习与发展维度：为了提升内部运营效率、满足顾客需要、持续提升并创造企业价值，企业必须不断成长。因此，围绕组织学习与创新能力的提升，对人员的管理方面所设定的学习与发展指标，就是为了衡量相关职位在追求运营效率的同时，是否为长远发展营造了积极健康的工作环境和企业文化，是否培养和维持了组织中人员的竞争力。学习与发展角度的绩效指标，用来评价员工管理、员工激励与职业发展等保持企业长期稳定发展的能力。

过去，企业管理的观念是公司应当使工人出色地完成具体工作，公司上层人员规定工人的工作任务，并制定出相应的标准和监督体制，确保工人能够按计划完成任务，工人的任务是干活而不是思维。然而，在最近几十年中，这种管理哲学发生了重大变化。人们认识到，公司若想超越现有的业绩、取得学习和成长带来的收获、获得未来持续的成功，仅仅墨守公司上层人员制定的标准经营程序是远远不够的，还必须尊重、重视和尽可能采纳第一线员工对改善经营程序和业绩的建议和想法，因为他们离企业内部的工序和企业的客户最近。

平衡计分卡的主要特点包括：

①平衡记分卡是一种一体化体现“环境—战略—行为—过程—结果”，以战略为导向，立足财务或价值指标，又超越财务或价值指标，并且将财务（或价值）指标与非财务（或价值）指标相融合，具有“因果关系”的战略绩效评价体系。[①]平衡记分卡的战略思维，如图12-3所示。

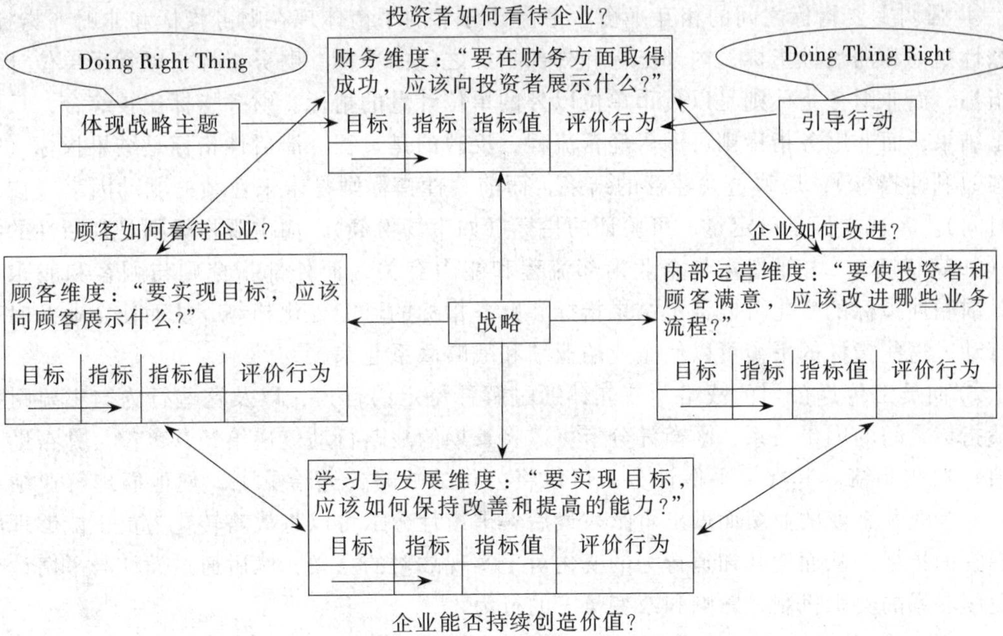

图12-3 平衡记分卡的战略思维

① 胡玉明. 平衡计分卡：一种战略绩效评价理念［J］. 会计之友（下旬刊），2010（4）：4-11.

② 将业绩指标与战略相联系。仅仅将财务指标和非财务指标结合在一起，并不能算作平衡计分卡。平衡计分卡的一个主要特点是紧紧围绕公司的战略和使命来设计一套彼此联系、反映公司长期战略目标以及实现这些目标的方式的业绩指标，而不是将财务指标和非财务指标简单地组合在一起。当然，将战略分解为哪几个维度，也不是一成不变的，可以根据影响企业竞争能力的重要因素确定。例如，在实施环境管理的战略中，可以增加环境维度。由于公司经常同时在不同的市场中经营不同的产品，因此可以依照竞争环境、经营单位能力的不同而采纳不同的战略。考虑到这一点，平衡计分卡可以根据不同经营单位的实际情况而定，以使单个经营单位的业绩最大化。

③ 强调主要指标之间的因果关系。平衡计分卡与其他绩效管理系统的差别之一，就是注重因果关系。设计良好的平衡计分卡，应当能够通过一系列贯穿四个维度的相互联系的目标和指标来描述企业是如何工作的，并找到影响成功的至关重要的因素。这些指标应该从学习与成长维度的关键因素到财务维度的财务业绩改善，形成一个因果关系链。通过识别那些评价业务单位经营是否成功的指标（这些指标通常被称为“滞后性指标”），管理人员可以确定如何影响这些指标。在此过程中，可以清楚地识别到员工这些行为之间的不经意的联系，以及从这些行为中所期望得到的结果。假设将投资报酬率作为财务维度的指标，要实现这种结果，就必须提高顾客的满意度，而假设经过分析发现顾客对按时交货率特别重视，所以可以将按时交货率作为顾客维度的指标。要提高按时交货率，就必须缩短经营周期、提高经营质量，所以可以将这两个指标放在业务流程维度中。组织通过培训员工并提高技能，才能保证经营周期和经营质量的改善，所以可以将业绩指标放在学习与成长维度中。这样，通过因果关系分析，才能建立贯穿平衡计分卡四个维度的指标体系。

④ 强调主要指标之间的相互平衡。平衡计分卡的平衡体现在财务指标和非财务指标、前瞻性指标和滞后性指标、内部指标和外部指标之间的平衡。财务指标是以货币单位计量的指标，而非财务指标则是以货币单位以外的单位计量的指标。财务指标比较综合，反映的是结果，而非财务指标则可深入经营流程，反映的是过程。滞后性指标是结果指标（如顾客盈利性指标），反映过去经营的结果，而前瞻性指标则是未来业绩的驱动因素（如培训时间）。客观指标是可定量、可验证的指标（如市场份额），而主观指标则是判断性的指标（如满意度）。内部指标与企业内部流程和能力有关，而外部指标则与顾客和股东有关。前瞻性指标的变化可以预示结果指标和财务指标的可能变化趋势，从而使企业及时采取行动，这些指标的平衡可以使企业的业绩和战略联系起来。

⑤ 向员工传递公司的战略。首先，通过解释特定的行为，以及这些行为与主要财务业绩指标之间的因果关系，平衡计分卡可以将长期的战略行动传递给经营单位，并帮助企业追踪这些业绩。其次，平衡计分卡可以将公司的战略传递给员工，使他们理解业绩指标，并为改善企业的业绩而做出贡献。最后，平衡计分卡可以将战略转化为员工能够理解和观察的指标，从而使其知道行为的变化对于实现战略的意义，然后通过设计与平衡计分卡业绩联系的奖励机制，影响和改变员工的行为。①

---

① 郭晓梅．高级管理会计理论与实务［M］．大连：东北财经大学出版社，2013：280-281.

二、平衡计分卡的应用与作用

与传统的财务绩效考核模式单一维度相比，平衡计分卡是多视角、多维度对企业全面业绩领域的衡量。平衡计分卡的核心思想反映在一系列指标之间的平衡上，即财务指标和非财务指标、内部指标和外部指标、前瞻性指标和滞后性指标、短期指标和长期指标之间的平衡上，注重考察指标之间的因果关系，并按照分散投资理论，从不同的维度驱动不同的关键业绩要素，降低风险，实现稳健经营。[①]

应用平衡计分卡进行企业经营绩效评价的程序为：

① 分析企业的经营现状。

② 基于以上分析结果确定企业经营目标。

③ 根据企业经营目标设定四个维度的绩效目标，财务、顾客、内部运营以及学习与发展。

④ 在组织内部传达经营目标，并将绩效目标分解落实到组织内部各级单位和个人。

⑤ 将平衡计分卡与绩效管理、能力发展和薪酬挂钩，并运用信息系统为高层决策提供便利，使之易于跟踪和检查，必要时及时调整战略，以实现企业目标。

⑥ 定期汇报组织绩效结果，根据评估分析，对战略做出相应调整。

⑦ 重视对员工的激励、员工的能力发展和组织员工学习，将人力资源提升为可供管理的组织能力。

⑧ 管理组织发展的变革流程，实现企业经营目标。

⑨ 建立管理流程，帮助企业决策层发现并解决组织发展过程中的基本问题。

平衡计分卡的基本作用为：

① 促进企业主动评估企业的战略，是连接战略与绩效的桥梁。

② 帮助企业实现使利益相关者满意的目标，保护股东利益，更好地为股东创造价值。

③ 帮助企业改善内部运营环境，加强内部管理。

④ 平衡计分卡与薪酬结合，充分调动员工积极性与主动性。

⑤ 促使企业内部员工加强沟通，创造良好的组织文化。

平衡计分卡改变了以往紧紧围绕财务层面开展绩效评价的方法，通过寻求企业财务与非财务层面的因果关系，确立财务与顾客的双重目标。这两个目标的实现，需要企业作业流程的改进与完善，以及核心能力的形成与发展，并且需要企业通过学习进行创新，以保持企业在市场竞争中的比较优势。平衡计分卡从财务、顾客、内部运营和学习与发展四个层面所获得的信息，能够使企业在绩效评价指标之间达到平衡。

近些年，平衡计分卡在战略管理和绩效评价中起着越来越重要的作用。但由于对平衡计分卡的理解过于单一，我国企业在运用平衡计分卡的过程中遇到了各种问题。完全参照卡普兰和诺顿的模式实施平衡计分卡，其实并非唯一选择。综观国内外成功运用平衡计分卡的企业实践，企业需要在研究自身管理状况的基础上，对平衡计分卡的基本模式进行某种方式的变形，主要包括：（1）平衡计分卡与关键绩效指标相结合；（2）平衡计分卡与卓越绩效评价模式相结合；（3）平衡计分卡各维度内容和因果关系的灵活运用；（4）平衡计分卡维度数量的发展；（5）平衡计分卡与企业战略的关系。[②]

---

① 周谦，彭浪．管理会计学［M］．武汉：华中科技大学出版社，2015：268.
② 王志红．论平衡计分卡的变型［C］．管理会计与改革开放30年研讨会暨余绪缨教授诞辰86周年纪念会，2008.

案例分析　　平衡计分卡在青藤药业的应用

（一）案例背景

青藤药业有限公司于1969年建厂，是生产原料药和制剂药品的综合性国有大型医药骨干企业，是国家计生委①和国家药监局指定的我国最大的计划生育用药科研与生产基地，拥有国内一流生产厂房和国际上处于先进水平的制药装备。如今，青藤药业已经成为集生产、经营、科研开发为一体的综合性的大型制药骨干企业。公司注册资本3.67亿元人民币，总资产7亿元人民币。

青藤药业于2008年开始实施平衡计分卡项目，运用战略地图描述战略、平衡计分卡衡量战略，努力建成一个战略中心型组织。在过去的几年中，青藤药业的财务绩效指标，如利润率与销售收入等，均获得了不同程度的增长。

注意：平衡计分卡的基本框架，提供了战略地图的原形。所谓战略地图，是指对组织战略要素之间因果关系的可视化表现方法，在平衡计分卡四维模型的基础上增加了细节层，用以说明战略的时间动态性；同时增加了颗粒层，用以提高清晰度并说明重点。②

（二）青藤药业经历的变革

2009年，为了帮助组织实现更好的管理，青藤药业进行了一次大规模的组织结构变革，组织结构由之前的公司职能制转变为矩阵制。管理人员职位与部门均进行了大规模的调整。变革前后青藤药业的组织结构图，分别如图12-4和图12-5所示。

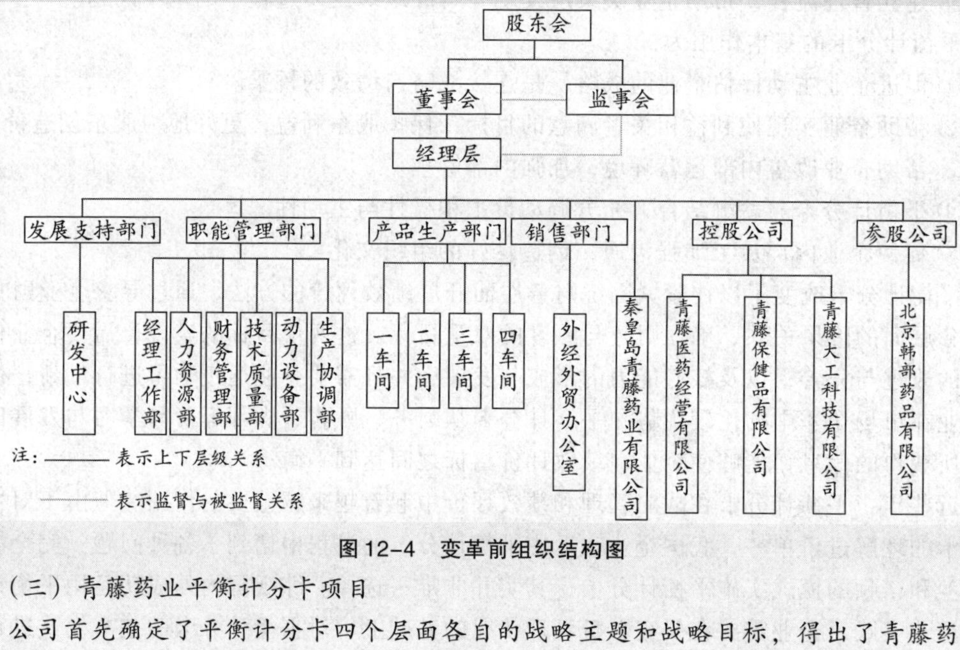

图12-4　变革前组织结构图

（三）青藤药业平衡计分卡项目

公司首先确定了平衡计分卡四个层面各自的战略主题和战略目标，得出了青藤药业的战略地图。在确定了战略主题之后，便开始制定公司级指标体系。公司在各个战略主题下共制定了30项公司级指标，建立起了青藤药业的公司级战略指标体系，具体见表12-2。

① 现称“中华人民共和国国家卫生健康委员会”。
② 郭晓梅．高级管理会计理论与实务［M］．大连：东北财经大学出版社，2013：288.

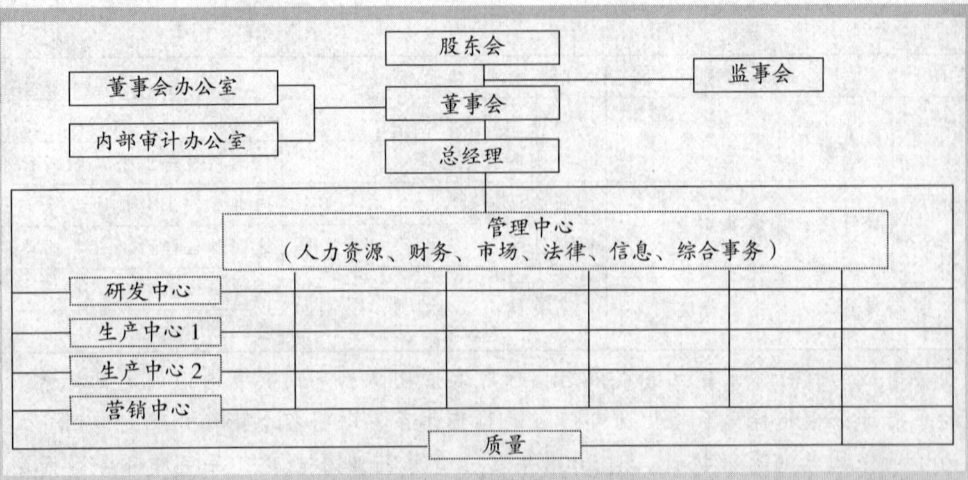

图 12-5　变革后组织结构图

表 12-2　　青藤药业平衡计分卡公司级战略指标体系

层面	战略主题	战略目标	指标
财务	收入增长战略	提高现有产品贡献	现有产品销量的增长率
		增加新的进入机会	国际市场销量
			新品销量
	生产力提升战略	改善成本结构	经营现金流量
		提高资产使用率	资产周转率
顾客	可信赖的医药产品领导者	提升市场占有率	市场占有率
		建立领先品牌	品牌知名度
	共赢持久的经销商关系	与重点客户共赢	重点客户流失率
		提升客户价值	客户毛利率
		提高服务质量	完美订单履行率
内部业务流程	运营管理流程	加强订单实现管理	生产计划变更次数
			及时供货率
		提高投入产出比	单位产品生产周期
			制造成本降低率
		消除质量隐患	产品一次性检验合格率
	客户流程管理	加大品牌宣传	主流媒体宣传力度
		创建高度忠诚的客户	重点客户拜访率
	创新流程	快速推出新产品	每年新品推出数量
		提高研发效率	研发计划执行率
		丰富产品线	立项新产品数量
			申请专利数量
	社会责任流程	提高产品质量业绩	各项质量认证通过率
		提高环境绩效	安全环保达标率
		维护社会关系	负面报道次数

续表

层面	战略主题	战略目标	指标
学习与成长	提升信息资本准备度	增强信息收集有效性	外部信息获取满意度
		支持业务流程变革	信息系统与业务流程匹配度
	提升组织资本准备度	增强协调一致	内部客户满意度
		提高领导力	达到胜任能力的领导比率
	提升人力资本准备度	提高关键岗位准备度	关键岗位胜任率
			员工满意度

在公司级的指标体系建立完成以后，通过高管团队和部门反复沟通设定目标值，将公司级的平衡计分卡指标体系转化为部门级的指标体系，即将各个指标分配到部门。

为了确保战略的有效执行，自2008年起，青藤药业每季度、每年度都会召开运营分析及战略实施回顾会议。财务部门每个月编制一份运营分析报告交给董事会，董事会办公室每个季度编制一份报告。会议上，首先介绍了研讨会的背景资料（战略/BSC工作回顾/价值树/公司战略地图（如图12-6所示））；其次按照营销中心、研发中心、管理中心、生产中心分为四组在四个会议室分别研讨了各中心的战略地图、目标、指标体系；再次四个小组分别对研讨成果进行汇报，并相互点评；最后各小组根据其他组的意见及点评对研讨成果进行修订完善，并进行汇报，发布公司新的战略地图。青藤药业初步形成了战略研讨与经济运行分析两级管理会议体系。

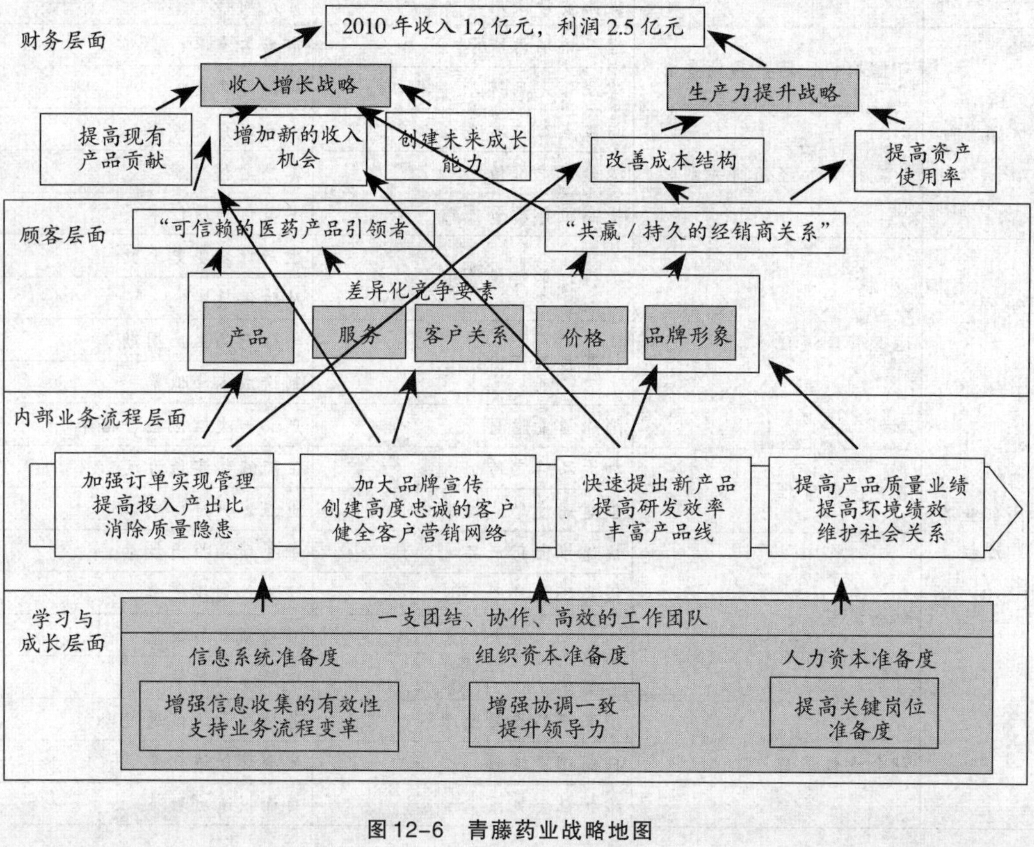

图12-6 青藤药业战略地图

（四）案例分析

青藤药业平衡计分卡项目实施后，与实施前相比，平衡计分卡的财务绩效已经得到了充分体现，并且财务绩效主要反映在盈利性上。这反映出青藤药业实施平衡计分卡以后，主要的增长体现在利润上，销售额增长不如利润增长显著，而利润是由收入减去成本所得的。由此可见，平衡计分卡使得青藤药业的成本得到了有效的控制。此结论与青藤药业实施平衡计分卡以来的利润与收入增长状况相符，利润增长率远远高于销售额增长率。

青藤药业通过实施平衡计分卡，主要优化了内部流程与客户管理、提升了组织资本与人力资本，为组织结构、组织人员、营销渠道的变革疏通了脉络，减小了变革阻力，促进了组织变革，最终通过组织变革，实现了青藤药业盈利性的提升，同时对于财务的成长性也有一定的促进作用。根据对青藤药业平衡计分卡案例的研究，这里提出一个反映平衡计分卡影响企业财务绩效机理的平衡计分卡与财务绩效传导模型（Model of BSC and Financial Performance Conduction，BFC模型），如图12-7所示。

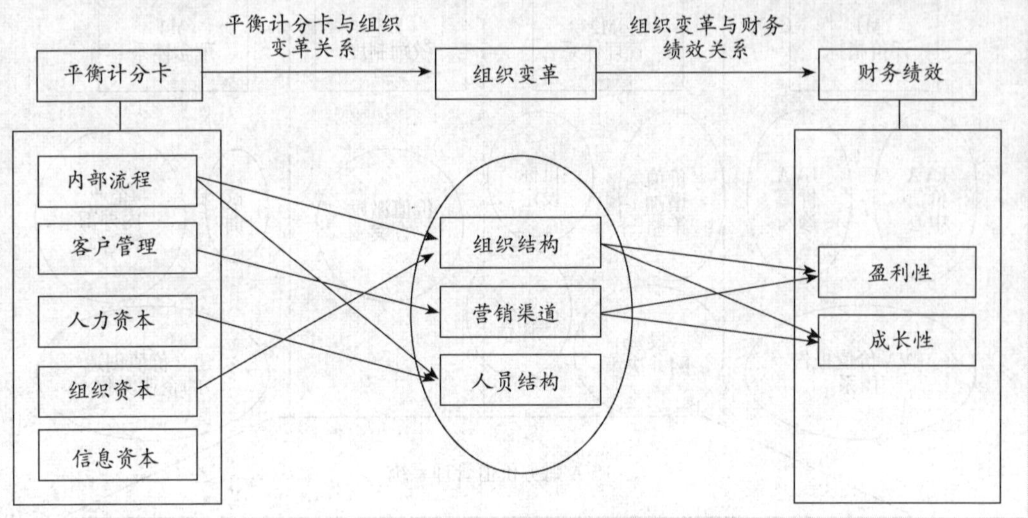

图12-7 平衡计分卡与财务绩效传导模型

资料来源：刘俊勇，祝钧萍．平衡计分卡影响财务绩效机理研究——基于青藤药业的案例研究［C］．中国会计学会教育分会．中国会计学会2012年学术年会论文集．2012：2142-2161.

青藤药业实施平衡计分卡强调的重点与获得的成果主要包括：优化内部流程、增强客户管理、提升企业的组织资本和人力资本以及信息资本。优化内部流程使得青藤药业提升了生产与研发效率，保障了产品质量，改进了营销策略，降低了经营风险，维护了社会关系。在客户管理方面，青藤药业的目标是实现共赢/持久的经销商关系，成为可信赖的医药产品引领者。组织资本的提升体现在公司统一了战略沟通语言，增强了组织内部协同。同时，平衡计分卡作为一种工具，帮助领导者理清了管理思路，发现企业存在的问题，提升了领导力。人力资本的提升则保证了青藤药业关键岗位的胜任率与储备率，为青藤药业今后的发展奠定了基础。信息资本则是青藤药业一直持续关注的方面，在如今信息化的时代，只有及时地获取信息，才能保证企业的发展。

青藤药业现已通过平衡计分卡建立了战略中心型组织。实施后，青藤药业的管理水平不断提升，利润率稳步提升，在市场饱和的背景下，销售额每年也能获得一定程度的增长。以上成果足以说明，青藤药业实施平衡计分卡非常成功。

第五节　经济增加值（EVA）

一、经济增加值简介

经济增加值法（Economic Value Added Method，EVA法）是20世纪80年代美国思腾思特咨询公司（Stern Stewart & Co.）提出并实施的一套以经济增加值理念为基础的评价指标（Measurement）、管理体系（Management）、激励制度（Motivation）以及理念体系（Mindset），简称4M体系。

4M体系是经济增加值体系最全面的概括，其构造如图12-8所示。

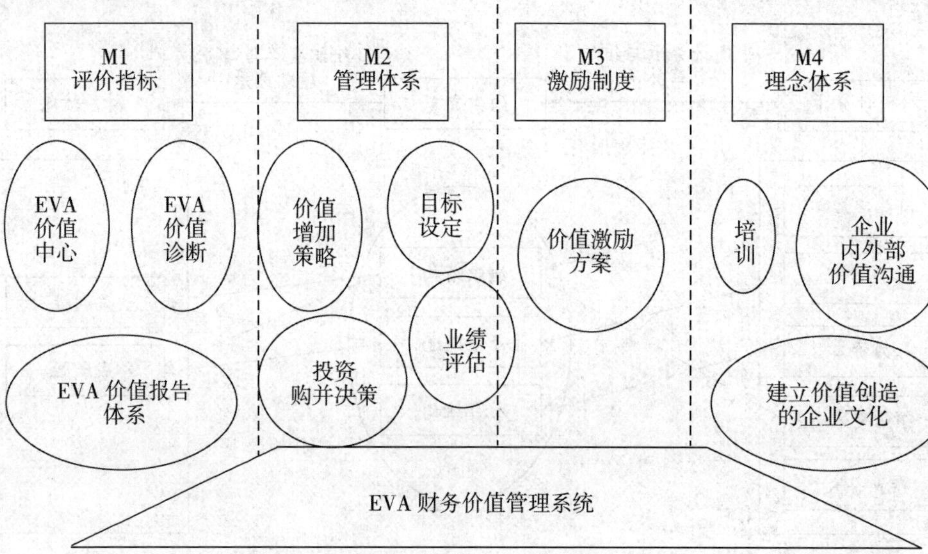

图12-8　4M体系构造图①

经济增加值（Economic Value Added，EVA）是一种新型的公司绩效衡量指标，是指从税后净营业利润中扣除包括股权和债务的全部投入资本成本后的所得，其克服了传统绩效评价指标的缺陷，比较准确地反映了公司在一定时期内为股东创造的价值。EVA是一种评价企业经营者有效使用资本和为股东创造价值能力、体现企业最终经营目标的经营业绩考核工具。它是一项由剩余收益衍生出的用于业绩评价的指标。国务院国有资产监督管理委员会从2010年开始对中央企业负责人实行经济增加值考核并不断完善，于2013年1月1日开始施行《中央企业负责人经营业绩考核暂行办法》。

经济增加值在20世纪90年代中期以后得到了广泛的应用，并成为传统绩效衡量指标体系的重要补充。该方法认为，一般企业在评价其盈利能力时，通常使用的会计利润指标存在明显缺陷，难以正确地反映企业的真实经营绩效，因为股东的投入是有成本的，会计

① 林文杰．EVA价值管理体系及在我国商业银行的应用［D］．上海：华中科技大学，2012.

利润未考虑企业权益成本的机会成本，企业的盈利只有在高于其资本成本（包括股权成本和债务成本）时，才能为股东创造价值。图 12-9 是经济增加值的形成过程示意图。

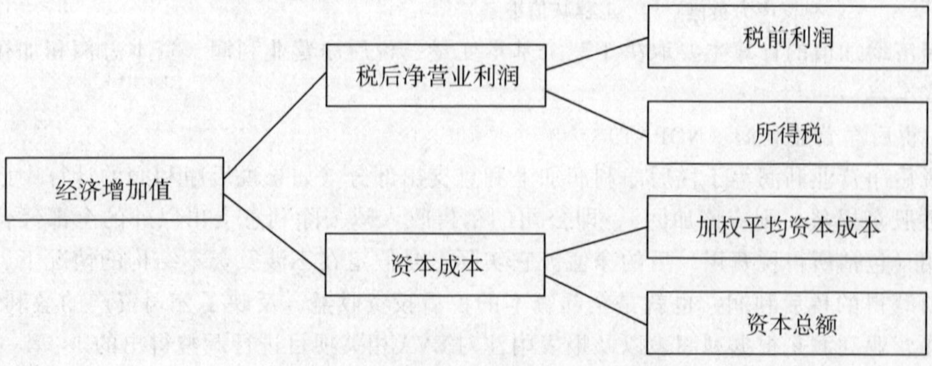

图12-9　经济增加值形成过程示意图

资料来源：尹凌青. 战略绩效考核：学习型企业素质及经济增加值考核法［M］. 北京：中国经济出版社，2005：89.

EVA=税后净营业利润-资本成本

式中：EVA——基于财务指标计算的经济利润；税后净营业利润等于税后净利润加上债务资本的利息支出；资本成本包括债务资本的成本和股本资本的成本。

这些指标的取得涉及研究发展和市场开拓费用、商誉、递延税项、各种准备金等一系列会计报表科目的调整。当企业的税后净营业利润超过资本成本时，经济增加值为正，表明企业的经营收入在扣除所有成本和费用后仍然有剩余，这部分剩余收入的所有权是属于股东的。因此，经济增加值为正，意味着股东价值增加，企业价值上升。反之，如果经济增加值为负，说明企业经营所得不足以弥补包括股东资本成本在内的全部成本和费用，从而使股东价值减少。

因此，某些在会计报表上体现为盈利的企业的经济增加值可能为负。例如，一家企业税后净营业利润为 1 500 万元，税后债务资本成本为 700 万元，股本资本成本为 1 000 万元，则该企业的会计报告中体现利润 800 万元（1 500-700），但如果按照经济增加值法进行计算，其经济增加值为-200 万元（1 500-700-1 000），说明该企业的经营者实际上损害了股东的价值。在考虑了股本资本的成本之后，经济增加值指标较好地衡量了每个报告期内企业为股东创造或损失的价值。经济增加值指标最大化与股东投资价值最大化相一致，从而使其克服了传统绩效衡量指标的最大缺陷。此外，在经济增加值的计算中，通过调整部分会计报表科目的处理方法，还可以减轻会计报表信息对企业真实经济状况的失真反映。

二、经济增加值计算的主要变量[①]

按照 EVA 的会计调整和计算原理，EVA 的计算模型和步骤如下：

$$EVA=\underset{(NOPAT)}{\text{税后净营业利润}}-\underset{\text{成本}}{\text{全部资本}}=\underset{(NOPAT)}{\text{税后净营业利润}}-\underset{(TC)}{\text{资本总额}}\times\underset{(WACC)}{\text{加权平均资本成本}}$$

全部资本成本=税后债务资本成本+股权资本成本+会计调整项目（约当股权成本）

① 经济增加值的详细计算参见：张新. 中国经济的增长和价值创造［M］. 上海：三联书店，2003：278-282.

$$\text{约当股权资本} = \text{递延所得税负债贷方余额（递延所得税资产为负值）} + \text{各种资产减值准备余额（不包括在建工程减值准备）} + \text{累计商誉摊销} + \text{累计税后营业外支出} - \text{累计税后营业外收入}$$ ①

经济增加值的计算主要取决于三个基本变量：税后净营业利润、资本总额和加权平均资本成本。

1.税后净营业利润（NOPAT）

税后净营业利润等于税后净利润加上利息支出部分（如果税后净利润的计算中已经扣除少数股东损益，则应该加回），即公司的销售收入减去除利息支出以外的全部经营成本和费用（包括所得税费用）后的净值。它实际上是假定在不涉及资本结构的情况下，公司经营所获得的税后利润，也就是全部资本的税后投资收益，反映了公司资产的盈利能力。税后净营业利润是根据利润表以及报表附注对EVA相关项目进行调整得出的。

$$\text{税后净营业利润} = (\text{利润总额} + \text{利息费用}) \times (1-T) + \text{会计调整项目} = \text{税后净利润} + \text{利息费用} \times (1-T) + \text{少数股东损益} + \text{递延所得税负债余额增加} + \text{各项资产减值准备余额增加} - \text{公允价值变动损益} - \text{非营业投资的投资收益} - \text{EVA税收调整}$$

除此之外，还需要对部分会计报表科目的处理方法进行调整，以纠正会计报表信息对真实绩效的扭曲。

2.资本总额（TC）

资本总额是指所有投资者投入公司经营的全部资金的账面价值，包括债务资本和股本资本。其中，债务资本是指债权人提供的短期和长期贷款，不包括应付账款、应付票据、其他应付款等商业信用负债。股本资本不仅包括普通股，还包括少数股东权益。因此，资本总额还可以理解为公司的全部资产减去商业信用后的净值。

$$\text{资本总额} = \text{流动负债（扣除流动免息负债）} + \text{非流动负债} + \text{股东权益（包括少数股东权益）} + \text{EVA会计调整项目}$$

同样地，计算资本总额时也需要对部分会计科目的处理方法进行调整，以纠正对公司真实投入资本的扭曲。在实务中，既可以采用年初的资本总额，也可以采用年初与年末资本总额的平均值。EVA为了消除稳健会计原则的影响，反映企业真实的资本投入水平，建议将研发支出各项资产减值准备的账面余额等资本化，EVA会计调整项目一般为正值，因此，其资本总额一般要大于资产负债表记录的资产总额。

3.加权平均资本成本（WACC）

加权平均资本成本是指债务资本单位成本和股本资本单位成本根据债务和股本在资本结构中各自所占的权重计算的平均单位成本。

$$\text{加权平均资本成本（WACC）} = \text{债务资本和股权资本的加权平均成本} = RD \times (1-T) \times D\% + RE \times E\%$$

其中，RD为税前债务资本成本率，T为所得税税率，D%为债务资本占全部资本的百分比，RE为股权资本成本率，E%为权益资本占全部资本的百分比。

如前所述，根据会计准则编制的财务报表对公司真实情况的反映存在部分失真，在计算经济增加值时，需要对某些会计报表科目的处理方法进行调整。在实践中，调整项目的

---

① 刘晓英. EVA计算及其会计调整［J］. 财会通讯，2009（10）.

选择应当遵循如下原则：

① 重要性原则，即拟调整的项目涉及金额应该较大，如果不调整会严重扭曲公司的真实情况。

② 可影响性原则，即经理层能够影响被调整项目。

③ 可获得性原则，即进行调整所需的有关数据可以获得。

④ 易理解性原则，即非财务人员能够理解。

⑤ 现金收支原则，即尽量反映公司现金收支的实际情况，避免管理人员通过会计方法操纵利润。

⑥ 可行性原则，即调整项目信息是可得的，修正方法是可行的，能够被管理者、会计人员或者其他相关人员理解和掌握。

⑦ 效率性原则，即会计调整要能及时有效地反映企业经营管理状况的变化。

⑧ 低成本性原则，即会计调整要花费较高的成本，这对于企业来说是得不偿失的。[①]

三、经济增加值计算中的调整项目

经济增加值等于税后净营业利润减去资本成本。计算经济增加值，需要调整税后净营业利润和资本成本。税后净营业利润的公式为：

$$\text{税后净营业利润}=\text{营业利润}+\text{财务费用}+\text{当年计提的坏账准备}+\text{当年计提的存货跌价准备}+\text{当年计提的长短期投资减值准备}+\text{当年计提的委托贷款减值准备}+\text{投资收益}+\text{期货收益}-\text{EVA税收调整}$$

$$\text{EVA税收调整}=\text{利润表上的所得税}+\text{税率}\times\left[\text{财务费用}+\text{营业外支出}-\text{减值准备（固定资产/无形资产/在建工程）}-\text{营业外收入}-\text{补贴收入}\right]$$

税后净营业利润的调整项目主要有财务费用、各项准备、非经常性收益和所得税。经济增加值的计算需要减去资本成本，为避免重复计算，需要加上财务费用。对于各项准备，在经济增加值的计算中可以根据情况选择调整或不调整。选择调整是基于各项准备的计提并非带来当期资产的减少，同时计提本身给管理者提供了操纵盈余的可能；选择不调整是基于各项准备反映了资产变现的市场价值。2013年实施的《中央企业负责人经营业绩考核暂行办法》，对税后净营业利润的调整就不包括各项准备。非经常性收益的调整则主要包括变卖主业优质资产收益、主业优质资产以外的非流动资产转让收益（股权转让收益等）以及其他非经常性收益（补贴收入等）。对于中央企业，根据《中央企业负责人经营业绩考核暂行办法》，对税后净营业利润的调整还包括研究开发费用调整项，即企业财务报表中“管理费用”项下的“研究与开发费”和当期确认为无形资产的研究开发支出。在税后净营业利润的调整中加上研究开发费用调整项，有利于激励企业增加研发投入。在实践中，经济增加值的调整项目可能有100多项，具体如何进行调整还需要结合企业自身所处的行业，制定的发展战略，以及对于管理层监管和激励的考量。本部分的调整内容介绍大多参考《中央企业负责人经营业绩考核暂行办法》，在实际运用中，还需要结合企业自身情况综合制定经济增加值的调整项。

资本成本的计算公式为：

---

① 林文杰. EVA价值管理体系及在我国商业银行的应用［D］. 上海：华中科技大学，2012.

资本成本=调整后资本×平均资本成本（WACC）

调整后资本=平均所有者权益+平均负债合计-平均无息流动负债-平均在建工程

无息流动负债属于公司无须付出成本的资本，因此未将这种资本列入EVA的计算项目，而在建工程作为一种资金占用，未能对公司本期的盈利做出贡献，因而也不参与EVA的计算。无息流动负债主要包括应付票据、应付账款、应付职工薪酬、应付股利、应交税费、其他应交款、其他应付款、预提费用、其他流动负债、职工奖励及福利基金等。

平均资本成本（WACC）可以是一个估计值，根据《中央企业负责人经营业绩考核暂行办法》的规定，差异化资本成本率的确定方式如下①：

（1）对主业处于充分竞争行业和领域的商业类企业而言，股权资本成本率原则上确定为6.5%；对主业处于关系国家安全、国民经济命脉的重要行业和关键领域、主要承担重大专项任务的商业类企业而言，股权资本成本率原则上确定为5.5%；对公益类企业而言，股权资本成本率原则上确定为4.5%；对军工、电力、农业等资产通用性较差的企业而言，股权资本成本率下浮0.5个百分点。

（2）债权资本成本率的公式为：

债权资本成本率=利息支出总额÷平均带息负债

其中，利息支出总额是指带息负债情况表中的“利息支出总额”，包括费用化利息和资本化利息。

（3）资产负债率高于上年且在65%（含）至70%之间的科研技术企业、70%（含）至75%之间的工业企业或75%（含）至80%之间的非工业企业，平均资本成本率上浮0.2个百分点；资产负债率高于上年且在70%（含）以上的科研技术企业、75%（含）以上的工业企业或80%（含）以上的非工业企业，平均资本成本率上浮0.5个百分点。

在对平均资本成本（WACC）进行估计时，相关公式为：

$$\text{加权平均资本成本}=\text{债务资本成本}\times\frac{\text{债务资本}}{\text{股本资本}+\text{债务资本}}+\text{股本资本成本}\times\frac{\text{股本资本}}{\text{股本资本}+\text{债务资本}}$$

四、经济增加值的主要作用

经济增加值对企业的经营绩效具有很大的促进作用，具体如下：

（1）促进企业正确评价自身绩效。

由于经济增加值体现了价值管理的要求，考虑了资金机会成本和股东回报，评价结果剔除了企业规模、非经营性收入以及其他因素的影响，因此，企业可以自我纵向比较，也能够与其他企业进行横向比较。这有助于企业正确评价自身经营绩效，并发现不足，确定改进和努力的方向。

（2）促进企业提升市场竞争能力。

将经济增加值作为企业的经营绩效评价指标，可以在企业中树立资本成本意识，并以回报必须高于投资成本的标准对企业的新增投资进行管理，从而通过合理投资、改善管理、提升业绩和调整资本结构等手段，增强企业的市场竞争能力。

---

① 差异化资本成本率的数据来源：根据《中央企业负责人经营业绩考核暂行办法》、2023年注册会计师全国统一考试辅导教材《财务成本管理》整理而得。

（3）促进企业调整资本结构、强化资本管理。

经济增加值倡导的是资本的使用效率，一项业务或资产不能产生高于资本成本的回报，这就需要对其进行优化、清算，或者缩减投资。同时，也可以通过优化存货结构、降低资本成本，提升企业的经营绩效。

（4）促进企业长远发展。

经济增加值不鼓励企业以牺牲长期利益来夸大短期效果，经济增加值要求经营者着眼于企业的长远发展。经济增加值的会计调整能够更加公平、合理地对经营者的绩效进行评估，使他们更加注重企业的长远发展。

第六节　关键绩效指标（KPI）

一、关键绩效指标（KPI）简介

关键绩效指标法（Key Performance Indicator Method，KPI法）是对传统的绩效评估理念的创新，是将企业宏观战略目标经过层层分解产生可操作性的战术目标，是一套衡量、反映、评估企业业务状况的、可量化的关键性指标。通过KPI的指引，使员工个人工作目标、职能工作目标与公司战略发展目标达到同步。

关键绩效指标法是目标管理法（Management by Objective Method，MBO法）与帕累托定律（20/80定律）的有机结合。它对企业的战略目标进行了全面的分解、分析，归纳出支撑企业战略目标的关键成功因素（Critical Success Factors，CSF），继而从中提炼出企业、部门和岗位的关键绩效指标。其核心思想就是，企业80%的绩效可以通过20%的关键指标来把握和引领，企业应当抓住主要矛盾，重点考评与其战略目标实现关系最密切的20%这部分关键绩效指标。

与其他方法相比，关键绩效指标法的优点是很明显的。它从繁多的绩效指标中提炼出少数关键的指标来进行考评，在减少了对员工束缚的同时，还大大降低了绩效管理的成本。这不仅有利于提高绩效管理的效率，还有利于增强企业的核心竞争力。其内涵包括以下几个方面：

（1）关键绩效指标是衡量企业战略实施效果的关键指标。这包括两个方面的意思：一方面，KPI是以战略为导向的，其由企业战略目标的层层分解而得出；另一方面，KPI强调“关键”，其强调的是对企业成功具有重要影响的方面。

（2）关键绩效指标是体现对组织战略目标有增值作用的绩效指标。依据关键绩效进行绩效考核，是连接个人绩效与企业战略目标的桥梁，其可以保证真正对企业有贡献的行为能够受到鼓励，从而真正实现企业业绩的提高。

（3）关键绩效指标是反映最能有效影响企业价值创造的关键驱动因素。KPI制定的主要目的是明确引导经营管理者将精力集中在能够对绩效产生最大驱动力的经营行为上，及时了解判断企业营运过程中产生的问题，并及时采取提高绩效水平的改进措施。

（4）关键绩效指标是用于评价和管理员工绩效的可量化的或可行为化的标准体系。KPI是对工作效果和工作行为最直接的衡量方式，因此，其必须是可量化的或可行为化的。

(5) 关键绩效指标是进行绩效沟通的基石，是组织中关于绩效沟通的共同辞典。有了这样一个辞典，管理者和员工在沟通中可以拥有共同语言，通过在关键绩效指标上达成承诺，员工与管理者可以进行工作期望、工作表现和未来发展方面的沟通。

因此，通过KPI，可以落实企业战略目标和业务重点，传递企业的价值导向，有效激励员工，促进企业和员工绩效的改进和提升。KPI强调对企业业绩起关键作用的指标，其实际上提供了一种管理的思路：作为绩效管理，应当抓住关键绩效指标，通过关键绩效指标将员工的行为引向组织的目标方向。①

关键绩效指标法是目前国际上通行的企业经营绩效成果测量和战略目标管理的工具，很多公司都在使用该方法进行绩效评估，比如IBM公司。IBM公司在运用KPI时秉承以下理念：①对部门和个人工作起导向作用的引导性指标，需要层层分解，并层层支持；②绩效是团队的绩效，部门主管和下属的绩效捆绑；③定量与定性指标相结合，不同的时期有不同的KPI，实行动态管理；④包含四个方面：财务方面（收益、成本、利润），客户方面（内外部客户满意度、忠诚度、投诉率、市场份额），流程方面（指标覆盖全流程）和学习与成长方面（员工技能、素质提高、企业氛围）。②

二、关键绩效指标的确定原则

KPI衡量的是企业战略实施效果的关键指标，其目的是将企业战略转化为内部过程和活动，以不断增强企业的核心竞争力，并持续取得高效益。那么，应该如何设计企业层和部门层的KPI指标体系呢？确立KPI指标体系时，应当遵循哪些原则，应当把握哪些关键要点，应当注意哪些事项呢？

（一）确定关键绩效指标遵循的原则

KPI应当遵循SMART原则，即具体的（Specific）、可测量的（Measurable）、可实现的（Attainable）、实际的（Realistic）、有时间限制的（Time-Bounded）。

所谓“具体的”，是指绩效指标要切中特定的工作目标，不是笼统的，而是应该适度细化，并随情境变化而变化。

所谓“可测量的”，是指绩效指标或者是数量化的，或者是行为化的，验证这些绩效指标的数据或信息是可以获得的。

所谓“可实现的”，是指绩效指标在付出努力的情况下可以实现，避免设立过高或过低的目标。

所谓“实际的”，是指绩效指标是实实在在的，是可以证明和可以观察得到的，而并非是假设的。

所谓“有时间限制的”，指的是在绩效指标中要使用一定的时间单位，即设定完成这些绩效指标的期限，这也是关注效率的一种表现。

（二）设计关键绩效指标体系的程序

关键绩效指标法的操作流程一般可以分为三大步骤：第一步，关键绩效指标体系的设计；第二步，关键绩效目标体系的制定（注意：关键绩效指标体系+关键绩效目标体系=

① 李中斌，王贵军. 绩效管理［M］. 北京：中国社会科学出版社，2007.
② 胡君辰. 绩效管理［M］. 成都：四川人民出版社，2008.

关键绩效标准体系)；第三步，关键绩效指标和目标的评估和调整。在此着重介绍关键绩效指标体系的设计，因为设计关键绩效指标体系是关键绩效指标法的第一步，也是最基础的一步。在关键绩效指标体系设计完成后，才能为其中的每一个绩效指标制定出在一个评估周期内应当达到的合理的绩效目标（目标值或目标标准)。“关键绩效指标体系的设计”这一步又可细分为若干小步骤，下面将对此进行具体分析。

1.详细描述部门和岗位的职责

根据组织的战略目标与部门设置情况，以及部门之间工作业务流程的关系，确定每一部门的基本职责。例如，办公室工作职责如下：

① 上级部门与有关单位的联系，处理好公共关系；

② 组织编写、审查、修订及汇编公司的规章制度；

③ 起草公司文件；

④ 管理公司综合档案、机要档案和印章；

⑤ 办理公司工商注册、变更、年检等事务；

⑥ 接待公司来访客人，组织安排公司会议及重要活动；

⑦ 督促、检查公司领导交办的重要事项落实情况；

⑧ 负责公司法律事务；

⑨ 管理和发放低值易耗品、办公用品等。

根据部门内部的岗位设置情况以及不同岗位之间的工作业务流程关系，将部门的职责分解到各个岗位上，通过工作分析，明确每一岗位的具体职责，为每一岗位建立规范的工作说明书。①

2.提取工作要项

工作要项是指各部门和岗位的工作中所包含的重要职责，由管理者与被管理者通过商讨共同确定哪些工作作为工作要项。确定工作要项的具体方式有以下三种：第一，管理者与被管理者共同拟定一个初稿，然后召集所有有关下属员工一起讨论，直到意见一致为止。第二，管理者首先拟定一个初稿，被管理者在详细阅读初稿的基础上提出改进意见，管理者再根据被管理者的意见进行一定的修改，直到双方都接受为止。第三，被管理者首先拟定一个初稿，管理者在详细阅读初稿的基础上提出改进意见，被管理者再根据管理者的意见进行一定的修改，直到双方都接受为止。

3.建立关键绩效指标

每一个工作要项就是一个关键绩效指标，关键绩效指标必须符合数量化和行为化的标准。关键绩效指标的基本类型为数量、质量、成本和时限四种，绩效评价时，常常从这四个方面进行评价。在构建KPI时，我们可以通过回答一些问题来得出KPI：

① 在评价员工的工作时，我们关心的是数量、质量、成本还是时限？如何衡量这些工作的数量、质量、成本和时限？

② 是否有量化的衡量指标？如果有，将它们列示出来。

③ 如果没有量化指标，那么，哪些客户可以评价工作完成得好或不好？工作完成得好，是一种什么状态？②

---

① 相关资料来自百度百科。

② 苏义林．基于KPI的绩效管理体系设计［J]．科技文汇，2010（9）.

确定个人或部门业务的重点，确定哪些个体因素或组织因素与企业相互影响。确定每一职位的业务标准，定义成功的关键因素，即满足业务重点所需要的策略手段。

下面以市场营销人员为例，说明其关键绩效指标的确定：

首先必须根据企业的战略目标，确定营销部门实现公司战略目标的职责和关键成功要素，然后通过层层分解，确定市场营销部门内部各职能部门和业务部门及相关流程的关键绩效指标体系，进而分解为营销人员的绩效指标。市场营销人员某一考核周期的关键绩效考核指标体系如下：

① 客户满意度（如客户满意度提高率或客户投诉量）；

② 销售订货额（如销售订货额或销售订货额增长率）；

③ 货款回收（如货款回收额或货款回收目标完成率）；

④ 销售费用（如直接销售费用率或直接销售费用降低率）。

另外，依据市场营销人员的业务现状，还可加入团队合作、市场分析、客户关系等定性关键绩效指标。[①]

表12-3列出了常用的关键绩效指标的类型、一些典型的例子以及这些指标考核的来源。

表12-3　　常用的关键绩效指标类型、举例及考核来源

指标类型	举例	考核来源
数量	产量 销售额 利润	业绩记录 财务数据
质量	产品合格率 返修率 准确性	生产记录 内部客户评价
成本	单位产品成本 投资回报率	财务数据
时限	及时性 工作完成时间	内部客户评价 外部客户评价

4.确定不同指标的权重

确定不同方面的绩效指标在总体绩效中所占的比重。由于各项评估指标的重要程度是不同的，在进行绩效评估时，为了反映各项指标的主次关系，就要确定各项指标的权重系数。权重的大小不能按照完成任务的时间长短来确定，而是由公司的领导层根据公司的发展目标和重点工作任务来确定的。

高层要做正确的事，中层要把事做正确，基层要正确地做事，所以，在设置KPI权重时，要考虑KPI权重在不同层级员工中的分配。一般地，高层管理者对企业的整体经营管理负责，因此其对财务指标负有更大的责任，也就是说，在评价指标中财务指标所占的权重较大。相对来说，中层管理者的经营、服务类指标的权重相应增加。在一个企业中，履行不同职能的员工对企业绩效所发挥的作用也不同，由此决定了其对KPI的责任不同：企

① 杨春平．关键绩效指标在企业绩效管理中的应用［J］．经营管理，2010（11）．

业前端部门（销售等）比后端部门（生产等）的财务指标权重大；一般情况下，职能部门的财务指标权重小，经营、服务类指标权重最大。[①]

5.确定绩效标准

关键绩效指标体现了每一个部门或岗位对组织目标有增值作用的产出。指标规定了从哪些方面进行评价，而标准则表明了在各个指标上分别应该达到什么样的水平。绩效标准通常是一个范围，其下限为基本标准，其上限为卓越标准。

通俗地讲，指标是指从哪些方面来对工作内容进行考核评价，而标准是指各个指标分别应该达到什么样的水平；指标解决的是考核什么问题，而标准解决的是如何考核问题。当确定了考核指标以后，考核标准的确定就相对容易了。对于能够量化的指标，可以直接给出数量化的标准；对于不能量化的指标，就可以从客户的角度出发给出行为化的标准。

下面给出一些考核指标与考核标准的对比实例，具体见表12-4。

表12-4　**考核指标与考核标准对比表**

工作内容	考核指标	考核标准
产品销售	销售额	月销售额25万元
	销售费用	销售费用每月5万元
工资发放	发放的及时性	在规定的工资发放当日发放工资
	发放的准确性	出错率小于3%
	工资表保管的严格性	工资表完备率98%
	员工满意度	90%的员工对工资发放工作满意
会议的组织	会议的准备	在会议开始前准备好所需的设备
	人员的通知	通知所有应到会人员，无一人遗漏
信息的收集	信息的数量	每月提供信息20条
	信息的全面性	信息涵盖公司已进入或拟进入的全部行业，包括行业生产、销售、研发、盈利能力等各个方面
	信息的时效性	信息的收集、整理和提供在信息有效期内完成
	使用者满意度	90%的使用者感到满意

在确定了考核标准以后，下一步的事情就是要知道每个员工在各个考核指标上的实际表现如何。因此，我们需要通过各种手段对绩效表现进行跟踪，获取相应的信息。在确定如何跟踪绩效指标的系统时，我们需要弄清以下几个问题：

① 搜集多少数据？

② 需要搜集哪些数据？

③ 需要在什么时候搜集数据？

④ 由谁搜集数据？

⑤ 谁是这些数据的接受者？

⑥ 在制订了绩效跟踪计划以后，还需要对这个计划进行审查、考核？[②]

---

① 汤孝锦．关键绩效指标（KPI）在现代企业绩效管理中的应用［J］．管理纵横，2009（11）．

② 苏义林．基于KPI的绩效管理体系设计［J］．科技文汇，2010（9）．

（三）确立KPI指标体系时应把握的关键要点

① 将部门和个人的目标与公司的整体战略目标联系起来，以全局的观念来思考问题。

② 指标一般应当比较稳定，如果业务流程基本不变，则关键指标的项目不应有较大的变动。

③ 指标应当可以控制、可以达到。

④ 关键绩效指标应当简单明了，容易被执行。

⑤ 对关键绩效指标进行规范定义，可以建立“关键绩效定义表”，对每一个KPI指标进行定义。

三、关键绩效指标的确定方法

关键绩效指标的确定方法主要有以下几种：

（一）头脑风暴法

① 确立企业战略、目标。

② 综合考虑市场环境、技术变化、人力资源特点、部门特点等，在此基础上采用“头脑风暴法”[①]，确立公司层和部门层的关键绩效指标。

③ 对各种绩效指标采用“反头脑风暴法”，逐一质疑，最后选定企业和部门的关键绩效指标。

（二）鱼骨分析法

鱼骨分析法是企业战略目标分解的常用方法。它是通过图形的方式，分析各种特定的问题或状况的原因，并将它们按照逻辑层次表示出来（如图12-10所示）。

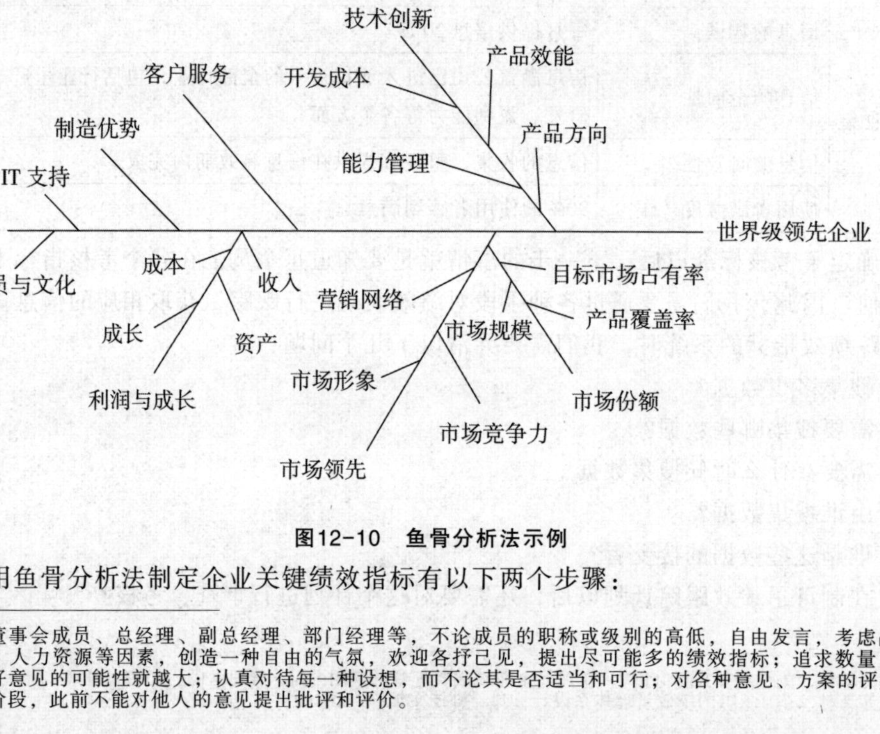

图12-10　鱼骨分析法示例

利用鱼骨分析法制定企业关键绩效指标有以下两个步骤：

① 董事会成员、总经理、副总经理、部门经理等，不论成员的职称或级别的高低，自由发言，考虑战略、市场、技术、人力资源等因素，创造一种自由的气氛，欢迎各抒己见，提出尽可能多的绩效指标；追求数量，意见越多，产生好意见的可能性就越大；认真对待每一种设想，而不论其是否适当和可行；对各种意见、方案的评判，必须放到最后阶段，此前不能对他人的意见提出批评和评价。

1.分析绩效指标，选取关键因素

① 综合分析战略、目标、市场环境、技术变化、人力资源特点、部门特点等。

② 按头脑风暴法提出尽可能多的绩效指标。

③ 对各种绩效指标提案进行筛选、归类、整理，明确其从属关系。

④ 选取关键绩效指标。

⑤ 表述关键绩效指标，确保描述准确、清晰、简单明了。

2.制作鱼骨图

① 填写鱼头。鱼头一般为公司的战略和总体目标。

② 画出主骨。主骨一般为公司层关键绩效指标。

③ 画出大骨。大骨一般为公司层关键绩效指标向各部门层次的分解，即部门关键绩效指标。

④ 画出中骨、小骨。中骨和小骨一般为部门层次关键绩效指标向基层主管和员工的分解，即个人关键绩效指标。

⑤ 在主骨、大骨、中骨和小骨上用特殊符号做出重要标记，标出完成关键绩效指标的关键要素。

(三) 成功关键分析法

成功关键分析法是基于企业远景、战略与核心价值观，对企业运营过程中的若干关键成功要素进行提炼与归纳，从而建立企业关键业绩评价指标体系和绩效管理系统的程序和方法。其关键是要寻找到企业成功的关键要素，并对企业成功的关键要素进行重点监控，通过寻找企业成功的关键，层层分解，从而选择考核的KPI。通过分析企业获得成功或者取得市场领先地位的关键因素，提炼出引导成功的关键业绩模块，即KPI维度；再将业绩模块层层分解为关键要素，为了方便这些要素进行量化考核与分析，须将要素细分为各项指标，即KPI。

通过成功关键分析法选择KPI，分为三个步骤：

① 寻找企业成功的关键方面：过去为什么成功；哪些因素促成了过去的成功；在促成过去成功的因素中，哪些能使企业持续成功，哪些已经成为企业发展的障碍；促使未来成功的关键是什么，依次确立企业KPI维度。例如，一家旅游公司可能将公司成功的关键要素确定为四项，即市场领先、客户服务、利润增长和组织建设，如图12-11所示。

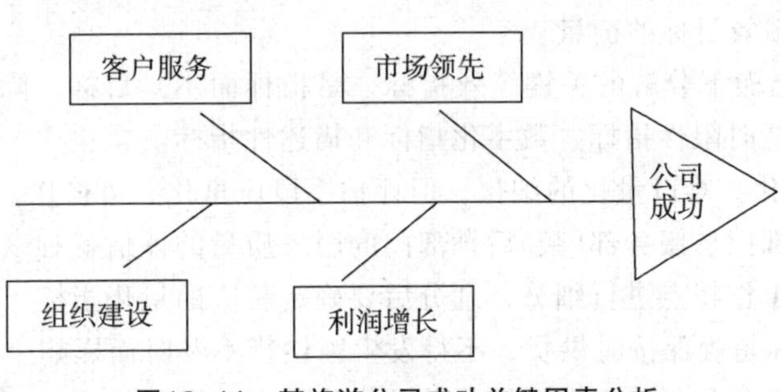

图12-11 某旅游公司成功关键因素分析

② 某旅游维度确立以后，进一步进行维度分析：每个维度内容是什么；如何保证这些维度的目标能够实现；每个维度目标实现的关键措施和手段是什么；维度目标实现的标

准是什么。例如，市场领先可以分解为市场竞争力、市场拓展力和品牌影响力；客户服务可以通过客户满意度来体现；利润增长可以分解为应收账款、费用控制和纯利润；组织建设可以具体分解为人员、纪律、文化三个方面。

③ 依据SMART原则，对KPI要素进一步细化。对KPI要素进行筛选，将其分解为恰当的可量化的KPI。对于一个成功的要素，可能有众多用于反映其特性的指标，但根据KPI考核方法的要求和便于考核人员的实际操作，我们需要对众多指标进行筛选，以最终确定KPI。例如，市场拓展力可以通过新客户数量和新业务营业收入增长两个指标来体现，市场竞争力可以通过当期接待人数和当期营业收入来体现。

四、关键绩效指标法的注意事项以及与平衡计分卡的区别

（一）关键绩效指标法的注意事项

① 不同岗位应有不同的KPI指标组合。

不同岗位应有不同的KPI指标组合，不同部门的KPI指标应有不同的特点和着重点。

例如，某公司财务部门的KPI是总利润、成本（费用）降低率和存货周转率，是以利润、成本为中心；生产部门的KPI是总产量和品种产量，是以产量为重点；销售部门的KPI是销售收入、产销比和资金回收率，是以收入和资金回收为中心；人力资源部门的KPI是全员劳动生产率，是以人员投入和劳动效率为核心。

一般而言，公司高层决策管理人员应对企业的战略目标负责，中层管理人员要重点保证企业的正常运营，而基层人员的工作重心是完成其承担的各种具体指标。表12-5是某公司对总裁、研发负责人和销售人员进行量化管理的KPI指标结构。

表12-5　　某公司对总裁、研发负责人和销售人员进行量化管理的KPI指标结构

公司人员	效益类（%）	运营类（%）	组织类（%）	工作目标类（%）
总裁	70	20	10	—
研发负责人	10	50	10	30
销售人员	60	10	10	20

资料来源：于静，彭然．KPI方法在量化管理中的应用研究［J］．西安电子科技大学学报（社会科学版），2003（12）：66-70.

② KPI指标与绩效目标的衡量。

KPI指标是自上而下分解的关键绩效指标，是指标而不是目标。除了KPI指标外，绩效目标的衡量还包括时限性指标、数字化指标和描述性指标。

③ 可量化的量化，难以量化的细化，但评估手段应量化、可操作。

例如，对管理部门、服务部门和后勤部门的服务质量的评估就难以量化，但可以根据部门的业务属性、工作特点进行细分，细分后要确定相应的量化指标。例如，某公司供应部门的一项KPI指标是确保按时供货，不得发生因供货不及时而影响生产的事故，对该项指标的评估是通过评估最低库存和不同品种的供货周期来进行的。

④ 激励指标与控制指标相结合。

例如，某公司对研发人员KPI的设计，其激励指标为新产品销售额、老产品毛利总

额。约束指标为研发人员人均毛利、因设计质量发生的费用、内部客户满意度等。

KPI是用于评估和管理员工绩效的定量化或行为化的标准体系，其提供了一种可量化或可行为化的评估方法。也就是说，关键绩效指标是一个标准的体系，其必须是定量化的，如果难以定量化，那么也必须是行为化的。KPI管理模式将管理内容通过科学的方法转化为影响企业、部门和员工个人实现目标的少数关键性量化指标，可以客观有效地反映员工绩效。对于一些无法量化的评估内容，或是对于部分量化指标的相关参数采集成本过高，则可以考虑建立行为化的替代评估模型，即定性的软性指标体系。行为化指标评估一般采用工作量、工作及时性、工作态度、协作配合等指标评估任职者日常工作绩效表现有无达到规定标准。行为规范的具体标准和工作要求需要结合各岗位具体职责、阶段性岗位工作内容进行个性化设置。然而，无论是定量指标还是定性指标，都必须是可以测量和评估的。

（二）关键绩效指标法与平衡计分卡的区别

平衡计分卡和关键绩效指标法在管理倾向、行为方法和结果特性方面均存在差异，具体见表12-6。

表12-6 **平衡计分卡和关键绩效指标法的对比**

对比要素		平衡计分卡	关键绩效指标法
管理倾向	管理思想	全方位立体测评	若干关键成功因素测评
	应用对象	战略、企业、部门、岗位	战略、企业、部门、岗位
	应用业务	越大越复杂越能体现优势	范围相对独立
	对业务的影响	团队及其成员、顾客、供应商一体化最优	重点突出，方向明确
行为方法	制作思路	战略目标分层单独制定	从战略目标开始自上而下制定
	测评指标	每个组织15～20个	5～8个
	制作方法	战略目标→多个角度→关键指标	关键成功因素→关键绩效指标
	操作难易	难	比较难
结果特性	对企业的影响	对管理体系、战略方向有影响	对流程关键环节有影响
	时间特性	指出方向，向前看	指出部分方向，向前看
	可比性	自身不同时期部分可比	纵向、部分横向可比
	副作用	影响到管理系统	容易使工作不全面
	对绩效的影响	保持长远绩效不偏不倚	使工作主要方面有进展

小贴士 **KPI的四种设计思路**

建立KPI也就是确定指标分解的思路，是为了解决如何将公司目标分解成可操作的绩效指标的问题。一般而言，设计KPI有两条主线，即依据组织结构分解和依据流程结构分解。基于这两条主线，通常有四种思路来建立企业的KPI体系：

(1) 依据组织结构分解建立KPI。这一方法主要强调的是将组织目标落实到部门，其主要优点是指标关系清晰，层层支撑，保证公司的战略目标和KPI得到有效落实，也易于发现难以落实的指标。但其也存在较多问题和风险：一是指标分解的困难；二是指标分解的结果会导致指标过多；三是分解后下级的指标未必能够有效反映上级的指标；四是指标分解以部门职责为中心，最终无法体现组织目标的落实。

(2) 依据内部流程分解建立KPI。这一方法将组织目标落实到流程，在考虑部门职责的同时注重结果。在设计时，首先需要将公司的组织目标分解为若干具体的策略目标或经营重点，然后让流程的各个环节对每一项目或重点进行响应。但其也容易导致过分强调流程目标，而淡化部门和岗位职责。

(3) 依据平衡计分卡建立KPI。平衡计分卡是从财务、客户、内部运营、学习与发展四个角度来全面衡量组织绩效。这一方法不仅考虑了企业的产出，也兼顾了未来成长的能力，同时又从客户和内部流程来考评企业的运营情况，充分将公司的长期目标和短期行为联系起来。

(4) 依据标杆基准法建立KPI。这一方法将企业自身的关键业绩行为与最强的竞争企业进行比较，分析标杆企业绩效形成原因，并在此基础上建立本企业的关键业绩指标。

资料来源：赵文明，赵建伟．员工绩效考核与绩效管理实务手册［M］．北京：中国致公出版社，2005：67-85.

第七节　我国绩效评价的发展现状与展望

我国当前实施的企业绩效评价，实质上是按照市场经济要求实行的一项企业监管制度。随着社会主义市场经济的发展，政府管理经济的方式也正在朝着运用市场经济原则间接管理的方向不断转变。

长期以来，我国企业绩效评价一直存在评价主体不明确的问题，常常是以一套指标体系满足各种不同信息使用者的需求和标准，忽视了不同信息使用者对具体评价目标和绩效指标体系的个性化差异。将经营效益作为评价的核心，过于重视经营效益在评价过程中的作用，在评价指标体系中，以利润为主导，赋予利润指标高权重和重复或变相使用利润指标，使得企业利润指标越高，评价结果越好，不可避免地引导企业不断追求利润最大化。企业如果单纯追求利润最大化，高度关注所有者财富的积累，必然会忽略债权人、员工、政府及社会等利益相关者的利益，不可避免地造成人为编造利润、潜亏、财务风险增大等损害利益相关者利益的问题。

与此同时，人们常常将价值度量、绩效评价和薪酬激励的关系混淆，将价值度量等同于绩效评价，进而将绩效评价作为薪酬激励的前提。事实上，一切将薪酬与产出挂钩的做法都能起到立竿见影的激励效果，而与绩效评价无关。价值度量是薪酬激励的需要，与绩效评价并非密不可分。绩效是过程和结果的集合，绩效评价的根本任务是对价值创造进行过程管理，以提高价值创造的质量和效率。因此，绩效评价理应是对价值创造过程的评价，而非对结果的度量，与薪酬激励的结合是绩效评价提升自身效率的需要。在薪酬与价值挂钩并带来超强激励的情况下，再将绩效评价的重心放在结果而非过程上，只能事倍功半。如果被忽视的过程与股东价值的可持续性增长和增长潜力密切相关，则必定导致管理层博弈，甚至激励失控。

近年来，绩效评价已经从以往单一的财务指标向多元化指标体系转变，包括员工表现、客户满意度、创新能力等方面的指标。此外，个性化评价已经成为趋势，即根据员工特点和职业发展目标进行个性化评价，以更好地促进员工的激励和发展。实时反馈也变得越来越重要，许多组织提倡提供及时的、频繁的反馈，以便员工及时调整和改进自己的表现。同时，在信息化、全球化的社会背景下，信息系统的高度发达和高科技信息技术的应用，使得非财务指标评价、过程适时评价、无形业绩评价、顾客导向评价等成为可能。新经济环境带来的企业战略、组织形式、财务管理、价值估计及激励机制等方面的巨大变革，使得企业绩效评价理论和方法也在不断地发展并呈现出以下趋势：

（1）将绩效评价纳入企业战略管理的全过程

在企业管理中，绩效评价具有一定的导向作用。在企业日益加强战略管理以获取竞争优势的今天，绩效评价为适应整体战略的要求，已经与企业战略经营目标紧密结合，并被纳入到整个战略管理过程之中。也就是说，要将企业的战略作为绩效评价和管理的起点，通过绩效评价指标体系将企业战略目标转换成阶段性的战术目标，再将这些目标自上而下转化为具体的评价内容，以便各部门和员工能够明确任务，协调一致，实现企业整体价值最大化。

（2）开始注重反映利益相关者的要求

随着利益相关者理论的兴起，利益相关者的概念及内涵得到了扩展。广义的利益相关者，是指能够影响企业或受企业决策和行为影响的个人与团体，如员工、股东、顾客、供应商、政府部门、环境保护主义者等。目前，利益相关者已被视为企业的构成要素，被纳入广义的企业管理范畴，对利益相关者的管理也成为企业战略管理的新领域。因此，企业绩效评价在关注企业内部经营管理过程的同时，将视野投向了企业的利益相关者，不但投资者、债权人和管理者要了解企业的绩效状况，其他利益关系人（如政府、社会公众、客户、供应商、员工等）也要了解企业的绩效状况，企业绩效评价开始由单一的评价向多角度、综合的评价转化。

（3）注重对知识与智力资本等无形资产的评价

随着知识经济的到来，企业赖以生存和发展的核心利润源已经发生了实质性的变化，从以实物型资产为主导向实物型资产和无形资产并重的方向发展。在一些企业中，其核心利润源和核心竞争力越来越多地体现为一些高价值的无形资产，既包括企业内部的无形资产，如品牌、商誉、技术及知识产权、企业管理层的能力、企业战略、企业文化、组织架构的合力等，也包括企业的外部价值链，如客户、销售渠道、战略联盟、供应商、合作伙伴等，这些无形资产实质上也是企业内部知识的积累以及智力资本的体现。现有的绩效评价已经发展为帮助企业引导员工进行知识交流、共享，促进知识的扩散，加速知识的应用，进而提升企业核心竞争能力的工具。

（4）注重对企业整体业务流程的评价

传统的企业绩效评价侧重于单个职能部门的评价，企业中的各部门被视为独立个体进行独立评价。管理层专注于改善所负责部门的绩效，而较少关心其目标的达成对其他部门或供应链中其他成员产生的影响。此外，适用于静态产品和大批量生产的传统评价方法，不能反映供应链动态经营情况，也不能对业务流程进行实时分析评价。因此，适应企业竞争环境和竞争方式的变化，从内部供应链整体出发注重对企业整体流程的评价，已经成为趋势和必然。

（5）注重外部供应链管理绩效评价

外部供应链绩效评价是指围绕供应链的目标，对供应链整体、各环节（尤其是核心企业运营状况以及各环节之间的运营关系等）所进行的事前、事中和事后分析评价。评价供应链的绩效，是对整个供应链的整体运行绩效、供应链上的节点企业、供应链上的节点企业之间的合作关系所做出的评价。在日趋激烈的全球化竞争中，单个企业之间的竞争已经被企业群体之间的竞争所取代，表现为供应链之间的竞争。因此，供应链管理的绩效评价，对供应链的运作和管理尤为重要。供应链管理的绩效评价与单个企业的绩效评价有着很大的不同：评价供应链运行绩效的指标，不仅要评价该节点企业的运营绩效，而且要考虑该节点企业的运营绩效对其上层节点企业或整个供应链的影响等。

（6）注重社会绩效评价研究

当对企业进行综合评价时，我们往往要求企业能够兼顾经济效益和社会效益。近年来，国外对企业评价的研究已经越来越多地集中到企业社会绩效评价领域。因此，如何借鉴国外的企业社会绩效评价模式，并以此为基础探讨适合我国国情的企业社会绩效评价系统，将是今后企业绩效评价系统研究的一个重要方面。

（7）注重数据驱动评价

目前，绩效评价已经逐渐向数据驱动的方向发展。传统的主管评定或者基于个人主管意见的评价方式可能存在主观性和片面性，而数据驱动的评价则可以基于客观的绩效指标和数据进行评估，减少了主管主观评价的偏差。通过大数据分析技术，可以更好地挖掘员工的工作数据、绩效数据、学习数据等多维度信息，从而实现更加全面、深入的绩效评价。在这种趋势下，绩效评价将更加精准和灵活，能够更好地发现员工的优势和不足，为组织决策提供更有效的支持。

（8）注重整体绩效管理评价

绩效评价已经从简单的一次性评估逐渐发展为一个更加综合、全面的绩效管理系统。目前的趋势是将绩效评价与目标设定、培训发展、激励奖励等相关联，以提高绩效评价的有效性和实用性。通过设定明确的工作目标和绩效指标，可以帮助员工更清楚地了解组织对其期望的方向和要求，从而更有针对性地提升自身的能力和表现。同时，目标设定也为绩效评价提供了量化的依据和参考，使评价结果更具客观性。通过不断提升员工的技能和知识，可以提高其绩效水平。绩效评价可以作为培训发展的反馈机制，帮助组织确定培训需求，提供个性化的发展计划，并评估培训效果。

本章小结

1.我国传统的绩效评价主要是对财务指标的分析，而在现代市场竞争环境下，各种不确定因素对企业前景有着众多影响，仅仅通过一些财务指标已经不能满足企业绩效评价的需要，而应该采用包括财务指标、非财务指标相结合的多元化指标体系，如平衡计分卡、经济增加值、关键绩效指标等。同时，在当今“两型”社会视角下，绩效评价主体也更加注重对企业社会效益的评价。

2.平衡计分卡是适应信息时代发展而建立的一种全面的绩效评价体系，其将财务指标与非财务指标相结合，并将企业的使命和战略转化为目标和措施，由四个互为关联的维度组成：财务、顾客、内部运营以及学习与发展。利用财务指标来反映企业在生产经营中的结果，同时通过顾客满意度、内部程序及组织创新对经营者进行测评，以弥补财务衡量指标的不足。

3.经济增加值（EVA）是一种新型的公司绩效衡量指标，是指从税后净营业利润中扣除包括股权和债务的全部投入资本成本后的所得，其克服了传统绩效评价指标的缺陷，比较准确地反映了公司在一定时期内为股东创造的价值。自国务院国资委于2013年1月1日开始施行《中央企业负责人经营业绩考核暂行办法》以来，经济增加值在国有企业中得到了广泛运用，能够定性和定量地反映公司的绩效水平，但在计算过程中仍需注意部分项目的调整问题。

4.关键绩效指标（KPI）是指企业的宏观战略目标经过层层分解产生可操作性的战术目标，其既能反映战略执行的效果，也是对战略决策执行效果的检测指标。实施KPI指标体系的目的是建立一种机制，将企业战略转化为内部过程和活动，以不断增强企业核心竞争力和持续发展能力。KPI指标体系使绩效考核与绩效管理不仅成为一种激励约束的手段，而且成为一种战略实施的有效工具。通过提取公司成功的关键指标，利用目标管理的方式，将其不断分解和传导到基层单位，从而可以确保企业战略目标的实现。

重要术语

绩效评价（Performance Evaluation）
价值度量（Value Measure）
薪酬激励（Salary Incentive）
股东价值（Shareholder Value）
供应链管理（Supply Chain Management）
社会绩效（Social Performance）
企业战略管理（Enterprise Strategic Management）
关键绩效指标（Key Performance Indicator）
目标管理法（Management by Objective，MBO）
关键成功因素（Critical Success Factors，CSF）
平衡计分卡（Balanced Score Card，BSC）
经济增加值（Economic Value Added，EVA）
平均资本成本（Average Cost of Capital，WACC）

习题

复习思考题

1. 简述供应链管理绩效评价与单个企业绩效评价之间的区别。

2. 传统的绩效评价的表现方式有哪些？

3. 我国企业绩效评价将呈现出怎样的未来发展趋势？

4. 什么是KPI，它的含义是什么，你是怎样理解的？

5. KPI体系有什么特点？简述它的设计思路。

6. 如何实施KPI体系？其主要有哪些步骤？

7. 如何理解KPI和BSC之间的关系？

8. 什么是平衡计分卡？其有哪些维度？

9. 如何应用平衡计分卡进行企业经营绩效评价？

10. 简述经济增加值法的计算方法。

11. 如何看待经济增加值在绩效评价中的作用？总结其优缺点。

12. 经济增加值法与剩余经营收益的关系及区别是什么？

案例讨论题

雅戈尔绩效评价体系

雅戈尔集团是一家金融型控股集团，总部位于浙江宁波，创建于1979年，旗下的雅戈尔集团股份有限公司为上市公司，在谋求公司发展战略的同时，实现经营规模、盈利能力以及品牌价值的有力提升无一不依靠着强大的绩效管理体系的支撑，线上线下的全渠道运营模式也需要依靠一个强大的绩效管理系统。雅戈尔集团的成员公司分为服装控股集团、纺织控股集团、房地产控股集团等，总部通过有效的股权和投资对子公司进行控制或影响。这种模式有利于集团总体的资源整合，此种组织治理结构产生的结果是平衡计分卡管理体系的适用性以及EVA指标体系的适用性，其业务模式非常清晰，也容易产生协同效应。

雅戈尔集团EVA与BSC结合的绩效评价方法的设计如下：

以平衡计分卡的四个维度为框架，将EVA添加至财务维度中，将企业原来的KPI融入到新的绩效评价工具中。EVA的价值创造是企业最终追求的经济利益。其他指标为关键辅助指标，作为考核的标准。在原有的战略地图的基础上，扣除一些非常用指标，根据实际运营的情况，设定新的BSC指标体系。

原来的绩效评价系统中的财务类、管理类与目标类指标设计交叉错综，分类并不明确。同时，集团性企业部门较多，用于衡量每个部门的业绩指标取决于各种月报、年报以及企业内部报告，以报告中的基础数据作为投资依据。这样做的优势在于保证了数据来源的准确性，但是其劣势在于不能保证指标具有代表性，这样评价的结果可能无法反映企业的真实经营情况。改进后的绩效指标是从财务、客户、内部运营、学习与成长四个方面进行设计的，具体分析如下：

1.财务维度

财务维度是公司最重要的考核指标，解决的是股东表现如何的问题，是其他三个方面的归宿。改进后的绩效考核选取了20个财务指标，主要是通过三大途径来实现价值增值，获得剩余收益EVA。EVA的增减最能够反映企业的目标与愿景，将EVA的增值作为企业最终的核心目标，围绕这一目标，设计财务维度绩效管理系统。通过EVA指标的分析，让管理层更加注重雅戈尔集团的主营服装产业的发展，努力提升公司内部的经营管理能力，提高存货周转率，提升产品质量、服务质量，使企业的获利能力增强。为此，可以从以下三个层面着手：

第一，提高利润是最主要的途径，可以通过增收以及节支的方式实现，主要设计的指标有营业收入、销售收入增长率、销售成本率以及各种费用率等。第二，有效地提高资产回报也是价值增值的有效途径，提高资产利用率，同时以资产回报率作为检测指标，保证公司时刻检测资产的状态，保持拥有良好资产以及剔除不良资产。第三，以合理的财务结构支撑企业整体的财务环境，这是因为不稳定的财务结构不仅会影响组织的财务状况，也会影响股东对公司的信任，合理控制财务结构主要是通过资产负债率以及流动比率、速动比率来检测，其他报表财务指标均可在一定程度上检测财务结构的合理性。

2.客户维度

客户维度主要解决的是客户表现如何的问题，客户是企业利润创造的基石与源头，客户的优质性是企业竞争力的重要表现，客户的变化也展现了企业外部环境的变化。为此，可以从以下三个方面来检测外部的竞争状态，并予以维护：

第一，提高客户质量是关键，主要涉及大客户的订单稳定性以及客户的平均利润水平。第二，开拓市场可以有效增加客户数量并实现多元化发展，新客户的增长比率也能够检测出来。第三，提升客户满意度，减少投诉次数，培养他们对企业品牌的忠诚度和好感。做到这三个方面，才能取得出色的财务绩效，获得持续增长的经济源泉。

3.内部运营维度

内部运营维度是为了更好地维护股东和客户的利益，也是企业自我控制的关键，内部运营的优质与无纰漏是企业再生产、再创造的基础，也是企业绩效管理的重点研究方向。为此，可以将内部运营分为以下三个流程：

第一，提高企业的创新能力。创新是企业永葆活力的源泉，没有创新能力的企业迟早会被时代淘汰，所以要增加产品的研发能力。第二，提高盈利能力。这里主要是指雅戈尔集团的服装门店的单位面积销售能力以及生产设备的利用效率，服装门店是雅戈尔集团的“脸面”，最终反映的是店面创利情况以及企业内部供应生产有无问题；提高设备利用率，缩短产品生产周期也可以增强盈利能力。第三，提高售后的服务质量，满足顾客的个性化需求等。

4.学习与成长维度

学习与成长维度关注的是员工层面的问题。员工是一个企业的重要组成部分，员工自我价值的实现如果能够与企业价值追求相一致，将是一把无坚不摧的“利剑”。企业的财务、客户、内部运营都可以通过量化的指标有形地体现出来，而学习与成长角度需要设立一些定性的指标，如客户满意度等。要使前三者取得良好的成果，必须以学习与成长作为驱动力，调动员工积极性，更新员工新技能，鼓舞员工士气，使其为企业的战略目标做出更大的贡献。

资料来源：张丽琨，卢浩，肖梦云. BSC与EVA结合下雅戈尔集团的绩效管理 [J]. 财会月刊，2015 (28).

思考：查阅资料并分析雅戈尔集团采用单一的BSC或EVA评价体系存在的问题。根据本章所学的知识，试着设计BSC-EVA-KPI三种绩效相结合的雅戈尔集团绩效评价体系。

二维码12-1　参考答案

二维码12-2　拓展阅读：新型研发运营机构绩效评价机制研究——基于ESG视角

延伸阅读

[1] 格尔根. 公司治理 [M]. 王世权，等译. 北京：机械工业出版社，2014.

[2] 李维安. 公司治理学 [M]. 北京：高等教育出版社，2009.

[3] 马永斌. 公司治理之道：控制权争夺与股权激励 [M]. 北京：清华大学出版社，2013.

[4] 宁向东. 公司治理评论 [M]. 北京：中国发展出版社，2006.

[5] 张维迎. 理解公司 [M]. 上海：上海人民出版社，2014.

[6] 冉斌. 绩效指标词典 [M]. 北京：中国经济出版社，2005.

[7] 姜定维，蔡巍. KPI，"关键绩效" 指引成功 [M]. 北京：北京大学出版社，2004.

[8] 巴考尔. 绩效管理24准则 [M]. 王成，译. 北京：中信出版集团，2005.

[9] 周文，虞涛. 绩效管理 [M]. 长沙：湖南科学技术出版社，2005.

[10] 卡普兰，等. 高级管理会计 [M]. 吕长江，译. 3版. 大连：东北财经大学出版社，2012.

[11] 李伟，欧凤鸣，梁思莹，等. 新型研发机构绩效评价研究——基于ESG视角 [J]. 财政监督，2023 (7)：59-63.

前沿篇

第十三章　国际财务管理

学习目标

1.了解跨国公司的发展和国际金融市场；
2.了解因汇率波动产生的会计或折算风险暴露与经济风险暴露的区别；
3.了解国际金融市场的基础——外汇交易市场；
4.理解即期汇率与远期汇率的区别；
5.理解如何运用金融工具，如远期、期货、期权、互换实现外汇风险的套期保值；
6.掌握即期汇率、远期汇率、利率和通货膨胀率之间的关系；
7.掌握国际直接投资中的现金流量分析方法。

引例：支付宝的海外扩张与外汇风险①

在共建“一带一路”倡议下，我国经济加快了全球化的进程。近年来，我国第三方支付企业强势进军海外市场，其中支付宝的海外扩张尤为迅速，目前已经进入包括东南亚、欧洲、北美等地区的20多个国家。

自2014年起，支付宝开始在海外市场布局，主要通过与当地合作伙伴携手，推出跨境支付服务，支持全球范围内的网上购物、资金汇款等业务。在初步确立优势后，支付宝进一步拓展市场，于2015年入股印度支付公司Paytm，打入印度市场。此后，支付宝通过与其他国家的金融科技公司合作，逐步将业务拓展至泰国、韩国、日本等国家。

2017年，支付宝开始向海外市场输出技术，与中国香港金融科技公司AlipayHK合作，进一步拓展中国香港市场。同时，通过品牌授权等方式，协助海外合作伙伴提升本地支付服务体验。在此期间，支付宝还逐步构建跨境支付生态，与全球多个国家和地区的银行、支付公司建立合作关系，打造跨境支付生态圈。2018年，支付宝与欧洲100多家银行和40多家电子钱包签订了合作协议，打入欧美市场。

然而，在支付宝海外扩张中，也面临着巨大的挑战与风险。2015年，支付宝宣布进入美国市场，与当地支付公司First Data合作，为在美国的中国游客提供便捷的支付服务。然而，在此案例中，支付宝遭遇了外汇风险。由于美元对人民币的汇率波动，以及美国监管政策的变化，支付宝在美国市场的业务面临了较大的不确定性。2017年，蚂蚁金服与美国汇款公司速汇金（MoneyGram）达成并购协议，计划以约12亿美元收购速汇金。然

① 资料来源：根据支付宝官方网站资料整理而得。

而，在交易过程中，美国监管机构以国家安全为由对此次并购进行了严格审查。最终，2018年，蚂蚁金服宣布放弃收购速汇金。此外，支付宝跨境支付还面临汇率波动风险、信用风险、技术风险等。汇率波动可能导致支付宝的利润波动，甚至影响其在国际市场上的竞争力。信用风险主要包括在跨境支付中，面对不同国家和地区的客户交易时，对方无法履行合同、资金安全风险等。技术风险主要包括跨境支付时的系统故障、数据泄露等。

尽管支付宝在对外扩张过程中面临着众多挑战，但是支付宝始终保持坚定的发展信念，积极应对各种困难，努力扩大市场份额。与全球各地的政策机构、金融机构和企业建立合作关系，共同推动金融科技的发展。在面对挑战的过程中，以推动金融普惠、服务全球用户为己任，不断努力，砥砺前行。支付宝官方数据显示，2019年，支付宝全球用户数量已经超过10亿。

支付宝的海外扩张，显现了我国企业在海外投资中所面临的机遇和挑战。在共建“一带一路”倡议的背景下，我国企业海外投资迅猛发展。跨国公司该如何进行国际财务管理活动？企业在海外投资过程中会面临何种风险？如何应对各种风险？这些问题，读者在本章中可以寻找到答案。

第一节 跨国公司与国际金融市场

一、跨国公司与国际财务管理

跨国公司是指具有全球性的经营动机和一体化的经营战略，在多个国家拥有从事生产经营活动的分支机构，并将它们置于统一的全球性经营计划之下的大型企业。它们的经理需要做出涉及国际投资、国际融资等国际财务管理的决策，实现公司价值的最大化。

跨国公司的原始形态，最早可以追溯到17世纪的英国东印度公司。19世纪至今，跨国经营势头一直在不断增长，跨国公司已经成为当代国际经济、科学技术和国际贸易中最活跃、最有影响力的力量。那么，企业为何要从事国际业务，开拓国外市场，从而成为跨国公司呢？经典的经济理论对此有三种常见的解释：

（一）比较优势理论

各个国家拥有的优势是不同的，例如，美国和日本拥有技术优势，而牙买加、墨西哥以及许多东南亚国家在基本劳动力成本上具有优势。这种优势无法在国际市场上轻易转移，使得各个国家愿意利用它们的优势专门生产那些它们擅长生产的产品。各个国家的专业化经营，使得生产效率得以提高，企业进军国际市场将有利可图。

（二）不完全市场理论

若市场是完全的，生产要素、劳动力以及资金流等可以在世界范围内流动，这将促进成本和收益的均衡，消除比较成本优势。事实上，现实中的国际市场是不完全市场，生产要素等资源的流动是有限制的，甚至是无法实现的，跨国公司则可以利用国外资源，在国外寻求投资机会。

（三）产品周期理论

若公司首先在国内建立，国外公司对该公司产品的需求只能通过出口来满足。长期来看，在国外进行投资并直接供应产品将降低运输成本，使公司保持其竞争优势。这种优势可能是其在生产和降低成本的融资途径上的优势，也可能是其在形成并保持对产品的强烈需求的市场方法上的优势。

随着国际和经济一体化趋势的发展，国际资本在全球范围内的流动空前迅速。各国企业不论规模大小，为了在国际范围内充分利用各种生产要素，追求更高回报，纷纷在国际市场上开拓业务。跨国公司生产经营所产生的资金流相较国内企业更为复杂，生存的政治、经济环境更加难以把握，面临的挑战、问题也更加严峻和新颖，这必然要求新的管理理论与方法，即国际财务管理。

国际财务管理是以风险与收益均衡的原理，协调国际企业的资金流，从而实现国际企业的财务管理目标。由于增加了外币资金，国际财务管理在形式与内容上相较国内企业更为广泛，同时相较国内企业也承担着更多样化的风险，如外汇风险、国家风险等，具有资金融通渠道与方式的更多选择性、投资的国际性、财务活动的更高风险性以及财务政策的更高统一性等特点。在当今贸易全球化迅猛推进、各国经贸关系日益加深的时代背景下，跨国公司必须开拓财务管理在理论与实务中的内容和方法，才能把握好风险与收益的均衡。

二、国际金融市场

国际金融市场是从事各种国际金融业务活动的场所，包括在居民与非居民之间或非居民与非居民之间实现如外汇、资金、有价证券、黄金和金融期货等金融性商品在国际范围内有效配置的场所。国际金融市场有着丰富的融资手段、投资机会和投资方式，为跨国公司实现其功能、维持现金流的运转提供了条件。

国际金融市场是国内金融市场的延伸。18世纪中期产业革命以后，随着国际经济贸易和国际借贷频繁发生，金融市场需要为货币兑换、票据结算、债权债务清偿和黄金交易等业务提供服务，从而使得传统的国际金融市场在工业国家金融中心的基础上发展起来，如伦敦国际金融市场、东京国际金融市场和纽约国际金融市场。它们具有两个特点：①是由居民与非居民之间的国际金融业务发展起来的；②所在国的法律管制仍然有效。

第二次世界大战以后，各国经济恢复并迈出了快速发展的步伐，国际资本开始大规模流动，金融业务迅速增长。传统的国际金融市场，即在岸国际金融市场之间的距离进一步缩小，新型的国际金融市场——离岸国际金融市场应运而生。其具有两个特点：①非居民交易成为市场的业务主体；②基本不受所在国的法律管制。

如今，国际金融市场已经发展成为完整的市场体系，涵盖了国际结算、信用融资、证券发行流通、黄金买卖以及金融衍生工具期货交易等国际交易的全部领域，为市场参与者提供着全方位的服务。

国际金融市场的产生与发展给世界经济带来了深远的影响。首先，国际范围内的资金能够通过国际金融市场再分配的职能实现更有效的跨国流动，满足世界经济发展资金调动、储存和借贷的需求。其次，国际金融市场能够调节各国国际收支，包括汇率自动调节、国际储备动用等。再次，国际金融市场为各国的经济发展，特别是发展中国家的经济发展提供了畅通的国际融资渠道。最后，国际金融市场促进了银行业务的国际化，跨国银行及各国银行通过市场有机地联系在一起，可以实现24小时全天营业，加速了国际资本的流动。

当然，国际金融市场也有其消极的影响，最典型的就是金融危机的传递和国际债务危机的发生。此外，国际金融市场还可能造成一国经济的不稳定，也为犯罪集团进行洗钱活动提供了场所。

按照经营业务的种类，国际金融市场可以分为外汇市场、国际信贷市场、国际资本市场、国际黄金市场、国际金融期货市场和国际金融衍生市场。

（一）外汇市场

外汇市场是指经营外币和以外币计价的票据等有价证券业务的市场，是国际金融市场的基础。开办的外汇交易类型有：

（1）即期外汇交易

即期外汇交易是指买卖双方达成交易后，原则上于当日或在两个工作日内办理交割的一种外汇买卖。跨国公司利用即期外汇市场兑换外汇，实现即时支付。

（2）远期外汇交易

远期外汇交易是指买卖双方达成交易后，订立合同约定外汇金额、汇率和到期日进行交割的外汇买卖。由于远期汇率事先确定，交易者能够通过远期外汇市场锁定未来兑换货币的汇率，避免汇率波动带来的风险。

（3）掉期交易

掉期交易是指利用不同期限外汇汇率的差异，在买进或卖出即期汇率的同时，卖出或买进同种远期外汇，并从中获利。掉期交易可以让交易者获得升水差价或贴水差价的收益，也是一种有效的保值工具。

（4）套利交易

套利交易是指利用各国金融市场利率的差异，将资金投放到利率较高的国家，以赚取利率差额的外汇交易。

（5）套汇交易

套汇交易是指利用不同地点外汇市场的汇率差异，通过低价买进和高价卖出，从中赚取价差的交易方式。其常见的方式有两角套汇和三角套汇，即分别利用两个和三个不同市场汇率差异赚取价差的方法。

（6）套期保值

套期保值是指交易者在存在敞口头寸或风险头寸的情况下，通过现汇、期汇、外汇期货、外汇期权等交易来避免风险的外汇交易，其实质就是对预期收到或支出的外汇进行同等数量但方向相反的买卖活动，以实现外汇风险的转移。其具体做法，我们将在本章的“外汇风险管理”中做出详细介绍。

（二）国际信贷市场

国际信贷市场是指以信贷方式融通资金的市场，按其信贷业务期限的长短，分为短期信贷市场和中长期信贷市场。短期信贷市场吸引短期外汇存款，提供1年内的短期贷款。

当跨国企业需要中长期贷款时，其数额往往较大，期限为1年以上，大部分为5~7年，单个银行往往不愿意或无力提供公司所需的全部资金，此时可以组成银行辛迪加（Syndicate）提供贷款。辛迪加贷款是由一家银行牵头谈判，每一家银行都参与组成银团进行贷款的方式，也是目前中长期贷款的主要方式。

（三）国际资本市场

国际资本市场是指国际股票和国际债券等有价证券的发行和流通市场。利用资本市场，国际企业可以进行证券融资和证券投资活动。

（四）国际黄金市场

国际黄金市场是指进行黄金买卖的市场。国际企业进行黄金交易的目的包括推销黄金产品、采购金质原材料和保值增值等。黄金交易可以是现货交易，也可以是期货交易。

（五）国际金融期货市场

国际金融期货市场是指进行金融期货交易的市场。金融期货是协议双方通过竞价成交，约定买进或卖出某种金融工具的价格和日期的协议。这是交易者为防止和避免汇率、利率、股票价格的频繁变化所带来的不确定性而进行的交易。金融期货的种类有外汇期货、利率期货、股票价格指数期货等。需要注意的是，金融期货与远期交易不同，主要表现为：

① 期货合约均是在交易所进行的，交易双方并不直接接触，各自与清算所进行结算；而远期合约是交易双方直接谈判的结果。

② 期货合约高度标准化，对交割商品的质量、数量、交割时间等进行严格分类，还会限制每日期货的价格波动幅度和每一合约的交易次数；而远期合约是双方私下订立的，具体内容随合约双方变化而变化，能够更大程度地满足人们的需求，但转让和流通能力不如期货合约。

③ 交易所为期货交易制定了许多交易规则，并为期货合约提供了信用担保，使得期货市场相较远期市场更加有组织、有秩序。

（六）国际金融衍生市场

国际金融衍生市场是指进行金融衍生工具交易的市场。金融衍生工具是以另一种金融工具的存在为前提，以杠杆或信用交易为特征，其是确定交易双方在未来某个时间对某项金融现货所拥有的权利和所承担的义务的合同，包括金融远期、金融期货、金融期权和金融互换。

（1）金融远期

金融远期合约是约定买卖某项金融资产的价格和时间的合约。

（2）金融期货

金融期货合约是两个对手之间签订的约定买卖某项金融资产的价格和时间的合约。

（3）金融期权

金融期权合约是交易双方订立的按约定时间和价格买卖某项金融资产的权利的合约。它可以分为看涨期权和看跌期权。看涨期权是给予持有者按约定时间和价格买进标的资产的权利的合约；看跌期权是给予持有者按约定时间和价格卖出标的资产的权利的合约。在到期日，持有者可以根据实际情况决定是否履行合同。

(4) 金融互换

金融互换合约是两个或两个以上的当事人按共同商定的条件，在约定的时间内，交换一定支付款项或货币的协议。两种常见的金融交换是货币互换和利率互换。货币互换是交易一方按一定数量的某一货币支付利息，同时按一定数量的另一货币收取利息的协议。利率互换是交易某一方在几年内按名义本金的固定利率支付利息，同时按同一本金的浮动利率收取利息的协议。

第二节 外汇与国际经营风险

一、外汇和汇率

外汇是以外币表示的、用来进行国际结算的支付手段。外汇主要包括：外国货币、外币的有价证券（包括外国政府发行的国库券，外国企业发行的债券、股票）、外币支付凭证（包括外国银行存单、商业汇票、银行汇票和银行支票等）。

汇率是指一国货币兑换成另一国货币的兑换价。不同国家和地区的货币具有不同的购买力，外汇汇率代表了不同币种购买力之间的比率。

外汇汇率有两种标价方法：直接标价法和间接标价法。

直接标价法（Direct Quotation）是指将一个货币单位的外币折算为一定数量本币的标价方法，如“$1=¥7.0166”。在直接标价法下，外币数额保持不变，汇率涨跌以本国货币额的变化来表示。如果一定单位的外币折合的本币数额多于前期，则说明外币币值上升或本币币值下跌，称为外汇汇率上升；反之，如果利用比原来少的本币即可兑换到同一数额的外币，则说明外币币值下跌或本币币值上升，称为外汇汇率下跌。这表明外币的价值与汇率的涨跌成正比。

间接标价法（Indirect Quotation）是指将一个货币单位的本币折算为一定数量外币的标价方法，如“¥1=$0.1425”。在间接标价法下，本国货币的数额保持不变，外国货币的数额随着本国货币币值的变化而变动。如果一定数额的本币能够兑换的外币数额比前期少，则表明外币币值上升、本币币值下降，即外汇汇率上升；反之，如果一定数额的本币能够兑换的外币数额比前期多，则说明外币币值下降、本币币值上升，也就是外汇汇率下跌。这说明外币的价值和汇率的升降成反比。在西方各大金融报刊中，通常按照每单位美元可兑换的外币金额进行标价，称为欧式标价法。

根据外汇交易市场的应用情况，汇率还表现为以下类型：

（一）买入汇率、卖出汇率和中间汇率

买入汇率是指银行向同业或客户买入外汇时所使用的汇率。卖出汇率是指银行向同业或客户卖出外汇时所使用的汇率。这里所指的买入和卖出，都是站在银行的角度，当客户到银行用本币兑换外币时，银行是在卖出外汇，适用卖出汇率；而当客户用外币兑换本币时，银行是在买入外汇，适用买入汇率。

买入汇率与卖出汇率的差额是对银行进行交易的补偿，也相当于银行所收取的手续

费。对于大多数外汇交易，买卖价差约为0.1%~0.5%，价差的大小随货币币种而变化。对于某一给定的货币，价差取决于这种货币交易的竞争程度、该货币的不确定性和平均日交易额。

中间汇率亦称“外汇买卖中间价”，为买入汇率与卖出汇率的平均数。它是不含银行买卖外汇收益的汇率。银行在买卖外汇时，要以较低的价格买进，以较高的价格卖出，从中获取营业收入。中间汇率常常用来衡量和预测某种货币汇率变动的幅度和趋势。

（二）基本汇率和套算汇率

由于美元是国际上普遍接受的可兑换货币，也是国际收支中使用最多的货币，因此，各国都将美元作为制定汇率的主要货币，即将本国货币兑美元的比率作为基本汇率。

套算汇率又称交叉汇率，是指两种货币以第三种货币为中介推算出来的汇率，即两种非美元货币的汇率可以通过它们各自相对美元的价格计算得到。

【例 13-1】若欧元的报价为0.8861欧元/美元，加拿大元的报价为1.3590加元/美元，则欧元兑加拿大元的汇率（EUR/CAD）为欧元兑美元的汇率（EUR/USD）除以加拿大元兑美元的汇率（CAD/USD）。

$$EUR/CAD=\frac{EUR/USD}{CAD/USD}=\frac{1/0.8861}{1/1.3590}=1.5337$$

即1欧元等于1.5337加拿大元。

（三）即期汇率与远期汇率

即期汇率是指外汇买卖成交后，买卖双方在当天或两个工作日内进行交割所使用的汇率。远期汇率是指外汇交易双方约定在未来一定时日（通常为1个月至3个月）内进行交割所采用的汇率。这种汇率一般在远期合约中需要事先确定。

远期汇率与即期汇率并不一定相等，其差额称为远期差价。远期汇率超过即期汇率，称为升水（Premiums）；反之，则称为贴水（Discounts）；远期汇率等于即期汇率，称为平价（At Par）。升水或贴水常用百分比表示，以反映远期差价与即期汇率的相对程度。在直接标价法下：

$$升（贴）水百分比=\frac{远期汇率-即期汇率}{即期汇率}\times 100\%$$

上式计算结果如为正数，表示升水；如为负数，表示贴水；如为零，表示平价。就两种货币而言，一种货币的升水意味着另一种货币的贴水。

二、国际经营的风险暴露

企业在国际环境下经营，会面临一系列的风险。外汇风险是与汇率变动联系在一起的，当公司的资产、负债、收入、费用、现金流量以外币计价时，汇率的变化将影响它们的价值。折算风险是汇率变化对公司资产负债表和利润表的影响；经济风险是汇率变化对公司未来现金流量价值的影响。当公司在政治环境并不稳定的条件下经营时，会面临政治风险。政治风险的表现形式不一，包括从对公司国外资产无条件没收到外汇管制导致的较为温和的风险。①

① 本节主要参考资料：向德伟．高级财务管理［M］．北京：中国财政经济出版社，2001.

（1）折算风险

折算风险，又称为会计风险。当跨国公司总部编制合并财务报表时，需要将国外业务单位非本币的财务报表转换为以母公司计价货币为计量单位的财务报表，折算风险由此产生。运用这些方法折算的会计数据，可以显示汇率变化对报告收益和账面权益价值的影响，也为国外经营的财务分析提供了许多有用的基本观点。但是，因为没有市场价值，这些数据对公司股东的使用价值并不明显，因而公司所有者更加关注经济风险。

（2）经济风险

经济风险是指不可预测的外汇汇率变化导致公司未来现金流量的不确定性。经济风险可以分为交易风险和经营风险。这两种风险都是由于汇率的变动性，导致的未来现金流量的不确定性。

① 交易风险。

交易风险是指汇率的变动对用外币计价的未结算的交易产生的预期现金流量的影响。具体而言，交易风险是由于购买或销售商品、提供服务时，用外币计价产生的，同时也可因非本币的借贷活动而产生。例如，一家德国电器经销商与一家中国家电生产商签订了一份价值500万欧元的销售合同，合同要求3个月后在交货时支付500万欧元。合同一经签订，中国家电生产商就承担了外汇风险，因为用人民币计算的收入要到3个月后才能按照当时的汇率换汇成人民币，在这里，中国家电生产商的交易风险就是500万欧元。

对于国际范围内经营的跨国公司来说，未履行的国际合同有很多，到期日和计价货币也各不相同。为了测算交易风险，可以用某一特定货币在特定日期对所有契约的未来现金流入量和现金流出量进行测算，简单地得出净现金总流量。如果由于面临汇率剧烈波动而产生大量的、未覆盖的交易风险，那么，公司会发现自身可能陷入了财务困境。所幸这类风险可以通过金融工具进行规避，如远期合约、期货合约和期权合约。

② 经营风险。

经营风险是指汇率变动对企业的产销数量、价格、成本等产生影响，使公司的收入或支出发生变动的风险。它涉及公司的财务、销售、供应、生产等各个方面。因此，经营风险是更复杂、长期性和整体性的风险。经营风险对企业未来一定期间收益的影响，表现为经营风险对企业未来一定期间现金流量现值的影响。例如，近年来，人民币经历了一轮又一轮的升值，这对中国出口依赖型企业影响巨大，特别是使依靠低价优势、出口低附加值产品的企业利润严重缩水。

尽管经营风险不能够量化，但仍需要对其进行控制。公司必须预测外汇交易的未来发展趋势，并采取措施防止因汇率波动而导致的财务困境。公司也可以在金融市场上运用金融工具进行套期保值，但其有效性低于对交易风险的控制。

（3）国家风险

当一个国家不可预见的政治事件影响公司在该国的投资价值时，公司就暴露在该国的国家风险中。东道国政治环境的变化可能会引起政策的改变，或增加新的法规，其目的是对在该国经营的外方企业进行限制或处罚。对外资企业存在不利影响的法规包括：

① 对汇回母公司的红利或特许权费征税采用最高税率或差别对待税率；

② 对外汇交易采用不同的利率；

③ 要求产品生产有一定比例的本地化；

④ 要求进入高级管理层；

⑤ 要求有一定比例的利润进行再投资；

⑥ 只允许合资，外方的股份不超过50%；

⑦ 实行价格管制；

⑧ 没有足够补偿的，没收子公司。

母公司可以通过选择具有专有特点的项目投资，并尽量使用当地资源，选择低风险的筹资战略以及设计一个转移资金的战略来管理国家风险。

三、外汇风险管理

交易风险的管理主要分为两类：一类是通过金融工具套期保值；另一类是通过经营策略防范风险。这里主要介绍在金融市场上运用金融工具，如远期、期货和期权等进行套期保值的方法。运用这些金融工具可以减少或消除因购买原材料、销售产品、购置资产或以外币信用贷款引起的外汇风险。

（一）利用远期合约套期保值

远期外汇市场套期保值是国际上规避外汇汇率波动风险、对货币保值的一种通行做法，其关键是按照预期收到或支付的外币做相反的交易。远期合约套期保值的具体做法是：公司按照预期将要发生的外币收入或外币支出，在远期外汇市场上按照远期外汇汇率做相反的交易，卖出或买进远期货币，合约到期时，按照合约中约定的汇率交割远期外汇。

例如，人民币兑美元的即期汇率是¥6.83/$，3个月的远期汇率是¥6.80/$，公司预期3个月后将会收到100万美元。公司为避免这100万美元因汇率变动而遭受损失，可以在远期外汇市场上按照3个月的远期汇率¥6.80/$卖出100万美元。3个月期满时，公司一方面收到预期的100万美元，另一方面按照远期合约中约定的汇率¥6.80/$卖出100万美元，获得680万元人民币。通过这样的操作，不论市场汇率如何变动，公司均可将3个月后的收入锁定在680万元人民币。如果到期时，实际汇率为¥6.70/$，则公司避免了10万元人民币的汇兑损失。但是，这一方法在锁定损失的同时，也锁定了收益。如果到期时，实际汇率为¥6.85/$，则会产生5万元人民币的损失。因此，采用远期合约套期保值需要对汇率波动做出正确的预测，如果对汇率未来的走势判断不准确，则有可能遭受潜在的损失。

（二）利用期货合约套期保值

期货合约是约定在既定的未来时日以指定价格交割商品、货币或其他金融工具的合约。外汇期货合约是约定在既定的未来时日以指定的价格交割外币的合约，其交割对象是外币。与远期合约不同，期货合同的第三方是清算公司，作为买方和卖方的中介进行清算。也就是说，所有的交易都是买卖双方分别与清算公司进行交易，而不是买卖双方直接进行交易。实际上，很少有合约会在到期日进行实际交割，通常的做法是合约的买卖各方通过进行相反的交易对合约进行对冲。例如，公司在3个月前购买了100万美元的期货合同，到期时公司并不会实际购进100万美元，而是通过卖出100万美元的合约完成对冲。买卖价差扣除税金及手续费后的净额，即为交易损益。

运用外汇期货合约进行套期保值的实质是，对于未来一定时期收到或付出的外汇，按照预定期限做相反的期货买卖合约。例如，公司预期3个月后支付100万美元，目前人民币兑美元的汇率是¥6.83/$，即按照现行汇率，公司将在3个月后支付683万元人民币。公司为了锁定未来的支付金额，可以购买于3个月后交割的外汇期货合约100万美元，假定其交割价格也为6.83元，3个月到期后，假定现汇市场汇率为¥6.93/$，企业此时有两种选择：一是对期货合约进行实际交割，按照期货购入价6.83元买入现汇用于所需支付的100万美元，企业由此避免汇率损失10万元人民币；二是公司一方面买入现汇100万美元，支付693万元人民币，同时按照现汇汇率卖出期货合约100万美元，在交割时按照现汇汇率¥6.93/$卖出期货合约100万美元。绝大多数企业会采用第二种方式。因此，企业在3个月前将汇率锁定，避免了汇率波动带来的损失。但必须注意到，运用期货合约套期保值在锁定损失的同时，也锁定了收益。如果到期后，人民币兑美元的实际汇率为¥6.73/$，则公司按照6.83元履行合约买入美元，就会产生10万元人民币的损失。

（三）利用货币市场套期保值

货币市场套期保值是将不同货币进行互换的保值方法。其普遍做法是，对于预期的外币收入，公司借入与预期外币收入等期等额的同种货币，然后将借入的货币兑换成另一种货币进行投资，债务到期时偿还借款本息的资本来自公司预期的外币收入。当预期的外币不能如期收回时，公司可以在即期外汇市场上购买该种货币用于还贷。

【例13-2】某公司预期在3个月后收到应收账款100万美元，假设美元与人民币的即期汇率为1：6.8，3个月的远期汇率为1：6.7。3个月美元借款的年利率为6%（季利率为1.5%），人民币的短期投资年收益率为4%（季利率为1%）。该公司决定现在立即借入期限为3个月的美元贷款100万美元，并将此贷款兑换成人民币进行投资，3个月期满时用收到的应收账款100万美元归还贷款。该公司是否值得借入美元？

从表面上看，美元借款的年利率为6%，人民币的短期投资年收益率为4%，利息支出大于收益，不值得借款。但是，究竟是否值得做这样的交易，应当进行如下分析：

假定借入的美元恰好能够用到期收回的应收账款100万美元偿还，所以：

$$\text{应借入的美元}=\frac{\$1\,000\,000}{1.015}=\$985\,221.67$$

兑换成人民币=$985 221.67×6.8/$=¥6 699 507.36

到期的人民币=¥6 699 507.36×1.01=¥6 766 502.43

如果不借入美元的借款，公司在3个月后收到的100万美元按照预期汇率1：6.7兑换成670万元人民币，将会损失¥66 502.43。

那么，在何种情况下应该选择货币市场的套期保值呢？这取决于即期汇率、远期汇率和借款利率之间的关系。假设3个月的投资收益率为R，则货币市场套期保值与远期市场套期保值两种方法等值的条件是：

借款总额×（1+R）=远期保值总额

计算R还有一个基本公式为：

$$R=\frac{\text{远期汇率}}{\text{即期汇率}}\times(1+\text{借款利率})-1$$

当投资收益率高于R时，货币市场套期保值比远期市场套期保值更为有利。

（四）利用期权套期保值

利用期权套期保值是指通过买进买权或卖权抵补外汇风险的方法。这种方法最大的特点是公司在期权到期时，可以根据实际情况是否对自身有利而决定是否行权。但在取得这种买入的权利之前，必须向卖方支付一笔期权费。对期权买方而言，将存在无限的潜在盈利机会，但其风险仅限于期权费的损失。

例如，公司对于未来的投资收益100万美元选择买进卖权，即公司买入期限3个月、到期履约价格6.7元的100万美元的卖出期权，美元与人民币的即期汇率为1：6.8，期权费为10.2万元人民币（100×1.5%×6.8）。如果采用短期投资年收益率4%作为折现率，则3个月后的期权费为10.302万元人民币（10.2×1.01）。3个月到期时，如果即期汇率高于¥6.7/$，则公司可以直接在现汇市场上卖出收到的100万美元而放弃行权；如果即期汇率低于¥6.7/$，则公司行权有利。

四、汇率、通货膨胀率和利率的相互关系

经验告诉我们，如果A国的通货膨胀率预期要高于B国，那么可以预期A国的货币要弱于B国。同时，因为A国的通货膨胀率较高，所以可以预期A国的利率要高于B国。我们也可以假设远期汇率与即期汇率是相关的。接下来，我们将研究即期汇率、远期汇率、利率和通货膨胀率之间的平价关系。

（一）汇率与通货膨胀率：购买力平价理论

购买力平价（Purchasing Power Parity，PPP）理论认为，汇率是依据同一篮货物在不同国家具有相同价值来确定的。它的基本前提是：若一国物价上涨的速度大于另一国，反映为该国的通货膨胀率高于另一国，则两国之间的汇率就要做出相应的调整来反映通货膨胀率的差异。通货膨胀率变化与即期汇率之间的关系，可用如下公式表示：

$$\frac{I_D - I_F}{1 + I_F} = \frac{E_1 - E_0}{E_0} \tag{13.1}$$

式中：I_D——本国通货膨胀率；I_F——外国通货膨胀率；E_0——原来的汇率（直接标价法）；E_1——预测汇率。

利用这个公式，就可以计算出预测汇率E_1。实际上，当预期外国通货膨胀率足够小时，上述公式可以简化为$I_D - I_F = \frac{E_1 - E_0}{E_0}$，也就是即期汇率的预期变化等于本国和外国的通货膨胀率之差。例如，若B国的通货膨胀率相比A国增长5.67%，则在市场均衡的情况下，B元对A元的即期汇率也会下跌5.67%。

许多经验研究表明，运用购买力平价关系预测近期的即期汇率，通常效果并不理想（尤其是通货膨胀率差别很小的时候）。因此，购买力平价关系要求对通货膨胀率有一个长期的预测。但是，在跨国长期投资项目的评价中，须将以外国货币计价的现金流量转换为以本国货币计价的现金流量，购买力平价关系是迄今为止最好的方法。

（二）费雪效应

假设你选择存入1年定期、年利率8%的存款100元。这里的8%是银行实际支付给你的1年的利息率，称之为名义利率。你也可以选择用这100元在超市购买100瓶纯净水。进一步假设，下一年预期的国内通货膨胀率为5%。也就是说，下一年你要用105元才能购买100瓶纯净水。1年后，你账户的银行存款余额为108元。利用这些现金，你预期可

以购买的纯净水数量从100瓶增加到102.9瓶（108/1.05=102.9，假设存在0.1瓶单位），也就是增加了2.9%。换句话说，从投资中你预期的实际回报率是2.9%，而不是8%。这个2.9%的比率就是实际利率。实际利率和名义利率的差别，可以近似地从预期的通货膨胀率中反映出来。

投资者只有在补偿了通货膨胀率后，才愿意借出其资金。例如，上例中，实际利率是2.9%，如果预期的通货膨胀率为0，则没有必要补偿，那么实际利率和名义利率均等于2.9%。如果预期的通货膨胀率为5%，则投资者必须获得8.045%（1×（1+2.9%）×（1+5%）−1）的名义利率，才愿意借出资金。具体的公式可以总结如下：

$$1+\text{名义利率}=(1+\text{实际利率})\times(1+\text{预期的通货膨胀率}) \tag{13.2}$$

若用R表示名义利率，用r表示实际利率，用E（i）表示预期的通货膨胀率，则有：

$$1+R=(1+r)\times[1+E(i)]$$

将公式进一步简化为：

$$R=r+E(i)+r\cdot E(i) \tag{13.3}$$

若预期的通货膨胀率E（i）足够小，则r·E（i）项可以忽略不计，即R=r+E（i）。在这种情况下，名义利率可以简单地认为是实际利率与预期的通货膨胀率之和，这种关系被称为费雪效应。

上述理论的成立，还要注意其假设前提是：在市场均衡的条件下，投资者能够购买任何的有息证券，其真实报酬率应在每一个地方都趋于相等，而名义利率将由于对通货膨胀率预期的不同而有所差别。

（三）国际费雪效应

国际费雪效应的理论认为，即期汇率的变化应与两国的利率差别程度相同，方向相反。例如，A国的名义利率比B国高出5.76%，在市场均衡的条件下，A国货币对B国货币的即期汇率也会下跌5.76%。这种关系可用如下公式表示：

$$\frac{R_D-R_F}{1+R_F}=\frac{E_1-E_0}{E_0} \tag{13.4}$$

式中：R_D——名义利率；R_F——通货膨胀率；E_0——原来的汇率（直接标价法）；E_1——预测汇率。

上述公式可以简化得到：

$$R_D-R_F=E_1-E_0 \tag{13.5}$$

国际费雪效应理论将费雪效应同汇率变化结合起来。一般而言，一国利率水平的高低是反映资本供求状况的主要标志。若两国的实际利率不同，资本将从低利率的国家流入高利率的国家，直到两国的利率相等。这样，两国货币汇率的变动最终同两国利率的差别变动相一致。经验证据大多数支持国际费雪效应，尤其是在两国之间开放资本市场的情况下。

第三节　国际融资管理

国际融资是指跨国公司为实现其财务目标，通过一定的金融机构或金融市场，采取适当的融资方式在全球范围内筹措生产经营所需资金的一项管理活动。国际融资与国内融资的基本原理相同，但国际融资也有其自身的特点，如资金需求量大、融资来源多、融资方式灵活，但其融资风险比较大，融资决策也较为复杂。

一、国际融资的渠道和方式

（一）国际融资渠道

1.跨国公司自有资金

跨国公司内部母公司与子公司之间、子公司与子公司之间可以相互提供资金。其主要形式有：

① 股权融资，指母公司向子公司投入股权资本。这有利于母公司加强对子公司的控制，但也将面临较大的风险，如外汇风险、股利汇回风险，也可能存在国家风险。

② 内部贷款，指母公司利用自有资金向子公司贷款或子公司之间进行贷款。这种方式的优点在于支付的利息具有抵税功能，融资成本较低，避免了利润无法汇回的风险，但其缺点是从国外借入资金所面临的外汇风险较大。无论何种融资方式，内部贷款的资金来源主要有两个渠道：未分配利润和积累的折旧基金。

2.来自本土国的资金

跨国公司可以从本土国的金融机构、政府组织、企业及社会公众获得资金。例如，从本土国的金融机构获得贷款，在本土国的资本市场上发行债券或股票以及获得贸易信贷等。采用这种筹资方式，将会面临外汇风险。

3.来自东道国的资金

跨国公司可以在东道国的资本市场上发行股票或债券，也可以从当地金融机构借款，从而筹集到所需资金。从东道国筹资的优点是政治风险较低，债务利息可以抵税，外汇风险较小，但这种方式融资难度较大，所获得的资金量有限，也会削弱母公司对子公司的控制。

4.来自国际金融机构或第三国的资金

跨国公司可以从各种国际金融机构，如世界银行、国际开发银行、亚洲开发银行等处取得贷款以满足资金需求，也可以从第三国的金融市场上获得资金。

（二）国际融资方式

国际融资方式是指跨国公司在国际资本市场上取得资金的具体形式。同一渠道的资金往往由不同的方式取得，而同一筹资方式往往用于不同的筹资渠道。国际筹资方式主要有国际股权融资和国际债权融资两种。

1.国际股权融资

国际股权融资是指跨国公司通过在国际资本市场上发行以外国货币为面值的股票向社会公众筹集资金的一种方式。国际股权融资的优点是：所筹集的资金属于永久性资本，无须偿还；股利分配多少视公司经营情况而定，不会成为公司的固定负担；发行国际股票能够提高公司在国际上的知名度，有利于开拓国际市场，也方便公司日后在国际市场上举债。国际股权融资的缺点是：发行新股会稀释原有大股东的控制权；由于国际股东承担的风险较大，股东要求的报酬率也会较高，从而提高了融资成本；在各种融资方式中，国际股权融资的发行费用是最高的。

2. 国际债权融资

国际债权融资的具体方式包括：国际债券融资、国际信贷融资和国际租赁融资。

（1）国际债券融资

国际债券融资即跨国公司在本国以外的金融市场上发行以外国货币或欧洲货币为面值的债券，由外国金融机构承销的一种融资方式。按照面值与发行债券所在国的关系，国际债券可以分为外国债券、欧洲债券和全球债券。

① 外国债券。外国债券是指一国筹资者在某一国家债券市场上发行的，以该国货币为面值的，由该国金融机构承销的债券。这种债券以债券市场所在国的货币为面值，由债券发行市场的承销商承销。例如，我国某筹资者在美国债券市场上发行的以美元为面值的债券，就是外国债券。

② 欧洲债券。欧洲债券是指筹资者在某一外国债券市场上发行的不以债券市场所在国货币为面值的债券，其由一国或几个国家的金融机构组成的辛迪加承销团承销。这种债券以欧洲货币为面值。这里所指的"欧洲"，并不是地理意义上的欧洲，其除了覆盖欧洲各国际金融中心的欧洲债券市场外，还包括亚洲等地区各国际金融中心的亚洲货币市场。例如，我国某企业在美国以外的国家发行的以美元为面值的债券，就是欧洲债券。发行欧洲债券不需要受到其他国家金融法规的制约，资本成本较低，利息通常免征所得税和预扣税，而且欧洲债券是持有人债券，不记名发行。这些优点使得欧洲债券对投资者和筹资者都具有很强的吸引力。

③ 全球债券。全球债券是随着国际金融市场全球化而出现的一种新型国际债券。它是指在全世界各个主要资本市场上同时大量发行，并且可以在这些市场内部和市场之间自由交易的一种国际债券。全球债券的流动性高，并且发行者的信用级别较高且多为政府机构。

（2）国际信贷融资

国际信贷融资是指跨国公司向世界范围内的国际金融机构或其他经济组织借贷的一种融资形式。它主要包括如下四种形式：国际银行信贷、政府贷款、国际金融组织信贷和国际贸易信贷。

（3）国际租赁融资

国际租赁融资也是跨国公司一种重要的融资方式。在租赁融资中，承租人为了获得资产的经济用途，承诺向出租人定期支付租金，这种做法类似于一种借款性质的债务融资方式。租赁融资最大的好处在于减轻了跨国公司总体税负，也便于企业内部资金的国际转移，亦可降低国家风险。若某子公司的东道国的国家风险较高，该子公司可以从当地租入固定资产，避免其财产被国有化。

二、国际融资战略

由于通过不同的资金来源和采用不同的筹资方式融资会带来不同的资本成本和风险，因此，跨国公司应该从战略的高度来考虑融资决策，达到减少总体资本成本、降低融资风险和合理安排资本结构这三个具体目标。

（一）减少总体资本成本

国际资本市场可以细分为众多差异化的市场，因为不同市场的资金受到政府补贴、税收负担等因素的影响不同，其资本成本也不尽相同，即使在同一资本市场上，通过不同方式筹资的资本成本相差也很大。全世界各资本市场的不完备性，造成各种资金来源的实际成本之间存在各种差异，跨国公司可以充分利用自身内部组织一体化的优势和日益发达的信息技术捕捉到这些机会，采用以下方式降低融资成本[①]：通过选择适当的筹资方式、筹资币种和筹资地点来减少或避免税收负担，如母公司以贷款的形式向国外子公司提供资金，可以影响该子公司的产品成本，从而减少该子公司的所得税税基；举债筹资时尽量选择预计会发生贬值的货币；选择避税港作为融资地点等。各国税法对企业的融资成本有着不同的税务处理规定，如股利与利息、汇兑损失与汇兑收益等，税务上的不同处理会造成两种融资方式的税后实际成本相差很多，因此，企业需要在综合考察的基础上选择最优的融资方式。

（二）降低融资风险

任何一种重要的融资安排都会对跨国公司的总体风险水平产生影响。跨国公司需要考虑的主要风险因素包括：政治风险、外汇风险和利率变动风险。①为避免国有化和战争等风险，跨国公司应当考虑多使用东道国的资金，以子公司的盈利来归还贷款。②视不同的情况采取不同的防范措施来降低外汇风险。例如，当借债和还款使用不同币种时，从理论上应当采取"借软还硬"的办法，这样举债人会因货币贬值而减轻债务负担。此外，调整举债的比重结构，避免某一币种过于集中，以此抵消或减少外币的汇率风险。举债的币种结构尽可能与跨国公司出口收汇的币种结构一致。③调整负债的利率结构，减少利率波动的风险。为避免和减少利率波动的风险，跨国公司可以适当提高固定利率借款占全部借款的比重，并进行长、短期利率的搭配，以避免或抵消利率所带来的风险，还可以利用日新月异的金融工具来全面降低融资风险。

（三）合理安排资本结构

跨国公司的国际性决定了其整体的最优资本结构，应当同时考虑母公司的资本结构和子公司的资本结构，因为两者是相互影响的。资本结构理论研究至今，对于何谓最优资本结构，以及企业内部债务资本与权益资本的最佳比例是多少等问题，仍然没有确切答案。这是因为各个国家和地区的政治、经济、法律、文化环境迥异，即使在同一国家或地区，各行业的差异性也会使各企业的资本结构差别很大。一些国外的实证研究表明，跨国公司的资本结构倾向于按照公司总部所处国家的情况而变化。公司总部设在英联邦国家以及美国的跨国公司的债务比率，比公司总部设在其他工业发达国家的跨国公司要低。研究进一步表明，在跨国公司总体资本结构中，债务比率都高于本国的国内企业。跨国公司应以公司的总体资本结构最优为目标合理安排母、子公司的债务资本与权益资本的比例，而不能过分强求母、子公司的资本结构相一致。

---

① 张兆国．高级财务管理［M］．武汉：武汉大学出版社，2002.

第四节 国际投资管理

跨国公司直接投资是跨国公司进行海外投资最常见的形式之一。跨国公司直接投资是指投资者在国外设立并经营子公司，通过直接控制或参与其生产经营活动以获取利润的投资活动。跨国公司在对国际投资环境进行全面分析之后，会对海外投资项目的可行性进行分析，包括预期利润分析、预期现金流量分析、税收因素分析等。本节将重点讨论国际投资的现金流量分析。

一、国际投资现金流量分析应注意的问题

① 严格区分海外子公司投资项目的现金流量与母公司的现金流量。

② 东道国政府的税收政策、外汇管制、利润汇回限制等对现金流量有较大影响。

③ 汇率、利率、通货膨胀率的变化会直接影响投资项目的预期效益。

④ 在国际投资中，政治风险的高低会使国际投资项目的价值及现金流量发生根本性变化。

⑤ 国际投资项目的资本结构及其变化对现金流量也有影响。

二、国际投资现金流量分析

（一）海外子公司现金流量分析

在估计海外投资项目的成本和收益时，一方面要充分考虑汇率、通货膨胀率的变化所引起的现金流量变化，以及东道国的干预等因素；另一方面要注意海外投资所发生的有关成本和收益的计价货币与母公司的计价货币不同。

计算跨国子公司投资项目的净现值有两种方法：一种方法是以子公司所在国的货币为基础估计现金流量，并按照预测汇率换算成母公司所在国的货币，然后按照母公司所在国货币的资本成本折现，从而计算出以母公司所在国货币表示的投资净现值。另一种方法是为了避免预测外汇汇率时出现的偏差，跨国公司完全以子公司所在国货币计算净现值，然后按照即期汇率将计算结果换算成母公司所在国货币。如果外汇汇率预测相对准确，各国的利率、汇率和通货膨胀率保持相对稳定，那么，这两种方法得出的结论应该是一致的。

【例 13-3】美国某跨国公司在我国设立子公司，初始投资额为100万美元，中国子公司预计的现金净流量见表13-1。美国母公司预测，实际折现率在美国为10%，在中国为12%；美国的预计通货膨胀率为7%，中国的预计通货膨胀率为4%。假定第1年年初的即期汇率为6.9RMB/USD。

表 13-1 **中国子公司预计现金净流量** 单位：万元人民币

年份	20×1	20×2	20×3	20×4	20×5
现金净流量	220	265	290	320	355

根据表13-1的数据资料，计算该投资项目的净现值。

首先，计算未来的即期汇率（第1年年末）：

$$R_f=R_s（1+I_c）/（1+I_u） \quad (13.6)$$

式中：R_f——未来的即期汇率；R_s——目前的即期汇率；I_c——预计的中国通货膨胀率；I_u——预计的美国通货膨胀率。

第1年年末的即期汇率=6.9×（1+4%）÷（1+7%）=6.7065RMB/USD

依次可以计算出各年的即期汇率，根据即期汇率将以人民币表示的现金净流量换算成美元，其结果见表13-2。

表13-2 **现金净流量预测表**

年份	20×1	20×2	20×3	20×4	20×5
现金净流量（万元人民币）	220	265	290	320	355
预测的即期汇率（RMB/USD）	6.7065	6.5185	6.3357	6.1581	5.9854
现金净流量（万美元）	32.80	40.65	45.77	51.96	59.31

其次，将各年的现金净流量按照通货膨胀率调整后得到的折现率进行折现。有关指标计算如下：

1+名义折现率=（1+实际折现率）×（1+通货膨胀率）

名义折现率=实际折现率+通货膨胀率+实际折现率×通货膨胀率 (13.7)

以美元计的名义折现率=10%+7%+10%×7%=17.70%

以人民币计的名义折现率=12%+4%+12%×4%=16.48%

最后，根据上述计算结果，计算出该投资项目的净现值。采用第一种方法，将以美元表示的各年现金净流量按照名义折现率17.70%进行折现，则投资净现值为：

$$NPV=\frac{32.80}{1+17.70\%}+\frac{40.65}{(1+17.70\%)^2}+\frac{45.77}{(1+17.70\%)^3}+\frac{51.96}{(1+17.70\%)^4}+\frac{59.31}{(1+17.70\%)^5}-100$$

=138.61-100

=38.61（万美元）

采用第二种方法，将以人民币表示的现金净流量按照名义折现率16.48%进行折现，可以得到：

$$投资现金流入现值=\frac{220}{1+16.48\%}+\frac{265}{(1+16.48\%)^2}+\frac{290}{(1+16.48\%)^3}+\frac{320}{(1+16.48\%)^4}+\frac{355}{(1+16.48)^5}$$

=907.10（万元人民币）

将人民币现值按照6.9RMB/USD的即期汇率折算为美元，相关计算如下：

投资项目现金流入现值=907.10÷6.9=131.46（万美元）

投资项目净现值=131.46-100=31.46（万美元）

两种计算方法的计算结果有所差异，但基本结论相同。

（二）国际投资项目分析主体

在国际投资项目中，分析主体所站的角度不同，得出的评价结论可能差异很大。究竟是以母公司作为投资分析主体，还是以子公司作为投资分析主体呢？大多数研究者倾向于从母公司角度评价国外投资项目的可行性，因为母公司获得的现金净流量是公司支付股利、进行再投资以及扩大经营规模的基础。每一个投资项目，无论是在国外还是在国内，都应该为母公司带来更多的现金净流量，从而增加股东财富，这是大多数母公司进行对外投资的根本目的。但有些时候，人们必须以子公司作为投资分析主体。例如，当东道国政府长期实行外汇限制措施时，国外投资项目的利润不能以股利、管理费或者还本付息的形式汇回母公司，而子公司不得不在当地被迫进行再投资，这时，母公司就可能不会将滞留在东道国的利润看作公司价值的一部分。

（三）国际投资项目现金流量分析

价值最大化这一目标可以用于任何管理决策，因此，净现值法可以用于国外投资项目决策。但是，必须将两个新的因素考虑进去：第一，项目未来的现金流量通常以外币表示，且汇率往往是波动的；第二，存在现金流量受东道国法规改变而变化的风险，即存在国家风险或政治风险。这些复杂性使得人们运用净现值法，变得更加困难。我们将运用一个实例来说明如何在两个国际投资项目中进行选择。①

【例 13-4】总部位于美国的Ocube公司希望在海外的A国和B国建立两个分销中心。从地理位置看，这两个国家的交通都很便利。A国的政治环境稳定，投资A国没有国家风险。B国最近颁布了许多不利的条款，分析家认为该国的货币地位将下降，除了规定的公司税外，可能很快会对在该国的外国分支机构征收“外国税”。A国的货币是A元，B国的货币是B元。Ocube公司两个选择方案分别产生的项目现金流量的财务数据见表13-3。

表 13-3　　Ocube公司海外投资项目

项目	选择投资A国（百万A元）	选择投资B国（百万B元）
初始年度	-25	-230
20×1年	5.3	50
20×2年	5.8	60
20×3年	6	65
20×4年	6.1	70
20×5年	6.2	75
5年后的残值	20	250
当前年度的通货膨胀率	2%	10%
当前的即期汇率	1.8A/USD	10B/USD

初始投入包括购买和装修房屋的成本加上项目的启动成本，在A国为2 500万A元，在B国估计达到23 000万B元。整个项目的投资寿命期为5年。表13-3中的年现金流量，为考虑当地和美国的全部税收后的净现金流量。预计5年后，房屋出售的售价（税后）为2 000万A元，或25 000万B元。

A国的通货膨胀率在过去几年中非常稳定，大约为每年2%，预计在以后年度中保持不变。B国的通货膨胀率近几年持续上升，目前是每年10%，预计未来几年也保持在10%

① 本案例改编自：哈瓦维尼，等. 高级经理财务管理——创造价值的过程［M］. 2版. 王全喜，译. 北京：机械工业出版社，2003.

左右。未来5年内，美国的通货膨胀率为每年3%。

当前的即期汇率为1.8A/USD和10B/USD。Ocube公司对美国的分销中心要求的回报率为10%。另外，该公司要求所有项目的NPV用美元来表示。

① 选择投资A国时项目的NPV。

计算在A国投资该项目的NPV时，需要估计项目预期的现金流量和美元的资本成本。为了将以A元计价的现金流量转换成等值的美元，需要预测未来5年内每年年末的即期汇率（USD/A），可以利用购买力平价（PPP）来预测未来的即期汇率。购买力平价将预期即期汇率的变化与预期本国和外国的通货膨胀率联系起来。预期美国未来的通货膨胀率为3%，A国为2%，将这些数值代入平价关系的公式中，就可以计算出20×1年至20×5年每年年末的即期汇率。

第1年：

$$E=\text{USD/A}0.5556\times\frac{1+3\%}{1+2\%}=0.5610\text{USD/A}$$

第2年：

$$E=\text{USD/A}0.5610\times\frac{1+3\%}{1+2\%}=0.5665\text{USD/A}$$

20×1年至20×5年的相关计算结果见表13-4。

表13-4 **选择投资A国时项目的预期现金流量** 金额单位：百万A元

项目	初始年度	第1年年末	第2年年末	第3年年末	第4年年末	第5年年末
预期以A元计价的现金流量						
年现金流量	-25	5.3	5.8	6	6.1	6.2
残值						20
总现金流量	-25	5.3	5.8	6	6.1	26.2
利用PPP估计的USD/A即期汇率（%）						
A国预期的通货膨胀率（%）		2	2	2	2	2
美国预期的通货膨胀率（%）		3	3	3	3	3
当前汇率：USD/A	0.5556					
预期未来的即期汇率：USD/A		0.5610	0.5665	0.5721	0.5777	0.5834
预期以美元表示的现金流量（百万美元）						
以美元表示的总现金流量（百万美元）	-13.89	2.97	3.29	3.43	3.52	15.28
10%折现率的净现值=600.2万美元						

从表13-4中的数据可以看出，在A国投资时项目的NPV是正的，说明A国的项目可以为Ocube公司的投资者创造价值。但这个项目能否创造更多的价值？

② 选择投资B国时项目的NPV。

选择在B国投资该项目的预期现金流量价值的分析过程与选择在A国投资的分析过程是一样的。首先估计项目预期未来现金流量的美元价值，然后按照项目的资本成本将这些现金流量折现。

20×1年至20×5年的相关计算结果见表13-5。

表 13-5 **选择投资B国时项目的预期现金流量** 金额单位：百万B元

项目	初始年度	第1年年末	第2年年末	第3年年末	第4年年末	第5年年末
预期以B元计价的现金流量						
年现金流量	-230	50	60	65	70	75
残值						250
总现金流量	-230	50	60	65	70	325
利用PPP估计的USD/B即期汇率（%）						
B国预期的通货膨胀率（%）		10	10	10	10	10
美国预期的通货膨胀率（%）		3	3	3	3	3
当前汇率：USD/B	0.1					
预期未来的即期汇率：USD/B		0.0936	0.0877	0.0821	0.0769	0.0720
预期以美元表示的现金流量（百万美元）						
以美元表示的总现金流量（百万美元）	-23	4.68	5.26	5.34	5.38	23.39
10%折现率的净现值=781.8万美元						

假设B国没有国家风险，也就没有必要因汇率风险而调整项目的资本成本。这样，忽略国家风险，B国的项目资本成本为10%，可以得到选择投资B国时项目的NPV为7.818百万美元。但是，正如前面提到的，B国政府会对项目的收入征收“外国税”，所以该项目存在国家风险。考虑到这一风险，大多数公司通常会在国内资本成本上系统地增加一个风险补偿。我们并不赞成这种处理方法，其原因有三个：第一，假设股东通过多样化的资产组合，已经消除了国家风险，也就没有必要对此进行调整了。第二，对这种特殊风险没有一个合理的方法来估计风险补偿的大小。例如，选择B国的风险补偿是1%、2%还是10%？没有人知道。第三，简单地在国内资本成本上加上一个任意的假设因素，可能会妨碍管理者全面估计项目所隐含的国家风险。

在此，我们建议对国家风险的任何调整，都要通过预期项目的现金流量，而不是资本成本来进行。预期的现金流量仅仅是对未来产生的现金流量的一个加权平均值，权重是现金流量产生的可能性。因此，我们可以通过调整现金流量来反映发生任何形式的国家风险的可能性。这样，就不需要调整资本成本了。另外，预期现金流量将迫使管理者对国家风险进行全面的分析。

假设对B国的经济趋势做出详细的分析后，估计该投资项目寿命期内的某段时间有20%的可能性会发生金融危机。我们预测发生这样的金融危机时，该投资项目所获得的收益需要缴纳“外国税”，该税率一般为25%。为了避免过于复杂的计算，也可以假设该投资项目每年的收益为“外国税”征收前项目经营现金流量的90%。考虑国家风险的项目预期现金流量见表13-6。

表 13-6　　考虑国家风险的项目预期现金流量　　金额单位：百万B元

项目	初始年度	第1年年末	第2年年末	第3年年末	第4年年末	第5年年末
不征收“外国税”时的预期现金流量						
以B元计价的年现金流量	-230	50	60	65	70	75
以B元计价的清算现金流量						250
总现金流量	-230	50	60	65	70	325
征收“外国税”时的预期营业现金流量						
项目收益		45	54	58.5	63	67.5
“外国税”		11.25	13.5	14.625	15.75	16.875
税后营业净现金流量	-230	38.75	46.5	50.375	54.25	58.125
预期现金流量						
对收益征税的可能性（%）		20	20	20	20	20
年营业现金流量	-230	47.75	57.3	62.075	66.85	71.625
清算时的现金流量						250
总现金流量	-230	47.75	57.3	62.075	66.85	321.625
预期现金流量（百万美元）						
预期的即期汇率：USD/B	0.1	0.0936	0.0877	0.0821	0.0769	0.0720
以美元计价的总现金流量（百万美元）	-23	4.469	5.025	5.096	5.141	23.157
净现值（10%）=693万美元						

表13-6列示了项目的预期现金流量的详细计算，并考虑了项目可能被征收“外国税”的风险。表13-6中的第一部分是不征收“外国税”的现金流量。第二部分是考虑征收“外国税”时的净经营现金流量。第三部分是考虑项目被征税的可能性时，项目预期现金流量的计算。如果在项目生命周期内被征税的可能性为20%，则项目预期的现金流量等于征收“外国税”的净现金流量乘以20%加上没有征税的现金流量乘以80%。最后一部分是预期现金流量的美元价值（用未来的预期汇率折算），按照10%的资本成本对现金流量进行折现，得到项目的净现值（NPV）。

根据以上的分析可知，考虑国家风险时项目的NPV，要比没有考虑国家风险时项目的NPV低88.8万美元，价值减少了11%。选择B国与选择A国的NPV之差为92.8万美元(693-600.2)，所以应该选择在B国进行投资。那么，分销中心是否应该建立在B国呢？这取决于计算出该结果所用假设的可信度。

我们采用了两个关键的假设，它们对结果有着重大影响。第一个假设是美元和两种外币之间保持的购买力平价关系，第二个假设是对项目征收“外国税”的可能性是可靠的。唯一能够增强项目分析可信度的方法就是进行敏感性分析，它可以反映假设变化对项目NPV的影响。例如，我们可以通过使购买力平价按照一定百分比变化，或预测项目所投资国家不同形式的税收方式等，计算项目NPV的变化。只有对项目的风险进行全面考虑，才可以做出正确的决策。

在投资项目相对比较简单的情况下，敏感性分析可以集中在项目征收“外国税”的可能性对项目NPV变化的影响方面。重复表13-6中的计算，计算出从0到50%的一系列可能性的项目净现值，其结果见表13-7。

表13-7　投资项目承受不同“外国税”可能性时选择B国进行投资获得的净现值

项目承受“外国税”的可能性（%）	0	10	20	30	40	50
项目NPV（百万美元）	7.818	7.373	6.93	6.489	6.047	5.605

从表13-7中的数据可以看出，B国项目的NPV与A国项目的NPV相等的可能性大约为40%。这个可能性是预期可能性（20%）的两倍，这个差别足够大，因此，尽管存在许多国家风险，但仍可以做出决策：该项目应该选择B国而不是A国。

第五节　国际财务管理与价值创造

财务管理的本质在于价值的增值。通过对资金流的筹集、使用、投放和分配等活动进行科学的管理，财务管理能够帮助企业有效地组织和使用资本的价值，从而实现价值的增值。

财务管理为实现其资本价值增值的目标，受到财务活动所处的财务环境的约束，如法律法规环境、市场风险等。随着世界经济一体化的推进，许多企业进军国际市场，从而使其所处的财务环境发生了巨大改变，企业在价值创造的经济活动中需要新的财务管理知识进行指导。国际财务管理作为财务管理的新领域，探索了企业在国际市场上资金管理活动的规律，为企业价值链的发展提供了理论支持。国际财务管理具有环境复杂、风险高、币种多、评估困难等特点，因此，其在价值创造中的作用也更加明显。

第六节　中国企业海外投资

一、现状与趋势

2014年，随着共建“一带一路”倡议的推进实施，丝路基金与亚洲基础设施投资银行的筹备成立，中国对外投资迎来了新阶段。商务部、国家外汇管理局最新资料显示，2022年，中国对外直接投资净额（以下简称流量）为1 631.2亿美元，位居全球第2位。截至2022年底，中国2.9万家境内投资者在国（境）外共设立对外直接投资企业（以下简称境外企业）4.66万家，分布在全球190个国家（地区），年末境外企业资产总额为8.4万亿美元。中国对外直接投资累计净额（以下简称存量）为27 548.1亿美元。

2023年1月至9月，我国全行业对外直接投资7 994.8亿元人民币，同比增长13.3%（折合1 139.7亿美元，同比增长6.7%）。其中，我国境内投资者共对全球152个国家和地区的6 169家境外企业进行了非金融类直接投资，累计投资6 731.4亿元人民币，同比增长18.7%（折合959.6亿美元，同比增长11.8%）。

表13-8为我国企业对外投资历年流量存量统计结果，从中可以看出，我国对外投资流量连续11年位列全球前三，连续7年占全球份额超过一成，投资存量连续6年排名全球前三。

表13-8　我国建立《对外直接投资统计制度》以来历年对外投资统计结果

年份	流量			存量	
	金额（亿美元）	全球位次	比上年增长（%）	金额（亿美元）	全球位次
2002	27.0	26	—	299.0	25
2003	28.5	21	5.6	332.0	25
2004	55.0	20	93.0	448.0	27
2005	122.6	17	122.9	572.0	24
2006	211.6	13	43.8	906.3	23
2007	265.1	17	25.3	1 179.1	22
2008	559.1	12	110.9	1 839.7	18
2009	565.3	5	1.1	2 457.5	16
2010	688.1	5	21.7	3 172.1	17
2011	746.5	6	8.5	4 247.8	13
2012	878.0	3	17.6	5 319.4	13
2013	1 078.4	3	22.8	6 604.8	11
2014	1 231.2	3	14.2	8 826.4	8
2015	1 456.7	2	18.3	10 978.6	8
2016	1 961.5	2	34.7	13 573.9	6
2017	1 582.9	3	-19.3	18 090.4	2
2018	1 430.4	2	-9.6	19 822.7	3
2019	1 369.1	2	-4.3	21 988.8	3
2020	1 537.1	1	12.3	25 806.6	3
2021	1 788.2	2	16.3	27 851.5	3
2022	1 631.2	2	-8.8	27 548.1	3

注：表中2002—2005年数据为我国对外非金融类直接投资数据，2006—2022年数据为全行业对外直接投资数据，2006年同比为对外非金融类直接投资比；表中数据根据《2022年度中国对外直接投资统计公报》整理而得。

近年来，我国对外投资主要表现为以下特点：

（一）共建“一带一路”倡议助推我国企业海外投资，有力促进全球开放合作

1.共建“一带一路”倡议概况

2013年9月和10月，国家主席习近平在出访哈萨克斯坦和印度尼西亚时先后提出共

建"丝绸之路经济带"和"21世纪海上丝绸之路"，即共建"一带一路"倡议。共建"一带一路"倡议的提出，是我国改革开放和经济发展的内在需求，也是与世界各国分享我国的发展经验和成果，打造互利共赢的"命运共同体"和繁荣发展的"利益共同体"的宏伟蓝图。共建"一带一路"倡议不是一个实体和机制，而是合作发展的理念和倡议，依靠我国与有关国家既有的双多边机制，借助既有的、行之有效的区域合作平台，秉承共商共建共享原则，构建深层次的经济合作伙伴关系和跨地区合作模式。

2015年3月28日，国家发展改革委、外交部和商务部联合发布了《推动共建丝绸之路经济带和21世纪海上丝绸之路的愿景与行动》(以下简称《愿景与行动》)。《愿景与行动》中提出，共建"一带一路"倡议旨在促进经济要素有序自由流动、资源高效配置和市场深度融合，推动沿线各国实现经济政策协调，开展更大范围、更高水平、更深层次的区域合作，共同打造开放、包容、均衡、普惠的区域经济合作架构。其内涵是"五通"，即政策沟通、设施联通、贸易畅通、资金融通、民心相通。2023年10月，国务院新闻办公室发布《共建"一带一路"：构建人类命运共同体的重大实践》白皮书。白皮书以习近平新时代中国特色社会主义思想为指导，系统阐述共建"一带一路"倡议的历史渊源、理念愿景、实现路径、实践成就和世界意义，全面介绍共建"一带一路"倡议提出10年来的丰硕成果，阐明我国推动共建"一带一路"倡议高质量发展、同各国一道携手构建人类命运共同体的决心和行动。

小贴士　　**共建"一带一路"倡议相关文件**

《弘扬人民友谊 共创美好未来——在纳扎尔巴耶夫大学的演讲》

中华人民共和国主席 习近平

《携手建设中国-东盟命运共同体——在印度尼西亚国会的演讲》

中华人民共和国主席 习近平

《推动共建丝绸之路经济带和21世纪海上丝绸之路的愿景与行动》

国家发展改革委 外交部 商务部

《共建"一带一路"：构建人类命运共同体的重大实践》白皮书

国务院新闻办公室

2.助推共建国家经贸合作成效[①]

在共建"一带一路"倡议的重要精神指引下，10年来，我国深化与共建国家经贸领域的务实合作，携手推动各国互利共赢，有力促进全球开放合作。其主要体现在以下三个方面：

一是贸易合作量增质升。2013年至2022年，我国与共建国家的货物贸易累计规模达19.1万亿美元，实现年均6.4%的增速，这个增速既高于同期我国外贸整体增速，也高于同期全球贸易增速。我国是110多个共建国家的主要贸易伙伴，已经与20个共建国家签署了14个自贸协定，贸易自由化便利化水平不断提升。

二是双向投资成果丰硕。2013年至2022年，我国与共建国家的累计双向投资超过3 800亿美元，其中对共建国家的直接投资超过2 400亿美元，涵盖经济社会发展的多个领

① 该部分参照《共建"一带一路"：构建人类命运共同体的重大实践》白皮书。

域。我国还与共建国家合作建设了一系列的经贸合作区，截至2022年底累计投资已经超过600亿美元。同时，共建国家也积极投资我国，共享我国的发展机遇，10年来累计对华投资超过1 400亿美元，在华新设企业接近6.7万家。

三是项目建设稳步推进。2013年至2022年，我国在共建国家的承包工程年均完成营业额大约1 300亿美元，建设了中老铁路、雅万高铁、蒙内铁路等一系列标志性项目，有效改善了东道国的基础设施条件，大幅提升了互联互通水平。同时，我国实施了菌草等一系列惠民生的“小而美”项目。我国大力推进绿色化、数字化发展合作，2023年前8个月，与共建国家新签署的节能环保类项目合同额，同比增长22%。

此外，我国还持续打造共建“一带一路”倡议贸易投资平台，成功举办了进博会、广交会、服贸会、投洽会、消博会以及一系列区域性展会，促进了共建国家之间的经贸合作。未来，我国也将着力推动共建“一带一路”倡议经贸合作进一步走深走实。

（二）对外投资中民营企业有明显增长趋势

近年来，受国内劳动力成本、环境成本上升等因素的影响，国内民营企业积极拓展海外市场，不断寻求技术突破，塑造国际品牌形象。同时，国内相关部门加快了对外投资的审批力度，减少了审批程序，从而放宽了对外投资的限制，极大地提高了民营企业的海外投资积极性。民营企业充分发挥自身优势，利用自有品牌、自主知识产权和自主营销渠道，进行全球采购、生产、销售，积极建立国际产业价值链。截至2014年，我国民营企业对外投资同比增加295%，占当年总投资案例数的69%。虽然民营企业的投资总额占我国对外投资的比重仍然与国有企业存在较大差距，但是，民营企业投资相较大型国有企业而言，投资更加灵活，涉足范围更加广泛，因此，在数量上民营企业已经成为我国对外投资的绝对“主力军”。这一趋势将在未来的一段时间内，继续呈现出高速增长的态势。

（三）投资领域广泛且地方经济活跃

近年来，我国对外投资领域广泛。2022年，我国对外直接投资涵盖了国民经济的18个行业大类，其中流向租赁和商务服务、制造、金融、批发零售、采矿、交通运输等领域的投资均超过百亿美元。此外，地方企业对外投资持续活跃。2022年，我国对外非金融类投资流量中，地方企业达860.5亿美元，占比61%，较上年提升3.3个百分点。其中，东部占比77.3%，浙江、广东、上海位列前三。

二、挑战与风险

在我国企业大规模地“攻城略地”的同时，我国企业在海外投资中也面临着巨大的风险与挑战。综合这十几年来我国企业在海外投资中所遇到的困境，梳理出以下几点：

（一）企业战略目标不清晰

有的企业单纯地急于做大做强，为了并购而进行并购，未做充分准备就盲目进入陌生领域进行海外并购；有的企业不具备清晰可操作的海外并购路线图，为其“走出去”战略提供支持。企业缺乏足够的国际资源和专业经验，过分依赖投行等中介所提供的目标企业信息，这也使我国企业在搜寻和筛选并购目标时困难重重。

2009年7月，我国两大石油公司中海油和中石化宣布以13亿美元联合收购美国马拉松石油公司持有的安哥拉一石油区块20%的权益。这笔交易是自中海油以185亿美元竞购美国优尼科石油公司失败后，首次成功收购了美国石油公司的资产。纵观整个并购过程，两大石油公司共同出资进行海外收购，两家公司都有着明确的战略目标，同时，两家公司都很好地借鉴了中海油的失败经验，提前做好了政府公关工作。这种新的收购模式也开创了我国企业海外并购的新模式，有利于我国公司海外并购力量的最大化，避免了国内公司之间不必要的竞争，是我国石油公司"走出去"值得借鉴的模式。

（二）专业调查能力不足，急于求成

缺乏跨国投资并购的国际经验，对国外商业、人文、法律环境和盈利模式缺乏理解，组织和协调商务、法律、财务、人力资源等内外部资源的能力缺失，对目标公司所在地区的政治、经济风险点评估准备不足，决策能力不够，这些都是我国企业在进行海外投资、并购时常常遭遇的问题。一些企业对并购标的所处地区的经济社会环境、政治变动等因素知之甚少，同时由于语言障碍、文化差异和经营理念不同等原因，从目标所在地花费重金得到的商务、财务和法务顾问的专业指导意见有时反而不被企业高层所采信，或不能及时送达关键的高层决策方。另外，许多企业内部的决策权高度集中在后方的领导身上，身处一线的调查团队虽然掌握一手资料，反而不能做到"将在外，君命有所不受"。授权不足，导致内外部资源的协调沟通困难，调查过程缓慢低效。此外，不少企业缺乏尽职调查专业经验，对跨国投资和并购的调查流程和国际惯例并不熟悉，导致无法正确识别关键风险点。

2007年3月才开始筹备的中投公司，5月就斥资30亿美元外汇储备以29.605美元/股的价格参股美国私募基金巨头黑石集团10%的IPO。这项交易成立的初衷旨在为我国1.2万亿美元的外汇储备寻找多元化投资出路，结果却不尽如人意。黑石集团上市后股价连续下跌，也导致了中投公司的这笔投资大幅缩水。截至美国时间2008年2月12日，中投公司在黑石集团投资中的亏损额达12.18亿美元。该并购的失败，显示出了我国部分企业的急于求成，组织和协调商务、法律、财务、人力资源等内外部资源的能力缺失，在对尽职调查风险点评估和决策能力不足的情况下，急于出击，从而造成了巨大的损失。

（三）并购之后企业整合能力缺乏

在海外并购特别是收购发达国家的先进企业时，往往因为某些原因（如工会、政治、经济）而过分依赖目标企业原有的管理班子，遵循原有的管理架构和经营模式，不敢大胆进行重组改革，从而导致收购或者投资的企业依然处于低迷经营的状态。在那些决心进行整合的企业中，不少企业在并购时只对目标企业的顶层进行整合，简单地进行粗线条的顶层设计，而对于企业中最为关键的中层和基层，却没有执行配套计划，因此，在具体实施过程中表现出盲目性，并购效果不佳。另外，缺乏清晰的海外公司治理结构、缺乏具有跨境跨文化管理经验和对当地经商环境熟悉的高管，以及文化习惯和管理风格冲突等问题，也严重阻碍了一些我国企业海外整合目标的实现。

对致力于拓展海外市场或获取核心能力的我国买家而言，通常面对的挑战是并购战略不清晰、跨国管理人才缺乏和文化冲突等问题（如吉利收购沃尔沃），而资源驱动型的买家通常头疼于海外监管机构对其进行的严苛审查（如中海油收购优尼科失败）。

2004年10月，上汽集团以5亿美元的价格高调收购了韩国双龙48.92%的股权。此次收购，上汽集团欲借此迅速提升技术，充分利用韩国双龙的品牌和研发实力。但并购之后，其主要遭遇了两个难题：首先，对并购的收益估计过高，韩国双龙虽然拥有自己的研发团队，在技术和研发上表现较好，但缺少市场；其次，上汽集团在收购韩国双龙之前，对自身的管理能力和对方的工会文化认识不足，乃至在收购后两家企业的文化难以融合，合作与企业经营拓展无法真正展开。上汽集团与韩国双龙并购案的失败，充分暴露出了我国企业在实施海外并购过程中的典型性问题：准备功课不足，盲目上阵，导致对潜在的管理、文化等方面存在的问题识别不清，收购之后又不能及时解决出现的问题。并购后的整合，导致了企业战略目标的失败。

三、对策与建议

（一）明确投资的战略目标

企业应当积极主动地利用外部资源以及收购目的地的资源，根据公司自身的战略目标，结合公司所在行业发展趋势的分析，明确企业海外并购的重点发展领域，整合公司的现有资源，制定出一套符合自身的企业海外投资战略目标。例如，企业应当首先明确海外并购的重点方向，明确自身的并购目的，企业需要重点关注并购区域，以及并购方式。

2009年12月11日，北汽集团以2亿美元成功收购瑞典萨博汽车公司相关知识产权。北汽集团成功收购萨博技术：一是通过收购得到了先进的核心技术；二是通过收购取得了完整的质量与制造工艺体系，为产品技术的消化吸收和研发制造提供了有利条件；三是这次收购具有极高的性价比，为基于产品性能和成本控制的自主品牌产品市场定位提供了有利条件。该收购的战略目标明确定位于获得技术的“技术驱动型”收购，因此，清晰的战略目标为企业获得了市场竞争中急需的战略技术资源，是成功的经典案例。

（二）加强有效的执行

企业在制定了清晰的并购及海外投资战略目标之后，需要将自身制定的战略目标付诸执行，这就需要企业建设一支专业的海外并购及投资的人才队伍，同时利用这支队伍有效地对战略目标加以执行。在企业执行的过程中，需要充分利用外部资源，同时结合内部资源。企业需要充分了解目标公司所在地的政治、文化、经济等方面与国内环境的不同，并与境外的中介机构充分合作，以完成指定的收购及投资的战略目标。

（三）公司的内部能力培养

成功的海外并购与投资，需要企业培养和提升与海外并购相关的战略规划、人才组织、标准化的流程和完善的管理控制等能力。企业应当根据自身的发展与战略规划，制定清晰的海外并购战略以及海外投资标准，确定海外并购的重点地域、行业和交易方式、并购投资目标的筛选流程以及并购频次和时间点的决策等。企业需要在并购及投资之前做足功课，充分研究其他企业的海外投资及并购的成功和失败案例，充分总结前人的经验。

企业应当从人才、并购投资流程标准化、并购投资考核体系专业化这三个角度来进行公司的“内功”培养。例如，企业可以通过股权激励、薪酬提升、职业生涯规划、企业文化建设等手段，吸引被并购公司的核心人才留任，同时，借助留任核心人员的影响力来降低整合的难度和复杂程度。华为作为一家70%的公司利润来自海外的超级跨国企业，在历次的收购中，充分利用公司的企业文化以及薪酬激励等方式吸引被收购公司的核心员工，从而实现了快速的资源整合。

本章小结

1.国际财务管理是跨国公司在跨国经营中不可回避的一个至关重要的问题。国际财务管理是以风险与收益均衡的原理，协调国际企业的资金流，从而实现国际企业的财务管理目标。

2.跨国企业在经营中所面临的一个最主要的风险，即外汇风险。外汇风险是与汇率变动联系在一起的，公司的资产、负债、收入、费用、现金流量以外币计价时，汇率的变化将影响它们的价值。

3.国际融资是指跨国公司为实现其财务目标，通过一定的金融机构或金融市场，采取适当的融资方式在全球范围内筹措生产经营所需资金的一项管理活动。国际融资大多呈现出资金需求量大、融资来源多、融资方式灵活等特点，但融资风险比较大，融资决策也较为复杂。

4.财务管理的本质在于价值的增值。通过对资金流的筹集、使用、投放和分配等活动进行科学的管理，财务管理能够帮助企业有效地组织和使用资本的价值，从而实现价值的增值。国际财务管理作为财务管理的新领域，探索了企业在国际市场上资金管理活动的规律，为企业价值链的发展提供了理论支持。国际财务管理具有环境复杂、风险高、币种多、评估困难等特点，因此，其在价值创造中的作用也更加明显。

5.从2005年开始，我国企业的海外投资呈现出了连年的高增长态势，截至2015年底，我国企业的海外投资总存量已经高达7 490亿美元，尽管与美国的69 600亿美金相比仍然存在着较大的差距，但是连年的高增长势头、民营企业的强势加入，都意味着我国企业海外投资越来越活跃。在良好的增长势头下，我国企业在海外投资并购中仍然存在着急于求成、缺乏专业调查、缺乏整合能力等问题，这些问题都影响着我国企业海外投资并购的有效性。因此，我国企业还需从明确自身的战略目标、培养专职的调查人员、加强企业并购之后的整合能力等角度，加强自身的建设。

6.国家主席习近平在2013年9月出访哈萨克斯坦时提出了建设“丝绸之路经济带”，并于同年10月出访印度尼西亚期间提出了我国愿同东盟国家共同建设“21世纪海上丝绸之路”。共建“一带一路”倡议不是一个实体和机制，而是合作发展的理念和倡议，依靠我国与有关国家既有的双多边机制，借助既有的、行之有效的区域合作平台，秉承共商共建共享原则，构建深层次的经济合作伙伴关系和跨地区合作模式。

重要术语

跨国公司（International Corporation）

辛迪加（Syndicate）

外币（Foreign Currency）

外汇损益（Foreign Exchange Gains or Losses）

期汇合同（Forward Exchange Contract）

即期汇率（Spot Rate）

现行汇率（Current Exchange Rate）

子公司（Subsidiary Company）

流动与非流动项目法（Current/Non-current Method）

货币性与非货币性项目法（Monetary/Non-monetary Method）

习题

计算题

1.若欧元的报价为0.6723欧元/美元，加拿大元的报价为1.3121加元/美元，则欧元兑加拿大元的汇率（EUR/CAD）为多少？

2.某公司预期在3个月后收到应收账款200万美元，假设美元与人民币的即期汇率为1：6.17，3个月的远期汇率为1：6.00。3个月美元借款的年利率为9%（季利率为2.25%），人民币的短期投资收益率为6%（季利率为1.5%），该公司决定现在立即借入期限为3个月的美元贷款200万美元，并将此贷款转换成人民币进行投资，3个月期满时用收到的应收账款200万美元归还贷款。

请问：该公司是否值得借入美元？在何种情况下，应该选择货币市场的套期保值？

3.美国某跨国公司在华设立子公司，初始投资额为200万美元，中国子公司预计现金净流量见表13-9。

表13-9 **中国子公司预计现金流量表** 单位：万元人民币

年份	20×1	20×2	20×3	20×4	20×5
现金净流量	250	275	310	340	400

美国母公司预测，实际折现率在美国为14%，在中国为18%；美国的预计通货膨胀率为8%，中国的预计通货膨胀率为5%。假定第1年年初的即期汇率为6.20RMB/USD。

根据表13-9中的数据，计算该投资项目的净现值。

案例讨论题

TikTok出售门

海外版抖音，TikTok，已经成为全球最受欢迎的泛社交应用。根据APPtopia的数据，2022年，TikTok全球应用下载量6.72亿，居于全球首位，月活跃用户超过10亿。然而，TikTok的巨大成功也引发了美国、加拿大和欧洲等国家的封禁。

TikTok出售门是指2020年美国政府要求字节跳动出售其在美业务的事件。该事件的起因是美国政府于2020年8月宣布要求字节跳动将其在美国的业务出售给一家美国公司，否则其将面临禁止在美国运营的风险。此举引发了全球关注和广泛争议，该事件的经过如下：

2020年8月3日，特朗普在白宫记者会上表示，他支持微软收购TikTok，并设定了一个期限，即9月15日，届时TikTok将在美国关闭。字节跳动对此表示抗议，并正式起诉特朗普及美国政府。他们认为，美国政府的行为罔顾事实，不遵循正当法律程序，甚至试图强行介入商业公司谈判。字节跳动开始准备美国业务的关停预案，并寻求其他解决方案，包括将TikTok数据的运营控制权移交给一家美国科技企业，同时保留部分资产的所有权。

2020年10月，微软与字节跳动展开谈判，寻求收购TikTok的美国业务。但此后，由于监管和政治原因，谈判进展缓慢。

2021年6月，特朗普下台，拜登上台。美国政府对TikTok的立场有所缓和，表示将重新审视对TikTok的禁令。

截至2023年，TikTok的出售风波仍在继续，字节跳动在积极寻求解决方案，以保持其在美国的业务运营。

TikTok是我国有史以来最成功的互联网出海产品，也是截至目前唯一一款可以与美国主流社交媒体平台一较高下，并成功进入西方主流人群的中国互联网应用。据统计，在美国，有超过三分之二的青少年使用TikTok，在30岁以下的美国人群中，使用TikTok的比例甚至高于Instagram、Twitter和YouTube等美国本土主流社交媒体应用。TikTok的巨大成功，也使其面临着更多的政治风险。

思考：TikTok为何屡次被封禁？从中可以看出，企业海外投资面临哪些风险？企业在海外投资中该如何应对政治风险？

二维码13-1　参考答案

二维码13-2　扩展阅读：共建“一带一路”倡议十周年概览

延伸阅读

［1］王建英，支晓强，许艳芳，等. 国际财务管理学［M］. 北京：中国人民大学出版社，2018.

［2］尤思. 国际财务管理［M］. 张华，等译. 北京：机械工业出版社，2020.

［3］财新传媒编辑部. “一带一路”引领中国［M］. 北京：中国文史出版社，2015.

［4］张宇燕，赵磊. “一带一路”手册［M］. 北京：中国社会科学出版社，2021.

第十四章　财务管理前沿

学习目标

1. 了解数据资产的属性、定义和估值，以及数据资产的会计处理；
2. 了解财务报告形式质量的本质与相关研究前沿；
3. 了解投资者保护具体机制及其研究前沿；
4. 了解ESG的内涵、发展沿革和研究现状。

引导性话语

随着社会的发展、研究的深入，在既有财务管理架构下，数据信息入表、财务报告形式质量评估、投资者保护以及企业ESG作为新兴话题，其重要性逐渐受到人们的关注。首先，数据信息入表是大数据时代的必然要求。在一些特定行业或特定企业，数据信息事实上可以通过参与运营直接或间接地为企业带来经济效益，早已成为不可或缺的重要资产，对于解释企业（尤其是互联网企业）的价值增长发挥着重要作用。为了明确数据信息的价值贡献，将数据信息以恰当的方式纳入资产负债表显得尤为重要，不仅可以完善新经济环境下的会计核算和会计信息披露，而且可以为企业参与数据资产交易、开发数据业务奠定基础。其次，财务报告形式质量是相对于财务报表质量的全新概念。事实上，会计信息能否有助于投资者决策，不仅取决于会计信息的内容质量，还受到会计信息呈报方式的影响。与后者对应，财务报告形式质量本质上就是对财务报表具体会计信息呈现方式（包括文本语言学特征和呈报特征）被信息使用者理解并接受的程度进行评价。探究以何种形式呈报的财务报告更有利于信息使用者认识企业的全貌，以及如何推动企业提高财务报告形式质量，可以降低企业与信息使用者之间的信息不对称程度，帮助信息使用者更好地评估企业的真实价值，做出理性的投资决策。再次，投资者保护则是在现代企业两权分离框架设计下，管理者与投资者、大股东与中小股东之间的各类代理问题使得投资者（特别是中小投资者）基本股东权利无法合理保障、难以有效践行的情况下，对投资者保护具体机制的作用路径及其经济后果的积极探索。最后，超越传统的业绩最大化目标，ESG是可持续发展理念在微观企业和金融市场层面的具象投影，强调企业要重视环境、承担社会责任、关心利益相关者，并将这些理念内化于企业的决策过程，追求在环境、社会、公司治理三个层面上的共赢。

第一节 数据资产

随着大数据时代的到来，巨量级的网络社区、电子购物、物流网等得到了前所未有的开发，数据收集系统不断普及，产品服务智能化不断升级。在这些数据技术的助推下，数据开始海量聚集，其应用效应激增，商业价值得到激发，并逐渐演化为一种新型资源。由此，“数据是新的石油”成为共识（Varian，2018）。在我国，数据的价值也日益凸显。根据《中国数字经济发展研究报告（2023）》，中国数字经济规模在2022年达到50.2万亿元，同比增长10.3%，已经连续11年显著高于同期GDP增速，数据经济占GDP比重达到41.5%，相当于第二产业所占比重。正是考虑到数据之于数字经济的重要性，在党的十九届四中全会首次提出数据要素重大议题之后，国家层面先后出台了多项政策文件，用以统筹推进数据要素规范化流通及高效开发利用。例如，2020年4月，中共中央、国务院发布《关于构建更加完善的要素市场化配置体制机制的意见》，明确提出加快培育数据要素市场，“探索建立统一规范的数据管理制度，提高数据质量和规范性，丰富数据产品”；2021年12月，中央网络安全和信息化委员会印发《“十四五”国家信息化规划》，提出“建立健全规范有序的数字化发展治理体系”的重大任务；同月，国务院印发实施《“十四五”数字经济发展规划》，提出要“加快构建数据要素市场规则，培育市场主体、完善治理体系，促进数据要素市场流通”。可以说，数据作为数字经济的关键要素和基础性资源，已经得到广泛认同（吴超，2018；朱扬勇和叶雅珍，2018），并上升到国家发展战略范畴。在国家高度重视和大力推动的同时，数据资源入表仍然面临大量亟待解决的问题：何种数据可以入表？数据信息是否具有资产属性？数据资产如何定义？数据资产具有何种特质？数据资产入表后如何进行会计处理？本章将通过对相关文献的梳理，依次回答上述问题。

一、数据的内涵

数据是用户因自身或其他网络行为所形成的以符号为载体的记录（刘新宇，2019）。在实践中，人们常常将数据和信息两个概念混淆使用。根据国际标准化组织（ISO）的定义，信息是关于事实、事件、事物、过程或思想等客体的知识；数据是信息的一种形式化方式的体现，可以是符号、文字、数字、语音、图像、视频等。从这个角度看，数据是信息的表达，信息是数据的内涵，二者不可分离（张俊瑞等，2020）。

数据的来源是多样化的，既可以源于企业自身，如企业生产经营活动产生的财务数据和业务数据，也可以是企业从外部取得的，包括对外数据交易获取的数据、统计调查得到的数据、电子商务中记录的客户信息或交易信息、遥感采集的影像数据、移动通信记录的社交数据、物联网记录的业务数据等（李静萍，2020）。数据的获取手段也是多样化的，可以是企业主动获取的，也可以是其被动获取的，例如，在百度用户通过搜索引擎查找所关注旅游、交易、医疗等信息之后，百度可以观察和保存用户的搜索记录，该记录就是企业被动获取的一项数据（刘玉，2014）。

根据DataOne的数据生命周期模型，数据生命周期可以分为数据计划、数据引入、数据确认、数据描述、数据储存、数据发现、数据整合、数据分析等八个阶段。李永红和张淑雯（2018）认为，可以将这八个阶段划分为两大过程，即前五个阶段是企业产生并保存原始数据的过程，后三个阶段是企业加工原始数据的过程。在他们看来，原始形态的数据经过整理、清洗、分析和可视化等一系列的加工后，会生成一种新的数字形态，即数据信息。这意味着，无论是源于企业自身还是来自企业外部，无论是主动获取还是被动获得，企业的数据呈现出两种形态：原始数据形态和数据信息形态。不同形态的数据对于企业决策有着不同的影响。具体而言，原始数据由于体量过大，并不能直接被企业所利用，其决策有用性较低；相较而言，数据信息可以更好地赋能企业决策并带来经济效益。因此，我们可以认为，现阶段理论界和实务界常常提及的数据资产化着重指向的是原始数据经过加工整合后输出的数据信息。

二、数据信息的资产属性

根据《企业会计准则——基本准则》，资产是指由企业过去的交易或事项形成的、由企业拥有或控制的、预期会给企业带来经济利益的资源。在符合上述定义的基础上，一项经济资源要确认为资产，还需要同时满足以下条件：（1）与该资源有关的经济利益很可能流入企业；（2）该资源的成本或价值能够可靠地计量。现有研究普遍认为，数据信息具有资产的属性。为了论证数据信息的资产属性，学者们结合资产的定义和两个确认要件逐项进行了解释，其观点整理如下：

第一，数据信息是一项经济资源，可以通过直接和间接方式为企业带来经济利益流入。具体而言，一方面，企业可以将数据信息用于提供个性化服务、开发新的商业模式、提高生产效率、改进业务流程，增加收入、节约成本、控制风险，为企业带来收益（何伟，2020；李静萍，2020；秦荣生，2020），这是数据信息取得经济利益的间接方式。另一方面，企业可以基于数据信息生成数据产品，将其以各种形式与其他企业进行交易（李永红和张淑雯，2018），这是数据信息取得经济利益的直接方式。数据信息带来经济利益的大小，取决于数据信息的数量和质量（李永红和张淑雯，2018）。具体而言，数据信息的数量由企业规模决定，数据信息的质量受制于数据覆盖程度、数据完整性、数据外部性、数据时效性和数据相关性等。其中，数据覆盖程度是指数据所涉及的范围。一般来说，数据覆盖程度越高，数据能够反映出越多的信息，应用范围更广，数据信息的质量也随之提升。数据完整性是指数据完全性、一致性和准确性的程度。残缺的数据不能形成有效的数字信息。数据外部性指的是同一数据资产能够在不同的维度对企业产生不同的效用。具有外部性，意味着数据信息可以为企业带来意想不到的效果，数据外部性越强，数据信息的效用越大，能够产生的价值越多。数据时效性是指在特定时间内，数据对企业的决策是否具有效用。数据相关性是指数据所表达的信息与企业的关联程度。对企业而言，数据相关性非常强，甚至可以达到100%，此时，数据信息的利用率非常高，其价值也非常大。

第二，数据信息是企业过去的交易或事项形成的经济资源。企业可以通过两种方式形成数据信息：其一，企业对外的数据交易。数据交易，顾名思义，是企业以获取数据信息为目的进行的交易事项。通过数据交易，企业可以获取数据信息并能够对该数据信息施以控制、用以满足其需求。此处，需要说明的是，企业通过数据共享业务获得数据资源、委托外部机构完成的和以外部公开数据为采集对象的数据采集行为，也属于对外数据交易，同样可以帮助企业获取数据信息（张俊瑞等，2020）。其二，企业对内的数据采集事项。在日常生产经营过程中，企业可以采集和储存大量零散的数据信息，在此基础上，企业还可以对这些零散的数据信息进行整合处理并输出数据整体。前者是企业内部发生的数据采集事项，后者是企业内部发生的数据整理事项，两者均可以帮助企业获取数据信息。综上所述，可以认为数据信息是企业由于过去的外部交易、内部采集或整理等事项形成的经济资源。

第三，数据信息是由企业拥有或控制的经济资源。界定数据信息的权属，是数据信息资产化的重要前提。熊巧琴和汤珂（2021）认为，信息可以在三个层面上被控制，分别是物理层的数据载体、符号层的数据产品以及内容层的数据信息。其中，数据产品是信息整合的表现形式和组织结果，存储在计算机、云盘等数据载体上；数据信息是数据产品蕴含的信息内容，包括个人信息和非个人信息，个人信息又可分为敏感和非敏感的个人信息。从广义维度看，数据产品和数据信息统称为“数据”（纪海龙，2018）。在他们看来，个人信息和数据产品并不等同，个人信息属于数据主体的权利，数据产品则属于数据产品生产者/持有者的权利。延续这一理解，对于通过对外的数据交易获取的数据信息和对于对内采集的与生产经营活动相关的财务数据和业务数据，可以认为其权利由企业所拥有，企业能够对这类信息施以控制，可以进行删除、复制、加工。对于企业对内采集的个人信息，鉴于个人信息本身是个人行为的副产品，其权利由个人所拥有；由个人信息加工形成的数据信息或数据产品，其权利归属于企业，企业拥有除所有权之外的收益权、使用权等，能够约束或控制这些数据，用以获取经济利益（刘玉，2014）。

三、数据资产的定义

（一）数据资产的定义

对于数据资产的定义，学者们结合资产的定义，提出了不同的看法。例如，秦荣生（2020）强调数据信息的收益性，将数据资产定义为企业由于过去事项而控制的现时数据资源，并且有潜力为企业产生经济利益。与此类似，熊巧琴和汤珂（2021）指出，合法获取的由企业或个人产生的，预计会影响个人或企业未来的行为决策，并为个人或企业带来经济收益的各类数据资源都是数据资产。进一步，除收益性以外，还有研究强调数据信息的形态属性，并以此提出了数据资产的定义。例如，2021年，中国信息通信研究院云计算与大数据研究所在《数据资产管理实践白皮书（5.0版）》中，将数据资产定义为“由组织（政府机构、企事业单位等）合法拥有或控制的数据资源，以电子或其他方式记录，如文本、图像、语音、视频、网页、数据库、传感信号等结构化或非结构化数据，可以进行计量或交易，能够直接或间接带来经济效益和社会效益”，强调“数据资产是能够为企业产生价值的数据资源”。基于这一理解，张俊瑞等（2020）认为，需要在无形资产定义的基础上突出数据资产的数据化形态、可辨认性、非货币性等特质，由此提出了数据资产的新定义，即由企业拥有或控制的具有数据化形态的可辨认非货币性资产。此外，朱扬勇和叶雅珍（2018）结合数据属性，给出了数据资产的定义：拥有数据权属（勘探权、使用权、所有权）、有价值、可计量、可读取的网络空间中的数据集。

进一步，对于数据资产归属的资产类型，由于数据资产不具有实物形态，且企业持有数据资产的目的是在未来较长的一段时间内持续为企业带来经济利益，因此，现有研究普遍将数据资产归属于无形资产范畴（刘玉，2014；于玉林，2016；翟丽丽和王佳妮，2016；张俊瑞等，2020；李静萍，2020）。

（二）数据资产的特质

根据熊巧琴和汤珂（2021）的解读，数据资产具有以下特质：

（1）数据资产具有非竞争性。数据资产可以被无限分享和复制，随着数据资产使用者的增多，数据资产本身的价值不受影响（Moody和Walsh，1999）。值得注意的是，由于数据资产的所有权归属于数据资产持有者，理论上只有数据资产持有者（企业）才具有分享和复制数据资产的权利，可以利用数据资产的这一特性获取经济利益。

（2）数据资产的取得成本较高，但边际成本接近于零。数据资产的生产是记录、分析、重组企业生产经营活动过程中的所有数据（秦荣生，2020），并对不同系统来源的数据信息进行大量的人工干预、翻译和融合（English，1993）的过程。这一过程不仅需要硬件设备、软件等的大量投入，还需要花费高昂的人工成本。因此，数据资产的首次创作成本较高。但是，根据摩尔定律，随着大数据技术的发展，数据资产的整合和储存等成本将进一步降低，数据资产产品的首次创作成本也将下降（Squire等，2009）。同时，数据资产的再生产边际成本接近于零，只需要花费较低的成本，即可复制一份具有同等价值的数据资产（Lerner等，2006）。

（3）数据资产的价值具有很大的不确定性，受到多重因素的影响。首先，数据的体量、质量、时效性和整合程度等因素会影响数据资产的价值。具体而言，对于数据资产的体量，一般认为，数据资产具有规模报酬递增性，随着数据资产中包含的有效信息的增多，该数据资产带来的价值越大。但是，在特定场景中，数据资产体量对企业决策的影响可能呈现倒U型关系。例如，Bajariet 等（2018）运用数据进行企业产品需求预测的实证研究发现，数据量对预测和决策改善的价值达到顶峰之后可能下降。对于数据资产的质量，一般情况下，数据资产准确度越高，其价值越大。对于数据资产的时效性，其价值需要集合具体应用场景进行讨论。在某些对时效性要求较强的应用场景中，比如消费者的住址、定位，只有最新的数据才具有价值（Moody和Walsh，1999）。但在行为预测场景中，历史数据和当前数据的重要性差别并不大。对于数据资产的整合程度，通常认为整合程度越高，其价值越大。其次，数据资产的价值与使用者的异质性密切相关（Bergemann等，2018）。一般而言，数据资产只有被使用才会产生价值，数据资产的价值在于改变行动、改善数据资产持有者的决策和行为的程度（熊励等，2018）。因此，使用者的目的、知识、能力、私有信息、已有的数据资产不同，会导致同样的数据资产对不同的使用者呈现出不同的价值。最后，企业的数据分析能力也会影响数据资产的价值（李永红和张淑雯，2018）。理论上，企业的数据分析能力越强，能够获得的信息量越大，数据资产的价值越高。其中，企业的数据分析能力取决于信息系统、人才技能、消费者需求。

（三）数据资产概念的历史沿革

在理论研究和现实实践中，数据资产也被称为信息资产和数字资产。根据朱扬勇和叶雅珍（2018）的梳理，这三个相关概念的发展概况见表14-1。

表14-1 数据资产相关概念历史演进

时间	标志性事件
1974年	理查德·彼得斯（Richard Peterson）在论文《A cross section study of the demand for money：the United States》中，首次提出了"数据资产"这一概念
1977年	斯图亚特·卡巴克（Stuart Kaback）在介绍一款索引系统时，将该系统定义为一种无价的信息资产，首次提出了"信息资产"这一概念
1981年	福雷斯特·伍迪·霍顿（Forest W. Horton）在论文《Information resources management：where did it come from and where is it going》中指出，信息资产与其他资产存在重大差异
1994年	在英国工业联合会（CBI）的支持下，毕马威会计师事务所IMPACT项目发布了《霍利报告》，该报告将信息资产定义为："已经或应该被记录的具有价值或潜在价值的数据"，这是信息资产最早的定义
1995年	英国路透社对500名英国公司高管进行电话采访并根据调查结果发布了一则报道——"信息作为一种资产：无形的金矿"。该报道表明，有近25%的公司表示，信息是其最重要的资产
1996年	Helen Meyer在《维护数字资产技巧》一文中，首次提出了"数字资产"这一概念
2006年	Albert Van Niekerk在《A methodological approach to modern digital asset management：an empirical study》一文中，给出了数字资产的定义，即"被格式化为二进制源代码并拥有使用权的文本或媒质等任何事物项"
2009年	托尼·费希尔（Tony Fisher）在《数据资产》中指出，数据是一种资产，企业要把数据作为企业资产来对待。同年，国际数据管理协会（DAMA）在《The DAMA guide to the data management body of knowledge》中指出，在信息时代，数据是一项重要的企业资产，每个企业都需要对其进行有效管理
2011年	世界经济论坛发布《Personal data：the emergence of a new asset class》报告，指出个人数据正在成为一种新的经济"资产类别"
2013年	《Army information technology implementation instructions》一书中将数据资产定义为"任何由数据组成的实体以及由应用程序提供的读取数据的服务；数据资产可以是系统或应用程序输出的文件、数据库、文档或网页等，也可以是从数据库返回单个记录的服务和返回特定查询数据的网站；人、系统或应用程序可以创建数据资产"
2017年	Rod Genders和Adam Steena在《Financial and estate planning in the age of digital assets：a challenge for advisors and administrators》一文中，将数字资产界定为任何能够以数字形式在线访问和持有的资产
2018年	中国信息通信研究院云计算与大数据研究所发布《数据资产管理实践白皮书（2.0版）》，该白皮书将数据资产定义为"由企业拥有或者控制的、能够为企业带来未来经济利益的、以物理或电子的方式记录的数据资源，如文件资料、电子数据等"

四、数据资产的估值

考虑到数据资产不具有实物形态，其估值通常采用无形资产的估值方法，即成本法、收益法和市场法三种基本方法及其衍生方法。但是，由于数据资产具有有效期短、可无限共享、集合使用价值高等特点，在实际应用中，各种估值方法均具有一定的适用性和局限性。下面我们将参考上海德勤资产评估有限公司与阿里研究院共同推出的《数据资产化之路——数据资产的估值与行业实践》，简要地说明数据资产的估值方法及其适用性和局限性。

1.成本法

成本法的理论基础为无形资产的价值由生产该无形资产的必要劳动时间所决定，是从资产的重置角度考虑的一种估值方法，即投资者不会支付比自己新建该项资产所需花费更高的成本来购置资产。在成本法下：

数据资产的评估价值=重置成本-贬值因素

其中，重置成本是形成数据资产的合理成本、税费和利润。对于公司内部产生和收集的数据资产，显性成本主要有收集、存储、处理数据的人力成本、设备成本等，隐性成本主要为数据所附着业务的研发成本、人力成本等；对于外购的数据资产，重置成本为在现行市场条件下，重新取得同样一项数据资产所需支付的金额。贬值因素主要来自数据资产时效性丧失所带来的经济性贬值。

采用成本法对数据资产进行估值的优势包括易于理解，计算简单。其局限性在于：首先，数据资产对应的成本不易区分，数据资产为生产经营中的衍生产物，对于部分数据资产来说，没有对应的直接成本，并且间接成本的分摊不易估计。比如用户在搜索引擎留下的查询信息等数据资产，其数据搜集成本包括网站建设成本、搜索引擎市场推广费用及管理、运营人员薪酬等，但这些成本中有多少应该归属于“数据资产”，这一分摊比例难以估计。其次，数据资产的贬值因素不易估算，造成各类数据资产贬值的因素各不相同。最后，数据资产业务的利润率并没有行业通识或惯例，难以简单地选择一个合理利润率，由此导致成本法难以体现数据资产应用所带来的价值。

2.收益法

收益法是基于数据资产的预期应用场景，对在应用场景下预期未来产生的经济收益进行求取现值的一种估值方法。收益法下衍生的无形资产的估值方法主要有：权利金节省法、多期超额收益法、增量收益法。

权利金节省法是基于因持有该项资产而无须支付特许权使用费的成本节约角度的一种估值方法。在这种估值方法下：

$$\text{数据资产的评估价值} = \sum_{k=1}^{n} \frac{\text{特许权使用费}}{(1+i)^n} + \text{所得税摊销收益}$$

其中，特许权使用费是授权他人使用该项数据资产可以收取的许可使用费，通常按照收入的比率计算，即数据资产相关收入×许可使用费率；i是数据资产持有者要求的必要报酬率；n是数据资产可以使用的期限；鉴于目前数据资产尚无法确认为无形资产入账，因此相关税收摊销收益无法确认。

使用权利金节省法估计数据资产价值的好处在于：其一，可以反映数据资产的经济价值；其二，可以反映数据资产与相关收入的对应关系。与此同时，这种估值方法也存在局限性，如数据资产的许可使用费率和数据资产的使用期限均较难估计。

多期超额收益法是通过计算该项无形资产所贡献的净现金流或超额收益的现值的一种估值方法。在这种估值方法下：

$$数据资产的评估价值 = \sum_{k=1}^{n} \frac{超额收益}{(1+i)^{n}} + 所得税摊销收益$$

其中，超额收益是因持有该项数据资产所产生的收入增加额或成本减少额。

采用多期超额收益法对数据资产进行估值的优势在于不仅可以反映数据资产的经济价值，还可以比较充分地考虑到数据资产所能够贡献的收益途径。其局限性在于：（1）超额收益不易估计；（2）数据资产在不同场景下可以贡献的超额收益不同，全面地计算数据资产的超额收益难度比较大；（3）使用期限不易确定。

增量收益法是通过比较该项数据资产使用与否所产生现金流的差额的一种估值方法。在这种估值方法下：

$$数据资产的评估价值 = \sum_{k=1}^{n} \frac{增量现金流}{(1+i)^{n}} + 所得税摊销收益$$

其中：

增量现金流=现金流（应用数据资产的情景下）-现金流（不应用数据资产的情景下）

类似于使用权利金节省法和多期超额收益法，使用增量收益法估计数据资产价值的优点在于可以反映数据资产的经济价值。其缺陷在于：对不应用数据资产情景下的现金流和数据资产的使用期限较难进行测算。

3.市场法

市场法是基于相同或相似资产的市场可比交易案例的一种估值方法。在取得市场交易价格的基础上，对数据资产的性质或市场条件差异等因素进行调整，来计算目标无形资产的市场价值。在市场法下：

$$数据资产的评估价值 = 可比数据资产成交额 \times \sum 修正系数$$

其中，可比数据资产成交额是在公开交易活跃的市场上，相同或类似数据资产的交易成交额；修正系数反映了对比数据资产和可比案例的差异。

使用市场法评估数据资产价值的好处在于：（1）能够客观反映资产目前的市场情况；（2）评估参数、指标可以直接从市场上获得，相对真实、可靠。其局限性在于：（1）需要公开活跃的市场作为基础，目前在贵州、江苏多地相继成立了数据资产交易平台，线上有HexBin、东湖等数据资产交易所，但目前的交易所、交易平台尚不成熟，还无法提供大量全面的交易数据等信息；（2）数据资产的价值需要根据交易背景的不同进行具体分析。

五、数据资产的会计处理

在确认数据资源应该纳入企业资产负债表中的“资产”项目以后，接下来的问题就是如何对数据资产进行会计处理。其涉及的具体问题包括：怎样设置会计科目？怎样进行计量、记录和报告数据资源？对于上述问题，财政部制定印发了《企业数据资源相关会计处理暂行规定》（财会〔2023〕11号，以下简称《暂行规定》），对数据资产的入账问题做出了具体规定。围绕数据资产的科目设置、初始计量、后续计量以及列示和披露，下面将简述《暂行规定》的相关要求。

（一）数据资产的科目设置

《暂行规定》按照会计上经济利益的实现方式，将数据资源分为“企业使用的数据资源”和“企业日常活动中持有、最终目的用于出售的数据资源”两类。前者符合《企业会计准则第6号——无形资产》（财会〔2006〕3号）规定的定义和确认条件的，应当确认为无形资产，沿用无形资产的会计科目；后者符合《企业会计准则第1号——存货》（财会〔2006〕3号）规定的定义和确认条件的，应当确认为存货，按照存货相关会计科目进行计量和记录。

（二）数据资产的初始计量

数据资产的初始计量是指对数据资产进行初始确认和计量的过程。具体采用哪种方法对数据资产进行初始计量，需要结合企业的实际情况和数据资产的来源、性质、成本以及风险进行综合考虑。在将数据资产区分为数据资源无形资产和数据资源存货的基础上，《暂行规定》分别对其初始计量方法进行了如下规定：

对于数据资源无形资产，如果是企业通过外购方式取得的，其成本包括购买价款、相关税费，直接归属于使该项无形资产达到预定用途所发生的数据脱敏、清洗、标注、整合、分析、可视化等加工过程所发生的有关支出，以及数据权属鉴证、质量评估、登记结算、安全管理等费用；如果是企业自行研发的，应当区分研究阶段支出与开发阶段支出，将满足无形资产准则第九条规定的有关条件的开发阶段支出确认为该数据资源无形资产的成本。

对于数据资源存货，如果是企业通过外购方式取得的，其成本包括购买价款、相关税费、保险费，以及数据权属鉴证、质量评估、登记结算、安全管理等所发生的其他可归属于存货采购成本的费用；如果是企业通过数据加工取得的，其成本包括采购成本，数据采集、脱敏、清洗、标注、整合、分析、可视化等加工成本和使存货达到目前场所和状态所发生的其他支出。

（三）数据资产的后续计量

数据资产的后续计量是指在初始确认和计量后，对数据资产价值变动的后续确认和计量。数据资产的后续计量需要结合时间和市场环境的变化对数据资产的价值进行调整，具体涉及数据资产的摊销、计提减值等问题。根据《暂行规定》，对于数据资源无形资产，企业应当确定数据资源无形资产使用寿命以及残值，并采用合理的摊销方法，在使用寿命内对数据资源无形资产进行摊销。其中，对于数据资源无形资产使用寿命，《暂行规定》进一步要求，企业应当综合考虑无形资产准则应用指南规定的因素，以及数据资源相关业务模式、权利限制、更新频率和时效性、有关产品或技术迭代、同类竞品等因素。在资产负债表日，企业应该对数据资产进行减值测试。其中，如果数据资源无形资产的可回收金额低于其账面价值，企业应该将资产的账面价值减记至可回收金额，减记的金额确认为资产减值损失，计入当期损益，同时计提相应的资产减值准备；如果数据资源存货的可变现净值低于其账面价值，企业应该计提存货跌价准备。

（四）数据资产的列示

在数据资产的资产负债表列示方面，《暂行规定》要求企业在编制资产负债表时，应当根据重要性原则并结合本企业的实际情况，在“存货”项目下增设“其中：数据资源”项目，反映资产负债表日确认为存货的数据资源的期末账面价值；在“无形资产”项目下增设“其中：数据资源”项目，反映资产负债表日确认为无形资产的数据资源的期末账面价值；在“开发支出”项目下增设“其中：数据资源”项目，反映资产负债表日正在进行数据资源研究开发项目满足资本化条件的支出金额。

（五）数据资产的披露

在数据资产的披露方面，《暂行规定》区分数据资源无形资产和数据资源存货进行要求。

对于数据资源无形资产，《暂行规定》要求，企业应当披露的信息如下：（1）企业应当按照外购无形资产、自行开发无形资产等类别，对确认为无形资产的数据资源相关会计信息进行披露，并可以在此基础上根据实际情况对类别进行拆分；（2）使用寿命有限的数据资源无形资产估计的使用寿命以及采用的摊销方法；（3）使用寿命不确定的数据资源无形资产的账面价值以及使用寿命不确定的判断依据；（4）数据资源无形资产的摊销期、摊销方法，或残值的变更内容、原因以及对当期和未来期间的影响数；（5）单独披露对企业财务报表具有重要影响的单项数据资源无形资产的内容、账面价值和剩余摊销期限；（6）所有权或使用权受到限制的数据资源无形资产，以及用于担保的数据资源无形资产的账面价值、当期摊销额等情况；（7）计入当期损益和确认为无形资产的数据资源研究开发支出金额；（8）与数据资源无形资产减值有关的信息。

对于数据资源存货，根据《暂行规定》，企业应当披露的信息如下：（1）企业应当按照外购存货、自行加工存货等类别，对确认为存货的数据资源（以下简称数据资源存货）相关会计信息进行披露，并可以在此基础上根据实际情况对类别进行拆分；（2）确定发出数据资源存货成本所采用的方法；（3）数据资源存货可变现净值的确定依据、存货跌价准备的计提方法、当期计提的存货跌价准备的金额、当期转回的存货跌价准备的金额，以及计提和转回的有关情况；（4）所有权或使用权受到限制的数据资源存货，以及用于担保的数据资源存货的账面价值等情况。

除上述强制披露内容以外，《暂行规定》也鼓励企业可以根据实际情况，自愿披露数据资源的其他信息：（1）数据资源的应用场景或业务模式、对企业创造价值的影响方式，与数据资源应用场景相关的宏观经济和行业领域前景等；（2）用于形成相关数据资源的原始数据的类型、规模、来源、权属、质量等信息；（3）企业对数据资源的加工维护和安全保护情况，以及相关人才、关键技术等的持有和投入情况；（4）数据资源的应用情况，包括数据资源相关产品或服务等的运营应用、作价出资、流通交易、服务计费方式等情况；（5）重大交易事项中涉及的数据资源对该交易事项的影响及风险分析，重大交易事项包括但不限于企业的经营活动、投融资活动、质押融资、关联方及关联交易、承诺事项、或有事项、债务重组、资产置换等；（6）数据资源相关权利的失效情况及失效事由、对企业的影响及风险分析等，如数据资源已确认为资产的，还包括相关资产的账面原值及累计摊销、减值准备或跌价准备、失效部分的会计处理；（7）数据资源转让、许可或应用所涉及的地域限制、领域限制及法律法规限制等权利限制。

第二节　财务报告形式质量

会计信息是信息使用者决策模型中的重要依据，其质量的高低直接决定着信息使用者的决策效果（Bushman和Smith，2001），对于实现投资者保护、提高资本市场运行效率具有重要的意义（Healy和Palepu，2001）。事实上，会计信息的决策影响效应不仅受制于信息的实质内容，同时也隐含着信息披露形式的影响（Rennekamp，2012）。只有依托于高质量的会计信息披露形式，高质量的会计信息实质内容才会以清晰、简明的方式迅速、完整、准确地传递给信息使用者，最终实现帮助信息使用者决策、保护投资者权益的目标。可以说，高质量的会计信息披露形式有利于打破信息使用者的信息解读枷锁，在信息使用者决策过程中具有与会计信息实质内容同等重要的地位。

正是考虑到会计信息披露形式的重要性，美国证券交易委员会（SEC）颁布了一系列政策法规，如1996年实施的简明英语（Plain English）计划、2013年推行的21世纪信息披露倡议（21st Century Disclosure Initiative）、2016年颁布的信息披露有效性倡议（Disclosure Effectiveness Initiative）等，试图通过规范会计信息披露形式，降低信息使用者的阅读负担，提升会计信息的有用性。但是，在我国，会计信息披露的政策规定多数集中于会计信息实质内容，会计信息披露形式的相关规定通常只是作为实质内容的附属。例如，在《公开发行证券的公司信息披露内容与格式准则》系列文件中，会计信息披露形式的相关规定就以“董事会报告应语言表述平实，清晰易懂，力戒空洞、模板化”，在呈现方式上“可以图文并茂，采用柱状图、饼状图等统计图表，以及必要的产品、服务和业务活动图片进行辅助说明”等方式零星出现。在实践中，会计信息披露形式存在诸多弊端。研究表明，披露语言晦涩难懂（蒋艳辉和冯楚建，2014）、信息冗长且缺乏重点（程新生等，2015）、描述空泛且缺乏分析（李燕媛和李晓东，2009）等问题阻碍了会计信息使用者的有效信息解读，使得信息使用者耗时耗力却无法有效识别会计信息。另外，相较于国外浩瀚如海的研究成果，我国的相关研究尚处于起步阶段，不仅未就会计信息披露形式的重要性形成共识，也缺乏对会计信息形式质量的本质、重要性和影响机理的系统性研究。面对不容乐观的会计信息披露形式的现状，加之监管者和学术界的系统研究不足，如何改进我国会计信息形式质量成为刻不容缓的问题之一。

一、会计信息形式质量内涵①初探

（一）会计信息质量解构

就“信息系统论”来看，会计是一个旨在将企业经济业务相关信息传递给利益相关者的信息系统（Davidson和Weil，1977）；企业发生的交易和事项产生的数据是其输入，可供使用者进行经济决策的财务信息是其输出（葛家澍和李翔华，1986）。围绕这一论断，学者们就会计的定义、目标、职能等基础理论问题进行了大量的探讨（葛家澍和唐予华，1983；黄志忠，1997）。但是，整体而言，这些研究对会计这一信息系统的认知集中于输

① 杨丹，等．会计信息形式质量研究［J］．会计研究，2018（9）．

入和输出两端，而对其内部的信息流动过程缺乏清晰的理解。

我们认为，会计信息系统是一个从信息供给方到信息需求方的通信过程，通过这个过程可以让信息需求方了解企业的生产经营情况。因此，借鉴1949年Shannon和Weaver提出的标准通信模型（Transmission Model），按照“编码—传输—解码”的逻辑，将会计信息系统内部的信息传递过程划分为四个阶段，即“企业生成会计信息—编报会计信息—披露会计信息—信息使用者解读会计信息”，对会计信息系统进行重新思考。

通信视角的会计信息质量解构的基本逻辑框架，如图14-1所示。在这样一个信息系统中，从企业生产经营活动到信息使用者决策，存在四个过程。首先，企业基于会计准则和自主判断，对生产经营活动产生的信息[①]进行会计处理，将其归纳整理至各会计科目，即进行“内容编码”，生成初始的会计信息；其次，在此基础上，企业按照特定编报形式（包括语言表达和列报格式两个方面）重新组合初始的会计信息，即“形式编码”，生成披露的会计信息；然后，企业通过监管者指定的披露渠道（如巨潮资讯网、EDGAR等）和其他渠道（如官网、社交媒体、Conference Call等）披露会计信息，使所有信息使用者都有机会以合理的成本接收到披露的会计信息，即“传输”；最后，信息使用者基于自身的知识经验和能力，解读接收的会计信息，即“解码”。

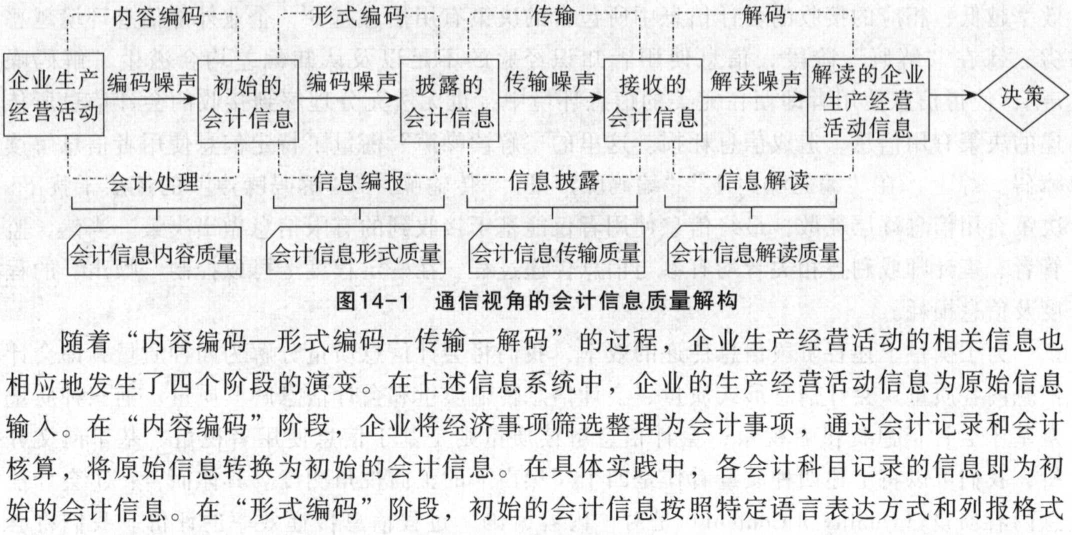

图14-1　通信视角的会计信息质量解构

随着“内容编码—形式编码—传输—解码”的过程，企业生产经营活动的相关信息也相应地发生了四个阶段的演变。在上述信息系统中，企业的生产经营活动信息为原始信息输入。在“内容编码”阶段，企业将经济事项筛选整理为会计事项，通过会计记录和会计核算，将原始信息转换为初始的会计信息。在具体实践中，各会计科目记录的信息即为初始的会计信息。在“形式编码”阶段，初始的会计信息按照特定语言表达方式和列报格式加工处理后输出为定期财务报告、盈余公告等披露的会计信息。在“传输”阶段，披露的会计信息通过各种渠道披露后转变为接收的会计信息。最后，经过信息使用者“解读”，接收的会计信息在信息使用者视角还原为企业生产经营活动信息。不同于前述以供给者（企业）为主体的四种信息，已解读的企业生产经营活动信息是信息使用者根据自身判断对企业生产经营状况形成的个体认知，具有主观属性。

在理想状况下，“内容编码—形式编码—传输—解码”的过程是完全通畅的，相应的企业生产经营活动信息也能够在无干扰的状态下传递至所有信息使用者。但是，在现实中，由于各种客观或主观因素的存在，信息传递过程不可避免地总是存在各种“噪声”，因此，从企业生产经营活动开始，依次到初始的会计信息、披露的会计信息、接收的会计

---

① 此处，企业生产经营活动相关信息仅限于能够引起企业资产、负债、所有者权益、收入、费用、利润等要素发生增减变化的事项或行为，而非企业产生的所有信息。

信息、解读的生产活动信息会发生信号减弱和信息损耗。具体而言：①在“内容编码”阶段，会计准则解读偏差以及企业的机会主义动机可能使得会计处理过程偏离既定规则，形成“编码噪声Ⅰ”。在其干扰下，初始会计信息的信息总量可能增加、减少或不变，但其传递的决策有用信息必然会减少。我们可以将“编码噪声Ⅰ”看作是企业会计信息加工处理方式偏离最优状态（一般特指会计准则或公认会计信息加工取向）程度的一种描述。“噪声”越强，偏离程度越高，表明初始会计信息刻画企业生产经营状况的能力越低，其包含的决策有用信息越少。②在“形式编码”阶段，由于现行编报政策本身存在缺陷[①]，加之管理层存在掩盖不利信息的动机，会计信息的编报过程可能偏离最优的编报形式安排，生成“编码噪声Ⅱ”，阻碍了初始会计信息的有效传递，使得决策有用信息在此过程中发生耗损。一般而言，“编码噪声Ⅱ”越强，会计信息编报形式偏离最优编报方式的程度越高，表明该种编报形式完美传输初始会计信息的能力越弱，相应的决策有用信息耗损越多。③在“传输”阶段，指定信息披露渠道可能的传输低效率以及企业的自利性表现[②]都会招致“传输噪声”。在其影响下，披露的会计信息难以透明、高效地予以公开，企业外部信息总量也会随之耗损。延续上述逻辑，这种“噪声”可以被看作是企业信息披露渠道传输效率偏离最优状态程度的一种描述。“传输噪声”越强，表明信息披露渠道的传输效率越低，相应的接收的会计信息中所包含的决策有用信息越少，企业外部信息环境越恶劣。④在“解码”阶段，信息使用者知识经验的不足以及认知偏差均会滋生“解码噪声”，使得信息使用者即便在完美的信息环境中，也无法充分理解到接收的会计信息所传递的决策有用信息，造成信息耗损。这里的“解读噪声”衡量了特定信息使用者信息解读障碍。综上，在“编码噪声Ⅰ”“编码噪声Ⅱ”“传输噪声”“解码噪声”的逐层干扰下，决策有用信息逐层耗散，最终信息使用者仅能基于接收到的有限信息做出决策。当然，监管者、审计师或利益相关者均有参与信息传递过程，在一定程度上可以控制“噪声”的程度及信息损耗。

为了衡量上述各阶段信息传递的效率，我们将会计信息质量分解为四种质量，即会计信息内容质量、会计信息形式质量、会计信息传输质量和会计信息解读质量。前三种质量是基于会计信息提供者视角，会计信息解读质量则是基于信息使用者视角。基于前文分析，我们可以将上述四种质量看作是四个“噪声”的正面视角测度。具体而言：①会计信息内容质量（Quality of Content）是对“内容编码”过程信息传递效率的评价。我们将会计信息内容质量[③]定义为：企业在会计信息生成过程中遵循会计准则和相关会计信息加工处理规范的程度。根据FASB以及CASC的界定，高内容质量的会计信息应该同时满足可靠性、相关性、可理解性、可比性、实质重于形式、谨慎性、重要性、及时性等特征。②会计信息形式质量（Quality of Presentation）是对“形式编码”过程信息传递效率的评价，可以定义为：企业以特定语言和呈报方式准确、清晰、简明地传递会计信息的程度。高质量会计信息编报形式的判断标准为编报会计信息所用形式是否清晰、简明、重点突出。③会计信息传输质量（Quality of Transmission）是对“传输”过程信息传递效率的评

① 以《公开发行证券的公司信息披露内容与格式准则第2号——年度报告的内容与格式》为例，该政策一方面强制规定了上市公司年度报告的编报框架以及各部分的拟披露内容，但是其合理性有待验证；另一方面缺乏对编报语言及特定重要信息的呈报格式的适当规定，赋予了管理层过多的编报管理空间。

② 在这一环节，企业自利性动机表现为：减少使用其他渠道披露或者选择传输效率较低的其他披露渠道。

③ 会计信息内容质量适用于所有会计主体，包括政府、非政府组织及企业。此处以企业作为研究对象予以讨论，下同。

价，可以定义为：企业以公开、透明、高效的方式将披露的会计信息送达信息使用者的程度。④会计信息解读质量（Quality of Comprehension）是对“解码”过程信息传递效率的评价，可以定义为：信息使用者及时、准确、高效地理解会计信息的程度。本质上，这种质量测度的是信息使用者信息解读能力，具有主观属性。表14-2列示了会计信息总体质量和四种分类质量的区别与联系。

表14-2 会计信息质量解构对比

项目	会计信息总体质量	会计信息内容质量	会计信息形式质量	会计信息传输质量	会计信息解读质量
定义	会计信息系统提供企业生产经营活动相关决策信息的质量	企业在会计信息生成过程中遵循会计准则和相关会计信息加工处理规范的程度	公司以特定语言和呈报方式准确、清晰、简明地传递会计信息的程度	企业以公开、透明、高效的方式将披露的会计信息送达信息使用者的程度	信息使用者及时、准确、高效地理解会计信息的程度
主体	信息提供者	信息提供者	信息提供者	信息通道	信息使用者
质量特征	可靠性、相关性、可理解性、可比性、实质重于形式、谨慎性、重要性、及时性、清晰、简明、重点突出、透明、准确、高效等	可靠性、相关性、可理解性、可比性、实质重于形式、谨慎性、重要性、及时性	清晰、简明、重点突出	公开、透明、高效	及时、准确、高效
计量标准	N/A	异常应计、盈余持续性、盈余平稳性、盈余稳健性等	Fog Index、年报长度等	N/A	N/A
美国准则	美国公认会计准则、Regulation S-K、Regulation S-X和Disclosure Effectiveness Initiative	美国公认会计准则	Regulation S-K、Regulation S-X和Disclosure Effectiveness Initiative	无专门规定，但在SEC网站要求上市公司在EDGAR披露信息	N/A
中国准则	《企业会计准则》、《公开发行证券的公司信息披露内容与格式准则》系列文件、《公开发行证券的公司信息披露编报规则第15号——财务报告的一般规定》	《企业会计准则》	《公开发行证券的公司信息披露内容与格式准则》系列文件、《公开发行证券的公司信息披露编报规则第15号——财务报告的一般规定》	《公开发行证券的公司信息披露内容与格式准则》系列文件	N/A

从表14-2中可以看出，现有实证研究广泛使用的盈余指标（如EPS、ROE），其实指向的主要是会计信息的内容质量。我们认为，在一定程度上，正是因为现有研究未能解构会计信息质量，忽视了会计信息的形式质量、传输质量和解读质量，才使得会计信息质量的理论研究难以深入。

四种会计信息质量存在复杂的互动关系，如图14-2所示。就以信息提供者为主体的三种质量而言，会计信息内容质量分别与形式质量、传输质量存在双向的互动。一方面，较低的会计信息内容质量会提高管理层管理编报形式和披露渠道的倾向，进而降低会计信息形式质量和会计信息传输质量。例如，Lee等（2006）研究发现，为了掩盖盈余管理行为（较低的会计信息内容质量），管理层会使用低质量的会计信息编报形式。另一方面，高质量的会计信息编报形式、信息披露渠道也会通过透明化的会计信息供给，约束管理层的盈余管理行为，进而提高会计信息内容质量。同样，这种双向互动关系也存在于会计信息形式质量与会计信息传输质量。在会计信息内容质量确定的情况下，当信息披露渠道的传输效率较低时（会计信息传输质量较低），企业需要通过高质量的会计信息编报形式来弥补“传输”过程潜在的决策有用信息损失；反之，当会计信息形式质量较低时，其造成的信息解读障碍就需要较高的会计信息传输质量予以缓解。

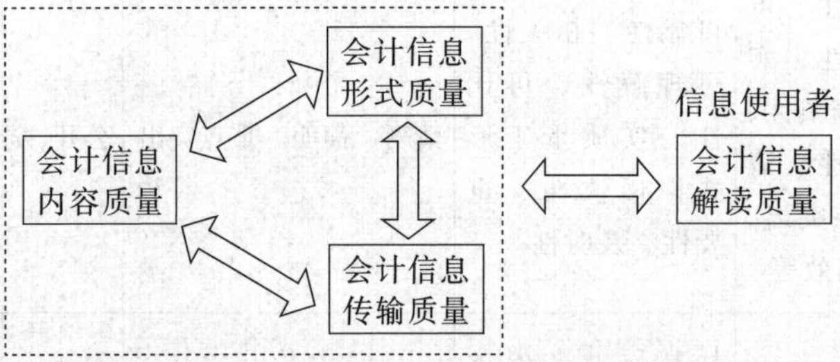

图14-2 四种会计信息质量互动关系

会计信息解读质量与基于信息提供者视角的三种质量之间也存在类似的双向互动关系。一方面，无论是自主选择还是外部政策驱动，企业会计信息内容质量、形式质量或传输质量的提高都有助于提升信息使用者的认知能力和决策质量。在此情况下，信息使用者能够较好地理解接收到的会计信息中的决策有用信息，表现出较高的会计信息解读质量。另一方面，如果信息使用者自身信息解读能力不足（如我国资本市场的散户投资者），为了稳定资本市场、提高资本市场效率，监管者可能会通过改进政策或强化监管，促使企业提高会计信息的内容质量、形式质量和传输质量。

整体而言，会计信息质量的解构拓展了会计信息质量研究的外延：从通信视角，重新认识了会计信息质量，将其解构为会计信息内容质量、会计信息形式质量、会计信息传输质量和会计信息解读质量四种质量形式。我们认为，解构会计信息质量并进行实证研究将是未来会计研究的重要方向，计算语言学的技术进步将会带领会计信息形式质量研究的进步。

（二）会计信息形式质量

如前所述，就通信视角来看，会计信息形式质量是对“形式编码”过程信息传递效率的评价。这一部分，我们聚焦于会计信息形式质量，试图通过讨论会计信息编报形式的重要性以及会计信息形式质量的度量，对会计信息形式质量形成较为深刻的认知。

1.会计信息编报形式的重要性

纵观既有研究，在界定会计信息质量时，学者们通常呈现出一种集中关注盈余数字的倾向，即采用整体性刻画公司价值的盈余数字（Dechow等，2010），以异常应计、盈余持续性、盈余平稳性、盈余稳健性等指标来定义会计信息质量。诚然，盈余数字是会计信息系统输出的最为重要的数字化会计信息，从结果视角整体描述了企业生产经营活动状况。但是，需要说明的是，会计信息是一个多层次概念，不仅包括各财务报表中确认的数字化信息，也包括报表附注、管理层分析与讨论中披露的文本会计信息。仅用数字化会计信息并不能完美地呈现企业实际状况，部分综合性会计信息或部分难以用数字表述的信息还需要辅之以文字进行披露。对于这类会计信息来说，除了实质内容，编报信息所用的语言表达方式和列报格式（会计信息披露形式）在信息使用者决策过程中也具有不可忽视的影响力（Rennekamp，2012），直接影响着会计信息提供者与信息使用者交流的有效性。为了提高信息使用者的决策质量，不仅需要会计信息内容最为完美地描述企业生产经营状况，也要求会计信息编报形式准确、清晰、简明地将会计信息内容传递至信息使用者。

现有研究证实，高质量的会计信息编报形式不仅可以降低信息使用者的信息识别障碍，还能够纠正信息使用者的认知偏差（Elliott等，2011），可以传递管理层可靠或信息可靠的感知（Hirst等，2007；Rennekamp，2012）。与此同时，在我国，有学者逐渐开始认识到会计信息编报形式的重要性。例如，葛家澍和王亚男（2011）指出，越来越复杂的形式和内容影响着会计信息使用者理解财务报告所传递的企业生成经营活动相关信息。但是，整体而言，我国在会计信息编报形式的理论研究、政策建设以及公司实践等方面的发展均较为滞后。一方面，我国上市公司会计信息编报形式尚不规范，受到语言晦涩难懂、信息冗长、描述空泛等多方面的诟病；另一方面，相较于美国Regulation S-K、Regulation S-X和Disclosure Effectiveness Initiative[①]三位一体的编报规范架构，我国会计信息编报形式相关政策规定尚无实质性内容。因此，研究会计信息形式质量十分必要。

2.会计信息形式质量的度量

鉴于会计信息形式质量是一个综合评价所有会计信息编报形式传递会计信息内容能力的指标，在实践中，其度量需要结合会计信息编报形式的具体维度及其特征予以理解。直观上，会计信息编报形式指的是呈现会计信息实质内容所采用的结构或表现方式。根据SEC的Plain English计划，会计信息编报形式具体可用文本语言学特征（Text Linguistic）和呈报特征（Formatting）来描述。其中，文本语言学特征特指文本形式会计信息所用单词、句子、段落具有的特征；呈报特征则侧重于刻画会计信息列报格式，涵盖会计信息呈报详细程度、呈报方式（位置、图表、颜色等）等方面的特征。一般而言，文本语言学特征和呈报特征共同决定了该种会计信息编报形式是否能够完美地将会计信息内容传递给信息使用者。相应地，可以根据会计信息编报形式所具备的文本语言学特征和呈报特征来推断会计信息形式质量的高低。另外，需要补充说明的是，在文本

① 其中，Regulation S-K、Regulation S-X类似于我国的《公开发行证券的公司信息披露内容与格式准则》系列文件，列示了会计信息的编报形式要求，而Disclosure Effectiveness Initiative则是对前两个规定中细节性条款的再延伸。详情可以参见：https：//www.sec.gov/spotlight/disclosure-effectiveness.shtml。

语言学特征的基础上，现有研究提出了可读性（Readability），用以整体上描述文本形式会计信息客观上的阅读难度（Jones，1996）。由此，我们将现有会计信息形式质量的评价框架概括为以下三大部分：会计信息呈报特征、会计信息文本语言学特征以及会计信息可读性（如图14-3所示）。基于这一评价框架，后续部分我们将逐一对会计信息形式质量相关研究进行回顾。

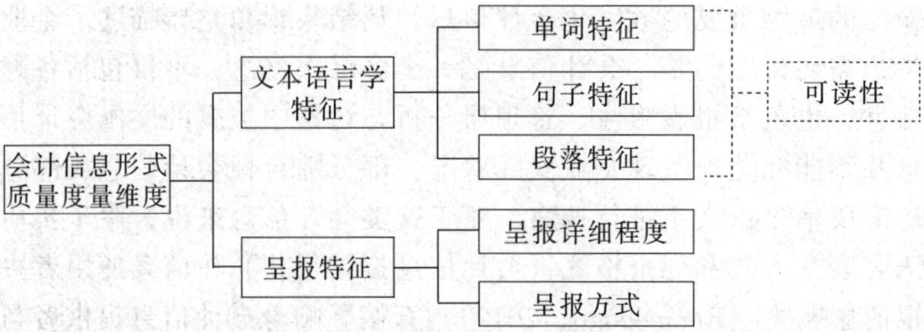

图14-3 会计信息编报形式维度

二、会计信息形式质量研究回顾

（一）会计信息呈报特征相关研究回顾

会计信息呈报特征特指会计信息列报格式方面的特征，主要包括会计信息呈报详细程度和呈报方式（位置、图表、颜色等）两个方面的内容。

1.会计信息呈报详细程度的经济后果与影响因素研究

会计信息呈报详细程度属于结果变量，现有研究主要以其先决条件——会计信息的分项披露状况（Disaggregation）——予以判定。一般而言，分项披露（如二级会计科目的三级细分科目信息的披露）越彻底，提供的细节信息越多，会计信息呈报详细程度越高（Chen等，2015）。以会计信息分项披露的程度作为会计信息呈报详细程度的替代变量，学者们对会计信息呈报详细程度的经济后果与影响因素进行了大量研究。

就会计信息呈报详细程度的经济后果而言，现有研究发现，分项披露的会计信息不仅会影响投资者的决策方式、依据和结果（Hirst等，2007；Elliott等，2011；Chen等，2015），也有助于分析师预测（Berger和Hann，2003；Merkley等，2013；Lansford等，2013；Chen等，2015），还会影响审计师的职业判断（Libby和Brown，2012）。究其原因，现有研究将其归结于以下三点：首先，分项披露提供了更多的细节信息，缓解了信息不对称程度（Berger和Hann，2003；Lansford等，2013；Chen等，2015）。其次，分项披露增强了信息使用者对管理层的信任感，相应地提高了信息使用者对以该种方式披露信息的依赖度（Hirst等，2007；Merkley等，2013）。最后，分项披露还可以纠正信息使用者的认知偏差（Cognitive Bias）。例如，Elliott等（2011）发现，分项披露的管理层业绩预测信息可以重构投资者对综合盈余信息的重视度，进而有助于减少投资者对实际综合盈余信息的依赖性，在一定程度上纠正了投资者的盈余锁定效应（Earnings Fixation）。除了考察分项披露的决策影响效应，学者们还进一步将分项披露的影响拓展到公司。研究发现，分项披露会计信息的公司具有更少的盈余管理行为（Amir等，2014）、更低的权益融资成本（Chen等，2015），表现出更高的权益融资倾向（Hales等，2011）。上述影响的内在作用机理在于分项披露会计信息的信息增量作用。例如，Amir等（2014）发现，分项披露的会计信息有助于投资者识别出存在内在勾稽关系的不同会计科目的异常表现（Irregularity），并以此推断出管理层的盈余管理行为；在对此进行合理预期的基础上，管理层会相应地减少其盈余管理行为。

此外，围绕会计信息呈报详细程度的影响因素，学者们也进行了一系列积极探讨。早期文献认为，公司分项披露会计信息的目的是提供更多的信息。研究发现，当会计信息的决策相关性增加（Heitzman等，2010）、不同会计项目信息质量差异较大且关联度增加（Einhorn，2005）、盈余信息决策有用性较低（具体表现为盈余-股价关联性较低、无形资产较多）且存在较多其他信息干扰（具体表现为存在较多媒体信息）时（Lansford等，2013），公司更加倾向于分项披露会计信息。但是，随着研究的深入，学者们逐渐认识到公司的披露动机本质上掺杂着管理层自利因素的影响。事实上，管理层分项披露决策是披露成本和披露收益的权衡。诚然，分项披露增加了会计信息供给，可以帮助投资者对公司价值做出正确判断。但是，分项披露的会计信息也可能会泄露公司私有信息（Lansford等，2013），暴露公司不利业绩状况或盈余管理行为（D’Souza等，2010；Bonner等，2014），抑或加剧投资者的认知负荷（Daniel等，1998；Hirshleifer等，2009；You和Zhang，2007；Bloomfield等，2015）。因此，当披露成本大于披露收益时，有理由相信管理层会为了操纵信息使用者的价值判断而人为地避免使用展现更多细节信息的分项披露方式。例如，D’Souza等（2010）发现，管理层会通过减少GAAP项目披露来迎合市场预期、调节盈余信息含量；基于心理账户理论（Mental Accounting Theory）和前景理论（Prospect Theory），Bonner等（2014）发现，管理层会基于利润表各项目的正负情况以及相对数值选择特定的披露方式以操纵投资者的估值判断。具体而言，他们发现，当多个金融资产公允价值波动最终在利润表上表现为净损失时，管理层会倾向于分项披露“大损失小收益”的净损失组合，而对“大损失大收益”的净损失组合并无分项披露的偏好；当多个金融资产公允价值波动最终在利润表上表现为净收益时，不论净收益的数值大小，管理层均倾向于将收益项目和损失项目整合为单一的收益项目进行披露。

2.会计信息呈报方式的经济后果与影响因素研究

不同于会计信息呈报详细程度，会计信息呈报方式涵盖了披露位置、图表形式披露、颜色使用等多方面的内容。

就会计信息披露位置而言，现有研究主要围绕同一会计信息披露位置选择和关联信息临近披露两大主题展开。前者的关注重点在于哪个位置更加突出醒目，而后者考虑的是如何披露才能降低信息使用者认知负荷（Cognitive Load）的不利影响。首先，就同一会计信息披露位置选择这一主题而言，现有文献进一步将其细分为三大问题：披露在主表还是附注中？如果披露在主表中，具体披露在资产负债表、利润表、所有者权益变动表哪些主表中？如果披露在特定主表中，具体披露在主表中的什么位置？现有文献还以此为基础探讨了会计信息披露位置选择的经济后果和影响因素。具体而言，在会计信息披露位置为主表或附注的选择方面，学者们发现相较于附注披露，主表披露会计信息的决策影响效应更大，不仅可以增强投资者对会计信息的可靠性感知（Frederickson等，2006），也会提高银行买方分析师识别利率风险、价值差异的效率（Hirst等，2004），还有助于商业借款人识别出应承担义务的负债属性（Harper等，1991）。之所以主表披露会计信息能够施加上述影响，其根本原因是主表披露会计信息更加突出、醒目、易于获取，可以降低信息解读困难（Processing Difficulty）和有限注意力（Limited Attention）的不利影响（Nelson 和 Tayler，2007）。此外，基于IAS 40对投资性房地产公允价值披露位置的新要求，Israeli（2015）探究了信息披露在主表或附注选择的驱动因素，发现契约动机（Contractual Incentives）和信息动机（Information Incentives）均会增加管理层的主表披露倾向。其中，契约动机特指管理层受到来自债权人和股东的压力，而信息动机特指管理层平滑盈余的目的。在会计信息披露位置为不同主表的选择方面，学者们着重考察了其他综合收益信息（Other Comprehensive Income）在不同主表中披露所带来的差异化决策影响效应。一般而言，其他综合收益可以披露在所有者权益变动表、利润表或独立综合收益报表中。在上述三个披露位置中，究竟哪一个能够最快速、全面、准确地将其他综合收益信息传递给信息使用者？现有文献尚未得到统一答案。部分实验研究强调独立综合收益报表披露的好处。研究发现，当其他综合收益信息披露在独立综合收益报表中时，买方分析师更可能基于此信息推断出公司盈余管理行为（Hirst 和 Hopkins，1998），投资者也会对该位置的披露信息赋予更高的权重（Maines 和 McDaniel，2000）。但是，Chambers 等（2007）的实证研究结果却与上述实验研究结果相悖，发现所有者权益变动表披露的其他综合收益信息更可能影响投资者定价。此外，也有研究分析了其他综合收益在不同主表中披露的影响因素。例如，Lee 等（2006）发现具有更高盈余管理倾向且以往盈余质量声誉较低的公司更可能在所有者权益表中披露其他综合收益信息，这一研究结论佐证了 Hirst 和 Hopkins（1998）的观点；进一步，Bamber 等（2010）发现权益在薪酬激励中占比较高且对工作安全性担忧较少的高管更不愿意在利润表中披露其他综合收益信息。在会计信息同一主表的不同披露位置选择方面，Hopkins（1996）发现混合型证券在资产负债表中不同位置披露会以不同方式影响分析师的价值判断。除此之外，同样基于不同披露位置的醒目程度不同的考虑，Elliott 等（2015）发现仅披露永久性盈余信息有助于投资者准确地估计公司价值，而单独披露或者整合披露永久性盈余信息和暂时性盈余信息均会误导投资者，使其对暂时性盈余信息做出过度反应。其次，就关联信息临近披露而言，现有研究表明分散披露关联信息的信息整合诉求超过了信息使用者的认知负荷（Lipe，1998），使得信息使用者无法充分发挥心智模式（Mental Model）的效用，最终会降低信息使用者的决策质量。按照这一逻辑，Hodge 等（2010）发现关联信息临近披露有助于提高分析师的预测准确性；进一步，Bloomfield 等（2015）证明了临近披露关联信息在缓解分项披露信息带来的认知负担并充分发挥分项披露的信息供给优势上的积极意义，发现临近披露关联信息可以帮助分析师通过分项披露信息识别出外包型公司和自主生产型公司的差别，以便在未来市场环境不佳的状态下对公司的未来发展做出准确的估计。

此外，就图表形式披露、颜色使用等会计信息呈报特征而言，现有研究对其是否以及如何影响信息使用者决策尚无广泛探讨，仅有少数学者涉足这一主题。例如，Elliot 等（2015）考察了图形和文字两种 CSR 信息呈报方式的差异性影响。研究发现，相较于文字呈报方式，以图片方式呈报公司 CSR 成果虽然可以更为直观地向投资者展现公司在这一领域的具体业务活动，但是也会局限投资者视野，将投资者关注点转移到无关公司全局情况的 CSR 细节信息上，忽视了 CSR 活动对公司未来发展的影响。此外，也有研究考察了公司采取不同形式呈报会计信息的影响因素。例如，高利芳等（2023）将财务报告以图表形式披露会计信息的程度定义为年报可视化程度，研究发现，会计信息质量较高的公司更可能发布可视化程度较高的年报。

（二）会计信息文本语言学特征相关研究回顾

作为会计信息形式质量的具体表现之一，会计信息的文本语言学特征同样具有决策影响效应。根据SEC的简明英语计划，直观、简单、通用、表述准确的用语，简短而不冗杂的句式结构，以及主题突出、简练的段落结构等语言学特征是高质量会计信息披露形式的关键所在。截至目前，会计信息文本语言学特征的研究还相对匮乏，仅有少数文献讨论了会计信息用词特征的决策影响效应。例如，Hales等（2011）以投资者投资交易方向（做空或做多）以及信息方向（利好或利空）界定投资者信息敏感性，讨论了用词生动性（Vivid Language）在投资者信息敏感性存在差异时对投资者决策的影响。研究发现，当做空投资者接收到与其内在偏好不一致的正面信息时，投资者信息敏感性较强，此时，以更具说服力的生动性用词披露的正面信息可以纠正做空投资者对公司发展前景的悲观认知；当做多投资者接收到与其内在偏好一致的正面信息时，投资者信息敏感性较弱，此时，不论会计信息披露用语生动与否，做多投资者对公司成长性的预测都较为类似。另外，Elliot等（2015）发现在招股说明书中使用更加具体性的语言（Concrete Language）的公司会吸引更多的投资者。究其原因，作者将其解释为：具体性的语言使得公司试图传达的信息更加直观且不易受到自我解读的影响，增强了投资者的自信心及投资意愿。

（三）会计信息可读性相关研究回顾

会计信息可读性是会计信息文本语言学特征的综合性概括，描述的是文本形式会计信息客观上的阅读难度（Jones，1996）。会计信息可读性越高，越有利于信息使用者理解和运用。现有研究就会计信息可读性是否以及如何影响信息使用者决策、公司行为以及公司会计信息可读性受到何种因素的影响这两个主题，进行了广泛且深入的讨论。

1.会计信息可读性经济后果研究

就会计信息可读性是否影响信息使用者决策、公司行为而言，现有研究给出了肯定回答。大量的经验证据表明，会计信息可读性会影响如投资者、分析师等信息使用者的行为（Lehavy等，2011；Rennekamp，2012；Tan等，2014a和2014b；Assy等，2015；丘心颖等，2016；逯东等，2019）。

就可读性如何发挥上述影响这一问题，现有研究存在不同的看法。主流观点认为，可读性之所以能够影响决策，其内在原因是：可读性较高的会计信息对信息使用者的信息解读能力并无过高要求，并且无须信息使用者花费过多的时间、精力（Grossman和Stiglitz，1980；Bloomfield，2002；Hirshleifer和Teoh，2003），对缓解公司与信息使用者之间的信息不对称程度有着积极意义。以此作为立论依据，Tan等（2014b）发现，当会计信息可读性较低时，处于信息劣势的投资者的决策更容易受到信息披露语气的干扰。另外，部分学者以市场反应作为投资者行为变化的间接表示，发现可读性较低的会计信息确实会对投资者信息解读造成障碍，使得上市公司股票交易量、交易金额下降（Miller，2010；Loughran和McDonald，2014），带来滞后或更少的股票收益异常波动（You和Zhang，2009；Lee，2012）。进一步，Lee（2012）指出，当缺乏足够的信息中介（分析师或机构投资者）来消除上述不利影响时，可读性较低的会计信息会带来更为剧烈的股票市场反应。此外，Assy等（2015）发现较低的可读性会降低投资者对会计信息的依赖性，而增加投资者对其他信息的需求。相应地，其他信息的供给将显著增加，具体表现为上市公司分析师跟踪数量的增加（Lehavy等，2011）。但是，较低的可读性同样构成了分析师的信息解读障碍，使得分析师报告的时滞更长、分析师预测的偏离度更高且准确性更低（Lehavy等，2011）。最后，Tan等（2014a）还基于特定场景讨论了会计信息可读性对投资者决策的影响。具体而言，他们发现，当公司实际业绩与管理层预测水平不一致时，投资者很难基于此信息做出准确估值。此时，可读性较高的实际业绩信息有助于投资者排除干扰、更好地理解与公司业绩相关的内涵信息，进而做出更为准确的估值判断。区别于主流观点，Rennekamp（2012）则强调会计信息可读性之所以能够影响投资者决策，其根本在于可读性较高的会计信息使得投资者的信息处理过程更加流畅。在此作用下，投资者对该信息的信任感和依赖感都会显著增加，相应地，投资者在以盈余公告信息传递利好信息时会做出更加正面的估值判断，而在以盈余公告信息传达利空信息时会做出更加负面的估值判断。

会计信息可读性对信息使用者决策的影响最终会转化为对公司决策的影响。就融资决策而言，学者们发现，较低的会计信息可读性不仅会降低企业的债券评级（Bonsall IV和Miller，2017）、增加债权融资成本（Bonsall IV和Miller，2017）以及债务融资条款的难度（Ertugrul等，2017）、提高信用违约掉期利差（Hu等，2018），而且会增加企业的权益融资成本（Rjiba等，2021）。此外，Kim等（2019）认为较低的可读性是管理层掩盖不利信息结果的表现，这类会计信息披露后会带来较大的股价崩盘风险。

2.会计信息可读性影响因素研究

首先，会计信息可读性受到信息特征和公司特征等因素的影响。例如，Hasan（2020）发现高管能力决定了公司会计信息的可读性；一般而言，高管能力越强，会计信息的可读性越高。

其次，会计信息可读性也受到信息动机、免责动机、管理层自利动机等信息披露动机的驱使。其中，管理层自利动机是最为普遍的会计信息可读性影响驱动因素。如前所述，管理层在信息披露过程中具有一定的信息披露选择空间，因而其可以将意志转移到公司会计信息披露中。在公司业绩状况较差的情况下（利好业绩可持续性短而利空业绩可持续性长），基于管理层掩饰假说（Management Obfuscation Hypothesis）和不完全披露假说（Incomplete Revelation Hypothesis），Li（2008）发现管理层掩盖不利信息的意图会转化为公司较低的会计信息可读性，最终的呈现结果是业绩较差的上市公司年报的可读性较低。类似地，Lo等（2017）发现，当管理层为了实现利润达标而操纵盈余时，他们也会为了掩盖自利性的操作行为而采用复杂的方式披露MD&A信息，其会计信息可读性较低。Nguyen（2020）的研究表明，掩盖避税行为这一自利动机也可能驱使管理层采用可读性较低的方式披露年报。此外，股东的自利动机也会影响会计信息可读性。例如，逯东等（2020）发现存在控股股东股权质押的公司发布的年报文本信息可读性更低。与管理层自利动机不同，信息动机和免责动机强调公司增强信息披露的目的是降低信息不对称或避免潜在诉讼风险。在其影响下，Lundholm等（2014）发现在美国上市的海外公司会为了增强与美国投资者的信息交流而提高管理层分析与讨论以及盈余公告的可读性。类似地，Nelson和Pritchard（2007）发现受股东诉讼影响较大的上市公司会披露可读性更高的年报。此外，当政策不确定性增加时，Jiang等（2022）发现公司为了增加信息供给，会增加自愿信息披露，但是这个披露行为会降低企业的会计信息可读性。

最后，会计信息可读性也受到治理机制的影响。例如，翟淑萍等（2020）发现财务报告问询函具有监管效果，可以促使收函上市公司改善年报披露行为，提高年报可读性。

3.会计信息可读性测度方法

除了会计信息可读性的经济后果和影响因素，如何正确测度会计信息可读性也是现有研究的重点。最早的可读性度量方式是1948年Flesch提出的Flesch可读性得分（Flesch Reading Ease Score）。该指数强调文本信息的可读性主要受平均句长和平均音节数（Syllable）两大因素的影响，其计算公式为：

Flesch可读性得分=206.835−1.015×平均句长−8.46×平均音节数

一般而言，Flesch可读性得分越高，文本信息的可读性越高。另外，该指数为文本信息可读性高低提供了客观的评价标准，将得分位于60~70的文本信息可读性界定为标准水平。换言之，高于该分数段的文本信息可视作具有较高的可读性，而低于该分数段的文本信息则具有相对较低的可读性。基于该指数，大量研究以此评价财务报告可读性，就财务报告可读性现状、财务报告不同组成部分可读性差异、不同类型财务报告可读性差异、财务报告可读性时间趋势变化以及财务报告可读性与其他因素关系等一系列问题，进行了广泛而深入的探讨（Jones和Shoemaker，1994）。

进一步，Gunning（1952）对文本信息可读性度量方式予以拓展，提出了Fog指数（Fog Index）。类似于Flesch可读性得分，Fog指数同样强调句子长度以及音节数对可读性的影响。但不同的是，Fog指数不仅基于音节数判定单词的复杂程度，更为重要的是以平均句长和复杂单词占比来界定文本信息的可读性，具体计算公式为：

Fog指数=0.4×（平均句长+复杂单词占比）

一般而言，Fog指数数值越低，文本信息的可读性越强，越有利于信息使用者理解与使用。鉴于Fog指数在计算上的优势，自Li（2008）将其引入会计学领域以来，大量研究相继采用Fog指数来衡量可读性（Miller，2010；Lehavy等，2011；Lawrence，2013）。

但是，Fog指数在测度可读性时并非完美无缺。随着研究的深入，学者们逐渐认识到Fog指数的潜在局限性。首先，正如Loughran和McDonald（2014）指出的那样，在Fog指数构造过程中，许多会计用语如公司（Company），常常被认定为复杂单词，但其本质上并未对信息使用者理解会计信息构成障碍。由此，在一定程度上，以Fog指数衡量的可读性可能低估了信息使用者对会计信息的理解和接收程度。其次，Fog指数的构造并未完全涵盖简明英语计划中对文本形式会计信息可读性所有维度的理解，只是片面地关注到用词复杂性以及句子长短的作用。

鉴于此，Loughran和McDonald（2014）建议以年报文件大小作为可读性的替代变量，并认为年报文件越大，年报中存在的冗杂且无助于信息使用者理解的信息越多，财务报表可读性越低。但是，值得注意的是，年报文件大小仅是可读性的必要不充分条件。事实上，年报文件大小这一度量方法更多地着眼于刻画简明英语计划中对冗余无关信息的相关要求，而未涉及其他文本语言学特征。此外，由于没有考虑到不同行业、不同公司经营复杂性差异对年报文件大小的影响，该度量方式可能存在行业层面、公司层面的未识别因素的干扰。

鉴于上述两个度量方法的潜在缺陷，Bonsall等（2017）尝试以StyleWriter软件，围绕简明英语计划中文本语言学特征要求，构建了两个可读性度量指标，即Bog指数（Bog Index）和简明英语要素（Plain English Factor）。其中，Bog指数指向的是文本语言学特征中所用单词特征和句子特征，反映了特定单词和句子特征对信息使用者理解和接收信息的影响程度。该指数越大，可读性越低。此外，为了更加全面地刻画基于简明英语框架的可读性定义，Bonsall等（2017）在Bog指数的基础上，采用因子分析法，将10个会计信息形式质量中单词和句子层面的关键点（动词被动语态的使用、隐藏动词的句式结构、冗长的短语、法律词汇、专业短语、专业词汇、抽象词汇、长句、Bog指数以及单词数量）整合并以此构建了简明英语要素指标。同样地，基于中文语境，丘心颖等（2016）以完整句子在文章中的占比、基础词汇占比以及汉字笔画数三大语言学层面特征，构建了可读性指标。该指标越高，表明年报的可读性越低。

（四）会计信息形式质量研究评述与展望

综上，国外研究已经围绕会计信息呈报特征、会计信息文本语言学特征以及会计信息可读性进行了大量深入分析，并且取得了丰硕的成果。与此对应，在我国，监管层对会计信息形式质量的重视不足，加之研究方法发展滞后、基础理论薄弱，使得会计信息形式质量研究相当匮乏。仅有少数文献利用实证和实验研究方法证明了我国上市公司会计信息可读性较差（阎达五和孙蔓莉，2002；孙蔓莉，2004），或实证检验会计信息可读性与未来业绩情况、分析师跟踪与预测准确性的关系（蒋艳辉和冯楚建，2014；丘心颖等，2016）。但是，在实践中，我国会计信息披露形式存在的诸多问题迫切需要通过改进会计信息形式质量予以解决。因此，为了推动我国会计信息形式质量研究，就这一领域的未来发展方向，我们提出了以下设想：

第一，建立中国情境下的会计信息形式质量度量指标体系。理论上，会计信息形式质量研究的逻辑起点是基于文本语言学特征和呈报特征选择恰当的会计信息形式质量度量标准。围绕这一主题，现有国外研究大多关注如何整合诸多文本语言学特征，并构建一个恰当的会计信息可读性指标，而未将会计信息呈报特征纳入考虑。但是，本质上，会计信息呈报特征及其带来的决策影响效应也可通过类似的综合处理，由唯一性的指标来度量列报格式维度的会计信息形式质量。另外，现有研究构建的会计信息可读性指标主要以简明英语框架为构建基础，考虑的是简明英语中特殊的文本语言学特征对信息解读的影响。而在汉语中，其区别于英语的语言特征，使得简明英语框架下定义的会计信息可读性度量标准不再成立。因此，在中国情境下，我们不能直接复制国外研究中提出的度量方法，而需要结合汉语的基本特点，确定我国会计信息可读性度量标准。鉴于此，在未来的研究中，我们有必要借鉴语言学的基本理论和计算语言学工具，识别汉语中足以对信息解读构成影响的文本语言学特征和中文年报中特殊的呈报特征，并利用实证研究方法和实验研究方法，结合经济学理论、社会心理学理论、认知心理学理论，对已识别特征进行再验证，最终构建中国情境下的会计信息形式质量度量指标体系。

第二，会计信息形式质量与信息使用者决策研究。如前所述，高质量的会计信息披露形式的最终落脚点也是帮助信息使用者决策。围绕会计信息形式质量如何影响信息使用者决策这一主题，国外学者们进行了大量讨论，不仅证实了会计信息形式质量决策影响效应的存在，还深入探究了其内在机理。但是，在我国，一方面，会计信息形式质量与信息使用者决策相关研究屈指可数；另一方面，基于我国特殊的社会文化环境特征和市场结构特征，会计信息形式质量影响信息使用者决策的内在机理可能不同于其他国家，由此削弱了国外已有研究结论在我国的可推广性。鉴于此，在未来的研究中，我们有必要引入社会心理学、认知心理学的相关理论，结合实证研究方法、实验研究方法以及神经科学研究技术，基于中国情境探究会计信息形式质量影响信息使用者决策的内在机理。

第三，会计信息形式质量与公司治理研究。除了会计信息形式质量的决策影响效应，何种因素会影响会计信息形式质量，以及如何实现会计信息形式质量改进，也是会计信息形式质量研究领域的重要话题。会计信息形式质量是披露政策、企业动机共同作用的结果。虽然披露政策具有强制性，但是某些模棱两可的规定使得管理层在会计信息披露形式选择上具有较大的空间。因此，在特定情况下，管理层可能会基于自身利益诉求人为地操纵会计信息披露形式。延续这一逻辑，在未来的研究中，我们可以从会计信息形式质量改进这一视角对该领域研究进行拓展，通过分析我国特殊制度背景和监管环境下的公司治理机制（如股权制衡、董事会建设、高管激励、债权人治理、媒体治理、外部监管等）与会计信息形式质量的关系，探讨如何通过公司治理机制来改进会计信息形式质量。

第四，会计信息形式质量与会计信息内容质量的互动关系研究。诚然，现有研究已经在一定程度上证实了会计信息形式质量和会计信息内容质量交互影响的存在，并识别了可能的驱动因素。但是，围绕这一研究主题，仍有诸多问题尚未得到解答，例如，会计信息形式质量与内容质量的交互影响是否适用于所有会计信息形式质量测度维度？除了管理层自利披露动机、强制性披露政策，是否存在其他因素可以带来会计信息形式质量与内容质量的互动？在多种驱动因素的同时作用下，不同会计信息形式质量指标与会计信息内容质量指标的互动关系如何动态演变？鉴于此，在未来的研究中，我们有必要结合实证研究和实验研究，多维度探究会计信息形式质量与内容质量的动态互动机制。

第五，会计信息形式质量与会计信息披露方式的交互效应研究。现有研究大多基于如定期财务报告、年报摘要、盈余公告、电话会议（Conference Call）等单一披露方式，讨论会计信息形式质量的影响因素和经济后果。但是，值得注意的是，通过不同信息披露方式披露的、具有特定披露特征的会计信息可能以不同方式、程度影响信息使用者；另外，不同方式披露的会计信息可能存在相互干扰的情况，进而也会影响其披露信息的决策影响效应。因此，在未来的研究中，我们有必要引入信息披露方式，讨论诸如披露方式如何影响会计信息形式质量的决策影响效应、不同方式披露会计信息是否会存在信息干扰效应等一系列问题。

会计信息形式质量是会计信息质量的另一个维度，在信息使用者决策过程中具有与会计信息内容质量同等重要的地位。高质量的会计信息披露形式可以通过清晰、简明、重点突出的方式（包括文字和呈报格式两个方面）快速、全面、准确地将会计信息实质内容传递给信息使用者。可以说，改进会计信息形式质量，推动会计信息“白话文”运动，对于改善我国会计信息披露环境具有极其重要的意义。鉴于此，在将会计信息质量划分为会计信息内容质量和会计信息形式质量两个维度的基础上，本书从通信视角，回归了两种信息质量的本质，并以此提出了会计信息形式质量的定义，即特定会计信息披露形式以清晰、简明的方式快速、完整、准确地呈现会计信息实质内容的程度；进一步，通过回顾已有研究，本书指出了建立中国情境下的会计信息形式质量度量指标体系，并以此为基础开展中国特色研究的重要意义。

第三节 投资者保护

作为公司的出资者、股东，投资者在依法享有资本收益权的同时，也兼具参与重大决策权、选择监督管理者权、知情权、提议召集主持股东临时会议权等公司法规定的其他权利。但是，在现代企业两权分离框架设计下，由于管理者与投资者、大股东与中小股东之间的信息不对称问题演化而来的第一类代理问题和第二类代理问题，使得投资者（特别是中小投资者）的上述权利无法得到合理保障，难以有效践行。进一步，这种权利的缺失与损坏可能挫伤投资者参与资本市场交易的信心，最终影响资本市场资源配置功能的发挥。因此，在全球经济发展新时期，如何实现投资者利益的有效保护，直接影响着一个国家或地区资本市场的发展水平（LLSV，1997、1998、2000；Pistor 等，1999；Coffee，1999），对任何经济体而言都是一项富有挑战且极具现实意义的重要议题。正如美国证券交易委员会（SEC）前主席亚瑟·莱维特（2001）所说，“我们国家面临的首要经济问题，就是保护投资者利益，维护投资者对于市场体系的信心”。

一、投资者保护的概念

投资者保护（Investor Protection）源于现代公司普遍存在的委托代理问题，学术界最早在 1998 年 LLSV（Porta R L，Lopez-De-Silanes F，Shleifer A，Vishny R W）的著作《法与金融》中被正式引入经济学框架予以解释。考虑到投资者保护内涵丰富、涉及范围较广，截至目前，理论界和实务界尚未形成一个通用且正式的投资者保护的定义方式。

国际证监会组织（IOSCO）试图从保护目的视角理解，认为投资者保护的本质在于保护投资者免于被误导、操纵或者欺骗，如内幕交易、插队交易、滥用客户资金等。此外，也有学者将投资者保护理解为一种证券市场监管行为。例如，杜煊君（2002）认为，投资者保护是由国家立法机关、司法机关、行政机关或者其授权的监管机构，以及自律型组织通过法律、法规、行政或者自律手段对投资者的权益进行保护，以使投资者能够在证券市场中公平地获得相关信息和投资机会，免于受到公司控股股东和内部人、证券欺诈行为，以及过度监管和不当监管所带来的侵害和损害，同时有效降低投资者投资风险的监管行为。另外，也有部分学者将投资者保护界定为在一定法律框架下实施的确保投资者权利得到充分行使、资产得到充分保值与升值、利益得到充分保障的制度性安排和集体行为。总而言之，现有投资者保护的定义方式往往着眼于投资者保护的某一维度，虽然有助于加深对投资者保护内涵的理解，但无法整体上概括投资者保护的本质。

二、投资者保护相关研究的历史演进

继 1998 年 LLSV 在其著作《法与金融》中提出法律对投资者权益保护的重要作用之后，投资者保护问题逐渐成为各国学者们关注的焦点。围绕投资者保护这一主题，学者们积极探索宏观、微观因素对投资者保护的作用，对投资者保护的方式和手段展开深入研究，自此形成了自上而下、由表及里的投资者保护体系。追溯投资者保护相关研究的历史演进，根据李维安和王倩（2011）的划分方法，可以将其划分为三个主要历史阶段：

第一阶段是投资者保护研究的兴起阶段（20世纪90年代末至2003年左右），以LLSV著作《法与金融》中对不同法律体系下投资者保护程度差异的探讨为开端。1998年，LLSV著作《法与金融》中将世界上49个国家和地区的法律体系分成两大类、四个系别，即以英美为主的判例法系、德国的成文法系、北欧的成文法系和法国的成文法系。按照相关指标（如一股一票、允许代理投票、股东大会前仍可交易、累计投票制度或按比例代表、保护小股东、优先购股权、召开临时股东大会的比例、反对董事的权利、指令性分红）计算出在各法系中"股东权利保护的综合指数"，研究发现，英美的判例法系对股东权利保护得最好，北欧的成文法系排名第二，德国的成文法系排名第三，法国的成文法系最差。在此基础上，LLSV进一步考察了公司治理水平对投资者保护程度的影响（LLSV，2000）以及良好投资者保护对公司估值（2002）、股利分配（2002）的积极作用。自此，在这一阶段，LLSV一系列文章为投资者保护研究奠定了基本的分析框架。

第二阶段是投资者保护研究的成熟阶段（2003年左右至2008年次贷危机发生前）。由于LLSV相关文章引起了学术界对投资者保护这一主题的关注，其影响力的加大，使得越来越多的学者们加入到投资者保护的相关研究中，研究触角也逐渐深入到投资者保护对公司经营行为的影响，如现金持有（Pinkowitz等，2003）、高管更替（De Fond和Hung，2004）、盈余管理（Leuz等，2003）等。

第三阶段为投资者保护研究的深化阶段（2008年次贷危机发生延续至今）。2008年，法律制度较为健全的欧美国家发生的次贷危机，对投资者保护研究领域广泛认同的观念，即完善的投资者法律保护会有效促进经济增长和企业发展，产生了巨大的冲击（李维安和王倩，2011）。为了更加全面客观地认识投资者保护，学者们进一步针对投资者保护制度自身的矛盾性及其影响机制的复杂性方面展开了深入的研究。例如，Giofré等（2010）以投资者类型作为切入点，研究投资者保护制度部分失效的内在根源。他们认为不同类型的投资者具有不同的权利，在不同诉求的引导下，特定类型投资者权益的保护可能构成其他类型投资者权益的损害。具体而言，他们发现现行法律体系过多强调对股东权利的保护会对外国债券投资者产生不利影响，而强调债权人权利保护的法律体系则会对外国股东施加正向影响。

三、投资者保护机制的概述

投资者保护机制是践行投资者保护的重要手段。鉴于其内容纷繁复杂，我们将围绕投资者进入资本市场且参与市场交易的全过程，通过将现有投资者保护机制划分为市场准入机制、信息披露机制、治理参与机制、投资者教育机制、追偿机制等五个部分逐一进行详细说明。

（一）市场准入机制与投资者保护

市场准入机制是由政府规制市场主体和交易对象进入市场的有关法律规范的总称（刘丹等，2005），是政府对市场管理和经济发展的一种制度安排（盛世豪，2002），主要包括入市条件、入市方式、入市禁止行为或禁止事项、入市监管主体监管权限与程序等。按照指向对象的不同，具体可以分为投资者准入机制和公司准入机制。

投资者准入机制是保证金融产品或服务与投资者的经济状况、投资者目标、风险承受能力、财务需求、知识和经验之间契合程度的制度安排。本质上，投资者准入机制是特定资本市场特定金融产品交易主体资格的塑造，其基本原理在于高风险、高收益的投资证券或产品只能在具备风险认知、承受能力的合格投资者之间进行封闭式交易，才能形成安全稳定、有序的市场秩序（郭富青，2012）。根据监管者设立准入机制时动机的不同，投资者准入机制可以进一步细分为歧视性准入机制和非歧视性准入机制。其中，非歧视性准入机制是针对市场内部所有交易对象的一般性要求，不包含任何投资者保护目的，主要包括年龄、国籍等；歧视性准入机制也就是通常意义下的投资者准入机制，是监管部门基于市场风险与投资者风险承受能力相匹配的原则，对参与不同资本市场和不同金融产品交易的投资者提出不同的限制进入条件，以选择适当的投资者审慎参与市场交易。随着金融市场发展、金融创新深化，我国在投资者准入机制建设方面进行了积极尝试，并针对特定市场、特定产品推出了一系列特异化的投资者准入机制，具体见表14-3。

表14-3　　我国资本市场投资者准入条件相关规定

市场	截止日期	投资者准入具体规定
新三板	2017.7	•机构投资者： （1）注册资本或实收股本总额500万元人民币以上的法人机构； （2）实缴出资总额500万元人民币以上的合伙企业。 •个人投资者： （1）最近10个转让日的日均金融资产500万元人民币以上； （2）具有2年以上证券、基金、期货投资经历，或者具有2年以上金融产品设计、投资、风险管理及相关工作经历，或者具有金融机构的高级管理人员任职经历
股指期货	2010.2	•一般投资者： （1）前一交易日日终保证金账户可用资金余额不低于50万元人民币； （2）具备股指期货的基础知识； （3）前一交易日日终具有累计10个交易日、20笔以上股指期货仿真交易成交记录，或者最近3年内10笔以上商品期货交易成交记录； （4）无严重不良诚信记录。 •一般法人投资者： （1）净资产应当不低于100万元人民币； （2）具备符合企业实际的参与股指期货交易的决策机制和操作流程
融资融券	2015	•个人投资者： （1）具备半年以上证券交易经验； （2）最近20个交易日日均证券类资产不低于50万元人民币
沪港通	2017.6	•个人投资者： （1）证券账户及资金账户资产在申请权限开通前20个交易日日均不低于50万元人民币，其中不包括该投资者通过融资融券交易融入的资金和证券； （2）不存在严重不良诚信记录。 •机构投资者：无特殊要求
科创板	2019.2（征求意见稿）	•个人投资者： （1）申请权限开通前20个交易日证券账户及资金账户内的资产日均不低于50万元人民币； （2）参与证券交易满24个月

与蓬勃发展的投资者准入机制实践相对比，在学术界，我国投资者准入机制的理论和实证研究相对滞后，存在诸如基础理论研究比较薄弱、缺少系统研究和理论积淀、对投资者适当性基本理论认识不够清晰等问题。但是，整体而言，国内大部分学者以及监管层就投资者准入机制能否切实有效地保护投资者权益这一问题达成了一致，认为在金融产品创新进程中对投资者采取一定的条件限制是合理的（袁华江，2009；赵晓钧，2011）。

公司准入机制又称证券发行审核制度，是一国证券监管机构对证券发行活动进行监管的法律法规及相关制度的总称，主要包括注册制、核准制和审批制三大类。

审批制是证券发行审核最严格的一种方式，在我国，仅在1999年证券法颁布以前使用过，涉及政府预先制订证券发行计划、分配证券发行份额、政府主管部门再审查批准三个过程。

核准制（Merit Regulation）以美国部分州的蓝天法和欧陆国家公司法为代表的准则主义为理论基础，本质上是一种不仅需要依法公开一切与证券发行有关的信息并确保其真实性，而且需要符合法律、法规和证券监督管理机构规定的实质要件，由证券审核机构决定是否准予其发行证券的制度安排（吴国基，2006）。

注册制（Disclosed Oriented）则以美国1933年证券法和日本证券交易法为代表的公开主义为理论基础。在注册制的规制下，证券发行申请人依法将与证券发行有关的一切信息和资料公开，制成法律文件，送交主管机构审查，主管机构只负责审查证券发行申请人提供的信息和资料是否履行了信息披露义务（徐兆宏，2000）。

鉴于审批制的特殊性，现有研究大多致力于比较核准制和注册制的优劣。具体而言，核准制强调监管部门对证券市场的实质性管理，此举不仅可以通过监管部门的干预避免经营业绩差的垃圾股票和债券的发行上市，而且可以依据国家产业政策对通过发行证券进行融资实行产业倾斜，实现国家对经济的宏观调控。但是，核准制的监管属性也可能带来较高的发行成本和寻租行为，使其难以成为最优的发行制度安排（Baumol，1996；Glaeser等，2003；曹凤岐，2014）。与此对应，在注册制的制度设计框架下，公司发行证券的权利是自然取得的，只要政府审核机构不对申报文件提出异议，发行人就可以发行证券。考虑到这种制度事实上并没有对公司进入证券市场的筹资行为设定严格或苛刻的市场准入规则，政府干预的弱化在一定程度上降低了公司筹资成本，但证券市场发展滞后却可能限制了市场自动择优功能的发挥，使得注册制倡导下的完全信息披露制度并不能完全达到保护投资者利益的目的（杨志华，1995）。总而言之，尽管现有研究纷纷证明注册制相较于核准制在新股议价、定价效率等方面的优势（沈皓，2012；上官任捷，2013；曹凤岐，2014），但是核准制和注册制并没有绝对的先进和落后的差别，两者需要与特定国家的历史、政治结构、经济运行模式、法律传统以及文化等因素相匹配，才能扬长避短，充分发挥引导资源配置、保护投资者权益的积极作用。

（二）信息披露机制与投资者保护

投资者保护问题的来源之一是内部管理层和外部投资者之间的信息不对称（Jensen和Meckling，1976），其使得投资者承担了信息风险及其带来的不公平交易风险。现有研究发现，高质量信息披露可以缓解上述信息不对称问题，影响投资者的价值判断和投资决策（田昆儒，2001；Heflin等，2005），进而可能降低公司股权融资成本（曾颖和陆正飞，

2006)。可以说，信息披露改进是投资者保护的重要机制之一，在其作用下，投资者能够完整地、准确地和及时地知悉上市公司的内部相关信息，最终有助于提高投资者决策质量。

具体而言，信息披露改进可以从两个维度展开：披露内容改进和披露方式改进。

就披露内容改进而言，现有研究围绕强制性信息披露和自愿性信息披露是否具有投资者保护作用进行了大量的研究。一般而言，自愿性信息披露动机往往可以利用代理理论、信号理论和诉讼成本假说等解释（徐浩萍和罗炜，2007；罗炜和朱春艳，2012）。基于代理理论，公司的自愿性信息披露动机被看作是降低信息成本的措施（Graham等，2005）；基于信号理论，自愿性信息披露动机则被认为是管理层为了获得更高薪酬、筹集资本而保持投资者对企业的兴趣所释放的一种信号（陈艳，2004）；基于诉讼成本假说，自愿性信息披露则被看作是管理层为了避免披露不完全或不及时导致的诉讼风险而增加的信息披露（Francis等，1994；Skinner等，1994；Field等，2005）。总体而言，管理层之所以自发地选择披露某些内部消息，更多的是出于自利而非基于投资者保护的心理，即自愿性信息披露并不具备投资者保护的属性。

然而，对于强制性信息披露是一种信息披露的改进这一观点，不少学者是赞同的。陈艳（2004）认为实施强制性报告就是政府作为监管者应对市场失灵时做出的反应。就内部控制信息而言，其披露要求从自愿到强制的过渡就体现为一种披露内容的改进。例如，杨有红和汪薇（2008）基于对2006年沪市A股上市公司披露的内部控制信息的分析，发现在自愿披露时期内控信息披露存在诸多问题。中国证监会于2011年12月发布的第41号公告要求主板公司必须按照《企业内部控制基本规范》和《企业内部控制配套指引》的相关要求，建立内部控制制度并定期披露内控自评报告和鉴证报告。由此，内控信息从自愿披露过渡到强制披露，披露内容得到进一步改进。

此外，就披露方式改进而言，由于不同的信息披露方式，如信息披露的时间（Mercer，2005）、措辞（Barton和Mercer，2005）和格式（Han和Tan，2010；Tan和Tan，2009）等，会在一定程度上影响投资者对管理层报告的信任（Hirst等，2007）、信息质量的识别和对公司风险的识别（Koonce等，2005）以及投资者信心（Bloomfield，1999）等，不同的信息披露方式同样也会间接或者直接地影响投资者的价值判断和投资决策（田昆儒，2001），最终影响投资者的决策质量。

（三）治理参与机制与投资者保护

参与重大决策、选择监督管理者、提议召集主持股东临时会议等均是公司法赋予投资者的权利。保障上述权利有效实施的过程，实质上就是保护投资者权益的过程。可以说，治理参与机制作为投资者保护的重要机制之一，构成了外部投资者对管理层的监督，不仅可以减少管理者人为的投机行为（Shleifer和Vishny，1986），还可以阻止那些可能有损股东利益的议案（Jarrell和Poulsen，1987）。因此，为有效地保护投资者利益，倡导“股东积极主义”具有一定的积极意义。根据参与股东的特征，可以将治理参与机制具体分为机构投资者治理参与和中小股东投票参与。

机构投资者治理参与相关研究已经较为成熟，早在1988年Pound就提出了机构投资者参与治理的三种假说：效率监督假说、利益冲突假说和战略合作假说。我国学者对机构投资者的治理效应方面也做出了大量的实证检验，但结论不尽相同。研究发现，机构投资者的确有效地参与了公司治理（王琨和肖星，2005；张纯和吕伟，2007；李维安和李滨，2008）；也有其他证据表明，机构投资者不但没有起到保护小股东的作用，反而与大股东合谋获取私人收益（姚颐等，2007；傅勇和谭松涛，2008）。因此，机构投资者作为第三方，由于其自身利益诉求的存在，与小股东之间始终存在代理问题，所以不能完全寄希望在机构投资者身上，期待其能够完全依照小股东利益行事。

中小投资者投票参与是保护中小投资者自身利益的最直接方式。我国于2004年12月发布的《关于加强社会公众股股东权益保护的若干规定》，强制要求当股东大会的表决涉及如增发、重大资产重组等重大事项时，须向社会公众股股东提供网络形式的投票平台，并且只有当社会公众股所持表决权达二分之一以上时，上市公司才可执行该项决议。网络投票平台和分类投票制度为中小股东行使表决权提供了相对有效的保障，使得中小股东可以以较低的成本、较为便捷的方式参与到股东大会当中，两者的共同作用可以发挥一定的投资者保护作用（黎文靖和孔东民，2012；姚颐和刘志远，2011）。2013年底，国务院出台的《关于进一步加强资本市场中小投资者合法权益保护工作的意见》，进一步提出要完善中小投资者投票机制，并建立中小投资者单独计票机制。总体来说，监管部门近年来颁布的一系列规定，为中小股东"用手投票"提供了便利条件。但现实的情况是，绝大多数中小股东参与治理的积极性仍然较低，参与动机不足，呈现出一种"投票冷漠"（黎文靖和孔东民，2012）的状态。例如，沪深两市交易所推出的网络投票制度，其平均投票参与率也仅有13.2%（黎文靖和孔东民，2012）。治理参与机制作为保护投资者权益的重要手段之一，其在我国资本市场的作用尚未得到充分发挥，投资者更多时候面临的是决策无门、投票无路的治理参与困境。

（四）投资者教育机制与投资者保护

投资者教育机制是针对个人投资者所进行的一种有目的、有计划、有组织地传播关于投资知识，传授有关投资经验，培养有关投资技能，倡导理性的投资观念，提示相关的投资风险，告知投资者权利及保护途径，提高投资者素质的一项系统的社会活动。鉴于我国投资者存在诸多一般性和本土化的认知偏差（裴平和张谊浩，2004），即使不考虑资本市场上其他主体（上市公司、中介机构、政府）的不诚实行为，投资者也会被自身的主观行为偏差连累或被其他主体利用而遭受利益损失。现阶段，我国的中小投资者往往缺乏足够的知识和经验，有的甚至在对证券投资一无所知的情况下就涉足证券市场，诸如急功近利、贪婪恐惧、盲目追涨杀跌、热衷于小道消息等情况大量存在（袁秀国等，2007）。因此，针对投资者保护法律体系不完善、投资者基础知识匮乏以及投资者认知偏差等问题，投资者教育机制可以通过提高投资者自我防范和保护的意识和能力来加强投资者的自我保护，进而弥补制度缺陷以及投资者个人缺陷所导致的投资者保护漏洞。

现有文献主要就投资者教育机制的具体设计以及投资者保护效应等方面的内容进行了研究。其中，就具体设计而言，顾海峰（2009）基于我国的实际情况构建了证券市场投资者教育体系的整体架构；张毅（2010）在借鉴国外投资者教育发展经验的基础上，提出了第三方投资者教育模式，并讨论了其启动、资金保障、教学内容、教学方法及其与传统教育模式的协调。就投资者保护效应而言，顾海峰和奚君羊（2009）通过构建数理模型，分析了投资者教育实现证券市场稳定的动力学特征，从而理论上解释了投资者教育对于维护证券市场健康、稳定、可持续发展的重要性；而庄学敏等（2009）的研究却得出了相反的结论，他们运用事件研究法发现投资者教育具有“双刃剑”的效果；黄敏学和周学春（2012）则持中立态度，他们基于对某大型基金公司的问卷调查研究，发现投资者教育对投资者态度忠诚和行为忠诚的影响机制并不完全相同。

在实践中，监管部门已经认识到投资者教育的重要性，通过中国证监会、上交所和深交所等机构广泛地开展投资者教育活动，主要包括基础知识普及、政策文件解读、咨询服务热线、开设网络学院等各种宣传和教育的手段。投资者不仅有各种获取知识的渠道，还可以将学习的知识和掌握的技能运用到模拟训练中，为投资者提供了积累实战经验的机会。诚然，现有投资者教育工作已经比较完善且覆盖面较广，但在实际运用中还存在诸多问题，如投资者主观上不学习、个人投资者经验与知识水平层次不一。这些问题都是监管部门广泛推广教育工作的阻碍。因此，在投资者教育的实践远远先于学术研究的今天，我们有必要认真思考现有投资者教育方式以及教育内容是否得当，多年来的投资者教育收到怎样的成效，投资者教育会不会导致投资者过度自信等问题。我们也有必要从监管层、投资者个人角度分别按照成本收益法进行系统考察投资者教育的问题，特别是应该如何有效实现投资者教育的目标。

（五）追偿机制与投资者保护

投资者追偿机制作为保护投资者利益的最后一道防线，是政府运用市场化手段规范投资者与上市公司、证券公司之间的法律关系和救济制度的最终体现，也是对现有投资者保护体系的进一步延伸。现阶段，由于机制自身设计或者具体实施的问题，已有的投资者保护机制必然有失灵的时候，投资者因为上市公司违规操作等行为导致利益受损的情况时有发生。因此，为了增强投资者参与市场交易的信心，完善现有投资者保护体系，国务院于2013年底出台了《关于进一步加强资本市场中小投资者合法权益保护工作的意见》（以下简称《意见》）。《意见》着重强调了投资者赔偿机制对于投资者保护的重要意义，通过引入上市公司违约风险准备金制度以及退市保险机制等概念，以践行追偿机制。

实际上，在《意见》颁布之前，就有学者对投资者追偿机制进行了研究。就上市公司的违规行为而言，魏玮和李芊（2010）认为现有监管体系更偏重对违规公司的行政处罚，却忽视了在公司违规过程中利益真正受到损害的投资者。2006年，《证券法》《公司法》的修正，虽然允许投资者针对上市公司提起损害赔偿诉讼，但是存在胜诉以后没有相应的物资财产进行赔偿的困境，如银广夏的民事赔偿案件就以资不抵债的无奈现实惨淡收场。因此，引入董事责任保险和上市公司违规风险准备金制度等以筹集上市公司侵权民事赔偿基金，对保护投资者利益是十分必要的。就上市公司的退市行为而言，不明晰的退市责任以及不完善的法律制度也可能导致投资者遭受损失。按照原因划分，主要包括主动退市和被动退市两种。前者的发生会对股票的流通能力产生明显的损害而影响股票的财产价值（王东光，2006），而后者是建立在上市公司自身或高管的不当行为之上的，因而，公司或高管有责任追溯赔偿投资者损失（徐良平，2004）。总体来说，无论上市公司是主动还是被动退出资本市场，该行为实质上都会对投资者产生不利影响。因此，保证投资者索赔渠道畅通，帮助投资者树立维权意识，能够帮助投资者正确处理退市问题，也能够更有效地抑制上市公司的违规操作行为（黄彦琳和王于栋，2010）。

第四节　ESG

近年来，环境污染、极端气候、食品安全、公德缺失、资本爆雷、财务造假等一系列问题频发，对经济社会的平稳运行带来了巨大冲击。在此新的环境下，企业作为市场经济的主体和引领经济发展的重要力量，被政府和社会公众赋予了新的要求。除了追求传统的财务绩效目标，企业还需要统筹规划环境（Environmental）、社会（Social）以及公司治理（Governance）等各方面的表现，以此贯彻可持续发展理念、实现经济社会的高质量发展。可以说，ESG是可持续发展理念在微观企业和金融市场层面的具象投影，现已逐渐成为企业的行动指南和金融市场上的重要投资理念。

一、ESG简介

（一）ESG的概念

ESG是环境（Environmental）、社会（Social）和公司治理（Governance）的缩写，涵盖了决定企业能否实现可持续发展的三大关键维度。ESG的概念最初由联合国全球契约组织（United Nations Global Compact）于2004年在《Who Cares Wins》倡议书中正式提出，其核心要义是在投资决策过程中统筹兼顾经济、社会和环境的和谐可持续发展。此概念打破了以往对公司财务绩效的单一关注，一经提出就获得了社会各界的高度重视。关于ESG的具体内涵，根据袁蓉丽等（2022）和卢家锐（2023）等学者的解读，可以结合三大维度进行理解：

环境维度（E），主要关注污染排放、资源利用等企业经营、投资活动对外部环境的影响。企业需要实施一系列环保措施，以避免对自然环境产生负面影响，如开发环境友好型服务及环境友好型产品、减少污染物排放及资源浪费、降低产品服务对环境的影响等。

社会维度（S），主要关注企业与各利益相关主体（如政府、投资者、供应商、消费者、员工以及其他社会参与者）之间关系的协调和平衡。企业需要在一定程度上满足各利益主体对自身的道德约束和法治伦理要求，并承担相应的社会责任，如保证工作场地的健康与安全程度、维护社区关系、对人权保持尊重等。

公司治理维度（G），主要关注公司内部的治理结构和治理规则。企业需要为保持自身的可持续经营建立健全现代经营管理体系、完善企业制度，对自身负责，如合理分配高管薪酬、反腐败，以及保证审计机构独立性等。

（二）ESG的发展历程

尽管ESG的概念在2004年才被正式提出，但其渊源可以追溯到20世纪中期。根据我国学者黄世忠（2021）的总结，ESG的发展历程整体而言可以划分为21世纪之前的孕育阶段和21世纪以来的发展阶段。

表14-4总结了ESG发展历程中的重要时间和关键事件。

表14-4 ESG的发展历程

阶段	时间	关键事件
孕育阶段	1950s—1960s	一些宗教团体在宗教信仰的引导下，要求宗教基金及其信众不得投资与宗教伦理相冲突的赌博、色情、军火和烟酒等行业，由此催生的“伦理投资”成为ESG的雏形
	1960s—1970s	美国的民权运动和南非反种族隔离运动蓬勃开展，“反战、反对种族歧视和性别歧视、维护劳工权益”等意识得到了广泛传播，由此促进了“社会责任投资”观念的形成
	1970s—1980s	北美公众环保运动兴起，通过了严苛的环境立法，大量忽视生态环境保护的采矿业企业倒闭，由此孕育了“可持续发展”理念
	1990s	可持续发展指数开始公布，代表性的指数包括摩根士丹利资本国际公司1990年发布的多米尼400社会指数和道琼斯公司1999年发布的可持续发展指数； 1997年，美国环境责任经济联盟和联合国环境规划署联合发起成立了全球报告倡议组织（Global Reporting Initiative，GRI），成为全世界首家制定可持续发展报告准则的独立组织
发展阶段	2004年	联合国全球契约组织发布《Who Cares Wins》倡议书，首次明确提出ESG概念
	2006年	联合国发布备受关注的负责任投资原则（Principles of Responsible Investment，PRI）
	2007年	在达沃斯世界经济论坛（WEF）上，气候披露准则理事会（CDSB）成立，该理事会于2010年发布了首份《气候变化披露框架》
	2011年	可持续发展会计准则委员会（SASB）在美国旧金山成立，制定了可持续发展会计准则，推动了ESG报告在美国的实施； 其仿效财务会计准则委员会（FASB）的治理框架，从事可持续发展会计准则的制定工作，极大地推动了ESG报告在美国的实施
	2016年	195个国家在联合国气候变化大会上签署了《巴黎协定》，为应对全球气候变化做出统一安排
	2019年	欧盟委员会公布了《欧洲绿色协议》，为应对气候变化、推动可持续发展，确立了2050年欧洲成为全球首个“碳中和”地区的政策目标，并制定了实施路线图和政策框架

在我国，为了推广ESG实践、实现绿色发展和可持续发展的高质量发展模式，监管部门近年来也出台了多项政策和法律法规。例如，环境保护部[①]于2010年9月出台了《上市公司环境信息披露指南》，要求火电、钢铁、水泥、电解铝等16类重污染行业上市公司发布年度环境报告，定期披露污染物排放情况、环境守法、环境管理等方面的环境信息；2014年4月，《中华人民共和国环境保护法》修订稿要求，重点排污单位应当如实向社会

① 现称“中华人民共和国生态环境部”。

公开其主要污染物的名称、排放方式、排放浓度和总量、超标排放情况，以及防治污染设施的建设和运行情况，接受社会监督；2017年6月，中国人民银行印发《落实〈关于构建绿色金融体系的指导意见〉的分工方案》，指出分“三步走”建立强制性上市公司披露环境信息制度；2019年6月，联合国环境规划署金融倡议（UNEP FI）联合联合国支持的负责任投资原则（PRI）共同发布《中国的ESG数据披露：关键ESG指标建议》，该报告围绕“温室气体排放、大气污染物、水、能源、废弃物、劳动力、健康与安全、治理量化指标”等ESG话题，提出了我国资本市场环境、社会和公司治理（ESG）信息披露的建议框架；2020年9月，深交所修订了《深圳证券交易所上市公司信息披露考核办法》，首次提出上市公司ESG主动披露，并对上市公司履行社会责任的披露情况进行考核；2021年6月，中国证监会发布《公开发行证券的公司信息披露内容与格式准则第2号——年度报告的内容与格式》，对公司治理章节进行完善，并新增“环境和社会责任”章节。

尽管我国尚未形成专门的ESG报告制度，但在不断完善的ESG信息披露要求的推动下，我国企业ESG披露实践取得了较好的成绩，为公众了解企业的ESG实践提供了良好的信息环境，也为投资者评估企业的ESG表现奠定了重要基础。根据中央结算公司与国际资本市场协会于2023年1月10日联合发布的《中国ESG实践白皮书》，通过对8 660家企业的调研结果显示：（1）披露ESG相关报告的上市公司比例从2018年的23.3%上升至2021年的27.9%，同期，债券发行人的披露比例则由15.5%上升至16.4%。（2）不同行业的ESG披露率差异较大。例如，2021年，债券发行人披露比例最高的行业分别是石化（75%）、建材（55%）和航空（51.9%），上市公司披露比例最高的行业则分别是钢铁（61.8%）、造纸（59.3%）和电力（54.9%）。（3）不同规模的企业ESG披露率存在差异。具体而言，就债券发行人来看，2021年，资产规模超过2 000亿元的债券发行人ESG相关报告披露比例超过一半，而资产规模500亿元以下的债券发行人的披露比例只有15%。就上市公司来看，市值规模超过1 000亿元的上市公司ESG相关报告披露比例为93.8%，而市值规模在50亿元至100亿元之间和市值规模50亿元以下的上市公司的披露比例仅分别为22.7%和13.4%。

（三）ESG与CSR概念的异同

ESG和CSR（Corporate Social Responsibility，企业社会责任）都是受到理论界和实务界关注的重要话题。近年来，随着经济社会和环境的可持续发展备受关切，ESG逐渐取代CSR，成为学术研究的“新蓝海”。遗憾的是，ESG的概念于本世纪初才被明确提出，相关研究也刚刚兴起，大众对ESG的理解不够透彻，导致两个概念经常被混淆或等同理解。因此，为了厘清ESG研究的边际贡献，我们需要对两个概念的异同进行梳理。

CSR的概念最早由Sheldon于1924年提出。Sheldon（1924）认为，企业的责任是在追求自身利润的同时改善社区的利益。在此之后，又有一些学者对CSR的概念进行了阐述和拓展。例如，Bowen（1953）认为CSR是商人满足社会目标和价值而采取的政策、计划和行动。Davis（1973）进一步提出，CSR的讨论范围不仅局限于经济、技术和法律要求，还包括更广泛的议题。Carroll（1979）将CSR研究的焦点首先放在了经济和法律方面，然后关注了伦理和歧视问题。综合上述说法，可以看出，CSR和ESG在概念上具有类似的内核，那就是在创造经济价值的同时，承担起对社区、员工等利益相关方的责任。二者都强调了非财务目标的重要性，能够给社会带来正的外部性（Chen等，2018；Chouaibi等，2021）。

从时间上看，ESG是从CSR的基础上演进而来的（李诗和黄世忠，2022）。推动CSR进阶为ESG的因素，主要包括三个方面：联合国对可持续发展和环境保护的积极推动、资本市场对ESG信息的强大需求以及国际组织对ESG标准制定的不断尝试。随着时间的推移，ESG和CSR两者的差异也日益凸显。总结现有研究，发现两者的差别主要体现在以下几个方面：

第一，CSR和ESG的理论侧重点不同。CSR的概念起源于企业社会责任理论，后续又被利益相关者理论深化。利益相关者理论认为，虽然公司的所有权属于股东，但公司也需要考虑雇员、客户、供应商、债权人等与公司存在利益关系的各方的利益（Dodd，1932）。ESG的概念更多地依靠可持续发展理论，世界环境与发展委员会在《我们共同的未来》一书中，将可持续发展定义为“既满足当代人的需要，又不对后代人满足其需要的能力构成危害的发展”。

第二，CSR和ESG的核心理念不同。CSR的概念虽然在不断演进，但本质上始终带有明显的慈善烙印，更强调“利他”。ESG的概念更希望实现的是一种“共赢”，既关注把企业做大做强、确保企业的可持续发展，又关注企业与环境、社会之间的相互影响。

第三，CSR和ESG体现的矛盾冲突不同。CSR关注的是股东与其他利益相关者之间的利益冲突，双方处于对立面（权小锋等，2015；刘柏和卢家锐，2018）。ESG缓和了股东与大部分利益相关者之间的利益冲突，强调在“共赢”的基础上追求企业的可持续发展，其主要矛盾是长期利益导向和短期利益导向之间的冲突（Pedersen等，2021）。

第四，CSR和ESG引导下的企业行为逻辑不同。CSR理念下的企业遵从“先有收益后做贡献”的原则，也就是企业仍然追求利益最大化，在实现盈利后从利润中分出一部分作为承担社会责任的对外支出（Pedersen等，2021），即贡献发生在盈利之后。ESG引导下的企业决策是统筹了企业自身盈利目标和社会价值之后的选择，最终的盈利部分包含了对社会的贡献，呈现出一种“义利并举”的行为模式。

第五，CSR和ESG两者追求的效果不同。CSR经常是企业展现自身形象的一种手段，一般通过捐款等与企业业务关联度较低的方式进行，更侧重短期效果（Hsu，2012）。ESG更看重长期价值，结合企业内部治理情况，通过选择有利于环境、社会的经营项目来获得投资者和社会公众的支持，最终实现可持续发展。

从上述分析可以看出，ESG概念是CSR概念的进阶版。在类似地为各利益相关者创造价值的内核下，ESG本身强调企业需要重视环境、承担社会责任、关心利益相关者，并将这些理念内化于企业的决策过程，追求在环境、社会、公司治理三个层面上的“共赢”，这是企业经营向本心和良知回归的过程。

二、ESG相关研究回顾

作为一项重要的非财务指标，ESG能够体现企业可持续发展的价值观。在全球倡导可持续发展的大环境下，ESG在理论界得到的关注与日俱增。学者们对与ESG相关的现实问题进行了分类和解读，具体包括：ESG表现（或称为“ESG绩效”）、ESG信息披露和ESG投资三个方面（袁蓉丽等，2022；卢家锐，2023）。其中，ESG表现指的是企业在环境、社会、公司治理方面的行动和综合表现；ESG信息披露指的是企业在环境、社会、公司治理方面的信息披露。两者的主体是企业，重点关注企业的ESG实践。与前两者不同，ESG投资指的是在投资实践中融入ESG理念，在传统财务分析的基础上，纳入考虑环境、社会、公司治理三个维度，以此考察企业中长期发展潜力，旨在找到既创造股东价值又创造社会价值、具有可持续成长能力的投资标的，其行为主体是投资者。围绕ESG表现、ESG信息披露和ESG投资三个方面，下面将依次回顾ESG相关研究。

（一）企业ESG表现相关研究回顾

ESG表现是指企业将环境保护、社会责任承担以及公司治理三个方面的因素嵌入到企业决策中的程度（杨有德等，2023）。随着公众对企业绿色发展和可持续发展的重视，该指标也逐渐获得了学者们的关注（McBrayer，2018），并在ESG表现会给企业带来何种影响以及ESG表现受到哪些因素驱动两个话题上形成了一系列研究成果。

1.ESG表现的衡量方式

利用第三方评级机构的评价数据衡量企业的ESG表现，是当前研究的普遍做法（袁蓉丽等，2022；王凯和张志伟，2022；齐保垒等，2023）。目前，全球ESG评级机构已经超过600家，其中，国内外著名的评级机构包括汤森路透（Thomson Reuters）、摩根士丹利资本国际公司（MSCI）、KLD研究分析公司（KLD）、润灵环球（RKS）、商道融绿、上海华证指数信息服务有限公司和中央财经大学绿色金融国际研究院等。这些评级机构对企业的ESG信息进行整理，从环境、社会、公司治理三个维度分别进行评价后再综合，得到最终的测量结果。虽然不同机构测量ESG的方法类似，但在具体的打分标准、权重设置上差异较大，导致不同机构对同一企业的ESG评价分歧较大，这是全球ESG评级存在的普遍问题（Chatterji等，2016；Christensen等，2022）。

除了使用第三方评级机构的评价数据，也有学者在现有评价框架的基础上，加入了自定义的特色指标对企业ESG表现进行测度。例如，Pedersen等（2021）使用CO_2低碳强度衡量E，使用是否投资了罪恶行业（烟草、酒精、赌博等行业）股票衡量S，使用低应计利润衡量G，最后结合MSCI计算的整体ESG评分计算出研究使用的ESG指标。

2.ESG表现的经济后果研究

纵观现有研究，关于ESG表现经济后果的研究主要集中在企业价值、企业风险和企业行为决策三个层面。

首先，在企业价值方面，关于“ESG能否促进企业价值”的讨论一直是学者们关注的重要话题。总结现有研究，企业参与ESG能够提高企业价值似乎已经成为一个主流的答案（Garcia等，2017；Li等，2018；Lucia等，2020；李井林等，2021；Zhang等，2020）。究其原因，良好的ESG表现有助于企业获得利益相关者的信任和支持，进而能够缓解企业的融资约束并提高财务绩效，最终实现企业价值的提升（Edmans，2011；Flammer，2015；Li等，2018；邱牧远和殷红，2019；Raimo等，2020；李井林等，2021）。基于此解释，邱牧远、殷红（2019）和Raimo等（2020）发现，当企业的ESG表现较好时，企业的融资成本显著降低，有助于企业获得第三方融资并最终提高市场估值。进一步，ESG优势可以帮助企业增加绩效、提升企业价值（Fatemi等，2018）。Li等（2018）和李井林等（2021）发现，ESG表现以及环境、社会、公司治理这三个维度都能够促进企业绩效的提升。Zhang等（2020）利用我国数据也得出了类似结论，即发现ESG中的E和S两个维度对企业价值存在正向影响。与此同时，当企业的ESG表现不佳时，企业价值会受到负面影响。Dziadkowiec和Daszynska-Zygadlo（2021）利用企业ESG不当行为的数据，研究发现ESG负面新闻会降低公司估值，并且公司治理方面的问题比环境和社会问题更容易降低公司市场估值。综合上述证据，企业积极参与ESG对利益相关者有利，能够帮助企业获得利益相关者的支持并最终实现企业价值的提升。

其次，在ESG表现对企业风险的影响方面，学者们发现ESG表现好的企业往往风险较低（Verheyden等，2016）。这是因为，企业的ESG表现通常是由第三方评级机构进行综合评定的，企业的ESG表现越好，则获得的评定等级越高，相应地发生信用违约的概率越低（El Ghoul等，2018；Jagannathan等，2019），未来的诉讼风险和经营风险也就越低（Hong和Kacperczyk，2009；晓芳等，2021）。同时，谭劲松等（2022）的研究发现，良好的ESG表现可以通过提高企业从利益相关者渠道获取资源的能力降低企业的经营风险。企业的ESG表现还可以通过获取利益相关方的支持缓和系统性风险的冲击（杨有德等，2023）。

最后，学者们就ESG在企业决策方面的影响也展开了一些研究，研究成果大多集中于投资决策。例如，李井林等（2021）的研究发现，企业的综合ESG表现以及在E、S、G三个维度的表现都能够促进企业创新，这种促进作用在重污染行业和非国有企业中更为显著。类似地，方先明和胡丁（2023）发现，ESG表现可以显著提高企业创新产出。利用英国和德国的数据，Chouaibi等（2021）的研究表明，企业的ESG评分越高，其绿色创新做得越好。与此同时，也有学者发现，ESG表现对企业投资决策有着不利影响。例如，刘柏等（2023）发现，尽管第三方评级的ESG可以倒逼企业增加绿色创新数量，但同时会降低绿色创新质量，使绿色创新成为一种“形式主义”的决策。此外，高杰英等（2021）发现，良好的ESG表现可以通过减少代理成本和降低融资约束改善企业的非效率投资行为。

3.ESG表现的影响因素研究

新制度主义理论认为，企业为了能够嵌入制度环境并从中获得支持和资源，会采取适当的策略以获得制度承认，从而实现一种“合法性”（Di Maggio和Powell，1983）。基于新制度主义理论，可以将企业的ESG看作是对所处制度环境的积极响应。从ESG概念的发展历程也可以看出，ESG发展是以外部政策驱动为主的。现有研究证实了这一观点，发现外部的政策和制度压力的确构成了影响企业ESG表现的重要因素（张慧和黄群慧，2022；王禹等，2022；Lei等，2023）。例如，王禹等（2022）以《中华人民共和国环境保护税法》的出台为外生冲击，探究了税制绿色化对重污染企业ESG表现的影响，结果发现《中华人民共和国环境保护税法》的实施通过增加环保投入和提升绿色创新促进了企业ESG表现的提升，提高了重污染企业的可持续发展能力。基于我国《绿色信贷指引》的发布，Lei等（2023）以及Gao和Liu（2023）探究了绿色信贷政策对企业ESG绩效的影响，结果发现绿色信贷受限企业的ESG绩效显著提高。同时，资本市场的开放（Deng等，2023）、环境保护法的实施（Lu和Cheng，2023）等因素也会对企业的ESG表现产生积极影响。进一步，张慧和黄群慧（2022）对制度压力进行了分类，发现强制性、模仿性同形制度压力能够提升企业的ESG表现，而规范性同形制度压力与企业的ESG表现存在负相关关系。此外，媒体报道作为一种非正式的外部监督形式，也能够对企业的ESG表现产生促进作用（He等，2023；周静，2023）。

在企业层面上，学者们对影响ESG表现的因素也进行了一些探索，涉及的内容比较广泛。具体而言，当企业数字化转型程度越高（Fang等，2023；张永冀等，2023；Cai等，2023）、获得的政府补助越多（夏芸等，2023）、财务绩效越好（Hamdi等，2022）、客户集中度越低（Zheng等，2023）、高管的股权质押行为越少（Jang等，2022）、女性董事占比越高（Yadav和Prashar，2022）、党组织治理（柳学信等，2022）以及将ESG纳入高管薪酬结构（Shira等，2023）时，企业的ESG表现会更好。

（二）企业ESG信息披露相关研究回归

ESG信息披露指的是企业披露的关于环境、社会和公司治理方面的信息，是一种典型的非财务信息。香港联合交易所于2020年发布的《环境、社会及管治报告指引》明确指出，“在气候变化、资源枯竭等环境问题日益严重的背景下，投资者越来越重视企业应对可持续发展问题的能力，传统的以财务业绩为导向的信息披露无法全面展示企业的管理优势与发展前景，已无法满足投资者的信息需求”。在这种环境下，ESG信息披露的重要性越发凸显。企业作为资本市场上信息披露的主体，其披露的ESG信息得到了国内外投资者的重点关注。

部分研究关注ESG信息披露的价值效应。具体而言，根据信号传递理论，高水平的ESG信息披露可以向市场传递企业重视环保、社会责任和公司治理的信号，有助于提升企业的价值（周方召等，2020）。基于此理论，Li等（2018）发现较高的ESG信息披露水平可以通过提升利益相关者的信任度，从而提高企业价值。同时，ESG信息披露可以向投资者展现更全面的战略性和长期性信息，降低了企业与投资者之间的信息不对称程度，有助于提升资本市场上企业的市场价值（徐光华等，2022）。张巧良和孙蕊娟（2015）利用实验研究也发现了类似的结论。在与企业经营发展相关的其他方面，席龙胜和王岩（2022）研究发现，ESG信息披露可以通过降低信息不对称和平抑投资者情绪降低企业的股价崩盘风险，有助于企业的稳定运行。Xie等（2019）发现企业适度的披露ESG信息与企业效率呈正相关关系，过少或过多的披露都会导致企业效率的损失。李慧云等（2022）以重污染企业为样本，发现ESG信息披露水平与企业的绿色创新绩效呈U型关系，这是由于在披露水平较低时，企业需要投入更多资源完成ESG信息的收集和整理，从而挤占绿色创新所需资源；在披露水平较高时，ESG信息可以帮助企业获得投资者的青睐，获得更多的资源支持。此外，更多的ESG信息披露也可能会带来一些弊端，主要表现为ESG评级分歧可能会随之增大，而更大的评级分歧可能会导致更高的价格波动和更大的回报波动性（Christensen等，2022）。

上述研究主要关注ESG信息披露给企业带来的经济后果，除此之外，学者们也对影响企业ESG信息披露的因素进行了探索。企业的ESG表现是影响ESG信息披露的首要因素，但关于ESG信息披露与ESG表现是否一致的结论存在争议。部分学者认为，企业披露的ESG信息是真实ESG行为的反映，因此，企业的ESG表现越好，披露的ESG信息水平越高（Lopez-De-Silanes等，2020）。也有研究认为，企业披露ESG信息是用来掩盖较差的ESG绩效，树立虚假的公司形象（Hopwood，2009；沈洪涛等，2014）。类似地，Nazari等（2017）发现ESG表现不佳的上市公司会在披露ESG信息时使用复杂难懂的语言，旨在掩盖表现不佳的事实。进一步，学者们也讨论了政治制度、劳动制度、文化制度

(Baldini等，2018)、自然灾害（Huang等，2022)、同行公司的ESG信息披露情况（李宗泽和李志斌，2023)、媒体关注（翟胜宝等，2022）等外部因素，以及董事会规模和性别构成（Tamimi和Sebastianelli，2017)、杠杆率、企业规模（Baldini等，2018)、交叉上市(Yu等，2021)、所有权结构（Doshi等，2023)、审计委员会履职能力（朱荣等，2023）等公司层面因素，对企业ESG信息披露行为的影响。

（三）ESG投资相关研究回顾

ESG投资作为一种新型投资方式，与只关注股东利润最大化的传统投资方式不同，强调追求经济效益、社会效益和环境效益的平衡，旨在实现长期有竞争力的财务回报和积极的社会效应（赵斯彤，2021)。

在关于ESG投资的研究中，ESG投资能否带来更高的回报，一直以来是学者们关心的话题。部分研究发现，将ESG表现好的企业纳入投资组合并不能带来更好的财务表现(Renneboog等，2011；Cornell，2021)。尽管不能带来超额收益，学者们发现投资者还是愿意在构造投资组合时，考虑被投资企业的ESG表现，这主要是因为投资者内在的社会价值观，以及为了向社会传递热爱慈善的信号（Riedl和Smeets，2017)。与此同时，也有学者提出了相反的结论，他们认为根据ESG表现构建的投资组合可以获得超额收益。例如，齐岳等（2020）基于ESG理念构建了QDII基金，他们发现该基金可以在保证与市场指数无明显风险差异的基础上得到更好的收益；李瑾（2021）基于我国机构ESG评级与A股市场数据对资本市场上是否存在ESG额外收益进行检验，结果发现ESG评级较高的公司股票平均收益率大于评级较低的公司，即市场存在ESG额外收益；Hong等（2020）将ESG作为影响因子加入模型，发现基于ESG的投资组合能够产生更为显著的收益，Diaz等(2021）使用类似的方法发现ESG因子能够显著地解释行业投资组合在疫情期间的回报。总结其原因，ESG投资与超额收益之间存在正相关关系，是因为ESG信息可以帮助投资者筛选长期表现更为优秀的企业，企业良好的ESG表现能够有效缓解股票下行风险，并且这种缓解作用在熊市或经济衰退期间更为显著（Varma和Nofsinger，2014；Henke，2016；马喜立，2019；Cerqueti等，2021；Krueger等，2021)。

（四）ESG相关研究评述

ESG是近年来新兴的研究热点，通过对ESG相关研究的回顾与总结，可以发现现有研究还存在以下不足：首先，在研究话题上，当前研究主要集中于企业的ESG表现，对ESG信息披露和ESG投资的讨论还不够丰富；其次，在对企业ESG表现的研究中，尽管已经就经济后果和影响因素形成了较为丰富的研究成果，但对于ESG表现的衡量指标缺乏统一规范，现有不同评级标准下的评级结果存在分歧，严重影响了已有研究结论的可信度；再次，在ESG信息披露的相关研究中，实证研究大多基于彭博新闻社（Bloomberg News)的ESG披露评分展开，学者们缺少对企业ESG信息的直接分析，更没有对ESG信息的披露数量和质量加以区分，研究的深度有待提高；最后，在ESG投资的相关研究中，研究内容比较局限，大多聚焦于ESG投资与投资回报之间的关系，后续研究可以考虑从ESG投资对企业行为决策的影响以及ESG投资的驱动因素等方面展开。总体而言，虽然学术界已经在ESG研究方面取得了一定的成果，但是在ESG表现、ESG信息披露和ESG投资方面仍然拥有值得进一步探索的话题，研究的广度和深度有待进一步拓展。

三、如何做好ESG

随着全球可持续发展和“双碳”目标的推进，ESG理念得到深入推广，已经成为评价上市企业综合表现和指导投资者决策的重要标准。要想做好ESG，需要监管部门、企业、投资者以及社会各界的共同努力。

第一，完善关于企业ESG表现的评价体系，构建具有中国特色的ESG评价指标。当前，关于ESG的学术研究和实践应用大多是基于第三方机构的评级数据。目前，市场上存在多个ESG评级机构，但不同机构的评价标准并不统一，导致评级结果分歧较大，甚至出现针对同一公司给出截然相反评价的情况。此外，主流的评级机构大多来自国际，其评价标准很难适配我国企业的ESG真实情况。因此，在国内推广ESG理念、构建ESG评价体系时，需要充分考虑我国国情和所处的经济发展阶段，培育本土的ESG评级机构，建立具有中国特色的ESG评价体系，并根据经济发展情况对评价标准进行动态调整，不断提高评级的准确度，为该领域的研究和实践夯实基础。

第二，完善ESG信息披露制度，制定统一的ESG信息披露准则。当前，我国证券市场的ESG披露政策尚不完善，总体上表现为鼓励上市公司自愿披露ESG信息，但由于缺乏有力的外部约束，上市公司自愿披露的ESG信息存在披露不及时、数量少、质量不高等问题（白牧蓉和张嘉鑫，2022）。同时，由于监管不足，披露信息的真实性难以保证，导致ESG信息很难被外部利益相关者识别和应用。为了提高企业ESG信息披露的积极性和可信度，需要加快制定统一的ESG信息披露准则，对ESG信息披露的主体内容和框架做出具体规范。监管部门和市场参与者也可以通过企业披露的ESG信息进一步监督企业的ESG行为，实现“以披促行”。

第三，鼓励引入第三方鉴证机制，提高ESG信息的规范化和可信度。企业披露的ESG信息，既是ESG评级机构的评价依据，也是市场上投资者决策的重要参考，其真实性至关重要。然而，作为一种非财务信息，ESG信息的定性描述特征为企业披露的自由裁量创造了空间，企业披露的ESG信息与其ESG表现是否一致是客观存在的争议。为了满足各利益相关方的需求，为ESG底层数据增信，可以要求披露ESG信息的企业出具审计报告或其他鉴证报告。鉴证服务提供者应当为遵守独立性原则且具备资质的第三方中介机构。同时，为了防止第三方鉴证报告沦为形式，监管部门需要对鉴证的方法和内容做出规范。

第四，发挥股东积极主义，利用ESG投资引领企业的ESG实践。为了顺应可持续发展的大趋势，投资者有充分的理由采取ESG投资策略。投资者可以通过参与股东决议、代理投票、提案、否决行动等方式，促使企业在决策过程中做出调整，引导企业关注环境绩效、关注社会责任，提升企业的ESG表现。同时，投资者可以要求企业披露更详细的ESG信息，提高披露质量，更好地为ESG投资提供数据支持，进而在企业和投资者之间形成正向的相互作用。

第五，将ESG整合到企业战略和业务中，从企业层面做好ESG。作为践行ESG的重要主体，企业需要将ESG理念渗透到企业经营的方方面面。首先，可以考虑将企业的ESG表现纳入高管的薪酬评价体系，进而引导管理层认识到ESG对企业可持续发展的重要意义，自上而下地推动企业的ESG整合。其次，在经营项目的选择上，统筹考虑项目可能带来的经济效益、环境效益和社会效益，制定整合ESG因素的战略目标。最后，提高ESG信息披露的数量和质量，同时完善内部监督，为利益相关者提供可信的ESG信息。

小贴士　　关于进一步加强资本市场中小投资者合法权益保护工作的意见

中小投资者是我国现阶段资本市场的主要参与群体，但其处于信息弱势地位，抗风险能力和自我保护能力较弱，合法权益容易受到侵害。为进一步加强资本市场中中小投资者合法权益保护工作，国务院于2013年12月颁布了《关于进一步加强资本市场中小投资者合法权益保护工作的意见》。其具体要求如下：（1）健全投资者适当性制度，主要包括建立制度完善中小投资者分类标准、科学划分证券产品或服务的风险等级等内容；（2）优化投资回报机制，主要包括引导和支持上市公司增强持续回报能力、完善利润分配制度、建立多元化投资回报体系等具体内容；（3）保障中小投资者知情权，要求增强信息披露、提高市场透明度等；（4）健全中小投资者投票机制，提出要完善中小投资者投票等机制、建立中小投资者单独计票机制以保障中小投资者依法行使其权利；（5）建立多元化纠纷解决机制；（6）健全中小投资者赔偿机制，要求建立上市公司退市风险应对机制、完善风险救助机制等；（7）加大监管和打击力度；（8）强化中小投资者教育，要求加大普及证券期货知识力度、提高投资者风险防范意识；（9）完善投资者保护组织体系。

本章小结

1.数据资产是指由企业拥有或者控制的，能够为企业带来未来经济利益的，具有数据化形态的可辨认非货币性资产。

2.财务报告形式质量是一个不等同于财务报告质量的全新术语，其实质上是对财务报告具体会计信息呈现方式被投资者理解并接受的程度进行评价，其最终目的是提高财务报表的可读性和可理解性。

3.投资者保护直接影响着一个国家或地区资本市场的发展水平，对任何经济体而言都是一项富有挑战且极具现实意义的重要议题。沿着投资者进入资本市场且参与市场交易的全过程，可以将现有投资者保护机制划分为市场准入机制、信息披露机制、治理参与机制、投资者教育机制、追偿机制等五个部分。

4.ESG包括环境维度（E）、社会维度（S）和公司治理维度（G）。其中，环境维度主要关注污染排放、资源利用等企业经营、投资活动对外部环境的影响；社会维度（S）主要关注企业与各利益相关主体（如政府、投资者、供应商、消费者、员工以及其他社会参与者）之间关系的协调和平衡；公司治理维度（G）主要关注公司内部的治理结构和治理规则。ESG是CSR的进阶版。虽然同样关注利益相关者，但ESG本身更加强调企业需要重视环境、承担社会责任、关心利益相关者，并将这些理念内化于企业的决策过程，追求在环境、社会、公司治理三个层面上的“共赢”，这是企业经营向本心和良知回归的过程。

重要术语

数据资产（Data Asset）
可读性（Readability）
简明英语（Plain English）
迷雾指数（Fog Index）
投资者保护（Investor Protection）
投资者准入（Investor Access to Capital Market）
投资者治理参与（Investor Participation in Corporate Governance）
信息披露（Information Disclosure）
投资者教育（Investor Education）
投资者追偿（Investor Litigation）
ESG（Environmental，Social and Governance）
ESG表现（ESG Performance）
ESG披露（ESG Disclosure）
ESG投资（ESG Investing）

习题

复习思考题

1.如何理解数据信息的资产属性?
2.简述数据资产的特质。
3.如何理解财务报告的形式质量?
4.财务报告可读性的度量方式有哪些?
5.投资者保护的本质是什么?
6.简述投资者保护研究的历史演进。
7.简述各投资者保护机制的基本内容。
8.简述ESG的概念。
9.辨析ESG与CSR的区别。
10.简述ESG的度量方式及其存在的问题。
11.简述做好ESG的举措。

二维码14-1　参考答案

延伸阅读

［1］熊巧琴，汤珂．数据要素的界权、交易和定价研究进展［J］．经济学动态，2021（2）：143-158.

［2］张俊瑞，危雁麟，宋晓悦．企业数据资产的会计处理及信息列报研究［J］．会计与经济研究，2020，34（3）：3-15.

［3］DOSIS A，SAND-ZANTMAN W. The ownership of data［J］. Journal of Law, Economics，and Organization，2023，39（3）：615-641.

［4］United States Securities and Exchange Commission，Office of Investor Education & Assistance. A Plain English handbook：How to create clear SEC disclosure documents［M］. San Diego：Montezuma Publishing，2004.

［5］GUNNING. The technique of clear writing［M］. New York：McGraw Hill Higher Education，1952.

［6］LI F. Textual analysis of corporate disclosures：A survey of the literature［J］. Journal of Accounting Literature，2010，29（1）：143-165.

［7］LOUGHRAN T，MCDONALD B. Measuring readability in financial disclosures［J］. Journal of Finance，2014，69（4）：1643-1671.

［8］BONSALL IV S B，LEONE A J，MILLER B P，et al. A Plain English measure of financial reporting readability［J］. Journal of Accounting and Economics，2017，63（2-3）：329-357.

［9］HEALY P M，PALEPU K G. Information asymmetry，corporate disclosure，and the capital markets：A review of the empirical disclosure literature［J］. Journal of Accounting and Economics，2001，31（1-3）：405-440.

［10］PORTA R L，LOPEZ-DE-SILANES F，SHLEIFER A，et al. Investor protection and corporate governance［J］. Journal of Financial Economics，2000，58（1-2）：3-27.

［11］PORTA R L，LOPEZ-DE-SILANES F，SHLEIFER A，et al. Law and finance［J］. Journal of Political Economy，1998，106（6）：1113-1155.

［12］BALDINI M，MASO L D，LIBERATORE G，et al. Role of country and firm level determinants in environmental，social，and governance disclosure［J］. Journal of Business Ethics，2018，150：79-98.

［13］李诗，黄世忠．从CSR到ESG的演进——文献回顾与未来展望［J］．财务研究，2022（4）：13-25.

［14］杨有德，徐光华，沈弋．“由外及内”：企业ESG表现风险抵御效应的动态演进逻辑［J］．会计研究，2023（2）：12-26.